刑事判例研究

〔29〕

韓國刑事判例研究會 編

博 英 社

Korean Journal of Criminal Case Studies

[29]

Edited by

Korean Association of Criminal Case Studies

Parkyoung Publishing & Company

Seoul, Korea

머 리 말

　지난 2020년 초부터 2021년 초까지 형사판례연구회에서 발표된 소중한 논문들을 모아 형사판례연구 제29권을 발간하게 되었습니다. 형사판례연구회는 1992년 창립되어 이제 곧 창립 30주년을 맞이하게 됩니다. 본 연구회를 통하여 삼십 성상의 오랜 기간 동안 매월 형사법 학계와 실무계의 최고 전문가들이 함께 자리하여 이론과 실무의 국내외 새로운 경향에 대한 정보를 공유하고 형사 실체법 및 절차법에 관한 중요 판례를 비판적으로 분석·수용함으로써 형사법 판례와 이론의 발전에 크나큰 기여를 하여 왔습니다. 본 연구회는 명실공히 형사법 분야에서 학계와 실무계의 소통과 교류의 커다란 플랫폼을 형성해 왔다고 자부합니다.

　이번에 발간되는 제29권에도 사회적 변화에 따라 새로운 법리를 선언한 형사 판례들에 대한 평석이 다수 포함되어 있습니다. 최근 사회 구성원 간의 다양한 가치의 대립으로 말미암아 서로 다름에 대한 이해와 포용, 상대적 가치에 대한 존중의 필요성이 한층 높아져 왔습니다. 이에 판례상 성인지 감수성과 같은 새로운 법적 판단 기준이 마련되는 한편 아동·청소년 대상 성범죄의 증가로 그에 관한 법리도 보다 심도 있게 세분화되어 판시되었습니다. 그와 동시에 적정한 형사절차의 중요성도 지속적으로 강조되면서 공소 제기 후 작성된 증인 예정자에 대한 진술조서의 증거능력에 대한 법리를 심화시킨 판례도 나오게 되었습니다. 이러한 새로운 경향의 판례들에 대한 연구 및 토론의 성과물과 더불어 전통적인 형사법리를 선언한 판례를 새로운 시각에서 분석한 연구 논문들을 이번 형사판례연구에 수록하게 되었습니다. 이처럼 시의성 있는 논제에 관한 판례 평석 논문의 창의적인 분석 및 제안을 통하여 형사법 학계 및 실무계에 풍성한 담론이 이루어지길 기대해 봅니다.

본 연구회는 코로나19 팬데믹 사태가 진정되지 않고 장기간 지속되어 여전히 온라인 연구회를 개최해 오고 있습니다. 당초 낯설기만 하였던 온라인 발표 및 토론 방식이 이제는 친근하고 익숙한 수단으로 정착되어 가면서 전국의 보다 많은 회원이 열띤 토론에 참석하는 등 장점이 적지 않음을 확인하게 되었습니다. 정상 회복이 된 후에도 수시로 온라인 방식을 활용함과 아울러 영상 녹화 게시를 통하여 회원 여러분들이 발표·토론일 후에도 이를 확인할 수 있는 방안을 마련하는 것도 검토가 필요한 시점이 되었다고 하겠습니다.

그리고 형사법 분야에서 헌법적인 쟁점이 문제 되는 경우가 크게 증가하고 있는 한편 검찰 및 경찰 간 수사권 조정의 제도적인 변화가 이루어지고 있는 상황을 반영하여, 본 연구회에서는 헌법재판소 연구관 등 관계자분들과 경찰 관계자분들께도 회원 가입을 확대하여 다양한 관점에서 판례 연구 발표 및 토론이 전개될 수 있도록 하고 있습니다.

나아가 본 연구회는 실무계와 학계의 소통 및 교류의 일환으로서 법원 형사법학회와 공동으로 학술대회를 개최하고 특별형법 분야 판례백선을 편찬하는 작업을 계획하고 있습니다. 아울러 한국형사·법무정책연구원, 사법정책연구원 등 국책연구기관, 형사법 관련 다른 학회들과의 협의를 통하여 기왕에 시행하여 온 공동학술대회를 심층적으로 운용하는 방안을 강구하고자 합니다. 이 자리를 빌려 형사법 분야에서의 실무계와 학계 간의 지속적인 소통과 논의의 필요성을 공감하시고 적극적인 지원을 아끼지 않고 계신, 법원 형사법학회 회장이신 서울중앙지방법원 고연금 형사수석부장판사님과 간사이신 같은 법원 송승훈 부장판사님 등 학회 관계자분들께 깊은 감사의 말씀을 드립니다.

끝으로 본 연구회에 한결같이 재정적·행정적 지원을 해 주고 계신 한국형사·법무정책연구원의 한인섭 원장님께 깊이 감사드립니다.
이 책이 발간되기까지 월례회의 발표와 사회를 맡아주신 분들과 꾸준
히 참여하여 토론의 깊이를 더해 주신 회원 여러분, 논문에 대한 심사
와 편집을 맡아 주신 많은 분들의 노고에도 다시 한번 깊은 감사를
드립니다. 그리고 본 연구회의 운영과 이 책의 발간은 총무간사인 경
찰대학교 류부곤 교수와 편집간사인 한국형사·법무정책연구원의 허
황 박사가 기울여 주신 헌신적인 노고가 있었기에 가능하였습니다. 나
아가 창간호부터 지금까지 변함없이 이 책의 출판을 맡아주신 박영사
의 안종만 회장님, 조성호 이사님 그리고 박영사 관계자 여러분께 심
심한 감사의 말씀을 전합니다.

2021년 6월
한국형사판례연구회 회장
여 훈 구

목 차

부진정부작위범에서의 '동가치성'

    — 대법원 2017. 12. 22. 선고, 2017도13211 판결 — … <최준혁>   *1*

직권남용행위를 집행한 하급 공무원의 면책범위

    — 대법원 2020. 1. 30. 선고 2018도2236 전원합의체

    판결— ……………………………………………………… <오병두>   *33*

사전자기록위작죄에서 '위작'의 개념

    (대상판결 : 대법원 2020. 8. 27. 선고 2019도11294

    전원합의체 판결) ……………………………………… <류부곤>   *71*

알코올 블랙아웃과 '심신상실' ……………………………… <김성돈>   *119*

'성인지 감수성'에 관해 판시한 대법원의 성범죄 형사판결에

    관한 소고 — 대법원 2018. 10. 25. 선고 2018도7709

    판결 — ……………………………………………………… <우인성>   *167*

명예훼손죄의 '공연성' 의미와 판단 기준 ……………… <윤지영>   *231*

점유개정의 방식으로 양도담보가 설정된 동산을 임의로 처분한

    채무자의 형사책임 — 횡령죄와 배임죄의 성립여부에

    대한 검토를 중심으로— …………………………… <강우예>   *261*

위계 간음죄에서 위계의 대상과 인과관계 ……………… <장성원>   *301*

아동·청소년 위계간음죄 ……………………………………… <허 황>   *343*

아동·청소년 성착취물(아동·청소년 이용음란물)의 제작

    — [대법원 2018. 9. 13., 선고, 2018도9340, 판결]

    아동·청소년의성보호에관한법률위반(음란물제작·

    배포등)— ……………………………………………… <김한균>   *381*

특정범죄가중법 제5조의4의 성격 및 해석에 관한

    판례 법리 ……………………………………………… <이경렬>   *409*

공소제기 후 작성된 '증인예정자 진술조서'의
　증거능력 ·· <이주원>　449
2020년도 형법판례 회고 ································· <김혜정>　495
2020년도 형사소송법 판례 회고 ·················· <강동범>　539

형사판례연구 총목차(1권~29권) ································· 595
한국형사판례연구회 2020년도 발표회 ······················· 626
한국형사판례연구회 회칙 ··· 628
한국형사판례연구회 편집위원회 규정 ························· 634
한국형사판례연구회 심사지침 ···································· 637
한국형사판례연구회 투고지침 ···································· 641
한국형사판례연구회 연구윤리위원회 규정 ················· 649
한국형사판례연구회 임원명단 ···································· 655
한국형사판례연구회 회원명부 ···································· 656

Table of Contents

Entsprechungsmerkmal bei den unechten

    Unterlassungsdelikten ·································· <Choi, Jun-Hyouk>   *1*

The Abuse of Authority (Article 123, Korean Criminal Act) and the

    Responsibility of Lower-Public Officials ··· <OH, Byung Doo>   *33*

The legal concept of 'forgery' in private electronic record

    forgery crimes ·································· <Ryu, Bu-Gon>   *71*

Alcohol induced Blackout and 'Mental Loss' ·· <Kim, Seong Don>   *119*

Review on the Supreme Court's decision about 'Gender Sensitivity'

    — Supreme Court 2018. 10. 25. 2018do7709

    decision — ·································· <Woo, In-sung>   *167*

Meaning of 'Publicity' in the Crime of Defamation and Standard of

    Determination ·································· <Yun, Jee-Young>   *231*

A criminal responsibilty of a debtor who sold a movable asset

    secured for a creditor by means of

    transfer of occupation ·································· <Kang, Wu Ye>   *261*

The object of deceptive scheme and causal relation in

    adultery by deceptive scheme ·············· <JANG, Seong Won>   *301*

Die Strafbarkeit des täuschungsbedingten Beischlafs mit

    Jugentlichen ·································· <Heo, Hwang>   *343*

Supreme Court's Decison 2018do9340 on the Crimes of

    Child Pornography Production ·················· <Kim, Han-Kyun>   *381*

A Court Case Study on Art. 5-4 of the Specific Crime

    Aggravated Punishment Act ·················· <Lee, Kyung-Lyul>   *409*

The Admissibility of a Witness-to-be Statement by Law Enforcement

after the Defendant Being Charged ············· <Rhee, Joo-Won>   *449*

The Reviews of the Criminal Law Cases of the

Korean Supreme Court in 2020 ················ <Kim, Hye-Jeong>   *495*

Review of the Criminal Procedure Precedents of the

Korean Supreme Court in 2020 ············· <Kang, Dong-Beom>   *539*

부진정부작위범에서의 '동가치성'
─ 대법원 2017. 12. 22. 선고, 2017도13211 판결 ─

최 준 혁[*]

Ⅰ. 대상판결

1. 사실관계와 사건의 경과

피고인은 제주시 연동 소재 (주)○○건설 대표로서, 2015. 6. 10. 제주시 도두이동 ##번지 토지 지상에 창고 신축을 위한 형틀공사 계약을 피해자 한**과 체결하고 공사를 진행하였다. 공사가 완료된 후 피고인과 한** 사이에 공사대금에 대한 분쟁이 발생하였고, 피고인은 2015. 7. 7.에 한**이 공사대금을 주지 않는다는 이유로 위 토지에 쌓아둔 건축자재를 치우지 않고 공사현장을 막는 방법으로 한**의 공사진행을 방해하였다.[1] 업무방해죄로 공소가 제기되었고, 관련 민사소송에서 피고인이 피해자에 대한 공사대금채권이 있다는 점 및 건물에 대한 유치권이 존재한다는 점이 확인되었으며 피고인은 약 2개월 후 스스로 방해 상태를 제거하였다는 점 등을 고려하여 1심법원은 피고인에게 벌금 40만원을 선고하였다.[2]

---

[*] 법학박사, 인하대학교 법학전문대학원 교수

[1] 이 판결에 대하여 편집대표 김대휘·박상옥, 주석형법 총칙 1(3판), 한국사법행정학회, 2020, 458면; 김성돈, 형법각론(7판), SKKUP, 2021, 263면; 이상돈, 형법강론(3판), 박영사, 2020, 142면.
원도급사가 공사대금을 주지 않아 하도급사가 현장에 쌓아놓은 건축자재를 치우지 않았다는 설명으로 대한전문건설신문 2018. 2. 9. "공사비 못받아 자재 방치는 업무방해? 무죄"(http://www.koscaj.com/news/articleView.html?idxno=102911)

[2] 제주지방법원 2016. 7. 1. 선고 2016고정251 판결.

피고인은 항소이유서에서 자신이 일부러 자재를 이 사건 토지에 가져다 둔 것이 아니라 형틀공사를 진행하면서 가져다 둔 건축자재를 공사를 마친 이후에 치우지 않은 것에 불과하며, 나아가 자신에게 지하창고에 대한 유치권이 있어 정당행위라고 하였다. 2심법원[3]은 피고인의 주장과 같이 형틀공사 완료 이후 건축자재를 치우지 않은 것에 불과하더라도, 피고인이 피해자의 추가 공사를 방해하기 위하여 일부러 건축자재를 치우지 않았고 그로 인하여 피해자가 추가 공사를 진행할 수 없었던 이상, 피고인의 행위는 피해자의 자유의사를 제압하기에 족한 일정한 물적 상태를 만들어 피해자로 하여금 자유로운 행동을 불가능하게 하거나 현저히 곤란하게 하는 행위로 업무방해죄의 위력에 해당한다고 보았으며 정당행위가 아니라는 1심법원의 설시내용도 확인하였다.

피고인이 상고하였으며 대법원은 아래의 이유를 들어 사건을 파기환송하였고 파기환송심[4]은 대법원의 판결내용을 반복하면서 피고인에게 무죄를 선고하였다.

2. 대법원의 판단

[1] 업무방해죄와 같이 작위를 내용으로 하는 범죄를 부작위에 의하여 범하는 부진정부작위범이 성립하기 위해서는 부작위를 실행행위로서의 작위와 동일시할 수 있어야 한다.

[2] 피고인이 甲과 토지 지상에 창고를 신축하는 데 필요한 형틀공사 계약을 체결한 후 그 공사를 완료하였는데, 甲이 공사대금을 주지 않는다는 이유로 위 토지에 쌓아 둔 건축자재를 치우지 않고 공사현장을 막는 방법으로 위력으로써 甲의 창고 신축공사 업무를 방해하였다는 내용으로 기소된 사안에서, 피고인이 일부러 건축자재를 甲의 토지 위에 쌓아두어 공사현장을 막은 것이 아니라 당초 자신의 공사

---

3) 제주지방법원 2017. 8. 10. 선고 2016노442 판결.
4) 제주지방법원 2018. 5. 17. 선고 2018노7 판결.

를 위해 쌓아두었던 건축자재를 공사 완료 후 치우지 않은 것에 불과
하므로, 비록 공사대금을 받을 목적으로 건축자재를 치우지 않았더라
도, 피고인이 자신의 공사를 위하여 쌓아두었던 건축자재를 공사 완료
후에 단순히 치우지 않은 행위가 위력으로써 甲의 추가 공사 업무를
방해하는 업무방해죄의 실행행위로서 甲의 업무에 대하여 하는 적극
적인 방해행위와 동등한 형법적 가치를 가진다고 볼 수 없다.

3. 쟁   점

판결요지에서 보듯이 이 판결은 두 가지를 이야기하고 있다. 먼
저, 업무방해죄가 부진정부작위범이라는 설명이다(요지 [1]). 이 설명은
그 자체로 큰 문제가 없다고 볼 수도 있다. 우리 학계의 다수설[5]은 진
정부작위범과 부진정부작위범의 구별기준으로 거동범인지 결과범인지
에 따라 나누는 실질설이 아니라 법문이 부작위의 형태로 구성요건을
기술하고 있는지에 따라 구별하는 형식설을 따르고 있고, 그렇다면 거
동범으로 일반적으로 이해되는 업무방해죄[6]도 부진정부작위범이라고
생각할 수 있다. '직무유기죄는 이른바 부진정부작위범으로서 구체적
으로 그 직무를 수행하여야 할 작위의무가 있는데도 불구하고 이러한
직무를 버린다는 인식하에 그 작위의무를 수행하지 아니함으로써 성
립'한다는 대법원의 판결[7]도 같은 입장이다.[8] 그러므로 가령 오스트리
아형법 제2조의 부작위범 조문에 대한 아래의 설명[9]은 우리의 상황과

---

5) 김성돈, 형법총론(7판), SKKUP, 2021, 556면; 배종대, 형법총론(14판), 홍문사,
   2020, 162/4; 오영근, 신형법입문(2판), 박영사, 2020, 79면; 이용식, 형법총론(2
   판), 박영사, 2020, 71면; 이재상·장영민·강동범, 형법총론(10판), 박영사, 2019,
   10/8; 정영일, 형법총론, 학림, 2018, 102면.
6) 업무방해죄의 제한해석을 위해 형법 제314조를 구체적 위험범으로 보는 이상
   돈, 형법강론, 565면.
7) 직무유기죄가 구체적 위험범(이상돈, 형법강론, 904면)인지 추상적 위험범(김성
   돈, 형법각론, 766면; 이용식, 형법각론, 박영사, 2019, 190면)인지에 대해서는 견
   해가 엇갈린다.
8) 김성돈, 형법총론, 556면; 신동운, 형법총론(10판), 법문사, 2017, 125면; 이상돈,
   형법강론, 131면.

는 무관하다고 일단 생각할 수 있다.

　많은 경우 부진정부작위범 개념은 다르게 사용된다. 즉 진정부작
위범은 그 구성요건의 기술이 특정한 결과발생이 아니라 요구되
는 행동을 하지 않는 것에 그치는 모든 구성요건을 말하며(단순
한 부작위범), 반면 결과-부작위범이 부진정부작위범이라고 설명
된다. 이러한 구분은 우리가 취하는 설명과 합치하는데, 왜냐하
면 결과범만이 오스트리아형법 제2조에 합치하기 때문이다. 법률
이 직접 부작위-결과범(Unterlassungs-Erfolgsdelikt)을 규정한 예외
적인 경우(예를 들어 오스트리아형법 제82조 제2항의 유기10))에
만 이러한 설명이 들어맞지 않는다.

　하지만, 판결요지 [1]을 판결요지 [2]와 연결시키면 잘 해명되지
못한 부분이 떠오른다. 대상판결은 공사를 위해 쌓아두었던 건축자재
를 공사완료 후에 치우지 않은 행위는 부작위로 업무방해죄의 행위방
법인 위력을 작위행위로 실현시킨 것과 동등한 형법적 가치를 갖는다
고 볼 수 없다고 하여 부진정부작위범의 요건 중 동가치성에 대하여
판단하고 있다고 보인다.
　그런데 동가치성(상응성)에 대한 여러 판결에서 대법원의 설시는
이 요건을 부진정부작위범에서 요구하는 목적 또는 이유와 큰 관계가
없어 보이며 문제해결에 불필요하게 보이는 경우도 자주 있다. 나아
가, 부진정부작위범에서의 동가치성 요건을 보증인지위와 병렬적으로
또는 보충적으로 결과범의 성립범위를 제한하기 위해 활용하는 것이
형법총칙에서의 부진정부작위범의 문제인 죄형법정주의의 저촉가능성

---

9) Fuchs, Österreichisches Strafrecht Allgemeiner Teil I, 6. Aufl., Springer 2004, 37/5.
10) 오스트리아형법 제82조(유기) ① 타인을 부조 없는 상태로 옮겨서 그 상태로
　　내버려둠으로써 그 생명을 위태롭게 한 자는 6월 이상 5년 이하의 자유형에
　　처한다.
　　② 자신이 보호하거나 도울 의무가 있는 자(제2조)를 부조 없는 상태로 내버
　　려둠으로써 그 생명을 위태롭게 한 자도 전항의 형과 같다. (하략)

을 줄이기 위해서 필요하다는 독일법계의 일반적인 이론과 연결시켜 보면 새로운 의문이 생길 수 있다. 상응성을 결과와 연결시켜 이해할 경우 결과범에서만 필요한 요건이 아닌가 하는 생각을 할 수 있고, 업무방해죄가 추상적 위험범으로서 거동범이라는 형법각칙에서의 일반적 이해를 부진정부작위범에 대한 형법총칙의 일반적인 이해와 모순 없이 연결시키려면 이때의 '결과'가 결과범에서의 결과와는 다른 개념이라고 설명해야 한다고 보이기 때문이다.

아래에서는 이러한 의문을 해결하기 위해 부진정부작위범에서의 동가치성에 관한 학계의 설명과 판결들을 살펴본 후(Ⅱ) 대상판결을 논의하기 위한 전제로서 진정부작위범과 부진정부작위범의 구별과 부진정부작위범에서의 결과의 의미에 대해 검토하고(Ⅲ. 1), 그에 기반하여 대상판결을 검토한다.

Ⅱ. 기존의 논의

1. 동가치성(상응성)에 관한 학계의 설명

부진정부작위범의 동치성은 부진정부작위범의 구성요건해당성의 문제로서, 제1요소는 보증인지위이며 제2요소는 행위정형의 동가치성(상응성)이다.[11] 부진정부작위범의 주체에게 보증인지위를 요구하는 이유는, 그의 부작위가 작위와 동가치성을 인정받을 수 있는 핵심적이고 필수적인 요소이기 때문[12]이거나 부작위의 동가치성을 인정하는 주된 근거가 보증인지위[13]이기 때문이라고 이해되고 있다.

형법 제18조가 독일형법[14]이나 오스트리아형법[15]과 달리 부작위

---

11) 김일수, 한국형법 Ⅱ(개정판), 박영사, 1996, 474면; 성낙현, 형법총론(3판), 박영사, 2020, 496면; 최호진, "세월호 선장과 간부선원의 형사책임에 대한 대법원 판결의 법리분석과 비판", 아주법학 제9권 제4호(2016), 111면.
12) 김재윤, "형법적 준법지원인의 보증인지위와 보증의무에 관한 고찰 – 독일의 논의를 중심으로 –", 형사법연구 제32권 제1호(2020), 10면.
13) 하태영, "형법상 부작위범이 인정되기 위한 요건", 비교형사법연구 제5권 제1호(2003), 550면.
14) 독일형법에서의 상응성 요건의 입법과정에 대한 설명으로 문채규, "부진정부

의 상응성을 명시하고 있지 않음에도 불구하고 통설은 상응성이 부진
정부작위범의 필수적 요건이라고 설명한다. 상응성의 요건이 없으면
부진정부작위범의 행위정형은 포착할 수 없으며, 부작위의 무정형성
때문에 죄형법정주의와의 상충이라는 의문을 제거하기 위해 이 요건
이 필수적이라는 것이다.16) 상응성에 관한 별도의 입법을 하고 있지
않은 우리 형법의 태도는 확립된 부작위범이론에 비추어볼 때 입법의
불비이며, 해석을 통해 부작위와 작위의 상응성을 요구할 수 있으며
대법원도 동가치성이라는 표현을 쓰면서 상응성 요건을 인정하고 있
다는 것이다.

　위의 서술에서 보듯이 동치성, 상응성, 동가치성이라는 서로 비슷
한 용어들이 혼용되고 있다. 이들 사이의 구별 또는 관계에 대해서는,
보증인지위와 상응성을 구별하여 양자가 모두 부진정부작위범의 성립
을 위해서 필요하다는 입장이라면 상위개념을 무엇으로 보는지는 용
어사용의 차이에 지나지 않는다고 보인다. 가령 상위개념으로 동치성
이라는 개념을 사용한다면 동치성 = 보증인지위 + 상응성(또는 동가
치성)으로 이해할 것이며,17) 동가치성을 상위개념으로 사용한다면 동
가치성 = 보증인지위 + 상응성이라고 설명할 것이다.

　상응성 요건의 필요성을 판단할 때는 부작위로 충족될 수 있는
작위범의 구성요건을 단순한 결과범과 특별한 행위양상과 결부된 결

작위범에서 상응성 요건의 허와 실", 비교형사법연구 제11권 제1호(2009), 188
면; Roxin, Strafrecht Allgemeiner Teil Band II, 2003. 32/219ff; Jescheck, Die
Behandlung der unechtem Unterlassungsdelikte in neueren Strafrechtsentwürfen, FS
Tröndle, 1989, 796.
15) 오스트리아형법 제2조의 상응성 요건의 입법과정에 관한 설명은 김일수, 한
국형법 II, 494면.
16) 신동운, 형법총론, 141면. 입법의 불비라는 지적으로 김성돈, 형법총론, 570면;
이종수, "작위와 부작위 간 공소장변경의 한계 및 필요성 연구", 비교형사법
연구 제22권 제1호(2020), 123면.
17) 오병두, 부진정부작위범의 입법형식에 관한 연구-한국, 독일 및 일본의 입법
사를 중심으로-, 서울대학교 법학박사학위논문, 2005, 2면. 이 글, 4면은 이
러한 견해가 통설이라고 설명한다.

과범으로 나누어서 살펴볼 필요가 있다는 설명18)이 일반적이다. 단순한 결과범에서는 작위와 부작위의 동등성 문제는 작위의무와 보증인지위, 작위가능성의 문제로 완전히 해소되기 때문에 별도로 작위와 부작위의 동등성 문제를 검토할 필요가 없고 특별한 행위양상과 결부된 결과범(행태관련적 결과범)에서는 특별한 행위양상이 부작위에 의하여 실현되었다고 해석될 수 있어야 비로소 작위범의 구성요건에 해당한다는 것이다.

그러나 판례와 학설이 오히려 행태관련적 범죄가 아닌 살인죄에서 유독 상응성을 강조하여 경우에 따라 정범 또는 공범을 인정하고 있는 반면, 행태관련적 범죄인 사기죄에서 판례는 상응성을 언급도 하지 않으며 학설은 상응성이 필요하다고 언급하면서도 보증인지위와 보증인의무 이외의 고유한 척도를 제시하지 못하고 있어 상응성 판단이 불법 영역에 자리가 없다는 것을 보여준다는 지적19)도 있다.

2. 판결에서의 동가치성

그렇다면 대법원이 동가치성이라는 단어를 언제 언급하는지 살펴볼 필요가 있다. 결과범에 대한 판결로는 주로 대법원 1992. 2. 11. 선고 91도2951 판결(조카 살해 사건), 대법원 2004. 6. 24. 선고 2002도995 판결(보라매병원 사건), 대법원 2015. 11. 12. 선고 2015도6809 전원합의체 판결(세월호 판결) 등이 학계와 실무, 교육에서 논의된다.

---

18) 장영민, "부진정부작위범의 성립요건", 형사판례연구 [2], 박영사, 1994, 40면. 반면에 임웅, 형법총론(7판), 법문사, 2015, 575면은 단순한 결과범에서도 상응성 요건이 필요한데(같은 입장으로 이상돈, 형법강론, 142면) 우리 형법이 독일형법과 다르게 감경가능성을 명문화하고 있지 않으며 상응성이 부정될 경우 방조행위로 평가될 수도 있기 때문이라고 한다.

19) 김성룡, "묵시적 기망·부작위를 통한 기망 및 작위와 부작위의 상응성", 형사법연구 제23호(2005), 41면. 반대로 행위정형의 동가치성이 필요하며 사기죄에서의 고지의무는 보증인지위가 아니라 여기에서 도출된다는 설명으로 이진국, "부동산 거래사기에서 고지의무와 보증인의무의 관계", 일감법학 제18호 (2010), 95면.

(1) 주지하듯이, 대법원 1992. 2. 11. 선고 91도2951 판결에서는 조카 을과 병을 살해할 생각으로 미리 물색해둔 저수지로 데리고 간 피고인이 을과 병을 인적이 드물고 경사가 급하여 미끄러지기 쉬운 제방 쪽으로 유인하여 함께 걷다가 가파른 물가에서 미끄러져 수심이 약 2m가 되는 저수지 물 속에 빠진 을을 구호하지 않았고 앞에 걸어가고 있던 병의 소매를 잡아당겨 저수지에 빠뜨림으로써 그 자리에서 익사하게 한 사건이 문제가 되었다. 을의 위험을 보고 아무런 조치를 취하지 않은 부작위는 살인의 실행행위에 해당하지 않으므로 피고인은 살인의 예비단계에 있었을 뿐 실행의 착수에는 이르지 않아 을에 대한 살인죄의 기수범으로 처벌할 수 없다는 주장에 대해서 대법원은 형법이 금지하고 있는 법익침해의 결과발생을 방지할 법적인 작위의무를 지고 있는 자가 그 의무를 이행함으로써 결과발생을 쉽게 방지할 수 있었음에도 불구하고 그 결과의 발생을 용인하고 이를 방관한 채 그 의무를 이행하지 아니한 경우에, 그 부작위가 작위에 의한 법익침해와 동등한 형법적 가치가 있는 것이어서 그 범죄의 실행행위로 평가될 만한 것이라면, 작위에 의한 실행행위와 동일하게 부작위범으로 처벌할 수 있다는 원칙을 제시하였다. 그로부터, 피해자가 물에 빠져 익사할 위험을 방지하고 피해자가 물에 빠지는 경우 그를 구호하여 주어야 할 법적인 작위의무가 피고인에게 있으며, 피해자가 물에 빠진 후에 피고인이 살해의 범의를 가지고 그를 구호하지 아니한 채 그가 익사하는 것을 용인하고 방관한 부작위는 피고인이 그를 직접 물에 빠뜨려 익사시키는 행위와 다름없다고 형법상 평가될 만한 살인의 실행행위라고 보는 것이 상당하다는 결론을 도출하였다. 이 판결은 보증인지위와 구별하여 부작위가 작위와 동등한 가치가 있는 살인의 실행행위라고 표현하고 있어 결과범에서 따로 판단할 필요가 없는 상응성 요건을 제시하고 있다는 지적을 받는다.

그러나 대법원이 과연 그렇게 생각하고 있는지는 의문이다. 이 판결이 참조판례로 들고 있는 대법원 1982. 11. 23. 선고 82도2024 판결은 "감금상태가 계속된 어느 시점에서 피고인에게 살해의 범의가 생겨 위험발생을 방지함이 없이 포박 감금상태에 있던 피감금자를 그대로 방치함으로써 사망케 하였다면 피고인의 부작위는 살인죄의 구성요건적 행위를 충족하는 것이라고 평가하기에 충분하므로 피고인의 소위는 부작위에 의한 살인죄를 구성한다"고 하여, 동가치성 요건을 보증인지위와 구별하여 판단하고 있는지 불분명하다. 다음으로, 파업이 그 자체로 위력에 의한 업무방해인지에 관한 중요한 판결인 대법원 2011. 3. 17. 선고 2007도482 전원합의체 판결의 대법관 5인의 소수의견은 파업이 작위인지 부작위인지를 판단하면서 "보증인적 지위에 있다고 인정하기 위해서는, ① 법익의 주체가 법익침해의 위협에 스스로 대처할 보호능력이 없고, ② 부작위 행위자가 그 법익침해의 위험으로부터 상대방의 법익을 보호해 주어야 할 법적 의무, 즉 작위의무가 있어야 하며, ③ 부작위 행위자가 이러한 보호자의 지위에서 법익침해를 일으키는 사태를 지배하고 있을 것을 요한다는 것이 교과서적인 설명이다"라고 언급하여, 보증인지위의 존재 여부에 대한 판단에서 이 기준을 논의한다.[20]

(2) 동가치성에 대한 판례의 언급은 91도2951 판결에서처럼 단독범이 문제되는 사안이 아니라 정범과 공범을 구별해야 하는 상황에서도 나타난다. 대법원 1996. 9. 6. 선고 95도2551 판결에서 대법원은, 법원의 입찰사건에 관한 업무를 주된 업무로 하는 공무원이 자신이 맡고 있는 입찰사건의 입찰보증금이 계속적으로 횡령되고 있는 사실을 알고도 묵인하였다면 작위에 의한 법익침해와 동등한 형법적 가치가

---

20) 이 판결은 출처를 언급하고 있지 않으나 편집대표 김대휘·박상옥, 주석형법 총칙 1, 449면; 김일수, 한국형법 Ⅱ, 478면; 이재상·장영민·강동범, 형법총론, 10/17; 이형국·김혜경, 형법총론(5판), 법문사, 2019, 511면 등이 이러한 입장이다.
이 설명은 루돌피(Rudolphi)에 기하였는데 루돌피는 보증인지위에 관한 이러한 설명은 범행지배 기준에서 도출되었으나 그 자체로 완결된 것이 아니며, 개별적인 보증인지위의 확정을 위한 가치평가의 기준을 정하는 목적이 있을 뿐이라고 설명한다(SK-Rudolphi, § 13 Rn. 23).

있어 횡령죄의 방조범이라고 하였다. 백화점 입점점포의 위조상표 부착 상품 판매사실을 알고도 방치한 백화점 직원도 작위에 의하여 점주의 상표법위반 및 부정경쟁방지법위반 행위의 실행을 용이하게 하는 경우와 동등한 형법적 가치가 있는 것으로 볼 수 있어 부작위에 의한 상표법위반 방조 및 부정경쟁방지법위반 방조가 성립한다고 한다(대법원 1997. 3. 14. 선고 96도1639 판결).21) 반면 대법원 2006. 4. 28. 선고 2003도4128 판결에서는 인터넷 포털 사이트 내 오락채널 총괄팀장과 위 오락채널 내 만화사업의 운영직원인 피고인들에게 콘텐츠제공업체들이 게재하는 음란만화의 삭제를 요구할 조리상의 의무가 있다고 하면서 전기통신기본법 위반의 방조범을 인정하였으나, 동가치성과 관련해서는 이 사건에서 정보제공업체가 음란한 정보를 반포·판매하였으므로, 작위의무에 위배하여 그 반포·판매를 방치하였다는 것만으로는 음란한 정보를 반포·판매하였다는 것과 동일시할 수는 없다고 판결하였다.

(3) 단독범에 관한 판결이지만 사실관계에서 동가치성에 관한 구체적인 판단을 하지 않은 경우도 찾을 수 있다. 가령 현주건조물방화치사죄에 관한 대법원 2010. 1. 14. 선고 2009도12109, 2009감도38 판결은 부진정부작위범에 대한 중요한 판결이나 개별적 작위가능성이 주된 쟁점이었고, 대법원은 동가치성에 대한 기존의 설시를 반복할 뿐이다.

(4) 대법원 2015. 11. 12. 선고 2015도6809 전원합의체 판결(세월호 판결)은 이 사건의 사회적 중요성뿐만 아니라 부진정부작위범에 대한 대법원의 입장을 정리했다는 점에서도 의미를 찾을 수 있겠으나, 동가치성에 대한 대법원의 판단내용이 다수설과 같은지는 이 판결에서도 정확히 알기 어렵다. 참조판결로 적시한 판결 중 대법원 1992. 2. 11.

---

21) 95도2551 판결과 96도1639 판결에서 대법원이 부작위에 의한 정범과 공범의 구별에 대한 명확한 입장을 밝히고 있다는 설명으로 이용식, 현대 형법이론 Ⅱ, 박영사, 2008, 272면.

선고 91도2951 판결과 대법원 2010. 1. 14. 선고 2009도12109, 2009감도 38 판결에 대해서는 이미 살펴보았고, 뒤에서 언급할 대법원 2008. 2. 28. 선고 2007도9354 판결은 행태의존적 결과범인 사기죄와 유사한 행위유형이 문제가 되기 때문에 부작위에 의한 살인죄인 이 사안과 연결하기 쉽지 않다.

오히려 '법익침해의 태양과 정도 등에 따라 요구되는 개별적·구체적인 구호의무를 이행함으로써 사망의 결과를 쉽게 방지할 수 있음에도 그에 이르는 사태의 핵심적 경과를 그대로 방관하여 사망의 결과를 초래하였다면 그 부작위는 작위에 의한 살인행위와 동등한 형법적 가치를 가진다'는, 91도2951 판결 이래 반복되는 판시내용은 행위자가 결과발생을 회피할 능력이 있었음에도 불구하고 이를 방관하고 결과발생을 막기 위한 어떠한 작위시도도 하지 않았다는 부진정부작위범에서의 객관적 구성요건[22] 또는 2007도482 판결에서처럼 보증인 지위를 말한다고 이해하면, 대법원은 일부 사안에서 상응성 요건이 아니라 동가치성 또는 동치성이 의미하는 상위개념으로 '동가치성'을 사용하고 있다고 보아도 큰 무리가 없다고 생각한다.[23]

Ⅲ. 검   토

1. 상응성 요건의 필요성

형법각칙의 개별구성요건은 그 자체만으로 부진정부작위범과 규범적으로 연결될 수는 없고 총칙상의 부작위범의 일반규정을 통해 비

---

22) 김성돈, 형법총론, 559면; 오영근, 신형법입문, 83면; 이상돈, 형법강론, 133면; 전지연, "부작위범에서 정범과 공범의 구별", 형사판례연구 제13권(2005), 100면.

23) 반면 편집대표 김대휘·박상옥, 주석형법 총칙 1, 457면; 신동운, 형법총론, 142면; 이형국·김혜경, 형법총론, 511면은 '보호법익의 주체가 법익에 대한 침해위협에 대처할 보호능력이 없고, 부작위행위자에게 침해위협으로부터 법익을 보호해 주어야 할 법적 작위의무가 있을 뿐 아니라, 부작위행위자가 그러한 보호적 지위에서 법익침해를 일으키는 사태를 지배하고 있어 작위의무의 이행으로 결과발생을 쉽게 방지할 수 있어야' 한다는 대법원의 판시가 상응성에 대한 판단이라고 설명한다.

로소 부진정부작위범과 연결된다.[24] 부작위범에 대한 형법 제18조는 진정부작위범에 대해서는 적용되지 않으며 부진정부작위범에서만 적용되는데[25] 제18조가 규정하지 않는 요건도 해석을 통해 부진정부작위범의 성립을 위해 추가적으로 요구할 수 있으며[26] 법문이 규정하고 있지 않은[27] 상응성 요건은 여기에 해당한다.[28]

부진정부작위범에서의 상응성 요건은 부작위한 행위자가 단독범인 경우와 다수가담형태에 개입된 경우를 나누어서 생각할 필요가 있다. 이 글에서는 단독범에서의 상응성을 논의하기 위한 전제를 생각한 후 대상판결에 대하여 판단하고, 다수가담형태에서의 상응성 요건의 기능에 대한 논의는 다른 곳으로 미룬다.[29]

2. 진정부작위범과 부진정부작위범의 구별 및 결과의 의미

(1) 진정부작위범과 부진정부작위범의 구별

진정부작위범과 부진정부작위범의 구별에 대한 실질설의 입장은 작위범에서의 거동범과 결과범의 구별기준을 여기에 대응시키는 것이다. 그러므로 진정부작위범은 요구된 행위를 단순히 부작위함으로써

---

24) 문채규, "부진정부작위범에서 상응성 요건의 허와 실", 193면.

25) 김성돈, 형법총론, 555면; 신동운, 형법총론, 135면.

26) 정영일, 형법총론, 107면은 형법 제18조가 결과발생방지의무를 규정하고 있으므로 작위의무를 중심으로 부진정부작위범의 구성요건을 논의해야 한다고 설명하면서, 동가치성에 대한 설명을 하지 않는다. 비슷한 입장으로 문채규, "부진정부작위범에서 상응성 요건의 허와 실", 194면.

27) 김성룡, "부진정부작위범의 정범표지 - 보증인의 부작위 -", 형사판례연구 제12권(2004), 91면.

28) 1969년 입법된 독일형법 제13조는 내용을 명확히 하는 기능만 있다는 독일연방대법원의 입장에 관하여 Freund, Jakobs und die Unterlassungsdelikte. Von der Verhaltensform zur Qualität der Verhantensnorm, in: Kindhäuser/Kreß/Pawlik/Stuckenberg (Hrsg.), Strafrecht und Gesellschaft, Mohr Siebeck 2019, 380. Nitze, Die Bedeutung der Entsprechungsklausel beim Begehen durch Unterlassen, Duncker & Humblot 1989, S. 30도 참조.

29) 간단한 고찰로 최준혁, "객관적 귀속 이론의 정립과 적용 - 신양균 교수님의 형사실체법 이론 -", 전북대학교 법학연구 제64집(2020), 72면 이하.

실현되는 범죄인 반면 부진정부작위범에서는 부작위 이외에 구성요건적 결과의 발생이 있어야 한다고 하며, 진정부작위범에서의 결과방지는 입법자의 입법동기이기는 하지만 구성요건요소는 아닌 반면 부진정부작위범에서의 결과방지는 구성요건요소이다.[30)]

하지만, 진정부작위범과 부진정부작위범의 구별은 결국 제18조의 적용범위가 무엇인지에 대한 판단을 위해서이므로 명확한 기준을 제시하는 형식설이 더 낫다고 보인다.[31)] 나아가 퇴거불응죄에서의 주거평온의 침해나 국가보안법상 불고지죄에서의 범죄사실에 관한 관헌의 인지도 결과에 해당하기 때문에, 결과와 무관한 단순한 거동범이 아니라 결과범도 진정부작위범에 포함될 수 있다.[32)] 대상판결에서 나타나듯이, 개인적 법익에 관한 죄에서의 폭행죄나 사회적 법익에 관한 죄의 대부분이 거동범이지만 그렇다고 해서 부진정부작위범이 성립하지 않는다고 볼 수도 없다.[33)]

(2) 부진정부작위범에서의 결과

1) 독일의 설명

가. 부진정부작위범에서의 결과와 결과범에서의 결과를 동일시하는 설명

Hippel은 진정부작위범은 명령위반으로서 무엇인지는 법률에 규정되어 있으며 그때의 결과가 무엇인지는 중요하지 않다고 설명한다.[34)] 그런데 이때의 결과는 인간행태의 결과로서(광의의 결과) 인간의 행위를 통해 형성된 상태로서 이 결과를 통하여 외부세계의 변화가 있었는지는 문제되지 않으며, 형법에서는 구체적 구성요건의 실현이

---

30) 김일수, 한국형법 Ⅱ, 471면의 설명임.

31) 배종대, 형법총론, 162/4; 정영일, 형법총론, 102면. 구별의 실익이 없다는 지적으로 류부곤, "부작위범의 불법구조 - 부작위범의 불법근거와 형법 제18조의 해석을 중심으로", 비교형사법연구 제15권 제1호(2013), 362면.

32) 김일수, 한국형법 Ⅱ, 472면; 신동운, 형법총론, 126면.

33) 이형국·김혜경, 형법총론, 496면.

34) von Hippel, Deutsches Strafrecht, 2. Band 1930 (Nachdruck 1970), S. 153ff.

다.35) 이 결과는 행위와 시공간적으로 분리될 필요는 없으며 행위의 속성에 대한 법적인 평가 자체로서 유죄판결의 기초이다.

반면에 부진정부작위범은 금지위반으로서 형법적으로 의미있는 결과를 부작위를 통해 실현하는 것이다.36) 부진정부작위범에 대한 처벌의 근거는, 모든 결과범은 작위뿐만 아니라 부작위로도 실현가능하다는 일반적인 생각이다. 이때의 결과는 협의의 결과로서 외부세계의 변화이며 결과의 야기는 구체적인 구성요건에 속하는데 사망의 결과발생, 상해, 손괴 등이 이에 해당한다.37) 순수한 거동범이나 진정부작위범에는 이러한 협의의 결과가 결여되어 있다.

나. 부진정부작위범에서의 결과와 결과범에서의 결과를 구별하는 설명

Baumamn/Weber/Mitsch/Eisele는 어느 구성요건이 진정부작위범인지 또는 작위범만을 처벌하는지는 행위를 기술한 구성요건의 해석 문제라고 설명한다. 그런데 법문에 부정어(nicht)가 사용되었다고 항상 진정부작위범인 것은 아니며 많은 구성요건들은 의미론적으로 유동적인 구성요건요소를 사용해 행위를 기술하고 있어서 작위 또는 부작위를 통한 실현이 모두 가능하다.38)

독일형법 제13조의 결과 개념은 결과범과 거동범의 구별에서의 결과보다 넓은 개념이라고 설명한다.39) 이때의 결과는 원인행위인 작위 또는 부작위와 시간적·공간적으로 구별되는 상태로 기술될 수 있는 외부세계의 결과40)뿐만 아니라 구성요건요소를 충족시키면서 인간

---

35) von Hippel, Deutsches Strafrecht, 2. Band, S. 131.
36) von Hippel, Deutsches Strafrecht, 2. Band, S. 153.
37) von Hippel, Deutsches Strafrecht, 2. Band, S. 130.
38) Bauman/Weber/Mitsch/Eisele, Strafrecht Allgemeiner Teil, 12. Aufl., 2016, 21/6f.
39) Bauman/Weber/Mitsch/Eisele, Strafrecht AT, 21/47. 반면에 독일형법의 입법자는 부진정부작위범을 결과범으로 제한했다는 설명으로 Jescheck, Die Behandlung der unechten Unterlassungsdelikte in neueren Strafrechtsentwürfen, 796.
40) 이 교과서는 예로 사망, 상해, 손괴 등 결과범에서의 결과 및 수자원의 오염(독일형법 제324조) 등을 든다. 그런데, 수자원의 오염은 결과범에서의 결과이면서 이 죄는 추상적 위험범으로 볼 수 있다. Lackner/Kühl, StGB, 29. Aufl., 2018. § 324 Rn.1.

의 행위에 영향받을 수 있는, 즉 인간의 활동에 의해 저지되거나 제거될 수 있는 경과(Vorgang)이다.

그러므로 결과범뿐만 아니라 추상적 위험범 또는 거동범도 부진정부작위범이 될 수 있다.

2) 검 토

가. '결과'와 '구성요건적 결과'의 구별

진정부작위범과 부진정부작위범의 구별에 대한 형식설의 입장에서는 부진정부작위범에서의 결과가 결과범에서의 결과와 동일한 의미가 아닐 수 있다는 점을 분명히 할 필요가 있다.[41] 즉, 결과범에서만 부진정부작위범에서의 성립을 인정하는 입장은 실질설이라고 보아야 할 것이다.[42] 그리고 형법 제18조에서의 결과를 '구성요건적 결과', 즉 객관적 구성요건의 실현이라고 보지 않으면 부진정부작위범은 결과범의 경우에만 성립한다는 결론에 이르게 되는데 이러한 결론이 불합리하다는 점은 이미 지적하였다. 그러므로 부작위의 형태로 범하는 작위범인 부진정부작위범은 이론적으로 모든 작위범에 대해 성립이 가능하며, 결과범뿐만 아니라 거동범도 모두 포함된다.[43]

나. 형법 제18조의 '위험발생'과 '발생된 결과'

'구성요건적 결과'를 이렇게 이해하여 거동범에서도 부진정부작위범의 성립이 가능하다고 보았다면, 형법 제18조의 '위험발생'과 '발생된 결과'라는 표지에도 이러한 이해를 연결시킬 필요가 있다. 즉, 발생된 결과와 구별되는 위험발생은 개별구성요건의 결과가 아니라 그러한 결과의 전 단계인 위험이며 '발생된 결과'는 개별구성요건의 실현이라고 보는 것이다.[44]

---

41) 진정부작위범과 부진정부작위범의 구별은 거동범과 결과범의 구별과 항상 일치하는 것은 아니고, 양 유형은 구별기준이 다르다는 지적으로 정영일, 형법총론, 102면. 김성돈, 형법총론, 556면도 참조.
42) 정확한 지적으로 배종대, 형법총론, 162/4.
43) 신동운, 형법총론, 135면.
44) 이러한 생각으로 김성룡, "부진정부작위범의 정범표지 — 보증인의 부작위 — ", 105면. 류부곤, "부작위범의 불법구조 — 부작위범의 불법근거와 형법 제18조의

　　형법총칙의 '위험'과 '결과' 개념은 일관적으로 이해할 필요가 있음은 분명하나[45] 결과범과 거동범에 앞의 설명을 연결시켜 보면 법익침해의 결과는 당연히 제18조의 '발생된 결과'에 해당하기 때문에 침해범의 구성요건은 물론 부작위에 의해서 실현될 수 있고, 위험범에서의 위험발생도 구성요건적 결과로 보면 추상적 위험범을 구체적 위험범으로 해석함으로써 가벌성을 제한하는 실천적인 이익이 추가적으로 생긴다는 것이다.[46]

　　상응성도 결과 개념과 연결해서 이해할 수 있다. 결과를 법익침해 또는 위험이라고 해석할 경우에는 상응성은 부진정부작위범의 사안에서 특별한 행위요소가 존재하는지 판단하는 데 필수적이며, 구성요건에 해당하는 상황이라고 결과를 넓게 해석하는 경우에도 상응성은 가벌성을 적절히 제한하는 기능을 할 수 있다.[47]

3. 상응성이 문제되는 경우

(1) 행태관련적 범죄

　　형법 제18조가 위험의 발생을 방지할 의무가 있거나 자기의 행위로 인하여 위험발생의 원인을 야기한 자가 그 위험발생을 방지하지 아니한 때에는 그 발생된 결과에 의하여 처벌한다고 규정하고 있어 행위정형의 상응성을 명시하고 있지 않음에도 해석으로 이를 요구하는 이유는 부작위행태가 갖는 사회적 반가치성을 확인하여 부작위가 적극적인 작위와 행위반가치의 측면에서 같은 의미를 갖는지의 여부를 추가적으로 검토하기 위해서이다. 어느 경우에 이러한 행위양상이 부작위에 의해 충족될 수 있는가는 개별적 구성요건에 따라 답해질

　　해석을 중심으로", 356면도 참조.

45) 오병두, 부진정부작위범의 입법형식에 관한 연구 – 한국, 독일 및 일본의 입법사를 중심으로 –, 206면은 제18조의 위험을 '구성요건적 결과발생의 가능성' 내지 '법익의 위태화 내지 침해'로 이해할 수 있다고 설명한다.

46) 김성돈, 형법총론, 554면.

47) Nitze, Die Bedeutung der Entsprechungsklausel beim Begehen durch Unterlassen, S. 90.

문제인데,[48] 가령 살인죄 등 단순한 결과범[49]은 구성요건에서 특별한
행위방법과 특별한 행위반가치를 요구하지 않고 있어 상응성 요건을
추가적으로 판단하지 않아도 됨[50]에도 불구하고 대법원이 이를 언급
한다고 비판받는 것이다.[51]

반면 행태관련적 범죄는 구성요건이 그 실현을 위해 특별한 행위
방법을 규정해 놓은 범죄이며, 독일형법에서는 모살죄에서의 범행은
폐의 목적(제211조 제2항), 강요죄(제240조 제1항), 사기죄[52] 등이 주로
논의되며 모욕죄(제185조), 강도죄(제249조 제1항), 기술매체기록의 위조
(제268조) 등도 함께 제시된다.[53][54] 이러한 설명은 우리 형법에서도 비

48) 김성돈, 형법총론, 547면; 배종대, 형법총론, 164/27; 이재상·장영민·강동범,
   형법총론, 10/37; 이형국·김혜경, 형법총론, 510면; 장영민, "부진정부작위범의
   성립요건", 41면. 이미 Armin Kaufmann, Die Dogmatik der Unterlassungdelikte, 2.
   Aufl., 1988, S. 287.
49) 독일형법에서는 고살, 단순상해, 손괴 등이 예로 제시된다. Roxin, Strafrecht
   AT II, 32/225.
50) Wessels/Beulke/Satzger, Strafrecht Allgemeiner Teil, 49. Aufl., 2019, Rn. 1206.
51) 실제로 상응성 조항은 단순한 결과범에서는 큰 의미가 없고(BGH NStZ 2016,
   95), 시험에서의 질문이 단순한 결과범이라면 독일형법 제13조가 상응성 요건
   을 명시하고 있어 이 요건을 판단해야 하겠지만(Murmann, Grundkurs Strafrecht
   Allgemeiner Teil, 5. Aufl., 2019, S. 490) 판단하지 않는다고 큰 흠도 아니고
   (Kühl, Strafrecht Allgemeiner Teil, 7. Aufl., 2012, 18/124), 점수를 완벽하게 받기
   를 원한다면 보증인이 구성요건적 결과를 방지하지 않았다면 항상 작위의 결
   과야기와 상응한다고 쓰면 충분하다는 것이다(Rengier, Strafrecht Allgemeiner
   Teil, 9. Aufl., 2017, 49/31).
52) 가령 사기죄에서는 기망행위를 통한 착오의 야기라는 중간경과(Zwischenerfolg)
   가 필요하기 때문에 보증인이 손해발생을 방치한 것만으로는 부작위에 의한
   사기죄라고 볼 수 없고 중간경과의 야기에 대한 행위반가치도 필요하다.
   Frister, Strafrecht Allgemeiner Teil, 6. Aufl., 2013, 8/3; Wessels/Beulke/Satzger,
   Strafrecht AT, Rn. 1205.
53) Kindhäuser/Neumann/Paeffgen, Nomos Kommentar Strafgesetzbuch, 5. Aufl., 2017,
   § 13 Rn. 19 (Gaede); Schönke/Schröder, Strafgesetzbuch, 30. Aufl., 2019, § 13 Rn.
   4 (Bosch).
54) BGH NStZ 2016, 95에서는 낭포성 섬유종을 앓고 있는 딸을 12세가 될 때까
   지는 잘 돌보다가 새로운 남자를 만난 후 명상 등 '영적인 삶'에 빠져 딸에게
   채식을 시키고 대체의학이 아닌 일반적인 의약품은 복용시키지 않은 어머니
   의 학대죄 여부가 문제가 되었다. 딸은 15세에 엄마 곁을 떠날 때에 신장

숫하다고 보인다. 즉, 거동범으로 규정되어 있어 결과발생을 요구하지 않은 경우(현주건조물방화죄와 현주건조물일수죄 등을 제외한 추상적 위험범)에서는 작위로 예정되어 있는 구성요건의 행위태양 속에 들어있는 반가치내용이 부작위에서도 발견되는 경우에야 비로소 그 부작위가 폭행죄의 폭행, 명예훼손죄의 사실의 적시, 모욕죄의 모욕 등 작위범의 구성요건에 기술된 적극적인 작위와 동일한 취급을 받아 구성요건에 해당하는 행위가 된다고 할 수 있다.55) 이렇게 보면 형법 제18조의 '발생된 결과'에 대한 이해도 달라지게 될 것이며, 객관적 구성요건의 실현이라는 의미에서의 '구성요건적 결과'로 이해해야 한다는 점은 이미 밝혔다.56) 대법원도 형법 제18조가 결과범에 한정되어 적용된다고 이해하지는 않는다는 점은 대상판결의 설시에서도 드러난다.

부진정부작위범에 대한 대법원의 판결 중에서도 행태의존적 범죄에 대한 상응성을 '동가치성'이라는 제목으로 판단한 사례들을 찾을 수 있다.

대법원 2005. 7. 22. 선고 2005도3034 판결은 압류된 골프장시설(모노레일, 엘리베이터)을 보관하는 회사의 대표이사가 위 압류시설의 봉인을 제거하고 압류시설을 사용하게 하였다는 주위적 공소사실에 대해서는 무죄라고 본 원심판결을 유지하였으나, 압류와 봉인에 의하여 사용이 금지된 골프장 시설물의 사용 및 그 당연한 귀결로서 봉인의 훼손을 초래하게 될 골프장의 개장 및 그에 따른 압류시설 작동을 제한하거나 그 사용 및 훼손을 방지할 수 있는 적절한 조치를 취할 의

159cm에 몸무게는 30.5kg에 불과하였으며 독일연방대법원은 독일형법 제225조 제1항의 학대죄는 부작위로도 범할 수 있다고 판결하였다. 그런데, 이 사실관계에서 문제가 되는 행위유형인 괴롭힘(qüalen)은 침해범의 형태로서의 순수한 결과범으로서 피해자의 고통과 피해의 야기가 행위결과이기 때문에, 제225조의 다른 행위유형인 가혹한 학대와 달리 상응성 요건은 문제가 되지 않는다고 보았다(그에 대하여 Engländer, NJW 2015, 3047, 3049).
55) 김성돈, 형법총론, 547면.
56) 신동운, 형법총론, 135면. 구성요건적 결과에 대한 언급으로 이재상·장영민·강동범, 형법총론, 10/37도 참조. 독일과 스위스의 통설도 마찬가지이다 (Jescheck, 앞의 글, 799).

무가 있음에도 사용 및 봉인의 훼손을 방지할 수 있는 적절한 조치 없이 골프장을 개장하게 하여 봉인이 훼손되게 하였으므로 그 효용을 해하는 적극적 작위로서의 행위와 다름없다고 형법상 평가될 만한 공무상표시무효죄의 실행행위라고 판결하였다.

대법원 2008. 2. 28. 선고 2007도9354 판결에서는 A 법무사 사무실에서 일하다가 해임된 피고인이 A 법무사로 소개되거나 호칭되는 데에도 자신이 A 법무사가 아니라는 사실을 밝히지 않은 채 법무사 행세를 계속하면서 근저당권설정계약서를 작성한 사건의 법무사법 위반[57]이 문제가 되었다. 대법원은, 피고인이 근저당권 설정계약의 체결에서 적어도 등기위임장이나 근저당권설정계약서를 작성함에 있어 자신이 법무사가 아님을 밝힐 계약상 또는 조리상의 법적인 작위의무가 있음에도 이를 밝히지 아니한 채 법무사 행세를 하면서 등기위임장 및 근저당권설정계약서를 작성함으로써 자신이 법무사로 호칭되도록 계속 방치한 것은 작위에 의하여 법무사의 명칭을 사용한 경우와 동등한 형법적 가치가 있는 것으로 볼 수 있다고 판단하였다. 이 두 판결에서의 구성요건은 결과범이 아님에도 불구하고 대법원은 보증인지위와 상응성을 모두 검토하고 있는데, 공무상표시무효죄가 성립하기 위해서는 봉인이나 압류 등 강제처분의 표시를 손상, 은닉하거나 그에 상응하는 기타 방법으로 효용을 해하여야 하며 법무사사칭은 법무사 또는 그와 비슷한 명칭을 사용하여야 하는 등[58] 구성요건의 실현을

---

57) 제3조(법무사가 아닌 자에 대한 금지) ① 법무사가 아닌 자는 제2조에 따른 사무를 업(業)으로 하지 못한다.

② 법무사가 아닌 자는 법무사 또는 이와 비슷한 명칭을 사용하지 못한다.

제74조(법무사가 아닌 자의 행위) ① 법무사가 아닌 자가 다음 각호의 어느 하나에 해당하면 3년 이하의 징역 또는 500만원 이하의 벌금에 처한다.

  1. 제3조를 위반하여 제2조에 규정된 사무를 업으로 하거나 법무사 또는 이와 비슷한 명칭을 사용한 경우 (하략)

58) 부작위에 의한 기망(이미 착오에 빠져 있는 상대방에게 그 착오를 제거해야 할 의무 있는 자가 고의로 그 고지의무를 이행하지 않고 그 착오를 이행한 경우)에 대한 설명으로 김성돈, 형법각론(7판), SKKUP, 2021, 379면; 이재상·장영민·강동범, 형법각론(11판), 박영사, 2019, 18/20.

위해서는 작위행위가 필요하다는 점에서 대법원은 동가치성이라는 명칭 아래 상응성에 대하여 판단하고 있다고 보이며, 상응성이 있다는 결론도 수긍할 수 있다.

(2) 대상판결의 검토

1) 보증인지위에 관한 판단

부진정부작위범에서는 보증인지위와 동가치성이라는 요건이 존재하는지 여부를 항상 검토해야 하며, 동가치성이 있는지 여부를 판단하기 위한 전제는 보증인지위의 존재이다.

대상판결은 보증인지위를 특별히 언급하고 있지 않지만, 이는 이 사건에서 부진정부작위범의 성립을 인정하기 위해 보증인지위를 검토할 필요가 없다는 뜻이라고 이해할 수는 없다. 대상판결의 피해자는 이 사건 토지의 소유자로서 창고 신축을 위한 형틀공사 계약을 피고인과 체결하였고, 이 계약은 도급계약의 성격을 갖는다. 토지의 소유자로서 피해자는 건축자재를 적치하는 방법으로 자신의 소유인 토지를 점유하고 있는 피고인에게 반환을 청구할 수 있다(민법 제213조). 즉, 타인이 권원 없이 물권의 목적물을 전부 점유하고 있는 경우에는 소유자에게 물권적 청구권으로서 반환청구권이 발생하며, 이때 점유자는 그 물건을 점유할 권리가 없다면 물건의 반환을 거부할 수 없다. 즉 피고인에게는 법률에 의한 보증인지위가 발생하며(형식설) 보증인지위에 기반한 의무의 내용은 자신이 적치한 건축자재로 인해 발생한 위험이 타인의 법익을 침해하지 않도록 자기의 지배범위를 차단하는 것, 즉 건축자재를 치우는 것이다(실질설).[59]

다만, 대상판결의 피고인에게는 민법상의 물권인 유치권이 있다. 유치권을 인정하기 위해서는 유치목적물(점유물)과 피담보채권 사이의 견련관계가 있어야 하는데, 목적물의 제작·수리 등에 재료 또는 노력의 제공을 포함하여 넓은 의미에서의 비용을 지출하였다면 그에 대한

---

59) 피고인은 수급인으로서 완성한 목적물을 도급인에게 인도할 의무도 있다. 송덕수, 신민법강의(6판), 박영사, 2013, 1527면.

대가로 지출자가 가지게 되는 채권은 견련관계가 인정되며, 비용지출자가 그 일의 수행과 관련하여 도급 등의 계약을 체결하여 지출을 하였기 때문에 가지게 되는 보수채권은 그 전형적인 예이다.[60] 유치권이 존재한다고 하더라도, 이는 위법성조각사유가 될 뿐 보증인지위의 인정에 아무런 장애가 되지 않으며 오히려 보증인지위가 존재한다는 주장을 뒷받침하게 된다.

  이렇게 보면, 업무방해죄가 문제가 되는 사건에서도 보증인지위가 존재하지 않는다면 부작위에 의한 위력이 작위와 상응하는지를 검토할 필요없이 업무방해죄가 성립하지 않는다고 볼 여지가 있다. 가령 대법원 2008. 11. 27. 선고 2008도6486 판결의 피고인은 A 주식회사의 이사 겸 실질적 운영자로서 2006. 2. 28. A회사 주주총회에서 해임되었는데, 같은 해 3. 6.경 A 회사 사무실에서 A 회사 신임대표이사인 피해자 안○○ 등 새로 구성된 경영진들로부터 A 회사의 경영을 위한 법인인감, 회계장부 등 경영자료 일체를 넘겨줄 것과 대표이사의 업무인수인계를 요구받았다. 하지만 피고인은 위 주주총회의 해임결정 등에 불만을 품고 피해자들의 A 회사 경영업무를 방해하기로 마음먹고, 피해자들의 회사 경영자료 및 법인인감 반환요구에 불응하면서 A 회사 직원들에게 지시하여 피해자들이 A회사 사무실에 들어오지 못하도록 디지털 잠금장치가 된 출입문을 열어주지 아니하여 위력으로 피해자들의 A 회사 경영업무를 방해하였다는 공소사실로 기소되었다. 그런데 출입문을 열어주지 않은 부작위를 위력의 사용 내지 행사인 작위와 동등하다고 평가하기 위해서는, 그 전제로 피고인에게 보증인지위가 있어야 하는데 피고인은 피해자인 새 경영진과 적대적 관계임이 명백하므로 결과발생을 방지할 보증인적 지위가 없다고 보면[61] 동

---

60) 송덕수, 신민법강의, 790면; 양창수·김형석, 민법 Ⅲ - 권리의 보전과 담보, 박영사, 2012, 302면.

61) 이충상, "문을 열어주지 않은 부작위에 의한 업무방해죄의 성립 여부 - 대법원 2008. 11. 27. 선고 2008도6486 판결을 중심으로 - ", 인권과 정의 제419호 (2011), 135면.

가치성 여부는 검토할 필요가 없다.

  2) 부작위에 의한 위력의 문제

  형법에서의 위력구성요건은 위력에 의한 촉탁승낙살인죄/자살결의죄(제253조), 위력에 의한 미성년자등간음죄(제302조), 업무상 위력에 의한 간음등죄(제303조), 위력에 의한 업무방해죄(제314조),[62] 위력에 의한 경매입찰방해죄(제315조)이며 특수폭행죄 등에서의 위력은 단체 또는 다중이 만들어내는 위력으로 제한된다.

  대법원은 위력이란 피해자의 의사를 제압할 정도의 세력으로서, 유형적이든 무형적이든 묻지 않으므로 폭행·협박뿐만 아니라 사회적·경제적·정치적인 지위나 권세를 이용하는 것도 가능하며, 이 경우의 위력은 현실적으로 피해자의 자유의사가 제압될 것임을 요하는 것은 아니라고 판결하고 있다. 다만 업무방해죄에서의 위력이란 '사람의 의사의 자유를 제압, 혼란케 할 세력'[63]이라고 하여 업무방해죄의 성립요건을 완화시켰다. 대법원에 의하면 '현실적으로 피해자의 자유의사가 제압될 것을 요하는 것은 아니지만, 범인의 위세, 사람 수, 주위 상황 등에 비추어 피해자의 자유의사를 제압하기 족한 세력'을 의미하는데, 위력에 해당하는지는 '범행 일시·장소, 범행 동기와 목적, 인원수, 세력의 태양, 업무의 종류, 피해자의 지위 등 제반 사정을 고려하여 객관적으로 판단'하여야 하며 '반드시 업무에 종사 중인 사람에게 직접 가해지는 세력만을 의미하는 것은 아니고, 사람의 자유의사를 제압하기에 족한 일정한 물적 상태를 만들어 그 사람이 자유롭게 행동하

---

62) 일본형법 제234조(업무방해죄)의 위력 개념을 법원은 사람의 의사를 제압하기에 족한 세력이라고 판결한다. 淺田和茂·井田 良 編, 『新基本法コメンタール 刑法』(第2版), 日本評論社, 2017, 508頁은 폭행이나 협박에 이르지 않는 경우에도 위력에 해당하며, 위력은 기본적으로 폭행 또는 협박의 확장된 형태라고 설명한다.

63) 대법원 1991. 11. 8. 선고 91도326 판결. 헌법재판소는 이러한 해석은 '건전한 상식과 통상적인 법 감정을 가진 일반인으로서도 능히 인식할 수 있는 것으로서 죄형법정주의의 명확성의 원칙에 위반된다고 할 수 없다'고 본다(헌재 2010. 4. 29. 2009헌바168 형법 제314조 제1항 위헌소원).

지 못하도록 하거나, 자유롭게 행동하는 것을 현저히 곤란하게 만드는 행위도 이에 포함될 수 있다.'[64]

대법원이 해석을 통해 업무방해죄에서 위력 개념을 현격히 약화시켰음에도 불구하고, 위력은 업무방해죄의 행위수단으로 형법이 명시하고 있다. 그러므로 어떠한 부작위가 작위 행위에 의한 위력에 상응하는지 여부는 검토해야 할 필요가 있으며,[65] 업무방해죄는 앞에서 살핀 행태관련적 범죄에 해당한다.

대상판결은 결론만을 밝히고 있으나 행위방법으로서의 위력을 인정하기 위해서는 대법원의 설명처럼 '타인의 자유의사를 제압하기에 족한 일정한 물적 상태를 만들거나 현저하게 곤란하게 만드는' 작위행위가 있어야 하기 때문에, 계약관계의 종료 이후 기존의 계약관계의 내용에 비추어 필요한 행위를 하지 않았다는 것은 비록 그로 인해 피해자의 의사결정과정에 영향을 줄 수 있었다고 하더라도 업무방해죄에서의 위력에 해당한다고 볼 수는 없다고 생각한다.

비슷한 사안인 대법원 2017. 11. 9. 선고 2017도12541 판결을 근거로 제시할 수 있는데, 이 사건의 피해자는 건물 소유자인 A 주식회사와 이 사건 사우나에 관한 임대차계약을 체결한 후 사우나를 운영하였고, 피고인은 사우나에서 시설 및 보일러, 전기 등을 관리하는 업무를 담당하였다. A 회사가 피해자와의 임대차계약을 해지하고, B와 새로운 임대차계약을 체결하였는데, B는 피고인과의 고용관계를 승계하지 아니하였고, 피해자는 2015. 3. 3.경 피고인에게 해고 통지를 하였다. B는 2015. 3. 3.경 피고인에게 이제부터 자신이 사우나를 운영하게 되었다며 인수인계를 해 달라고 하였으나, 피고인은 자신이 부당하게

---

64) 이러한 취지의 최근 판결로 대법원 2018. 5. 15. 선고 2017도19499 판결.

65) 지위와 권세의 이용을 위력이라고 볼 수 있다고 하더라도 지위와 권세가 '존재'하는 것과 지위와 권세를 '이용'하는 것은 다르기 때문에 위력관계의 존재만으로 위력간음죄의 성립을 인정할 수 없다는 지적으로 김성돈, "형법상 위력개념의 해석과 업무상 위력간음죄의 위력", 형사정책연구 제30권 제1호 (2019), 145면.

해고되었다는 등의 이유로 화가 나 그에게 이 사건 사우나의 전기배전반 위치와 각 스위치의 작동방법 등을 알려주지 않았으나, 전에 사우나를 운영해 본 경험이 있던 B는 각종 스위치를 작동시켜 보는 방법으로 사우나 내의 시설 등에 대한 작동방법을 습득하였고 그 다음 날의 사우나 영업은 정상적으로 이루어졌다. 그 후 사우나의 보일러 스위치를 켰음에도 보일러의 버너가 작동되지 않는 상황이 발생하였으나 고장의 이유가 무엇인지는 확인되지 않았다. B는 피고인으로부터 사우나에 있는 모든 사물함을 시정할 수 있는 마스터키도 교부받지 못하였으나, 옷장 납품업자를 통해 마스터키를 새로 구입하여 사용하였다. 원심법원이 업무방해죄를 유죄로 판단한 것과는 달리, 대법원은 피고인의 행위 동기, 그 태양과 정도 등에 비추어 보면, 피고인이 단지 전기배전반의 위치와 각 스위치의 작동방법 등을 알려주지 않은 행위가 피해자나 B가 사우나를 운영하려는 자유의사 또는 피해자가 B에게 이 사건 사우나의 운영에 관한 업무 인수인계를 정상적으로 해주려는 자유의사를 제압하기에 족한 위력으로 보기 어렵다고 판단하였다.

Ⅳ. 맺으며

부진정부작위범에서의 동가치성을 판단하기 위해서는 행위자에게 보증인지위가 있어야 한다. 다만 해당범죄가 결과범일 필요가 없음은 대상판결의 설명 및 진정부작위범과 부진정부작위범의 구별에 관한 형식설에서 도출할 수 있으며 형법 제18조의 '결과'도 해당 구성요건의 실현으로 이해해야 한다.

결과 개념을 이렇게 넓게 이해하는 경우에도 동가치성은 부진정부작위범의 성립을 제한하는 기능을 할 수 있다. 동가치성은 기본적으로 해당 구성요건의 해석의 문제이기는 하나 단순한 결과범에서는 동가치성 여부를 따로 논의할 필요가 없으며, 법률이 특별한 행위를 규정한 경우 동가치성을 논의할 실익이 있다.

[주 제 어]

진정부작위범, 부진정부작위범, 동가치성, 결과, 행태관련적 범죄, 업무방해죄

[Key Words]

echte/unechte Unterlassungsdelikte, Entsprechungsmerkmal, Erfolg im Strafrecht, verhaltesgebundene Delikte

접수일자: 2021. 4. 26. 심사일자: 2021. 5. 21. 게재확정일자: 2021. 5. 26.

[참고문헌]

Ⅰ. 국내문헌

1. 단행본

편집대표 김대휘·박상옥, 주석형법 총칙 1(제3판), 한국사법행정학회, 2020.

김성돈, 형법총론(7판), SKKUP, 2021.

_____, 형법각론(7판), SKKUP, 2021.

김일수, 한국형법 Ⅱ(개정판), 박영사, 1996.

배종대, 형법총론(14판), 홍문사, 2020.

성낙현, 형법총론(3판), 박영사, 2020.

송덕수, 신민법강의(6판), 박영사, 2013.

신동운, 형법총론(10판), 법문사, 2017.

양창수·김형석, 민법 Ⅲ - 권리의 보전과 담보, 박영사, 2012.

오영근, 신형법입문(2판), 박영사, 2020.

이상돈, 형법강론(3판), 박영사, 2020.

이용식, 현대형법이론 II, 박영사, 2008.

_____, 형법총론(2판), 박영사, 2020.

_____, 형법각론, 박영사, 2019.

이재상·장영민·강동범, 형법총론(10판), 박영사, 2019.

_____, 형법각론(11판), 박영사, 2019.

이형국·김혜경, 형법총론(5판), 법문사, 2019.

임 웅, 형법총론(7판), 법문사, 2015.

정영일, 형법총론, 학림, 2018.

2. 논 문

김성돈, "침해범/위험범, 결과범/거동범, 그리고 기수/미수의 구별기준", 형
      사판례연구 제17권(2007), 1-24면.

_____, "형법상 위력개념의 해석과 업무상 위력간음죄의 위력", 형사정책
      연구 제30권 제1호(2019), 123-155면.

김성룡, "부진정부작위범의 정범표지 ─ 보증인의 부작위 ─", 형사판례연구

제12권(2004), 84-106면.

_____, "묵시적 기망·부작위를 통한 기망 및 작위와 부작위의 상응성", 형사법연구 제23호(2005), 22-42면.

김재윤, "형법적 준법지원인의 보증인지위와 보증의무에 관한 고찰 ― 독일의 논의를 중심으로 ―", 형사법연구 제32권 제1호(2020), 3-32면.

김태명, "부작위에 의한 살인죄의 공동정범의 성립요건", 형사판례연구 제24권(2016), 55-93면.

류부곤, "부작위범의 불법구조 ― 부작위범의 불법근거와 형법 제18조의 해석을 중심으로", 비교형사법연구 제15권 제1호(2013), 341-366면.

문채규, "부진정부작위범에서 상응성 요건의 허와 실", 비교형사법연구 제11권 제1호(2009), 183-221면.

오병두, 부진정부작위범의 입법형식에 관한 연구 ― 한국, 독일 및 일본의 입법사를 중심으로 ―, 서울대학교 법학박사학위논문, 2005.

이종수, "작위와 부작위 간 공소장변경의 한계 및 필요성 연구", 비교형사법연구 제22권 제1호(2020), 113-145면.

이진국, "부동산 거래사기에서 고지의무와 보증인의무의 관계", 일감법학 제18호(2010), 73-101면.

이충상, "문을 열어주지 않은 부작위에 의한 업무방해죄의 성립 여부 ― 대법원 2008. 11. 27. 선고 2008도6486 판결을 중심으로 ―", 인권과 정의 제419호(2011), 132-145면.

장영민, "부진정부작위범의 성립요건", 형사판례연구 제2권(1994), 37-46면.

_____, "부진정부작위범의 성립요건", 형법판례 150선(3판), 박영사(2021), 48면.

전지연, "부작위범에서 정범과 공범의 구별", 형사판례연구 제13권(2005), 95-137면.

최준혁, "객관적 귀속 이론의 정립과 적용 ― 신양균 교수님의 형사실체법 이론 ―", 전북대학교 법학연구 제64집(2020), 67-94면.

최호진, "세월호 선장과 간부선원의 형사책임에 대한 대법원 판결의 법리분석과 비판", 아주법학 제9권 제4호(2016), 103-131면.

하태영, "형법상 부작위범이 인정되기 위한 요건", 비교형사법연구 제5권 제
1호(2003), 535-565면.

Ⅱ. 독일어문헌
1. 교과서 및 단행본

Bauman/Weber/Mitsch/Eisele, Strafrecht Allgemeiner Teil, 12. Aufl., 2016.

Fuchs, Österreichisches Strafrecht Allgemeiner Teil I, 6. Aufl., Springer 2004.

von Hippel, Deutsches Strafrecht, 2. Band 1930 (Nachdruck 1970).

Armin Kaufmann, Die Dogmatik der Unterlassungdelikte, 2. Aufl., 1988.

Kindhäuser/Neumann/Paeffgen, Nomos Kommentar Strafgesetzbuch, 5. Aufl.,
2017.

Kühl, Strafrecht Allgemeiner Teil, 7. Aufl., 2012.

Lackner/Kühl, StGB, 29. Aufl., 2018.

Murmann, Grundkurs Strafrecht Allgemeiner Teil, 5. Aufl., 2019.

Nitze, Die Bedeutung der Entsprechungsklausel beim Begehen durch Unterlassen,
Duncker & Humblot 1989.

Rengier, Strafrecht Allgemeiner Teil, 9. Aufl., 2017.

Roxin, Strafrecht Allgemeiner Teil Band II, 2003.

Schönke/Schröder, Strafgesetzbuch, 30. Aufl., 2019.

Wessels/Beulke/Satzger, Strafrecht Allgemeiner Teil, 49. Aufl., 2019.

2. 논 문

Freund, Jakobs und die Unterlassungsdelikte. Von der Verhaltensform zur Qualität
der Verhantensnorm, in: Kindhäuser/Kreß/Pawlik/Stuckenberg (Hrsg.), Strafrecht
und Gesellschaft, Mohr Siebeck 2019, 379-402.

Jescheck, Die Behandlung der unechten Unterlassungsdelikte in neueren
Strafrechtsentwürfen, FS Tröndle, 1989, 795.

Kühl, Die Strafrechtliche Garantstellung - Eine Einführung mit Hinweisen zur
Vertiefung, JuS 2007, 497.

III. 일본문헌

淺田和茂·井田 良 編, 『新基本法コメンタール刑法』(第2版), 日本評論社, 2017.

[Zusammenfassung]

Entsprechungsmerkmal bei den unechten Unterlassungsdelikten

Choi, Jun-Hyouk*

Nach Art. 314 von kStGb wird bestraft, wer durch Drohung mit Gewalt das Geschäft eines anderen schädigt. In einem Urteil sagt der koreanische Oberstgerichtshof, dass dieses Delikt als unechtes Unterlassungsdelikt begangen werden kann, allderdings dafür das Unterlassen der Verwirklichung dieser Vorschrift durch ein Tun zu entsprechen ist. In diesem Fall ist die Erfüllung des Entsprechungsmerkmals verneint, weil der Angeklagte das Baumaterial nicht absichtlich auf dem Grundstück des Opfers gelagert, sondern nur das ursprünglich für seine Bauarbeiten gelagerte Baumaterial nach dem Bau nicht entfernt hat.

Die Darstellung der koreanischen Lehre über die Unterlassungsdelikt ist mit der deutschen sehr ähnlich. Aber es gab viele Unklarheiten bezüglich der einzelnen Voraussetzungen. Insbesondere ist es schwer zu verstehen, was die Erklärung des Obersten Gerichtshofs zum Entsprechungsmerkmal bedeutet.

Nach der Meinung von Verfasser ist der Ausgangspunkt des Versuchs die Unterscheidung zwischen echten und unechten Unterlassungsdelikte, um die Entsprechungsmerklmal zu erklären. Den Tatbestand eines echten Unterlassungsdelikts erkennt man daran, dass das ihn erfüllende Verhalten im BT des StGB und im Nebenstrafrecht als ein Unterlassung beschrieben wird. Dagegen erfüllen unechte Unterlassungsdelikte Tatbestände, bei denen das Gesetz das tatbestandsmäßige Verhalten ausschließlich als aktives Tun

---

* Professor, School of Law, Inha University

beschrieben hat. Der Begriff des 'Erfolgs' in Art. 18 kStGB ist weiter als der Erfolgsbegriff, den die Tatbestandslehre zur Abgrenzung der Erfolgsdelikte von den schlichten Tätigkeitsdeliten und abstrakten Gefährdungsdelikten verwendet. Deshalb können nicht nur Tatbestände von Erfolgsdelikten, sondern auch Tatbestände von abstrakten Gefährdungsdelikten und schlichten Tätekeitsdelikten als unechte Unterlassungsdelikte verwirklicht werden.

Entsprechungsmerkmal ist als zusätzliche – oder 2. - Voraussetzung zur unecthen Unterlassungsdelikten nötigt, wo es um sog. verhaltensgebundenen Delikten gehen, d.h. bei Straftatbeständen, die besondere Handlungsweisen voraussetzen.

직권남용행위를 집행한
하급 공무원의 면책범위
—대법원 2020. 1. 30. 선고 2018도2236 전원합의체 판결—

[대상판결] 대법원 2020. 1. 30. 선고 2018도2236 전원합의체
판결1)

1. 사실관계2)와 사건의 경과

[1] 피고인 [갑]은 대통령비서실장이었다. 갑은 대통령의 명을 받아 대통령비서실의 사무를 처리하고 대통령비서실 소속 공무원을 지휘·감독하는 지위에 있었다.

[2] 갑은 ① '문화예술계가 좌편향 되어 있어 이에 대한 시정이 필요하다'는 당시 대통령 [을]의 뜻에 따라 대통령비서실 정무수석 [병], 교문수석 [정]과 문체부 장관 [무] 등에게 문화예술진흥기금(이하 "문예기금"이라 한다) 등 정부의 지원을 신청한 개인·단체의 이념적 성향이나 정치적 견해 등을 이유로 한국문화예술위원회·영화진흥위원회·한국출판문화산업진흥원(이하 각각 "예술위", "영진위", "출판진흥원"이라한다)이 수행한 각종 사업에서 좌파 등에 대한 지원배제, 예술위 책임

---

* 홍익대학교 법과대학 교수

1) 원심: 서울고등법원 2018. 1. 23. 선고 2017노2425, 2424 (병합) 판결.
   제1심: 1. 서울중앙지방법원 2017. 7. 27. 선고 2017고합77 판결 / 2. 서울중앙지방법원 2017. 7. 27. 선고 2017고합102 판결.

2) 이하의 사실관계는 평석에 필요한 범위로 압축한 것이다. 또한 공소사실 중에는 문체부 1급 공무원에게 사직을 요구한 점도 직권남용권리행사방해죄로 의율되었으나 여기에서는 다루지 않기로 한다.

심의위원 선정과정 개입을 지시하였다. 또한 정부를 비판하거나 정부의 견해에 의문을 제기하는 영화를 상영한 영화제나 영화관에 대한 지원의 배제를 지시하였다. ② 이에 따라, 문체부 공무원 [기]는 예술위·영진위·출판진흥원 직원들에게 예술위원장, 예술위원에게 배제지시를 전달하는 행위, 지원배제 방침이 관철될 때까지 사업진행 절차를 중단하는 행위, 지원배제 대상자에게 불리한 사정을 부각시켜 심의위원에게 전달하는 행위, 지원배제 방침을 심의위원에게 전달하면서 지원배제 대상자의 탈락을 종용하는 행위, 지원배제 업무에 용이하도록 심의위원을 구성하는 행위, 배제대상자를 안건에서 제외하여 심의위원에게 전달하는 행위, 위원회 전체회의 심사를 보류하는 행위, 지원배제를 위한 명분을 발굴하는 행위, 지원배제를 위해 새로운 기준을 발굴하고 이를 적용하기 위하여 사업을 재공고하는 행위, 심의위원에게 의견을 제시하는 행위, 지시에 따라 지원금 삭감 의안을 상정하는 행위, 상영불가 통보 행위 등을 하게 하게 하였고(이하 "배제지시 수행행위(1)"), 또 각종 명단을 송부하게 한 행위, 공모사업 진행 중 수시로 심의 진행 상황을 보고하게 한 행위(이하 "배제지시 수행행위(2)") 등을 하게 하였다.

　　[3: 원심의 판단]

　　(가) 피고인 [갑]의 위와 같은 지원배제 지시는 헌법에서 정한 문화국가원리, 표현의 자유, 평등의 원칙, 문화기본법의 기본이념인 문화의 다양성·자율성·창조성 등에 반하여 헌법과 법률에 위배된다.

　　(나) 피고인 갑의 위와 같은 지시는 예술위, 영진위의 지원 여부 결정 과정, 예술위 책임심의위원 선정과정에 개입하는 것으로서 예술위, 영진위 위원의 직무상 독립성 등을 침해하여 위법하고, 출판진흥원에 대한 문체부 장관의 정당한 지휘·감독권의 범위에 속하는 사항도 아니다.

　　(다) 따라서 피고인 [갑]은 당시 대통령 [을], 정무수석 [병], 교문수석 [정], 문체부 장관 [무], 문체부 공무원 [기] 등과 공모하여 (기능적

행위지배를 통하여) 대통령, 비서실장, 정무수석, 교문수석, 문체부 장관 등의 직권을 남용하였다.

2. 대법원의 판단

[다수의견]

[1] 직권남용권리행사방해죄는 공무원이 일반적 직무권한에 속하는 사항에 관하여 직권을 행사하는 모습으로 실질적, 구체적으로 위법·부당한 행위를 한 경우에 성립한다. '직권남용'이란 공무원이 일반적 직무권한에 속하는 사항에 관하여 그 권한을 위법·부당하게 행사하는 것을 뜻한다. (···) 남용에 해당하는가를 판단하는 기준은 구체적인 공무원의 직무행위가 본래 법령에서 그 직권을 부여한 목적에 따라 이루어졌는지, 직무행위가 행해진 상황에서 볼 때 필요성·상당성이 있는 행위인지, 직권행사가 허용되는 법령상의 요건을 충족했는지 등을 종합하여 판단하여야 한다.

[2] (가) 직권남용권리행사방해죄[가 성립하기 위해서는] 직권을 남용하여 현실적으로 다른 사람이 법령상 의무 없는 일을 하게 하였거나 다른 사람의 구체적인 권리행사를 방해하는 결과가 발생하여야 하고, 그 결과의 발생은 직권남용 행위로 인한 것이어야 한다. (···)

(나) '사람으로 하여금 의무 없는 일을 하게 한 것'과 '사람의 권리행사를 방해한 것'은 형법 제123조가 규정하고 있는 객관적 구성요건요소인 '결과'로서 둘 중 어느 하나가 충족되면 직권남용권리행사방해죄가 성립한다. 이는 '공무원이 직권을 남용하여'와 구별되는 별개의 범죄성립요건이다.

(다) 따라서 (···) <u>'의무 없는 일'에 해당하는지는 직권을 남용하였는지와 별도로 상대방이 그러한 일을 할 법령상 의무가 있는지를 살펴 개별적으로 판단하여야 한다.</u> (···)

[3] (가) 직권남용 행위의 상대방이 일반 사인인 경우 특별한 사정

이 없는 한 직권에 대응하여 따라야 할 의무가 없으므로 그에게 어떠한 행위를 하게 하였다면 '의무 없는 일을 하게 한 때'에 해당할 수 있다.

(나) 그러나 상대방이 공무원이거나 법령에 따라 일정한 공적 임무를 부여받고 있는 공공기관 등의 임직원인 경우에는 법령에 따라 임무를 수행하는 지위에 있으므로 그가 직권에 대응하여 어떠한 일을 한 것이 의무 없는 일인지 여부는 관계 법령 등의 내용에 따라 개별적으로 판단하여야 한다.

(다) 행정조직은 날로 복잡·다양화·전문화되고 있는 현대 행정에 대응하는 한편, 민주주의의 요청을 실현하는 것이어야 한다. 따라서 행정조직은 통일된 계통구조를 갖고 효율적으로 운영될 필요가 있고, 민주적으로 운영되어야 하며, 행정목적을 달성하기 위하여 긴밀한 협동과 합리적인 조정이 필요하다. 그로 인하여 행정기관의 의사결정과 집행은 다양한 준비과정과 검토 및 다른 공무원, 부서 또는 유관기관 등과의 협조를 거쳐 이루어지는 것이 통상적이다. 이러한 협조 또는 의견교환 등은 행정의 효율성을 높이기 위하여 필요하고, 동등한 지위 사이뿐만 아니라 상하기관 사이, 감독기관과 피감독기관 사이에서도 이루어질 수 있다. 이러한 관계에서 일방이 상대방의 요청을 청취하고 자신의 의견을 밝히거나 협조하는 등 요청에 응하는 행위를 하는 것은 특별한 사정이 없는 한 법령상 의무 없는 일이라고 단정할 수 없다.

(라) 결국 공무원이 직권을 남용하여 사람으로 하여금 어떠한 일을 하게 한 때에 상대방이 공무원 또는 유관기관의 임직원인 경우에는 그가 한 일이 형식과 내용 등에 있어 직무범위 내에 속하는 사항으로서 법령 그 밖의 관련 규정에 따라 직무수행 과정에서 준수하여야 할 원칙이나 기준, 절차 등을 위반하지 않는다면 특별한 사정이 없는 한 법령상 의무 없는 일을 하게 한 때에 해당한다고 보기 어렵다.

[4] (가) 예술위·영진위·출판진흥원과 관련된 법령들의 내용에 비

추어 보면,3) 예술위·영진위·출판진흥원 직원들은 위 각 법인의 위원들의 직무상 독립을 보장하고 각 법인이 자율적으로 사업목적을 수행할 수 있도록 보조하는 업무를 수행할 법령상 의무가 있다. 따라서 이러한 <u>법령에서 정한 직무범위를 벗어나거나 법령에서 정한 의무에 위배되는 행위를 하게 하였다면 형법 제123조에서 정한 '의무 없는 일을 하게 한 때'에 해당할 수 있다.</u>

(나) 문체부 공무원 [기]가 예술위·영진위·출판진흥원 직원들로 하여금 하게 한 이 사건 각 행위 중 [배제지시 수행행위(1)]은 모두 <u>위원들의 독립성을 침해하고 자율적인 절차진행과 운영을 훼손하는 것</u>으로서 위에서 본 <u>예술위·영진위·출판진흥원 직원들이 준수해야</u>

---

3) 다수의견이 제시한 관련 법령의 내용은 다음과 같다.

공공기관의 운영에 관한 법률 제1조, 제3조, 제51조에 따르면 공공기관의 책임경영 체제와 자율적 운영이 보장되어야 하고, 주무기관의 장은 공기업·준정부기관의 자율적 운영이 침해되지 아니하도록 법령에서 그 내용과 범위를 구체적으로 명시한 경우에만 감독할 수 있다.

문화예술진흥법 제20조는 문화예술 진흥을 위한 사업과 활동을 지원하기 위하여 예술위를 둔다고 규정하고 있다. 제30조에서 예술위의 직무를 구체적으로 명시하고 있다. 예술위는 문화예술에 관하여 전문성과 경험이 풍부하고 덕망이 있는 자 중에서 문체부 장관이 위촉하는 15명 이내의 위원으로 구성한다(제23조). 위원은 임기 중 직무상 외부의 어떠한 지시나 간섭을 받지 않으며, 문화예술의 다양성과 균형적 발전을 위하여 성실하게 직무를 수행하여야 한다(제29조). 예술위의 사무를 보조하기 위하여 사무처를 둔다(제33조). 직원들은 사무처에 소속된 것으로 보인다. 위와 같은 법률규정에 비추어 보면, 예술위의 직원들은 위와 같이 법률이 정한 예술위의 목적과 직무, 위원들의 직무수행을 보조하는 업무를 수행할 의무가 있다.

영화비디오법 제4조는 영화의 질적 향상을 도모하고 한국영화 및 영화산업의 진흥을 위하여 영진위를 둔다고 규정하고 있다. 제14조에서 영진위의 기능을 구체적으로 명시하고 있다. 영진위는 영화예술 및 영화산업 등에 관하여 전문성과 경험이 풍부한 자 중에서 문체부 장관이 임명하되 성과 연령, 전문성 등을 균형 있게 고려하여 구성한 9인의 위원으로 구성한다(제8조). 위원은 임기 중 직무상 어떠한 지시나 간섭을 받지 않는다(제13조). 영진위의 사무를 보조하기 위하여 사무국을 둔다(제20조).

출판문화산업 진흥법 제16조는 출판문화산업의 진흥·발전을 효율적으로 지원하기 위하여 출판진흥원을 둔다고 규정하고 있다. 제16조의4에서 출판진흥원의 직무를 구체적으로 규정하고 있다.

하는 법령상 의무에 위배되므로 '의무 없는 일을 하게 한 때'에 해당한다.

(다) 이 사건 각 행위 중 [배제지시 수행행위(2)] 부분에 관하여는 원심의 판단을 그대로 받아들이기 어렵다.

(…) 예술위·영진위·출판진흥원 직원들이 문체부에 위와 같은 명단을 송부하고 공모사업 진행 중 수시로 심의 진행 상황을 보고해야 하는 직접적인 법령상의 근거가 존재하지 않는다. 피고인 [갑] 등과 공모한 문체부 공무원 [기]의 예술위·영진위·출판진흥원 직원들에 대한 위와 같은 행위가 위 각 법인의 사업에 대한 정당한 감독권 행사를 위한 것이 아니라 정치적인 성향이나 정부에 비판적인 활동을 하였다는 등의 이유로 특정 대상자에 대한 지원을 배제하기 위한 목적에서 이루어진 이상 위헌·위법한 행위이다. 공무원이나 유관기관의 직원들은 위법한 직무상 명령에 따를 의무가 없으므로 유관기관 직원들에게 위와 같은 행위를 하게 한 것은 법령상 의무 없는 일을 하게 한 때에 해당한다.

그러나 앞에서 본 법리에 비추어 살펴보면, 예술위·영진위·출판진흥원 직원들이 위와 같은 명단을 문체부에 보내주어야 하는 직접적인 법령상의 근거가 존재하지 않는다거나 피고인 [갑] 등과 공모한 문체부 공무원 [기]의 지시가 위법하다고 하여 곧바로 그에 따른 위 직원들의 행위가 의무 없는 일을 한 것이라고 단정할 수는 없다. 앞에서 본 것처럼 피고인 갑 등이 공모하여 예술위·영진위·출판진흥원 직원들에게 지시한 행위는 직권을 남용한 것이다. 그런데 예술위·영진위·출판진흥원 직원들이 그 지시에 따라서 한 일이 의무 없는 일인지를 판단할 때에는 직원들에게 그 일이 법령상 의무 없는 일인지를 독자적으로 따져야 한다.

예술위·영진위·출판진흥원은 사업의 적정한 수행에 관하여 문체부의 감독을 받으므로 일반적으로 지원사업의 진행 상황을 보고하는 등 문체부의 지시에 협조할 의무가 있고, 예술위 직원 A, B 등은 원심에서 2014년 이전에도 문체부의 지시에 따라 공모사업 신청자 명단을 송부해 준 사실이 있다고 진술하였다. 그렇다면 예술위·영진위·출판진흥원 직원들의 이 부분 행위는 의무 없는 일에 해당하기 어렵다고 볼 여지도 있다. 따라서 원심으로서는 예술위·영진위·출판진흥원 직원들이 종전에도 문체부에 업무협조나 의견 교환 등의 차원에서 명단을 송부하고 사업 진행 상황을 보고하였는지, 그 근거는 무엇인지, 이 사건 공소사실에서 의무 없는 일로 특정한 각 명단 송부 행위와 심의 진행 상황 보고 행위가 종전에 한 행위와 어떠한 차이가 있는지 등을 살피는 방법으로 법령 등의 위반 여부를 심리하여 의무 없는 일을 하게 한 때에 해당하는지를 판단하였어야 한다.

[대법관 박상옥의 별개의견]

[1] 피고인들의 행위가 재량권을 일탈·남용한 행위로 평가되거나 그에 따른 법령상 책임을 지는 것을 넘어 정책목적이 헌법에 부합하지 아니하거나 부당하다는 이유만으로 형법 제123조에서 말하는 직권을 남용한 것으로 보아 형사책임을 묻는 것은 형사법의 기본 원리에 배치된다. 특히 직무권한의 범위가 넓은 고위공무원의 경우 정치적 지형의 변화에 따라 추상적인 기준인 헌법 위반을 이유로 형사처벌을 받게 되어 명확성 원칙 등 죄형법정주의에 위반될 우려가 있다. 헌법원리는 이를 위반할 때 형사처벌이 예정되는 구체적인 행위규범으로서는 기능하기 어렵기 때문이다. 따라서 피고인들의 행위가 위헌적이라는 이유로 이를 직권의 남용이라고 본 다수의견의 결론에 찬동하기 어렵다.

[2] 의무 없는 일을 하게 하였는지

(가) 원심이 인정한 이 부분 범죄사실의 요지는, 예술위·영진위·출판진흥원과 관련된 법령들의 내용에 비추어 보면 예술위·영진위·출판진흥원의 직원들은 위 각 법인의 위원들의 직무상 독립을 보장하고 각 법인이 자율적으로 사업목적을 수행할 수 있도록 보조하는 업

무를 수행할 법령상 의무가 있음에도, 피고인들이 이러한 직원들에게 특정 개인이나 단체를 기금 분배대상에서 배제하도록 위원들을 종용하게 하는 등 지원심의에 부당하게 개입하게 하였다는 것이다.

(나) 그런데 이러한 원심의 판단을 지지하는 다수의견은 예술위·영진위·출판진흥원의 기금배분은 각 법인의 심의를 거쳐 이루어진 사실을 간과하고 있다. 문화예술진흥법 등은 전문가들로 구성되어 자율성이 보장되는 독립된 기관인 각 법인에서 문예기금 등의 배분을 심의하도록 규정하고 있고, 특히 예술위와 영진위가 배분하는 기금은 국가재정법 제5조 제1항 [별표 2]에 따라 설치된 것으로서 운용계획의 수립, 변경, 지출 등에 있어 국가재정법의 규정에 따라 집행되어야 한다. 비록 피고인들이 특정 개인이나 단체를 기금의 배분 대상에서 제외하는 정책을 위원회에 전달하도록 예술위·영진위·출판진흥원의 직원들에게 지시하였다고 하더라도, 그러한 권한의 행사로 말미암아 각 법인의 심의 과정이나 결정에 영향을 미쳤다거나 국가재정법에 반하는 지출이 이루어졌다는 점이 구체적으로 증명되어야 한다. 그러나 이 사건 수사단계에서부터 각 법인이 문예기금 등의 배분에 관하여 어떠한 기준과 그에 따른 논의과정을 거쳐 심의하였고 이를 관련 법률에 따라 집행하였는지에 관하여 아무런 조사가 이루어지지 않았고 따라서 이를 판단할 증거도 부족하다. 그럼에도 불구하고 피고인들의 지원배제 정책을 지시한 행위가 위법하다는 평가만으로 예술위·영진위·출판진흥원의 직원들에게 의무 없는 일을 하도록 하였다고 판단하는 것은 국가재정법과 문화예술진흥법, 영화비디오법 등에 규정된 기금운용 절차에 따라 기금 배분이 적법하게 이루어졌을 가능성을 아예 도외시하고 성급하게 피고인들을 유죄로 인정한 결과가 된다. (···)

(3) 다수의견은 '의무 없는 일을 한 때'의 판단 기준을 예술위·영진위·출판진흥원의 직원들이 '법령상 의무 없는 일을 하였는지 여부'로 보고 있으면서도 각 법인의 직원들에게 부여된 법령상 의무의 근거에 관하여 구체적·개별적으로 논증하지 않고 있다. 문화예술진흥법

에는 예술위의 사무를 보조하기 위하여 사무처를 둔다는 규정만이 있고(제33조), 영화비디오법에는 영진위의 사무를 보조하기 위하여 사무국을 둔다고 규정하고 있을 뿐이며(제20조), 출판문화산업 진흥법에는 출판진흥원의 직무를 규정하고 있을 뿐 그 직원들의 의무를 규정하고 있지 아니하다. 위 각 법인의 직원들의 법령상 의무는 각 법인 사무를 보조하는 것에 불과하므로 각 법인의 심의를 거쳐 이루어지는 지원 또는 지원배제 결정에서 위 각 법인의 직원들에게 법령상 부과된 의무가 존재하지 아니한다. 다수의견의 결론에 따른다면 각 법인의 의사결정은 실질적으로 예술위·영진위·출판진흥원 직원들에 의하여 이루어지고 법령상 권한과 의무를 부여받은 위원들은 직원들에 의해 좌지우지되는 명목상 존재로서 거수기에 불과하게 된다. 이는 관련 법령에서 규정한 예술위·영진위·출판진흥원의 독립성, 자율성, 전문성에 반하는 해석이다.

(라) 굳이 피고인들을 직권남용권리행사방해죄로 의율하려면, 공소사실과 같이 예술위·영진위·출판진흥원의 직원들에게 의무 없는 일을 하도록 한 것이 아니라, 피고인들의 행위로 인하여 각 법인의 기금 배분을 위한 공모사업 신청자들에 대한 권리행사를 방해한 것으로 보는 것이 실체적 진실에는 보다 더 부합하는 것일 수 있다.

(마) 그러나 특별검사는 피고인들이 각 법인에 영향력을 미치기 위하여 각 법인 직원들에게 배제대상자를 전달하여 그 직원들로 하여금 지원배제 지시가 관철되기 위한 행위들을 하게 하였다는 것을 공소사실로 구성하였고, 그렇게 구성된 공소사실만을 증명하고 있을 뿐이다. 각 법인 직원들로 하여금 의무 없는 일을 하게 하였다는 점은 지원배제라는 피고인들의 목적을 달성하는 결과에 이르는 과정에 불과하다. 목적 달성 과정에서 이루어진 이러한 행위들을 직권남용권리행사방해죄에서 말하는 의무 없는 일로 포섭한다면 앞서 본 직권남용의 부당한 확장해석과 더해져 직권남용권리행사방해죄의 처벌 범위가 무한하게 확대될 수 있다.

(바) (···) 나아가 다수의견과 같이 피고인들의 지시가 위헌·위법하여 직권을 남용하는 행위라고 본다면 의무 없는 일을 하였다는 각 법인 직원들의 행위가 피고인들의 위헌·위법한 행위에 대한 공모 내지 방조에 해당하는지, 관련 위원회의 위원들도 그들의 직권을 남용하여 기금 대상자 결정을 하였는지 여부 등에 관하여도 수사와 소추 여부 결정이 이루어져야 함에도, 단지 각 법인의 직원들이 의무 없는 일을 하였다는 점에 대해서만 수사와 공소가 이루어짐으로써 사건의 실체가 왜곡될 수 있음을 지적하지 않을 수 없다.

[보충의견(1): 대법관 박정화, 대법관 민유숙, 대법관 김선수, 대법관 김상환의 보충의견]

이 사건 지원배제지시는 피고인들이 헌법 제7조에서 규정한 공직자의 국민전체에 대한 봉사자로서의 지위 및 정치적 중립성 규범을 무시한 채 정치적 중립의 자리에서 멀리 일탈하여 정당한 이유 없이 일부 문화예술인들을 자의적으로 차별하기 위한 것이다. 문화예술인과 단체를 피고인들 및 그들이 속한 정치집단과 정치적 견해를 같이 하는가를 기준으로 둘로 나누어 정치적 표적 집단에 속하는 쪽에게 불이익을 주기 위한 것이라는 점에서 해당 예술가들의 예술의 자유 등 헌법상 기본적 인권을 무시한 것이기도 하다. 이런 점 등에 비추어 보면 피고인들 행위의 실질은, 그들이 내세운 동기와 명분과는 전혀 달리, 헌법과 법률에 위배된 행위로서 직권남용권리행사방해죄의 구성요건 중 하나인 '공무원이 직권을 남용하여' 부분을 충족한다.

[보충의견(2): 대법관 안철상, 대법관 노정희의 보충의견]

[1] (가) 이 사건 공소사실은 그 전제사실에서 문예기금 등 지원배제가 이루어졌다고 적시하면서도, 그 지원을 신청한 문화예술인 등에 대하여 지원배제를 하거나 하게 한 최종행위를 구성요건 사실로 한 것이 아니라 그 지원배제 과정에서 예술위 등 관련기관 직원들에 대하여

명단송부 등을 하게 한 행위를 구성요건 사실로 하고 있다.

(나) 이 사건에서 중요한 것은 문화예술인 등이 부당하게 문예기금 등의 지원에서 배제된 사실에 있으므로, 이들에 대하여 지원배제를 함으로써 이들의 권리행사를 방해한 행위 또는 이들에 대하여 지원배제의 처분이나 의결을 하게 한 행위를 소추하는 것이 기본이라 할 수 있다.

(다) 대법관 박상옥의 별개의견에서 지적한 바와 같이, 문화예술인 등에 대한 문예기금 등 지원배제라는 중대한 결과를 발생시킨 행위를 소추하지 않고 관련기관의 직원들에 대한 명단송부 등 지원배제 과정에서 이루어진 행위를 소추하였다. 다만, 이들 각 행위는 범죄 성립에 있어 택일관계에 있는 것이 아니므로, 뒤에서 보는 바와 같이 후자만 기소한 것은 문제가 되지만, 법원으로서는 기소된 행위에 대한 판단을 하면 되고, 전자를 기소하지 않았다고 하여 후자에 대한 판단을 달리 할 것은 아니다.

[2] (가) 이 사건에서는 문예기금 등 지원배제라는 '최종행위'가 아니라 그에 이르는 일련의 과정에서 행해진 명단송부, 진행상황 보고, 지원배제 방침 전달 등과 같은 '과정의 행위'를 기소하였다. 이 경우 생길 수 있는 문제는 다음과 같다.

(나) (···) 이렇게 보는 경우 직권남용권리행사방해죄의 처벌대상이 무한정 늘어나게 되고, 현실적으로 기소가 제한될 수밖에 없다고 하더라도 검사의 자의적인 선택을 허용하는 것이 되어 문제가 된다. 특히 직권남용권리행사방해죄는 그 상대방에 따라 각각의 죄가 성립하는 것이므로, 과정의 행위를 한 사람은 최종행위에 대해서는 직권남용권리행사방해죄의 공범이 될 수 있고 과정의 행위와 관련해서는 직권남용권리행사방해죄의 상대방이 될 수 있다. 이 사건에서 관련기관 직원들은 문예기금 등 지원배제의 결과인 최종행위에 대해서는 직권남용권리행사방해죄의 공범이 될 수 있지만, 자신들이 행한 문서송부 등 과정의 행위에 대해서는 직권남용권리행사방해죄의 상대방이 될

수 있다. 수사기관이 수사협조 여부에 따라 자의적으로 관여자를 공범 또는 상대방으로 정하여 기소할 수 있다면 또 다른 문제가 생길 소지 가 있다.

(다) (···) 문예기금 등 지원배제라는 직권남용이 가능하게 된 유 해한 환경을 점검하고, 그 지원배제의 절차 진행 과정에서 바로잡아야 할 위법 요소가 있으면 이를 교정하는 것도 필요하다. [따라서] 과정의 행위라 하더라도 법령 그밖의 관련 규정을 위반하는 행위를 하게 한 때에는 별개의 죄가 성립한다고 보아야 한다. (···) 최종행위가 기소 되었다면 직권남용권리행사방해죄가 성립할 수 있었음에도 과정의 행 위만을 기소하여 그 행위가 구성요건을 충족하지 못해 처벌할 수 없게 된 경우, 일반인의 입장에서 볼 때 그 직권남용의 결과에 대한 책임을 제대로 묻지 못함에 따른 사법불신을 가져올 수 있다. 그리고 과정의 행위가 구성요건을 충족하는 경우에도 그 행위에 상응하는 책임만 묻 는다면 직권남용의 최종 결과에 대한 책임으로서 미흡하게 되고, 반면 에 과정의 행위만으로 최종행위의 결과에 대한 책임까지 묻게 된다면 행위를 초과하는 책임을 묻게 되어 타당하다고 할 수 없다.

[3] (가) 결국 직권남용권리행사방해죄는 최종행위에 대한 책임을 묻는 것이 기본이어야 하고, 과정의 행위도 구성요건에 해당하고 가벌 성이 있는 경우에는 함께 소추하는 것은 문제가 없지만, 최종행위를 기소하지 아니한 채 과정의 행위만을 기소하여 직권남용의 결과에 대 한 책임까지 지도록 하려는 태도는 바람직하다고 할 수 없다.

(나) 상대방인 공무원 또는 관련 공공기관의 임직원 등이 법령에서 정한 직무의 범위를 벗어나거나 법령 그 밖의 관련 규정에 따라 직무 수행 과정에서 준수하여야 할 원칙이나 기준, 절차 등을 위반하게 한 경우에만 '의무 없는 일을 하게 한 때'에 해당한다고 보아야 한다. 행 정의 영역 내부에서도 법치주의 원리는 실현되어야 하므로 법령 그 밖의 관련 규정을 위반하게 한 경우까지 의무 없는 일을 하게 한 때에 해당하지 않는다고 볼 수는 없다.

(다) 이 사건의 경우, 문예기금 등 지원배제가 직권남용에 해당한
다는 이유로 그 실행 과정에서 있었던 상대방에 대한 모든 행위를 의
무 없는 일을 하게 한 것으로 인정하여 직권남용권리행사방해죄가 성
립한다고 보아서는 아니 되고, 반면에 <u>그 과정의 행위라 하더라도 법
령 그 밖의 관련 규정을 위반하여 하게 한 경우에는 최종행위와 별개
로 직권남용권리행사방해죄가 성립한다고 보아야 한다.</u>

[4] 우리의 공직사회도 과거 권위주의적 시대의 영향으로 잘못된
직권남용적 관행이 묵인되어온 것은 아닌지, 이성적 성찰 없이 잘못된
명령과 관행을 만연히 따랐던 사례는 없었는지 점검할 필요가 있다.
그렇지만 직권남용권리행사방해죄가 과잉 적용될 경우에는 직권남용
이 될 수 있음을 우려하여 창의적·개혁적 의견을 제시하는 것도 위축
시키게 되어 국가 발전을 가로막는 결과를 가져올 수 있다. 따라서 <u>직
권남용권리행사방해죄 성립의 기준을 법령 그 밖의 관련 규정에 따른
것인지 여부로 설정하여 공직자에게 예측가능성을 제공하고, 법령 그
밖의 관련 규정에 충실히 따른 행위에 대해서는 그로 인한 책임을 지
지 아니하는 공직사회의 문화를 만들어나가는 것</u>이 중요하다고 생각
한다.

[평   석]

I. 쟁점의 정리

대상판결은 문화예술계의 지원배제 지시가 형법 제123조의 직권
남용권리행사방해죄(이하 "직권남용죄"라 한다)의 죄책에 해당하는가가
문제되었던 것으로 '블랙리스트' 사건으로 불린다.[4]

직권남용죄를 규정한 형법 제123조는 "공무원이 직권을 남용하여
사람으로 하여금 의무없는 일을 하게 하거나 사람의 권리행사를 방해

---

4) 대법원이 붙인 사건 명칭은 "문화예술계 지원배제 등 관련 직권남용권리행사
방해 사건"이다.

한 때에는 5년 이하의 징역, 10년 이하의 자격정지 또는 1천만원 이하의 벌금에 처한다.”고 하고 있다. 대법원은 그 구성요건요소로, ① 공무원이 직권을 남용하는 행위, ② 의무 없는 일을 하였거나 다른 사람의 구체적인 권리행사가 방해된 결과, 그리고 ③ ①과 ② 사이의 인과관계를 요구한다. ④ 그에 대한 인식과 의사를 요구한다. 대상판결의 다수의견은 ②의 요건이 ①의 “직권을 남용하여”라는 요건과 분리하여 검토하여야 할 별개의 요건이라고 강조하면서, 의무 없는 일을 하게 한 경우(이하 “의무강제”라 한다)를 권리행사를 방해한 경우(이하 “권리방해”라 한다)에 있어서 ‘구체적인 권리행사가 방해된 결과’와 동일한 수준의 외적 사실을 요구한다.

대상판결의 다수의견은 피고인 [갑] 등의 지시와 관련하여 예술위·영진위·출판진흥원 직원들(이하 “각 법인 직원들”이라 한다)이 ‘의무 없는 일’을 한 사람으로 보았다. 여기에서 다수의견은 상대방이 사인인 경우와 공무원(또는 이에 준하는 공공기관의 임직원)인 경우를 나누어, 사인에게 원칙적으로 의무가 인정될 수 없으므로 원칙적으로 ‘의무 없는 일을 하게 한 것’에 해당하지만5) 상대방이 공무원인 때(이 사건의 경우에는 공공기관의 직원)는 “법령에 따라 임무를 수행하는 지위에 있으므로 그가 직권에 대응하여 어떠한 일을 한 것이 의무 없는 일인지 여부는 관계 법령 등의 내용에 따라 개별적으로 판단하여야 한다.”고 하면서 ‘상하·지시관계의 경우’와 ‘협조 또는 의견교환 관계의 경우’로 나누어 검토한다. 즉, ‘상하·지시관계의 경우’에는 기본적으로 법령상의 의무가 인정되지만, ‘협조 또는 의견교환 관계의 경우’에는 일방적인 의견청취나 협조요청이 있어도 원칙적으로는 ‘의무 없는 일을 하게 하는 것’이 될 수 없다고 하였다.

이는 형법 제123조 후단의 ‘의무강제·권리방해’ 요건을 구체적으

---

5) 따름판결인 대법원 2020. 2. 13. 선고 2019도5186 판결 <‘화이트리스트’ 사건>에서 “대통령비서실 소속 공무원이 그 지위에 기초하여 ‘사인’인 전국경제인연합회에 특정 정치성향의 시민단체에 대한 자금지원을 요구한 행위”는 그 자체로 직권남용죄가 될 수 있다고 보았다.

로 검토하면서 직권남용죄의 성립범위를 좁히고자 하는 취지로 이해
된다. 직권남용죄를 구성하는 2개의 요건 중에서 '직권남용'을 넓게 인
정하면서도, 후단인 '의무강제·권리방해'를 엄격하게 해석하여 그 성
립범위를 제한한 것으로 보인다.

이러한 다수의견 이외에도, 대상판결에서는 별개의견, 보충의견
(1), 보충의견(2) 등으로 나뉘어 직권남용죄의 법적 성격, 적용요건과
법정책 등에 대한 다양한 의견이 개진되었다. 다수의견과 (실질적으로
반대의견인) 별개의견6)은 크게 2가지 점에서 대립한다.

첫째, 헌법원리 위반이 직권의 남용이 될 수 있는지에 대해 입장
을 달리한다. 다수의견은 피고인 [갑]의 지원배제지시에 따른 배제지
시 수행행위(1)은 헌법원리와 표현의 자유 등 기본권을 침해하고 예술
위, 영진위 위원의 직무상 독립성 등을 침해하므로 위헌·위법하여 직
권남용에 해당한다고 보았다.

반면, 박상옥 대법관의 별개의견은 다수의견이 "직권[의] 행사가
구체적으로 어떠한 법령상 의무를 위반하였는지 특정하지 아니"하여
죄형법정주의에 위반되고, "특히 일반적 직무권한의 범위가 넓은 고위
공무원의 경우 직권남용권리행사방해죄의 적용범위가 자의적으로 확
장될 우려"가 있다고 반대한다.7) 여기에서 보충의견(1)은 다수의견을

---

6) 실질적으로는 다수의견에 대한 반대의견이나, "원심판결이 파기되어야 한다는
결론은 다수의견과 같이 하지만 그 파기이유가 다르"기 때문에 별개의견이다.
7) 소수의견의 위 주장은 권성 전 헌법재판관이 한 다음 지적의 연장선상에 있
다. "'직권남용'과 '의무'는 그 의미가 모호하고 광범위하며 추상적인 개념으로
법원의 해석 역시 추상적인 기준만을 제시할 뿐 직권남용의 의미를 파악해
내기가 쉽지 않아, 수사기관이 그 규범 내용을 명확하게 인식하여 어떠한 행
위가 이 사건 법률조항에 해당하는지를 일관성 있게 판단하기 어렵게 함으로
써 자의적인 해석과 적용의 여지를 남기고 있어, 이른바 정권교체의 경우에
전임 정부에서 활동한 고위 공직자들을 처벌하거나 순수한 정책적 판단이 비
판의 대상이 된 경우에 공직자를 상징적으로 처벌하는 데에 이용될 위험성도
있으므로 이 사건 법률조항은 죄형법정주의의 명확성원칙에 위반된다."(재판관
권성의 반대의견(헌법재판소 2006. 7. 27. 선고 2004헌바46 결정(전원재판부), <형
법 제123조 위헌소원>).

보충하여 헌법 위반의 점도 직권의 남용행위가 될 수 있다고 본다.

둘째, 피고인 [갑]의 지원배제지시를 이행하는 각 법인 직원들의 배제지시 수행행위(1)을 형사법적으로 어떻게 파악해야 하는지에 대하여도 의견이 갈렸다. 다수의견은 의무 없는 일을 하게 한 경우, 즉 "의무강제"로 보았다. 즉, 피고인 [갑] 등과 공모한 문체부 공무원 [기]의 행위가 "정치적인 성향이나 정부에 비판적인 활동을 하였다는 등의 이유로 특정 대상자에 대한 지원을 배제하기 위한 목적에서 이루어진 이상 위헌·위법한 행위"이고, "공무원이나 유관기관의 직원들은 위법한 직무상 명령에 따를 의무가 없으므로 유관기관 직원들에게 위와 같은 행위를 하게 한 것은 법령상 의무 없는 일을 하게 한 때에 해당한다."고 하였다. 위헌·위법한 지시이므로 이에 복종할 의무는 없다는 것이다. 그러나 별개의견은 "피고인들의 행위로 인하여 각 법인의 기금 배분을 위한 공모사업 신청자들에 대한 권리행사를 방해한 것", 즉 권리행사를 방해한 경우("권리방해")로 볼 여지가 있음에도 그에 대한 수사와 공소가 이루어지지 못한 점을 지적하였다. 보충의견(2)도 별개의견의 관점에 더 나아가, "지원을 신청한 문화예술인 등에 대하여 지원배제를 하거나 하게 한" 행위("최종행위")와 "지원배제 과정에서 예술위 등 관련기관 직원들에 대하여 명단송부 등을 하게 한 행위"("과정의 행위")를 나누어 검토한다. 그리고 굳이 최종행위가 존재함에도 과정의 행위만을 수사·기소하였고 그로 인해 직권남용죄에서 검사의 소추상 자의가 개입할 여지가 있게 됨을 지적한다.

직권남용죄에서 '직권의 남용'에 대해서는 그간 상세하게 다루어진 바가 있으므로,[8] 이하에서는 대상판결의 다수의견, 별개의견과 보

---

8) 주요한 것만을 공표 순서에 따라 언급하자면, 이민걸, "직권남용죄에 있어서의 주체와 직권남용의 의미", 형사판례연구회 편, 형사판례연구 제13호, 박영사, 2005, 388-412쪽; 김성돈, "직권남용죄, 남용의 의미와 범위", 법조 제68권 제3호, 법조협회, 2019.6, 205-232쪽; 조기영, "직권남용과 블랙리스트", 비교형사법연구 제20권 제2호, 한국비교형사법학회, 2018.7, 27-59쪽; 최병천, "직권남용권리행사방해죄 - 공무원의 직권남용을 중심으로 -", 경찰법연구 제17권 제2호, 한국경찰법학회, 2019.6, 23-50쪽; 이완규, "직권남용죄의 성립요건", 범죄방지포

충의견(2)에서 새롭게 제기하고 있는 쟁점, 즉 상하관계나 감독·피감독 관계에 있는 기관 사이에서 '의무 없는 일을 하게 한 경우'의 의미 그리고 그 하급 공무원의 형사책임에 대해 검토해보기로 한다.

II. 하급 공무원에게 '의무 없는 일을 하게 한 경우'의 의미

1. '의무 없는 일을 하게 한 경우'와 하급 공무원의 책임

대상판결과 원심은 "각종 명단을 송부하게 한 행위, 공모사업 진행 중 수시로 심의 진행 상황을 보고하게 한 행위"에 대하여 입증이 있어서 '의무 없는 일을 하게 한 경우'인가에 대하여는 차이가 있지만, 각 법인의 직원들이 "준수해야 하는 법령상 의무에 위배되므로 '의무 없는 일을 하게 한 때'에 해당한다."고 판단한 점에서는 동일하다. 별개의견이 지적하고, 보충의견(2)가 강조한 바는, "문예기금 등 지원배제라는 '최종행위'가 아니라 그에 이르는 일련의 과정에서 행해진 명단송부, 진행상황 보고, 지원배제 방침 전달 등과 같은 '과정의 행위'를 기소하였"는데, 이에 대한 형사책임만을 검토한 것이다.

이 "직권남용 과정의 행위"는 하급실무자인 각 법인 직원들에 의하여 이루어졌는데, 대상판결은 이들에 대한 형사책임은 언급하지 않고서 지시자와 일정한 범위의 고위 공직자만을 처벌대상으로 하였다.

대상판결의 논증은 공무원범죄에 대한 적정한 통제를 통한 피해자인 국민의 자유와 권리를 보호한다는 직권남용죄의 성립경위와 제도적 취지와 관련하여 해석론상 의문을 야기한다. 실제로 문예기금의 지원을 배제당한 예술인이나 단체는 직권남용의 위법성을 판단할 때

럼 제41호, 한국범죄방지재단, 2019.8, 32-41쪽; 오병두, "직권남용죄의 성립범위 - 법관·검사의 형사책임 논의를 위한 단초 -", 일감법학 제44호, 건국대학교 법학연구소, 2019. 10, 105-137쪽; 이완규, "직권남용죄의 성립요건과 기관 내부 지휘관계에서의 적용범위", 「직권남용죄의 적용 한계와 바람직한 적용 방안에 관한 심포지엄」 자료집, 2020. 4. 16(이하 "앞의 글(2)"), 3-33쪽; 오병두, "직권남용죄의 성립요건에 관한 검토", 형사법연구 제32권 제2호, 한국형사법학회, 2020. 6(이하 "앞의 글(2)"), 139-178쪽.

이외에는 전혀 고려되지 않았다.

직권남용죄를 규정한 형법 제123조는 입법사적으로 개정형법가안 제192조9)를 따른 것으로, 의용형법 제193조10)에 형량만 상향한 것이다. 제정형법 심의과정에서 법제사법위원장대리(엄상섭)은 법제사법위원회 논의과정을 소개하면서, 위와 같은 형벌량이 의식적으로 고려된 것임으로 언급하였다.11) 제정형법은 여기에 더하여 공무원에 대한 형의 가중조항(제135조)을 직권남용죄(제123조)와 함께 규정하는 등 공무원의 직권남용 행위에 대한 형사책임이 확보될 것을 강조하였다.12) 한편, 학설은 직권남용죄의 보호법익이 무엇이고 어느 정도의 보호를 하는가에 관하여는 "국가권력의 공정한 행사라는 국가기능"과 "피해자의 의사결정 또는 의사활동의 자유" 두 가지를 직권남용죄의 보호법익으로 본다.13) 정리하자면, 직권남용죄의 입법적 의도는 공무원범죄에 대한 적정한 통제에 있고, 그 입법적 목표는 그 피해자인 국민의 자유와 권리를 보호하기 위한 것이라고 할 수 있다.

이하에서는 "직권남용 과정의 행위"를 하급 공무원에게 하도록 한 행위가 '의무 없는 일을 하게 한 경우'에 해당하는지에 대한 대법원의 다수의견과 소수의견, 보충의견(2)를 살펴보기로 한다.

---

9) 改正刑法假案(각칙), 1940. 3. 발표(未定稿) 제192조 공무원이 그 직권을 남용하여 사람으로 하여금 의무 없는 일을 행하게 하거나 타인이 권리를 행사하는 것을 방해한 때에는 2년 이하의 징역 또는 금고에 처한다.

10) 大正刑法(1907. 4. 24. 제정, 법률 제45호) 제193조(공무원직권남용) 공무원[이] 그 직권을 남용하여 사람으로 하여금 의무 없는 일을 하게 하거나 또는 행사할 권리를 방해한 때는 6월 이하의 징역 또는 금고에 처한다.

11) "(…) 134조[현행형법 제123조에 해당함_필자]는 직권을 남용하는 행위[이]니까 이것은 그렇게 금고까지 보아줄 필요가 없다, 징역이나 그렇지 않으면 자격정지나 들어갈 것이지 그 중간에다 금고를 [넣을] 필요가 없다 그랬[습]니다" (신동운 편, 형법 제·개정 자료집, 한국형사정책연구원, 2009, 234쪽).

12) 직권남용죄의 입법경위에 대하여 오병두, 앞의 글(2), 142-152쪽 참조.

13) 국내 학설상황에 대해서는 오병두, 앞의 글(2), 170-171쪽 참조.

2. 다수의견 그리고 별개의견과 보충의견(2)의 입장

가. 다수의견의 입장

다수의견은, 이 사건 각 법인의 직원들에 대한 형사책임에 대해서는 특별한 언급 없이 대통령 비서실장인 피고인 [갑]과 문체부 장관, 문체부 공무원 등의 다수의 공무원이 직권남용죄의 공동정범으로 의율하였다. 다수의견이 제시하는 하급 공무원에게 '의무 없는 일을 하게 한 경우'의 판단유형과 기준은 다음과 같이 정리할 수 있을 것이다.14)

---

14) 대상판결은 전원합의체 판결이다. 그로 인해 대법원이 대상판결을 통해 '직권의 남용'에 관한 법리 자체를 바꾼 것이라는 시각도 있다. 그러나 기존의 입장을 바꾼 것은 아니며 과거의 판결례에서 설정한 기준을 구체화한 것으로 보인다. 하급 공무원에 대한 직권남용의 지시가 '의무 없는 일을 하게 한 경우'라는 기존의 입장을 잘 보여주는 판결로는 다음의 것이 있다.

대법원 2012. 1. 27. 선고 2010도11884 판결.

[1] '의무 없는 일을 하게 한 때'란 '사람'으로 하여금 법령상 의무 없는 일을 하게 하는 때를 의미하고, <u>직무집행의 기준과 절차가 법령에 구체적으로 명시되어 있고 실무 담당자에게도 직무집행의 기준을 적용하고 절차에 관여할 고유한 권한과 역할이 부여되어 있다면 실무 담당자로 하여금 그러한 기준과 절차를 위반하여 직무집행을 보조하게 한 경우에는 '의무 없는 일을 하게 한 때'에 해당한다</u>(인용판결로는 대법원 2011. 2. 10. 선고 2010도13766 판결, 서울시 교육감 사건).

[2] 용인시장인 피고인 갑은 자신의 인사관리업무를 보좌하는 행정과장 피고인 을과 공동하여, 관련 법령에서 정한 절차에 따라 평정대상 공무원에 대한 평정단위별 서열명부가 작성되고 이에 따라 평정순위가 정해졌음에도 평정권자나 실무 담당자 등에게 특정 공무원들에 대한 평정순위 변경을 구체적으로 지시하여 평정단위별 서열명부를 새로 작성하도록 한 사안이다. "그 과정에서 피고인 을은 피고인 갑의 지시 내용을 알고 그 지시에 따라 자신이 직접 작성권자인 평정자 등에게 재작성된 평정관련 서류에 도장을 날인해 줄 것을 요청하거나, 공소외인[병]에게 근무성적평정표의 재작성을 지시함과 아울러 감사에 대비하여 재작성된 평정관련 서류에 작성권자인 평정자 등의 도장을 받아 놓으라고 지시"하였다.

* 이 사건에서 대법원은 지방공무원법, 지방공무원 임용령, 지방공무원 평정규칙 등의 입법 목적에 비추어 볼 때, "평정권자나 확인권자가 아닌 지방공무원의 임용권자이자 인사권자로서 소속 지방공무원의 인사관리업무 등을 지휘·감독하는 지위에 있는 지방자치단체의 장이나 그의 인사관리업무를 보좌하는 자에게는 소속 공무원에게 지시하여 관련 법령에서 정해진 절차에 따라

[1] 상대방이 공무원이거나 법령에 따라 일정한 공적 임무를 부여
받고 있는 공공기관 등의 임직원인 경우에는 법령에 따라 임무
를 수행하는 지위에 있으므로 그가 직권에 대응하여 어떠한 일
을 한 것이 의무 없는 일인지 여부는 관계 법령 등의 내용에
따라 개별적으로 판단하여야 한다.

[2] (가) [상하 지시관계의 경우:] 공무원이 자신의 직무권한에 속하
는 사항에 관하여 실무 담당자로 하여금 그 직무집행을 보조하
는 사실행위를 하도록 하더라도 이는 공무원 자신의 직무집행
으로 귀결될 뿐이므로 원칙적으로 의무 없는 일을 하게 한 때
에 해당한다고 할 수 없다.

(나) 그러나 직무집행의 기준과 절차가 법령에 구체적으로 명
시되어 있고 실무 담당자에게도 직무집행의 기준을 적용하고
절차에 관여할 고유한 권한과 역할이 부여되어 있다면 실무 담
당자로 하여금 그러한 기준과 절차를 위반하여 직무집행을 보
조하게 한 경우에는 '의무 없는 일을 하게 한 때'에 해당한다.

[3] (가) [협조 또는 의견교환 관계의 경우:] [동등한 지위 사이, 상
하기관 사이, 감독기관과 피감독기관 사이에서 이루어지는 협
조 또는 의견교환] 관계에서 일방이 상대방의 요청을 청취하고
자신의 의견을 밝히거나 협조하는 등 요청에 응하는 행위를
하는 것은 특별한 사정이 없는 한 법령상 의무 없는 일이라고
단정할 수 없다.

(나) 상대방이 공무원 또는 유관기관의 임직원인 경우에는 그
가 한 일이 형식과 내용 등에 있어 직무범위 내에 속하는 사항
으로서 법령 그 밖의 관련 규정에 따라 직무수행 과정에서 준
수하여야 할 원칙이나 기준, 절차 등을 위반하지 않는다면 특
별한 사정이 없는 한 법령상 의무 없는 일을 하게 한 때에 해

작성된 평정단위별 서열명부를 특정 공무원에 대한 평정순위를 변경하는 내
용으로 재작성하게 할 권한이 있다고 할 수 없다"고 하면서, "피고인들의 이
러한 행위는 공동하여 공무원이 그 일반적 직무권한에 속하는 사항에 관하여
직권을 남용하여 평정권자나 실무 담당자 등으로 하여금 의무 없는 일을 하
도록 한 것으로서 직권남용권리행사방해죄의 공동정범에 해당"한다고 본 원
심을 유지하였다.

당[하지 않는다.]

다수의견은 "행정조직은 날로 복잡·다양화·전문화되고 있는 현대 행정에 대응하는 한편, 민주주의의 요청을 실현하는 것이어야 한다. 따라서 행정조직은 통일된 계통구조를 갖고 효율적으로 운영될 필요가 있고, 민주적으로 운영되어야 하며, 행정목적을 달성하기 위하여 긴밀한 협동과 합리적인 조정이 필요하다."고 하여 민주주의의 요청을 강조하고 있다. 그러나 위 기준을 적용함에 있어 실제 검토내용은 관련 법령상의 근거가 존재하는지 여부이다. 즉, "정치적인 성향이나 정부에 비판적인 활동을 하였다는 등의 이유로 특정 대상자에 대한 지원을 배제하기 위한 목적에서 이루어진 이상 위헌·위법한 행위"임을 전제로 하여, "공무원이나 유관기관의 직원들은 위법한 직무상 명령에 따를 의무가 없"다. 따라서 "유관기관 직원들에게 위와 같은 행위를 하게 한 것은 법령상 의무 없는 일을 하게 한 때에 해당한다."는 것이다. 이러한 기준에 의하게 되면, 결국 상급 공무원의 지시는 그것이 위헌·위법한지 여부를 떠나 일반적 직무권한 내의 행위로 파악되기만 한다면, 큰 어려움 없이 그 일을 행한 하급 공무원은 직권남용죄의 피해자로 전환된다.

한편, 다수의견은, "상대방이 공무원 또는 유관기관의 임직원인 경우에는 그가 한 일이 형식과 내용 등에 있어 직무범위 내에 속하는 사항으로서 법령 그 밖의 관련 규정에 따라 직무수행 과정에서 준수하여야 할 원칙이나 기준, 절차 등을 위반하지 않"아야 '의무 없는 일을 하게 한 경우'에 해당한다는 제한을 추가하고 있다. 그러나 이 제한은 상급 공무원의 형사책임을 제한하는 원리로서 작동하며 하급 공무원의 면책에는 영향을 미치지 않는 것으로 보인다. 하급 공무원이 피해자로 파악되는 경우 그 하급 공무원은 자동적으로 직권남용죄의 형사책임이 배제된다고 할 수 있다.

나. 별개의견의 입장

박상옥 대법관의 별개의견은 다수의견이 하급 공무원에게 "직권
남용 과정의 행위"인 지원배제 수행행위(2)를 하도록 지시한 것에 대
하여 '의무 없는 일을 하게 한 경우'로 구성하는 것에 의문을 제기한
다. 즉, "각 법인 직원들로 하여금 의무 없는 일을 하게 하였다는 점
은 지원배제라는 피고인들의 목적을 달성하는 결과에 이르는 과정에
불과하다."고 본다. 이러한 "목적 달성 과정에서 이루어진 이러한 행
위들을 직권남용권리행사방해죄에서 말하는 의무 없는 일로 포섭"하
는 것은 "직권남용권리행사방해죄의 처벌 범위가 무한하게 확대될 수
있다"고 경고한다. 이는 이 사건의 수사와 기소가 "피고인들이 각 법
인에 영향력을 미치기 위하여 각 법인 직원들에게 배제대상자를 전달
하여 그 직원들로 하여금 지원배제 지시가 관철되기 위한 행위들을
하게 하였다는 것"에 집중되어 있다는 점과 연결된다.

또한, 다수의견과 같이 '의무 없는 일을 하게 한 경우'로 보더라도
"위 각 법인의 직원들의 법령상 의무는 각 법인 사무를 보조하는 것
에 불과하므로 각 법인의 심의를 거쳐 이루어지는 지원 또는 지원배
제 결정에서 위 각 법인의 직원들에게 법령상 부과된 의무가 존재하
지 아니한다."고 본다. 따라서 "직권남용 과정의 행위"에 대해 처벌하
게 하면, "각 법인의 의사결정은 실질적으로 예술위·영진위·출판진흥
원 직원들에 의하여 이루어지고 법령상 권한과 의무를 부여받은 위원
들은 직원들에 의해 좌지우지되는 명목상 존재로서 거수기에 불과하
게 된다."고 지적한다. 별개의견은 각 법인 직원에 관하여 개별법령이
"그 직원들의 의무를 규정하고 있지 아니하다."고 하여 구체적인 법령
상의 의무가 존재하지 않는다고 보고 있다.

끝으로, 별개의견은 배제지시 수행행위(1)로 인하여 "각 법인의 심
의 과정이나 결정에 영향을 미쳤다거나 국가재정법에 반하는 지출이
이루어졌다는 점이 구체적으로 증명"되지 않았다는 점을 다수의견의

문제점으로 들고 있다. 이는 권리행사 방해로 볼 수 있고 그에 따른 결과가 필요하다는 의미로 보인다.

다. 보충의견(2)의 입장

보충의견(2)는 별개의견은 유사한 입장에서, "피고인들의 행위로 인하여 각 법인의 기금 배분을 위한 공모사업 신청자들에 대한 권리행사를 방해한 것"이라는 "최종행위"가 존재하므로 이를 대상으로 형사책임을 논해야 한다는 점을 강조한다. 즉, "직권남용권리행사방해죄는 그 상대방에 따라 각각의 죄가 성립하는 것"이므로 "이 사건에서 관련기관 직원들은 문예기금 등 지원배제의 결과인 최종행위에 대해서는 직권남용권리행사방해죄의 공범이 될 수 있지만, 자신들이 행한 문서 송부 등 과정의 행위에 대해서는 직권남용권리행사방해죄의 상대방이 될 수 있다."는 것이다.

그렇지 않다면 "검사의 자의적인 선택을 허용하는 것"과 "최종행위가 기소되었다면 직권남용권리행사방해죄가 성립할 수 있었음에도 과정의 행위만을 기소하여 그 행위가 구성요건을 충족하지 못해 처벌할 수 없게 된 경우, 일반인의 입장에서 볼 때 그 직권남용의 결과에 대한 책임을 제대로 묻지 못함에 따른 사법불신을 가져올 수 있다"고 우려한다. 또한 특별검사의 수사에 협조한 하급 공무원을 면책시키면서도 직권남용죄로서의 구성을 유지하였음을 언급하면서, 다수의견과 같은 태도는 "수사기관이 수사협조 여부에 따라 자의적으로 관여자를 공범 또는 상대방으로 정하여 기소할 수 있"게 되는 난점이 있다고 한다.

보충의견(2)는 하급 공무원이 행한 "그 과정의 행위라 하더라도 법령 그 밖의 관련 규정을 위반하여 하게 한 경우" 그 하급 공무원에 대해서 "최종행위와 별개로 직권남용권리행사방해죄가 성립"하는 것으로 보아야 한다고 한다. 그 논거로 "행정의 영역 내부에서도 법치주의 원리는 실현되어야 하므로 법령 그 밖의 관련 규정을 위반하게 한 경우까지 의무 없는 일을 하게 한 때에 해당하지 않는다고 볼 수는 없다."는 점을 든다.

법치주의의 관점에서 "법령에서 정한 직무의 범위를 벗어나거나 법령 그 밖의 관련 규정에 따라 직무수행 과정에서 준수하여야 할 원칙이나 기준, 절차 등을 위반하게 한 경우에만 '의무 없는 일을 하게 한 때'에 해당한다"는 입장을 제시한 것이다. 지시자인 상급 공무원에게 직권남용죄가 되는 경우로는 시민이 피해자가 되는 경우 그리고 동시에 지시를 받은 하급 공무원에게도 직권남용죄가 성립할 수 있다고 보는 것이다. 그 구별의 이유로는 "행정의 영역 내부에서도 법치주의 원리는 실현되어야" 하기 때문이라고 하는데, 공무원의 법령준수의무를 강조한다. 이렇게 보면, 하급 공무원이 자신에게 주어진 "법령에서 정한 직무의 범위"를 벗어나지 않고 "법령 그 밖의 관련 규정에 따라 직무수행 과정에서 준수하여야 할 원칙이나 기준, 절차 등"을 제대로 준수한 경우에는 상급 공무원의 형사책임과는 별개로 하급 공무원은 면책될 수 있음을 지적하는 취지로 이해된다.

Ⅲ. "직권남용 과정의 행위"를 한 하급 공무원의 형사책임

1. 서 설

직권남용죄가 기본적으로 공무원범죄에 대한 통제장치로서, 그 피해자인 국민의 자유와 권리를 보호하기 위한 것이라는 점에서 상대방이 하급 공무원이 되는 경우를 본래 상정한 조문으로 보기는 어렵다. 그래서인지, 국내에서 하급 공무원의 공범성립 가능성이나 면책 가능성을 논한 글은 거의 보이지 않는다. 이 문제를 본격적으로 논한 분으로 현재까지는 이완규 변호사가 유일한 것으로 보인다.

2. 이완규 변호사의 견해[15]

이완규 변호사는 민주적 정당성을 기초로 피지시권자가 부담하는

---

15) 이하의 주장은 이완규, 앞의 글(1)에서부터 개진된 것이나, 동일한 입장으로 더 상세한 내용을 담고 있는 앞의 글(2)의 쪽수를 인용하기로 한다.

"지시권자의 지시에 따를 의무"를 강조함으로써 하급 공무원의 면책과 행정의 효율성을 조화하고자 한다. 즉, "국가기관의 조직원리"인 민주적 정당성에 따른 "국가권력의 집행가능성"으로부터 "직권남용 과정의 행위"를 행한 실무자의 면책가능성을 도출한다.

그는 민주적 정당성의 요소로 ① "헌법제정권력자인 국민이 제정한 헌법에서 기구의 설치와 임무에 대한 근거가 규정됨으로써 뒷받침되는 정당성"을 의미하는 헌법상 기구적 정당성, ② "국가 권력을 담당하는 기관들이나 그 담당자들에게 국민으로부터 부여되는 정당성의 사슬이 연결될 것을 요구하는" 조직상의 인적 정당성, ③ "국가권력이 항상 국민의 뜻에 맞게 행사될 수 있도록 보장하는" 실질적 정당성을 들면서, 지시권이 실질적 정당성에서 유래한다고 본다. "행정부의 권력에 있어서는 의회에 대해 책임을 지는 것이 장관이므로 장관을 정점으로 하는 지휘구조로 권력기관들이 구성"되는 것이 실질적 정당성의 내용으로 중요하다고 한다.16) 원칙적으로 민주적 정당성에 따른 국가권력의 집행가능성을 담보하기 위해서 실무자를 직권남용죄로 처벌해서는 안 된다는 것이다.

> 지시복종관계에 있어서의 지시권의 효과에 관한 법리, 즉 '명백히 형사처벌 또는 행정질서벌 등으로 처벌될 가능성이 있는 경우'가 아니면 피지시권자는 지시권자의 지시에 따를 의무가 있고 이에 따른 경우 피지시권자는 면책된다는 법리가 엄격히 적용하여 피지시권자인 공무원의 직무수행의 안정을 도모하여야 할 것이다.
> 나아가 이와 같이 엄격히 해석되어야 피지시자가 공소권자인 검사가 마음먹기에 따라 직권남용의 피해자가 되기도 하고, 직권남용의 공범이 되기도 하는 불안정성을 해결하고 이 영역에서도 죄형법정주의에 의한 예측가능성이 관철될 수 있을 것이다.17)

---

16) 이완규, 앞의 글(2), 15-17쪽.
17) 이완규, 앞의 글(2), 33쪽.

　이 견해는 직권남용죄의 성립범위와 "직권남용 과정의 행위"의 법적 평가를 위한 요소를 제시한다. 위 기준에 의하면, 직권남용의 지시행위에 의하여 하급 공무원의 면책범위가 자동적으로 정해지고 면책되는 경우에는 자동적으로 피해자가 된다. 다만 이 견해는 "지시권자의 지시에 따르는 경우 범죄로 되거나 과태료 등으로 처벌될 수 있음을 명백한 경우"에는 하급 공무원 자신이 처벌을 받게 되므로 이 경우에는 면책될 수 없다고 한다.

3. 검토: 복종의무와 법령준수의무의 관계

가. '민주주의의 요청'과 '법치주의'의 대립

　다수의견은 하급 공무원이 직권남용죄의 피해자로서 '의무 없는 일'을 하게 된 사람으로 볼 수 있는 기준을 정하고 있다. 이는 동시에 하급 공무원이 형사책임으로부터 면제됨을 의미한다. 한편, 보충의견 (2) 그리고 별개의견은 하급 공무원이 공범이 될 수 있어야 함을 지적한다. 보충의견(2)에서는 "행정의 영역 내부에서도 법치주의 원리는 실현되어야 하므로 법령 그 밖의 관련 규정을 위반하게 한 경우까지 의무 없는 일을 하게 한 때에 해당하지 않는다고 볼 수는 없다."고 하면서 '법치주의'를 하급 공무원이 면책될 수 있는 가능성으로서 제시하고 있다. 다수의견은 민주적 정당성, 혹은 민주주의적 요청에 의하여 지시권, 감독권이 아래로 관철되어 행정이 잘 작동하도록 한다는 측면을 강조한다. 이러한 면책이 보장되지 않는다면 원활한 행정은 수행되기 어렵다는 점을 염두에 둔 듯하다. 이는 이완규 변호사가 주장하는 '민주적 정당성'의 요청과 궤를 같이 한다. 대법원의 다수의견이 이완규 변호사의 견해를 채택하였는지는 확실치 아니하나, 그 내용적 유사성은 분명해 보인다.

　다만, 이완규 변호사는 "지시권자의 지시에 따르는 경우 범죄로 되거나 과태료 등으로 처벌될 수 있음을 명백한 경우"에는 하급 공무

원 자신의 형사책임이 문제될 수 있음을 지적한다는 점에서 다수의견
과 차이가 있다. 다수의견도 "상대방이 공무원 또는 유관기관의 임직
원인 경우에는 그가 한 일이 형식과 내용 등에 있어 직무범위 내에
속하는 사항으로서 법령 그 밖의 관련 규정에 따라 직무수행 과정에
서 준수하여야 할 원칙이나 기준, 절차 등을 위반"하지 않아야 '의무
없는 일을 하게 한 경우'가 아니라고는 보고 있으나, 이것은 하급 공
무원의 면책 법리가 아니라 상급 공무원의 직권남용죄의 성립을 제한
하는 원리로서 동원된 것이기 때문이다.

　다수의견에 따르면 직권남용죄의 적용에 있어서 감독기관과 피감
독기관의 관계를 규율하는 원리로서 '민주주의의 요청'에 의하여 하급
공무원이 자동적으로 면책된다. 이에 반하여, 보충의견(2)에 의하면 '법
치주의'를 근거로 하급 공무원의 자신의 책임과 지시한 상급 공무원의
책임이 나누어진다. 상급 공무원이 하급 공무원으로 하여금 "법령에서
정한 직무의 범위를 벗어나거나 법령 그 밖의 관련 규정에 따라 직무
수행 과정에서 준수하여야 할 원칙이나 기준, 절차 등을 위반하게 한
경우"에는 하급 공무원도 직권남용죄의 피해자가 되기 때문에 이 경
우 하급 공무원은 원칙적으로 형사책임을 지지 않게 된다. 여기에서
보충의견(2)와 같이 법치주의의 관점에서 보면, 직권남용의 실현을 위
한 집행행위가 하급 공무원에 의해 이루어지는 경우 — 지시자를 직권
남용죄로 의율하는 것과 별도로 — 그 집행행위를 실행한 공무원의 처
벌 여부를 해당 공무원의 직무집행 행위 자체로부터 검토할 수 있게
되는 장점이 있다.

　나. 복종의무와 법령준수의무의 관계

　국가기관의 조직원리로서 민주적 정당성은 "국가권력의 집행가능
성"의 측면에서 중요하다. 또한 법치주의도 행정활동이 추구해야 할
중요한 헌법이념이다. 문제는 양자가 충돌하는 경우에 어떻게 조정할
것인가이다. 보충의견(2)와 이완규 변호사의 논변에서는 양자 사이의

조정을 염두에 둔 표현이 나타나는 이유도 여기에 있다.

이 문제는 공무원법상의 개념으로 바꾸어 보면 구체적으로 파악
될 수 있다. 법치주의와 민주적 정당성이라는 헌법원리상의 대립을 공
무원 개개인의 신분상의 의무로 바꾸어 표현하면, 공무원의 '법령준수
의무'(국가공무원법 제56조, 지방공무원법 제48조)[18]와 '복종의무'의 대립
으로 나타난다. 그렇게 보면, 다수의견은 지휘·복종이라는 상하의 위
계질서에 따른 복종의무(국가공무원법 제57조)[19]를 강조한 것이다. 즉,
공무원의 법률상 복종의무의 존재 여부로 '의무 없는 일'에 해당하는
지를 판단한다. 이러한 관점은 하급 공무원이 법령을 준수하여 자신에
게 부여된 직무를 성실히 수행해야 한다는 원리(국가공무원법 제56
조)[20]는 등한시하는 측면이 있다. 한편, 보충의견(2)는 행정 내부의 법
치주의의 관철을 위해서 "법령 그 밖의 관련 규정을 위반하게 한 경
우"이어야 하급 공무원에게 책임을 묻지 않게 된다. 하급 공무원은 자
신이 지켜야 할 규정을 준수하는 한 상급 공무원의 공범이 되지 않는
다는 취지이다.

행정법학에서 법령준수의무와의 관련하여 '복종의무의 한계'는 중
요한 쟁점으로 다루어진다. 이 '블랙리스트 사건'에 대해서도 "감사원
은 공무원들이 상급자의 위법하거나 부당한 지시를 그대로 이행해 온
행태가 밝혀졌다고 지적하면서 해당 공무원에 대한 강력한 징계를 요
구하였다."는 점에서 양자의 충돌사례로 보기도 한다.[21] 일반적인 견
해에 따르면, 복종의무는 '직무상의 명령'에 대해서 인정되며,[22] 그 형

---

18) 박균성, 행정법강의, 박영사, 제9판, 2012, 1097쪽. "법령준수의무는 법치주의의
   실효성을 보장하기 위하여 인정되는 의무이다."
19) 국가공무원법 제57조(복종의 의무) 공무원은 직무를 수행할 때 소속 상관의
   직무상 명령에 복종하여야 한다.
20) 국가공무원법 제56조(성실 의무) 모든 공무원은 법령을 준수하며 성실히 직무
   를 수행하여야 한다.
21) 우미형, "공무원의 복종의무와 그 한계―헌법 제7조와의 관계를 중심으로―",
   일감법학 38권(건국대학교 법학연구소, 2017. 10.), 357쪽.
22) "상급자가 하급자에게 발하는 직무상의 명령이 유효하게 성립하기 위하여는
   상급자가 하급자의 직무범위 내에 속하는 사항에 대하여 발하는 명령이어야

식적 요건23)이 결한 경우에는 복종을 거부할 수 있고(통설), 실질적 요
건24)이 결한 경우에는 그 위법성이 중대하고 명백한 경우에 한하여
그에 대한 복종을 거부할 수 있을 뿐만 아니라 거부하여야 한다고 한
다(중대·명백설, 통설·판례25)).26) 실질적 요건의 경우 중대하고 명백하
여야 하므로 복종의무가 인정되지 않는 경우는 사실상 매우 좁다.27)

그 위반의 경우에 징계책임이 1차적으로 문제되는 것이므로28) 이

하는 것이다. … 위 출석명령은 원고의 직무범위 내에 속하지 아니하는 사항
을 대상으로 한 것이므로 원고에게 복종의무를 발생시키는 직무상의 명령이
라고 볼 수는 없는 것이고, 단지 원고의 임의적인 동의를 기대하며 행해진
출석요구에 불과하다고 할 것이어서, 그 요구를 거부한 원고의 행위를 직무
상의 명령위반이라고 하여 징계사유로 삼을 수는 없다"(대법원 2001. 8. 24.
선고 2000두7704 판결 <심재륜 대구고검장 징계 사건>).

23) 직무상 명령의 형식적 요건으로는 "① 권한이 있는 상관이 발할 것, ② 부하
공무원의 직무의 범위 내에 속하는 사항일 것, ③ 법정의 형식 절차가 있으
면 이를 갖출 것" 등을 든다(이계수, "공무원의 복종의무의 내용 및 한계에
대한 규범적, 행정법사회학적 연구", 민주법학 40호(민주주의법학연구회, 2009.
7), 133-134쪽).

24) 실질적 요건에 대해서는 직무명령은 "그 내용이 법령 또는 공익에 적합한
것"이라는 설과 "그 내용이 명백하고 실현가능하며 적법한 것이어야 한다"는
설이 있으나 양설이 큰 차이가 있는 것은 아니라고 한다(이계수, 앞의 글,
134쪽).

25) "공무원이 그 직무를 수행함에 있어 상관은 하관에 대하여 범죄행위 등 위법
한 행위를 하도록 명령할 직권이 없는 것이고, 하관은 소속상관의 적법한 명
령에 복종할 의무는 있으나 그 명령이 참고인으로 소환된 사람에게 가혹행위
를 가하라는 등과 같이 명백한 위법 내지 불법한 명령인 때에는 이는 벌써
직무상의 지시명령이라 할 수 없으므로 이에 따라야 할 의무는 없다"(대법원
1988. 2. 23. 선고 87도2358 판결 <박종철 고문치사 사건>).

26) 박균성, 앞의 책, 1099쪽. 불복종하기 이전에 상관에게 직무상 명령의 위법에
대한 의견을 개진할 수 있다고 한다(지방공무원법 제49조 단서). 이에 관하여
는 박균성, 같은 곳; 우미형, 앞의 글, 355쪽 이하.
   * 지방공무원법 제49조(복종의 의무) 공무원은 직무를 수행할 때 소속 상사의
직무상 명령에 복종하여야 한다. 다만, 이에 대한 의견을 진술할 수 있다.

27) 이계수, 앞의 글, 139쪽. "통설·판례대로 하급자는 상관의 명령 중에서 명백
히 위법한 명령에 대해서만 그 복종을 거부할 수 있다고 한다면, 하급자가
명령의 내용을 검토해보고 불복종할 수 있는 경우란—아주 예외적인 경우
(그 명령의 이행이 범죄가 되는 경우 등)를 제외하면—사실상 없다."

28) 이계수, 앞의 글, 137쪽.

러한 행정법학의 논의가 그대로 대상판결과 같은 사안에 적용되기는 쉽지 않을 것이다. 그러나 하급 공무원의 형사책임을 인정하는 범위는 민사책임이나 행정법상 징계책임을 인정하는 범위보다 최소한 같거나 좁아야 한다는 형법의 겸억성에 비추어 잠정적인 기준으로 도출할 수 있을 것이다. 적어도 행정법상의 책임을 논할 수 없는 범위에 대해 형사책임을 배제할 수 있을 것이기 때문이다.

그렇게 본다면, 하급 공무원이 상관의 직무상 명령에 대해 복종의무를 이행하는 경우에는 그 명령이 중대명백설에 의하여 무효로 되지 않는다면 하급 공무원은 원칙적으로 면책될 것이다. 그 반대의 경우, 즉 직무상 복종의무가 발생하지 않음에도 그 명령을 이행하기 위한 행위로 나아간 경우 '의무 없는 일'을 한 것이 된다. 그러나 이 경우 하급 공무원이 처벌되는지 여부는 상급 공무원과의 공모 여부 등 다른 형사책임 요건을 검토한 이후에 비로소 확정될 수 있다. 직권남용죄는 '외형상' 직무집행으로 보이더라도 '실질적으로' 정당한 권한 이외의 행위를 하는 것을 처벌하는 범죄이기 때문에 최종행위의 피해자에게 권리침해가 발생하게 되는 상황이라면 여전히 직권남용죄는 성립할 수 있다. 하급 공무원의 행위가 '의무 없는 일을 한 경우'가 아니라고 해도 마찬가지이다.

4. 소결: 다수의견에 대한 평가

대법원의 다수의견은 하급 공무원에게 '의무 없는 일을 하게 한 경우'의 판단유형과 기준을 사인의 경우와 구별하여 별도로 설시하였다. 이 사건의 각 법인의 직원들에게 문체부 장관의 '지휘·감독권'이 인정된다고 보아 직무상의 상관이며, 지원배제지시가 위헌·위법하지만 일반적 직무권한 내의 행위가 될 수 있다고 보는 전제에서, 배제지시 수행행위(1)에 대해서는 직권남용죄의 성립을 인정하면서도, 배제지시 수행행위(2)에 대해서는 '의무 없는 일'로 보기 어렵다며 이를 부

정하였다. 이러한 논법은 "직권남용 과정의 행위"를 중심으로 검토하
였기 때문이다. 그로 인해 "최종행위"는 중요한 의미를 갖지 못하였고
"직권남용 과정의 행위"를 한 각 법인 직원들의 행위가 지원배제 수
행행위(1)인가, 아니면 지원배제 수행행위(2)인가에 따라 상급 공무원
의 형사책임이 달라지게 되었다. 즉, 다수의견은 '민주주의적 요청'이
강조하면서 "법령 그 밖의 관련 규정에 따라 직무수행 과정에서 준수
하여야 할 원칙이나 기준, 절차 등을 위반하지 않는다면" 하급 공무원
뿐만 아니라 상급 공무원도 직권남용죄의 책임으로부터 면책되도록
하였다. 하급 공무원의 법령준수행위가 직권남용죄의 성립을 제한한
다면, 이는 그로 인해 지원이 배제되었던 사람이나 단체의 입장에서는
하급 공무원의 법령준수 여부에 의하여 범죄의 성립이 달라지는 결과
가 된다. 게다가 직권남용죄는 '외형상' 직무집행으로 보이더라도 '실
질적으로' 정당한 권한 이외의 행위를 하는 것을 처벌하는 범죄이다.
이와 같은 결론은 적절하지 않다.

　이러한 문제를 촉발한 것은 무엇보다도, 특별검사의 수사와 기소,
그리고 원심과 다수의견 등이 일관하여 하급 공무원의 면책을 염두에
두고서 "직권남용 과정의 행위"를 중심으로 사건을 검토한 점에 있다.
하급 공무원의 면책 문제와 상급 공무원의 직권남용죄의 성립 범위의
문제는 구별된다. 양자를 혼동한 결과, 다수의견에 따르면 직권남용죄
의 적용에 있어서 지원배제조치를 당한 대상자가 있음에도 누가 피해
자인가가 드러나지 않게 되었다. 별개의견과 보충의견(2)는 이 사건의
'실질'이 지원배제를 당한 예술인이나 그 단체에 대한 '권리방해'에 가
깝다고 하는데, 이 사건을 직관적으로 파악하기에도 그러하다.

　상급 공무원의 면책은 위헌·위법한 직무를 수행하여 국민에게 영
향을 미친 행위를 형법적으로 무의미한 것으로 돌리는 것을 의미한다.
그 '실질'은 직권남용죄의 결과와 관련된 두 가지의 유형('권리방해'와
'의무강제') 중에서 직권남용으로 인해 피해자의 권리행사가 방해받았
음에도, 이를 하급 공무원에게 '의무 없는 일을 하게 한다'는 행위유형

으로 접근할 필요는 없었다고 보인다. 직권남용죄는 본래 공무원의 직권남용으로부터 국민의 자유와 권리를 보호하기 위한 것이며 직권남용행위의 결과로 국민의 자유와 권리에 영향을 미쳤다는 사실에 주목하여 형사책임을 구성하여야 하기 때문이다.

한편, 하급 공무원의 면책 문제는 민주적 정당성와 법치주의의 조정의 차원에서 접근할 필요가 있다. 국가공무원법상의 표현을 빌자면, '복종의무'와 '법령준수의무'의 충돌 상황에서 법령에 따라 자신의 직무를 수행하여야 할 '법령준수의무'를 위반하지 않는 범위에서 '복종의무'를 다하여야 면책이 가능하다는 것이다. 다만 앞에서 본 바와 같이, 지시의 수행행위가 '외견적' 적법성을 갖추었더라도 다른 형사책임의 요건, 특히 공범의 요건을 충족하는 경우가 있음은 물론이다.

Ⅳ. 결   어

대상판결의 다수의견은 지시에 따른 하급 공무원에 대한 면책의 법리와 직권남용죄의 성립요건을 혼동하였다. 국민과의 관계에서 직권남용죄의 성립요건은 성립요건대로 검토하면서, 직권남용행위로서 행해진 지시에 복종한 하급 공무원의 책임에 대한 법리는 법치주의의 관점에서 별도로 강구하였으면 좋았을 것이다. 이 점에서 보충의견(2)의 법치주의 논변은 주목할 가치가 있다. 직권남용행위의 피해자가 "직권남용 과정의 행위"를 한 공무원 조직의 외부에 존재함에도 행정기관 상호간의 내부적 관계의 성격, 법적 규율 등만으로 직권남용죄의 성부가 결정된다는 것은 공무원의 처벌을 통해 직권을 악용하여 국민의 자유와 권리를 침해하는 것을 막고자 한 직권남용죄의 취지에 맞지 않는다. 나아가 보충의견(2)에서 우려하고 있는 바와 같이, 이는 '사법불신'의 한 원인이 될 수 있다.

다수의견과 같은 논리는 일정 범위의 하급 공무원이 형사책임을 배제할 수 있지만, 그로 인해 최종적으로 피해를 입은 국민에 대한 형사적 보호의무를 방기할 우려가 있다. 한편으로 보충의견(2)와 같이,

상급 공무원의 명령이 직권을 남용하는 취지임을 알고 있음에도 단순한 집행단계이고 정해진 법령 등을 준수했다는 것만으로 면책된다는 것도 법치행정에도 장애가 되고, 잘못된 관행이나 업무태도를 개선하는 일반예방 효과도 기대하기 어렵다. 보충의견(2)가 법치주의 논변에 덧붙여 설시한 다음의 내용은 이에 대한 고민을 보여준다.

우리나라는 세계에서 유래를 찾기 어려울 정도로 단기간에 급속한 성장과 발전을 이루었다. 그 과정에서 성과와 효율이 중시되면서 사회 각 분야에서 권한남용적 행위가 일상화되었던 것은 아닌지, 이러한 권한남용에 둔감하거나 이를 미화하는 사례는 없었는지 되돌아볼 필요가 있다.

우리의 공직사회도 과거 권위주의적 시대의 영향으로 잘못된 직권남용적 관행이 묵인되어온 것은 아닌지, 이성적 성찰 없이 잘못된 명령과 관행을 만연히 따랐던 사례는 없었는지 점검할 필요가 있다. 그렇지만 직권남용권리행사방해죄가 과잉 적용될 경우에는 직권남용이 될 수 있음을 우려하여 창의적·개혁적 의견을 제시하는 것도 위축시키게 되어 국가 발전을 가로막는 결과를 가져올 수 있다. 따라서 직권남용권리행사방해죄 성립의 기준을 법령 그 밖의 관련 규정에 따른 것인지 여부로 설정하여 공직자에게 예측가능성을 제공하고, 법령 그 밖의 관련 규정에 충실히 따른 행위에 대해서는 그로 인한 책임을 지지 아니하는 공직사회의 문화를 만들어나가는 것이 중요하다고 생각한다.

법치주의에 따른 행정으로 법적 근거와 공무원 스스로의 숙고와 행위에 의하여 자신의 면책이 가능하여야 한다. 민주적 정당성 혹은 민주주의적 요청을 빌미삼아 직권을 남용한 지시권, 감독권의 행사에 대해서, 행정의 합법률성 등 법치주의가 견제기능을 할 수 있어야 건강한 공무원의 근무관계가 실현될 수 있다. 행정실무에서 민주적 정당성의 요청과 법치주의의 요청이 합리적 긴장관계를 유지하도록 하는 것이 대상판결의 사실관계와 같은 사태를 막는 길이다.

[주 제 어]
'블랙리스트' 사건, 직권남용권리행사방해죄(형법 제123조), 하급 공무원의
면책, 최종행위, 과정 중의 행위

[Key Words]
"Blacklist" Case, Abuse of Authority(Article 123, Korean Criminal Act),
Exoneration of Responsibility of Lower-Public Officials, Final Act of the Offense,
Acts In the Process of the Offense

접수일자: 2021. 4. 26. 심사일자: 2021. 5. 21. 게재확정일자: 2021. 5. 26.

[참고문헌]

김성돈, 형법각론[제5판], 성균관대학교 출판부, 2018,.

김일수, 한국형법 V [각론 하], 박영사, 1995

김일수/서보학, 새로쓴 형법각론[제9판], 박영사, 2018.

박균성, 행정법강의, 박영사, 제9판, 2012.

배종대, 형법각론[제10판], 홍문사, 2018.

법무부 조사국, 중국형법전 만주형법전 소련형법전 및 일본개정형법가안[법
　　무자료 제5집], 1948.

신동운 편, 형법 제·개정 자료집, 한국형사정책연구원, 2009.

오영근, 형법각론[제3판], 박영사, 2014.

유기천, 형법학[각론강의 하](전정신판), 일조각, 1982

이재상/장영민/강동범, 형법각론[제10판보정판], 박영사, 2017.

이정원, 형법각론, 신론사, 2012.

김성돈, "직권남용죄, 남용의 의미와 범위", 법조 제68권 제3호, 법조협회,
　　2019.6, 205-232쪽.

오병두, "직권남용죄의 성립범위 — 법관·검사의 형사책임 논의를 위한 단
　　초 —", 일감법학 제44호, 건국대학교 법학연구소, 2019. 10, 105-137쪽.

오병두, "직권남용죄의 성립요건에 관한 검토", 형사법연구 제32권 제2호,
　　한국형사법학회, 2020. 6, 139-178쪽.

우미형, "공무원의 복종의무와 그 한계 — 헌법 제7조와의 관계를 중심으
　　로 —", 일감법학 38권(건국대학교 법학연구소, 2017. 10.), 355-380쪽.

이계수, "공무원의 복종의무의 내용 및 한계에 대한 규범적, 행정법사회학
　　적 연구", 민주법학 40호(민주주의법학연구회, 2009.7), 125-171쪽.

이민걸, "직권남용죄에 있어서의 주체와 직권남용의 의미", 형사판례연구회
　　편, 형사판례연구 제13권, 박영사, 2005, 388-412쪽.

이완규, "직권남용죄의 성립요건", 범죄방지포럼 제41호, 한국범죄방지재단,
　　2019.8, 32-41쪽.

이완규, "직권남용죄의 성립요건과 기관 내부 지휘관계에서의 적용범위",

「직권남용죄의 적용 한계와 바람직한 적용 방안에 관한 심포지엄」 자료집, 2020. 4. 16, 3-33쪽.

조기영, "직권남용과 블랙리스트", 비교형사법연구 제20권 제2호, 한국비교형사법학회, 2018.7, 27-59쪽.

최관호, "'위법하지만 구속력 있는 명령'에 복종한 행위의 위법성 판단", 일감법학 제38호(건국대학교 법학연구소, 2017), 229-253쪽.

최병천, "직권남용권리행사방해죄 — 공무원의 직권남용을 중심으로 —", 경찰법연구 제17권 제2호, 한국경찰법학회, 2019.6, 23-50쪽.

[Abstract]

The Abuse of Authority (Article 123, Korean Criminal Act) and the Responsibility of Lower-Public Officials

OH, Byung Doo*

The judgment on issue is on the facts of so-called the "blacklist" case. As is well known, the Defendant, the presidential chief of staff, was convicted of the Abuse of Authority(Article 123, Korean Criminal Act), which provides that "A public official who, by abusing his/her official authority, causes a person to perform the conduct which is not to be performed by the person, or obstructs the person from exercising a right which the person is entitled to exercise, shall be punished (· · ·)." He was charged on the facts that he had ordered the lower-public officials "to exclude the designated applicants from a number of projects" "on the grounds of the ideological orientation or political stance of the individuals or organizations applying for the government's support fund".

The majority opinion of the Supreme Court as follows: the defendant "force[s] the employees of each foundation to perform an act as illustrated in the facts charged, as there is no basis for statutory duties imposed upon" and the said employees "may not be considered to have performed a non-obligatory act as stated in the crime of abusing authority and obstructing another from exercising one's right."

It is hard to understand the rationale of the majority opinion, because according to its interpretation it neglects the 'real' victims who were excluded from financial supports due to the final acts caused by the

---

* Professor, School of Law, Hongik University

order, which comprised the offense of abuse of authority, and forces the lower-level public officials who made the acts in the process of obey these illegal orders. The majority opinion, I believe, confuses the legal principles for exonerating the criminal responsibility of lower-public officials, who cooperated in the investigation on the offense of abuse of authority. From the viewpoint of the rule of law, it is desirable should be considered separately between the requirements for the establishment of offenses of abuse of authority should be reviewed according to the requirements its own and the legal rule for the exoneration of lower-level public officials who obeyed orders and "to exclude the designated applicants from a number of projects" in the process.

사전자기록위작죄에서 '위작'의 개념
(대상판결 : 대법원 2020. 8. 27. 선고
2019도11294 전원합의체 판결)

류 부 곤*

◇ 대상판결 : 대법원 2020. 8. 27. 선고 2019도11294 전원합의체
　　　　　판결

[사실관계]

피고인 1은 가상화폐 거래소 운영업체인 '★★코인'(이하 '회사'라고
한다)의 대표이사로서 회사 업무 전반을 총괄하였고, 피고인 2는 이
회사의 사내이사로서 회사의 자금 등을 관리하였다.

피고인들은 2018. 1. 5.경 '★★코인'이라는 상호로 인터넷상 가상
화폐 거래소(이하 '거래소'라고 한다)를 개장하면서, 마치 많은 회원들이
회사가 구축·설치하여 위 거래소에서 사용 중인 가상화폐 거래시스템
(이하 '거래시스템'이라고 한다)을 이용해 매매주문을 내고 그에 따라 매
매거래가 활발히 이뤄지는 것처럼 꾸미기 위하여, 위 거래시스템상 차
명계정을 생성하고, 그 차명계정에 실제 보유하고 있지도 않은 원화
(KRW)와 가상화폐(이하 '원화 등'이라고 한다)를 보유하고 있는 것처럼
원화 포인트와 가상화폐 포인트(이하 '원화 포인트 등'이라고 한다)를 허
위 입력한 다음, 속칭 '봇 프로그램' 내지 '마켓메이킹 프로그램'으로
불리는 자동주문 프로그램을 이용하여 위 차명계정을 주문자로 하고

---
* 경찰대학교 법학과 교수.

위와 같이 허위 입력한 원화 포인트 등에 대한 매매주문을 내기로 모의하였다.

가) 피고인들은 거래소 개장 직전인 2018. 1. 5. 08:18경 '봇 프로그램'의 구동을 위하여 필요한 차명계정과 원화 포인트 등을 생성시키기 위하여 거래시스템의 관리자 계정에 접속한 다음 회원아이디 '(회원아이디명 1)', 계정명 '피고인 1' 등으로 된 차명계정(ID) 5개를 생성한 후 실제로는 회사의 전자지갑에 해당 계정 명의로 그러한 가상화폐나 원화가 입고나 입금되지 않았음에도 총 30회에 걸쳐 위 차명계정에 계정별로 각 1,000,000개의 '비트코인(BTC)' 잔고(포인트), 1,000,000개의 '비트코인캐시(BCH)' 잔고(포인트), 1,000,000개의 '이더리움(ETH)' 잔고(포인트), 1,000,000개의 '이더리움클래식(ETC)' 잔고(포인트), 1,000,000개의 '라이트코인(LTC)' 잔고(포인트), 100억 원의 원화(KRW) 잔고(포인트)의 보유량 정보를 조작 입력하고, 이를 위 거래시스템상에 표시하였다.

나) 피고인들은 거래시스템상 생성한 차명계정과 허위 입력한 원화 포인트 등을 이용해 매매주문을 내던 중 시스템에 과부하가 걸리는 등 부작용이 생기자 이러한 문제를 완화하기 위하여 '봇 프로그램'을 일부 보완하는 한편 더 많은 차명계정을 생성해 원화 포인트 등을 이용한 매매주문을 내기로 마음먹고, 2018. 1. 19. 10:51경 위 관리자계정에 접속한 다음 회원아이디 '(회원아이디명 2)', 계정명 '공소외 2' 등으로 된 차명계정 10개를 새롭게 생성한 후 위와 같은 방식으로 총 60회에 걸쳐 위 차명계정에 계정별로 원화 포인트 등의 보유량 정보를 조작 입력하고, 이를 위 거래시스템상 표시하였다.

[판시사항]

[1] 전자기록에 관한 시스템에 '허위'의 정보를 입력한다는 것은 입력된 내용과 진실이 부합하지 아니하여 그 전자기록에 대한 공공의

신용을 위태롭게 하는 경우를 말한다.

[2] 형법 제232조의2에서 말하는 '사무처리를 그르치게 할 목적'이란 위작 또는 변작된 전자기록이 사용됨으로써 전자적 방식에 의한 정보의 생성·처리·저장·출력을 목적으로 구축·설치한 시스템을 운영하는 주체인 개인 또는 법인의 사무처리를 잘못되게 하는 것을 말한다.

[3] 법인이 컴퓨터 등 정보처리장치를 이용하여 전자적 방식에 의한 정보의 생성·처리·저장·출력을 목적으로 전산망 시스템을 구축하여 설치·운영하는 경우 위 시스템을 설치·운영하는 주체는 법인이고, 법인의 임직원은 법인으로부터 정보의 생성·처리·저장·출력의 권한을 위임받아 그 업무를 실행하는 사람에 불과하다. 따라서 법인이 설치·운영하는 전산망 시스템에 제공되어 정보의 생성·처리·저장·출력이 이루어지는 전자기록 등 특수매체기록은 그 법인의 임직원과의 관계에서 '타인'의 전자기록 등 특수매체기록에 해당한다.

[4] [다수의견] 형법 제227조의2의 공전자기록등위작죄는 사무처리를 그르치게 할 목적으로 공무원 또는 공무소의 전자기록 등 특수매체기록을 위작 또는 변작한 경우에 성립한다. 대법원은, 형법 제227조의2에서 위작의 객체로 규정한 전자기록은 그 자체로는 물적 실체를 가진 것이 아니어서 별도의 표시·출력장치를 통하지 아니하고는 보거나 읽을 수 없고, 그 생성 과정에 여러 사람의 의사나 행위가 개재됨은 물론 추가 입력한 정보가 프로그램에 의하여 자동으로 기존의 정보와 결합하여 새로운 전자기록을 작출하는 경우도 적지 않으며, 그 이용 과정을 보아도 그 자체로서 객관적·고정적 의미를 가지면서 독립적으로 쓰이는 것이 아니라 개인 또는 법인이 전자적 방식에 의한 정보의 생성·처리·저장·출력을 목적으로 구축하여 설치·운영하는 시스템에서 쓰임으로써 예정된 증명적 기능을 수행하는 것이므로, 위와 같은 시스템을 설치·운영하는 주체와의 관계에서 전자기록의 생성에 관여할 권한이 없는 사람이 전자기록을 작출하거나 전자기록의 생

성에 필요한 단위정보의 입력을 하는 경우는 물론 시스템의 설치·운영 주체로부터 각자의 직무 범위에서 개개의 단위정보의 입력 권한을 부여받은 사람이 그 권한을 남용하여 허위의 정보를 입력함으로써 시스템 설치·운영 주체의 의사에 반하는 전자기록을 생성하는 경우도 형법 제227조의2에서 말하는 전자기록의 '위작'에 포함된다고 판시하였다. 위 법리는 형법 제232조의2의 사전자기록등위작죄에서 행위의 태양으로 규정한 '위작'에 대해서도 마찬가지로 적용된다. 그 이유는 다음과 같다.

(가) 법 해석의 목표는 어디까지나 법적 안정성을 저해하지 않는 범위 내에서 구체적 타당성을 찾는 데에 두어야 한다. 그리고 그 과정에서 가능한 한 법률에 사용된 문언의 통상적인 의미에 충실하게 해석하는 것을 원칙으로 하고, 나아가 법률의 입법 취지와 목적, 제·개정 연혁, 법질서 전체와의 조화, 다른 법령과의 관계 등을 고려하는 체계적·논리적 해석방법을 추가적으로 동원함으로써, 법 해석의 요청에 부응하는 타당한 해석이 되도록 하여야 할 것이다. 형벌법규는 문언에 따라 엄격하게 해석·적용하여야 하고 피고인에게 불리한 방향으로 확장해석하거나 유추해석을 하여서는 안 되는 것이지만, 문언이 가지는 가능한 의미의 범위 안에서 규정의 입법 취지와 목적 등을 고려하여 문언의 논리적 의미를 분명히 밝히는 체계적 해석을 하는 것은 죄형법정주의의 원칙에 어긋나지 않는다.

(나) 일반 국민은 형법 제20장에서 규정하고 있는 문서죄와 전자기록죄의 각 죄명에 비추어 형법 제227조의2와 제232조의2에서 정한 '위작(僞作)'이란 '위조(僞造)'와 동일한 의미로 받아들이기보다는 '위조(僞造)'에서의 '위(僞)'와 '허위작성(虛僞作成)'에서의 '작(作)'이 결합한 단어이거나 '허위작성(虛僞作成)'에서 '위작(僞作)'만을 추출한 단어로 받아들이기 쉽다. 형법에서의 '위작'의 개념은 형법이 그에 관한 정의를 하지 않고 있고, 해당 문언의 사전적 의미만으로는 범죄구성요건으로서의 적절한 의미 해석을 바로 도출해 내기 어려우므로, 결국은 유사한

다른 범죄구성요건과의 관계에서 체계적으로 해석할 수밖에 없다. 따라서 형법 제232조의2에서 정한 '위작'의 포섭 범위에 권한 있는 사람이 그 권한을 남용하여 허위의 정보를 입력함으로써 시스템 설치·운영 주체의 의사에 반하는 전자기록을 생성하는 행위를 포함하는 것으로 보더라도, 이러한 해석이 '위작'이란 낱말이 가지는 문언의 가능한 의미를 벗어났다거나, 피고인에게 불리한 유추해석 또는 확장해석을 한 것이라고 볼 수 없다.

(다) 전자기록의 작성·수정·열람·삭제 등(이하 '작성 등'이라고 한다)을 위해 시스템이 요구하는 본인확인 절차를 거친 사람은 특별한 사정이 없는 한 해당 전자기록의 작성 등을 할 권한이 있다. 그런데 전자기록은 작성명의인을 특정하여 표시할 수 없고, 생성 과정에 여러 사람의 의사나 행위가 개재됨은 물론 개개의 입력한 정보가 컴퓨터 등 정보처리장치에 의하여 자동으로 기존의 정보와 결합하여 가공·처리됨으로써 새로운 전자기록이 만들어지므로 문서죄에서와 같은 작성명의인이란 개념을 상정하기 어렵다. 이러한 전자기록의 특성 이외에도 사전자기록등위작죄를 사문서위조죄와 비교해 보면 두 죄는 범행의 목적, 객체, 행위 태양 등 구성요건이 서로 다르다. 이러한 사정을 종합적으로 고려하면, 형법 제232조의2가 정한 사전자기록등위작죄에서 '위작'의 의미를 작성권한 없는 사람이 행사할 목적으로 타인의 명의를 모용하여 문서를 작성한 경우에 성립하는 사문서위조죄의 '위조'와 반드시 동일하게 해석하여 그 의미를 일치시킬 필요는 없다.

(라) 1995. 12. 29. 법률 제5057호로 공포되어 1996. 7. 1.부터 시행된 개정 형법의 입법 취지와 보호법익을 고려하면, 컴퓨터 등 전산망 시스템을 이용하는 과정에 필연적으로 수반되는 사전자기록 등 특수매체기록 작성 등에 관하여 권한 있는 사람이 그 권한을 남용하여 허위의 정보를 입력함으로써 시스템 설치·운영 주체의 의사에 반하는 전자기록을 생성하는 행위를 '위작'의 범위에서 제외하여 축소해석하는 것은 입법자의 의사에 반할 뿐만 아니라 과학기술의 발전과 시대

적·사회적 변화에도 맞지 않는 법 해석으로서 받아들일 수 없다.

(마) 동일한 법령에서의 용어는 법령에 다른 규정이 있는 등 특별한 사정이 없는 한 동일하게 해석·적용되어야 한다. 공전자기록등위작죄와 사전자기록등위작죄는 행위의 객체가 '공전자기록'이냐 아니면 '사전자기록'이냐만 다를 뿐 다른 구성요건은 모두 동일하고, 두 죄 모두 형법 제20장(문서에 관한 죄)에 규정되어 있다. 나아가 형법은 사문서의 경우 유형위조(제231조)만을 처벌하면서 예외적으로 무형위조(제233조)를 처벌하고 있는 반면, 공문서의 경우에는 유형위조(제225조)뿐만 아니라 별도의 처벌규정을 두어 무형위조(제227조)를 함께 처벌하고 있다. 그런데 전자기록등위작죄를 문서위조죄에 대응하는 죄로 보아 권한 있는 사람이 그 권한을 남용하여 허위의 정보를 입력함으로써 시스템 설치·운영 주체의 의사에 반하는 사전자기록을 생성하는 행위에 대하여 사전자기록등위작죄로 처벌할 수 없는 것으로 해석한다면, 이에 상응하여 권한 있는 사람이 그 권한을 남용하여 허위의 정보를 입력함으로써 시스템 설치·운영 주체의 의사에 반하는 공전자기록을 생성하는 행위에 대하여도 형법 제227조의2에서 정한 공전자기록등위작죄로 처벌할 수 없는 것으로 해석해야 한다. 이는 권한 있는 사람의 허위공문서작성을 처벌하고 있는 형법과도 맞지 않아 부당하다. 특히 전산망 시스템의 구축과 설치·운영에는 고도의 기술성·전문성·신뢰성을 요하므로 허위의 전자기록을 작성한 경우에는 처벌할 필요성이 문서에 비해 훨씬 더 크다.

(바) 사전자기록등위작죄가 성립하기 위해서는 '위작' 이외에도 '사무처리를 그르치게 할 목적'과 '권리·의무 또는 사실증명에 관한 타인의 전자기록 등 특수매체기록'이란 구성요건을 충족해야 한다. 형법 제232조의2에 정한 전자기록과 '사무처리를 그르치게 할 목적'에 관한 판례의 법리에 따르면 해당 전자기록이 시스템에서 쓰임으로써 예정된 증명적 기능을 수행하는 경우에 해당하지 않거나, 위 시스템을 설치·운영하는 주체의 의사에 반하더라도 사무처리를 그르치게 할 목적

이 없다면 사전자기록등위작죄는 성립하지 않는다. 따라서 형법 제232
조의2에서 정한 '위작'의 개념에 권한 있는 사람이 그 권한을 남용하
여 허위의 정보를 입력함으로써 시스템 설치·운영 주체의 의사에 반
하는 전자기록을 생성하는 행위를 포함하더라도 처벌의 범위가 지나
치게 넓어져 죄형법정주의의 원칙에 반하는 것으로 볼 수도 없다.

(사) 문서죄에 관한 우리나라 형법과 일본 형법은 그 체계가 유사
하고, 일본 형법 제161조의2 제1항이 규정한 사전자적기록부정작출죄
의 '부정작출'에 권한 있는 사람이 그 권한을 남용하여 허위의 전자적
기록을 생성하는 경우를 포함할 경우 문서죄와의 체계가 맞지 않게
되는 문제점도 동일하다. 그럼에도 일본 형법 제161조의2가 신설될 당
시의 입법 자료에 따르면 '데이터를 입력할 권한을 갖는 사람으로서
진실한 데이터를 입력할 의무가 있는 사람이 그 권한을 남용하여 시
스템 설치자의 의사에 반하여 허위의 데이터를 입력하는 행위'도 '부
정작출'에 해당하는 것으로 보았다. 이러한 일본의 태도는 우리가 형
법 제232조의2에서의 '위작'의 개념을 해석하면서 참고할 수 있다.

[대법관 이기택, 대법관 김재형, 대법관 박정화, 대법관 안철상, 대
법관 노태악의 반대의견] 다수의견의 취지는 사전자기록 등(이하 '전자
기록 등'을 '전자기록'이라고만 한다)의 '위작'에 유형위조는 물론 권한남
용적 무형위조도 포함된다는 것으로, 이는 '위작'이라는 낱말의 사전적
의미에 맞지 아니할 뿐만 아니라 유형위조와 무형위조를 엄격히 구분
하고 있는 형법 체계에서 일반인이 예견하기 어려운 해석이어서 받아
들이기 어렵다. 구체적인 이유는 아래와 같다.

(가) 헌법은 국가형벌권의 자의적인 행사로부터 개인의 자유와 권
리를 보호하기 위하여 범죄와 형벌을 법률로 정하도록 하고 있다(헌법
제13조 제1항). 국민의 기본권을 제한하거나 의무를 부과하는 법률은
명확하여야 하고, 특히 형벌에 관한 법률은 국가기관이 자의적으로 권
한을 행사하지 않도록 무엇보다 명확하여야 한다. 다시 말하면, 형벌

법규는 어떠한 행위를 처벌할 것인지 일반인이 예견할 수 있어야 하고 그에 따라 자신의 행위를 결정할 수 있도록 구성요건을 명확하게 규정할 것을 요구한다. 건전한 상식과 통상적 법감정을 가진 사람으로 하여금 자신의 행위를 결정해 나가기에 충분한 기준이 될 정도의 의미와 내용을 가지고 있다고 볼 수 없는 형벌법규는 죄형법정주의의 명확성원칙에 위배되어 위헌이 될 수 있으므로, 불명확한 규정을 헌법에 맞게 해석하기 위해서는 이 점을 염두에 두어야 한다. 그리고 형벌법규의 해석은 엄격하여야 하고, 문언의 가능한 의미를 벗어나 피고인에게 불리한 방향으로 해석하는 것은 죄형법정주의의 내용인 확장해석 금지에 따라 허용되지 않는다.

우리 형법에는 '위작'에 관한 정의 규정이 없다. 전자기록과 관련하여 '위작'이란 용어는 일반 국민이 흔히 사용하는 단어도 아니다. 따라서 수범자인 일반 국민은 '위작'의 사전적인 정의 또는 '위작'이란 용어가 사용된 형법을 통해서는 '위작'이 무엇을 뜻하는지 전혀 예측할수 없다. 이러한 사정 등을 고려하면 형법 제232조의2에서 정한 '위작'의 개념은 위 조항이 규정되어 있는 형법 제20장 '문서에 관한 죄'와 관련지어 체계적으로 그리고 헌법합치적으로 해석하여야 한다.

형법은 문서에 관한 유형위조의 행위 태양을 위조·변조라고 규정하고 있다. 공·사전자기록의 위작·변작은 이러한 형법 조문의 위조·변조와 대응한다. 그리고 사문서위조죄(제231조)와 사전자기록위작죄(제232조의2)를 비교해 볼 때 두 죄는 행위의 객체가 종이 문서이냐 아니면 전자기록이냐에 따른 차이를 제외하면 구성요건의 형식이 실질적으로 동일하고 법정형도 동일하다. 일반인으로서는 정의 규정도 없는 상태에서 사전에도 없고 일상적으로 사용되지도 않는 '전자기록 등 특수매체기록의 위작'이라는 용어의 의미를 알 수 없고, 다만 형법의 문서에 관한 죄의 장에 함께 규정되어 있는 점으로 보아 문서위조와 유사한 의미라고 짐작할 수 있을 뿐이다.

다수의견과 같이 '위작'의 의미를 위조의 '위'와 허위작성의 '작'이 결합한 단어로서 유형위조와 무형위조를 포괄하는 의미라고 보는 태도는 문서에 관한 형법 조문의 대응 관계, 유형위조와 무형위조를 준별하고 있는 형법의 체계, 그리고 문서에 관한 죄에 대한 일반인의 관념에 비추어 받아들일 수 없다.

　사전자기록위작죄에서 '사무처리를 그르치게 할 목적'은 초과주관적 구성요건으로서 사문서위조죄에서의 '행사할 목적'보다 처벌대상을 한정하는 것이다. 그런데 이를 근거로 형법 제232조의2에서의 '위작'에 허위작성을 포함시켜 처벌범위를 넓히는 것은 형법이 고의 외에 초과주관적 구성요건을 규정한 취지에 반할 뿐만 아니라 처벌범위의 확장에 따라 일반 국민의 법적 안정성을 침해할 우려가 크다. 그 밖에도 주관적 구성요건과 객관적 구성요건은 증명 방법에 차이가 있어 주관적 구성요건의 존재가 인정되지 않는다는 이유로 범죄 혐의를 벗어나는 것은 여간 어려운 일이 아니다.

　이처럼 사전자기록위작죄의 구성요건의 형식과 내용, 그 법정형, 사문서위조죄에 관한 형법의 태도, 그에 대한 일반 국민들의 확립된 관념 등에 비추어 보면, 형법 제232조의2에서 정한 '위작'은 유형위조만을 의미하는 것으로 해석하여야 한다. 이렇게 해석하는 것이 불명확성에 따른 위헌 소지를 제거하는 헌법합치적 해석이라고 할 수 있다. 그런데 사문서위조와 사전자기록위작을 달리 규율할 합리적 이유가 없음에도, 유형위조만을 처벌하는 사문서위조와 달리 사전자기록위작에 대해서는 형법 제232조의2에서의 '위작'에 무형위조를 포함한다고 해석하는 것은 불명확한 용어를 피고인에게 불리하게 해석하는 것일 뿐만 아니라 합리적 이유 없이 문언의 의미를 확장하여 처벌범위를 지나치게 넓히는 것이어서, 형사법의 대원칙인 죄형법정주의의 원칙에 반한다.

　(나) 형법 제232조의2에서 정한 '위작'에 다수의견이 말하는 것처럼 허위의 전자기록 작성을 포함하는 것이 입법자의 의사였다고 하더라도, 입법자의 의사는 법 해석에 있어 고려되어야 할 여러 가지 요소

중 하나에 불과한 것이어서, 법원이 '위작'의 개념을 입법자의 의사와
달리 해석하더라도 형벌법규의 해석방법을 벗어난 것이 아니다. 사법
부의 역할은 법이 무엇인지 선언하는 것이고, 잘못된 입법은 새로운
입법을 통하여 해결하는 것이 정도이다. 잘못된 입법에 대해 문언의
통상적인 의미를 벗어나 새로운 의미를 창설하는 수준의 해석을 통하
여 처벌의 범위를 확대함으로써 입법의 불비를 해결하는 것은 바람직
한 태도가 아니다.

(다) 전자기록의 허위작성 행위에 대한 처벌의 공백이 있다는 이유
로 불명확한 규정을 확대해석하는 것은 죄형법정주의의 원칙에 어긋
난다. 처벌의 필요성이 있다면 적절한 입법을 통하여 해결할 일이지
불명확한 규정을 확대해석함으로써 해결하려는 것은 타당하다고 할
수 없다. 특히 공전자기록과 사전자기록에서 말하는 '위작'을 동일한
의미로 해석하여야 한다는 점을 받아들인다고 하더라도, 공전자기록
의 무형위조를 처벌할 필요가 있다고 하여 사전자기록의 무형위조도
함께 처벌되는 결과를 받아들여야 한다는 것은 동의하기 어렵다. 사법
부의 역할은 개인의 기본권을 수호하는 일이고, 시대적 상황에 따라
처벌의 필요성이 있다는 이유로 명확하지 않은 처벌규정을 확장해석
하는 방법으로 사회를 규율하겠다는 태도는 사법부의 본분을 넘어서
는 것이다.

(라) 우리 형법에서 전자기록 관련 범죄의 행위 태양은 '위작'인
반면, 일본 형법에서는 '부정작출'로 되어 있어 용어가 서로 다르다.
일본 형법은 '작출'이라는 용어를 사용하여 무형위조를 포함하는 의미
를, 그리고 그 앞에 '부정'이라는 용어를 추가하여 권한을 남용하는 행
위라는 의미를 부여하고 있으므로, 법문 자체에서 권한남용적 무형위
조라는 해석을 도출할 수 있다. 이처럼 행위 태양에 관한 용어가 서로
다른 점에 비추어 볼 때, '위작'의 개념을 '부정작출'이란 용어를 사용
하고 있는 일본 형법과 동일하게 해석할 수 없다.

(마) 우리 형법이 사문서의 무형위조를 처벌하지 않는 것은 공문

서와 달리 사적 자치의 영역에는 국가의 형벌권 행사를 최대한 자제
하기 위함이다. 이러한 형법의 태도는 문서가 아닌 전자기록에도 그대
로 적용될 수 있다. 회사는 그 영업을 함에 있어 진실에 부합하는 전
자기록 이외에도 부득이한 상황에서 진실에 일부 부합하지 않는 허위
내용이 담긴 전자기록을 작성하는 경우도 얼마든지 있을 수 있다. 그
런데 허위내용이 담긴 사전자기록이라는 이유만으로 그 작성권자가
누구인지와 상관없이 모두 '위작'에 해당하는 것으로 해석한다면 수사
기관은 압수수색 과정에서 당초 수사 중인 피의사실과 관련된 증거를
발견하지 못하더라도 허위내용이 담긴 사전자기록을 발견하여 별건
수사에 활용하는 등 수사권 남용을 초래할 위험이 있다. 이 경우 회사
의 경영활동이 위축될 수 있음은 쉽게 예상할 수 있다. 따라서 무형위
조와 유형위조에 관한 일반인의 관념이 변화되지 않은 상태에서 형법
제232조의2에서의 '위작'에 사문서위조죄에서의 '위조'와 달리 무형위
조를 포함한다고 해석하는 것은 이러한 점에서도 문제가 된다.

요컨대, 형법 제232조의2에서 정한 '위작'이란 전자기록의 생성
에 관여할 권한이 없는 사람이 전자기록을 작성하거나 전자기록의
생성에 필요한 단위정보를 입력하는 경우만을 의미한다고 해석하여
야 한다.

(바) 다수의견은 사전자기록의 허위작성을 처벌대상으로 삼으면서
도 권한을 남용한 경우로 제한함으로써 '위작'에 관한 부당한 확대해
석을 경계하고 있는 것으로 보인다. 이것은 사전자기록위작죄에서 '위
작'이라는 하나의 용어로 유형위조와 무형위조를 모두 처벌하게 되는
부당성을 완화하기 위한 절충적 태도라고 볼 수 있으나, 형법 규정상
으로는 권한남용적 허위작성이라는 해석을 도출할 근거가 충분하지
않다.

(사) 대리인과 달리 주식회사의 대표이사는 회사의 행위를 대신하
는 것이 아니라 회사의 구성부분, 즉 기관으로서 회사의 행위 자체를
하는 것이다. 이 경우 회사는 의사결정기관을 통해 결정된 회사의 의

사를 대표이사를 통해 실현하고, 대표이사의 행위가 곧 회사의 행위이므로, 회사의 의사에 반하는 대표이사의 의사 및 행위를 상정하기 어렵다. 따라서 사전자기록위작죄에서 말하는 '위작'의 의미를 다수의견과 같이 보더라도, <u>대표이사가 당해 회사가 설치·운영하는 시스템의 전자기록에 허위의 정보를 입력한 것은 회사의 의사에 기한 회사의 행위로서 시스템 설치·운영 주체인 회사의 의사에 반한다고 할 수 없어 권한남용 행위에 해당한다고 보기도 어렵다.</u>

[연   구]

Ⅰ. 문제의 제기

1. 사안의 개요와 쟁점

이 사건은 가상화폐[1]의 거래소 운영자가 자신의 거래소 운영실적을 실제보다 많아보이게 하기 위하여 거래소의 운영시스템에 있는 차명계좌에 허위의 가상화폐나 원화 포인트를 입력하여 표시한 사건으로, 자신이 운영에 관한 권한을 가지고 있는 전산정보시스템의 전자기록을 허위로 작성한 행위가 형법 제232조의2에서 규정하고 있는 "사무처리를 그르치게 할 목적으로 권리·의무 또는 사실증명에 관한 타인의 전자기록등 특수매체기록을 위작"한 경우에 해당하는지 여부가 쟁점이 된 사건이다.

형법 제232조의2는 '권리·의무 또는 사실증명'에 관한 '타인'의 전자기록등 특수매체기록을 객체로 하여, '사무처리를 그르치게 할 목적'이라는 초과 주관적 구성요건을 전제로 '위작'한 행위를 구성요건으로

---

1) 현재의 관련 법률에 의하면 비트코인과 같은 가상화폐는 '가상자산'이라고 지칭되며 가상화폐의 거래소를 운영하는 사업자를 '가상자산사업자'라고 한다. 「특정 금융거래정보의 보고 및 이용 등에 관한 법률」 제2조(정의) 참조. 다만 이 글에서는 대상판결에서와 같이 '가상화폐'라는 용어를 그대로 사용하기로 한다.

하고 있어서 비교적 다양한 해석상의 논점을 내포하고 있다. 공전자기록위작·변작죄와 달리 '권리·의무 또는 사실증명'에 관한 전자기록으로 그 대상이 한정되어 있고 위작의 대상이 되는 전자기록은 '타인성'을 요건으로 한다. 물론 이러한 구성요건은 사문서위조의 경우에도 동일하게 요구되는 것으로 새로운 쟁점이라고는 할 수 없지만, 후술하는 바와 같이 전자기록의 경우는 종전의 문서와는 다른 여러 가지 형태적·기능적 특성을 보이고 있고 그러한 점이 전자기록에 대한 행위를 문서의 경우와는 달리 해석해야 할 현실적 압력으로 작용하고 있다는 점에서 구체적인 검토의 대상이 되고 있다고 할 수 있다. 특히 전자기록에 대한 죄에서만 존재하는 '사무처리를 그르치게 할 목적'의 의미에 대해서는 단순히 문서죄의 '행사할 목적'에 대응하는 구성요건이라는 입장과 해당 전자기록이 저장·활용되는 전산정보시스템의 설치·운영목적과 취지를 구체적으로 밝혀서 해당 행위가 그러한 취지나 목적에 저촉되지 않는지 상세히 검토해야 할 대상이라는 해석론이 대립하는 상황이다.

무엇보다도 형법 제232조의2 사전자기록위작·변작죄에 대해서는 '위작'의 의미가 무엇인지에 대해 논란이 있다. 문서죄에서의 '위조'와 달리 '위작'이라는 용어를 사용한 것에 대해, 위조와 동일하게 작성권한 없는 자의 유형위조행위로 보아야 할지, 위조와는 다르게 작성권한 없는 자의 유형위조 뿐만 아니라 작성권한이 있는 자가 허위의 내용을 작성하는 무형위조도 포함하는 개념으로 이해해야 하는지의 문제이다.

대상판결의 사안은 가상화폐 거래소를 운영하는 회사의 대표이사가 직접 자신이 운영하는 거래시스템에 허위의 거래정보를 입력하였다는 점에서 외형상 '작성권한이 있는 자가 허위의 내용을 작성한 행위'로 보이고, 따라서 위와 같은 '위작'의 개념이해에 따라 형법 제232조의2 사전자기록위작죄에 해당하는지 여부가 달라질 수 있는 사안이다. 그러므로 형법 제232조의2가 규정하는 사전자기록위작죄에서 위

작의 의미를 어떻게 해석해야 하는지가 가장 중요한 쟁점이라고 할
수 있다.[2)]

2. 위작의 개념에 대한 논의상황

1995년 형법개정으로 형법에 공·사전자기록에 대한 위작·변작죄
가 도입된 이래로 여기서의'위작'의 개념이 무엇인지에 대해서는 이미
2005년 대법원 판결로 한 차례 논의가 이루어진 바 있다. 당시 대법원
은 경찰범죄정보시스템에 허위사실을 입력한 경찰관의 행위에 대해
"시스템의 설치·운영 주체로부터 각자의 직무 범위에서 개개의 단위
정보의 입력 권한을 부여받은 사람이 그 권한을 남용하여 허위의 정
보를 입력함으로써 시스템 설치·운영 주체의 의사에 반하는 전자기록
을 생성하는 경우도 형법 제227조의2에서 말하는 전자기록의 '위작'에
포함된다고 보아야 할 것이다"[3)]라고 판시하여 '권한의 남용'이라는 조
건이 붙기는 하였으나 권한있는 자의 무형위조도 '위작'의 개념에 포
함된다는 입장을 취하였고, 공전자기록에 대해서는 이러한 입장이 유
지[4)]되고 있는 것으로 보인다. 그러나 사전자기록에 대해서는 대상판
결 이전까지는 명확한 입장을 찾아볼 수 없었다.

이러한 상황에서 위작개념의 포섭범위에 대한 학계의 논의는 조
합가능한 형태가 모두 제기되는 혼란한 상황이다. 공·사전자기록을
막론하고 위작의 개념에는 유형위조 뿐만 아니라 무형위조가 모두 포
함된다는 견해(제1설), 공·사전자기록의 위작은 유형위조와 '권한남용

---

2) 부수적으로 이 사안은 ① 법인의 대표이사가 법인명의로 설치·운영하는 시스
   템에 정보를 입력한 것이 '타인'의 전자기록을 대상으로 한 것인지의 여부, ②
   거래소의 운영자가 일정한 목적 하에 정당한 의사결정의 절차에 따라 허위 정
   보를 시스템에 입력하였다는 점에서 '사무를 그르치게 할 목적'을 인정할 수
   있는지도 쟁점이 되었다. 이러한 내용도 결론의 여부에 따라 최종적으로 대상
   판결 사안의 유·무죄 여부가 달라질 수 있는 중요한 논점이지만 이 글에서는
   지면의 한계상 이 점들은 다루지 않았다.
3) 대법원 2005. 6. 10. 선고 2004도6132 판결.
4) 대법원 2013. 11. 28. 선고 2013도9003 판결 참조.

적' 무형위조를 포함한다는 견해(제2설), 공전자기록과 사전자기록을 구별하여 공전자기록의 위작에는 유형·무형위조가 포함되지만 사전자기록의 경우에는 유형위조만이 위작개념에 포함된다는 견해(제3설), 공·사전자기록을 막론하고 위작은 유형위조만을 의미하는 것으로 보아야 한다는 견해(제4설) 등으로 정리5)해 볼 수 있다.

　이하에서는 대상판결의 판시사항을 통해 거론된 주요 논점들에 대한 검토를 중심으로 사전자기록위작죄에서 위작의 개념이 포섭하는 바가 무엇인지를 분석해 보고자 한다.

Ⅱ. 위작 개념의 도출을 위한 논점의 검토

　대상판결의 다수의견은 형법 제227조의2의 공전자기록위작죄에서의 위작개념에 대한 법리는 형법 제232조의2의 사전자기록위작죄에서 행위의 태양으로 규정한 '위작'에 대해서도 마찬가지로 적용되고, 따라서 피고인들의 행위는 사전자기록위작죄에서의 위작행위에 해당한다고 결론을 내리면서, 위작개념의 판단을 위해서 다음과 같은 논점들을 제시·분석하였다 : ① 용어의 사전적 정의와 일반국민의 이해, ② 사전자기록위작죄의 보호법익과 전자기록의 특성, ③ 공·사전자기록위작죄를 신설할 당시의 입법자의 의사, ④ 동일한 용어의 동일해석 필요성, ⑤ 사회의 변화에 따른 현실적 처벌필요성, ⑥ 비슷한 범죄규정을 가지고 있는 일본형법의 태도.

　반대의견은 대체로 다수의견이 제시하는 이러한 논점들에 대응하여 반박하는 형식으로 논지를 전개하고 있는데, 우선 용어의 정의와 입법자의 의사에 대해서는 그 내용이 불분명하여 해석의 결정적인 근거가 될 수 없고, 일본형법의 태도를 참고해야 한다는 점에 대해서도 용어가 다른 상황에서 그러한 태도를 참고하는 것은 불필요하다고 일

---

5) 이와 같은 학설의 분류와 각각의 학설 간 오가는 비판적 의견에 대해서는 신
　상현, "사전자기록 위작죄의 '위작'에 허위작성 행위가 포함되는지 여부", 아주
　법학 제14권 제3호, 2020, 101-104면 참조.

축하면서, 주로 사문서위조와 비교하여 위작의 의미를 확대하는 것은 죄형법정주의에 위배될 소지가 크고, 전자기록의 특성상 현실적으로 처벌의 필요성이 크다고 하더라도 이것은 입법의 이유이지 사법적 해석의 결과가 되어서는 안 된다는 점을 부각하고 있다. 또한 반대의견은 다수의견이 별다른 언급없이 표현하고 있는 '권한의 남용'이라는 제한이 근거없는 해석론이라는 점을 지적하고 있다.

법률용어의 사전적 의미나 입법자의 의사 등은 법률의 해석에서 용이하게 사용할 수 있는 논거이기는 하지만 규범적 해석방법론에서 그것이 결정적인 근거가 되지는 못한다. 또한 비교법적인 자료 역시 우리 법을 해석하는데 있어서 하나의 관점을 제공할 수는 있으나 해석의 결론을 내려주지는 못한다고 할 수 있다. 이러한 점을 고려하여 이하에서는 용어의 사전적 의미, 입법자의 의사 및 (위작개념을 확대하는데 반대하는 입장에서 주로 제기되는) 법정형을 고려한 체계적 분석방법에 대해 먼저 간략히 살펴보고,6) 전자기록에서의 유형위조와 무형위조의 구별, 권한의 일탈·남용이라는 요건이 가지는 해석상의 의미, 보호법익과 처벌의 필요성에 대한 규범해석론적 검토의 순으로 위작의 개념을 정립하기 위한 본격적인 논의를 전개해 보고자 한다.

1. 위작 개념의 분석을 위한 사전적 검토

가. 용어의 사전적 정의와 관련하여

다수의견은 국립국어원의 표준국어대사전이 '위작'을 '다른 사람의 작품을 흉내 내어 비슷하게 만드는 일 또는 그 작품', '저작권자의 승낙을 얻지 아니하고, 그의 저작물을 똑같이 만들어 발행하는 일'로 정의하고 있음을 인용하면서 일반국민은 위작이라는 용어를 위조와 동일하게 받아들이기 보다는 위조에서의 '위(僞)'와 허위작성에서의 '작(作)'이 결합한 단어 혹은 허위작성의 줄임말로 받아들이기 쉽다는 설

---

6) 비교법적인 검토는 지면관계상 전면적인 검토는 생략하고, 관련 부분에서 간단하게 언급하는 방식을 취하였다.

명을 하고 있다. 그러나 반대의견은 위작이라는 용어의 사전적 의미와
형법상 전자기록에 대한 위작의 의미가 어떠한 관계에 있는 것인지
일반 국민은 전혀 예측할 수가 없다고 한다.

'위작'이라는 용어의 사전적 의미에 '허위작성'의 의미가 들어있다
는 점은 '위조'라는 용어의 사전적 의미와 비교해 보면 별로 중요한
논거가 되지 못한다. 국립국어원의 표준국어대사전[7]에서 '위조'라는
용어는 '어떤 물건을 속일 목적으로 꾸며 진짜처럼 만듦'이라고 정의
되고 있어서 국어적으로는 위조라는 용어의 의미도 '거짓으로 만든다'
라는 의미를 포함하고 있고 '위작'과 다를 바 없지만, 형법상 문서에
대한 죄에서 '위조'는 타인의 명의를 사칭하는 유형위조만을 의미한다
는 것은 주지의 사실이다. 사실 사전자기록위작죄의 해석에 있어 위작
이라는 용어가 위조와는 구별되는 특별한 의미를 가지고 있다는 점을
강조하는 견해들에서도 위작이라는 용어는 서로 다른 의미로 사용되
고 있다.[8] 이러한 점만 봐도 일반인들이 전자기록과 관련한 범죄에서
사용되는 위작의 의미를 보편적으로 이해할 수 있으리라고 기대하기
는 어렵다.[9]

다만 해석상 위작이라는 용어는 위조와는 달리 볼 수 있다는 견
해가 있다. 문서의 죄와 상응하는 방식으로 전자기록에 대한 범죄가
조문화되는 과정에서 '위조·변조'와는 다른 위작·변작이라는 용어를
사용했다는 점에서 이는 문서죄에서의 위조나 변조와는 의미상의 차
이가 있음을 나타내려는 것이라고 이해하는 것이다.[10] 이러한 이해에
의하면 위작이라는 용어는 위조와는 달리 허위작성을 포함하는 용어
로 해석할 수도 있게 된다.

---

7) 국립국어원 표준국어대사전 인터넷 사이트 https://stdict.korean.go.kr/
8) 제2설을 주장하는 심준보 판사의 경우 '위작'의 사전적 정의를 위조와 같은
   의미로 이해하고 있다. 심준보, "공전자기록 위·변작죄에서 위작과 변작의
   개념", 대법원판례해설 제56호, 2005, 240면.
9) 같은 취지로 신상현, 앞의 논문, 106면.
10) 전지연, "전자기록 위작·변작죄", 문서와 범죄, 집현재, 2017, 193면.

나. 입법자의 의사

다수의견은 1992년 법무부가 전부개정 형식의 형법개정법률안을 제출하면서 이에 대해 작성한 '형법개정법률안 제안이유서'[11])에서, 동 개정법률안 제309조의 공전자기록위작변작죄에서 '위작이란 권한 없이 전자기록 등을 만드는 경우뿐 아니라 허위내용의 전자기록을 만드는 경우를 포함'[12])하는 것이라고 명시하고, 사전자기록에 대한 조문인 제315조에 대한 해설에서 '신설취지 및 내용이 제309조의 경우와 동일하다'[13])라고 하였다는 점을 강조하면서 입법자의 의사는 공·사전자기록 동일하게 위작에는 권한이 있는 자가 허위내용의 전자기록을 만드는 무형위조를 포함하는 것이었다고 이해한다. 하지만 현재의 형법은 1992년 안을 폐기하고 1995년에 대안으로 제시된 안을 채택한 것으로 1992년의 형법개정안이 입법된 것이라고 보기는 어렵다는 문제점이 있다. 그리고 1995년의 대안에 대한 새로운 논의과정에서는 위작의 의미에 대한 특별한 논의자료를 찾아볼 수 없다. 이에 대해 다수의견은 형법개정의 과정을 고찰하면 1992년의 전면개정안에서 그 일부를 발췌하는 방식으로 1995년의 개정이 이루어졌고 그 과정에서 위작의 의미에 대한 다른 논의가 없었다는 점에서 1992년에 마련된 입법자의 의사가 1995년의 개정에도 그대로 반영된 것으로 보는 것이 타당하다는 입장을 취하고 있다.[14]) 그리고 이러한 이해를 지지하는 견해에서는 전자기록에 관한 죄를 의율할 필요에 따라 처벌규정을 신설하면서 오히려 종전에 처벌대상이었던 공문서의 무형위조에 대한 처벌의사를 철회하였다고 해석하기에는 합리적 근거가 없다[15])는 설명을 부가한다.

---

11) 이 자료는 현재 국가기록원 홈페이지에서 검색할 수 있다.
   (출처: http://theme.archives.go.kr/viewer/common/archWebViewer.do?bsid=200041048763&gubun=search)
12) 법무부, 형법개정법률안 제안이유서(형사법개정자료 XIV), 1992, 230면.
13) 법무부, 위의 제안이유서, 232면.
14) 입법자의 의사가 위작의 개념에 무형위조를 포함하고 있는 것이 분명하다는 견해로 전지연, 앞의 논문, 194면.
15) 김진, "사전자기록 위작의 개념과 허위작성의 법적 평가", 법조 제69권 제4호,

반면 반대의견은 1992년 법무부 안에 대한 입법자의 의사가 위작에 무형위조가 포함되는 것이었다는 점은 확인되지만, 그것이 현행 형법에 대한 입법자의 의사인지 여부는 명확하지 않다는 입장이다. 특히 초기 개정요강에서 일본 형법과 같이 '전자적기록부정작출죄'를 신설하기로 하였다가 이를 위작·변작으로 변경하는 과정에서 그 이유가 불분명하다는 점을 지적한다. 그리고 반대의견은 설령 다수의견과 같이 입법자의 의사가 무형위조를 포함하는 의사였다고 하더라도 입법자의 의사는 현재의 법을 해석함에 있어서 고려되어야 할 여러 가지 요소 중 하나에 불과한 것이라는 점을 강조한다.

결국, 입법자의 의사가 오늘날 위작의 개념에 대한 해석에 중요한 근거가 되기 위해서는 입법자의 의사가 1992년의 형법개정법률안에서 1995년의 현행 개정형법에 '승계'되었는지 여부가 중요한데 여기에 대해서는 '결정적인' 자료가 없다는 점에서 이 논의는 부차적인 의미에 그칠 수밖에 없다.

다. 유형위조와 무형위조의 불법성 차이

전자기록의 위작에 무형위조를 포함시키는 해석이 부당하다는 입장에서는 문서위조죄와 허위문서작성죄에 대한 현행 형법의 법정형이 다르다는 점에서 형법은 유형위조와 무형위조의 불법과 책임이 상이함을 인정하고 있다는 점을 논거로 제시한다. 구체적으로, 1995년 전자기록에 관한 범죄를 신설하면서 종전 공문서위조죄와 법정형의 상한이 동일(10년)하였던 허위공문서작성죄의 법정형을 7년 이하의 징역으로 낮추고 선택형으로 2천만원 이하의 벌금형을 규정한 점은 유형위조에 비교하여 무형위조의 불법과 책임이 낮음을 반영한 것으로 볼 수 있으므로, 위작의 개념에 무형위조를 포함하여 결과적으로 유형위조와 무형위조가 같은 취급을 받게 되도록 하는 것은 타당하지 않다는 것이다.[16] 더구나 위작에 무형위조를 포함시키는 견해에 의하면 전

2020, 423면.

16) 강동범, "공전자기록 위작·변작죄에서 위작·변작의 개념", 형사판례연구 제24

자기록의 허위작성은 문서의 허위작성의 경우보다 가중처벌(공문서의 경우 7년 이하의 징역 또는 2천만원 이하의 벌금 → 10년 이하의 징역, 사문서의 경우 3년 이하의 징역 또는 3천만원 이하의 벌금 → 5년 이하의 징역 또는 1천만원 이하의 벌금)되는데 유형위조의 경우에는 문서와 전자기록에 법정형의 차이가 없다는 점에서 전자기록의 무형위조만을 가중처벌해야 할 근거가 명확치 않으며, 형법상 다른 범죄에서도 컴퓨터 관련 범죄를 일반범죄보다 가중처벌하는 예가 없다는 점[17]에서 이러한 해석은 부당하다는 지적[18]도 가능하다.

이러한 문제제기에 대해서는 엄밀히 말하면 1995년 형법개정 전에도 공문서나 사문서 모두 위조변조죄와 허위작성죄의 법정형이 달랐었기[19] 때문에 1995년의 개정으로 비로소 유형위조와 무형위조를 달리 평가하는 태도가 도입되었다고 보기 어렵고, 설령 문서에 대한 죄의 경우 형법이 유형위조와 무형위조의 불법과 책임을 상이하게 평가하는 태도를 취하고 있다고 하더라도 그것이 전자기록의 경우에도 동일한 태도라고 볼 수 있을지는 의문이라는 반박[20]이 있다. 즉 전자기록의 경우 그 특성상 유형위조와 무형위조를 불법이나 책임의 측면에서 다르게 볼 이유가 없다는 것이고, 이러한 인식의 근거에는 전자기록에는 작성자의 명의가 표시되지 않거나 없는 경우가 많아서 허위작성과 권한없는 작성이 구별되지 않는 경우가 많다는 점이 자리하고 있다.

현행 형법이 규정하고 있는 문서에 관한 죄의 법정형을 비교하여 보면 문서에 대해서는 형법이 유형위조와 무형위조를 불법과 책임의

권, 박영사, 2016, 518면.

17) 형법 제141조 제1항(공용서류무효), 제314조 제2항(컴퓨터등 업무방해), 제347조의2(컴퓨터등 사용사기), 제366조(재물손괴).

18) 심준보, 앞의 논문, 244면.

19) 종전 형법에서 공문서위조·변조죄는 1년 이상 10년 이하의 징역, 허위공문서작성죄는 10년 이하의 징역이었으며, 사문서위조·변조죄는 5년 이하의 징역, 허위진단서작성죄는 3년 이하의 징역 또는 2만 5천원 이하의 벌금이었다.

20) 전지연, 앞의 논문, 196-197면.

차원에서 달리 평가하고 있다는 점은 분명해 보인다. 그러므로 전자기록에 대한 범죄규정을 문서에 대한 죄의 체계에 맞추어 구성하였다는 이해에 의하면 전자기록의 위작에 무형위조를 포함하는 해석론은 체계에 맞지 않는 해석이 된다고 볼 수도 있다. 그러나 유형위조와 무형위조를 불법과 책임의 차원에서 달리 취급하는 태도가 전자기록에 대한 죄에서도 그대로 관철될 수 있는지에 대해서는 분명한 근거가 없다. 전자기록의 위작에 무형위조를 포함하여 해석해야 한다는 입장의 중심에 자리하고 있는 것은 앞에서 보았듯이 전자기록이 문서와 다른 매체적 특성을 가지고 있고 그 특성으로 인해 권한없는 자의 무단작성과 권한이 있는 자의 허위작성이 불법의 내용이나 처벌의 필요성의 측면에서 별다른 차이가 없다는 평가이다. 이러한 인식은 유형위조와 무형위조를 구별하면서 위작이라는 표현에 두 가지의 (다층적) 개념을 모두 포함하도록 한다는 것이라기보다는 전자기록의 무형위조는 유형위조와 다를 바 없으니 대등하게 취급해야 한다는 것이라고 할 수 있다.[21]

　　결국 현행 형법이 문서에 대한 죄에서는 법정형 등의 차등을 통해 유형위조와 무형위조를 구별하여 취급하고 있다는 점이 전자기록의 위작에 대한 해석론에 하나의 근거로 사용되기 위해서는 전자기록에 대한 무형위조를 불법과 책임의 측면에서 어떻게 평가할 것인가에 대한 문제가 선결되어야 한다.

2. 전자기록에 있어서 유형위조와 무형위조의 구별

가. 작성명의인과 관련한 전자기록의 특성에 대한 논의

　　다수의견은, "전자기록은 작성명의인을 특정하여 표시할 수 없고, 생성 과정에 여러 사람의 의사나 행위가 개재됨은 물론 개개의 입력

---

21) 이러한 인식을 분명히 보여주고 있는 문헌으로 심준보, 앞의 논문, 246-247면. 다만 이 글은 전자기록의 허위작성을 '권한의 일탈·남용에 의한 경우'로 한정한다.

한 정보가 컴퓨터 등 정보처리장치에 의하여 자동으로 기존의 정보와 결합하여 가공처리됨으로써 새로운 전자기록이 만들어지므로 문서죄에서와 같은 작성명의인이란 개념을 상정하기 어렵다"22)는 점을 문서에 대한 죄와는 달리 형태상 무형위조와 같이 보이는 행위도 전자기록 위작의 개념에 포함시켜야 한다는 중요한 이유로 제시하는 것으로 보인다. 이러한 이해는 공전자기록위작·변작죄에서의 위작 개념에 대해 해당 전자기록의 정보를 입력할 권한이 있었던 공무원이 허위의 정보를 입력한 경우를 포함하는 것이라고 최초로 판단한 대법원 판결23)에서부터 시작된 것으로, (종이나 기타 물리적 형태의) 문서의 경우 문서가 사용되는 과정에서 사용자가 문서의 명의인을 육안 등으로 비교적 간단하고 분명하게 식별할 수 있고 그에 따라 실제 문서작성자와 명의인의 관계가 명확하게 확인될 수 있어서(문서 명의인이 A로 표기되어 있을 경우 실제 작성자가 A인지 아닌지만 사실의 차원에서 규명하면 된다) 잘못된 문서의 경우 문서의 명의가 도용당한 유형위조의 경우인지 내용의 허위성이 문제가 되는 무형위조의 경우인지를 범죄불법의 내용이라는 차원에서 분명히 구별할 수 있지만, 전자기록의 경우 정보의 입력단계에서 여러 사람의 의사나 행위가 개재된다는 것이나 정보의 입력 이후 시스템의 일정한 매커니즘에 의해서 새로운 형태의 전자기록이 생성된다는 사실은 해당 전자기록의 명의인을 누구로 보아야 하는 것인지에 대해 문제가 발생하거나 개별적인 시스템에 대한

---

22) 대상판결 판시사항 중 [4]다수의견 (다)항.
23) 대법원 2005. 6. 9. 선고 2004도6132 판결.
　　"전자기록은, 그 자체로는 물적 실체를 가진 것이 아니어서 별도의 표시·출력장치를 통하지 아니하고는 보거나 읽을 수 없고, 그 생성 과정에 여러 사람의 의사나 행위가 개재됨은 물론 추가 입력한 정보가 프로그램에 의하여 자동으로 기존의 정보와 결합하여 새로운 전자기록을 작출하는 경우도 적지 않으며, 그 이용 과정을 보아도 그 자체로서 객관적·고정적 의미를 가지면서 독립적으로 쓰이는 것이 아니라 개인 또는 법인이 전자적 방식에 의한 정보의 생성·처리·저장·출력을 목적으로 구축하여 설치·운영하는 시스템에서 쓰임으로써 예정된 증명적 기능을 수행하는 것이므로, (후략)"

전문적 이해가 필요함을 의미하는 것으로 명의인의 확정과 그에 대한
침해(도용)를 전제로 하는 유형위조와 무형위조의 불법을 행태상으로
명확히 구별하기 어렵다는 이해로 보여진다. 공전자기록에 대한 위작
의 개념을 이와 같이 이해하고 있는 2005년의 대법원 판결에 대한 해
설은 이러한 상황에 대해 "통상 그 데이터 입력에 관한 상급감독자의
결재나 승인 절차가 없는 수가 많으며, 개개 데이터의 결합 및 분류방
식이나 필터(filter)를 어떻게 구성하느냐에 따라 무한한 층위와 연쇄가
존재하게 된다. 따라서 많은 경우 그 작성자니 '완성'이라는 개념은 생
각하기 어렵다. 전자기록은 문서와는 달리 특정 시점에서 단층적·획
일적으로 고정시켜 파악할 수 없는 수가 많기 때문이다"[24]라고 설명
하고 있다. 그런데 이러한 특성은 공전자기록만의 특성이라고는 볼 수
없고 종이형태의 문서와 비교하여 전자기록이 가지는 특성이라고 할
수 있다. 그리하여 공·사전자기록을 구분하지 않고 전자기록에 대한
위작은 무형위조의 형태를 포함해야 한다는 입장은 이러한 특성을 인
용하며 전자기록에 대해서는 유형위조와 무형위조의 구별 실익이 없
다는 입장을 피력하고 있다.[25]

　다수의견의 여러 논거에 대해 하나하나 반박의 의견을 개진하고
있는 반대의견도 이 점에 대해서는 별다른 반박을 하지 못하고 있는
것으로 보인다. 그러나 전자기록의 경우 명의인이 분명하지 않다는 점
에 대해서는 현실에 근거한 비판의 의견이 적지 않다.

　다수인이 정보를 입력·변경할 수 있는 정보처리시스템의 경우에
도 특정인이 그러한 정보입력행위를 하기 위해서는 반드시 일정한 신
분을 검증하기 위한 아이디(ID)와 비밀번호(Password)의 생성과 입력절
차가 필요하고,[26] 사전자기록이라고 하더라도 증명적 기능을 가진 전
자기록을 생성하는데 있어서는 시스템의 설치·운영주체가 정보의 입

24) 심준보, 앞의 논문, 245면.
25) 전지연, 앞의 논문, 195면.
26) 류석준, "전자기록 위작·변작행위의 규제법규에 관한 연구", 형사법연구 제23
　　호, 2005, 142면; 신상현, 앞의 논문, 111면.

력권한을 특정인으로 제한하여 설정·운영한다는 사실은 자명하다.[27) 그리고 이러한 신분확인과 권한부여의 절차를 거쳐서 일정한 목적으로 전자기록 시스템에 정보의 입력행위를 하는 주체는 자신이 입력한 정보가 누구의 명의로 표시·활용될 것이며 어떠한 형태의 전자기록으로 생성될 것인지 알고 있는 것(혹은 알고 있어야만 하는 것)이 대부분이라고 할 수 있다. 이 역시 공전자기록이냐 사전자기록이냐로 달리 볼 사유는 없다. 이러한 상황은 시스템의 설치·운영 주체와 개별 정보의 입력주체가 다르고 여러 사람이라고 하더라도 시스템의 설치·운영 주체는 전자기록이 표시·활용되는 과정에서의 명의인과 그 명의인으로부터 일정한 권한을 부여받은 보조적 주체들의 실체를 얼마든지 확인하고 구별할 수 있는 상황이라고 할 수 있으며, 정보 입력의 보조자들도 구체적 권한의 유무에 따라 자신의 행위가 전자기록 명의자의 명의를 도용하여 명의자 아닌 다른 주체의 의사표시를 하는 행위인지, 명의도용의 문제와는 상관없는 허위정보의 생성·표시행위인지를 쉽게 구별할 수 있다. 전자기록을 활용하고자 하는 상대방의 입장에서도 공전자기록의 경우 해당 공공전자기록을 작성·발행하는 주체로 전자기록 자체에 표기된 국가 혹은 공공기관(혹은 그 기관의 장)이 전자기록의 명의인이라는 점을 쉽게 인식할 수 있으며 사전자기록의 경우에도 표시와 공개의 주체는 대부분 전자기록 자체에 명시(법인 혹은 개인사업자 등)되어 있으므로 그 주체를 명의인으로 인정할 수 있을 것이고, 해당 시스템의 설치·운영 주체로부터 각자의 직무범위내에서 개별적인 단위정보를 입력할 수 있는 권한을 부여(위임)받은 사람들은 모두 작성명의인에 해당한다고 볼 수 있다.[28) 따라서 공전자기록이든 사전자기록이든 일반적인 경우에 전자기록의 명의를 특정하기 곤란하

---

27) 신상현, 앞의 논문, 111면.

28) 전자기록 내의 개별적 기록이 하나의 문서성을 가지는 경우에도 마찬가지이다. 강동범, 앞의 논문, 515면; 신상현, 앞의 논문, 111면. 물론 전체의 전자기록에 대한 명의인이 있는 경우 부분 기록을 입력한 사람이 '독자적으로' 명의인이 되는 것이 아니라 전체 전자기록 명의인의 '대리인'으로 될 것이다.

다는 점은 전자기록을 종전의 문서에 대한 관념으로 지나치게 추상적
인 관점으로 바라본 것이라고 할 수 있다.

나. 허위 전자기록의 입력과 권한의 남용

그런데 다수의견은 전자기록의 입력권한이 있는 사람이 허위의
정보를 입력하는 모든 행위가 전자기록위작죄에서의 위작에 해당하는
것이 아니라 허위의 정보입력행위가 권한의 남용에 해당하는 경우에
한정된다는 입장으로 보인다. 즉 형법 제232조의2에서 정한 '위작'에
단순히 '허위의 전자기록을 생성하는 행위'가 포함된다고 하지 않고,
"권한 있는 사람이 그 권한을 남용하여 허위의 정보를 입력함으로써
시스템 설치·운영 주체의 의사에 반하는 전자기록을 생성하는 행위"
를 포함하는 것이라고 하고 있다. 이에 대해 반대의견은 다수의견이
"사전자기록의 허위작성을 처벌대상으로 삼으면서도 권한을 남용한
경우로 제한함으로써 '위작'에 관한 부당한 확대해석을 경계하고 있는
것으로 보인다"라고 평가하면서 이러한 해석태도는 공전자기록의 위
작개념에 대한 2005년의 대법원 판례에서 공전자기록 시스템에 입력
권한을 가진 공무원이 허위의 정보를 입력하는 행위를 '권한을 일탈·
남용'한 행위로 평가하였던 해석태도를, 공전자기록위작죄와 사전자기
록위작죄에서 공통으로 사용하고 있는 '위작'이라는 용어를 통일적으
로 해석해야 한다는 취지로, 사전자기록위작죄의 해석에도 그대로 가
져온 것이라고 이해한다.[29]

이러한 해석태도는 우선, 반대의견이 적절히 지적하고 있는 바와
같이, 우리 형법의 구성요건상 존재하지 않는 요건을 사실상 추가하는
것이라는 점에서 그 자체로 적절치 않은 태도이다. 구성요건상의 행위
를 '부정작출'이라고 하여 '부정'이라는 개념을 사용하고 있는 일본형
법[30]과 달리 '부정'이라는 표현이 없는 우리의 형법규정상으로는 이와

---

29) 대상판결 판시사항 전문 중 4.반대의견 나-1)항.

30) 일본형법 제161조의2는 '전자적 기록의 부정작출 및 공용'이라는 표제하에
    "타인의 사무처리를 그르치게 할 목적으로 그 사무처리에 제공되는 권리의

같이 해석할 근거가 없는 것이다. 다만 구성요건에 존재하지 않더라도 현실적인 근거에 의하여 이와 같이 특정한 기준을 제시하여 범죄규정의 적용대상을 축소하는 해석을 하는 것은 피고인에게 유리한 축소해석이 되므로 죄형법정주의의 정신에 부합하여 허용될 수는 있을 것이다. 문제는 '권한의 일탈·남용'이라는 요건을 행위의 조건으로 부가하는 것이 전자기록위작죄에서의 위작 개념을 무형위조의 형태까지 확장하여 포섭하는 해석을 정당화시켜주는 논리의 하나로 사용하는 듯하다는 점과 사전자기록까지 이러한 조건을 부가할 경우 해결곤란한 해석의 문제를 새롭게 야기할 수 있다는 점이다.

공전자기록의 경우에는 위작의 개념에 '권한을 일탈·남용'한 공무원의 허위정보 입력행위를 포함하는 해석을 한다고 하더라도 실질적인 문제를 야기할 여지는 거의 없다. 공무원의 허위정보 입력은 대부분의 경우 공무원에 부여된 정보입력의 권한을 일탈한 것으로 평가될 것이며, 가사 형식적으로 권한의 범위 내에 있어서 일탈로 평가되지 않더라도 허위의 정보를 입력하는 것이 국가나 공적'사무를 그르치게 할 목적'이 있는 이상 권한의 남용으로 평가되지 않는 경우는 없을 것이다. 나아가 공전자기록의 경우 권한을 일탈·남용한 허위정보의 입력행위는 사실상 유형위조와 같이 평가될 수 있다. 공전자기록 시스템에 정보의 입력권한을 부여받은 공무원은 국가나 공적사무의 보조자로서 진실한 자료를 입력하여야 할 권한과 임무를 부여받은 것이고 그 자가 권한을 일탈·남용하여 (사무처리를 그르치게 할 목적으로) 허위의 정보를 입력하여 허위기록을 만드는 경우에는 그 범위에서 권한없이 전자기록을 작성한 것으로 보아 전자기록의 위작행위로 평가[31]될

무 또는 사실증명에 관한 전자적 기록을 <u>부정하게 작성한</u> 자는 5년 이하의 징역 또는 50만엔 이하의 벌금에 처한다.”고 규정하고 있다. 이와 같은 일본형법의 '부정작출'이라는 용례는 다수의견에서는 우리 형법의 위작 개념을 규명하는데 참고자료가 된다는 입장인 반면, 반대의견은 '부정작출'이라는 용어는 그 자체로 무형위조를 포함하는 용어일 수 있으나 우리 형법은 그와는 다른 '위작'이라는 용어를 사용하고 있으므로 일본형법과 동일하게 해석할 수는 없다는 입장이다.

수 있다는 것이다.32) 이렇게 보면 공전자기록의 경우 입력권한을 가진
자의 모든 허위정보 입력행위는 사실상 문서의 유형위조와 불법의 내
용이 같은 것으로 평가33)될 수 있고 공전자기록의 위작개념에 권한있
는 자가 권한을 일탈·남용하여 허위정보를 입력하는 행위를 포함하는
것은 '유형위조'를 처벌하는 취지로 이해될 수 있는 것이다.34)

31) 이는 공무원이 미리 마련된 일정한 공문서 서식에 대한 내용완성과 직인날인
    의 포괄적 권한을 부여받고 허위의 내용을 작성한 후 작성권자의 직인을 날
    인한 경우 허위공문서작성이 아니라 공문서위조로 평가되는 것과 유사하다.
    관련하여 아래 대법원 판결 참조.
    대법원 1996. 4. 23. 선고 96도424 판결
    "공문서 작성권자로부터 일정한 요건이 구비되었는지 여부를 심사하여 그
    요건이 구비되었음이 확인될 경우에 한하여 작성권자의 직인을 사용하여 작
    성권자 명의의 공문서를 작성하라는 포괄적인 권한을 수여받은 업무보조자
    인 공무원이, 그 위임의 취지에 반하여 공문서 용지에 허위내용을 기재하고
    그 위에 보관하고 있던 작성권자의 직인을 날인하였다면, 그 업무보조자인
    공무원에게 공문서위조죄가 성립할 것이고, 그에게 위와 같은 행위를 하도록
    지시한 중간결재자인 공무원도 공문서위조죄의 공범으로서의 책임을 면할
    수 없다."
32) 류석준, 앞의 논문, 143면; 심준보, 앞의 논문, 246면. 다만 류석준 교수는 이
    렇게 평가를 해버리면 허위공문서작성죄의 존재이유가 불투명해지기 때문에
    이러한 관점은 현행 문서죄의 전체적인 구조에 배치된다는 입장이다.
33) 권한을 남용하지 않은 것으로 평가되는 허위정보 입력행위(예컨대 특정한 다
    른 목적이 있거나 이에 대해 상급자의 정당한 명령이나 지시 내지는 지침에
    근거한 경우)가 있을 수는 있으나 이 경우는 '사무처리를 그르치게 할 목적'
    이 인정되기 어려울 것이다. 관련하여 사전자기록의 경우에도 허위의 거래기
    록을 작성하였더라도 그것이 해당 기관 내부의 업무처리지침에 근거하여 이
    루어진 경우에는 '사무처리를 그르치게 할 목적'이 부정된 사례가 있다. 아래
    대법원 판결 참조.
    대법원 2008. 6. 12. 선고 2008도938 판결.
    "새마을금고의 예금 및 입·출금 업무를 총괄하는 직원이 전 이사장 명의 예
    금계좌로 상조금이 입금되자 전 이사장에 대한 금고의 채권확보를 위해 내
    부 결재를 받아 금고의 예금 관련 컴퓨터 프로그램에 접속하여 전 이사장
    명의 예금계좌의 비밀번호를 동의 없이 입력한 후 위 금원을 위 금고의 가
    수금계정으로 이체한 사안에서, 위 금고의 내부규정이나 여신거래기본약관의
    규정에 비추어 이는 위 금고의 업무에 부합하는 행위로서 피해자의 비밀번
    호를 임의로 사용한 잘못이 있다고 하더라도 사전자기록위작·변작죄의 '사무
    처리를 그르치게 할 목적'을 인정할 수 없다."

그런데 사전자기록에 대하여도 '권한의 일탈·남용'을 위작에 해당하는 무형위조의 요건으로 부가할 경우 두 가지의 점에서 해석상의 문제가 발생한다. 첫째는 권한의 일탈·남용이라고 할 때 권한의 일탈과 권한의 남용은 분명히 구별되어야 할 성질의 것으로 이를 구별하지 않고 적용하는 것은 해석상의 부당함을 초래할 수 있다는 점이다. 둘째는 사인 간의 업무관계에서 권한의 일탈이나 남용의 여부는 개별적인 사안에서의 해석의 문제가 되고 이를 일률적으로 판단할 기준이 없으며, 직권남용죄에서 남용개념의 문제점과 같이 형법구성요건에 대한 판단이 재량적 판단의 영역으로 흘러들어가버릴 우려가 크다는 것이다.

첫째, 권한의 일탈과 남용은 구별되어야 하는 개념이다. 사문서위조의 문제에서 문서의 작성명의인이 아닌 다른 사람이 작성을 하였을 때 위조인지 여부를 판단하는 중요한 기준이 되는 것은 작성권한의 위임여부와 실제 작성한 내용이 위임이나 승낙의 범위 내에서 이루어졌는지의 여부이다. 형식적으로는 문서의 작성명의인인 타인에게서 문서 작성의 권한을 위임받은 경우라도 '위임된 권한을 초과하여' 내용을 기재함으로써 '명의자의 의사에 반하는' 사문서를 작성하는 것은 '작성권한을 일탈한 것'으로서 사문서위조에 해당하고,[35] 여기서 위임

---

34) 같은 취지로 강동범, 앞의 논문, 519면; 심준보, 앞의 논문, 247면. 특히 강동범 교수는 이러한 이해에 의하면 "공전자기록에 대하여는 권한 있는 자의 무형위조는 애초부터 존재하지 않는 행위태양이 될 것"이라고 한다.

35) 대법원 1992. 12. 22. 선고 92도2047 판결 및 대법원 2012. 9. 27. 선고 2012도7467 판결.
"원래 주식회사의 지배인은 회사의 영업에 관하여 재판상 또는 재판 외의 모든 행위를 할 권한이 있으므로, 지배인이 직접 주식회사 명의 문서를 작성하는 행위는 위조나 자격모용사문서작성에 해당하지 않는 것이 원칙이고, 이는 문서의 내용이 진실에 반하는 허위이거나 권한을 남용하여 자기 또는 제3자의 이익을 도모할 목적으로 작성된 경우에도 마찬가지이다. 그러나 회사 내부규정 등에 의하여 각 지배인이 회사를 대리할 수 있는 행위의 종류, 내용, 상대방 등을 한정하여 권한을 제한한 경우에 제한된 권한 범위를 벗어나서 회사 명의의 문서를 작성하였다면, 이는 자기 권한 범위 내에서 권한 행사의 절차와 방식 등을 어긴 경우와 달리 문서위조죄에 해당한다."

된 권한의 초과여부는 권한의 형식적인 범위를 벗어난 경우뿐만 아니라 권한에 대한 실질적인 평가를 통하여 이를 벗어났다고 판단되는 경우에도 권한없는 유형위조로 평가될 수 있다.[36] 반면 단지 위임받은 권한의 범위 내에서 이를 '남용'하여 문서를 작성한 것에 불과하다면 사문서위조죄는 성립하지 않는다고 할 수 있다.[37] 예컨대 주식회사의 경영에 관하여 포괄적 권한을 가진 대표이사가 직접 혹은 명시적 지시를 통하여 회사의 경영상 사실관계에 대해 회사명의의 문서를 작성하는 경우 그 문서의 내용이 진실에 반하거나 자신의 지위를 이용하여 자기 또는 제3자의 이익을 도모할 목적으로 작성된 경우에는 전형적인 '남용'에 해당하여 ─ 그것이 배임죄에 해당하는지 여부는 별론으로 하고 ─ 문서위조의 문제는 발생하지 않을 것이다.[38] 전자기록의 경우에도 앞서 살펴본 바와 같이 명의인의 특정과 이에 따른 유형위조와 무형위조의 개념적 구별이 어려운 것이 아니므로 문서죄와 마찬가지로 권한남용과 권한일탈은 구별될 필요가 있다. 즉 권한을 남용하여 전자기록을 만들어내는 것은 작성권한이 있음을 전제로 하는 것이어서 기본적으로 무형위조의 유형으로 볼 수 있고, 권한의 일탈이 있는 경우에는 그러한 전자기록의 (허위)작성은 유형위조에 해당하는 것으로 보아야 한다.[39] 그런데 이러한 점을 고려하지 않고 공전자기록의 경우와 동일하게 사전자기록에 대해서도 '권한을 남용하여 허위의 정보를 입력함으로써 시스템 설치·운영 주체의 의사에 반하는 전자기록을 생성하는 행위'라고 표현하여 위작의 개념에 포함하고자 하는 행위가 권한의 일탈행위인지, 권한의 남용행위인지, 아니면 두 가지 유형을 다 포섭하고자 함인지 알 수 없는 모호한 태도를 취하고 있는 것

---

36) 그러므로 업무에 대한 포괄적 위임이 있다고 하더라도 해당 문서작성 행위가 위임받은 업무의 범위를 벗어난 경우에는 사문서위조가 성립한다. 대법원 1997. 3. 28. 선고 96도3191 판결 참조.

37) 대법원 2005. 10. 28. 선고 2005도6088 판결 및 대법원 2012. 9. 27. 선고 2012도7467 판결.

38) 대법원 1983. 10. 25. 선고 83도2257 판결; 김진, 앞의 논문, 445면.

39) 같은 취지로 김진, 앞의 논문, 445면 이하; 신상현, 앞의 논문, 119면.

은 문제라고 할 수 있다. '시스템의 설치·운영 주체'를 전자기록의 작성명의인으로 보았을 때 시스템 설치·운영 주체의 의사에 반한다는 것은 앞서 본 사문서위조의 여러 사례를 비교해 봤을 때 권한의 일탈, 즉 권한을 초월 혹은 초과한 사례라고 평가될 수 있다. 그렇게 본다면 대상판결의 다수의견은 전자기록위작죄에서의 위작의 개념에는 권한을 일탈한 전자기록의 유형위조에 해당하는 행위가 포함됨을 확인하고 있는 것일 뿐40) 일반적으로 문제가 되는 전자기록의 (권한남용적)무형위조가 포함되는지에 대해서는 판단하지 않고 있는 것이라고도 할 수 있다.41)

둘째, 사인 간의 업무관계에서 특정 업무를 분담하는 자의 행위가 권한을 일탈하였는지 혹은 남용한 것인지를 판단하는 자체가 기준이 불분명하고 해석상의 곤란함을 초래한다. 앞서 보았듯이 문서위조의 경우 위조의 여부를 판단하기 위해 이미 작성권한의 일탈 혹은 초과 여부를 구체적 사례에서 판단하는 사례가 축적되어 왔으므로 권한일탈의 경우는 어느 정도 예측가능성이 담보될 수 있는 규범적 해석론이 정립되어 있다고도 할 수 있겠지만, 이 역시 오늘날 전자기록의 기능과 형태가 복잡·다양해지고 그 변화와 발전의 속도가 굉장히 빠름으로 인해 새로운 유형의 활용형태가 나타나는 경우가 빈번해짐에 따라 권한일탈 판단의 전제가 되는 '권한의 범위'에 대한 판단의 기준자

---

40) 대상판결이 선고되기 전에 작성된 김진, 앞의 논문, 452면은 대상판결 사례의 경우 권한'일탈'의 경우에 해당하여 '위작'으로 판단되어야 한다는 결론에 이르고 있다.

41) 다수의견에 대해 '권한남용'에 해석상 특별한 의미를 부여할 근거를 찾을 수 없고 사실상 '권한남용'의 여부를 심사한 것으로 보이지 않는다는 이유로 다수의견은 무형위조의 형태 전체를 처벌하고자 한 것으로 이해해야 한다는 견해(신상현, 앞의 논문, 121면)가 있으나, 판결문 본문에서 "피고인들이 (중략) 입력한 행위는 (중략) 회사와의 관계에서 그 권한을 남용하여 허위의 정보를 입력함으로써 공소외 1 회사의 의사에 반하는 전자기록을 생성한 경우로서 형법 제232조의2에서 정한 '위작'에 해당한다"라고 명시하고 있는 것으로 보아 이 사례를 '명의주체의 의사에 반하는 전자기록의 작성행위'로 파악하고 있으므로 그렇게 단정하기에는 근거가 부족해 보인다.

체가 논란의 대상이 되는 경우가 생겨나고 있어서 쉽지 않은 문제라고 할 수 있다. 사실 그러한 문제가 직접적으로 현실화한 것이 대상판결의 사례라고도 할 수 있다. 가상화폐 거래소를 운영하는 회사의 대표이사가 거래소의 운영을 위한 전자기록 시스템에 거래에 관한 정보를 입력하는 경우, 그러한 입력행위가 권한 내의 행위인지 여부는 단순히 회사의 대표이사는 회사의 운영에 관한 포괄적 권한을 가지고 있다는 사실로 판단할 수 있는 문제가 아니다. 가상화폐의 생성방식과 거래방식, 그러한 거래에 있어서 거래소의 역할과 기능, 거래소 전산정보시스템에 공시되는 전자기록의 법적 의미, 거래소 운영 회사와 거래소 이용자 간의 관계 등에 대한 복합적인 이해가 필요하다. 그리고 이러한 이해를 통하여 시스템 설치·운영 주체의 의사가 법적으로 무엇인지 해석하거나 혹은 나아가 거래소 이용자와의 관계에서 거래소의 운영주체의 재량은 어떻게 규정되거나 제한될 수 있는지를 해석하는 과정이 필요하다.42) 하지만 비록 이러한 과정이 일반적인 이해가 어렵고 예측가능성이 부족한 '깜깜한 법적용'의 영역이라고 할지라도 현행 형법에 의하여 전자기록의 유형위조가 처벌됨은 분명하고 권한을 일탈한 전자기록의 생성은 유형위조로 평가될 수밖에 없다는 점에서 이러한 해석과 적용의 과정은 불가피하다고 할 수 있다.

그러나 '권한 남용'이라는 요건을 정당성의 표지로 세워 무형위조의 형태까지 위작에 포섭하려는 시도는 권한의 일탈보다 한층 더 어려운 해석의 문제를 야기할 수 있다. 일반적인 법률 용례에서, '권리남용'은 외형상 권리 행사로 보이나 실질적으로 권리의 공공성·사회성에 반하는, 권리 본래의 사회적 목적을 벗어난 것이어서 정당한 권리 행사로 볼 수 없는 행위를 의미43)한다거나 '재량권의 남용'은 재량권

---

42) 이러한 과정을 상세히 기술하고 있는 문헌으로 김진, 앞의 논문, 446면 이하. 김진 검사는 거래소의 운영구조와 고객들과의 관계에서 피고인들을 포함한 입력 주체가 준수하여야 하는 입력의 규칙이 전제되고 이를 위반한 경우에는 권한의 범위를 벗어나는 것으로 볼 수 있다는 입장을 전개하고 있다.

43) 곽윤직, 민법총칙(민법강의 Ⅰ), 박영사, 1998, 99면.

의 행사가 형식적인 요건은 갖추었으나 입법자의 수권목적에 부합하는 권한행사로 볼 수 없는 경우를 말한다[44]고 하여 권리행사의 형식적 적법성과 함께 사회적·법적 정당성의 결여가 '남용'의 구체적 내용이 되고 있는 것으로 보인다. 즉 실질적인 측면 혹은 권리행사의 효과의 측면에서 사회적 혹은 법적 정당성이 결여되었다는 것인데 이것은 달리 말하면 권리나 권한을 설정하거나 부여한 본래의 목적이나 취지에서 벗어난 경우를 의미하는 것이라고도 할 수 있다. 그런데 복잡다단한 사적 업무관계에서 이러한 사회적 정당성이나 본래의 목적, 취지 등을 구체적으로 규명하는 것은 다양한 사회적 가치관을 혼합하여 조정해야 하는 — 그 자체로 새로운 학문의 영역이라고도 할 수 있을 것 같다 — 매우 어려운 일일 뿐만 아니라 사적인 업무관계에 임하는 사람에게 무엇이 권한의 남용에 해당하는지 예측하는 것을 불가능에 가깝게 만드는 문제가 있다. 이러한 이유로 권리나 권한의 '남용'이 범죄의 구성요건이 되는 예는 공무원의 직무에 관한 직권남용죄(형법 제123조)와 직권남용체포·감금죄(형법 제124조)에 한정되어 있으며, 이러한 경우는 공무원의 직무라는 점에서 직무의 범위, 취지 등을 비교적 법적으로 명확히 판단할 수 있다는 점이 고려된 것으로 보인다. 그러나 직권남용죄에서 직권남용의 의미가 무엇인지에 대해서도 대법원이 '직무권한 범위 내에 속하지만 실질적으로는 정당하지 못한 행위' 또는 '직권행사에 가탁하여(빙계삼아) 행하는 실질적인 위법·부당한 행위'[45]라고 표현하지만 이 역시 추상적인 정의에 불과하고, 추가하여 대법원은 "구체적인 공무원의 직무행위가 그 목적 및 그것이 행하여진 상황에서 볼 때의 필요성·상당성 여부, 직권행사가 허용되는 법령상 요건을 충족했는지 등 제반 요소를 고려하여 결정"[46]하여야 한다는 것과 같이 남용여부 판단에 대한 실질적 기준을 제시하고 있지만,

---

44) 류지태, "재량행위이론의 이해", 공법연구 제34집 제4호 제2권, 2006, 366면.
45) 대법원 2009. 1. 30. 선고 2008도6950 판결.
46) 대법원 2011. 7. 28. 선고 2011도1739 판결.

이와 같이 직권남용죄의 불법표지인 구성요건적 행위의 반가치성을 실질적인 기준에 따라 평가하게 되면, 금지규범의 형식적인 측면을 강조하고 있는 죄형법정주의에 충실하지 못하게 될 우려가 생긴다는 비판[47])에 직면하고 있다. 아울러 이러한 실질적 기준들은 직무행위의 목적이 강조되어 직권남용죄를 심정형법화하는 경향을 보이게 된다든지, 필요성·상당성의 고려가 행정법적 재량권 남용과의 경계를 모호하게 만든다든지 등의 문제를 야기하고 있다.[48]) 이러한 상황에서 사적으로 다양한 업무에 공용되는 사전자기록을 대상으로 순수하게 권한남용에 해당하는 무형위조의 사례를 분별하여 처벌의 대상이 되는 위작으로 포섭하겠다는 해석상의 시도가 적절한지는 의문이 있을 수밖에 없다. 그렇다면 이 문제에 대한 바람직한 해석의 방향은 권한일탈적 무형위조를 유형위조의 한 유형으로 포섭하여 유형위조로서의 위작으로 평가하는 것, 아니면 권한일탈·남용의 여부와 관계없이 형식적인 무형위조의 형태를 모두 전자기록의 위작개념에 포섭하는 것 중 하나로 선택되어야 한다. 그런데 만약 후자를 택하여 전자기록에 대해서는 형식적 무형위조를 처벌하는 것을 원칙으로 하겠다는 입장을 취하고자 한다면 그러한 해석의 필요성과 정당성, 특히 입법이 아닌 해석으로 이를 관철해야 할 근거에 대한 논증이 충분히 필요하다.

3. 보호법익과 처벌의 필요성이라는 관점에서의 해석론 검토

다수의견은 "형법 제232조의2에서 정한 사전자기록등위작죄는 전자기록 등 특수매체기록에 대한 공공의 신용을 보호법익으로 하는 범죄이다. 위 형벌규정이 보호하고자 하는 전자기록 내용의 진정성에 대한 공공의 신용은 권한 없는 사람이 전자기록의 작성 등에 관여한 경우뿐만 아니라, 권한이 있는 사람이 그 권한을 남용하여 허위의 정보를 입력하는 경우에도 위험성이 발생될 수 있다. 나아가 시스템 관리

---

47) 김성돈, "직권남용죄, 남용의 의미와 범위", 법조 제68권 제3호, 2019, 210면.
48) 김성돈, 앞의 논문, 211-213면.

자라고 하더라도 그가 시스템 설치·운영자로부터 부여받은 권한을 초
월하거나 남용하여 전자기록의 작성 등을 한 경우에는 위 형벌규정이
보호하고자 하는 법익이 침해된다고 보기 충분하다"49)고 설시하여, 전
자기록의 무형위조 — 모든 형식적 무형위조를 대상으로 하는지 권한일
탈·남용적 무형위조만을 대상으로 하는지 분명하지는 않지만50) — 는
사전자기록위작죄가 보호하고자 하는 공공의 신용이라는 보호법익을
침해하는 행위로 볼 수 있고, 그 점이 사전자기록위작죄에서의 위작개
념에 무형위조의 형태를 포함시켜 해석해야 하는 근거의 하나로 제시
되고 있다.

가. 문서죄의 보호법익 : 공공의 신용의 해석상 의미

현대사회에서 의사소통과 거래교통의 체계는 각종 신용도구와 수
단을 통해 이루어지기 때문에 표준적인 신뢰도구와 신뢰성을 확보하
는 일은 사회생활관계의 안정과 불가결한 전제조건이 된다.51) 그러므
로 현대 형법은 의사소통과 거래교통을 위한 도구의 신뢰성을 내용으
로 하는 '공공의 신용'을 일정한 보호법익으로 설정하고 이를 위한 각
종 범죄를 구성하고 있다. 그런데 문제는 이 '공공의 신용'이 문서에
관한 죄의 보호법익이라고 일반적으로 제시될 뿐, 그 구체적인 내용이
무엇인지에 대해서는 별다른 설명이 없다는 것이다. '신용'이라는 용어
가 가지는 의미는 대단히 다양하며,52) 여기에 더해지는 '공공'의 의미

---

49) 대상판결 판시사항 본문 중 1.-마-1)-다)항.
50) 대상판결 다수의견에 전반적으로 나타나는 표현의 모호함으로, 권한남용이
    허위입력 형태의 제한적 조건인지, 허위입력이 곧 권한남용으로 평가되는 것
    인지 분명하지 않으며, 나아가 시스템 설치·운영주체의 의사에 '반'한다는 것
    도 그러한 입력행위가 애초 시스템 주체가 부여한 권한 밖의 행위라는 것인
    지, 허위정보입력의 결과로 발생하는 상황이 결과적으로 시스템 주체가 의도
    한 것과 다르게 되었다는 것인지 등이 분명하지 않다. 그 결과 대상판결 다수
    의견에 대해서는 앞서 본 바와 같이 원칙적으로 무형위조를 위작개념에 포함
    시키고자 한 것이라는 평가와 '권한일탈적 무형위조'에 한정하여 판단한 것이
    라는 평가가 나뉘고 있다.
51) 김일수, 한국형법 Ⅴ, 박영사, 1995, 219면.
52) 일부 문헌은 형법상 통화, 유가증권, 문서 등에 관한 죄가 '신용사회를 유지

도 매우 포괄적이고 추상적이다.[53] 위조범죄와 공공의 신용에 대한 역사적 연구[54]의 결과도 공공의 신용이라는 보호법익의 실체를 찾을 수 없으며, 공공의 신용은 규범이전에 선재하는 어떤 것이 아니라 규범적 보호에 의해서 생겨나는 것이라는 관점을 받아들여 공공의 신용은 '기망적 행위'를 통해서 '진실을 왜곡'하는 범죄적 행태를 포괄하는 상징적 의미이고 법적인 보호를 통해서 '공공의 신용'이 창출된다[55]는 결론에 이르고 있다. 그러므로 공공의 신용을 보호하는 형법규범은 수범자인 일반시민들에게 "공공의 신용과 신뢰를 훼손하지 말라"는 금지규범을 제시하는 것이고, 공공의 신용은 사회에서 형성되고 널리 이용되는 공공의 신용의 대상물을 위조범죄의 적용대상으로 포함하기 위한 보호법익으로 이해해야 한다는 것이다.[56] 그렇다면 위조범죄에서

하기 위해' 규정된 것이라고 설명(김성돈, 형법각론 제6판, SKKUP, 2020, 607면)하고 있으나 '신용'이라는 용어의 용례는 매우 다양하고 따라서 '신용사회'의 의미도 복합적 개념일 수 있다. 일반적인 사전과 시사용어로서의 '신용'은 주로 경제적인 지불능력을 의미하고(대표적으로 '신용'카드), 형법 제313조 신용훼손죄에서의 신용도 '사람의 경제적 활동에 대한 사회적 평가로서, 사람의 지불능력과 지불의사에 대한 사회적 신뢰'(김성돈, 앞의 책, 247면 및 대법원 2006. 5. 25. 선고 2004도1313 판결)라고 설명된다. 일상생활에서의 신용이라는 말도 주로 특정한 업무나 과제의 실행능력이나 의사의 진실성 등을 평가하는 말로 사용된다.

53) '공공'이라는 단어의 의미에 대해서는 영어(public)나 독일어(öffentlich)의 번역어라는 맥락(주로 열려있고 공개된 공간적 의미), '공사(公私)'의 구분이라는 측면에서 사회구성적 원리의 맥락 또는 '시장'에 반대되는 개념으로 국가를 중심으로 하는 사회영역이라는 맥락 등의 세 가지로 분석해 볼 수 있다고 한다(구연상, "공공성(公共性)의 우리말 뜻 매김", 동서철학연구 제96호, 2020, 435-439면 참조). 형법에서도 명예훼손죄에 대한 위법성조각사유 규정인 제310조에서 '공공의 이익'이라는 표현을 사용하고 있는데 이때 공공의 의미에 대해서는 국가, 사회 기타 일반 다수인 혹은 특정한 사회집단이나 그 구성원을 포함하며 내용적으로도 공적 생활에 관한 사실이든 개인적 생활에 관한 사실이든 묻지 않는다고 한다(대법원 1996. 4. 12. 선고 94도3309 판결 참조).

54) 류전철, "보호법익으로서 공공의 신용의 형법해석론상 의미", 형사법연구 제18호, 2002, 311-318면.

55) 류전철, 위의 논문, 318면.

56) 류전철, 위의 논문, 324면.

입법과 해석의 지침이 되는 것은 공공의 신용이라는 추상적인 개념이 아니라 '사회에서 형성되고 널리 이용되는 신용의 도구'가 무엇인지가 될 것이고 이것은 현실을 구성하는 일반인의 관점이 형법규범의 형성과 해석에 중요한 결정인자가 되어야 한다는 점을 시사한다. 즉 위조범죄의 입법과 해석에는 현재 사회의 법적 거래의 현실이 중요하게 반영되어야 한다는 점이 공공의 신용이라는 보호법익이 가지는 의미라고 할 수 있다.

나. 법적 거래의 현실과 규범해석

다수의견은 1995년의 형법개정에 대해 "우리사회의 산업화·정보화의 추세에 따른 컴퓨터범죄 등 신종범죄에 효율적으로 대처하여 국민생활의 안정을 도모함과 아울러 현행규정의 시행상 나타난 일부 미비점을 개선·보완하는 것이 주된 개정 이유였다"고 설명하며, "그런데 컴퓨터 등 정보처리장치를 이용한 범죄는 과학기술과 정보통신이 획기적으로 발전함에 따라 전자기록위작죄가 신설된 당시에 비해 더한층 많이 발생하고 있고, 그 형태도 매우 다양할 뿐만 아니라 과학기술의 발전 속도에 비추어 앞으로도 계속 증가할 것으로 예측된다. 개정 형법의 입법 취지와 보호법익을 고려하면, 컴퓨터 등 전산망 시스템을 이용하는 과정에 필연적으로 수반되는 사전자기록 등 특수매체기록 작성 등에 관하여 권한 있는 사람이 그 권한을 남용하여 허위의 정보를 입력함으로써 시스템 설치·운영 주체의 의사에 반하는 전자기록을 생성하는 행위를 '위작'의 범위에서 제외하여 축소해석하는 것은 입법자의 의사에 반할 뿐만 아니라 과학기술의 발전과 시대적·사회적 변화에도 맞지 않는 법 해석으로 받아들일 수 없다"[57]고 하여 전자기록의 확대사용과 기술의 발전이라는 시대적·사회적 현실이 위작이라는 법개념의 해석에 중요한 요인이 된다는 점을 밝히고 있다. 나아가 다수의견은 "특히 전산망 시스템의 구축과 설치·운영에는 고도의 기

---

57) 대상판결 판시사항 본문 중 1.-마-1)-라)항.

술성·전문성·신뢰성을 요하므로 허위의 전자기록을 작성한 경우에는 처벌할 필요성이 문서에 비해 훨씬 더 크다"58)고 하여 '허위전자기록 작성행위'에 대한 '처벌의 필요성'을 강조하고 있다.

한편 헌법재판소도 공전자기록위작·변작죄에 대한 위헌제청 사건에서 위작의 의미에 허위의 전자기록을 작성하는 행위를 포함하는 대법원의 입장을 그대로 인용하면서, "전자기록등의 경우 전자적 기술을 이용한 위·변조의 가능성이 일반 문서에 비해 크고, 필체 및 지문 등이 남지 않는 특성상 범행의 추적이 어려울 뿐만 아니라 자료의 무한복제 가능성이나 전파성으로 파급력 또한 커서, 그로 인한 업무처리의 혼선이나 신용성 파괴로 인한 손실은 실로 막대할 수 있다."59)는 점을 인정하고 있다. 이러한 태도는 전자기록의 특수성을 고려했을 때 사문서(유형위조)와 공문서(유·무형위조)를 구분하는 기준이 되었던 증거력 또는 피해의 정도 및 그에 따른 신용성 보호의 필요성이 전자기록에 관한 죄의 경우에는 그것이 공적 전자기록인지 사적 전자기록인지 여부를 막론하고 공히 상당하다는 평가가 나올 수 있다는 점을 시사한다.60)

실제 문서와 관련한 죄의 적용대상은 이와 같은 현실적인 변화에 따른 보호의 필요성이나 처벌의 필요성이라는 취지에 의해 변화·확대되어 왔다고 평가된다.61) 현재와 같이 복사문서가 문서의 한 예로 입법화되어 있지 않았던 당시 복사문서의 문서성을 인정한 대법원 판결은 "오늘날 일상거래에서 복사문서가 원본에 대신하는 증명수단으로서의 기능이 증대되고 있는 실정에 비추어 볼 때 이에 대한 '사회적 신용을 보호할 필요'가 있다"62)고 하여 복사문서가 원본과 같은 기능을 하게 되었다는 현실적인 측면을 반영하여 공공의 신용에 대한 실

---

58) 대상판결 판시사항 본문 중 1.-마1)-마)항.
59) 헌법재판소 2017. 8. 31. 선고 2015헌가30 결정.
60) 같은 취지로 신상현, 앞의 논문, 114면.
61) 이러한 취지로 김진, 앞의 논문, 434면.
62) 대법원 1989. 9. 12. 선고 87도506 전원합의체 판결.

질적 보호필요성을 이와 같은 확대해석의 근거로 제시하였다. 이와 같
이 현실을 반영한 실질적 보호필요성을 적극적으로 고려한 사례는 타
인의 운전면허증을 신분확인의 용도로 제시한 행위에 대해 종전의 판
례를 변경하여 공문서부정사용죄의 적용대상으로 인정한 2001년의 대
법원 판결63)에서도 찾아볼 수 있으며, 임시 기억장치인 램(RAM)에 올
려진 전자기록이 사전자기록위작·변작죄에서 말하는 전자기록 등 특
수매체기록에 해당한다고 본 대법원 판결64)도 현상의 기술적 이해에
근거한 현실적 고찰을 보호법익과 처벌필요성의 범위에 적극적으로
반영한 결과라고 할 수 있다. 이러한 흐름은 법원이 문서 및 전자기록
에 관한 죄의 규율대상과 그 범위를 정하는데 있어 보호법익을 중요
한 판단지표로 삼으며, 법익의 해석에 있어 사회현실의 변화를 반영하
고자 하였음을 보여준다고 평가할 수 있으며, 아울러 대상판결은 이러
한 맥락에서 형법의 조문체계에 대한 분석 대신 문서와 다른 전자기
록의 특성을 강조하면서 전자기록의 증명적 기능을 어떻게 보호할 것
인가에 초점을 둔 것이라고 평가하는 의견65)이 있다.

---

63) 대법원 2001. 4. 19. 선고 2000도1985 전원합의체 판결.
   "우리 사회에서 운전면허증을 발급받을 수 있는 연령의 사람들 중 절반 이상
   이 운전면허증을 가지고 있고, 특히 경제활동에 종사하는 사람들의 경우에는
   그 비율이 훨씬 더 이를 앞지르고 있으며, 금융기관과의 거래에 있어서도 운
   전면허증에 의한 실명확인이 인정되고 있는 등 현실적으로 운전면허증은 주
   민등록증과 대등한 신분증명서로 널리 사용되고 있다. 따라서, 제3자로부터
   신분확인을 위하여 신분증명서의 제시를 요구받고 다른 사람의 운전면허증을
   제시한 행위는 그 사용목적에 따른 행사로서 공문서부정행사죄에 해당한다고
   보는 것이 옳다."
64) 대법원 2003. 10. 9. 선고 2000도4993 판결.
   "비록 컴퓨터의 기억장치 중 하나인 램(RAM, Random Access Memory)이 임시
   기억장치 또는 임시저장매체이기는 하지만, 형법이 전자기록위·변작죄를 문
   서위·변조죄와 따로 처벌하고자 한 입법취지, 저장매체에 따라 생기는 그 매
   체와 저장된 전자기록 사이의 결합강도와 각 매체별 전자기록의 지속성의 상
   대적 차이, 전자기록의 계속성과 증명적 기능과의 관계, 본죄의 보호법익과 그
   침해행위의 태양 및 가벌성 등에 비추어 볼 때, 위 램에 올려진 전자기록 역시
   사전자기록위작·변작죄에서 말하는 전자기록 등 특수매체기록에 해당한다."
65) 김진, 앞의 논문, 422면.

그러나 이러한 법원의 법해석 태도는 학계의 지속적인 비판의 대상이 되어왔다. 복서문서의 문서성을 인정한 대법원 판결에 대해서는 죄형법정주의와 관련하여 "전자복사본에 의한 부정서류의 범람으로부터 진정문서에 대한 사회적 신용의 보호필요성을 강조하여 복사문서의 문서성을 인정함으로써 '문서'개념과 더 나아가 문서'위조'의 문언의 가능한 의미를 벗어나 목적론적 해석의 한 형태로 허용된 확정해석의 한계를 넘어서는 것이다"[66]는 비판이 제기되었고 그에 따라 복사한 문서 또는 도화의 사본도 문서 또는 도화로 본다는 형법 제237조의2[67]가 신설되었다는 것은 주지의 사실이다. 타인의 운전면허증을 신분확인의 용도로 사용한 행위를 형법 제230조의 공문서 부정사용행위로 해석한 대법원 판결에 대해서도 마찬가지로 "이러한 해석은 개별법규가 보호하고자 하는 법익이 무엇인가라는 규범의 목적을 고려하는 기능적·목적론적 해석이 아니라 단순히 많은 사람이 소지하고 있는 실생활에서 신분확인용으로 널리 사용되고 있다는 현실을 반영하여 처벌해야 한다는 정책적 의미 밖에 없는 것으로서 법해석이라고 볼 수 없다"[68]고 법해석의 한계를 넘어섰다는 비판이 제기되고 있으며 "대법원이 도로교통법의 운전면허관련규정에 운전면허증을 신분증명서로 간주하는 명문의 규정이 없는 것을 단지 운전면허증이 신분증명의 일환으로도 사용되고 있다는 현실을 근거로만 동일인증명을 운전면허증의 본래용도에 해당한다고 해석하는 것은 법률언어의 가능한 의미를 넘어선 법해석으로서 자유법치국가의 주요원칙의 하나인 유추

---

66) 하태훈, "복사문서의 문서성", 형사판례연구 제1권, 박영사, 1993, 211면.
67) 형법 제237조의2(복사문서등) 이 장의 죄에 있어서 전자복사기, 모사전송기 기타 이와 유사한 기기를 사용하여 복사한 문서 또는 도화의 사본도 문서 또는 도화로 본다.
68) 천진호, "공문서부정행사죄에 있어서 부정행사", 형사법연구 제17호, 2002, 177면. 이러한 비판에 대해 "현실을 반영하여 처벌하는 것이 아니라 공공의 신용이라는 보호법익의 근거가 사회현실에 있고 그러한 현실을 고려한다는 것은 목적론적 해석의 출발이라고 보아야 한다"는 이유로 반대하는 입장으로 류전철, 앞의 논문, 327면.

적용금지에 반한다고 할 수 있다"[69]와 같이 죄형법정주의 원칙에 반하는 해석론이라는 비판이 이어지고 있다. RAM에 올려진 전자기록을 사전자기록위작·변작죄의 객체로 파악하는 해석도 전자기록에 대한 상세한 기술적 이해[70]를 근거로 하는 것이지만 RAM은 원래 컴퓨터 파일작업의 편의를 위하여 작동·기능하는 것일 뿐이어서 저장공간이라기보다는 '작업대'에 가까운 것이고, RAM에 저장되어 열려진 파일은 저장매체에 저장된 원본파일과는 별개의 복사본으로 '작업'의 대상이 될 뿐이고 작업이 종료되어 작업자가 저장버튼을 누르면 비로소 컴퓨터는 RAM에 저장된 정보를 바탕으로 저장매체의 정보를 변경·저장하게 된다.[71] 그러므로 RAM에 올려진 전자기록을 변경하였다고 전자기록의 원본을 변경하는 '변작'행위를 했다고 해석하는 것도 변작의 의도만을 지나치게 고려한 주관적 관점이거나 '전자기록의 변작'이라는 문언적 의미를 벗어나 처벌필요성만을 강조한 법적용이라는 비판을 피하기 어려워 보인다.

그러므로 오늘날 과학기술의 발달로 전산시스템의 사용이 보편화되었고 이에 따라 전자기록의 신뢰가치가 매우 높아졌으니 사전자기록의 무형위조도 공공의 신용이라는 보호법익의 관점에서 처벌의 필요성이 높아졌다는 점은 새로운 입법의 이유는 될 수 있지만 이미 존

---

69) 윤영철, "형법 제230조(공문서부정행사죄)에 있어서 '부정행사'의 개념", 비교형사법연구 제5권 제1호, 2003, 660면.

70) 이 사건은 피고인들이 전자기록을 저장된 서버로부터 불러온 후 모니터에 전자기록의 내용이 표현되고 있는 상태에서 키보드 등의 입력장치를 이용하여 모니터에 보이는 전자기록의 특정 부분을 사실과 다르게 변경한 행위를 한 것으로 보이는데, 대법원은 전자기록 파일을 열어서 모니터에 표현되도록 하는 상태에서도 컴퓨터는 일단 해당 전자기록을 RAM에 저장하여 두고 있다는 점과 파일의 내용을 변경한 후 저장버튼을 누르면 그 RAM에 저장된 내용이 고스란히 전자기록이 본래 저장된 저장매체로 복사된다는 점에서 램에 올려진 전자기록은 원본파일과 불가분적인 것으로 원본파일의 개념적 연장선상에 있는 것으로 파악하였다.

71) 물론, 최근의 프로그램들은 안전을 위하여 일정시간마다 자동으로 저장하는 자동저장기능이 탑재되어 있기는 하다.

재하는 처벌규정의 문언적 의미를 일반인이 예상할 수 없거나 규범의
체계에 맞지 않는 영역까지 확장하여 해석해야만 하는 결정적인 근거
가 되기는 어렵다. 규범과 관련한 현실은 규범의 해석방향을 결정하는
요인이 될 수 있음은 원칙적으로 인정된다. 그러나 그 현실이 실제적
규범내용을 결정하는 것은 허용되지 않는 법형성이며 이는 입법적 해
결의 문제일 수 있다. 규범은 항상 규범의 바탕이 되는 현실로부터 이
해해야 하지만 중요한 점은 사회적 현실을 단순히 받아들일 것이 아
니라 형법은 자신의 법적 범주에 따라 평가해야 한다. 현실은 규범내
용을 확정하기 위한 유일한 결정인자가 아니고 현실은 단지 해석의
필요적인 사실인자일 뿐이라는 점이다.[72] 그러므로 사회에서 사실상
보호가치 있는 것으로서 간주되고 실현되어지고 있다는 것만으로 이
미 형법적 법익의 대상이라고 할 수는 없다.[73]

　문서와 관련한 오늘날의 법적 현실은 문서와 전자기록의 구별보
다는 공문서와 사문서의 구별이 무의미하다는 방향으로 전개되는 것
으로 보인다. 독일형법을 비롯하여 다수의 입법례는 공문서와 사문서
를 구별하지 않으며,[74] 오늘날 경제생활에서 거래주체로서 국가 및 공
공단체나 사인, 공기업 사이에 본질적인 차이는 무너졌고, 사적 거래
관계에서의 안전과 신용보호라는 법익 요청이 반드시 공적 영역에서

---

72) Hassemer, W., Theorie und Soziologie des Verbrechens, Europäische Verlagsanstalt,
1980, S. 107 ff. Hassemer는 법현실과 규범해석의 관계와 관련하여 복사문서가
독일형법 제267조의 문서에 포함되는 것인가에 대한 1971년 독일연방대법원
의 판결(BGHSt 24, 140, 11.05.1971)의 예를 들어 설명하고 있다. 독일연방대법
원은 당시 판결에서 복사문서의 사용현실을 고려하여 법적거래에서 복사본
의 사용에 대한 보호필요성은 인정하면서도 복사문서의 문서성은 법관법적
문서개념정의에 반한다는 이유로 부정하였다.

73) 류전철, 앞의 논문, 323면.

74) 장성원, "문서범죄의 보호법익에 대한 체계적 해석", 형사정책 제29권 제3호,
2017, 158면. 참고로 독일의 경우 공전자기록의 경우는 유형위조(제269조)와
무형위조(제348조, 직무에 관한 죄)를 모두 처벌하고, 사전자기록의 경우는
유형위조(제269조)만을 처벌하며, 오스트리아의 경우에는 공·사전자기록을 불
문하고 유형위조(제225조a)만을 처벌한다.

보다 적다고 할 수 없다[75)는 점에서 공·사문서의 처벌에 차이를 둘 것인지 여부는 실제 거래관계에서 갖는 신용도와 중요성, 보호필요성을 따져보아야 한다는 지적[76)이나 공·사문서의 구별 실익에 대한 재평가가 필요하다는 견해[77)가 늘어나고 있다. 그러나 현행법은 사문서에 대해서는 여전히 형식주의를 유지하고 있기 때문에 법률의 개정이 있기 전에는 사문서 무형위조의 처벌필요성이 커졌다는 현실적 이유를 근거로 법원의 해석을 통해 공문서와 같이 무형위조까지 처벌할 수는 없다.[78) '위조'라는 용어는 유형위조를 의미하는 것으로 명확히 해석론이 정립되어 있는 반면 '위작'에 대해서는 단지 그 의미가 불분명하다는 이유로 법원이 해석을 통해 국가형벌권의 실현범위를 확대하려는 것은 죄형법정주의의 기본원칙, 그리고 입법부와 사법부의 역할에 관한 권력분립의 원칙이라는 측면에서 상당한 의구심을 자아낸다. 이러한 맥락에서 반대의견의 "처벌의 필요성이 있다면 적절한 입법을 통하여 해결할 일[79)이지 불명확한 규정을 확대해석함으로써 해결하려는 것은 타당하다고 할 수 없다. 특히 공전자기록의 무형위조를 처벌할 필요가 있다고 하여 사전자기록의 무형위조도 함께 처벌되는 결과를 받아들여야 한다는 것은 동의하기 어렵다. 사법부의 역할은 개인의 기본권을 수호하는 일이고, 시대적 상황에 따라 처벌의 필요성이 있다는 이유로 명확하지 않은 처벌규정을 확장해석하는 방법으로 사회를 규율하겠다는 태도는 사법부의 본분을 넘어서는 것이다."[80)라는

---

75) 류전철, "문서죄에 대한 개정 입법론", 형사법연구 제22호, 2004, 833면.
76) 장성원, 앞의 논문, 174-175면.
77) 송문호·표충근, "문서에 관한 죄의 우리 역사와 현대적 의미", 법학연구(전북대) 제26집, 2008, 239면.
78) 같은 취지로 신상현, 앞의 논문, 114면.
79) 반대의견과 같이 사전자기록의 무형위조를 처벌하기 위해서는 입법이 필요하다는 견해로 신상현, 앞의 논문, 125면. 한편 김진, 앞의 논문, 454면은 대상판결 사례의 경우는 권한을 일탈한 행위로 유형위조에 해당하여 처벌해야 하지만, 이 사안과 달리 작성권한 범위 내에서 자신의 의사에 따라 이루어진 허위작성행위까지 처벌범위로 포섭하기 위해서는 입법이 필요하다는 입장이다.
80) 대상판결 판결요지 중 반대의견 (다)항.

일갈에 대한 다수의견의 대답이 궁금해진다.

Ⅲ. 결   어

　대상판결의 다수의견은 '권한을 남용하여 허위의 정보를 입력함
으로써 시스템의 설치·운영 주체의 의사에 반하는 전자기록을 생성하
는 행위'는 오늘날 발달한 기술로 인한 사회의 변화를 고려할 때 충분
히 처벌할 필요성이 있는 행위이며 그러한 해석태도는 위작이라는 용
어의 가능한 문언적 의미, 입법자의 의사에 부합하는 것이라고 판단하
고 있다. 그런데 다수의견의 이와 같은 태도는 문언적 해석의 한계,
입법자의 의사가 무엇인지에 대한 논란을 차지하고라도 다음의 점에
서 상당한 문제점을 드러내고 있다. 우선 공전자기록위작죄에서의 위
작의 법리를 그대로 가져오면서 '권한의 남용', '주체의 의사에 반함'이
라는 표현을 별다른 고민없이 사전자기록에도 적용함으로써 사전자기
록에 있어서 유형위조와 무형위조의 개념과 그 구별에 대한 심각한
해석상의 혼란을 초래하고 있다. 반대의견은 이러한 권한남용이라는
요건을 위작의 적용범위를 제한하는 일종의 절충적 선택으로 이해하
고 있지만, 그러한 절충적 태도의 타당성과는 별개로 권한의 남용이라
는 개념을 사전자기록에서의 일정한 행태요건으로 사용하는 것은 형
법 구성요건에 대한 해석의 방식으로 적절하지 못하다. 또한 사전자기
록의 경우 '권한의 남용'과 작성명의'주체의 의사에 반'한다는 것은 엄
연히 구별해야할 법적 행태임에도 이를 같은 맥락에서 기술하고 있는
다수의견은 대상판결에서 제시하고자 하는 법리가 무엇인지 알 수 없
게 만들고 있다.

　대상판결의 다수의견이 중점적으로 제시하고 있는 전자기록위작
죄의 보호법익의 내용과 그에 따른 전자기록 무형위조행위의 현실적
처벌 필요성은 충분히 공감할 수 있는 내용이다. 그러나 그것이 현재
형법에 규정되어 있는 '위작'의 개념을 결정하는 해석상의 결론이 될
수 있는지는 의문이다. 문서위조죄의 일반적인 보호법익이라고 인정

되는 공공의 신용이라는 개념은 사실 형법이 위조범죄에 관한 규정을 설정함으로써 비로소 구체화되는 개념이고, 공공의 신용이라는 보호법익이 위조범죄규정으로 보호되어야 할 보호의 대상을 현실의 필요성을 고려하여 설정하도록 하는 의미가 있다고 하더라도 이것은 목적적 해석론의 출발점이지 죄형법정주의나 권력분립의 원리를 극복할 수 있는 절대기준은 아니다. 사전자기록위작·변작죄가 사문서위조·변조죄 및 행사죄 등의 체계연장선상에 규정되어 있고 유형위조만을 한정하는 위조라는 용어와 위작의 관계가 불분명한 상황에서 현실적 처벌의 필요성으로 위작의 개념을 위조와 달리 설정하여 처벌의 영역을 확대하는 것은 죄형법정주의의 제한을 받는 사법부가 할 수 있는 것이라고는 생각되지 않는다. 첨언하면 공전자기록의 경우에는 공문서에 대한 무형위조도 처벌하고 있다는 점에서 위작의 개념에 무형위조를 포함하는 해석이 지지를 받을 수 있는 여지가 있지만, 사전자기록위작의 경우와 마찬가지의 원론적 비판으로부터 자유로워지기 위해서는 공전자기록에 대한 무형위조형태를 처벌의 대상에 추가하는 입법적인 조치가 필요해 보인다.

[주 제 어]
사전자기록, 위작, 권한남용, 유추해석금지, 가상화폐거래소

[Key Words]
private electronic record, forgery, abuse of authority, prohibition of analogical interpretation, cryptocurrency exchange

접수일자: 2021. 4. 26. 심사일자: 2021. 5. 21. 게재확정일자: 2021. 5. 26.

[참고문헌]

강동범, "공전자기록 위작·변작죄에서 위작·변작의 개념", 형사판례연구 제
    24권, 박영사, 2016

구연상, "공공성(公共性)의 우리말 뜻 매김", 동서철학연구 제96호, 2020

김성돈, "직권남용죄, 남용의 의미와 범위", 법조 제68권 제3호, 2019

김진, "사전자기록 위작의 개념과 허위작성의 법적 평가", 법조 제69권 제4
    호, 2020

류석준, "전자기록 위작·변작행위의 규제법규에 관한 연구", 형사법연구 제
    23호, 2005

류전철, "보호법익으로서 공공의 신용의 형법해석론상 의미", 형사법연구
    제18호, 2002

류전철, "문서죄에 대한 개정 입법론", 형사법연구 제22호, 2004

류지태, "재량행위이론의 이해", 공법연구 제34집 제4호 제2권, 2006

송문호·표충근, "문서에 관한 죄의 우리 역사와 현대적 의미", 법학연구(전
    북대) 제26집, 2008

신상현, "사전자기록 위작죄의 '위작'에 허위작성 행위가 포함되는지 여부",
    아주법학 제14권 제3호, 2020

심준보, "공전자기록 위·변작죄에서 위작과 변작의 개념", 대법원판례해설
    제56호, 2005

윤영철, "형법 제230조(공문서부정행사죄)에 있어서 '부정행사'의 개념", 비
    교형사법연구 제5권 제1호, 2003

장성원, "문서범죄의 보호법익에 대한 체계적 해석", 형사정책 제29권 제3
    호, 2017

전지연, "전자기록 위작·변작죄", 문서와 범죄, 집현재, 2017

천진호, "공문서부정행사죄에 있어서 부정행사", 형사법연구 제17호, 2002

하태훈, "복사문서의 문서성", 형사판례연구 제1권, 박영사, 1993

Hassemer, W., Theorie und Soziologie des Verbrechens, Europäische Verlagsanstalt,
    1980

법무부, 형법개정법률안 제안이유서(형사법개정자료 XIV), 1992

[Abstract]

The legal concept of 'forgery' in private electronic record forgery crimes

Ryu, Bu-Gon*

For the forgery of private electronic records stipulated in Article 232-2 of the Korean Criminal Code, there is a controversy over what kind of act "forgery" means. In the Korean Criminal Law, "forgery" a paper document is when a person without authority to write the document writes it without permission. By the way, does the "forgery" of private electronic records include the act of writing false records by a person who has the authority to create electronic records? The subject of this case is that the CEO of a company operating a cryptocurrency exchange directly inputs false transaction information into the transaction system operated by him. In this case, the most important issue is how to interpret the meaning of "forgery" prescribed in Article 232-2 of the Korean Criminal Code.

The majority opinion of the supreme court judges that there is a need for punishment, considering the social change caused by the development of today's technology, for the act of abusing authority to enter false information and creating unwanted electronic records by the operating entity of the system. And it is judged that this interpretation is consistent with the interpretation of legal terms and the legislator's will. However, this attitude of the majority opinion causes serious confusion in distinguishing between the act of creating private electronic records without permission and the act of writing false content by a person with

* Professor, Korean National Police Univ. Dept. of Law.

authority. In the case of private electronic records, a manager's abuse of authority and that it is against the manager's will is a distinct distinction. Therefore, the opinion of the majority explaining this in the same context is ambiguous in its legal meaning. The concept of public credit that the crime of forgery of documents is intended to protect is embodied through the provisions of the criminal law. The legal interest of public credit can be the basis for acknowledging the need for punishment for certain actions. However, this is the starting point of interpretation and cannot be said to be an absolute criterion that can go beyond the principle of criminal justice or separation of powers. In the current criminal law regulations, it is a violation of the principle of "nulla poena[nullum crimen] sine lege" to evaluate falsely writing records by a person who has the authority to write them as counterfeit.

알코올 블랙아웃과 '심신상실'

김 성 돈*

【대상판결】 대법원 2021.2.4. 선고 2018도9781 판결

1. 공소사실의 요지

피고인은 2017. 2. 24. 02:45경 ○○모텔 311호에서 술에 취하여 심신상실 상태에 있는 피해자 공소외 1(여, 18세)을 침대에 눕힌 후, 피해자의 상의와 브래지어, 팬티를 벗기고 피해자에게 키스하고 손으로 피해자의 가슴을 만져 피해자의 심신상실의 상태를 이용하여 추행을 하였다.

2. 원심(수원지방법원 2018. 5. 29. 선고 2018노906 판결)의 판단

원심은 다음과 같은 사정을 들어, 검사가 제출한 증거들만으로는 피해자가 이 사건 당시 심신상실의 상태에 있었다고 단정하기 어렵고, 피고인이 피해자가 심신상실 상태에 있음을 인식하고서 이를 이용하여 즉 준강제추행의 고의를 가지고 피해자를 추행하였다는 사실이 합리적 의심을 할 여지가 없을 정도로 증명이 되었다고 볼 수 없다는 이유로 이 사건 공소사실에 대해 유죄로 판단한 제1심판결을 파기하고 무죄를 선고하였다.

* 성균관대학교 법학전문대학원 교수.

가. 범행 장소인 모텔 내외부에 설치된 CCTV의 사진 및 영상에 의하면, 피해자가 피고인과 함께 1층 계단 출입구로 걸어가는 모습, 엘리베이터를 이용하지 않고 계단으로 카운터가 있는 3층 출입구로 들어오는 모습, 피고인이 카운터로 다가가 계산을 하는 동안 피해자 혼자 3층 출입구 부근에 서 있다가 피고인과 함께 걸어서 객실로 이동하는 모습이 확인된다. 위 영상에서는 피해자가 몸을 가누지 못할 정도로 비틀거리거나 피고인이 피해자를 부축하는 모습은 확인되지 않고, 오히려 피해자가 모텔 1층에서 카운터가 있는 3층까지 계단으로 이동하였다는 사실을 알 수 있는바, 피해자가 정신을 잃었다거나 심신상실 상태에 이르렀다고 단정할 만한 장면은 없다.

나. 피고인은 피해자를 빌딩 1층에서 만난 후 피해자의 외투나 소지품을 찾기 위하여 위 빌딩 2층부터 5층까지 사이에 있는 술집들을 함께 둘러보았다고 주장하고 있고, 위 빌딩에 있는 주점의 종업원이 피고인과 피해자가 가게에 왔던 것을 목격하였다는 취지의 진술서를 제출하였다. '내사보고(피해자를 목격한 가게 직원의 진술)' 역시 피해자가 가게에 들어와 주위를 서성거리며 일행을 찾기에 피해자에게 "여기에 아무도 없어요. 옆집에서 술 마신 것 같은데 옆 가게로 가보세요."라고 말을 했고, 당시 피해자가 술에 많이 취해 보이지는 않았다는 것으로, 피고인의 주장에 부합한다.

다. 위 범행장소 전에 들렀던 모텔 카운터에서 근무한 증인 공소외 2는 당심에서 '피해자가 술에 취했으면 고개를 수그린다든지 자세가 그럴 텐데 그냥 반듯하게 서 있었고, 모텔 객실로 둘이 나란히 편안하게 들어갔다. 비틀거리는 모습을 전혀 보지 못했다. 조금 후에 경찰관들이 와서 객실 인터폰으로 피해자의 이름을 물었는데, 전화기 너머로 피고인이 피해자에게 이름을 묻고 피해자가 직접 자신의 이름을 또박또박 말하는 소리를 들었다.'는 취지로 진술하였다.

라. 피해자는 친구와 함께 술을 마시고 노래방으로 이동한 것은 기억하지만, 그 이후의 일은 노래방에서 나와서 피고인을 만난 상황조

차도 전혀 기억나지 않는다고 진술하고 있다. 그런데 피해자가 술에 취하여 심신상실 상태에 있었다면 피고인이 그러한 상태의 피해자를 데리고 여러 층에 위치한 술집들을 돌아다니거나, 모텔 1층에서 3층까지 계단으로 이동하는 것은 용이해 보이지 않는다.

　마. 피해자가 의식이 있는 상태에서 스스로 행동한 부분도 기억하지 못할 가능성이 있다(소위 '블랙아웃').

3. 대법원의 판단

1) 준강간·준강제추행죄와 알코올 블랙아웃의 관계에 관한 법리

　가. 형법 제299조는 '사람의 심신상실 또는 항거불능의 상태를 이용하여 추행을 한 자'를 처벌하도록 규정한다. 이러한 준강제추행죄는 정신적·신체적 사정으로 인하여 성적인 자기방어를 할 수 없는 사람의 성적 자기결정권을 보호해 주는 것을 보호법익으로 하며, 그 성적 자기결정권은 원치 않는 성적 관계를 거부할 권리라는 소극적 측면을 말한다(대법원 2020. 8. 27. 선고 2015도9436 전원합의체 판결 참조).

　나. 준강간죄에서 '심신상실'이란 정신기능의 장애로 인하여 성적 행위에 대한 정상적인 판단능력이 없는 상태를 의미하고, '항거불능'의 상태라 함은 심신상실 이외의 원인으로 심리적 또는 물리적으로 반항이 절대적으로 불가능하거나 현저히 곤란한 경우를 의미한다(대법원 2006. 2. 23. 선고 2005도9422 판결, 대법원 2012. 6. 28. 선고 2012도2631 판결 등 참조). 이는 준강제추행죄의 경우에도 마찬가지이다. 피해자가 깊은 잠에 빠져 있거나 술·약물 등에 의해 일시적으로 의식을 잃은 상태 또는 완전히 의식을 잃지는 않았더라도 그와 같은 사유로 정상적인 판단능력과 대응·조절능력을 행사할 수 없는 상태에 있었다면 준강간죄 또는 준강제추행죄에서의 심신상실 또는 항거불능 상태에 해당한다.

　다.
　a) 의학적 개념으로서의 '알코올 블랙아웃(black out)'은 중증도 이

상의 알코올 혈중농도, 특히 단기간 폭음으로 알코올 혈중농도가 급격히 올라간 경우 그 알코올 성분이 외부 자극에 대하여 기록하고 해석하는 인코딩 과정(기억형성에 관여하는 뇌의 특정 기능)에 영향을 미침으로써 행위자가 일정한 시점에 진행되었던 사실에 대한 기억을 상실하는 것을 말한다.

알코올 블랙아웃은 인코딩 손상의 정도에 따라 단편적인 블랙아웃과 전면적인 블랙아웃이 모두 포함한다. 그러나 알코올의 심각한 독성화와 전형적으로 결부된 형태로서의 의식상실의 상태, 즉 알코올의 최면진정작용으로 인하여 수면에 빠지는 의식상실(passing out)과 구별되는 개념이다.

b) 따라서 음주 후 준강간 또는 준강제추행을 당하였음을 호소한 피해자의 경우, 범행당시 알코올이 위의 기억형성의 실패만을 야기한 알코올 블랙아웃 상태였다면 피해자는 기억장애 외에 인지기능이나 의식 상태의 장애에 이르렀다고 인정하기 어렵지만, 이에 비하여 피해자가 술에 취해 수면상태에 빠지는 등 의식을 상실한 패싱아웃 상태였다면 심신상실의 상태에 있었음을 인정할 수 있다.

또한 앞서 본 '준강간죄 또는 준강제추행죄에서의 심신상실·항거불능'의 개념에 비추어, 피해자가 의식상실 상태에 빠져 있지는 않지만 알코올의 영향으로 의사를 형성할 능력이나 성적 자기결정권 침해행위에 맞서려는 저항력이 현저하게 저하된 상태였다면 '항거불능'에 해당하여, 이러한 피해자에 대한 성적 행위 역시 준강간죄 또는 준강제추행죄를 구성할 수 있다.

c) 그런데 법의학 분야에서는 알코올 블랙아웃이 '술을 마시는 동안에 일어난 중요한 사건에 대한 기억상실'로 정의되기도 하며, 일반인 입장에서는 '음주 후 발생한 광범위한 인지기능 장애 또는 의식상실'까지 통칭하기도 한다.

d) 따라서 음주로 심신상실 상태에 있는 피해자에 대하여 준강간 또는 준강제추행을 하였음을 이유로 기소된 피고인이 '피해자가 범행

당시 의식상실 상태가 아니었고 그 후 기억하지 못할 뿐이다.'라는 취지에서 알코올 블랙아웃을 주장하는 경우, 법원은 피해자의 범행 당시 음주량과 음주 속도, 경과한 시간, 피해자의 평소 주량, 피해자가 평소 음주 후 기억장애를 경험하였는지 여부 등 피해자의 신체 및 의식상태가 범행 당시 알코올 블랙아웃인지 아니면 패싱아웃 또는 행위통제 능력이 현저히 저하된 상태였는지를 구분할 수 있는 사정들과 더불어 CCTV나 목격자를 통하여 확인되는 당시 피해자의 상태, 언동, 피고인과의 평소 관계, 만나게 된 경위, 성적 접촉이 이루어진 장소와 방식, 그 계기와 정황, 피해자의 연령·경험 등 특성, 성에 대한 인식 정도, 심리적·정서적 상태, 피해자와 성적 관계를 맺게 된 경위에 대한 피고인의 진술 내용의 합리성, 사건 이후 피고인과 피해자의 반응을 비롯한 제반 사정을 면밀하게 살펴 범행당시 피해자가 심신상실 또는 항거불능 상태에 있었는지 여부를 판단해야 한다.

또한 피해사실 전후의 객관적 정황상 피해자가 심신상실 등이 의심될 정도로 비정상적인 상태에 있었음이 밝혀진 경우 혹은 피해자와 피고인의 관계 등에 비추어 피해자가 정상적인 상태 하에서라면 피고인과 성적 관계를 맺거나 이에 수동적으로나마 동의하리라고 도저히 기대하기 어려운 사정이 인정되는데도, 피해자의 단편적인 모습만으로 피해자가 단순히 '알코올 블랙아웃'에 해당하여 심신상실 상태에 있지 않았다고 단정하여서는 안 된다.

2) 이 사건에 대한 판단

가. 원심판결 이유와 적법하게 채택한 증거에 따르면 다음과 같은 사실을 인정할 수 있다.

a) 이 사건 당시 피해자는 18세, 피고인은 28세였고, 이 사건 이전 만난 적이 없다.

b) 피해자는 이 사건 당시 평소 주량을 넘는 양의 술을 마신 상태였다. 특히 2017.2. 23. 23:00경부터 24:00경까지의 짧은 시간에 소주 2병 정도를 마셨다.

c) 피해자는 2017. 2. 24. 00:02경 공소외 3과 함께 빌딩의 지하에 있는 노래연습장에 들어갔다가, 01:00경 화장실을 간다며 노래방에서 나왔다. 공소외 3은 경찰 조사과정에서 당시 피해자가 술에 많이 취하여 혼자 걸어갈 정도는 되었지만 약간 비틀거렸고 혀가 꼬여 말도 잘 못하는 수준이었다고 진술하였다.

d) 노래연습장 CCTV 영상에 의하면, 당시 피해자는 크게 비틀거리지 않고 걸어다닐 수는 있었다. 그러나 피해자는 화장실을 찾는다면서 다른 방의 출입문을 열고 들어가거나, 갑자기 비틀거리면서 중심을 잃고 바닥에 쓰러져 눕는 등 상당히 취한 상태로 보인다.

e) 피해자는 화장실에 갈 당시 공소외 3의 신발을 신고 있었고, 외투와 휴대폰은 노래방에 두고 나왔다. 그런데 피해자는 화장실에 간 이후 노래연습장으로 돌아오지 않았다. 피해자는 경찰 조사과정에서 '속이 너무 안 좋고 토할 것 같아서 화장실에 갔는데, 화장실에서 토한 이후 술이 확 취해 정신이 없었고 그 때부터 필름이 끊겼다'고 진술하였다. 피해자는 그 이후의 일로는 누군가가 말을 걸길래 '건들지 마세요!'라고 대답을 한 것이 기억날 뿐이라고 진술하였다.

f) 피고인은 2017. 2. 24. 01:20경 위 노래연습장이 있는 빌딩 옆 빌딩 1층 엘리베이터 앞에서 피해자를 만났다. 피고인은 수사 및 재판 과정에서 인근에서 술을 마시고 귀가하던 중 화장실을 가기 위하여 빌딩으로 들어갔는데 마침 1층 엘리베이터에서 내리는 피해자와 눈이 마주쳐 '예쁘시네요'라면서 말을 걸었고, 2~3분 정도 이야기를 하다가 서로 마음에 들어 술을 마시러 가기로 하였다는 취지로 진술하였다.

g) 그런데 피해자는 아무런 소지품을 가지고 있지 않았고, 자신이 어디서 술을 마셨는지도 알지 못하였다. 이에 피고인은 피해자의 외투와 소지품을 찾기 위하여 피해자와 함께 빌딩 2층부터 5층까지의 술집들을 둘러보았다.

h) 그러던 중 피해자는 5층 호프집에 들어가 '나 여기서 조금만 자면 괜찮을 것 같다'고 말하면서 앉더니 테이블에 엎드려 잠을 자기

시작했다. 피고인은 일을 마무리해야 한다는 직원의 요청에 따라 피해자의 어깨를 손으로 주무르면서 피해자를 깨웠는데, 이때 피해자는 '아프다, 하지마라, 씨발'이라고 욕을 하면서 바닥에 침을 뱉었다.

i) 피고인은 수사 및 재판 과정에서, 피해자에게 집에 갈 것을 권하였으나 피해자가 '한숨 자면 된다'면서 조금만 자고 가고 싶다는 식으로 이야기를 하였고, '모텔에 가서 자자고 하는 것이냐'라고 물었더니 피해자가 '모텔에 가서 자자'고 대답하였다고 진술하였다.

j) 피고인과 피해자는 2017. 2. 24. 02:06경 모텔에 들어갔다가 빈방이 없다고 하여 바로 나왔고, 02:14경 범행 장소인 모텔에 들어갔다. 위 먼저 들어갔던 모텔의 CCTV 영상에 의하면 당시 피해자는 혼자서 걸을 수는 있지만, 계단을 오르내릴 때 발을 헛디뎌 휘청거리거나 벽에 등이나 머리를 대고 서 있는 등 상당히 취한 모습으로 보인다.

k) 한편 공소외 3과 피해자의 모친은 피해자를 찾기 위하여 2017. 2. 24. 02:21경 경찰에 신고를 하였다. 신고내용은 '술을 먹다가 여자 친구가 없어졌고, 여자 친구가 술을 많이 마신 상태'라는 내용이었다. 경찰은 02:40경 피해자가 범행 장소인 모텔로 들어간 것을 확인하고, 객실 인터폰으로 피해자의 이름을 물어본 다음 객실로 피해자를 찾아갔다. 경찰이 모텔 객실에 도착하였을 당시 피해자는 상의를 전부 벗고, 하의는 치마만 입은 채로 침대에 누워 잠을 자고 있었다. 한편 피해자의 속바지와 팬티는 피고인의 상의 주머니에서 발견되었다.

l) 한편 피해자는 경찰 조사과정에서, 평소에도 옷을 벗고 취침하는 일이 없고, 술에 취하면 렌즈도 빼지 않고 취침한다고 진술하였다.

m) 피고인은 수사 및 재판 과정에서 피해자에게 키스를 하고 손으로 가슴부위를 만졌다고 인정하면서도, 모텔 객실에 들어가자마자 피해자와 키스를 하고 손으로 가슴부위를 만졌는데, 피고인이 양치를 하러 샤워실에 다녀오는 사이에 피해자가 스스로 상의를 전부 벗고 하의는 치마만 입은 채로 침대에서 잠이 들어 있었다고 진술하였다.

n) 또한 피고인은, 모텔 관계자가 인터폰으로 피해자의 이름을 물

어보아 피해자를 깨워서 이름을 물어보았는데 수화기 넘어 들리는 소리에 경찰관 또는 피해자의 가족이 온 거 아닌가 하는 생각이 들어 바로 옷을 입었고, 옷을 입으라고 피해자를 깨웠음에도 피해자가 일어나지 않았으며, 당황한 마음에 피해자의 속옷을 주머니에 넣었다는 취지로도 진술하였다.

　나. 앞서 본 법리에 비추어 위와 같은 사실관계를 살펴본다.

　a) 피해자가 '음주 후 필름이 끊겼다.'고 진술한 경우 음주량과 음주속도 등 앞서 본 사정들을 심리하지 않은 채 알코올 블랙아웃의 가능성을 쉽사리 인정하여서는 안 된다.

　b) 알코올의 영향은 개인적 특성 및 상황에 따라 다르게 나타날 수 있다. 피해자가 어느 순간 몸을 가누지 못할 정도로 비틀거리지는 않고 스스로 걸을 수 있다거나, 자신의 이름을 대답하는 등의 행동이 가능하였다는 점만을 들어 범행 당시 심신상실등 상태에 있지 않았다고, 섣불리 단정할 것은 아니다.

　c) 피해자는 이 사건 당시 짧은 시간 동안 다량의 술을 마셔 구토를 할 정도로 취했다. 자신의 일행이나 소지품을 찾을 방법을 알지 못하고, 사건 당일 처음 만난 피고인과 함께 모텔에 가서 무방비 상태로 잠이 들었다. 피해자는 인터폰으로 자신의 이름을 말해준 이후에도 상황 파악을 하지 못한 채로 다시 잠이 들어버렸을 뿐만 아니라, 경찰이 모텔 객실로 들어오는 상황이었음에도 옷을 벗은 상태로 누워 있을 정도로 판단능력 및 신체적 대응능력에 심각한 문제가 발생한 상태였다. 이와 같은 사정에 비추어 보면 피해자는 피고인이 추행을 할 당시 술에 만취하여 잠이 드는 등 심신상실 상태에 있었다고 볼 여지가 충분하다.

　d) 앞서 본 바와 같은 피해자와 피고인의 관계, 연령 차이, 피해자가 피고인을 만나기 전까지의 상황, 함께 모텔에 가게 된 경위 등 사정에 비추어 볼 때 피해자가 피고인과 성적 관계를 맺는 것에 동의하였다고 볼 정황을 확인할 수 없다. 이러한 제반사정에 대한 고려 없

이, 블랙아웃이 발생하여 피해자가 당시 상황을 기억하지 못한다는 이유만으로 바로 피해자가 동의를 하였을 가능성이 있다고 보아 이를 합리적 의심의 근거로 삼는 것은 타당하지 않다.

e) 모텔 객실 내에서 성적 관계가 이루어진 경위에 대한 피고인의 진술은 합리성이 없다. 모텔에 들어가자마자 피고인과 자발적으로 키스를 하던 피해자가 피고인이 양치를 하는 짧은 순간에 스스로 옷을 벗고 잠이 들어버렸다는 것은 선뜻 믿기 어렵다. 피해자가 상의와 팬티, 속바지까지 벗으면서 굳이 치마를 입고 잠이 들었다는 것은 경험칙상 납득하기 어렵고 피해자의 평소 습관과도 배치된다(피해자의 속옷이 피고인의 주머니에서 발견된 사정에 관한 피고인의 주장 역시 석연치 않다). 피고인은 피해자가 성적 관계를 맺는 것에 동의하였다고 생각하고 모텔에 갔다는 취지로 주장하면서도, 피해자가 잠이 들어 성관계가 불가능해진 위와 같은 상황에 당황하는 등 통상적으로 예상되는 반응을 보이지 않았다. 오히려 인터폰을 받고서는 경찰 또는 피해자의 가족이 왔다고 생각하였다. 이와 같은 사정을 종합하여 보면 피고인이 피해자의 심신상실 상태를 인식하고 이를 이용하여 피해자를 추행하였던 것으로 볼 여지도 충분하다.

다. 그럼에도 원심은 판시와 같은 사정만을 들어 이 사건 공소사실에 대하여 무죄를 선고하였다. 이러한 원심판결에는 준강제추행죄의 구성요건인 '심신상실 상태'에 관한 법리를 오해하여 필요한 심리를 다하지 아니한 잘못이 있다.

3) 결 론

그러므로 원심판결을 파기하고, 사건을 다시 심리·판단하도록 원심법원에 환송하기로 하여, 관여 대법관의 일치된 의견으로 주문과 같이 판결한다.

【평　석】

Ⅰ. 들어가는 말

통상 대법원 판결은 ─ 그 내용을 기준으로 하면 ─ 크게 세 가지 유형 중 하나에 해당할 수 있다. 첫째, 해당 판결을 통해 새로운 '법리'가 만들어진 경우이다. 이 경우 판례평석은 그 법리의 의의를 평가하고 그 법리 및 법리 속에 개념들의 명확성 및 법질서 전체와의 정합성, 그리고 기존의 법도그마틱과 조화가능성까지 검토하는 것을 주된 내용으로 한다. 그 법리가 사안의 사실관계를 제대로 포섭하고 있는지에 대한 평가 및 장래의 새로운 사례들에 대해 어느 범위 내에서 적용될 수 있는지에 대한 전망은 다음 단계에서 ─ 부차적으로 ─ 이루어진다. 새로운 법리 내지 법해석에 대한 동조 여하에 따라 평석의 방향이 달라질 수도 있다. 거부하는 경우에는 합리적 근거에 기초한 비판을 할 수도 있고, 경우에 따라 대안적 해석옵션까지 내놓을 수 있다. 동조하는 경우에는 법리의 배경이론을 보강하거나 해당 법리를 기존의 법도그마틱의 체계속에 자리매김하거나 그 법리의 응축성과 명제성을 높여 법도그마틱의 저장고에 넣어 둠으로써 장래의 새로운 유사 사례에 대해서도 적용될 수 있도록 준비작업을 한다.

둘째, 대상판결이 새로운 법리를 생산한 것이 아니라 기존의 법리를 사실관계를 달리하는 다른 사례의 사실관계에 포섭·적용하는 것에 그치는 것을 내용으로 하는 경우가 있다. 이러한 판결 유형에 대한 평석은 특히 기존의 법리가 장래에 유사사례에 반복적으로 적용될 수 있을 정도로 공식적인 명제로 만들어진 경우, 해당 법리나 그 법리속의 개념들이 일관성을 유지하면서 당해 사건에 포섭·적용되고 있는지 아니면 사안의 특수성을 고려하여 법리 또는 개념들이 수축이나 확장되고 있는지를 검토해 나가야 한다. 뿐만 아니라 법리나 개념은 변함없이 유지되면서도 기존의 다른 사안에 대한 포섭과 그 결론만을 달리하는 경우가 많다. 이러한 경우 해당 법리는 ─ 이른바 판례실증주의적 의미의 법원천 또는 영미법계의 판결의 주된 판결이유(ratio decidendi)와 같이 — 다른 사례에 대해서까지 사실상 구속력을 발휘한다. 이 때문에 이러한 경우는 법리나 개념이 신축성을 보이고 있는 경우와는 반대로 법리나 개념정의의 경직성을 비판하기 위해 사안들이 본질적으로 유사한지 아니면 다른지에 대한 검토까지 나아가야 한다.

셋째, 새로운 법리가 만들어진 경우이든 기존의 법리에 대한 포섭·적용이 문제되는 경우이든 대법원이 개념이나 법리의 포섭적용을 용이하게 하기 위해 사례를 유형화하면서 각 유형별 특성에 맞게 법리나 개념의 추상성을 일정부분 감소시키면서 공식화되는 경우도 있다. 이와 같이 법리의 추상성과 사례의 구체성의 중간영역에 위치지울 수 있는 공식(이하에서는 이를 '사례공식'이라 부르기로 한다)까지 만들어내고 있는 판결에 대한 평석은 사례공식이 장래의 유사사례에 대해서도 계속·반복적으로 적용될 수 있는 잠재력을 평가하기 위해 개념의 정확성과 법체계내 다른 개념과의 정합성 및 일관성여부를 검토하는 것이 요구된다.

대상판결은 새로운 법리나 개념에 대한 새로운 정의가 내려지고 있는 것이 아니라 기존의 법리를 그대로 적용하고 있는 것과 같은 외관을 갖추고 있다. 뿐만 아니라 대상판결은 포섭적용 부분에서 — 사안의 특수성을 고려하여 — 사실인정을 위한 다양한 판단기준을 제시함으로써 포섭적용의 결론을 합리적으로 근거지우려는 시도를 하고 있다. 더 나아가 대상판결은 법리의 적용을 보다 용이하게 하기 위해 사례공식도 추가적으로 준비하여 활용하고 있다. 그런데 대상판결의 내용을 자세히 검토해 보면, 항거불능 개념에 관한 한 종래의 법리가 그대로 유지되고 있는 것과는 달리, 심신상실 개념의 경우에는 사례의 특수한 사실관계를 포섭·적용하기 위해 — 종래 암묵리에 이해되어 온 — 심신상실 개념을 재구성하고 사례공식으로 보충하고 있는 것처럼 보이기도 한다. 따라서 본 평석에서는 대상판결의 이러한 특성에 따라 법리(아래 Ⅱ, Ⅲ.항)와 사례공식(아래 Ⅱ.항), 그리고 포섭적용(아래

Ⅳ.항)을 모두 평석의 대상으로 삼는다. 이는 대법원의 법리 및 사례공식이 장래의 유사사례에 대해서도 법적 안정성을 위태롭게 하지 않으면서 유지될 수 있는지를 평가하기 위해서이다.

Ⅱ. 대상판결의 법리 및 사례공식과 문제제기

1. 대상판결의 태도

대상판결에서 대법원은 기존의 대법원 판례를 참조판례로 제시하면서 준강제추행죄등의 구성요건요소인 심신상실 또는 항거불능한 상태라는 개념에 대한 해석 법리를 다음과 같이 판시하고 있다: "'심신상실'이란 정신기능의 장애로 인하여 성적 행위에 대한 정상적인 판단능력이 없는 상태를 의미하고, '항거불능'의 상태라 함은 심신상실 이외의 원인으로 심리적 또는 물리적으로 반항이 절대적으로 불가능하거나 현저히 곤란한 경우를 의미한다(대법원 2006. 2. 23. 선고 2005도9422 판결, 대법원 2012. 6. 28. 선고 2012도2631 판결 등 참조)."

대법원은 심신상실과 항거불능 개념을 사례에 포섭·적용하는 일을 보다 용이하게 하기 위해 사례공식도 마련하고 있다.: "a. 피해자가 깊은 잠에 빠져 있거나 술·약물 등에 의해 일시적으로 의식을 잃은 상태 또는 b. 완전히 의식을 잃지는 않았더라도 그와 같은 사유로 정상적인 판단능력과 대응·조절능력을 행사할 수 없는 상태에 있었다면 …… aa. 심신상실 또는 bb. 항거불능 상태에 해당한다." 이에 따르면 피해자가 잠에 빠져 있거나 일시적으로 의식을 잃은 상태라면 심신상실 개념에 포섭되고, 완전히 의식을 잃지는 않았더라도 정상적인 판단능력과 대응조절능력을 행사할 수 없는 상태라면 항거불능상태로 포섭될 수 있을 것처럼 보인다(물론 위 판시에서 조건문 속의 a "이거나" b가 술어 부분에 해당하는 aa "또는" bb로 일 대 일 대응관계인지는 분명하지 않은 것처럼 보인다).

문제는 대상판결에서 문제된 사안과 같이 강제추행죄의 피해자가

'음주 후 필름이 끊겼다.'라고 진술하고 있고, 이에 대해 피고인도 '피해자가 범행 당시 의식상실 상태가 아니었고 그 후 기억하지 못할 뿐이다.'라는 주장으로 대응하고 있는 경우이다. 이러한 경우 추상적인 수준의 개념과 사례공식의 도움을 받더라도 피해자의 상태가 심신상실 또는 항거불능상태인지 아니면, 아니면 둘 중 어디에도 포섭될 수 없는 상태인지를 가늠하기 어렵다.

대상판결의 사안과 같이 피해자가 이른바 '알코올 블랙아웃'이 유발된 것으로 보이는 사안의 포섭·적용을 위해 대법원은 '알코올 블랙아웃'과 '패싱 아웃'에 관한 의학적 기전을 기초로 삼아 위 두 가지 사례공식에 한 가지를 더 추가하여 다음과 같은 세 가지 사례공식을 만들어내고 있다. ① 범행 당시 알코올이 기억형성의 실패만을 야기한 알코올 블랙아웃 상태였다면 피해자는 기억장애 외에 인지기능이나 의식상태의 장애에 이르렀다고 인정하기 어렵다. ② 피해자가 술에 취해 수면상태에 빠지는 등 의식을 상실한 패싱 아웃 상태였다면 심신상실의 상태에 있었음을 인정할 수 있다. ③ 피해자가 의식상실 상태에 빠져 있지는 않지만 알코올의 영향으로 의사를 형성할 능력이나 성적 자기결정권 침해행위에 맞서려는 저항력이 현저하게 저하된 상태였다면 '항거불능'에 해당한다.

피고인을 무죄로 인정한 원심법원은 피해자의 상태가 단순한 알코올 블랙아웃 상태였음을 인정하여 위 사례공식 ①에 따른 것이라고 평가할 수 있다. 그러나 대법원은 피해자가 기억을 해내지 못한다고 해서 단순한 기억형성의 실패만을 의미하는 블랙아웃의 야기로만 볼 수 없고 오히려 피해자의 상태가 의식상실의 상태에 있음을 인정함으로써 사례공식 ②를 적용하고 있는 것처럼 보인다.

대법원이 이러한 포섭적용을 함에 있어—원심과는 달리—피해자와 피고인의 진술만을 토대로 삼거나 피해자의 상태에 대한 단편적인 관찰만에 근거하지 않았다. 그 대신 대법원은 피해자의 의식상태와 인지기능 등이 알코올에 의해 얼마나 영향을 받은 것인지를 확인하고,

피해자가 동의를 해 놓고선 단지 기억을 해내지 못하는 것이라는 피고인의 진술의 신빙성을 확인하기 하기 위해 "피해자의 범행당시 음주량, …… 피고인과의 평소관계, 만나게 된 경위, …… 사건이후 피고인과 피해자의 반응을 비롯한 제반사정을 면밀하게 살펴 피해자가 심신상실 또는 항거불능 상태에 있었는지 여부를 판단해야 한다"고 하였다. 이러한 제반사정을 면밀하게 검토한 대법원은 "피해자는 피고인이 추행을 할 당시 술에 만취하여 잠이 드는 등 심신상실 상태에 있었다고 볼 여지가 충분하다."라는 결론에 이르고 있다. 또한 심신상실과 알코올 블랙아웃의 관계에 관해서도 다음과 같이 판시하고 있다. "피해사실 전후의 객관적 정황상 피해자가 심신상실 등이 의심될 정도로 비정상적인 상태에 있었음이 밝혀진 경우 혹은 피해자와 피고인의 관계 등에 비추어 피해자가 정상적인 상태 하에서라면 피고인과 성적 관계를 맺거나 이에 수동적으로나마 동의하리라고 도저히 기대하기 어려운 사정이 인정되는데도, 피해자의 단편적인 모습만으로 피해자가 단순히 '알코올 블랙아웃'에 해당하여 심신상실 상태에 있지 않았다고 단정하여서는 안 된다."

2. 배   경

종래의 법실무는 피해자든1) 피고인이든2) 술에 취해 기억이 나지 않는다는 진술에 대해 형법적으로 중요한 의미를 부여하지도 않았고, 그 진술을 유무죄 판단에 결정적인 요소로 인정하지도 않았다.3) 원심

---

1) 준강간의 피해자의 진술에 관해서는 서울고등법원 2014. 7. 10. 선고 2014노817 판결 등.
2) 피고인의 진술에 관해서는 울산지방법원 2018. 4. 4. 선고 2017고단1982 판결(동 판결은 공무집행방해죄에 관한 것임) 등.
3) 추측컨대, 이러한 태도는 피고인이나 피해자의 기억 없음을 거짓말이나 핑계로 여긴 탓에 기인한 것으로 보인다. 알코올 블랙아웃에 관한 의학적 정의도 다행스럽게도 법원의 태도와 결론에서는 일치한다. 그러나 법원이 그러한 의학적 정의에 따라 그런 결론을 내린 것은 아닌 것처럼 보인다. 오히려 의학적 정의에 배치되는 결론을 내려야 할 돌파구를 찾아내는 것이 법원의 새로운 과제로

판결의 태도 역시 결론적으로 이와 같은 종래 법실무의 태도와 동일한 맥락 속에 있는 것으로 이해될 수 있다. 이와 같은 법실무의 태도는 적어도 결론에서 있어서는 알코올 블랙아웃에 관한 의학적 기전과도 조화되는 듯 보인다.

의학적으로 알코올 블랙아웃은 사후적인 기억형성의 실패일 뿐 피고인의 행위 당시 피해자의 인지기능이나 의식상태에 — 마치 정상처럼 — 장애가 없는 것으로 취급한다.[4] 이에 근거하여 피고인이나 그 변호인들은 정신의학자나 심리학자를 동원하여 재판부로 하여금 (준강간 등)의 피해자가 위와 같은 알코올 블랙아웃에 관한 의학적 기전에 있었음을 강조함으로써 피고인의 무죄를 주장한다.[5] 여기에 피해자 비난론도 가세한다. 피해자가 실제로는 피고인과의 성적 관계에 동의했으면서도 남자친구나 부모로부터의 사후비난이나 질책을 두려워하여 알코올 블랙아웃 상태가 유발되어 기억을 잃어버렸다는 태도로 나온 것에 불과하다는 것이다. 이러한 피고인의 방어논리에 대해 법원은 알코올 블랙아웃의 의학적 기전을 무시하거나 그 반대되는 결론을 쉽사리 내리기는 어려울 것이다. 법정에서 소실된 피해자의 기억을 복원하여 진실을 밝힐 수 있는 방안도 없기 때문이다. 그러나 법원은 최근 알코올 블랙아웃이 문제되는 사건에서 만연히 무죄주장을 받아들일 수 없는 새로운 도전 앞에 서 있다. 성인지 감수성에 대한 민감성의 정도가 현격하게 높아지고 있는 사회의 변화를 성범죄의 법리나 법리의 포섭적용에도 반영해야 할 과제가 그것이다.

이러한 난제 앞에서 대법원은 적어도 성범죄와 관련하여 '피해자의 알코올 블랙아웃=단순한 기억형성의 실패=피고인 무죄'라는 프레

부상하게 되는데, 대상판결이 바로 그러한 돌파구를 찾아낸 것으로 보인다.

4) 알코올 블랙아웃의 의학적 기전에 대한 기초적인 설명에 대해서는 "형사재판에서 블랙아웃(black out)현상에 관한 연구", 대법원 정책연구용역자료, 2020, 16면 이하.

5) 알코올 블랙아웃에 관한 형법적 평가에 관해서는 김성돈, "성범죄와 블랙아웃", 대법원 형사실무연구회(2019.11.19.) 발표문 참조.

임을 벗어나기 위한 새로운 돌파구를 찾아내야 했다. 대법원이 찾아낸 돌파구는 다음의 두 가지 판시내용에서 암시되고 있다. 첫째, 알코올 블랙아웃은 중증도 이상의 알코올혈중농도, 특히 단기간 폭음으로 알코올 혈중농도가 급격히 올라간 경우에 야기된다. 둘째, 의학적으로 알코올 블랙아웃에 대한 정의와 일반인이 생각하는 알코올 블랙아웃은 그 의미를 달리한다. 첫 번째 대목은 알코올 블랙아웃이 유발되려면 알코올의 독성화가 의사형성이나 인지기능에 지속적으로 그리고 다각도로 부정적 영향을 미쳤을 가능성도 있으므로 당사자의 평소주량, 음주량과 음주속도 등 제반사정을 고려해야 할 필요성을 시사한다. 두 번째 대목은 일반인이 스스로를 알코올 블랙아웃이라고 칭하더라도 그것은 반드시 기억형성의 실패에만 국한하지 않고 그를 넘어서 의식상실의 상태에 이르기까지 인지기능 또는 행위통제능력에서의 장애의 폭넓은 스펙트럼을 포괄함을 뜻하므로 알코올 블랙아웃의 의학적 정의에만 매몰되어서는 안 된다는 시사점을 얻을 수 있다.

이와 같이 대법원은 알코올의 부정적 영향이 문제될 경우 문제해결을 위해 알코올 블랙아웃의 의학적 기전에만 줌인(zoom-in) 하지 않고, 알코올의 부정적 영향의 다양한 스펙트럼까지 포착할 수 있도록 줌아웃(zoom-out)하는 방식으로 나아갔다. 이러한 접근법의 변화를 통해 대법원은 피해자의 장애상태의 유형화에 기초한 세 가지 사례공식을 만듦으로써 피고인의 무죄/유죄를 각기 다르게 판단할 수 있는 교두보를 확보하게 되었다(앞의 세 가지 사례공식 참조).

3. 문제제기

생각건대 위 사례공식은 알코올 블랙아웃이 수반된 피해자의 상태를 형법적 평가를 위한 심사틀로 기능할 수 있어 준강간죄 등의 법도그마틱이 되고도 남는다. 이 때문에 이 심사틀은 법실무가 장래의 유사사례에 대해서도 계속·반복적으로 적용할 수 있는 법적 지식의 저장고 속에 넣어둘 가치도 있어 보인다.

그러나 대상판결에서의 사례공식이 심신상실과 항거불능에 관한 법리와 정확하게 맞아떨어진다고 보기는 어려운 측면이 보인다. 앞서 본 사례공식에서 심신상실은 의식상실상태와 동치되고 있는데, 심신상실 개념은 '정신기능의 장애로 인하여 성적 행위에 대한 정상적인 판단능력이 없는 경우'로 정의되고 있다. 이러한 정의에 따르면 심신상실 개념이 의식상실 외의 다른 정신심리적 장애까지도 포함할 수 있는 여지가 생긴다. 뿐만 아니라 이러한 심신상실 개념 정의는 의식상실 외에 추가적으로 심신상실에 포섭될 피해자의 상태와 항거불능상태와의 경계선도 분명히 긋기 어려운 측면이 있다. 심신상실 개념 정의를 기초로 하면 사례공식 ②의 내용과 사례공식 bb의 내용이 정확하게 구분되기 어렵고 일정부분 중첩되는 측면이 있는 것처럼 보이며, 항거불능 개념 정의를 기초로 하면 사례공식 ③의 내용과 사례공식 bb의 내용을 정확하게 구분하기 어렵고 일정부분 중첩되는 측면이 있기 때문이다.

다른 한편 대법원이 출발하고 있는 심신상실 개념에 따르면, 대상판결의 사안에서 ― 그리고 블랙아웃이 문제되는 장래의 유사사례에서도 ― 피고인의 추행행위 시점이 피해자가 잠든 상태가 아니라면 이러한 상태가 심신상실 개념에 포섭될 수 있는지도 문제된다.[6] 대법원이 내세운 공식들(두 가지 공식과 세 가지 공식)을 보면 피해자가 완전히 의식을 잃지는 않았더라도 정상적인 판단능력이나 대응조절능력을 행사할 수 없는 상태는 오히려 단순 블랙아웃과 의식상실(패싱 아웃) 상태라는 양극단 사이에 위치하는 중간상태, 즉 '의사형성능력이나 저항력의 현저한 저하상태'(즉 항거불능상태)에 해당할 수 있는 것은 아닐까 하는 의문도 든다. 이러한 의문을 해결하려면 대법원이 심신상실

---

6) 물론 대법원은 추행행위가 일어난 시점과 관련한 피고인의 진술을 석연치 않다고 보고 있지만, 그리고 이러한 신빙성 배척을 '경험칙'으로 근거지우고 있기는 하지만, 피해자의 기억에서 소실된 부분을 재생할 수 없는 전제하에서 보면 진실공방은 여전히 계속될 여지가 있다.

개념을 법리적으로 어떻게 해석하고 있는지를 검토할 필요가 있다. 이 경우 관전 포인트는 피해자가 완전히 의식을 잃지 않았던 사례들도 심신상실 개념에 포섭할 수 있기 위해서는 미리 심신상실 개념의 폭을 넓혀 둘 필요가 있는데(후술하겠지만 이것이 오늘날 법실무에서 통상적으로— 그리고 암묵리에— 인정되고 있는 법발견 방법론이다), 대법원이 실제로 포섭적용에서 이러한 방법론에 따라 구성주의적 개념술을 활용하였는지를 확인하는 점에 있다.

Ⅲ. 법리: 심신상실 개념과 항거불능 개념의 해석

1. 심신상실

기이하게도 대법원은 최근까지 준강제추행죄(또는 준강간죄)에서의 심신상실 개념을 별도로 정의내리지 않았다. 대법원이 스스로 혹은 하급심에서 심신상실 개념에 대한 정의에 관한 판례를 참조판례로 기재하고 있으나, 막상 해당 참조판례에는 심신상실 개념은 정의되고 있지 않다. 그런데 최근 청소년성보호법 제7조 제4항과 관련하여 "'심신상실'이란 정신기능의 장애로 정상적인 판단능력이 없는 상태"라는 개념 정의를 내렸고 이번 대상판결에서는 이를 조금 더 구체화하여 정의내리고 있다. 다만 대법원은 해당 개념에 관한 참조판결(각 대법원 2020. 5. 26. 선고 98도3257 판결, 대법원 2012. 6. 28. 선고 2012도2631 판결)을 적시하고 있지만 정작 그 판결에서는 항거불능에 관한 개념 해석만 있을 뿐 심신상실에 관한 개념정의는 찾아볼 수 없다.

이러한 관점에서 보면 위 대상판결은 '대법원'이 심신상실 개념에 대해 정의내린 최초의 판결이라고 할 수 있다.[7] 대상판결은 심신상실

---

7) 하급심에서 내린 심신상실 개념에 대한 정의로는 대구지방법원 2013. 8. 16. 선고 2012고합1148 판결 [준강간] "형법 제299조 … 규정에서 말하는 '심신상실'의 상태라고 함은 <u>정신장애 또는 의식장애 때문에</u> 성적 행위에 관하여 정상적인 판단을 할 수 없는 상태, 즉 상대방이 깊은 잠에 빠져 있다거나 술약물 등의 사유로 자신의 성적 행위에 대해 정상적인 대응·조절능력과 판단능력을 제대로 행사할 수 없는 상태를 의미한다".

을 "정신기능의 장애로 인하여 성적 행위에 대한 정상적인 판단능력이 없는 상태를 의미한다"고 한다. 이러한 정의는 앞에서 살펴보았듯이 대법원이 포섭적용을 용이하게 하기 위해 구체적인 예를 적시하고 있는 사례공식("피해자가 깊은 잠에 빠져 있거나 술·약물 등에 의해 일시적으로 의식을 잃은 상태)과는 달리 매우 추상적이다.

대법원이 종래 심신상실 개념을 별도로 해석하지 않은 것은 형법 제10조 제1항의 해석적용에서 실무와 학계에서 책임무능력 사유의 대용개념으로 사용하고 있는 '심신상실' 개념에 대한 선이해가 작용한 탓으로 보인다. 행위자에 대해 심신장애로 인한 사물변별 능력 또는 의사결정 능력의 결여를 약칭하여 '심신상실'이라고 말하면 형법 제299조의 피해자의 심신상실 상태도 그와 평행되게 이해할 수 있기 때문이다.[8]

그러나 형법 제299조의 "심신상실"이라는 법적 개념을 일부 견해와 같이 형법 제10조 제1항의 책임무능력 사유의 대용개념에 해당하는 '심신상실'과 반드시 동일한 의미로 이해할 수는 없다.[9] 몇 가지 근거가 있다. 먼저 고의/과실을 가지고 구성요건실현을 위한 행위를 하는 행위자에게 형사책임을 지울 수 없음을 인정하기 위해 형법이 마련해 놓은 '책임무능력' 사유와 피해자가 처한 정신적 심리적 상태의 취약성(내지 법익공격행위에 무방비성)은 체계상으로나 문맥상으로 전적으로 다른 기반을 가지고 있다. 행위자의 책임무능력 사유는 규범위반

[8] 실제로 이러한 태도를 명시적으로 보여주고 있는 하급심 판결로는 울산지방법원 2012. 12. 7. 선고 2012고합278 판결 [준강간] "(전략) 형법 제299조에서의 심신상실의 상태라 함은 형법 제10조에서 말하는 정신장애로 인한 심신상실 이외에도 성적 자기 방어를 할 수 없는 그 밖의 사유, 즉 술에 만취하거나 인사불성인 상태를 포함한다고 보아야 할 것이나, 단순히 심신미약의 정도에 이른 경우에는 이에 포함된다고 볼 수 없다."
[9] 양자를 동일한 것으로 해석하는 견해로는 김성천, 「형법」, 소진, 2009, 711면; 오영근, 「형법각론」 제2판, 박영사, 2009, 183면 이하 등이 대표적이다. 이 때문에 수면 중 이나 기절 상태 등을 심신상실에 포함시키지 않고 항거불능에 포함시킨다.

자가 자신의 행위의 사회규범적 의미(금지성)를 이해하고, 그러한 이해
에 기초하여 자신의 행위를 결단할 수 있는 능력과 관계되어 있다. 따
라서 규범에 대한 행위자의 이해능력(판단능력) 및 그 이해에 따른 의
사결정능력(행위통제능력)이 관건이 된다. 반면에 준강간죄 등의 피해
자의 심신상실은 규범위반성에 대한 이해능력이나 의사결정능력과는
무관하게 문제되는 법익, 즉 성적 자기결정권의 정상적 행사와 관련한
정신적/심리적 상태의 비정상성(항거불능의 경우는 신체적 심리적 상태
의 취약성)을 지칭하고 있다. 준강간죄 등의 피해자의 심신상실이 행위
자의 책임무능력 사유와 동일시 될 수 없음은 직관적으로도 분명히
알 수 있는 경우가 있다. 가장 비근한 예로 수면중 또는 기절하여 의
식을 잃어버린 경우(대법원이 예로 들고 있는 패싱 아웃에 해당하는 의식
상실)이다. 이 경우는 이견없이 피해자의 심신상실 상태에 해당한다.
그러나 이러한 무의식상태는 행위자의 책임무능력 사유에는 해당하지
않는다. 수면이나 기절과 같은 의식상실의 경우는 심리학적 의식을 본
질적 요소로 하는 '행위성'부터가 부정되는 반면, 책임무능력 사유는
행위성이 인정되는 전제하에서 행위자에게 정상적인 판단능력이 없거
나 그 판단에 기초하여 의사결정할 능력이 없는 경우를 지칭하기 때
문이다. 이와 같이 최소한 행위성이 충족되는 전제하에서 행위자의 비
정상적 정신적 심리적 상태(책임무능력상태)를 묘사하기 위해 우리 입
법자는 심신'상실'이라는 용어 대신 심신'장애'10)로 인하여 사물변별능
력 또는 의사결정능력의 결여라는 표지를 사용하고 있는 것이다. 양자
를 동일하게 이해하는 태도는 행위자의 책임무능력 사유를 심신상실
이라는 용어로 대체하고 있는 일본형법에 대한 타성적인 의존성 내지
맹목적인 추종성에서 비롯되었다고도 볼 수 있다. 일본형법은 우리 형
법의 제10조 제1항의 책임무능력 사유의 규율방식과 같이 '생물학적/
심리학적/정신의학적 요소'(=심신)장애와 심리학적/규범적 요소(=사물

---

10) 형법 제10조에서의 심신'장애'라는 용어 사용은 1951년 형법정부초안에서부터
   현행법에 이르기까지 동일하다.

변별능력 또는 의사결정능력)의 결여라는 중층(2단계 구조)구조로 규정하
지 못했다. 그 대신에 일본 형법(제39조 제1항)에서 '심신상실자의 행위
는 벌하지 아니한다'라고만 규정함으로써 생물학적/심리학적 요소(=심
신)의 상실이라는 단일표지만을 규정하고 말았다. 이처럼 입법례로는
이례적인(필자가 보기에는 후진적인) 입법방식을 보완하기 위해 일본의
실무와 학계도 심신상실을 심신장애로 인하여 사물변별능력 또는 의
사결정능력의 결여라는 중층적인 표지로 이루어진 것으로 — 보충적으
로 — 재해석[11]하고 있다.[12]

물론 형법 제299조의 심신상실이 그 내포면에서 반드시 형법 제
10조의 책임무능력 사유로 통칭(또는 대체) 될 수 없음을 확인하는 것
만으로는 위 심신상실 개념에 대한 해석문제가 모두 해결되는 것은
아니다. 먼저 그 상실될 것을 요하는 '심신'은 무엇으로 이루어져 있는
지부터가 문제된다. 우리나라 판례와 학설은 형법 제10조의 '심신'장애
를 '정신적인' 장애라고 해석한다. '심신'의 장애에 대응되는 용어로서
독일형법(제20조)에는 "seelische Störung"로 표기되어 있고, 영미권에서
는 "mental disorder"로 표기되고 있다. 특히 독일 형법상 seelisch는
geistlich(정신적)인 것도 포함하고 여기에 해당하는 요소들로는 정신병,
정신박약, 심한 의식장애, 기타 중한 정신적 이상이 열거되어 있다. 이
가운데 정신병에는 생물학적-의학적 질병개념에 해당하는 외인성정신
병 외에도 심리학적인-법적 질병개념에 해당하는 내인성 정신병이 있
으며, 심한 의식장애나 중한 정신적 이상도 생물학적 또는 병적 질병
개념에는 해당하지 않고 정상심리학의 영역에 속하지만 그것이 '심하

---

11) 西田典之, 「刑法総論」 第3版, 有斐閣 2019, 298면; 大判昭和6年12月3日 刑集10
　　卷682頁.
12) 요컨대 책임무능력 사유를 규율하는 입법적 태도에서 볼 때 일본형법에 비해
　　우리 형법은 그 용어선택에 있어서 뿐 아니라 책임무능력 사유의 중층구조를
　　보다 분명하게 표현하고 있다. 따라서 형법 제299조의 준강간죄 등의 피해자
　　와 형법 제10조 제1항의 적용이 문제되는 피고인을 가리지 않고 통일적으로
　　'심신상실'이라는 하나의 용어를 사용하고 있는 법실무와 학계의 태도는 반드
　　시 바로 잡혀야 할 부분으로 생각된다.

거나 중한' 경우에는 정신적 장애에 포함된다. 이러한 관점에서 보면, 우리 형법이 형법 제10조에서는 물론이고 형법 제299조에서도 심리학적인 마음(心)의 문제와 정신의학적 정신(神)의 문제를 구별하지 않고 심리학과 정신의학(더 나아가 정신분석학)의 연구영역을 엄격하게 나누지 않고 心神이라는 복합어를 사용하고 있으므로 '심신'상실에는 심리학적 차원의 '의식'의 상실 외에도 정신의학적 차원의 정신기능의 장애가 원인이 된 경우가 포함되는 것으로 해석될 수 있다.[13]

뿐만 아니라 '심신'의 '상실'을 마음과 정신을 절대적으로 잃어버렸다는 것이 아니라 대상관련적 관점에서 마음과 정신을 잃어버렸다는 의미에서 파악한다면 여기에는 포괄적인 의식상실만 해당하는 것이 아니라 특정한 대상(즉, 성적인 자기결정권)과 관련하여 마음과 정신의 비정상성(정상적인 판단능력과 통제능력 상실)을 의미하는 것으로 이해할 수 있다. 이러한 관점에서 보면 준강간죄(준강제추행죄)의 심신상실은 (포괄적인 차원의) 의식상실 뿐 아니라 (성적 자기결정권의 정상적인 행사와 관련한) 정상적인 판단능력과 행위통제능력이 상실된 경우까지를 포함할 수 있다. 정상적인 '판단능력'이나 '행위통제능력'의 상실의 원인이 되는 정신기능의 장애사유로는 정신병, 정신박약, 심한 의식장애, 기타 중한 정신적 이상 등이 있다. 여기서 술에 취하거나 약물에 영향을 받은 경우는 '심한 의식장애'에 해당하는 것으로 볼 수 있다. 이에 따르면 심신상실이란 술에 만취하여 수면에 빠지거나 기절하여 의식을 상실한 경우는 물론이고, 그밖에 술이나 약물의 독성에 영향을 받아 정신기능이 장애를 일으켜 성적으로 정상적인 판단을 할 수 없거나 자신이 판단한 바에 기초하여 정상적으로 행위통제를 할 수 없는 경우도 포함한다고 말할 수 있다.

그런데 여기서 한 가지 되짚고 넘어가야 할 쟁점이 있다. 즉 제299조의 '심신상실'이라는 용어가 '심신(心神)'상실인가 '심신(心身)'상실

---

13) 그러나 입법자가 형법 제299조에서 사용한 법적 개념이 心神이 아니라 心身이라는 반론도 가능하다. 이에 관해서는 후술한다.

인가라는 문제이다. 형법 제개정 자료집의 정부초안 제322조와 그 기초가 된 일본형법가안(제390조)에서도 '심신(心神)'상실이었고, 한자 표기가 일반적이었던 종래의 교과서에서도 형법 제299조는 '심신(心神)'상실로 표기되어 왔다.14) 대상판결에서도 대법원은 형법전의 心神상실이라는 전제하에서 해석하고 있다. 그러나 1953년 7월 9일 제정형법이 국회를 통과한 후 당시의 관보상에는 형법 제299조가 '심신(心身)'상실로 표기되어 있다.15) 국회 입법절차에서도 心神상실이냐 心身상실이냐를 둘러싼 논의가 전개되었다는 기록은 없다.16) 물론 앞서 언급하였듯이 대법원과 제정형법 이후 학계는 처음부터 행위자의 책임무능력 사유의 대용개념으로서는 물론이고 준강간죄의 등의 피해자의 상태에 관해서도 처음부터 '心神상실'이라는 용어를 채택한 일본형법 및 일본판례에 의존하여 心身을 心神으로 바꾸어 이해하여 왔을 일말의 가능성도 있다. 만약 관보에 공포(또는 공고된)된 법률문언에 따라 '心身'상실개념을 출발점으로 삼는다면, 위 대상판결에서 心神상실 개념을 전제로 삼은 대법원의 태도는 법리면에서 뿐만 아니라 포섭적용에서도 수용하기 어려운 것으로 보지 않을 수 없다. 만약 心身상실이라면 심신상실은 심리학적 차원의 의식의 문제나 신체적 원인이 있어서 항거불능으로 제한되어야 하고, 피해자가 피고인의 행위당시 완전히 잠을 자거나 완전히 의식을 잃은 경우가 아니라 술에 취하여 정상적인 판단능력과 행위통제능력의 행사에 장애가 있었다면 心身상실 개념에 해당한다고 평가할 수도 없기 때문이다. 관보게재 과정에서 한자어 표기상 오류가 있었을 뿐 心神상실이 맞다고 단정할 수도 없다. 법률의

---

14) 유기천, 「형법학(각론강의(상)」, 1981, 131면.

15) 일본형법 제178조 준강제외설(わいせつ) 및 강제성교등에는 "심신(心神)상실"로 되어 있다.

16) 다만, 형법 제10조의 '심신'장애와 관련해서는, 정부의 형법개정 논의 과정에서 心神이 어려운 용어이고, 심신장애를 한글로 쓸 경우 心身장애로 오인 받을 수 있다는 점을 들어 제10조의 심신장애를 정신(精神)장애로 고치려고 하였다. 법무부, 형사법개정자료(XIV) 형법개정법률안 제안이유서, 1992, 38면; 법무부, 형법총칙 개정제안이유서, 2011.

효력에 있어 관보를 통한 공포가 차지하는 의미를 무시할 수 없기 때문이다.

이 쟁점을 별론으로 하고 대법원과 같이 형법 제299조의 법문의 심신상실을 心神상실임을 전제로 하더라도, 피해자가 잠들거나 기절하는 등 의식을 상실하는 경우 외에 정신기능의 장애가 원인으로 하는 심신상실을 인정할 수 있는 경우가 있는지는 여전히 중요한 쟁점이 될 수 있다.17) 피해자가 술에 취하여 성적 자기결정권을 정상적으로 행사하는데 필요한 판단능력이나 행위통제능력에 장애가 있었다면, 의식을 잃지는 않았더라도 '정신기능의 장애로 인하여 성적 행위에 대한 정상적인 판단능력이 없는 경우'(심신상실 개념에 해당)가 될 수도 있고, '심리적으로 반항이 절대적으로 불가능하거나 현저히 곤란한 경우'(항거불능 개념에 해당)가 될 수도 있기 때문이다.18) 양자의 경계를 구획지우기 위해서는 항거불능 개념과의 비교가 필요하다.

2. 항거불능

항거불능 개념에 대해 대법원은 종래 다음과 같은 확립된 해석태도를 유지해 왔다. 즉 '항거불능'의 상태라 함은 심신상실 이외의 원인으로 심리적 또는 물리적으로 반항이 절대적으로 불가능하거나 현저

---

17) 대상판결에서도 그렇지만 장래의 많은 유사사례에서는 피해자가 잠들지는 않았지만 블랙아웃이 유발된 경우 피해자의 정신기능에 장애가 있는 경우는 얼마든지 있을 수 있다.

18) 특히 수면 중 또는 기절하여 단순히 의식을 잃어버린 때, 또는 의식을 잃을 정도로 음주 대취한 경우 등을 심신상실의 상태로서 형법 제10조의 심신상실과 동일한 경우라고 하면서, 양자는 반드시 동일하지 않으므로, 심신미약의 경우도 제299조의 심신상실의 경우에 포함시키는 견해가 있다. 이에 따르면 피해자가 정신기능이 정상하지 않으므로, 추행 또는 간음을 당함에 있어서 그 뜻을 정확히 이해하지 못하고, 동의하는지 반항하는지 그 반응이 명백치 않은 정도의 심신상태에 도달한 경우도 포함된다고 한다(유기천, 앞의 책, 131면). 이러한 태도가 합리적인 근거가 없이 심신상실 개념을 지나치게 넓게 해석하고 있다는 점에 관해서는 후술한다. 무엇보다 위 견해는 수면 중, 또는 기절하여 의식을 잃어버린 때는 행위성도 인정될 수 없어서 형법 제10조의 '심신상실'에도 해당할 수 없어 양자를 동일한 개념으로 취급하기 어렵다.

히 곤란한 경우19)를 의미한다.20) 대상판결에서도 대법원은 이 개념은 그대로 유지하고 있다.

물론 항거불능이라는 개념 중 '불능'이라는 자구에 충실하면 저항이나 반항이 절대적으로 '불가능'한 경우로만 제한되어야 할 것이다. 그러나 대법원은 저항이나 반항이 '현저히 곤란한 경우'도 포함시켜 해석하고 있다. 이러한 해석이 가능한 이유는 — 대법원이 구체적으로 그 이유를 밝히고 있지는 않지만 — 준강간죄 등의 법정형이 강간죄 등의 법정형과 동일한 점을 기초로 하고 보면 양자의 불법의 양이 같고, 강간죄의 폭행·협박이 반항을 억압하거나 현저하게 곤한 경우까지 포함하여 해석한다면 준강간죄등의 경우도 반항이나 저항이 현저하게 곤란한 피해자의 상태를 이용하는 경우도 항거불능 개념에 포함시키는 것이 균형 잡힌 해석태도라고 볼 수 있다. 물리적 항거불능이란 신체적인 자유가 박탈되어 있는 상태(예, 결박)로서 특히 문제될 것은 없다(물론 신체에 대한 결박행위를 한 후 간음하면, 그 결박행위는 그 자체로 폭행에 해당하여 준강간죄나 준강제추행죄가 아니라 강간죄 등이 된다). 신체적으로 탈진 상태에서 상대방의 행위에 대해 속수무책인 경우도 물리적 항거불능 상태에 해당할 수 있다.

물리적인 항거불능 외에 심리적인 항거불능도 포함시키고 있는 것도21) 강간죄의 폭행(물리적 유형력) 또는 협박(심리적인 무형력)과 균형을 맞춘 해석태도로 보인다. 즉 강간죄의 폭행이 물리적인 차원의 반항억압 또는 현저한 저항곤란을 의미한다면 협박은 심리적인 차원의 반항억압 또는 현저한 저항곤란을 의미하는 것으로 새길 수 있으

---

19) 대법원 2000. 5. 26. 선고 98도3257 판결; 대법원 2003. 10. 24. 선고 2003도5322 판결; 대법원 2009. 4. 23. 선고 2009도2001 판결; 대법원 2012. 6. 28. 선고 2012 도2631 판결 등.

20) 반면에 심신상실과 책임무능력사유의 대체용어로서의 심신상실을 동일한 개념으로 해석하는 태도는 항거불능을 '물리적 신체적 항거불능'으로 제한하고 있다(대표적으로 김성천, 오영근).

21) 현재 일본의 실무의 확립된 태도라고 보인다. 名古屋地判昭和55年7月28日 刑月12卷7号709頁; 東京高判昭和56年1月27日 刑月13卷1=2号50頁 등.

므로 준강간죄의 등의 경우에도 그에 상응하여 물리적 또는 심리적으로 반항이나 저항의 절대적 불능 또는 현저한 곤란을 요구하는 것이 합리적인 해석태도로 보인다. 그러나 이렇게 보더라도 의사가 자기를 신뢰한 여자환자에게 그 병을 고친다 하면서, 그 환자가 신뢰함을 기화로 그 환자에게 성적행위(간음)를 한 경우를 '심리적으로 항거불능한 상태를 이용한 간음'으로 보는 태도22)는 심리적 항거불능 상태를 지나치게 확장하고 있는 태도로서 수용하기 어려울 것으로 보인다.

다른 한편, 형법 제299조의 해석상 '항거불능'이 '심신상실'과 피해자 상태의 '동질성'이 요구된다는 점에 초점을 맞추면,23) 항거불능 개념에서 심리적 항거불능 외에도 정신적 기능 장애로 인한 판단능력과 행위통제능력이 장애를 받은 경우를 포함시키는 해석도 배제할 수 없을 것 같다. 앞서 살펴보았듯이 정신적 기능의 장애에 생물학적 정신병 외에 심리학적 차원의 내인성 정신병 더 나아가 심한 의식장애나 기타 중한 정신적 이상도 포함된다면 심리적인 차원의 장애와 정신적인 차원의 장애는 사실상 중첩적인 부분이 있어서 양자를 엄격하게 구별하기 어렵다. 心神 부분은 (정신적 기능장애와 관련한) 심신상실 개념의 해석문제로 모두 흡수되고 항거불능 개념의 해석에는 心(심리학적 차원)의 장애와 관련한 문제만 남는다고 보기도 지나치게 형식적이다.

그러나 항거불능의 원인으로 정신적 장애사유까지 포함시키면 항거불능 개념은 제10조 제1항의 책임무능력 사유와 불가분의 관계를 맺고 있는 심신상실 개념에 접근해 간다. 이 때문에 술에 취한 피해자가 의식을 잃지는 않았지만 신체적으로 항거불능 뿐 아니라 정신적

---

22) 의사가 치료행위를 위해 필요하다고 오신시켜 환자를 간음한 경우에 준강제 성교에서의 심리적 항거불능을 인정한 大判大正15年6月25日 刑集5卷285頁 및 이에 동조하는 다수의 국내 견해가 있다.

23) 기존에 형법 제299조가 심신상실과 항거불능을 동등하게 열거하고 있으므로 항거불능의 상태는 적어도 심신상실의 상태와 동일시 할 수 있는 상태여야 한다는 주장 중 대표적인 것으로는, 하태훈, "준강간죄(형법 제299조)와 성폭법 제8조의 '항거불능'의 의미", 고려법학 제49권, 2007, 245면.

기능장애로 인해 판단능력이나 행위통제능력을 잃었거나 현저한 장애가 있는 상태인 경우 이를 심신상실 개념에 포섭할 것인가 아니면 항거불능 개념에 포섭할 것인가는 여전히 문제된다.

3. 소 결

정신적 장애사유를 항거불능에도 포함시킬 것인지의 문제를 해결하기 위해서는 한편으로는 형법 제299조의 심신상실 개념과 형법 제10조 제1항의 책임무능력의 대용개념인 심신상실 개념과의 관계를 어떻게 설정할 것인가, 다른 한편으로는 형법 제299조 내에서의 심신상실 개념과 항거불능 개념의 관계를 어떻게 이해할 것인지가 결정적이다.

생각건대 강간죄 강제추행죄 등과의 상응관계에서 볼 때 준강간죄 준강제추행죄 등의 구성요건의 핵심표지는 심신상실 보다는 '항거불능'이라고 할 수 있다. 이 구성요건은 항거불능(또는 항거의 현저한 곤란)의 원인이 물리적 사정(반항억압 또는 현저한 저항곤란의 폭행과 상응!) 또는 심리적 사정(반항억압 또는 현저한 저항 곤란한 협박과 상응!)에 기인한 경우, 그 사정을 이용한 행위를 직접 그러한 사정을 야기한 강간죄 등과 동일하게 처벌하기 위한 요소를 요건으로 하고 있기 때문이다. 여기서 심신상실은 정신적 기능장애가 주된 원인이 되어 항거불능한 경우로서 물리적/심리적 사정에 기인한 항거불능과 독립된 표지로 파악할 수 있다.

심신상실을 정신적 기능 장애가 주된 원인이 되어 항거불능한 경우로 해석할 수 있는 단서가 바로 형법 제10조의 '心神'이라는 표지 때문이다. 이에 따르면 형법 제299조의 심신상실을 형법 제10조의 심신장애로 인한 책임무능력 사유와 관련성을 인정하면서 해석하는 것이 기본적으로는 타당하다(정신적 기능의 장애 자체에 관한 한, 피해자와 피고인은 본질적으로 차이가 없다). 이러한 맥락에서 보면 심신상실을 "정신기능의 장애로 인해 성적 행위에 대한 판단능력을 잃은 경우"로

해석하는 대법원의 태도를 정신기능의 장애로 인해 성적 행위에 대한
판단능력을 잃은 (따라서 항거불능한) 경우로 이해할 수 있다. 여기서
대법원의 심신상실의 개념은 다음과 같이 보완될 필요가 있다. 형법
제299조의 표지인 심신상실은 '행위자'의 행위성을 전제로 한 형법 제
10조와 무관하게,24) '피해자'의 정신적 장애에 기인한 항거불능을 지칭
하는 표지이기 때문에 형법 제10조의 정신적 장애와는 달리 의식상실
로 형법상 행위성이 부정되는 경우도 포함될 수 있다.25) 뿐만 아니라
형법 제299조의 심신상실은 정신적인 장애에 기인하여 성적 자기결정
권의 행사와 관련한 항거불능을 지칭하기 때문에 피해자가 판단능력
을 잃지는 않았더라도 자신의 판단한 바에 따라 행위를 통제할 능력
을 잃은 경우도 포함할 수 있다.

　이에 따르면 심신상실 개념은 '정신적 기능의 장애로 인해 의식을
잃거나(패싱 아웃), 판단능력이나 행위통제능력이 없어서 항거불능한
경우'로 해석되면서 형법 제299조의 구성요건 속에서 항거불능의 사유
를 지칭하는 표지가 된다. 다른 한편 정신적 기능 장애로 인한 항거불
능에 해당하는 심신상실의 경우를 제외하면 항거불능 상태는 '물리적
으로 또는 심리적으로 절대적으로 저항이 불가능하거나 저항이나 반
항이 현저히 곤란한 경우'로 해석될 수밖에 없다. 물리적 항거불능 상
태는 신체적인 장애로 인해 저항이나 반항이 불가능하거나 현저하게
곤란한 경우를 말하고, 심리적인 항거불능 상태는 '정신적인 장애로

---

24) 행위자가 술에 취한 경우는 형법 제10조 제1항의 정신적 장애사유의 하나인
　　'심한 의식장애'에 해당한다면 행위시 판단능력과 행위통제능력이 결여/미약
　　여부에 따라 책임(형벌)감면으로 귀결될 수 있지만, 술에 만취하여 의식을 상
　　실한 경우나 술에 취한 후 잠이 든 경우는 행위가 없어서 형법적 평가의 대
　　상 조차 되지 않는다.
25) 김성돈, 「형법각론」 제7판, 성균관대출판부, 2021, 208면; 이와 동일한 취지에
　　서 형법 제299조의 심신상실은 형법 제10조 제1항의 책임무능력자와 의미가
　　다른 것이고, 그에 따라 피해자가 깊은 잠에 빠진 상태 등도 포함된다는 설
　　명으로는, 김대휘/김신(구회근 집필부분), 「주석 형법 [각칙4]」 제5판, 한국사
　　법행정학회, 2017, 257면.

인한 경우를 제외한' 심리적인 억압상태나 무기력에 빠져 저항이나 반항이 불가능하거나 현저하게 곤란한 경우를 말한다. 심신미약 상태는 심신상실이나 항거불능 어디에도 해당되지 않는다.

이러한 개념구분에 따르면 술에 취한 상태에 있는 피해자에 대한 준강간죄등의 성립여부가 문제되는 사안에서 피해자가 의식상실된 경우 또는 의식상실은 아니지만 성적인 행위에 대한 판단능력이나 행위통제능력을 잃은 경우는 심신상실로 포섭되고, 신체적으로나 심리적으로 항거불능 상태에 해당하는 경우는 거의 생기지 않을 것으로 보인다. 이 때문에 준강간죄등에서 구성요건 표지 중 강간죄와의 상응관계상 항거불능개념의 구성요건 표지내에서 중심적 위치를 보다 분명하게 하려면 문제성 있는 심신상실 개념을 사용하여 복잡성을 키우기보다는 '정신적인 장애'라는 표지를 항거불능의 사유로 전면에 배치시키는 것을 내용으로 삼아 그 구성요건을 새롭게 정비하는 입법개선을 도모할 필요가 있어 보인다.26)

Ⅳ. 법리 또는 개념의 포섭·적용

심신상실과 항거불능 개념에 대한 대법원의 해석태도에 따르면, 대상판결의 사안에서 피고인의 추행행위가 피해자가 모텔에 들어간 후 깜박 잠이 든 상태에서 행해진 것임을 전제로 하는 경우 심신상실의 상태를 이용한 추행행위라고 평가할 수 있다. 반면에 피고인이 피

---

26) 형법과 특별형법과의 정비를 위해서라도 성폭력범죄의 처벌에 관한 특례법 제6조 제4항의 구성요건표지를 참조할 만하다. "신체적인 또는 정신적인 장애로 항거불능 또는 항거곤란 상태에 있음을 이용하여 사람을 간음하거나 추행한 사람". 이러한 구성요건표지에 따르면 '신체적인 또는 정신적인 장애로 항거불능인 상태'란 신체적 또는 정신적 장애 그 자체로 항거불능의 상태에 있는 경우뿐 아니라 신체장애 또는 정신적인 장애가 주된 원인이 되어 심리적 또는 물리적으로 반항이 불가능하거나 현저히 곤란한 상태에 이른 경우를 포함하는 것으로 해석할 수 있어(대법원 2014. 2. 13. 선고 2011도6907 판결 참조), 현행 형법 제299조에서 심신상실과 항거불능 개념의 구분을 인위적으로 부자연스럽게 할 필요도 없어진다.

해자와 함께 모텔에 들어간 후 피해자가 잠들어 버리기 전의 피해자의 상태(즉 의식상실 내지 패상아웃 상태가 되기 전의 상태)에서 추행행위가 이루어진 것임을 전제로 한다면 피해자의 상태가 정상적인 판단능력이나 행위통제능력을 잃었느냐(심신상실의 상태) 또는 현저하게 곤란한 상태(항거불능 상태)이냐가 평가되어야 한다.

이제 남은 문제는 법관이 술에 취한 피해자의 상태에 대해 이를 의식상실/의식 장애로 인한 판단능력 또는 행위통제능력의 상실/그 외의 물리적이나 심리적인 항거불능이나 저항의 현저한 저하 중 어디에 해당할 것인지에 관한 사실확인을 '어떻게' 하여, 이를 심신상실 또는 항거불능 개념에 포섭·적용할 수 있는지에 있다.

1. 사실인정과 합리적 의심

대상판결의 사안과 관련하여 대법원은 '술에 취해 피고인의 성적 행위가 행해졌던 상황을 기억해내지 못하는 피해자'의 상태에 대해 이른바 종합적 판단에 따라 피해자의 기억에서 사라진 일정한 시점의 진실을 사실과 논리를 통해 재구성하려는 시도를 하고 있다. 대법원의 결론은 분명하고도 간명하다: "피해사실 전후의 객관적 정황상 피해자가 심신상실 등이 의심될 정도로 비정상적인 상태"에 있었음이 확인되므로 원심이 심신상실의 법리를 오해하였다. 그러나 대법원이 확인하고 있는 사실(실제로는 의심하고 있는)은 그 반대 사실이 인정될 여지, 즉 '피해자가 술에 취한 상태였기는 했지만 피고인의 추행행위 당시 의식을 잃을 정도는 아니었고, 술에 취하여 판단력이 저하된 상태에서 자신도 모르게 동의를 해 버린 것이라는 반대사실에 대한 합리적 의심을 제거할 정도로 증명되고 있는가?

2. 피고인의 진술의 신빙성에 대한 판단과 사실증명의 정도

피고인의 진술과 피해자의 진술이 서로 엇갈리는 경우에는 누구

의 말에 더 높은 신빙성을 부여할 것인가가 유무죄 판단에 있어서 실
질적인 핵심이 될 것이고, 오로지 피해자의 진술에만 터 잡아 공소사
실을 유죄로 인정하기 위해서는 그 진술의 진실성과 정확성에 거의
의심을 품을 만한 여지가 없을 정도로 높은 증명력이 요구된다.[27] 그
러나 대상판결의 사례는 '진술 대 진술'이 충돌하는 경우가 아니다. 피
고인은 피해자가 동의를 하였다고 진술하고 피해자는 그에 대한 기억
이 없다고 한다. 이러한 상황에서 피고인에 대한 유죄인정을 위해서는
법원은 요증사실과 양립할 수 없는 사실의 개연성(가능성)에 대한 합
리성 있는 의문을 제거해야 한다. 여기에서 요증사실과 양립할 수 없
는 사실의 개연성이 바로 피해자가 동의를 하였을 개연성(가능성)이다.
피해자가 술에 취해 느슨한 마음가짐 또는 흐트러진 정신 자세가 되
어 동의를 했으면서도 자신의 경솔한 태도에 대해 가해질지 모를 비
난을 피해가기 위해 기억이 아니지 않는다고 핑계를 대거나 거짓말을
했을 개연성도 있기 때문이다. 물론 단순히 관념적인 의심이나 추상적
인 가능성에 기초한 의심은 합리적 의심에 포함된다고 할 수 없으므
로.[28] 그러한 의심까지 남김없이 제거해야 할 필요는 없다.

　대상판결에서 대법원은 "피해자와 피고인의 관계 등에 비추어 피
해자가 정상적인 상태하에서라면 피고인과 성적 관계를 맺거나 이에
수동적으로나마 동의하리라고 도저히 기대하기 어려운 사정이 인정"
된다는 판시를 하고 있다. 여기서 대법원은 '피해자와 피고인의 관계'
를 참고해야 할 주된 고려사항으로 보고 있지만, 피고인과 피해자의
개인적 관계 등은 피해자의 의식과 판단능력에 장애가 있는지에 관한
문제와는 다른 차원의 문제이다. 뿐만 아니라 원심이 인정한 합리적
의심을 제거하기 위해서는 정상적인 상태를 가정적으로 투입한 판단
만으로는 부족하다. 이 때문에 피해자와 피고인의 관계를 고려하거나

27) 대법원 2012. 5. 10. 선고 2011도16413 판결 등.
28) 대법원 2019. 12. 12. 선고 2019도5797 판결; 대법원 2008. 3. 14. 선고 2007도
　　10728 판결 등.

정상적인 상태를 가정하는 일보다 더욱 본질적인 문제는 피해자에게 어느 정도의 장애가 있는 것으로 판단되면 피해자가 동의를 하였을 가능성을 부정할 수 있고 따라서 무죄로 추정할 만한 '합리적 의심'을 잠재울 수 있는지에 있다. 이러한 관점에서 보면 피고인의 유무죄 판단에 있어서 핵심은 술에 취한 피해자가 실제로 어떤 의식상태에 있었고, 그 판단능력 또는 행위통제능력에 어느 정도의 장애가 있었느냐는 사실증명이다.

피해자가 실제로는 동의했다는 피고인의 진술의 진위문제와 피해자가 실제 정신기능의 장애가 그러한 동의를 할 수준이었는지의 문제를 동시에 완벽하게 해결하는 방법은 알코올 블랙아웃이 유발된 자의 사라진 기억을 복원하는 일일 것이다. 그러나 이러한 방법에 관한 연구가 정신의학이나 심리학 분야에서 비록 없지는 않지만 이렇다 할 확립된 연구성과는 아직 없다. 그렇다고 해서 원심과 같이 알코올 블랙아웃에 관한 의학적 정의에 입각하여 정상적인 판단능력이 있었음을 인정하면서 심신상실 개념에의 적용을 부정할 것은 아니다. 진실을 발견해야 할 형사재판에서는 피해자의 해마작용의 이상으로 장기기억 장치에 저장되지 못한 부분을 간접증거들을 통해서라도 복원해 내려는 시도를 하지 않으면 안 된다. 이러한 관점에서 보면 대법원은 사실심 법원이 피해자의 음주량, CCTV에 보여진 피해자의 행태, 증인들의 진술, 피고인의 진술, 심지어 피고인과 피해자가 최초로 만나게 된 계기나 사건 직후의 정황까지 동원하여 두 사람 사이에 무슨 일이 있었는가, 더 나아가 피해자의 머릿속에 무슨 생각이 있었는가에 대해서까지 복원하려는 노력을 기울여야 함을 강조한 것은 적절하고도 바람직한 일이다. 대법원의 입장에서 보면 이러한 노력을 게을리 한 원심의 안일한 자세를 사실오인의 위법이라 해도 지나침이 없을 듯하다.

3. 전문가의 감정소견과 자유심증주의

그런데 대법원이 제시한 종합적 판단 기준들에 따라 피해자의 상태가 심신상실의 상태였음을 입증하려면 술에 취한 정도를 기초로 삼아 피해자의 인지기능과 관련한 정신의학적 차원의 분석을 요한다. 또한 인지기능상 피해자에게 정상적인 판단능력이 있었다고 하더라도 그에 기한 행위통제능력이 있었는지에 대한 심리학적 차원의 분석을 요한다. 이러한 분석은 해당전문가의 힘을 빌려 판단되어야 할 관련 전문가가 할 수 있는 '사실(과학)'의 문제이지 법률전문가가 할 수 있는 '법률'의 문제가 아니다. 이러한 관점에서 보면 피해자의 정신상태와 의식상태에 관한 문제가 핵심쟁점이 될 경우에는 정신의학적 또는 심리학적 차원의 전문감정인의 감정소견이 요구된다고 할 수 있다. 전문감정인의 감정에 관한 한 정신병 증상이 있는 경우와 같은 정신의학적 감정과 술에 취한 경우와 같은 정상 심리학적 감정이 본질적으로 다른 차원 것이 아니다. 법률전문가는 알코올이 인간의 의식과 행동에 영향을 미치는 정도는 알지만, 어느 정도로 어떻게 영향을 미치는지를 정확하게 알기란 어렵다. 법관의 독자적이고 독립적 결정권한은 결정의 '유일 무이성'을 담보하는 것이 아니다. 특히 사실인정에서 증명력(신빙성)판단의 기본원칙인 자유심증주의는 평가의 '자의성'을 인정하는 것이 아니고, 경험칙과 논리법칙에 기반하는 것이다. 이 때 경험칙은 법관 개인의 경험이 아니라 통상적인 경험사실과 과학적 전문지식에 기초한 것이어야 한다. 이 때문에 대상판결의 사안에서 피해자가 정신심리학적으로 어떤 상태에 있음을 규명하는 것은 해당 학문 분야의 연구 성과 및 해당 전문가의 감정소견의 도움을 받아야 한다. 이 과정에서 법원이 감정인의 의견을 배척할 경우에도 그에 대한 배척의 이유 역시 해당 분야의 다른 연구성과나 경험칙에 근거하여 하는 것이지 법관의 개인적인 소견만을 결정적으로 삼을 것은 아니다.[29] 그럼에도 불구하고 대법원이 대상판결에서 종합판단에서 고려해야 할

---

29) 민사판결(자동차 사고와 관련한 손해배상사건)이긴 하지만 합리적 이유 없이 의학적 전문분야에 속하는 사실조회 결과를 배척한 법원 판단에는 채증법칙 위배 또는 심리미진의 위법이 있다는 판결로는 대법원 1990. 10. 23. 선고 90 다카13120 판결.

사항들은 열거하면서도 사실심 법원에게 전문가의 감정소견을 받도록 하는 일을 체크 사항으로 판시하고 있지 않은 것은 아쉬운 대목이다.

대상판결에서는 피고인의 추행행위 당시 "피해자가 술에 만취하여 잠이 드는 등 심신상실의 상태에 있었다고 볼 여지가 충분하다"고 판시함에 있어 그 근거를 "경찰이 모텔 객실로 들어오는 상황이었음에도 옷을 벗은 상태로 누워 있을 정도로 판단능력 및 신체적 대응능력에 심각한 문제가 발생한 상태"였음에서 찾고 있다. 여기서 대법원의 심신상실의 상태를 근거지움에 있어 피해자의 상태를 표현한 언어에 초점을 맞추어 보자. 잠이 들어 심신상실에 해당한다면 간단하게 의식상실 또는 패싱아웃 상태였다고 표현하면 충분할 것이었다. "판단능력 및 신체적 대응능력에 심각한 문제가 발생"하였다는 표현은 의식상실과는 구별되는 상태를 지칭할 뿐 아니라 대법원이 내세운 사례공식과도 다르다. 판단능력에 발생한 심각한 문제는 알코올로 인한 정신기능의 장애에 기인한 것이긴 하지만 그것을 곧바로 판단능력의 상실로 귀결지울 수는 없다. 뿐만 아니라 신체적 대응능력에 심각한 문제가 발생한 것이라고 하는 표현도 그 자체가 심신상실을 말하는 것은 아니다. 오히려 탈진 내지 무방비 상태가 되었다고 하는 표현이 적절할 것이다. 이러한 맥락에서 보면 대법원이 사례공식에서는 의식상실을 심신상실이라고 하고 있으면서도 법리 내지 개념 정의 부분에서 심신상실 개념을 더 폭넓게 정의해 두고 있음에는 다른 포석이 있는 것처럼 보이기도 한다. 그 다른 포석은 피고인의 추행행위가 피해자가 잠든 사이에 이루어진 것이 아니라 — 피고인이 진술대로 — 피해자가 잠들기 전에 이루어진 경우라도 이를 의식상실 외의 '심신상실' 개념에 포섭하기 위함이 아닐까 하는 생각이 든다.

피해자가 심신상실 상태에 있었음이 사실을 통해 증명되었다면 이러한 증명은 피해자가 피고인과의 성적 행위에 동의가 있었을 개연성에 관한 합리적 의심을 잠재울 만한 것인지도 확실치가 않다. 물론 대법원이 대상판결에서 기억형성의 실패라는 알코올 블랙아웃에 관한

의학적 기전만으로는 그러한 합리적 의심의 근거가 될 수 없다고 한
것은 타당하고도 적절한 접근법인 것으로 보인다. 그러나 대상판결이
피해자가 동의하였을 개연성을 부정하는 근거로서 든 "피해자와 피고
인의 관계, 연령 차이, 피해자가 피고인을 만나기 전까지의 상황, 함께
모텔에 가게 된 경위 등 사정"은 합리적인 근거라고 보기 어렵다. 그
런데 이 부분에 관한 한 대상판결에서는 요증사실인 피해자의 심신상
실 상태에 관한 판단에서와는 달리 '경험칙'을 판단의 근거로 동원하
고 있다. 그러나 여기서 말하는 경험칙은 누구의 것인가? 피고인의 진
술이 '납득하기 어렵다', '선뜻 믿기 어렵다' 또는 피고인의 해명 등이
'석연치 않다'는 말로만으로는 합리적 의심이 충분히 잠재워졌다고 하
기가 오히려 어렵다. 오히려 처음 만난 사이라도, 그리고 연령차이가
나더라도, 술에 취한 상태에서는 다양한 만남과 관계형성이 생기는 것
이 오늘날 젊은 세대들의 풍조임을 고려하면, 피해자와 피고인의 사이
와 같은 즉석 만남이 원나잇 스탠딩으로 이어지는 경우가 반드시 이
례적이라고만 할 수는 없기 때문이다. 뿐만 아니라 대상판결에서는 피
해자가 갑자기 잠이 들어 성관계가 불가능해진 상황에 통상적으로 예
상되는 반응은 어떤 것인가를 제시함이 없이 '당황하지 않은' 피고인
의 반응이 통상적이지 않다고만 판단하고 있다. 그리고 무엇보다 피해
자가 동의했을 개연성에 대한 합리적 의심을 배척하기 위해 품은 불
신에 터잡아 "피고인이 피해자의 심신상실 상태를 인식하고 이를 이
용하여 피해자를 추행하였던 것으로 볼 여지도 충분하다"고 하면서
곧바로 피고인의 '고의'를 인정하는 근거로 삼고 있다. 그런데 준강제
추행죄 등의 고의란 피해자가 객관적으로 심신상실의 상태에 있지 않
고 피고인이 심신상실의 상태에 있는 것으로 오인한 경우라도 인정될
수 있음을 기초로 한다면 이러한 '고의'인정도 성급한 태도인 것으로
보인다. 이러한 관점에서 보면 대상판결에서 요증사실과 양립할 수 없
는 사실의 개연성에 대한 합리적 의심이 제거된 것인지에 대해서는
의문표를 떼낼 수 없을 듯 보인다.

4. 종합적 판단방법

물론 대법원은 대상판결에서 — 다른 판결에 비해 — 상대적으로 충실한 고려사항들에 대한 항목별 이성적 추론 또는 경험칙에 근거하여 종합적 판단을 수행하고 있어 그 결론에서 직관적으로 설득력을 얻어내고 있다. 그러나 이러한 대법원의 종합적 판단이 그 수나 중요도가 정해지지 않은 다수의 많은 척도들에 대해 이른바 규범적 평균값을 기초로 삼은 판단인지는 여전히 의문이 있다. 대상판결에서 대법원이 종합적 판단에 의거하여 피해자의 상태를 심신상실이 되기에 충분하다고 본 취지의 판시에는 이질적이고 다종다양한 고려 사실 내지 기준들 중 어떤 사유와 기준이 결정적으로 중요하였는지를 알기 어렵기 때문이다. 특히 대상판결에서 동원한 고려사항 내지 기준들은 서로 차원을 달리하는 두 가지 범주로 구분될 수 있고 그 다른 두 가지 범주의 고려사항등은 서로 대척관계에 있는 사실증명을 향하고 있다. 하나는 피해자의 의식상태나 판단능력의 비정상성을 확인할 수 있는 것들(즉 심신상실 판단을 위한 기초자료들)이고, 다른 하나는 피고인의 진술의 신빙성을 부정하는데 근거가 될 수 있는 것들(즉 피해자의 동의 개연성에 대한 합리적 의심을 부정하기 위한 기초자료들)이다. 대법원은 이 두 가지 기초자료를 다시 종합하여 피고인의 추행행위시에는 피해자가 심신상실의 상태하에 있었고, 피해자가 동의했을 개연성이 있다는 의심은 합리적인 근거가 없다는 취지의 판결을 내린 것으로 보인다. 물론 분절된 사실의 총합이 유도해주는 결론이 오히려 직관적인 결론과는 일치할 수 있기 때문에 '종합적 판단'이 일응의 장점을 가지고 있다고 할 수도 있다. 그러나 종합적 판단은 외부적 객관적 시각에서 볼 때 어느 기준과 고려사항들이 그러한 결론에 이르렀는지를 알 수 없다. 이 때문에 종합적 전체적 판단은 판결에 대한 비판적 검증의 길을 차단하는 문제점을 가지고 있다. 대상판결에서 대법원은 방법과 기준들(고려사항들)은 제시하면서 비교적 자세하게 기준들을 사용하고 있지만, 구체적으로 어느 기준이 어떤 판단으로 귀결된 것인지를 구체적으로 알기 어렵고, 또한 법적 개념의 어떤 내용이 확인(내지 종합적 판단에 따른) 사실에 포섭·적용되었는지를 투명하게 보여주지 않고 곧바로 '결정'에 이르고 있다. 특히 이 결정에는 대법원이 제시한 사례공식, 즉 피고인이 잠이 들어 의식이 없거나 패싱아웃 상태를 삼신상실이라는 하는 사례공식만이 활용되고 있다. 그럼에도 대법원은 무엇 때문에 굳이 심신상실 개념을 "정신기능의 장애로 인하여 성적 행위에 대한 정상적인 판단능력이 없는 상태"로 해석하고 있는가? 그것도 최초로.

5. 포섭평가와 법적 결정

주지하다시피 사실에 대한 법률적용에서 '법'적 결정('법'발견 내지 '법'선언)은 법관 고유의 일이다.30) 그런데 법관의 법적 결정 내지 법적용은 법률이나 법률의 개념으로부터 연역추론의 방법에 따를 수도 없다. 이러한 연역추론에 기초한 법률적 삼단논법은 대전제가 적용될 사실에 대한 모든 정보를 미리 가지고 있는 경우에만 타당하기 때문이다. 이 때문에 오늘날의 법학에서 이러한 연역추론적 삼단논법에 따른 법적용 방법은 더 이상 법발견의 방법으로 인정되지 않은 지 오래다.31) 법은 사례에 기계적으로 적용될 형식적 원칙 내지 그 형식적 원칙을 규정하고 있는 법률과 동일시 되지 않는다. 법은 법률 또는 법률 속의 법적 개념들이 사례의 사실관계와 조응시켜 해석적 가공을 거쳐 발견된다. 이러한 법발견은 대전제인 법률에서 찾아지는 것이 아니라 사례와 법률과의 시선의 상호왕래를 통해 양자의 — 일치성이 아닌 — 동치성을 확보함으로써 비로소 이루어진다. 이러한 관점에서 오늘날의 법발견 방법은 순수 연역적이지도 않고 순수 귀납적이지 않고 연

---

30) 이 때문에 대법원은 형법 제10조의 적용과 관련하여 순수 사실전문가의 감정 소견이 어떠하든 법관은 그와 독립적으로 규범적 판단을 내릴 수 있음을 수차례 확인한 바 있다.

31) Arthur Kaufmann, 426; Karl Larenz, Methodenlehre, 5. Aufl., 1983, 150ff.

역적-귀납적 혼합방식으로 정리되기도 하고, 법은 — 해석학적 선이해 또는 해석학적 순환이라는 차원에서 볼때 — "법발견의 과정 이전에는 아직 존재하지도 않기 때문에(오직 가능성으로만 존재한다), 주체-객체-도식의 의미에서 '객체'가 될 수 없음이 분명"하고. "법은 법발견자에게 자연과학자에게 실재하는 대상처럼 그렇게 눈앞에 존재하지 않는다. 오히려 법은 발견의 과정에서 되어가고, 법발견의 주체인 판결하는 자가 법발견의 과정속으로 필연적으로 함께 들어간다"고 한다.32) 입법자가 만든 법률이 법적용자가 참조하는 1차 텍스트라면, 법적용자가 사실관계를 출발점으로 삼아 그리고 물론 적용관련적 법학인 법도그마틱을 통해 2차 텍스트를 생산해 낸다. 구체적 사례에 적용될 '법'은 바로 1차텍스트인 법률에서가 아니라 인공적으로 만들어진 2차 텍스트인 것이다.

이와 같은 법발견(법획득) 방법에 따르면 해석대상이 되는 법률상의 개념의 내용은 문제되는 구체적 사실을 포섭할 것인지 말 것인지의 결론을 미리 선취하여 '구성'되는 것이지, 개념내용이 사실과 무관하게 먼저 해석을 통해 정해지고 그 해석된 개념내용에 구체적인 사실이 포섭될 것인지를 '확인'되는 것이 아니다.

대상판결에서 대법원은 어떤 법적용 방법 내지 어떤 포섭과정을 밟고 있는가? 대상판결의 판결문 형식만 보면 대법원도 심신상실 개념을 먼저 정의/확정한 후, 피해자의 구체적인 의식상태 또는 판단능력의 장애 상태가 선제적으로 정의된 개념에 포섭하고 있는 수순을 밟고 있는 것처럼 보인다. 그러나 자세히 보면 대법원은 연역추론적 개념법학적 방법에 따르고 있지 않은 것처럼 보인다. 오히려 피해자가 성적 행위에 대한 정상적인 판단능력을 잃은 상태라는 사실확인을 먼저 한 후, 이러한 피해자의 상태를 '심신상실'개념에 포섭할 수 있도록 심신상실이라는 법적 개념을 사후적으로 정의내린 것이라고 볼 수 있다. 물론 대법원이 이러한 방법과 과정을 명시적으로 밝히고 있는 것

---

32) Arthur Kaufmann, 432.

은 아니다. 그러나 대법원이 대상판결에서 심신상실에 관한 개념정의를 처음으로 내린 것은 대법원이 이와 같은 법적용 메커니즘에 따른 것임을 짐작케 해 준다. 다시 말해 대법원은 사안의 사실관계를 면밀히 검토함으로써 피해자의 상태가 술에 취하여 성적 행위에 대한 정상적인 판단능력을 잃고 있음을 심신상실의 상태라는 법률구성요건 요소에 포섭시키기 위해 의식상실에 국한되지 않은 심신상실 개념을 사후적으로 '구성'한 것이라고 볼 수 있다.[33] 대법원이 대상판결에서 심신상실 개념을 비로소 정의내린 이유는 지금까지 문제된 사안들의 구조적 특성상 심신상실 개념에 대한 별도의 정의를 내릴 필요가 없었기 때문이라고도 할 수 있다. 이러한 심신상실 개념의 정의가 형법 제299조의 구성요건 요소인 심신상실 개념에 대한 정의로서 준강간죄 '법'에 관한 '진실'에 가까운 해석이라고 할 수 있지만 동시에 약간 보완할 필요성도 있다는 점에 관해서는 앞서 법리부분에서 검토하였다.

V. 대상판결의 의의와 전망

1. 대상판결의 의의

1) 알코올 블랙아웃에 관한 최초의 판결

알코올 블랙아웃의 의학적 기전은 준강간죄(준강제추행죄)로 기소된 피고인에게 일견 복음처럼 전파되었다. 알코올 블랙아웃이 사후적인 기억형성의 실패일 뿐 기억이 사라진 특정 시점에 피해자의 의식상태나 인지기능 자체에는 유의미한 장애가 없는 것이라면, 피해자의 심신상실 또는 항거불능 상태를 인정할 수 없어서 피고인의 무죄가 점쳐질 수 있는 것처럼 보이기 때문이다. 실제 대상판결의 하급심이

---

33) 뿐만 아니라 대법원은 피해자가 잠들기 전(의식을 잃기 전)의 추행행위는 피고인의 진술에서도 확인되지만, 피해자가 잠든 시점에 추행행위나 간음을 시도하려는 피고인의 행위가 있었는지에 관한 진실은 피고인만 알고 있을 뿐 아무도 알 수 없음을 염두에 두고 심신상실 상태는 의식상실 외에도 인정될 수 있도록 하기 위해 심신상실 개념을 추상적으로 그리고 확장적으로 정의해 두고 있는 것으로 보이기도 한다.

그랬다.

그러나 의학에서부터 들려온 복음의 소리를 형법학에서 여과없이 그대로 수용할 수는 없다. 의학의 목적과 형법의 목적이 다르기 때문이다. 의학은 보건위생이라는 의학적 목적을 위해 음주량과 주취의 정도에 따라 음주자의 정신과 신체기능에 미치는 변화를 관찰하여 등급화하여 각각에 의학적 정의를 내리고 이를 예방과 치료에 활용한다(종단적 접근/점의 관찰). 반면에 형법학은 알코올이 음주자에게 미치는 정신과 신체기능의 변화상을 종단면으로 분할하지 않고 일련의 연속체로 대상화하여 그 변화상태에서 전개된 인간의 행태를 형법의 용어로 치환하여 형사책임의 인정여부를 결정하는 일에 활용한다(횡단적 접근/선의 관찰). 술에 취한 피해자의 상태에 따라 피고인의 형사책임의 인정여부를 결정하는 대법원은 알코올 블랙아웃이라는 특정 단면을 따로 분리해 내어 그것을 형법의 언어로 번역하는 일에 그치지 않고 알코올 블랙아웃이 수반된 피해자의 의식상태와 인지기능의 장애가 심신상실 또는 항거불능 상태에 해당하는지를 심사하는 태도를 보임으로써 의학의 목적이 형법학의 그것과 다른 것임을 보여주고 있다.

2) 대법원이 주는 메시지

요컨대 대상판결은 사안의 본질은 알코올 블랙아웃에 있지 않고 알코올 블랙아웃이 유발된 자에게 수반된 의식장애와 인지기능의 장애의 여부 및 그 정도에 있음을 분명히 하고 있다. 따라서 기억이 없다는 피해자의 진술과 피해자의 행태에 대한 단편적인 관찰 그리고 피고인의 진술만으로 피해자에게 알코올 블랙아웃에 관한 의학적 기전을 쉽사리 인정하고 그에 따라 피고인의 형사책임을 부정해서는 안된다는 것을 판시의 기본적 논조에 깔고 있다. 이에 따르면 알코올 블랙아웃은 피해자의 인지기능의 장애를 평가할 하나의 계기(단서) 그 이상도 그 이하도 아니다. 관건이 되는 것은 피해자가 어느 정도로 술에 취하여 알코올의 독성이 피해자의 의식상태와 판단능력 또는 행위통제능력에 어느 정도의 장애를 가져왔느냐 하는 점이다.

3) 법발견 방법론

대법원의 접근법이나 결론에는 동의한다. 그러나 대법원이 서로 차원을 달리하는 범주의 기준들을 동원한 종합판단에서 요증사실의 증명을 위해 피해자가 은연중에 동의하였을 개연성에 대한 합리적 의심을 잠재우고 있는지에 대해서는 약간의 의문은 있다. 특히 대법원이 술에 취한 피해자의 상태를 포섭적용한 법리와 사례공식이 다른 점에 관해서는 대법원이 기초하고 있는 법학방법론과 관련해서도 평가가 필요하다. 대법원이 사례공식에서는 의식상실이 곧 심신상실이라고 하면서도, 법리에서는 정신적 기능장애로 인한 판단능력의 상실을 심신상실로 보고 있기 때문이다. 이처럼 심신상실의 내포가 달리 파악되고 있음은 대법원이 법리와 사례공식에 포섭될 사실관계에 대해 여전히 개방적인 태도를 취하고 있음의 방증일수도 있다. 보기에 따라서는 대법원이 피고인의 추행행위 시점에 피해자가 잠든 것이라고 함으로써 피고인이 심신상실 상태를 인식하고 이를 이용하였다고 확정하면서도, 피해자가 잠들기 전 시점에 피고인의 추행행위가 있었을 가능성도 동시에 열어두고 있는 것으로 파악할 수도 있다. 사안을 이렇게 파악하여 만약 피해자에 대한 추행이 잠들기 전에 이루어진 것이라면 그때의 피해자의 상태는 '의식상실로서의 심신상실'은 아니게 된다. 대법원은 이러한 점을 염두에 두고 비교적 구체화된 사례공식(심신상실=의식상실) 대신에 여전히 추상화 수준에 있는 — 의식상실보다 넓은 내포를 가진 — 심신상실에 관한 개념 정의를 미리 준비해 두고 있다. 이러한 태도는 심신상실이라는 법률상의 개념 그 자체에서 그 개념에 대한 내포가 미리 '확정'되는 것이 아님을 시사하기도 한다. 즉 대법원은 한편으로는 '심신'장애에 관한 — 형법 제10조에 관한 — 기존의 도그마틱적 지식을 기초로 삼고 다른 한편으로는 술에 취한 인지기능에 장애가 초래된 피해자 상태와 조응하면서 이 상태를 포섭할 수 있도록 사후적으로 심신상실 개념을 '구성'하고 있는 것이다. 대상판결에서 대법원은 이러한 법발견 내지 법획득방법론을 암묵리에 사용하면서 법적 결정을 내리고 있다.

이러한 방법론을 통해 법도그마틱의 저장고에 비축한 심신상실 개념은 환송심에서는 심신상실=의식상실이라는 사례공식을 제치고 적극 활용될 가능성도 없지 않아 보인다. 하지만 이 새로운 개념정의 는 앞서 살펴보았듯이 다소 보완될 부분이 있고, 특히 형법과 성폭법 의 구성요건에서 사용되고 있는 개념들의 통일성을 기하기 위해서 심 신상실이라는 문제적인 개념에 대한 과감한 메스를 가할 필요도 있어 보인다. 입법론적으로 구성요건속에 항거불능을 중심자리로 올리면서 문제많은 심신상실 개념은 다른 개념(예, '정신적인 장애로 인한 항거불 능')으로 교체하는 것이 바람직한 것으로 보인다.

2. 장래 전망

알코올은 피해자와 가해자를 차별하지 않는다. 알코올의 효과는 피해자와 가해자의 정신기능에 다르게 미치지 않는다. 이 때문에 술에 취한 자의 의식상태나 인지기능의 장애상태에 관한 대상판결의 법리 는 그 술에 취한 자가 피해자이든 피고인이든 원칙적으로 동일하게 적용될 수 있을 것이다. 단순 알코올 블랙아웃이 유발된 경우를 비롯 하여 의식상태나 인지기능의 장애가 수반된 경우 다음과 같이 경우의 수를 나누어 피고인의 행위 및 피해자의 상태에 관한 형법적 평가를 할 수 있을 것이다.

1. 단순 알코올 블랙아웃: 사후적 기억상실에 불과할 뿐 의식상 태나 인지기능에 장애가 없다.
1.1. 피해자에게 유발된 경우: 준강간죄 등의 구성요건인 심신상 실 또는 항거불능 상태라는 요건에 해당하지 않는다.
1.2. 피고인에게 유발된 경우: 행위성이 부정되지도 않고, 고의 또 는 과실의 인정에도 문제없고 형법 제10조의 책임무능력/한 정책임능력에도 해당하지 않는다.

2. 알코올 블랙아웃이 수반된 의식상실;

2.1. 피해자에게 인정되는 경우: 피해자는 심신상실상태가 되어 피고인에게 준강간죄등의 성립이 인정된다

2.2. 피고인에게 인정되는 경우: 피고인의 행위성이 부정된다, 단 피고인이 의도적으로 이러한 상황을 초래한 경우 원인에 있어서 자유로운 불법행위의 법리가 인정될 경우 과실에 의한 부작위범이 성립될 수 있다.

3. 알코올 블랙아웃이 수반된 판단능력 또는 행위통제능력의 상실 내지 결여

3.1. 피해자에게 인정되는 경우: 피고인에게 피해자의 심신상실 상태를 이용한 준강간죄 등이 성립될 수 있다.

3.2. 피고인에게 인정되는 경우: 피고인에게 형법 제10조 제1항이 적용될 수 있다. 단 형법 제10조 제3항의 요건이 충족되면 형법 제10조 제1항의 적용이 배제된다.

4. 알코올 블랙아웃이 수반된 판단능력 또는 행위통제능력의 미약

4.1. 피해자에 인정되는 경우: 피고인에게 준강간죄등의 성립이 부정된다.

4.2. 피고인에게 인정되는 경우: 피고인에게 형법 제10조 제2항이 적용될 수 있다. 단 형법 제10조 제3항의 요건이 충족되면 제10조 제2항의 적용이 배제된다.

피해자를 유리하게 한 알코올의 독성의 효과는 피고인도 유리하게 만들 수 있다. 피고인이 술에 취해 의식을 잃거나 의식을 잃지 않더라도 인지기능에 다양한 정도의 장애가 발생하면, 피고인을 유리하게 하는 형법적 효과가 행위성부정에서 시작하여 고의 또는 과실의 탈락 그리고 책임무능력사유 또는 한정책임능력사유의 인정 등 다양하게 준비되어 있기 때문이다. 그렇다고 크게 걱정할 필요는 없다. 술에 취한 피고인의 행위는 — 형법 제10조 제3항 외에도 — 성폭법 제20조에서 형의 감면을 차단하는 규정을 두고 있고 최근 형법 제10조 제2항도 형의 임의적 감경사유로 그 혜택범위를 축소해 두고 있기 때문

이다. 미리 걱정할 필요도 없다. 새로운 사실과 접촉하는 위 관련 법률들의 개념은 법원의 법선언(발발견) 과정에서 그때그때 사회의 변화와 법감정의 미묘한 움직임을 반영하고 형법의 목적과 기능에 부합되는 내용으로 재구성되기 때문이다.

[주 제 어]
알코올 블랙아웃, 패싱아웃, 심신상실, 항거불능, 준강제추행죄

[Key Words]
alcohol Black out, passing out, mental loss, inability to protest, quasi-forced sexual molestation

접수일자: 2021. 4. 26. 심사일자: 2021. 5. 21. 게재확정일자: 2021. 5. 26.

[참고문헌]

김성돈, 「형법각론」 제7판, 성균관대출판부, 2021

김성천, 「형법」, 소진, 2009

오영근, 「형법각론」 제2판, 박영사, 2009

유기천, 「형법학(각론강의(상))」, 1981

하태훈, "준강간죄(형법 제299조)와 성폭법 제8조의 '항거불능'의 의미", 고려
　　법학 제49권, 2007

西田典之, 「刑法総論」 第3版, 有斐閣 2019

Karl Larenz, Methodenlehre, 5. Aufl., 1983

"형사재판에서 블랙아웃(black out)현상에 관한 연구", 대법원 정책연구용역
　　자료, 2020

[Abstract]

Alcohol induced Blackout and 'Mental Loss'

Kim, Seong Don*

In medical terms, alcohol blackout is defined as a ex-post failure to form memories, but without impairment in the cognitive function or state of consciousness of the actor at the time of the act-just as normal. The trial court of the target judgment made decision that the victim's condition did not correspond to the condition of the victim's mental loss or inability to protest, as the victim's statement that she could not remember because she was drunk at the time of being victimized. However, the Supreme Court of Korea said that if alcohol blackout was a problem for a victim, it should not be based solely on the statements of the victim and the accused, or based solely on a fragmentary observations of the victim's condition to determine whether the victim was in a state of mental loss or inability to protest. Rather, it was taken as a starting point that a comprehensive judgment should be followed with various data to confirm how much the victim's state of consciousness and cognitive function were affected by alcohol. Accordingly, the Supreme Court has come to the conclusion that "there is plenty of room to assume that the victim was in a state of mental loss, such as falling asleep from alcohol when the accused was committing the crime."

This article affirms that the Supreme Court's conclusions are based on a comprehensive(or zoom-out) approach instead of an approach that only adheres to the medical definition of alcohol blackout. This is because alcohol blackout does not only mean failure of memory formation, but

---

* Professor, Law School of Sungkyunkwan University.

encompasses a wide spectrum, including impairments in cognitive function or behavior control ability, up to a state of 'passing out'. In addition, this article analyzed how the Supreme Court understands the concept of mental loss in applying the alcohol blackout case to the requirements of quasi-forced sexual molestation in criminal law, according to a comprehensive approach, and has made and used the relevant legal principles and case formulas. Furthermore, by critically reviewing the concept of mental loss that the Supreme Court is taking as a starting point, the case formula, and the comprehensive judgment method, we proposed interpretive supplementation and legislative improvements to ensure that they can continue to be used without compromising legal stability.

'성인지 감수성'에 관해 판시한 대법원의 성범죄 형사판결에 관한 소고
— 대법원 2018. 10. 25. 선고 2018도7709 판결 —

우 인 성*

Ⅰ. 들어가며

이 글에서 다루려고 하는 것은, 대법원의 성범죄 관련 형사판결이다. 얼마전 대법원은 '성인지 감수성'을 언급한 대법원 2018. 10. 25. 선고 2018도7709 판결과 준강간의 불능미수에 관한 대법원 2019. 3. 28. 선고 2018도16002 전원합의체 판결을 선고하였다.

먼저 2018도7709 판결은 행정판결(대법원 2018. 4. 12. 선고 2017두74702 판결)에서 언급한 '성인지 감수성'이라는 용어를 형사판결에 원용한 첫 대법원 판결이라는 점에서 주목을 받는다. 피해자 진술의 신빙성을 배척한 1, 2심의 무죄 판단을 뒤집고, 피해자 진술의 신빙성을 다시 검토하라고 하면서 파기환송한 판결이다.

다음으로 2018도16002 전원합의체 판결은 항거불능 상태에 있지 아니한 사람에 대하여, 그 사람이 항거불능 상태에 있다고 인식한 행위자의 간음행위가 준강간의 불능미수로 될 수 있는지에 관하여 다수의견은 그 성립을 인정하였다.

두 판결의 차이점은, 전자는 사실관계 인정에 관하여 자유심증주의 위배 내지 채증법칙 위반을 이유로 원심판결을 파기한 것이고, 후자는 사실관계 인정에 관하여 원심의 판단을 전제로 법리적인 부분에

---

* 서울서부지방법원 부장판사.

있어 대법관들의 의견이 갈리었다는 것이다.

한편 두 판결의 공통점은, 전자나 후자 모두 행위자인 피고인을 유죄 취지로 판단하였다는 것이다. 전자는 사실인정의 측면에서, 후자는 법이론적인 측면에서. 물론 유죄라는 결론을 전제한 후 판결을 하지는 아니하였을 것이지만, 다툼의 여지가 있는 사건들에서, 대법원은 모두 유죄의 결론에 이르렀다는 공통점이 있다.

나중에 기회가 되면 준강간의 불능미수에 관한 글을 쓰기로 하고, 이하에서는 우선 2018도7709 판결(이하 '대상판결'이라 함)의 당부에 관하여 논하고자 한다. 과연 유죄로 판단하는 것이 타당하였는지, 유죄 이외의 판단은 불가능하였던 것인지 말이다.

Ⅱ. 대상판결의 내용

1. 공소사실[1]

피고인은 2017. 4. 14. 23:43경부터 다음 날 01:06경까지 사이에 ○○시 ○○면 ○○리에 있는 ○○모텔 ○○호실에서 이○○(여, 32세)에게 자신의 말을 듣지 않으면 이○○의 남편과 자녀들에게 위해를 가할 것처럼 이○○를 협박하여 이에 겁을 먹은 이○○를 강간하기로 마음먹고, 이○○를 강제로 침대에 눕힌 후 왼손으로 이○○의 쇄골 부위를 눌러 반항을 억압한 다음 오른손으로 이○○의 바지와 속옷을 벗기고 이○○를 1회 간음하여 강간하였다.

2. 사건의 경과
가. 1심의 판단[2]: 강간 부분 무죄
1심은 다음과 같은 이유로 강간에 대하여 무죄를 선고하였는바,

---

1) 사건의 피고인은 강간죄 외에도 이○○에 대한 폭행죄로도 공소제기되었는데, 폭행죄에 관한 이○○의 진술의 신빙성은 인정되어 유죄로 확정되었다. 이하에서는 대법원 판시의 대상인 강간죄에 한정하여 살펴본다.
2) 대전지방법원 논산지원 2017. 11. 15. 선고 2017고합34 판결.

"검사가 제출한 증거들만으로는 피고인이 공소사실과 같이 이○○를 강간하였다는 점이 합리적 의심의 여지가 없을 정도로 증명되었다고 보기 어렵다."고 보았다. 즉 2017. 4. 10. 이후 피고인과 피해자가 남녀관계로 발전하였다는 주장에 대하여, "피고인이 ○○지역 조직폭력 단체 ○○파에서 차지하는 위상, 이○○에게 접근한 경위와 그녀 앞에서 경찰관에게까지 전화를 걸어 친분을 과시한 점까지 고려해 보면, 그녀의 진술과 같이 자신과 가족에 대한 위협으로 반항이 억압된 상태에서 자포자기하는 심정으로 강간을 당한 것은 아닌지 상당한 의심이 든다."라고 하였지만, 다음과 같은 점을 들어 이○○의 진술 중 강간 부분은 그대로 믿기 어렵다고 판단했다.

『① 피고인은 경찰 2회 진술 이후 이 법정에 이르러 수차례 탄원서를 내기까지 일관된 내용으로 결백을 호소하고 있다. 피고인은 2017. 4. 10. 밤에 이○○에게 남편의 숨겨둔 사생아에 대해 말해 주고 제3자와의 통화로 이를 검증해 주자, 이에 충격을 받은 이○○가 가정에서의 어려움을 토로하면서 이혼을 고려하고 있었다고 고백했고, 피고인이 이를 위로해 주면서 4일 후 성관계에 이르기까지 매일 만나다시피 하며 남녀관계로 발전하게 된 경위를 소상하게 진술하는데, 그 내용이 수긍할 만하다. ② 특히 피고인은 이○○로부터 듣지 않고 꾸며냈다고 보기 어려운 그녀의 민감한 개인사와 고민들, 즉 이○○가 "친딸이 담임교사에게 이 세상에서 제일 싫은 사람은 의붓아버지라고 말했다."는 사실을 전해 듣고 충격을 받았다거나, 남편의 전처가 찾아와 의붓딸을 데리고 갔다는 이야기, 남편의 딸들에 대한 차별대우와 시댁과의 불편한 관계, 이혼을 위한 변호사선임 비용과 이혼 후 거주지 확보자금 문제, 친딸의 ○○고등학교 진학에 대한 경제적 지원 문제, 이혼을 하게 되면 친정 근처에 살고 싶다거나 함께 점심을 먹은 곳이 친정 근처라는 이야기, 남편이 귀국한 이후에 전화를 받을 수 있다고 알려준 요일과 시간 등에 대해 상당히 구체적으로 진술한다. ③ 이○○도 피고인에게 친딸이 담임교사에게 한 이야기나 ○○고등학교

진학 문제, 친정 모친에 대해 말한 바 있음을 인정하고 있다. 이○○
는 피고인이 추궁하듯이 물어보아 대답할 수밖에 없었다고는 하나, 이
러한 종류의 대화는 어느 정도 친분을 쌓고 신뢰를 가지게 된 상대방
과 나눌 수 있는 것이지, 가족에게 위해를 가하겠다고 협박을 하는 범
인에게 말할 수 있는 내용들이 아니다. ④ 반면 이○○는 2017. 4. 10.
부터 강간을 당하기까지 5일간 계속해서 협박을 당하는 상태라고 진
술하면서도, 첫날밤의 폭행과 협박 상황 이외에는 협박내용에 대해 구
체적으로 진술하지 않고 있다. 특히 남편의 귀국 전날인 2017. 4. 14.
피고인의 협박에 못 이겨 모텔에 끌려가기에 이르러서는 강간의 위험
을 충분히 예상할 수 있었을 것이므로, 이를 피하기 위해 나름대로의
수단과 방법을 동원했을 것으로 추단할 수 있는데, 당시의 구체적인
협박 내용과 이를 피하기 위해 어떤 행동을 했는지에 대해서는 아무
런 진술을 하지 않고 있다. 강간의 수단이 된 유형력에 대해서도 "손
바닥으로 뺨과 머리를 때리고, 팔을 잡아 침대로 집어던진 다음, 왼손
으로 목을 누르고 다른 손으로 하의를 벗겨 강간했다."는 정도로 일반
적으로 상정할 수 있는 수준을 넘어서지 못한다. ⑤ 또한 피고인은 성
관계 당시 이○○가 착용한 속옷의 종류와 이에 대한 대화 내용, 이○
○가 공소사실과 같은 강간에는 장애가 될 것으로 보이는 여성용품을
착용하고 있다가 스스로 이를 제거하고 성관계에 이른 경위에 대해서
도 지어냈다고 보기 어려운 정도로 구체적으로 묘사하고 있다. 이○○
도 당시 착용한 속옷의 종류와 이에 대한 대화 내용에 대해서는 인정
하면서도, 이와는 자연스럽게 부합하지 않는 다른 여성용품을 착용했
다고 진술한다. ⑥ 모텔 주차장에 설치된 CCTV에는 피고인과 이○○
의 출입장면이 촬영되어 있는데, 이○○가 승용차에서 내려 맥주가 든
비닐봉지를 들고 모텔로 들어가는 모습과 성관계 후 모텔에서 나와
다시 승용차에 타는 모습이 강간 피해자의 모습이라고 보기에는 지나
치게 자연스럽다. 이○○는 당시 피고인이 "티 내지 말고 내려."라고
말했다고 진술하고 있으나, 주차장과 객실이 1:1로 연결되는 무인모텔

주차장에서 그와 같은 말을 할 이유가 없다. 이○○는 울면서 반항하다가 결국 강간을 당했다고 하면서도, 이후 샤워를 하고, 피고인에게 착용한 속옷의 용도에 대해 설명을 해 주고, 피고인의 담배를 피우고, 가정문제에 대해 대화도 나누었다고 진술하는데, 이 역시 강간을 당한 직후의 행동으로 보기 어렵다. ⑦ 무엇보다도 이○○는 2017. 4. 10.부터 강간을 당하기까지 5일간 피고인을 거의 매일 만나면서도 피고인으로부터 감금을 당하거나 구속을 당한 바 없고 오히려 하루 중 전업주부인 이○○에게 가장 편한 시간을 골라 잠깐씩 만났다고 보이는데, 그 동안 피고인의 협박 사실에 대해 수사기관에 신고한 바 없을 뿐 아니라, 외국에 있는 남편과 지속적으로 연락을 취하고 일상적인 대화를 나누면서도 단 한 번도 협박 사실을 고지한 바 없다. ⑧ 이○○의 남편 이**은 피고인과 어렸을 때부터 친구였고, 체격도 비슷하며, 조직폭력단체 내에서의 위상도 비슷하거나, 피고인이 종전에 이**에게 무릎을 꿇고 사죄한 적도 있는 점에 비추어 오히려 위상이 높아 보인다. 이**은 그리 멀다고 할 수 없는 ○○으로 출국한 상태였고, 이○○가 진술하는 피고인의 협박도 위급한 수준은 아니었다. 만일 남편에 대한 위해가 두려웠다면 신속히 위험을 고지해 대비하도록 하고, 자신과 자녀들에 대한 위해가 두려웠다면 남편으로 하여금 즉시 귀국하여 가족을 보호하도록 함이 경험칙에 부합하나, 이○○는 오히려 이를 함구했다. ⑨ 이○○는 처음 폭행과 협박을 당한 다음날인 2017. 4. 11. 피고인과 점심식사 후에도 남편에게 쫄면을 먹고 집에 들어가는 중이라며 일상적인 카카오톡 메시지를 보냈고, 심지어 피고인과 모텔에 가기 직전인 2017. 4. 14. 23:05경 남편에게 "졸려서 비행기 탈 때까지 못 기다릴 것 같다. 비행기에서 내리면 전화하라. 먼저 잘 테니 조심히 오라."는 내용의 카카오톡 메시지를 보냈는데, 이와 같이 남편을 적극적으로 속일 이유를 찾기 어렵다. ⑩ 한편 피고인은 이**이 출국하기 전부터 그와 사이가 좋지 않았고, 귀국 직후에도 함께 조문을 다녀오다가 다른 문제로 다툰 사실이 있으며, 이 일로 피고인이 2017. 4. 15.

20:36경 "**아 나 정말 믿어도 돼. 나 너한테 평생 지고 살 테니까, 제발 나 미워하지 마. **아 내가 더 노력하고, **이 너한테 잘할게. 미안하고 고맙다."라고 카카오톡 메시지를 보내 사죄하고, 다음날 아침까지 계속해서 메시지를 보내 용서를 구할 정도였다. 이에 대해 이**은 2017. 4. 15. 21:39경 "머리속 좀 정리하고 전화할게~ 미안해"라고 메시지를 보낸 바 있다. 이**은 그 직전에 이○○로부터 강간 사실을 들었다고 진술하나, 분노와 배신감에 사로잡힌 상태에서 친구였던 강간범에게 미안하다고 보낸 문자메시지의 내용이나 그로부터 1시간 후 이○○와 같은 아파트에 사는 이웃 남자와 함께 셋이 곱창집에 가 술을 마신 점에 비추어 이때까지는 강간사실을 알지 못했다고 볼 여지가 있다. ⑪ 이에 대해 피고인은 다음날인 2017. 4. 16. 오전경 이○○가 남편 몰래 자신에게 전화를 걸어 남편과 다퉜는지를 물어 보았는데, 피고인은 마침 처와 함께 교회에 와 있어 다소 무성의하게 전화를 받고 이**과 싸운 사실을 인정하며 급히 끊은 바 있다고 진술한다. 피고인이 추측하는 이○○의 강간사실 고백 경위와 같이, 이○○가 피고인과 이** 사이의 다툼을 오해하고 불륜 사실이 발각되어 신변에 위협을 받게 될 것을 염려해 먼저 남편에게 허위로 강간사실을 말했을 여지도 있다.』

가 - 1. 이○○의 자살

1심 판결 이후 3달가량 지난 2018. 3. 3.경 이○○은 억울하다는 유서를 남기고 남편 이**과 함께 동반자살하였다.[3]

나. 2심의 판단[4]: 강간 무죄 부분에 대한 검사의 항소기각

항소심인 2심도, 아래와 같이, 1심과 같은 취지에서 강간 무죄 부분에 대한 검사의 항소를 기각하였다.

『강간죄가 성립하려면 가해자의 폭행·협박은 피해자의 항거를 불

---

3) https://news.joins.com/article/22436152 참조. 2019. 11. 13. 방문.
4) 대전고등법원 2018. 5. 4. 선고 2017노477 판결.

가능하게 하거나 현저히 곤란하게 할 정도의 것이어야 하고, 그 폭행·
협박이 피해자의 항거를 불가능하게 하거나 현저히 곤란하게 할 정도
의 것이었는지 여부는 그 폭행·협박의 내용과 정도는 물론 유형력을
행사하게 된 경위, 피해자와의 관계, 성교 당시와 그 후의 정황 등 모
든 사정을 종합하여 판단하여야 한다(대법원 2004. 6. 25. 선고 2004도
2611 판결 등 참조).

피고인이 이○○과 성관계를 한 것은 사실이나, 동의에 의한 것이
라며 공소사실을 부인하는 이 사건 강간의 점에 관하여, 공소사실에
직접 부합하는 증거는 증인 이○○의 원심법정 진술, 이○○에 대한
검찰, 경찰 각 진술조서의 진술기재뿐이다.

그런데 원심에서 적법하게 채택하여 조사한 증거에 의하여 인정
할 수 있는 아래와 같은 사정을 종합하면, 위 각 증거만으로는 이 사
건 강간의 점에 관한 공소사실이 합리적인 의심을 할 여지가 없을 정
도로 진실하다고 확신을 가지기에 부족하고, 그 외 나머지 증거만으로
이를 인정하기 부족하며, 달리 이를 인정할 증거가 없다.

① 이○○이 피고인으로부터 강간당하였다고 주장하는 날로부터
5일 전인 2017. 4. 10. 피고인으로부터 위협을 당하다가 폭행까지 당한
사실은 앞서 폭행죄에 대한 판단에서 살핀 바와 같다. 그리고 이○○
은 피고인이 위와 같이 폭행한 이후에도 '너는 내가 언제든지 사람을
붙여서 위치를 알 수 있으니까 내가 모르는 곳에 가면 미리미리 이야
기를 해라.', '나를 불안하게 하면 내가 어떻게 변할지 모른다.', '지금
○○에는 내 편밖에 없다. 니가 내 말을 듣지 않으면 이**은 어떻게
될지 모른다. 그런데 니가 내 말 잘 들으면 이**을 잘해줄 거야.', '이
○○의 딸, 이**의 딸과 잘 지내고 싶으면 알아서 잘해라.'라고 말하며
계속하여 협박하였다고 구체적으로 주장하고 있다.

그러나, ㉠ 이○○이 피고인으로부터 강간당하였다고 주장하는 날
이후인 2017. 4. 16.까지 이루어진 이○○과 피고인의 문자메시지 내역
은 삭제되어 그 내용을 확인할 수 없다. ㉡ 그리고 이○○은 피고인으

로부터 폭행당한 다음 날 피고인과 함께 식사하기도 하고, 그 무렵부터 강간당했다고 주장하는 날 사이에 네 번 정도 더 피고인을 만나면서 이○○의 친정어머니에 관한 얘기와 딸이 ○○고등학교를 가고 싶어한다는 얘기, 딸이 예전에 담임선생님에게 제일 미워하는 사람이 이**이라는 말을 했다는 얘기 등 이○○의 일상에 관한 얘기를 한 바 있다. ⓒ 이○○은 피고인으로부터 강간당했다고 주장하는 2017. 4. 14. 저녁경 피고인이 함께 모텔에 가자고 하여 처음에는 거부하였으나, 피고인이 맥주만 마시고 나오자고 하여, 맥주를 사서 피고인의 차를 타고 함께 무인으로 운영되는 모텔로 갔는데, <u>무인텔 및 CCTV자료 사진, CCTV자료 CD의 각 영상에 의하면, 피고인의 차가 모텔에 주차되고, 피고인과 이○○이 함께 나와 모텔로 들어가는 과정에서 이○○이 겁을 먹었다는 등의 사정은 보이지 않는다.</u> ⓓ 오히려 이○○은 위와 같이 모텔로 가기 직전에 이**에게 '졸려서 비행기 탈 때까지 못 기다릴 것 같다. 비행기에서 내리면 전화하라. 먼저 잘 테니 조심히 오라.'는 내용의 카카오톡 메시지를 보냈을 뿐, <u>수사기관이나 이**에게 피고인의 위와 같은 협박 내용을 알린 바도 없다.</u>

위와 같은 <u>이○○이 피고인으로부터 폭행당한 후의 사정을 고려할 때, 이○○의 위 각 진술 또는 진술기재처럼 피고인이 계속하여 이○○을 협박하였고, 이로 인하여 이○○이 피고인과 모텔로 들어갈 때까지 외포된 상태에 있었는지에 대하여 의문이 든다.</u>

② 이○○은 모텔 안에서 피고인으로부터 강간당한 경위에 관하여 '피고인에게 생리 중이라고 말하였음에도 피고인이 아랑곳하지 않고 왼쪽 뺨과 머리 부위를 폭행한 후 옷소매를 잡고 침대로 끌고 가 등을 밀어 강제로 눕히고 왼손으로 쇄골 부분을 누르며 다른 손으로 바지와 속옷을 벗긴 후 강간하였다.'고 진술하였다.

그런데 피고인이 2회 경찰조사 과정에서 성관계 사실을 인정하면서, 이○○과 서로 애무하던 중 이○○이 '템포(생리대의 일종인 탐폰을 말한다) 빼고 올게.'라고 말하며 티팬티만 입은 채 화장실에 갔다 왔고,

이후 동의하에 성관계했다는 취지로 진술하자, 사건을 송치받은 검사는 이○○을 상대로 위와 같은 진술을 하였는지를 물었다. 이에 이○○은 당시 생리 기간 막바지로 생리혈의 양이 많지 않아 티팬티에 팬티라이너형 생리대를 붙여 착용하고 있었는데, 피고인이 강제로 벗겨 강간한 것이고, 강간 후 화장실에서 샤워하고 나와 속옷을 입는데, 피고인이 '생리 중이라면서 속옷의 모양이 왜 그러냐?'고 물어 '이런 종류의 속옷은 여성이 생리 중 운동할 때 템포를 끼우고 입는 속옷이다.'라고 설명하였다고 진술하였다. 한편 이○○은 피고인으로부터 강간당한 후 화장실에서 샤워하고 나와 피고인과 함께 담배를 피우며 이** 등 가정 관련 대화를 10여 분 하다가 모텔에서 나왔다고도 진술하였다.

예전에는 이○○과 긴밀한 관계도 아니었던 피고인이 당시 이○○이 착용하지도 않은 '템포'라는 생리대의 상호를 듣게 된 경위와 피고인과의 성관계 후 정황에 관한 이○○의 위와 같은 진술이 사실이라 하더라도, 이는 이○○이 피고인으로부터의 폭행·협박으로 외포된 상태에서 강간을 당하였다는 이○○의 진술 또는 진술기재보다는, 성관계를 갖기 위하여 이○○을 협박한 사실이 없고, 자유로운 의사에 따라 성관계를 한 것이라는 피고인의 주장에 더 부합하는 측면이 있다. 그리고 무인텔 및 CCTV자료 사진, CCTV자료 CD의 각 영상에 의하더라도, 이○○과 피고인이 모텔에서 나와 차를 타고 돌아갈 때, 이○○이 강간을 당했거나 외포된 상태에 있다는 사정이 확인되지 않는다.

위와 같은 사정을 고려할 때, 이○○의 피해 진술이 구체적이고 일관된 측면이 있다 하더라도, 실제로 피고인이 이○○을 폭행·협박하였고, 이로 인하여 이○○의 항거가 불가능하게 되거나 현저히 곤란하게 되어 간음에 이른 것인지 의문이 든다.

③ 이○○은 이**이 ○○에서 귀국하여 바로 집에 들렀을 당시에는 피고인으로부터 강간 피해를 당한 사실을 말하지 않았고, 이**이 광주에 있는 장례식장에 갔다가 피고인을 만나 다른 일로 다투고 난

이후인 2017. 4. 15. 저녁 경에서야 말하였다고 진술하고 있다. 그런데 이**은 피고인과 어렸을 때부터 친구였고, 조직폭력단체 내에서의 위상도 비슷하거나, 피고인이 종전에 이**에게 무릎을 꿇고 사죄한 적도 있는 것으로 보이는 등 오히려 이**이 더 높은 위상을 가지고 있어, <u>배우자인 이○○이 피고인으로부터의 피해 사실을 얘기할 경우 피고인에게 어떠한 조치를 가할 수 있었을 것으로 보이는 상황에서, 피고인이 이○○뿐만 아니라 이**에게도 어떠한 위해를 가할 것 같은 협박을 하였고, 나아가 이○○을 강간하기까지 하였다는 피해 사실을 즉시 얘기하지 않았던 것은, 이○○이 피고인의 계속된 협박 등으로 강간을 당할 수밖에 없을 정도로 외포된 상태였다는 진술에 부합된다고 보기도 어렵다.</u>』

다. 대법원의 판단: 파기환송

『법원이 성폭행이나 성희롱 사건의 심리를 할 때에는 그 사건이 발생한 맥락에서 성차별 문제를 이해하고 양성평등을 실현할 수 있도록 '성인지 감수성'을 잃지 않도록 유의하여야 한다(양성평등기본법 제5조 제1항 참조). 우리 사회의 가해자 중심의 문화와 인식, 구조 등으로 인하여 성폭행이나 성희롱 피해자가 피해사실을 알리고 문제를 삼는 과정에서 오히려 피해자가 부정적인 여론이나 불이익한 처우 및 신분 노출의 피해 등을 입기도 하여 온 점 등에 비추어 보면, 성폭행 피해자의 대처 양상은 피해자의 성정이나 가해자와의 관계 및 구체적인 상황에 따라 다르게 나타날 수밖에 없다. <u>따라서 개별적, 구체적인 사건에서 성폭행 등의 피해자가 처하여 있는 특별한 사정을 충분히 고려하지 않은 채 피해자 진술의 증명력을 가볍게 배척하는 것은 정의와 형평의 이념에 입각하여 논리와 경험의 법칙에 따른 증거판단이라고 볼 수 없다</u>(대법원 2018. 4. 12. 선고 2017두74702 판결 참조).

나아가 강간죄가 성립하기 위한 가해자의 폭행·협박이 있었는지 여부는 그 폭행·협박의 내용과 정도는 물론 유형력을 행사하게 된 경위, 피해자와의 관계, 성교 당시와 그 후의 정황 등 모든 사정을 종합하여 피해자가 성교 당시 처하였던 구체적인 상황을 기준으로 판단하여야 하며, 사후적으로 보아 피해자가 성교 이전에 범행 현장을 벗어날 수 있었다거나 피해자가 사력을 다하여 반항하지 않았다는 사정만으로 가해자의 폭행·협박이 피해자의 항거를 현저히 곤란하게 할 정도에 이르지 않았다고 섣불리 단정하여서는 아니 된다(대법원 2005. 7. 28. 선고 2005도3071 판결 등 참조).

① 피고인과 이**은 유치원시절부터 알고 지내던 고향친구로서 30년 이상 친구사이로 지내왔고, 같이 ○○지역 조직폭력단체인 '한실파'에서 조직원으로 활동한 사실이 있다.

② 피해자와 이**은 모두 이혼한 전력이 있는 사람들로서 2014. 5.경 재혼하였는데, 당시 전남편이나 전처 사이에서 각각 태어난 딸들과 함께 살았다.

③ 피해자와 이**은 재혼한 후 ○○시에서 피고인 및 그의 처와 같은 동네에 살면서 부부동반으로 가끔 만났고, 피해자는 피고인의 처와 친한 관계로 지냈다.

④ 피해자와 이**은 2016. 12.경 ○○시로 이사를 가게 되었는데, 이사를 가기 전에 이**과 피고인이 사업문제로 사이가 틀어져 이사를 간 후에는 서로 만나거나 연락을 하지 않았고, 피해자도 피고인의 처와 자연히 사이가 멀어져 연락하거나 만나지 않았다.

⑤ 이**은 2017. 4. 10. 사업차 5박 6일 일정(2017. 4. 15. 오전 귀국 예정)으로 ○○으로 출국하였다.

⑥ 피고인은 이**의 이러한 해외여행일정을 알고 이**이 출국한 당일인 2017. 4. 10. 오후에 피해자에게 카카오톡 메시지로 긴히 할 말이 있으니 만나 줄 것을 요청하여 그날 밤에 피해자를 만났다. 피고인은 자신의 차 안에서 피해자에게 '이**에게 사생아가 있다'는 말을 하였고, 피해자가 황당해하자, 피해자도 들을 수 있는 휴대전화 스피커폰 기능을 이용하여, 후배들에게 전화하여 '**이에게 아들이 있는 것

맞지', '내가 너한테 **이 연장 놓으라고 하면 알지'라고 하거나, 현직 경찰관에게 전화하여 '형님, 제가 지금 낫을 들고 있는데 내 앞에 있는 사람이 말을 듣지 않는데 어떻게 합니까'라고 하고, 그의 처에게도 전화하여 '씨발년아' 등 욕설을 하며 횡설수설하더니 통화를 끊자마자 피고인의 행동에 충격을 받아 당황한 피해자에게 '이게 진실이다, 정신 차려라'고 소리치며, 다짜고짜 손바닥으로 피해자의 뺨을 1회 때리고, 피해자의 머리를 3~4회 때려 피해자를 폭행(이하 '이 사건 폭행'이라 한다)하였다.

⑦ 그 다음 날인 2017. 4. 11.부터 같은 달 13.까지 3일 동안 피고인은 피해자에게 날마다 연락하여 3회 정도 만났는데, 그중 한 번은 이 사건 폭행 다음 날 피해자 친정 근처까지 따라와 분식집에서 점심을 같이 먹은 것이고, 다른 한 번은 저녁 경 피해자가 딸의 약을 사러 ○○에 있는 약국에 갈 때 피고인에게서 연락이 와 같이 간 것이며, 나머지 한 번은 피고인이 피해자의 집 부근으로 찾아와 피고인의 차 안에서 잠깐 동안 이야기한 것이다.

⑧ 피해자는 이**이 귀국하기 전날인 2017. 4. 14. 23:05경 이**에게 "졸려서 비행기 탈 때까지 못 기다릴 것 같다. 비행기에서 내리면 전화하라. 먼저 잘 테니 조심히 오라."라는 내용의 카카오톡 메시지를 보냈다.

⑨ 피고인은 2017. 4. 14. 23:43경 조수석에 피해자를 태우고 피해자의 집(○○시 ○○아파트)에서 아주 가까운 ○○시 ○○면 ○○리에 있는 ○○모텔 주차장에 들어갔다.

⑩ 피고인과 피해자는 이 사건 폭행 이전에는 둘만 만난 적이 전혀 없다.

(3) 먼저 피해자 진술의 신빙성에 관하여 본다.

(가) 피해자의 진술내용은 다음과 같다. 즉 이 사건 폭행 당시 피고인이 피해자와 만난 자리에서 스피커폰으로 다른 사람들과 통화를 하면서 흉기로 피해자나 남편을 해칠 수 있다는 등으로 공포심을 불러

일으키는 말을 하여 피해자에게 겁을 주고 이 사건 폭행까지 하였다. 피고인은 그 이후에도 강간범행 전까지 3일 동안 피해자에게 계속 전화하여 만남을 요구하였고, 피해자를 만나 지속적으로 과거나 현재에 자신이 다른 사람을 폭력으로 굴복시킨 이야기 등을 하면서 자신의 말을 듣지 않으면 피해자나 남편과 두 딸의 신변에도 위해를 가할 것처럼 말을 하여 겁을 주었다. 이 사건 강간범행 당일에는 피고인이 밤에 집 앞으로 찾아와 모텔에 가서 잠깐 쉬자는 말을 하여 피해자가 거절하였는데, 피고인이 다시 위협적인 말을 하면서 다른 짓은 하지 않고 맥주만 마시고 나오겠다고 하여 그 말을 믿고 모텔에 가게 되었다. 피해자는 모텔 객실의 테이블에 앉아 맥주를 마시고 있었는데, 혼자 침대에 누워있던 피고인이 갑자기 "더 이상 못 참겠다."라고 말하면서 피해자에게 다가오기에, 생리 중이라며 거부하자 피고인은 피해자의 왼쪽 뺨, 머리 부위를 때리고 피해자의 팔을 잡고 끌어 강제로 침대에 눕힌 후 피해자 위에 올라 타, 왼손으로 피해자의 쇄골 부분을 누르고 다른 손으로는 피해자의 바지와 속옷을 한꺼번에 벗긴 다음 강간하였다.

　기록과 대조하여 살펴보면, 피해자의 위와 같은 진술 내용은 수사기관에서부터 제1심 법정에 이르기까지 일관될 뿐만 아니라 매우 구체적임을 알 수 있다. 또한 위 진술이 경험칙에 비추어 비합리적이라거나 진술 자체로 모순되는 부분을 찾기 어렵다.

　(나) 피고인도 이 사건 폭행 당시 차안에서 자신의 지인들과 피해자의 위 진술 내용과 같이 통화한 사실은 일부 인정하고 있다. 또한 이 사건 폭행 이후 피고인과 피해자가 만난 횟수나 만나서 한 일, 모텔에 가기를 거부하는 피해자에게 맥주만 마시자고 말을 하여 피해자를 모텔에 데려간 경위 등에 관하여도 피해자의 진술과 대부분 일치한다.

　(다) 원심이 피해자 진술의 신빙성을 배척하는 이유로 들고 있는 사정들은, 피해자가 처한 구체적인 상황이나 피고인과 피해자의 관계

등에 비추어 피해자의 진술과 반드시 배치된다거나 양립이 불가능한 것이라고 보기 어렵다. 그럼에도 원심이 그러한 사정들을 근거로 피해자 진술의 신빙성을 배척한 것은 성폭행 피해자가 처하여 있는 특별한 사정을 충분히 고려하지 않음으로써 성폭행 사건의 심리를 할 때 요구되는 '성인지 감수성'을 결여한 것이라는 의심이 든다.

① 피고인과 피해자의 진술에 의하더라도 당시 피해자는 피고인과 맥주를 마시고 이야기만 하다가 나오기로 하고 모텔에 갔다는 것이고, 모텔 CCTV 영상에 의하더라도 당시 피해자가 피고인과의 신체 접촉 없이 각자 떨어져 앞뒤로 걸어간 것뿐이다. 그럼에도 이러한 사정을 들어 피해자가 겁을 먹은 것처럼 보이지 않고 나아가 모텔 객실에서 폭행·협박 등이 있었는지 의문이 든다고 판단한 것은 납득하기 어렵다.

② 피해자의 집과 범행장소인 이 사건 모텔은 매우 가까운 곳에 위치하고 있었다. 이동에 소요되는 시간과 피해자가 당일 이**에게 카카오톡 메시지를 보낸 시각, 위 모텔 주차장에 도착한 시각 등을 고려해 보면, 피고인과 피해자가 모텔에 가기로 예정된 상태에서 피해자가 이**에게 앞서 본 바와 같은 내용의 메시지를 보낸 것이라고 단정할 수 없다. 더욱이 피고인도 당일 피해자의 집 앞에서 만났을 때는 모텔에 가기로 하였던 것은 아니라고 진술하였다. 물론 피해자가 위 메시지를 보낼 당시 이미 피고인의 전화를 받고 집 앞에서 만나기로 하였기 때문에 미리 이**에게 앞으로 전화를 받지 못하는 사정을 꾸며서 알린 것일 가능성도 있다. 하지만 피해자의 입장에서 늦은 밤에 피고인과 단둘이 만난다는 사실을 남편에게 일부러 알릴 수도 없는 노릇이므로 이는 오히려 자연스러운 것이라고 볼 수 있다. 피해자는 이**이 해외에 있는 내내 이**과 카카오톡으로 대화를 주고받고 영상통화를 해왔음에도 이**에게 피고인으로부터 이 사건 폭행을 당한 사실이나 이**의 사생아에 관한 이야기를 들은 사실 등 피고인에 대한 일체의 언급을 하지 않았다.

③ 피해자가 이 사건 폭행을 당한 날부터 2017. 4. 14.까지 피고인

과 주고받은 휴대전화 메시지를 모두 삭제한 것은 사실이다. 이에 대해 피해자는 경찰에서 피고인이 만날 때마다 자신에게 보낸 문자를 모두 지우라고 해서 피고인이 보는 자리에서 모두 지운 것이라고 일관되게 진술하였고, 경찰 수사에서 메시지 등을 복원할 수 있다는 이야기를 듣고 자신의 휴대전화를 자진하여 제출하기까지 하였다.

④ 피고인과 피해자는 서로 남편의 친구, 친구의 처 사이로서 2016. 12.경 피해자와 이**이 이사가기 전까지 한 동네에 살면서 부부 동반으로 만나기도 하고, 피고인의 처와 피해자는 자주 어울리며 친하게 지냈다. 그러므로 피해자가 피고인과 만나 피해자의 가족이나 일상에 관하여 대화를 하는 것은 오히려 자연스럽고, 피해자가 피고인과 대화하면서 별다른 의미를 두지 않고 대답해주었다고 하여 그것이 피해자 진술의 신빙성을 배척할 만한 사정이라고 볼 수 없다.

⑤ 피해자가 모텔에서 피고인과 성관계를 가진 후 피고인과 생리대에 관하여 이야기하거나 샤워 후에 피고인과 담배를 피우며 남편 등 피해자의 가정에 관한 대화를 10여 분 하다가 모텔에서 나온 것도 피해자 진술의 신빙성을 부정할 만한 사정이라고 보기에 부족하다. 강간을 당한 피해자의 대처 양상은 피해자의 성정이나 구체적인 상황에 따라 각기 다르게 나타날 수밖에 없다. 피해자는 이전부터 계속되어 온 피고인의 협박으로 이미 외포된 상태에서 제대로 저항하지 못한 채 피고인으로부터 강제로 성폭행을 당하였다는 것이고, 수치스럽고 무서운 마음에 반항을 하지 못하고 피고인의 마음이 어떻게 변할지 몰라 달랬다는 것이므로, 피해자로서는 오로지 피고인의 비위를 거스르지 않을 의도로 위와 같은 대화를 하였던 것으로 보이고, 이러한 사정이 성폭행을 당하였다는 피해자의 진술과 양립할 수 없다고 보기 어렵다.

⑥ 이**은 ○○에서 귀국한 당일 잠깐 집에 들러 옷만 갈아입고는 다시 집을 나가 ○○에 있는 장례식에 가는 상황이었으므로, 피해자가 이 사건 강간피해 사실을 이**이 귀국하여 집에 도착한 즉시 말하지 않고 그날 저녁에 이**이 장례식장에서 돌아온 이후에야 말하였

다는 사정이 피해자 진술의 신빙성을 배척할 만한 사정이라고 볼 수 없다.

원심 설시와 같이 이**이 과거 조직폭력단체 내에서 피고인과 위상이 비슷하거나 더 높았다고 하더라도, 이**이 피고인과 친구 사이이고, 이미 약 7년 전에 조직폭력단체에서 탈퇴한 점을 고려하면, 이**이 피고인에게 어떠한 조치를 취할 수 있었다고 단정할 수 없고, 설령 이**이 어떠한 조치를 취할 수 있었다고 하더라도 피해자가 남편인 이**에게 강간피해 사실을 곧바로 말하지 않은 것을 두고 피해자 진술의 신빙성을 배척하는 사유로 삼은 것은 납득하기 어렵다.

(4) 다음으로 피고인 진술의 신빙성에 관하여 본다.

강간죄에서 공소사실을 인정할 증거로 사실상 피해자의 진술이 유일한 경우에 피고인의 진술이 경험칙상 합리성이 없고 그 자체로 모순되어 믿을 수 없다고 하여 그것이 공소사실을 인정하는 직접증거가 되는 것은 아니지만, 이러한 사정은 법관의 자유판단에 따라 피해자 진술의 신빙성을 뒷받침하거나 직접증거인 피해자 진술과 결합하여 공소사실을 뒷받침하는 간접정황이 될 수 있다.

(가) 피고인의 진술 요지는 다음과 같다. 즉 피해자는 평소 남편인 이**과 이혼할 생각을 가지고 있었고, 이 사건 폭행 이후 매일 만나면서 서로 연인관계로 발전하였다. 2017. 4. 14. 밤에 모텔에 가기를 거부하는 피해자를 설득하여 모텔에 간 것은 맞지만, 모텔 안에서는 자신은 가만히 침대에 누워 있었고, 오히려 피해자가 먼저 다가와 스킨십을 하고 생리 중임에도 피해자가 괜찮다며 템포를 빼고 합의 하에 성관계를 가진 것이고, 성관계 후 피해자가 스케줄을 알려주며 앞으로 남편 몰래 주기적으로 만나기로 약속하였다.

(나) 우선 피고인은 수사기관에서 피해자와 모텔에 가게 된 경위나 피해자와 성관계를 가졌는지 등에 관하여 최초에는 피해자가 먼저 모텔에 가자고 하였고 성관계는 갖지 않았다고 부인하였다. 이후 피고인은 진술을 번복하여 피해자가 모텔에 가기를 거부하여 맥주만 마시고

나오자고 피해자를 설득하여 모텔에 가게 되었고, 당시 성관계를 염두에 두고 간 것이라고 진술하면서도 정작 모텔 안에서는 피고인은 침대에 누워만 있었는데 오히려 생리 중이었던 피해자가 적극적으로 원하여 합의 하에 성관계를 가진 것이라고 진술하였다. 이러한 피고인의 진술은 일관되지 않을 뿐만 아니라 진술 자체로 모순되거나 경험칙상 납득하기 어렵다.

(다) 피고인과 피해자는 이 사건 폭행 이전에는 단둘이 만난 적이 전혀 없고 서로 연락하는 사이도 아니었다. 그런데 피고인은 이**이 해외로 출국한 당일 피해자를 불러내어 처음 만난 자리에서 이**에게 사생아가 있다는 말을 하고, 스피커폰으로 지인들과 통화하면서 흉기로 피해자나 이**을 해칠 수도 있다는 등의 말을 하여 피해자를 위협하고, 나아가 이 사건 폭행까지 하였다. 이후 <u>3일 동안 3회 정도 만난 것은 사실이나, 피고인의 요구에 의하여 분식집에서 함께 점심을 먹거나 차 안에서 잠깐 동안 이야기를 한 것이 전부이고, 이 사건 모텔 CCTV 영상에 의하더라도 피고인과 피해자가 연인과 같은 다정한 모습은 아닌 것으로 보인다.</u> 이러한 사정에 비추어 보면, 이사건 폭행 이후 불과 나흘 만에 연인관계로 발전하여 피해자와 합의 하에 성관계를 가졌다는 피고인의 주장은 도저히 납득하기 어렵다.

(라) 피고인의 주장과 같이 피해자가 합의 하에 성관계를 가진 후 자신의 스케줄을 알려주며 앞으로 남편 몰래 주기적으로 만나기로 약속까지 하였다면 피해자가 이**이 귀국한 당일 저녁에 곧바로 강간피해 사실을 말할 이유가 없어 보인다. 피고인과의 성관계 사실이 발각될 만한 아무런 사정이 없는 상황에서 피해자가 지레 겁을 먹고 이**에게 자발적으로 강간당하였다고 거짓말을 한다는 것은 경험칙상 이례적이다. 이 사건 범행 이후 피해자와 피고인이 통화를 했다거나 연락한 흔적이 없었다는 점에서도 피고인의 위와 같은 진술은 그대로 믿기 어렵다. 나아가 피해자가 예전부터 남편과 이혼하고 싶어 했다는 것도 피고인의 일방적인 주장에 불과하고 이를 확인할 만한 아무런

정황이 없다. 피해자가 피고인으로부터 사생아 이야기를 들었다고 하더라도 피해자가 이에 관한 진위 여부를 이**에게 확인하지 않은 상태에서 이**과 이혼을 결심하게 되었다고 볼 사정도 보이지 않는다.

그런데도 원심은 위에서 본 바와 같이 피해자 진술의 신빙성을 배척하기에 부족하거나 양립 가능한 사정만을 근거로 피해자 진술의 신빙성을 의심하여 그 증명력을 배척하고 이 부분 공소사실을 무죄로 판단하였으니, 이러한 원심의 판단에는 증거의 증명력을 판단함에 있어 경험칙과 논리법칙에 어긋나는 판단을 함으로써 자유심증주의에 관한 법리를 오해하였거나 채증법칙 위반으로 인하여 사실을 오인함으로써 판결에 영향을 미친 잘못이 있다. 이 점을 지적하는 취지의 상고이유 주장은 이유 있다.』

Ⅲ. 대상판결에 대한 비판: 문제점 내지 위험성

1. 공판중심주의 원칙에 상치될 수 있다는 문제

헌법 제27조 제3항은 "모든 국민은 신속한 재판을 받을 권리를 가진다. 형사피고인은 상당한 이유가 없는 한 지체없이 공개재판을 받을 권리를 가진다."라고 규정하고 있고, 제109조는 "재판의 심리와 판결은 공개한다. 다만, 심리는 국가의 안전보장 또는 안녕질서를 방해하거나 선량한 풍속을 해할 염려가 있을 때에는 법원의 결정으로 공개하지 아니할 수 있다."라고 규정하고 있으며, 법원조직법 제57조 제1항5)도 헌법 제109조와 비슷한 내용을 규정하고 있다. 이러한 규정들은 공개재판의 원리를 규정하는 것으로, 공판중심주의는 공개재판의 원리에서 파생된 것이라고 한다.6) 공판중심주의는 형사사건의 실체에 대한 유죄·무죄의 심증 형성은 법정에서의 심리에 의하여야 한다는

---

5) "재판의 심리와 판결은 공개한다. 다만, 심리는 국가의 안전보장, 안녕질서 또는 선량한 풍속을 해칠 우려가 있는 경우에는 결정으로 공개하지 아니할 수 있다."
6) 정상규, "형사판결 선고기일 재판진행의 일례", 형사법연구회 코트넷 게시글 (2019. 10. 28.), 1.

것으로, 법관의 면전에서 직접 조사한 증거만을 재판의 기초로 삼을
수 있고, 증명 대상이 되는 사실과 가장 가까운 원본 증거를 재판의
기초로 삼아야 하며, 원본 증거의 대체물 사용은 원칙적으로 허용되어
서는 아니된다는 실질적 직접심리주의와 연결되게 된다[7].

　재판을 공개하게 된 이유는, 국가기관에 대한 국민의 불신에서 연
원한다. 즉 공개되지 아니한 밀실에서 비밀리에 이루어지는 심리에 의
한 재판(secret trial) 결과에 대한 불신 때문에, 공개된 법정에서 여러 사
람의 눈을 통한 감시 하에 재판이 이루어지게 한 것이다[8]. 사법절차가
국민에 대한 박해(persecution)의 수단으로 사용되는 것을 방지하려는 것
이다[9]. 이는 국민의 사법에 대한 신뢰에 직결되는 문제이다. 공판중심
주의도 같은 맥락에서 이해되어야 한다.

　대법원은 여러 차례에 걸쳐 공판중심주의의 중요성에 관한 판시
를 하여, 사실심리에 관여하지 아니한 항소심이 함부로 1심의 사실인

---

7) 법원실무제요 형사 [II], 법원행정처(2014), 73~74

8) During the sixteenth and seventeenth centuries continental judicial procedure had
exerted a marked influence upon the English law. The most usual continental abuses
were the use of torture, the secret trial, and the violation of the right against
self-incrimination. But in the English system, the secret trial was not used. The
community trial was used before the adoption of the jury trial in early English history
for some reasons. A. Esmein, "History of Continental Criminal Procedure, with special
reference to France", Boston(Little, Brown, and Company, 1913), 130(https://
archive.org/details/ahistorycontine00mittgoog/page/n8 참조. 2019. 10. 30. 방문); "Legal
History: Origins of the Public Trial", Indiana Law Journal, Volume 35: Issue 2: Article
8(1960), 252~3(http://www.repository.law.indiana.edu/cgi/viewcontent.cgi?
article=3047&context=ilj 참조. 2019. 10. 30. 방문)

9) "The traditional Anglo-American distrust for secret trials has been variously ascribed
to the notorious use of this practice by the Spanish Inquisition, to the excesses of
the English Court of Star Chamber, and to the French monarchy's abuse of the
letter de cachet. All of these institutions obviously symbolized a menace to liberty …
Whatever other benefits the guarantee to an accused that his trial be conducted in
public may confer upon our society, the guarantee has always been recognized as a
safeguard against any attempt to employ our courts as instruments of
persecution."(https://www.law.cornell.edu/constitution-conan/amendment-6/public-trial
참조. 2019. 10. 31. 방문)

정을 뒤집어서는 아니된다는 점을 강조하였다. 대법원의 이에 관한 설시 내용, 즉 1심의 사실심리, 특히 증인 진술의 신빙성에 관하여, 별도의 추가 심리를 하지 아니하고 1심의 증인신문조서만에 기초하여 1심의 신빙성 판단을 뒤집은 항소심의 판단에 대한 대법원의 판시를 본다.

"형사소송법은 형사사건의 실체에 대한 유죄·무죄의 심증 형성은 법정에서의 심리에 의하여야 한다는 공판중심주의의 한 요소로서 실질적 직접심리주의를 채택하고 있다. 이는 법관이 법정에서 직접 원본 증거를 조사하는 방법을 통하여 사건에 대한 정확한 심증을 형성할 수 있고 피고인에게 원본 증거에 관한 직접적인 의견진술의 기회를 부여함으로써 실체적 진실을 발견하고 공정한 재판을 실현할 수 있기 때문이다. 법원은 형사소송절차의 진행과 심리 과정에서 법정을 중심으로, 특히 당사자의 주장과 증거조사가 이루어지는 원칙적인 절차인 제1심의 법정에서 위와 같은 실질적 직접심리주의의 정신이 충분히 구현될 수 있도록 하여야 한다. 원래 <u>제1심이 증인신문 절차를 진행한 뒤 그 진술의 신빙성 유무를 판단할 때에는 진술 내용 자체의 합리성·논리성·모순 또는 경험칙 부합 여부나 다른 증거들과의 부합 여부 등은 물론, 공개된 법정에서 진술에 임하고 있는 증인의 모습이나 태도, 진술의 뉘앙스 등 증인신문조서에는 기록하기 어려운 여러 사정을 직접 관찰함으로써 얻게 된 심증까지 모두 고려하여 신빙성 유무를 평가하게 된다. 이에 비하여 제1심 증인이 한 진술에 대한 항소심의 신빙성 유무 판단은 원칙적으로 증인신문조서를 포함한 기록만을 그 자료로 삼게 되므로, 진술의 신빙성 유무 판단을 할 때 가장 중요한 요소 중의 하나라 할 수 있는 진술 당시 증인의 모습이나 태도, 진술의 뉘앙스 등을 그 평가에 반영하기가 어렵다.</u> 이러한 사정을 고려하면, 제1심판결 내용과 제1심에서 증거조사를 거친 증거들에 비추어 <u>제1심 증인이 한 진술의 신빙성 유무에 대한 제1심의 판단이 명백하게 잘못되었다고 볼 특별한 사정</u>이 있거나, 제1심의 증거조사 결과와 항소심 변론종결 시까지 추가로 이루어진 증거조사 결과를 종합하면 <u>제1심 증인이 한 진술의 신빙성 유무에 대한 제1심의 판단을 그대로 유지하는 것이 현저히 부당하</u>

다고 인정되는 예외적인 경우가 아니라면, 항소심으로서는 제1심 증인이 한 진술의 신빙성 유무에 대한 제1심의 판단이 항소심의 판단과 다르다는 이유만으로 이에 대한 제1심의 판단을 함부로 뒤집어서는 안 된다."[10]

위 판시 내용은, 공개된 법정에서 증언을 하는 증인의 모습이나 태도, 몸짓, 어투, 뉘앙스, 긴장의 정도, 눈빛 등 증인에게서 관찰될 수 있는 모든 것들을 지켜본 1심 재판부의 신빙성 판단에 대하여, 그러한 것들을 지켜보지 아니하고 단지 증인신문조서에 나타는 기록내용만을 본 항소심 재판부로서는 섣불리 1심 재판부의 신빙성 판단을 뒤집어서는 아니된다는 것을 밝힌 것이다.[11] 공개재판의 원리, 공판중심주의 및 실질적 직접심리주의에서 살펴보면 이러한 대법원의 판시는 지극히 자연스러운 결론이다. 우리가 영화를 시청하는 것과, 그 영화의 각본만을 읽는 것은 같을 수가 없다. 영화의 각본만으로는 시청각을 통하여 전달되는 배우들의 감정이나 영상의 느낌을 제대로 체감할 수 없기 때문이다.[12]

대법원이 공판중심주의에 관하여 위와 같이 판시한 것은 그리 새로운 것이 아니다. 이미 오래 전부터 이러한 판시 내용은 반복되어 왔다.

---

10) 대법원 2019. 7. 24. 선고 2018도17748 판결; 위 판결은 대법원 2012. 6. 14. 선고 2011도5313 판결 등을 참조한 것으로 밑줄 그은 부분이 강조되고 있다. 밑줄은 필자가 임의로 그은 것이다. 미국연방형사절차규칙(FRCP) 52. (b)는 "Plain Error. A plain error that affects substantial rights may be considered even though it was not brought to the court's attention."이라고 하여, 실체적인 권리에 영향을 미친 명백한 오류가 있을 경우 항소심이 이를 판단할 수 있음(Plain Error Rule)을 규정하고 있는바, 이는 우리 대법원 판시(명백하게 잘못되었다고 볼 특별한 사정)와 유사하다.

11) Jury trial에 의하여 사실관계가 확정되는 영미법계에서도 배심원들에게 증인의 태도, 어조, 눈의 움직임, 몸짓, 태도 등 모든 종류의 무의식적인 것들도 고려하여 신빙성을 평가하라고 말해 준다. 「Doubt in favour of the Defendant, Guilty beyond reasonable doubt: Comparative study」, OSCE(2016), 63.

12) 각본만으로 영화의 완성도를 어찌 평가할 수 있다는 말인가? 百聞不如一見이다.

피고인에게 강간을 당하고 팔뚝을 물려 상처가 난 바로 다음날 피고인의 처와 함께 옷을 사러 양품점에 들어갔다고 하는 등 신빙성 없는 피해자의 제1심에서의 증언을 원심이 다시 신문함이 없이 제1심과 달리 믿을 수 있다고 하여 강간치상죄를 유죄로 인정함으로써 증거판단을 잘못하거나 또는 심리를 미진한 위법을 저질렀다고 하여 원심판결을 파기한 사례에서, 대법원은 "항소심이 항소이유가 있다고 인정하는 경우에는 제1심이 조사한 증인을 다시 심문하지 아니하고 그 조서의 기재만으로 그 증언의 신빙성 유무를 판단할 수 있는 것이 원칙이지만 제1심의 피해자에 대한 증인신문조서 기재 자체에 의하여 피해자의 진술을 믿기 어려운 사정이 보이는 경우에 항소심이 그 증인을 다시 신문하여 보지도 아니하고 제1심의 증인신문조서의 기재만에 의하여 직접 증인을 신문한 제1심과 다르게 그 증언을 믿을 수 있다고 판단한 것은 심히 부당하다."라고 하였다[13]. 즉 1심의 증인 증언의 신빙성 여부에 관하여 증인신문조서의 기재만으로 신빙성 없는 증인의

---

13) 대법원 1991. 10. 22. 선고 91도1672 판결 [강간치상] (1심 무죄, 2심 유죄, 대법원 파기환송); 같은 취지로 대법원 2006. 11. 24. 선고 2006도4994 판결 [유가증권위조·위조유가증권행사·사문서위조·위조사문서행사] (1심 무죄, 2심 유죄, 대법원 파기환송); 비슷한 취지이나 유죄를 무죄로 변경한 항소심 판결을 파기한 대법원 2009. 1. 30. 선고 2008도7917 판결 [강간치상·청소년의성보호에관한법률위반(청소년강간등)] (1심 유죄, 2심 무죄, 대법원 파기환송); 비슷한 취지에서 "형사재판에서 항소심은 사후심 겸 속심의 구조이므로, 제1심이 채용한 유일한 증거에 대하여 그 신빙성에 의문은 가지만 그렇다고 직접 증거조사를 한 제1심의 자유심증이 명백히 잘못되었다고 볼 만한 합리적인 사유도 나타나 있지 않은 경우에는, 비록 동일한 증거라고 하더라도 다시 한번 증거조사를 하여 항소심이 느끼고 있는 의문점이 과연 그 증거의 신빙성을 부정할 정도의 것인지 알아보거나, 그 증거의 신빙성에 대하여 입증의 필요성을 느끼지 못하고 있는 검사에 대하여 항소심이 가지고 있는 의문점에 관하여 입증을 촉구하는 등의 방법으로 그 증거의 신빙성에 대하여 더 심리하여 본 후 그 채부를 판단하여야 하고, 그 증거의 신빙성에 의문이 간다는 사유만으로 더 이상 아무런 심리를 함이 없이 그 증거를 막바로 배척하여서는 안 된다."는 대법원 1994. 11. 25. 선고 94도1545 판결 [도로교통법위반] (1심 유죄, 2심 무죄, 대법원 파기환송) 및 대법원 1996. 12. 6. 선고 96도2461 판결 [교통사고처리특례법위반] (1심 유죄, 2심 무죄, 대법원 파기환송).

증언에 신빙성이 있다고 판단하는 것은 가능한 피하여야 한다는 취지로 파악된다. 항소심에서의 이와 같은 사실인정은 피고인의 입장에서는 불의타로 작용할 수 있기 때문이다.

나아가 대법원은 1심이 증인 증언의 신빙성을 배척하여 무죄를 선고한 경우, 2심에서 그 증인을 다시 소환하여 신문하는 등 추가 증거조사를 거쳐 신빙성을 심사한 결과 1심이 들고 있는 의심과 어긋날 수 있는 사실의 개연성이 드러나 1심의 판단에 의문이 생기더라도, 1심이 제기한 합리적인 의심을 충분히 해소할 수 있을 정도에까지 이르지 아니한다면, 1심의 판단에 사실오인의 위법이 있다고 단정하여서는 아니 된다는 취지로 판단한 사례도 있다[14].

대상판결(2018도7709 판결)의 1심은 이○○를 증인으로 소환하여 증인신문을 하였고, 강간을 당했다는 이○○의 증언에 대하여 신빙성을 배척하였다. 1심 선고 이후 이○○가 자살하여 2심에서는 이○○를 증인으로 소환할 수 없었으므로 이○○에 대하여 증인신문을 하는 등 추가로 증거조사를 할 수 없는 상황이었고, 2심은 1심의 증거조사에

---

[14] "금품 수수 여부가 쟁점이 된 사건에서 금품을 제공하였다는 사람의 진술에 대하여 제1심이 증인신문 절차 등을 거친 후에 합리적인 의심을 배제할 만한 신빙성이 없다고 보아 공소사실을 무죄로 판단한 경우에, 항소심이 제1심 증인 등을 다시 신문하는 등의 추가 증거조사를 거쳐 신빙성을 심사하여 본 결과 제1심이 들고 있는 의심과 일부 어긋날 수 있는 사실의 개연성이 드러남으로써 제1심의 판단에 의문이 생기더라도, 제1심이 제기한 의심이 금품 제공과 양립할 수 없거나 진술의 신빙성 인정에 장애가 되는 사실의 개연성에 대한 합리성 있는 근거에 기초하고 있고 제1심의 증거조사 결과와 항소심의 추가 증거조사 결과에 의하여도 제1심이 일으킨 합리적인 의심을 충분히 해소할 수 있을 정도에까지 이르지 아니한다면, 일부 반대되는 사실에 관한 개연성 또는 의문만으로 진술의 신빙성 및 범죄의 증명이 부족하다는 제1심의 판단에 사실오인의 위법이 있다고 단정하여 공소사실을 유죄로 인정하여서는 아니 된다. 특히 항소심에서도 진술 중의 일부에 대하여 신빙성을 부정함으로써 그에 관한 제1심의 판단을 수긍하는 경우라면, 나머지 진술 부분에 대하여 신빙성을 부정한 제1심의 판단이 위법하다고 인정하기 위해서는 그 부분 진술만은 신뢰할 수 있는 확실한 근거가 제시되는 등의 특별한 사정이 있는지에 관하여 더욱 신중히 판단하여야 한다."(대법원 2016. 2. 18. 선고 2015도11428 판결)

비추어 강간죄를 무죄로 판단한 것은 정당하다고 보았다.

그러나 대법원은 별도의 증거조사 없이,15) 1심의 증거조사결과를 기초로 하여, 1심과 2심이 이○○의 진술의 신빙성을 배척한 것은 잘못되었다고 보았다. 이러한 대법원의 입장은 위에서 살펴본 대법원 판례에 비추어 납득하기 어려워 보인다. 왜냐하면, 대법원은 추가적인 증거조사 없이 1심의 사실인정을 뒤집은 것이기 때문이다. 사실인정에 관하여 사실심과 대법원이 층위적인 관계(hierarchy)에 있다고 볼 수는 없다. 항소심이 추가적인 증거조사도 없이 1심의 사실인정을 원칙적으로 뒤집을 수 없는 것처럼,16) 대법원도 추가적인 증거조사 없이 사실

---

15) 대법원에서 새로운 증거조사는 원칙적으로 불가능하다. 형사소송법 제390조 제2항에서 "상고법원은 필요한 경우에는 특정한 사항에 관하여 변론을 열어 참고인의 진술을 들을 수 있다."라고 규정하고 있으나, 이를 증거조사로 볼 수는 없다. 증인이 아니라 참고인일 뿐이기 때문이다. 또한 상고법원이 원심 판결을 파기하고 자판하는 경우에도 새로운 증거조사를 할 수는 없다. 주석 형사소송법 (Ⅳ), 한국사법행정학회(2017), 415(최완주 집필 부분).

16) 피고인이 향정신성의약품인 메스암페타민(일명 필로폰)을 갑에게 교부·매매 하거나 갑과 함께 투약하였다고 하여 구 마약류 관리에 관한 법률(2011. 6. 7. 법률 제10786호로 개정되기 전의 것) 위반으로 기소된 사안에서, 공소사실을 뒷받침하는 제1심 증인 갑의 진술의 신빙성 유무에 관한 제1심의 판단이 명백하게 잘못되었다고 볼 특별한 사정이 있거나, 제1심의 증거조사 결과와 원심 변론종결시까지 추가로 이루어진 증거조사 결과를 종합하여 갑의 제1심 법정진술의 신빙성 유무에 관한 제1심의 판단을 그대로 유지하는 것이 현저히 부당하다고 인정되지 아니한데도, 제1심이 갑의 진술의 신빙성을 인정하면서 이미 고려했던 정황과 공소사실의 핵심 사항에 관한 갑의 진술의 신빙성에는 영향이 없는 사정들만으로 제1심 증인 갑의 진술의 신빙성에 관한 제1심의 판단을 뒤집어 무죄를 선고한 원심판결에 공판중심주의와 직접심리주의 원칙을 위반한 잘못이 있다고 한 사례(대법원 2012. 6. 14. 선고 2011도5313 판결. 2심이 증인신문 등 추가증거조사를 하지 아니한 채 1심의 유죄 판단을 뒤집은 사례이다); 항소심이 항소이유가 있다고 인정하는 경우에는 제1심이 조사한 증인을 다시 심문하지 아니하고 그 조서의 기재만으로 그 증언의 신빙성 유무를 판단할 수 있는 것이 원칙이지만 제1심의 피해자에 대한 증인신문조서 기재 자체에 의하여 피해자의 진술을 믿기 어려운 사정이 보이는 경우에 항소심이 그 증인을 다시 신문하여 보지도 아니하고 제1심의 증인신문조서의 기재만에 의하여 직접 증인을 신문한 제1심과 다르게 그 증언을 믿을 수 있다고 판단한 것은 심히 부당하다(대법원 2005. 5. 26. 선고 2005도130 판

심의 증거조사결과를 기초로 하여 사실심의 사실인정을 뒤집을 수는
없다. 대법원은 법리오해를 판단하는 기관이다.

　이러한 대상판결에 대한 비판에 대하여 다음과 같은 반론이 가능
할 수 있다. 앞서 살펴본 공판중심주의에 관한 대법원 판례의 취지가
1심의 사실인정에 관하여 2심에서 무조건적으로 이를 뒤집을 수 없다
는 취지는 아니다. 위 판례(각주 10번의 2018도17748 판결 등)의 밑줄 그
은 부분, 즉 "제1심 증인이 한 진술의 신빙성 유무에 관한 제1심의 판
단이 명백하게 잘못되었다고 볼 만한 특별한 사정이 있거나, 제1심 증
거조사 결과와 항소심 변론종결시까지 추가로 이루어진 증거조사 결
과를 종합하면 제1심 증인이 한 진술의 신빙성 유무에 관한 제1심의
판단을 그대로 유지하는 것이 현저히 부당하다고 인정되는 예외적인
경우가 아니라면, 항소심으로서는 제1심 증인이 한 진술의 신빙성 유
무에 관한 제1심의 판단이 항소심의 판단과 다르다는 이유만으로 이
에 관한 제1심의 판단을 함부로 뒤집어서는 안 된다."라는 부분을 역
으로 해석하여 보면, 1심의 판단이 명백하게 잘못되었다고 볼 만한 특
별한 사정이 존재하거나, 1심의 판단을 그대로 유지하는 것이 현저히
부당하다고 인정되는 예외적인 경우에는, 항소심은 1심의 사실인정을
뒤집을 수 있다는 취지이다.

　즉 1심 증인이 한 진술의 신빙성 유무에 관한 1심의 판단이 명백
하게 잘못되었다고 볼 만한 특별한 사정이 존재한다면 2018도7709 판
결에서 대법원이 1심의 사실인정이 잘못되었다고 보아 증인 진술의
신빙성을 배척할 수밖에 없었다고 볼 수도 있기 때문이다.

　그러나 앞서 적시한 1심 법원의 판단, 그리고 이를 수긍한 2심 법
원의 판단을 함께 살펴보면, 1심 법원의 판단이 명백하게 잘못되었다
고 볼 만한 특별한 사정이 존재하지 않는다. 1심이 합리적 근거 없이
이○○의 진술의 신빙성을 배척했다고 볼 수는 없기 때문이다.

　　결 [특정범죄가중처벌등에관한법률위반(도주차량)]; 1심 무죄, 2심 유죄, 대법
　　원 파기환송).

물론 이에 대하여 사실인정을 당사자 사이의 변론에만 의존한다
는 것은 현실과 맞지 않는 신화적인 것에 불과할 수 있기 때문에, 당
사자의 변론에 의하지 아니한 사실인정이 언제나 불가능하다고 볼 수
는 없다는 주장도 있을 수 있다.[17] 그러나 이러한 주장은, 우리나라에
서 증거조사를 하지 않고 원칙적으로 변론을 열지 않는, 법률심으로서
의 대법원의 기능에 반하는 주장이다. 대상판결도 별도의 변론을 열지
않았다.

이에 대하여, 대상판결에서 언급된 '성인지 감수성'이 결여된 1심
의 이○○ 진술 신빙성 판단이 잘못되었다는 반론이 가능할 수도 있
을 것이다. 즉 성폭력 피해자의 진술의 신빙성을 판단할 때에는 '성인
지 감수성'이라는 요소를 고려하여야 하는데, 이러한 요소를 고려하지
아니할 경우에는 심리가 제대로 이루어지지 아니한 것이라는 법리오
해(자유심증주의 위반 내지 채증법칙 위반)를 인정할 수도 있을 것이기
때문이다. 사실관계의 인정도 결국 사람이 자신의 기존의 가치관, 신
념, 경험 등에 바탕을 두고 한다는 점에서 규범적일 수밖에 없을 것이
다. 따라서 그러한 규범적인 평가는 순전히 사실적인 것이라고 볼 수
는 없기 때문에, 그러한 규범적 평가에 개재되어 있는 사실심의 오류
를 지적하는 것은 법리오해라고 평가할 수 있다는 주장도 가능할 수
있을 것이다.

그러나 자유심증주의 위반 내지 채증법칙 위반이라는 것을 법리
오해로 보아 상고이유로 삼는 것의 문제점은 전부터 지적되어 왔다[18].

---

17) The idea, however, that courts depend only on the adversary system to inform their
decisions—even for fact finding—is "more myth than reality." Allison Orr Larsen,
"Confronting Supreme Court Fact Finding", Virginia Law Review Vol. 98(2012),
1258 (http://www.virginialawreview.org/sites/virginialawreview.org/files/1255.pdf 참조.
2019. 10. 31. 방문)

18) 『그러나 자유심증주의 위반 내지 채증법칙 위반이라는 이름 하에 법령위반의
문제로 포장하여, 사실심의 사실인정을 탓하는 대법원의 상고이유 인정이 타
당한 것인지는 의문이 있다.』 장상균, "Review of Factual Findings in the U.S.
Judicial System = 미국 사법제도하에서의 사실발견 (지정토론문)", 사법개혁과

사실인정은 오로지 규범적으로만 할 수 있는 것은 아니며, 규범적인
평가는 사실관계 인정을 위한 증거자료를 수집, 분석하여 이를 종합한
상태에서 이루어지는 것이기 때문이다. 이러한 증거자료의 수집, 분석
및 종합 과정은 규범적이라고 볼 수는 없다.[19] 또한 아래에서 살펴보
는 것처럼, '성인지 감수성'은 형사판결에서 선불리 들이댈 수 있는 논
거가 될 수 없을뿐더러, '성인지 감수성'을 형사판결에서 신빙성 판단
의 잣대로 사용한다고 하더라도, 그 적용은, 남녀 사이에 층위적 관계
내지 지위적 격차가 존재하는 경우에 한하는 등,[20] 매우 제한적이어야
할 것이다.

2. 대상판결 사안에 폭행, 협박이 존재하는가?

강간죄가 성립하기 위하여는 폭행, 협박이 존재하여야 한다. 강간
죄에서의 폭행, 협박이 최협의인지, 협의인지, 광의인지, 최광의인지
여부에 관하여는 견해가 나뉘고 있다.[21] 판례의 입장은 최협의라고 보
는 것이 기본적인 입장으로 보이지만, 근래에는 반드시 그러한 입장인

세계의 사법제도 III, 한국사법행정학회(2006. 12.), 194;『채증법칙 위배를 이유
로 한 상고사건은 심리를 중지하여야 하고, 이를 명확히 하기 위하여 법률에
명문의 규정을 두어야 한다.』 강일원, "현행 상고제도의 문제점과 개선방안-
영미법계에 비추어-", 사법개혁과 세계의 사법제도 I, 사법제도비교연구회
(2004), 24~25; 미국에서도 거의 항상 대법원은 법률문제에 집중하고, 아주 예
외적으로 중요한 법규칙의 정확한 적용과 동시에 발생하는 경우에 드물게 사
실심의 사실인정의 당부를 살핀다. Benjamin Hughes, "Review of Factual
Findings in the U.S. Judicial System", 사법개혁과 세계의 사법제도 III, 한국사법
행정학회(2006. 12.), 150.
19) 물론 이에 대하여 자료의 수집, 분석 및 종합에도 규범적인 평가가 개재될
   수밖에 없다는 주장도 가능할 수 있다.
20) 대법원 2020. 5. 14. 선고 2020도2433 판결에서 보는 것처럼, 가해자와 피해자
   가 아버지와 딸의 관계에 있고 딸에 대하여 주변에서 피해자 진술 변경에 대
   한 회유와 협박이 존재할 수 있는 상황이라면 피해자 진술의 신빙성을 고려
   할 때 층위적 관계를 고려할 수 있을 것이다. 그러나 이를 '성인지 감수성'의
   예라고 단정하기는 어려운 듯하다. 각 심급의 판결문 어디에도 '성인지 감수
   성'에 관한 언급은 없다.
21) 한인섭, "형법상 폭행개념에 대한 이론", 형사법연구 10호(1997), 122 이하.

것은 아닌 것으로 보인다.22)

입법론으로는 비동의간음죄의 도입에 관하여 찬반 양론이 있다.23) 그러나 폭행, 협박을 배제한 범죄형태로써 비동의간음죄의 도입은, 행위자의 처벌이 오로지 피해자의 의사에 따라 이루어진다는 점에서 상당히 위험할 수 있다.24)

폭행, 협박이라는 표지의 존재는, 피해자의 동의가 있다고 평가할 수 있는지 여부에 대한 판단 척도일 수 있다.25) 비동의간음죄의 도입보다는 폭행, 협박의 개념을 넓게 해석하여 포섭범위를 넓히는 것이 타당할 것으로 생각된다.

그런데 대상판결의 1심, 2심 판결이 적절히 지적하고 있듯, 이 사건 공소사실 일시에 어떠한 폭행, 협박이 존재하고 있던 것인지 분명하지 아니하다. 공소사실 중 특히 "자신의 말을 듣지 않으면 이○○의 남편과 자녀들에게 위해를 가할 것처럼 이○○를 협박하여"라고 기재되어 있는 부분은, 이를 인정할 증거가 없는 것으로 보인다. 오히려 이 사건 공소사실 기재 간음행위로부터 4일 전(4. 10.)에 이루어진 피고인의 이○○에 대한 폭행 및 협박행위를 염두에 둔 것 아닌가, 즉 4. 10.

---

22) 대법원 2005. 7. 28. 선고 2005도3071 판결 "강간죄가 성립하기 위한 가해자의 폭행·협박이 있었는지 여부는 그 폭행·협박의 내용과 정도는 물론 유형력을 행사하게 된 경위, 피해자와의 관계, 성교 당시와 그 후의 정황 등 모든 사정을 종합하여 피해자가 성교 당시 처하였던 구체적인 상황을 기준으로 판단하여야 하며, 사후적으로 보아 피해자가 성교 이전에 범행 현장을 벗어날 수 있었다거나 피해자가 사력을 다하여 반항하지 않았다는 사정만으로 가해자의 폭행·협박이 피해자의 항거를 현저히 곤란하게 할 정도에 이르지 않았다고 섣불리 단정하여서는 안 된다."; 위 판결의 따름 판례로 대상판결 및 대법원 2018. 2. 28. 선고 2017도21249 판결 등이 있다. 이를 종합적 판단기준설이라고 부르기도 한다. 변종필, "강간죄의 폭행·협박에 관한 대법원의 해석론과 그 문제점", 비교형사법연구 제8권 제2호(2006. 12.), 156 이하 및 황은영, "성폭력범죄에 대한 실효적 대응 방안", 법조 제57권 제1호(2008. 1.), 17.

23) 이에 관하여 윤덕경, "형사법상 성적 자기결정권 본질 및 성적 자기결정권 보호증진을 위한 입법과제 검토", 이화젠더법학 제4권 제1호(2012. 6.), 28~29.

24) 이영란, "성폭력특별법의 형법적 고찰", 피해자학연구 3호, 한국피해자학회 (1995), 28.

25) 물론 폭행, 협박의 존재와 동의 여부가 반드시 궤를 같이하지는 않는다.

이후로 계속하여 이○○가 외포상태에 있었던 것으로 대법원은 평가
를 한 것 아닌가 생각된다. 그런데 2017. 4. 10.부터 이 사건 공소사실
사이에 시간적 간격, 피고인과 이○○의 남편 사이의 관계, 이○○의
나이, 2017. 4. 10. 이전의 피고인, 이○○ 및 그 남편 사이의 관계, 이
사건 공소사실 이후의 피고인, 이○○ 및 그 남편 사이의 언동 등을
모두 종합해 보면, 과연 이○○이 4. 14. 성관계 당시에도 외포상태에
있었던 것이라고 평가할 수 있는 것인지 의문이 남는다.

3. presumption of innocence, 그 결론인 in dubio pro reo 원칙과의 충돌 우려

헌법 제27조 제4항은 "형사피고인은 유죄의 판결이 확정될 때까
지는 무죄로 추정된다."라고 규정하고 있다. 이는 무죄추정의 원칙
(presumption of innocence)을 규정한 것으로 형사피고인이 형사재판을
받는 동안은 무죄로 추정되며, 유죄의 판결이 확정되어야만 죄책이 있
는 것으로 평가된다는 원리이다. 이는 잘못된 유죄판결로부터 무죄인
자를 보호하는 것(protecting the innocent)이다.[26] 그 당연한 결론으로 in
dubio pro reo의 원칙이 받아들여진다.[27] 이는 죄 있는 범인을 풀어주
더라도 무고한 사람을 처벌하여서는 아니된다는 법언과도 연결된다.[28]

---

26) Andrew Stumer, 「The Presumption of Innocence - Evidential and Human rights Perspectives」, Oxford and Portland Oregon(2010), 26. 저자는 무죄추정의 원칙에 2가지 기능이 있는데, 무죄인 자의 보호와 법치의 증진(promoting of the rule of law)을 들고 있다.

27) https://cld.irmct.org/notions/show/437/in-dubio-pro-reo-principle# 참조. 2019. 11. 6. 방문

28) 이러한 법언은 문헌상 유스티니아누스의 Digest(Pandectas)에 처음 등장한 후, 그로부터 12세기쯤 지난 13세기경에 다시 등장하였다고 한다. James Bradley Thayer, "The Presumption of Innocence in Criminal Cases", The Yale Law Journal, Vol. 6, No. 4(Mar., 1897), 187 및 Alfred J. Horwood, 「Year Books of the Reign of King Edward the first: XXX-XXXI」, London: Longman, Green, Longman, Roberts, and Green(1863), 538("quod melius est nocentem relinquere inpunitum quam innocentem [punire]")(https://www.jstor.org/stable/pdf/780722.pdf 및 Google Books에서 https://books.google.co.kr/books?id=HMdCAAAAYAAJ&printsec=

"in dubio pro reo" 원칙은 문명국에서는 어느 국가를 막론하고 받아들여지는 형사법상의 대원칙이다. '의심스러울 때에는 피고인의 이익으로'[29]라는 위 법언은, 피고인이 죄를 저질렀는지에 관하여 의문이 남아 있는 경우 법원은 피고인을 유죄로 판단하여서는 아니된다는 것이다.[30] 이는 유죄가 합리적 의심이 없을 정도로(beyond a reasonable doubt) 입증되어야 한다는 요구의 한 단면이다.[31]

성폭력범죄의 경우 가해자와 피해자 두명만이 존재하는 경우가 대부분이고, 따라서 피해자의 진술만이 성폭력범죄를 증명하는 유일한 증거일 경우가 많다. 따라서 피해자 진술의 신빙성이 어떠한가, 피고인 진술의 신빙성은 어떠한가가 그 성폭력범죄 사건에서 가장 중요한 이슈가 될 것이다. 그러나 피해자 1명의 진술만으로 범죄 성립 여부를 결정하는 것은 위험할 수 있다.[32] 그것은 피해자 1명만의 심정에만 기초한 판단이 될 수 있기 때문이다. 따라서 in dubio pro reo 원칙은 피고인 진술과 피해자 진술의 신빙성이 대등할 경우, 원칙적으로 피고인 진술의 신빙성에 더 무게를 두라는 것으로 이해될 수도 있을 것이다. 피해자 진술의 신빙성이 우위에 있으려면, 그러한 진술 외에 범행 전후의 정황이 매우 중요하게 고려되어할 것이다. 즉 성폭력범죄에 있어 피해자의 진술 외에 성행위 전후의 정황이 매우 중요한 자료로 평가

---

frontcover&source=gbs_ge_summary_r&cad=0#v=onepage&q&f=false 참조. 2019. 11. 7. 방문).

29) "When in doubt, for the accused(in favor of the defendant)".

30) https://en.wikipedia.org/wiki/In_dubio_pro_reo 참조. 2019. 10. 31. 방문.

31) "… the principle is essentially just one aspect of the requirement that guilt must be found beyond a reasonable doubt." https://en.wikipedia.org/wiki/In_dubio_pro_reo 참조. 2019. 10. 31. 방문.

32) 베카리아의 말처럼, 1명의 증인 진술만으로는 충분하지 아니할 수 있다. 증언에 더하여 다른 무엇인가가 더 존재하여야 할 것이다. "One witness is not sufficient; for whilst the accused denies what the other affirms, truth remains suspended, and the right that every one has to be believed innocent, turns the balance in his favour."「Doubt in favour of the Defendant, Guilty beyond reasonable doubt: Comparative study」, OSCE(2016), 28 (https://www.osce.org/mission-to-skopje/345461?download=true 참조. 2019. 11. 6. 방문).

되어야 한다. 성행위 전후의 대화내용이나 행동 등을 아울러 고려하여 피해자 진술이 피고인 진술보다 그 신빙성에 있어 확실한 우위에 있다고 평가되어야 할 것이다. 대상판결의 1심과 2심이 이러한 사정을 고려하여 이○○의 진술만으로 유죄를 인정할 수 없다고 본 것으로 생각된다. 즉 1심의 사실인정에 명백히 잘못된 것이 있다고 보이지 않는다.

그럼에도 대법원은 '성인지 감수성'이라는 개념을 들어, '성인지 감수성'을 고려하지 아니한 1심과 2심의 사실인정에 명백한 잘못이 있다고 본 듯한데, 그것이 타당한 것인지 의문이다.

한편 "in dubio pro reo" 원칙은 사실인정에 관한 원칙이고, 법률의 해석 관련하여서도 비슷한 원칙이 존재한다. 그것은 'Rule of lenity'로, 형사법률의 해석이 불분명하고 애매하여 다의적으로 해석될 여지가 있을 경우에는 피고인에게 가장 유리한 방법으로 해석되어야 한다는 것이다.[33] 물론 이 원칙이 현재에도 그대로 인정될 수 있는 것인지 여부는 불분명하다.[34] 이는 불명확성을 해소하려는 것으로, 법에 반하는 행위를 한 자에게 우선적으로 고려되어야 하는 것이 아니라 입법부가 의도한 것을 해석하는 절차에서 최종적으로 작동하는 원칙으로 보아야 하기 때문이다.[35] 대상판결은 진술의 신빙성을 판단할 때 '성

---

33) https://en.wikipedia.org/wiki/Rule_of_lenity 참조. 2019. 10. 31. 방문.

34) 최근 Lockhart v. United States, 577 U.S. ___ (2016) 사건에서 미국 연방대법원은 이 원칙을 적용하지 아니하였다. 그 사건은 연방법률의 해석에 관한 것이었다. 18 U.S.C. § 2252(b)(2)는 『a defendant convicted of possessing child pornography is subject to a mandatory 10 year minimum prison sentence if they have "a prior conviction...under the laws of any State relating to aggravated sexual abuse, sexual abuse, or abusive sexual conduct involving a minor or ward."』라고 규정하고 있는데, 수식구(qualifier) 'involving a minor or ward'라는 부분이 'aggravated sexual abuse, sexual abuse, or abusive sexual conduct' 전체를 수식하는가, 아니면 'abusive sexual conduct'만 수식하는가 여부였다. rule of lenity가 적용된다면 전자에 의하여 피고인에게 보다 유리하게 해석하여야겠지만, 그렇지 않다면 후자에 따라 해석될 것이다. 다수의견은 후자로 해석하였다. https://en.wikipedia.org/wiki/Lockhart_v._United_States_(2016) 참조. 2019. 10. 31. 방문.

35) "The rule comes into operation at the end of the process of construing what

인지 감수성'을 고려하라는 것이기 때문에, 이는 사실관계의 확정과 관련되어 있는 것일 뿐이어서 Rule of lenity와 직접 관련성이 있다고 보기는 어렵다. 다만 '성인지 감수성'의 적용영역이 정책 결정 등에 한정되어야 하는가 아니면 재판영역에도 적용될 수 있는가, 재판영역에 적용된다면 민사사건과 행정사건에 한정되어야 하는가 아니면 형사사건에도 적용될 수 있는가와 관련하여서는 전혀 무관하다고 볼 수는 없다고 생각한다. 아래에서 살펴보겠지만, '성인지 감수성'이라는 개념이 적용되어 피해자 진술의 신빙성을 가해자 진술의 신빙성보다 우위에 두어야 한다고 하더라도, 그러한 작동원리는 민사사건이나 행정사건에 한정되어야 할 것이다36). 형사사건에서 피해자 진술과 가해자 진술의 신빙성 평가는 동일선상에서 출발되어야 하며 피해자 진술의 신빙성을 가해자 진술의 신빙성보다 우위에 놓아서는 아니된다. 즉 '성인지 감수성'이라는 개념 적용과 관련하여, 형사사건에서는 피해자 진술과 피고인 진술의 신빙성이 대등한 관계에서 출발되어야 함을 요구한다고 보아야 한다.

4. '성인지 감수성' 개념의 문제점

가. 개념의 모호성

'성인지 감수성'이란 무엇인가? '성인지 감수성'이란 용어가 처음 등장한37) 대법원 2018. 4. 12. 선고 2017두74702 판결은 "법원이 성희롱 관련 소송의 심리를 할 때에는 그 사건이 발생한 맥락에서 성차별

Congress has expressed, not at the beginning as an overriding consideration of being lenient to wrongdoers." Callanan v. U.S., 364 U.S. 587, 596 (1961) (https://supreme.justia.com/cases/federal/us/364/587/ 참조. 2019. 10. 31. 방문).

36) '성인지 감수성'이라는 용어가 대법원 판결에 등장한 것은 형사판결이 아니라, 민사소송과 같은 정도의 입증을 요하는 '행정판결(2017두74702 판결)'에서였다.

37) '성인지 감수성'을 언급한 최초의 판결은 대전지방법원 홍성지원 2018. 3. 27. 선고 2017고단822 판결[판사(재판장) 김재현]로 진술의 신빙성 판단에서가 아니라, 양형에서의 고려요소('관리자급 간부로서 갖춰야 할 성인지 감수성이 매우 부족해 보이는 점')였다.

문제를 이해하고 양성평등을 실현할 수 있도록 '성인지 감수성'을 잃지 않아야 한다(양성평등기본법 제5조 제1항 참조). 그리하여 우리 사회의 가해자 중심적인 문화와 인식, 구조 등으로 인하여 피해자가 성희롱 사실을 알리고 문제를 삼는 과정에서 오히려 부정적 반응이나 여론, 불이익한 처우 또는 그로 인한 정신적 피해 등에 노출되는 이른바 '2차 피해'를 입을 수 있다는 점을 유념하여야 한다. 피해자는 이러한 2차 피해에 대한 불안감이나 두려움으로 인하여 피해를 당한 후에도 가해자와 종전의 관계를 계속 유지하는 경우도 있고, 피해사실을 즉시 신고하지 못하다가 다른 피해자 등 제3자가 문제를 제기하거나 신고를 권유한 것을 계기로 비로소 신고를 하는 경우도 있으며, 피해사실을 신고한 후에도 수사기관이나 법원에서 그에 관한 진술에 소극적인 태도를 보이는 경우도 적지 않다. 이와 같은 성희롱 피해자가 처하여 있는 특별한 사정을 충분히 고려하지 않은 채 피해자 진술의 증명력을 가볍게 배척하는 것은 정의와 형평의 이념에 입각하여 논리와 경험의 법칙에 따른 증거판단이라고 볼 수 없다."라는 판시를 하고 있을 뿐, '성인지 감수성'이라는 것이 무슨 의미인지 개념정의를 하고 있지는 않다. 위 판례에서 참고 조문으로 기재되어 있는 <u>양성평등기본법 제5조 제1항은</u> "국가기관 등은 양성평등 실현을 위하여 노력하여야 한다."라고 규정하고 있을 뿐, 역시 '성인지 감수성'이라는 개념이 무엇인지 정의하고 있지 않다. 양성평등기본법도 '성인지'라는 용어는 사용하고 있으나, '성인지'라는 개념 자체에 대하여 정의규정을 두고 있지는 않다. 다만 <u>양성평등기본법 제18조 제1항은</u> "국가와 지방자치단체는 사회 모든 영역에서 법령, 정책, 관습 및 각종 제도 등이 여성과 남성에게 미치는 영향을 인식하는 능력을 증진시키는 교육(이하 "성인지 교육"이라 한다)을 전체 소속 공무원 등에게 실시하여야 한다."라고 규정하고 있는바, <u>여기에서 '성인지'는</u> "사회 모든 영역에서 법령, 정책, 관습 및 각종 제도 등이 여성과 남성에게 미치는 영향을 인식하는 능력"을 의미함을 알 수 있다. 그런데 이러한 개념정의도 쉽게 이해되는 것은 아니다. 오히려 "성인지 감수성이란 성(gender) 이슈를 감지하는 능력으로 성차별로 인해 일어나는 문제와 그 차이들이 미치는 영향 등을 인지하는 것, 즉 성 차별과 성(gender) 불평등을 인지하는 광범위한 능력을 말한다."라는 개념정의[38]가 보다 용이한 듯하다. 즉 성 차별이나 성 불평등을 인지하는 능력이 '성인지 감수성'이라고 보면 될 것으로 생각된다. 그렇지만 여전히 이해하기가 쉽지 않아 보인다.

그런데 이렇게 모호한 개념이 피해자 진술의 신빙성 판단을 위한 하나의 기준이 된다고 할 때, 과연 그 개념이 얼마만큼의 도움이 될 수 있는 것인지는 의문이다. '성인지 감수성'이라는 용어가 진술의 신빙성 판단에 있어 도대체 어떠한 구체적인 방법을 제시해 줄 수 있다는 말인가?

'성인지 감수성'은 성폭력 범죄의 성립 여부를 '평균적 피해자의 관점'에서 판단할 것을 요구하는 개념이라고도 하지만,[39] 그 의미의 모호함으로 인해 피해자의 진술을 섣불리 일반화하여 재판 과정에서 객관적이고 치밀한 논증이 생략될 우려가 있고 또한 가치 함축적이고 목적 지향적 의미로 인해 여론 재판의 위험성도 있다는 비판[40]도 같은

---

38) 이혜정·오선영·김은심, "예비유아교사의 성인지 감수성 인식 연구", 열린유아교육연구 제23권 제2호(2018. 4.), 170; 이성기, "스포츠 성폭력 범죄의 처벌에서 '성인지 감수성'의 역할과 과제", 스포츠엔터테인먼트와 법 제22권 제2호(2019. 5.), 125는 "최근 성폭력범죄 재판에서 강조되는 '성인지 감수성'의 개념은 넓게 보면, 우리 사회, 문화 속에서 구조적으로 형성된 성차별적 가치를 간파하여 양성 평등의 실현을 위한 정책 및 제도적 조치를 강구해 나가는 사회적, 집단적 지적 능력이라고 볼 수 있다."라고 기술하고, 김우석, "남성 스포츠지도자의 윤리적가치관이 성인지감수성 및 성폭력태도에 미치는 영향", 한국체육과학회지 제27권 제5호(2018), 57은 "'성인지 감수성'은 남성들과 여성들 사이에 존재할 지도 모를 사회적, 문화적, 경제적, 정치적 불평등의 존재를 고려하고 민감하게 받아들이는 정도를 의미한다고 한다."라고 기술하고 있다.

39) 성인지 감수성 적용원칙을 강조하는 대법원의 입장은, 성폭행 등 사건에 있어서 증거의 신빙성 판단의 원칙인 '논리칙과 경험칙'에 합당한 판단이 되려면 우리 사회 전체의 일반적이고 평균적인 사람이 아니라 성폭행 등 피해자들과 같은 처지에 있는 평균적인 사람의 입장에서 판단하여야 한다는 점을 강조한 데에 특색이 있다. 김영철, [칼럼] 성인지 감수성, 법률저널 2019. 1. 18. 자(http://www.lec.co.kr/news/articleView.html?idxno=49532 참조. 2019. 11. 7. 방문)

취지에서 이해될 수 있다.

오히려 성폭력 피해자인 여성(혹은 남성) 진술의 신빙성을 판단할 때 '성 차별과 성 불평등을 인지하는 능력'을 잃지 않도록 하라는 말, 혹은 '피해자의 평균적 관점'에서 판단하라는 말은, 암묵적으로 피해자의 진술에 보다 신빙성을 두라는 취지로 이해될 수밖에 없는 것 같아 보인다. 그런데 별다른 근거 없이 단지 성별 때문에(단지 성별이 여성이라는 이유만으로, 혹은 남성이라는 이유만으로) 이와 같이 신빙성을 판단한다는 것은 매우 위험할 수 있다고 생각된다.[41] 더욱이 기억이라는 것의 불확실성과 편집가능성을 고려한다면,[42] 피해자의 진술을 주로 하여 유무죄를 판단한다는 것은 상당히 비합리적일 수 있다고 생각된다. 이는 피해자의 진술에 기초하여 사실을 추정하는 것과 진배없기 때문이다.[43]

나. 발생 연혁에 비추어 형사사건에서 신빙성 평가의 기준이 될 수 있는지

'성인지'는 영어로 gender sensitivity 혹은 gender sensitization이라고

---

40) 이성기, 위 논문, 125. 따라서 가치중립적이고 법적 수용이 가능한 '피해자의 평균적 관점'이라는 용어를 사용하는 것이 타당하다고 주장한다.

41) Helen Lewis가 #MeToo movement 관련하여 Toronto 대학교 Jordan B. Peterson 교수와 인터뷰를 하였는데, 그 내용 중 Peterson 교수의 말을 들어 보면, 미투운동 관련하여 피해자의 의견(idea)만을 믿고 판단하는 것은 무죄추정의 원칙을 배제할 수 있는 위험이 있다고 말하고 있다.
https://www.youtube.com/watch?v=yZYQpge1W5s 동영상 1:13:40경부터 참조. 2019. 11. 8. 방문

42) 홍수, "기억의 불완전함: 내 기억은 얼마나 진짜 기억일까?", 한겨레 과학웹진 사이언스온(2013. 8. 23.자) http://scienceon.hani.co.kr/118328 참조. 2019. 11. 8. 방문; 인간이 스스로의 기억을 자신도 모르게 조작할 수 있음을 드러낸 사례를 모은 엘리자베스 로프터스/캐서린 케첨(역: 정준형), "우리 기억은 진짜 기억일까?", 도솔(2008).

43) 형법에서 사실상의 추정이 가능할까? 이렇게 신빙성을 우위에 두라는 것은 피해자 진술에 기초하여 사실확정을 하라는 것이기 때문에, 결국 사실상의 추정과 같은 효과가 있는 것 아닐까? 이러한 추정은 유죄의 추정이라고 볼 수밖에 없다.

표현된다. 이러한 용어가 등장한 것은 1990년대 중반부터로, 서구 사회
를 중심으로 사회적 불평등을 개선하기 위한 노력 속에 성 평등을 구
현하기 위한 국가정책의 주요 근거나 기준으로서 등장한 개념이라고
한다.[44] 즉 gender sensitivity는 국가정책에 있어 양성평등을 구현하기
위한 정책을 펴라는 것으로 직장, 임금, 승진 등 경제관계에 있어서의
불평등을 개선시키기 위하여 도입된 개념으로 보인다. 애초 사법절차
인 재판, 특히 형사재판과는 별 관련성이 없었고, 고용, 임금 등 민사
관계나 행정관계 등에 사용될 개념으로 등장한 것으로 보인다.[45] 역사
적으로 여성에 대하여 차별이 이루어져 왔기 때문에 이에 대한 보정
을 목적으로 정책적인 목적에서 도입이 되었다면, 이는 역사적·추상
적·보편적·집합적 인간상(여성)을 전제로 하는 것이다. 정책 형성에

44) http://koreanlii.or.kr/w/index.php/Gender_sensitivity 참조, 2019. 11. 12. 방문; 차인순,
"성인지 예산 입법과정에 관한 연구", 여성연구 Vol. 76, No. 1(2009), 144. 1995.
9. 북경 제4차 세계여성회의 행동강령에서 성평등 촉진을 위한 전략의 일환으로
정책과 예산에 성인지적 관점의 통합을 제시하였다. 북경행동강령 내용은
http://world.moleg.go.kr/web/dta/lgslTrendReadPage.do?CTS_SEQ=15812&AST_SEQ=3
12&ETC= (2020. 6. 17. 방문)에서 '북경행동강령.pdf'의 81쪽 참조(19. It is
essential to design, implement and monitor, with the full participation of women,
effective, efficient and mutually reinforcing gender-sensitive policies and
programmes, including development policies and programmes, at all levels that will
foster the empowerment and advancement of women); 그 후 공식적인 문서에 등
장한 것은 1999년 유엔 여성차별철폐협약(CEDAW) 이행권고 14호라고 한다.
신진화, "2018-2019 '성인지 감수성' 판결을 위한 변명 — 통념과 경험칙의 재
구성을 위하여 —", 2019년도 법관연수 어드밴스 과정 연구논문집, 사법연수원
(2020), 265.
45) 양성평등기본법 제3조 제2호는 '성희롱'에 관하여 정의 규정을 두고 있는바,
"'성희롱'이란 업무, 고용, 그 밖의 관계에서 국가기관·지방자치단체 또는 대
통령령으로 정하는 공공단체(이하 '국가기관등'이라 한다)의 종사자, 사용자
또는 근로자가 다음 각 목의 어느 하나에 해당하는 행위를 하는 경우를 말
한다."라고 하면서 "가. 지위를 이용하거나 업무 등과 관련하여 성적 언동 또
는 성적 요구 등으로 상대방에게 성적 굴욕감이나 혐오감을 느끼게 하는 행
위", "나. 상대방이 성적 언동 또는 요구에 대한 불응을 이유로 불이익을 주
거나 그에 따르는 것을 조건으로 이익 공여의 의사표시를 하는 행위"를 들고
있다. 이러한 '성희롱'은 업무나 고용, 기타 이와 유사한 관계에서 발생할 것
을 예정한 것으로, 형사판결을 전제한 개념은 아니다.

있어서의 인간은 역사적·추상적·보편적·집합적으로 다루어질 수밖에 없기 때문이다. 그러나 재판, 특히 형사재판에서는 원칙적으로, 역사적·추상적·보편적·집합적 인간상을 전제로 하여 사실관계를 확정하는 것이 아니라, 현실적·구체적인 개인을 파악하여 사실관계를 확정한다.

즉 형사재판에서는, 피해자가 여성이라는 것 자체에서 피해자의 일반적·집합적인 특성을 도출하여 사실관계를 확정하는 것이 아니라, 개개의 구체적 사건에서 피해자를 개별적으로 파악하여, 그 피해자가 외포되었는지, 기망되었는지 여부 등을 평가하는 것이다. 추상적인 인간상(가령 신분)을 기준으로 피해자를 파악하는 경우는 형법상 매우 한정되어 있다. 가령 13세 미만자에 대한 간음 또는 추행을 하는 경우(형법 제305조), 존속살인죄의 경우(형법 제250조 제2항) 등을 들 수 있다. 대상판결에서, 피해자가 구체적으로 어떠한 사회경험을 가지고 있었는지 여부 등도 구체적으로 심리되어야 행위 당시 피해자가 실제로 외포되었을지, 행위 이후 진술에 허위가 개재될 여지는 없는지 등을 판단할 수 있을 것이다. 피해자가 성인이 된 이후부터 바로 직업을 가지고 사회생활을 하였는가, 아니면 학생으로 별다른 사회생활 없는 상태였는가, 혹은 성인이 된 이후 가정주부로서 가정생활만 하였는가, 직업을 가지고 있었다면 어떠한 직업을 가지고 있었는가, 직장생활을 얼마나 하였는가 등이 이를 판단하는 고려요소가 될 수 있다[46]. 그러나 대상판결은 이러한 구체적, 개별적 피해자에 관한 사실관계 파악에 대하여는 아무런 언급이 없다.

성 정체성을 파악하는 관점 관련하여 gender binary에서 gender spectrum으로 변화되고 있는 것도 고려해 보아야 한다. 대상 판결은 gender binary 입장(즉 외부성기나 염색체 등에 의한, 양 극단의 남성과 여성으로의 구별)에 서 있는 것처럼 보인다. 왜냐하면 외부 성기나 염색

---

46) 가령 여성이지만 군대 내 특수부대에서 특수훈련을 받고 수년간 근무한 경험이 있는 경우, 과거에 성범죄를 빌미로 한 공동공갈 범행에 관여한 전력이 있는 경우 등을 생각하여 볼 수 있다.

체 등만으로 성(gender)을 파악한 것이 아닌가 생각되기 때문이다. 그러나 육체적인 측면, 정신적인 측면, 사회적인 인식 등을 종합하여 고려할 경우 gender라는 것은 무수히 다양하게 존재할 수 있다. 즉 외양이 여성이라고 하여 그 사람이 정신적으로도 완전히 여성이라고 볼 수는 없다. 오히려 대부분의 인간은 정신적인 측면에 있어 여성성과 남성성의 중간 어딘가에 존재할 가능성이 더 크다. 따라서 성별을 기초로 하여 행위 당시 피해자가 어떠한 정신상태에 있었을 것인지, 따라서 어떠한 행태를 보였을 것인지를 판단하기 위하여는, 피해자의 육체가 어떠한지가 아니라, 피해자가 정신적인 측면에서 여성성과 남성성 중 어느 쪽에 더 가까이 있는지를 파악하여야 할 것이다47)(이에 관하여 뒤에서 추가 서술).

성인지 감수성은 남녀의 성차별에 기인하였을 것이지만, 보다 정확히는 직장 내지 조직생활 내에서 다수를 차지하였던 남성의 여성에 대한 계층 내지 직위의 상하관계에서 기인하였다고 생각된다. 그렇다면 이는 성별보다는 오히려 지위나 강약관계 등과 연관지어 보는 것이 더 타당할 수 있다.48) 만약 여성이 주를 이루는 직장 내에서 남성에 대하여 성희롱이 이루어진다면, 이러한 경우에도 남성보다 여성의 진술에 신빙성을 더 부여해야 하는가? 성인지 감수성은 어떤 집단에서의 구성원들 중 소수를 점하는 자들, 보다 열악한 지위에 있는 자들의 보호에 관한 문제라고 생각된다. 무조건적으로 여성의 진술의 신빙성을 남성의 그것보다 우위에 두는 것이 아니다. 따라서 직장 기타 어떠한 조직 내에서의 상하관계에 기반하여 하위 구성원의 진술의 신빙성

---

47) 성별 결정의 기준에 관하여 대법원 1996. 6. 11. 선고 96도791 판결, 대법원 2006. 6. 22.자 2004스42 전원합의체 결정; 우인성·이은실, "성전환자에 관하여 -성전환자를 중심으로-", 사법논집 제71집, 사법발전재단(2020), 50 이하.

48) "판례에서 언급하는 성인지 감수성이 '감성'의 문제로 이해되는 것에 강한 거부감을 느끼고 있고, '소수자의 문화나 행동에 대한 편견으로 합리적 인식을 저해시키는 인식론' 차원에서 이해되기를 바랍니다." 김도요, "카메라등이용촬영죄 무죄 사건 판결문 사진 첨부에 관한 생각", 젠더법연구회 2019. 11. 2.자 코트넷 게시글.

을 판단할 때가 아니라, 일상생활에서 남녀가 대등한 사회관계에서 형성하는 행동은 성인지 감수성이라는 잣대를 함부로 들이댈 것은 아니라고 생각한다.

물론 정책적인 측면에서 사용되는 용어가 다른 영역에 적용될 수도 있을 것이다. 그러나 정책적인 문제, 즉 고용 등 민사관계나 행정관계 등에 주로 사용되어야 하는 개념이 형사죄책을 평가할 때에도 사용될 수 있다고는 생각되지 않는다. 민사책임과 형사책임은 다르기 때문이다.

다. 형사재판과 민사재판의 입증의 정도

형사재판에서의 입증과 민사재판에서의 입증은 같지 아니하다.

대법원도 "민사책임과 형사책임은 그 지도이념과 증명책임, 증명의 정도 등에서 서로 다른 원리가 적용되므로, 징계사유인 성희롱 관련 형사재판에서 성희롱 행위가 있었다는 점을 합리적 의심을 배제할 정도로 확신하기 어렵다는 이유로 공소사실에 관하여 무죄가 선고되었다고 하여 그러한 사정만으로 행정소송에서 징계사유의 존재를 부정할 것은 아니다(대법원 2015. 3. 12. 선고 2012다117492 판결 등 참조)"라고 하여 민사재판과 형사재판에서의 입증의 정도를 달리 본다.

이렇게 민사재판과 형사재판에서 동일한 요건에 관하여 입증을 다하였는지에 관하여 결론을 달리한 예로, 과실범 관련하여, "의료과오로 인한 민사책임과 형사책임은 그 지도이념과 증명책임, 증명의 정도 등에 있어 서로 다른 원리가 적용되므로, 의료과실에 관한 형사재판에서 업무상 과실과 상해나 사망의 결과 발생 사이에 인과관계가 있다는 점을 합리적 의심을 배제할 정도로 확신하기 어렵다는 이유로 공소사실에 관하여 무죄가 선고되었다고 하여 그러한 사정만으로 민사책임이 부정되는 것은 아니다(대법원 2000. 12. 22. 선고 99도44 판결, 대법원 2007. 2. 22. 선고 2006도6148 판결 참조)."라고 한 판결(대법원 2015. 3. 12. 선고 2012다117492 판결)이 있다. 즉 동일한 사안에 대하여 민사판결과 형사판결의 결론은 달라질 수 있다.

가령 다음의 예를 들어 본다.

[예제 1]

갑은 을이 자신을 강간하였다고 주장하면서 을을 고소하였다. 이에 을은, 자신은 갑을 강간한 사실이 없고 따라서 갑이 자신을 무고하는 것이라고 하면서 갑을 고소하였다. 수사 결과 을이 갑을 강간하였는지, 특히 갑의 동의가 없었던 것인지에 관하여 갑의 진술에 더 신빙성이 있기는 하지만 을의 진술도 거짓말이라고 단정하기 어려워, 유죄의 확신이 들 정도에 이르지 아니한다고 판단하였다.[49] 이에 을을 혐의없음 불기소처분하였다. 그리고 갑의 을에 대한 무고에 대하여도 갑의 사실오인에 기초한 고소라는 이유로 혐의없음 불기소처분하였다.[50]

[예제 2]

갑은 을에 대한 고소가 혐의없음 불기소처분되자 을을 상대로 민사법원에 손해배상청구를 하였다. 내용은 을이 갑을 강간하였으므로 을은 갑에게 그 불법행위에 기한 손해배상책임을 부담한다는 것이었다. 민사법원은 을의 진술보다 갑의 진술에 신빙성이 더 있다는 취지에서 이를 인용하였다.

[예제 3]

갑은 을이 자신을 강간하였다고 주장하면서 을을 상대로 민사소송을 제기하였다. 이에 을은, 자신은 갑을 강간한 사실이 없고 따라서 갑이 자신에 대하여 허위소송을 제기한 것이라고 주장하면서 갑을 상

---

49) 이는 우리나라뿐만 아니라 미국 실무에서도 마찬가지이다. 통상 성범죄 관련하여서는 피해자의 말밖에 없는 경우가 많기 때문이다. Steven. W. Kim, 「Trial By Jury - In-Depth Strategy for Jury Trials-」, Legal Research & Training Institute (법무연수원, 2013), 53

50) 물론 법원의 재판에 있어서의 입증 기준과, 수사기관의 입증 기준, 공소를 제기하는 검사의 입증 기준이 동일하지는 않다.

대로 반소를 제기하였다. 재판 결과 을의 주장에 더 신빙성이 있었고, 이에 을의 청구를 인용하고 갑의 청구를 기각하였다.51)

　형사소송에서 입증의 정도는 '합리적 의심을 배제할 정도의 확신 (beyond a reasonable doubt)'에 이르러야 하지만,52) 민사소송에서의 입증 의 정도는 '증거의 우월(preponderance of the evidence)'로 족하다.53) '합리 적 의심을 배제할 정도의 확신'이라는 것을 퍼센티지 등 수치화하는 것이 가능한 것인지,54) 가능하다면 어느 정도의 퍼센티지에 이르러야 그 정도에 이르는지에 관하여는 의견이 나뉠 수 있다. 적어도 80% 이 상이 되어야 한다는 의견,55) 85~95% 정도에 이르러야 한다는 의견,56)

---

51) 물론 갑과 을의 청구 모두를 기각할 수도 있을 것이다.
52) 미국연방대법원은, 미국 헌법상의 적법절차 조항(Due Process clause)에 의하여 모든 범죄 구성요건이 합리적 의심을 배제할 정도로 증명될 때에만 피고인 에 대하여 유죄판결이 가능하다고 하였다(Due Process Clause protects the accused against conviction except upon proof beyond a reasonable doubt of every fact necessary to constitute the crime with which he is charged). In re Winship, 397 U.S. 358, 364(1970). https://caselaw.findlaw.com/us-supreme-court/397/358.html 참조(2019. 10. 23. 방문). 이는 주법원에서 인정되던 법리가 연방대법원에 채 용된 것이라고 한다. 홍진호, "형사재판에서 '합리적 의심'이란 무엇인가", 재 판실무연구, 광주지방법원(2014), 305.
53) (1) preponderance of the evidence, (2) clear and convincing evidence, (3) clear, unequivocal and convincing evidence, (4) proof beyond a reasonable doubt의 개념 차 이에 관하여 United States v. Fatico, 458 F. Supp. 388, 402~5 (E.D.N.Y. 1978) 참조. https://law.justia.com/cases/federal/district-courts/FSupp/458/388/1875797/ 참조. 2019. 11. 20. 방문.
54) 일반적으로, 법원은 입증책임을 수치화하지는 아니하여 왔다(Typically, courts have not quantified burdens of proof). US v. Copeland, 369 F.Supp.2d 275, 286 (E.D.N.Y. 2005). https://casetext.com/case/us-v-copeland-51 참조(2019. 10. 23. 방문).
55) James Franklin, "Case comment―United States v. Copeland, 369 F. Supp. 2d 275 (E.D.N.Y. 2005): quantification of the 'proof beyond reasonable doubt' standard", *Law, Probability and Risk,* Vol. 5, Issue 2(2006), 159ff.
56) 설민수, "민사·형사 재판에서의 입증의 정도에 대한 비교법적·실증적 접근", 인권과 정의 388호(2008), 87에 의하면 Weinstein 판사가 9명의 동료 판사를 대 상으로 조사한 결과 76%, 85% 4명, 90% 2명, 95% 등을 제시하여 85%~90%가

95% 이상이 되어야 한다는 의견57) 등이 있다. 그러나 <u>민사소송과 같
은 증거의 우월, 즉 51%의 입증이 아님은 분명하다. 즉 형사소송에서
는 '확률'이 아니라 '확신'이 문제</u>된다.

기술하였지만 '성인지 감수성'이라는 용어가 국가의 정책 시행 관
련하여 등장한 것이고, 주로 문제가 될 것으로 예상되는 분야가 고용
관계 등 민사나 행정에 관련된 것이라면, 이러한 개념이 형사재판에서
사용되는 것은 삼가되어야 한다.

<u>대상판결이 인용한 행정사건인 대법원 2018. 4. 12. 선고 2017두
74702 판결58)</u>의 원고는 그 사건의 징계사유에 기술된 성추행 관련하

가장 높은 수치로 나왔다고 한다. 이순동, 민사소송의 사실인정과 증인신문
기법, 진원사(2009), 71~2에서는 자연과학적 증명(100%), 합리적 의심을 허용
치 않는 정도의 증명(85~95%), 고도의 개연성의 증명(75~85%), 상당 정도의
개연성의 증명(65~75%), 증거의 우월 내지 우월적 개연성의 증명(51~65%)으
로 그 증명의 정도를 구분하고 있다.

57) Jack B. Weinstein & Ian Dewsbury, "Comment on the meaning of 'proof beyond a
reasonable doubt'", *Law, Probability and Risk*, Vol. 5, Issue 2(2006), 167ff.
(https://academic.oup.com/lpr/article/5/2/167/927735 참조. 2019. 10. 23. 방문). 판사
인 Weinstein은 jury instruction을 할 때 "Were I the trier of fact, I would require
a probability of guilt of no less than 95%."라고 하여 95% 이상의 확신이 있어야
유죄판결을 하라는 취지로 이야기한다고 밝히고 있다. 미연방항소법원 2순회구
판사인 Newman은 Weinstein의 jury instruction을 인용하면서, 다만 용어 선정에
주의가 필요하다(probability, odds, chances 등의 단어는 피하는 것이 좋다)는 취
지로 기술하고 있다. Jon O. Newman, "Quantifying the standard of proof beyond a
reasonable doubt: a comment on three comments", *Law, Probability and Risk* Vol. 5,
Issue 3~4(2006), 267ff. (https://academic.oup.com/lpr/article/5/3-4/267/915446 참조.
2019. 10. 23. 방문).

58) 사안의 내용은 이러하다. 대학교수(형사사건의 피고인이자 행정사건의 원고)
가 그 학생들을 성추행하였다는 이유로 공소제기되었고 대학에서 해임되었
다. 피고인은 성추행으로 공소제기되어 형사재판을 받게 되었고, 해임 관련
하여 행정소송을 제기하였다. 형사사건과 행정사건의 시간적 순서는 다음과
같다. ① 2017. 1. 20. 행정사건 1심에서 <u>성추행 인정</u>되어 원고 패소판결이 선
고되었다(항소). ② 2017. 2. 9. 형사사건 1심에서 <u>성추행 부정</u>되어 무죄를 선
고하였다(항소). ③ 2017. 8. 25. 형사사건 2심에서 <u>성추행 부정</u>되어 항소기각
(무죄 확정)되었다. ④ 2017. 11. 20. 행정사건 2심에서 <u>성추행 부정</u>되어 원고
승소판결이 선고되었다(상고). ⑤ 2018. 4. 12. 행정사건 3심인 대법원에서 성
추행 인정 취지로 파기환송되었다.

여 성폭력범죄의처벌등에관한특례법위반(업무상위력등에의한추행)으로 공소제기되었으나 그 입증이 없다는 이유로 무죄가 선고되었고,[59] 검사가 항소하였으나 기각되어 확정되었다.[60] 만약 이러한 형사판결의 결론이 민사나 행정사건에도 그대로 적용되어야 함을 전제한다면 행정사건의 결론도 같아질 것이다. 그러나 형사판결의 결론과 민사, 행정사건의 결론이 반드시 같을 필요가 없음을 전제한다면, 형사판결과 행정사건의 결론이 다르다고 하여 잘못된 것은 아닐 것이다.

행정사건인 위 2017두74702 판결의 1심은 2017. 1. 20. 원고 패소판결(성추행이 인정된다)을 선고하였으나[61] 그 항소심인 2심은 위 형사사건의 항소심 판결 확정 이후인 2017. 11. 20. 판결을 선고하면서 위 형사판결의 결론(성추행이 인정되지 않는다)과 궤를 같이 하여 원고 승소판결을 선고하였다.[62] 그런데 대법원은 '성인지 감수성'을 기초로 사실관계를 파악하여야 한다고 하면서 2심 판결을 뒤집었다. 즉 형사사건과 그 결론을 다르게 하였다. 이렇게 결론이 다를 수 있는 이유는, '합리적 의심을 배제할 정도'의 증명을 요하는 형사사건과 달리 민사사건이나 행정사건은 '증거의 우월'에 의하여서 판단이 가능할 수 있기 때문으로 생각된다. 즉 민사소송이나 행정소송에서 사실의 증명은 추호의 의혹도 없어야 한다는 자연과학적 증명이 아니고, 특별한 사정이 없는 한 경험칙에 비추어 모든 증거를 종합적으로 검토하여 볼 때 어떤 사실이 있었다는 점을 시인할 수 있는 고도의 개연성을 증명하는 것이면 충분하고(대법원 2010. 10. 28. 선고 2008다6755 판결), 민사책임과 형사책임은 그 지도이념과 증명책임, 증명의 정도 등에서 서로 다른 원리가 적용되므로, 징계사유인 성희롱 관련 형사재판에서 성희롱 행위가 있었다는 점을 합리적 의심을 배제할 정도로 확신하기 어렵다는 이유로 공소사실에 관하여 무죄가 선고되었다고 하여 그러한 사정만

---

59) 대구지방법원 2017. 2. 9. 선고 2016고단1247 판결.
60) 대구지방법원 2017. 8. 25. 선고 2017노998 판결.
61) 서울행정법원 2017. 1. 20. 선고 2015구합76889 판결.
62) 서울고등법원 2017. 11. 10. 선고 2017누34836 판결.

으로 행정소송에서 징계사유의 존재를 부정할 것은 아니다(위 2012다
117492 판결). 대법원에서 성인지 감수성을 최초로 언급하였던 위 2017
두74702 판결에서는 '고도의 개연성'을 언급하였음에 반하여, 대상판결
에서는 '합리적 의심을 할 여지가 없을 정도'를 언급하고 있는데, 증거
의 신빙성 판단 기준에 관하여 동일하게 '성인지 감수성'에 기반한다고
하는 것은 다소 부정합적이라는 느낌을 준다.

즉 형사사건에서 피고인(행정사건의 원고)이 성추행을 하였는지 여
부에 관하여 65~75%의 심증 정도라서 피고인(행정사건의 원고)에게 유
죄 인정이 어렵다고 하더라도, 행정사건에서 원고(형사사건의 피고인)
가 성추행을 하였는지 여부에 관하여 65~75%의 심증이 있다면 원고
패소판결을 선고할 수도 있는 것이다. 즉 '성인지 감수성'을 기초로 한
사실확정은 민사나 행정사건처럼 증거의 우월에 의하여 사실관계를
인정하는 경우에 한정하여야 한다. 형사사건에서는 증거의 우월에 의
하여 사실관계를 확정하는 것이 아니기 때문에, '성인지 감수성'이 사
실관계 확정에 사용되는 것은 제한되어야 한다.

5. gender의 개념

gender를 어떻게 파악할 것인가에 관하여는 외부성기나 염색체에
의하여야 한다는 견해, 정신적인 것에 의하여야 한다는 견해, 두루 종
합하여 사회통념에 따라 결정하여야 한다는 견해 등으로 나뉜다. 앞에
서도 언급하였지만 성별의 결정은 외부성기나 염색체 등 육체적인 것
에 한정하여 이분법적으로 결정하는 것(gender binary)이 아니라 정신적
인 측면도 아울러 고려하여 결정하여야 하고[63] 이와 같이 볼 경우 성
정체성은 양 극단으로만 존재하는 것이 아니라 그 중간의 어딘가에 무
수히 많이 존재할 수 있다(gender spectrum).[64]

---

63) 과학기술의 발전에 의하여 육체적인 한계가 극복될 수 있음을 전제하면, 정
신적인 측면이 성별결정에 있어 근본적인 기준이 되어야 할 것이다.
64) 케이트 본스타인(조은혜 옮김), 「젠더 무법자」, 바다출판사(2015), 188. "젠더를
양 극점을 지닌 선으로 생각하는 대신 그 선을 비틀어서 다른 차원들을 통과

대상판결에서 피해자를, 성기수술(SRS/GRS)을 하지 아니한 트랜스
젠더(transgender) 남성(FTM)인데[65] 성적 지향(sexual orientation)은 남성을
향하고 있는 사람으로 치환하여 보자. 이러한 경우에도 성인지 감수성
을 전제로 피해자의 진술 관련하여 대상판결과 같게 신빙성을 평가할
수 있을까? 즉 그 트랜스젠더 남성인 피해자의 성 정체성을 피고인이
(나아가 피해자 본인마저) 인식하지 못하고 있었다고 한다면, 그러한 경
우에도 피해자의 외양에 기초하여 대상판결의 결론과 동일한 결론에
이를 것인가? 이러한 경우 달리 보아야 한다는 견해가 더 많을 것으로
생각된다. 만약 이러한 견해가 많다면, 그렇게 달리 보아야 하는 이유
는, 아마도 성별 결정에 있어 외양(성기나 염색체)이 아니라 정신이 어
떠한가를 더 중요하게 보아야 하는 것으로 생각하기 때문일 것이다.

즉 육체적인 측면이 여성이라고 하더라도 정신적인 측면까지 고
려하면 여성이 아닐 수도 있다. 따라서 대상판결에서 성인지 감수성에
서의 '성'을 제대로 인지하려면, 그 여성이 시스젠더(cisgender)인지 트랜
스젠더(transgender)인지, 아니 gender가 여성이라고 판별되더라도 정신적
부분에 있어서 얼마나 남성적 기질을 가지고 있는지 여부 등도 모두
아울러 살펴보았어야 할 것이다. 즉 성을 인지함에 있어 육체적 외양
만에 기초하여 접근하는 것은 너무 단편적인 것만으로 성별을 결정하
는 것이 될 수 있다.

6. 사실의 착오(내지 위법성조각사유의 전제사실에 대한 착오) 문제

인간은 신이 아닐뿐더러, 천리안을 가지고 세상사를 바라보는 것

해 돌려보면 재미있을 것이다. 이런 방식으로 젠더 정체성의 수많은 가능성
을 탐구할 수 있다."
65) 서울서부지방법원 2013. 11. 19.자 2013호파1406 결정 및 가족관계등록예규 제
550호로 2020. 2. 21. 개정되어 2020. 3. 16.부터 시행되고 있는 '성전환자의 성
별정정허가신청사건 등 사무처리지침' 제3조 등을 종합하여 보면, 외부 성기
를 변경하는 수술은 반드시 필요한 것이 아닌 것으로 되었다고 판단된다.

이 아니며, 또한 동일한 가치기준 아래에서 사물을 판단하는 것도 아니다. 인간 개개인이 동일한 가치기준 아래에서, 완전한 인식을 가지고 행동한다고 전제한다면, 인간 세상에 착오는 존재할 이유가 없다. 구체적인 인식에 있어서의 불완전성, 가치기준에 있어서 차이의 존재는 사실의 착오나 법률의 착오를 존재하게 한다. 형법에 있어 착오론은 인간 인식의 불완전성을 전제한다. 행위자의 주관적 인식을 기초로 할 때, 세상사는 흑백이 아니라 회색지대에 더 많이 존재할 수 있음을 알 수 있다. 즉 피고인도 완벽하지 아니한 선(善)의 영역에 존재할 수 있다.

사기죄나 배임죄, 횡령죄와 같이 명확한 인식을 바탕으로 어느 정도의 시간을 두고 이루어지는 범행이 아니라, 순간적으로 벌어지는 상해나 폭행의 경우 사실의 착오가 존재할 여지가 많다.

나아가 규범적 평가가 개재되는 구성요건요소의 인식에 있어서 포섭의 착오가 존재할 수 있다.66) 이러한 경우 포섭의 착오가 법률의 착오인지 구성요건적 착오인지에 관하여는 견해가 대립할 수 있다.67) 강간죄에서의 폭행, 협박의 존재에 대한 인식, 상대방의 의사에 반한다는 점(비동의) 모두 구성요건요소를 구성하며, 어느 정도에 이르러야 폭행, 협박에 해당하는지, 비동의를 구성하는지에 관하여 다툼이 존재

---

66) 포섭의 착오의 체계적 위치에 관하여는 장성원, "범죄체계론의 변화에 따른 포섭착오의 정서 -고의 및 위법성인식의 체계적 지위와 포섭착오-", 법학논고 제49집, 경북대학교 출판부(2015. 2.) 참조.

67) 포섭의 착오가 사실의 착오인지, 법률의 착오인지 여부에 관하여는 다툼이 있다. 안성조, "법률의 착오에 관한 연구", 서울대 박사학위논문(2006), 249는 법문의 의미가 다소 불명확하여 '해석'을 통한 의미확정이 필요한데 '해석의 착오'가 발생해 이에 따라 '포섭의 착오'가 수반된 경우, 법문의 의미충전적 성격 때문에 행위자(해석자)에게 불가피한 사정이 존재하면 언제든 발생할 수 있는 현상이므로 이는 법률의 착오에 포함될 수 있다고 한다. 한편 장성원, "고의조각적 법률의 착오 - 포섭의 착오에 대한 형법적 취급 -", 형사법연구 제21권 제2호.(2009), 48은 구성요건요소의 의미에 대한 판단에는 규범적인 평가가 혼입될 수밖에 없고 이러한 규범적인 평가가 혼입됨을 전제할 경우 규범적인 평가가 제대로 이루어지지 않으면 구성요건적 고의의 조각이 문제될 수 있기 때문에, 포섭의 착오는 구성요건적 착오가 될 수 있다고 한다.

할 수 있다면 구성요건적 착오의 문제가 대두될 수 있다.

만약 폭행, 협박, 비동의 등의 판단기준에 있어서, 피해자, 피고인, 객관적 제3자 사이에 차이가 존재한다면 누구의 인식을 표준으로 하여야 하는가? 성인지 감수성을 전제로 하여 '피해자'의 인식 기준을 표준으로 하여야 하는가, 아니면 피고인의 인식 기준을 표준으로 하여야 하는가? 피해자나 피고인의 인식 기준을 표준으로 한다면, 그 성립의 범위가 너무 넓어지거나 너무 좁아지는 문제가 생길 수 있다. 대상판결이 제시한 것은 피해자의 인식 기준을 표준으로 하여야 한다는 것으로 보이기도 하는데,[68] 그와 같이 볼 경우 피해자가 누구인가에 따라서 범죄 성립 여부가 달라질 수도 있다. "평균적인 피해자"를 기준으로 한다고 하더라도, 과연 "어떤 사람이 평균적인 피해자인가"라는 문제가 제기된다.

평균적인 피해자의 관점을 기준으로 피고인과 피해자의 행동을 파악하여 객관적 구성요건요소의 충족 여부를 판단한다고 하더라도, 행위자인 피고인의 객관적 구성요건요소에 관한 인식은 누구를 기준으로 하여야 하는지는 여전히 문제될 수 있다. 대상판결의 '성인지 감수성' 기준은 강간죄 성립에 있어서 법적으로 정립된 개념이 아니라 판례에 의하여 돌출된 개념, 즉 새로이 제정된 법률과 같은 성격을 갖는다고 보인다. 이렇게 새롭게 등장한 개념에 관하여 피고인뿐만 아니라 객관적 제3자도 이를 인식할 수 있었다고는 생각할 수 없을 것이다. 즉 피해자의 인식과 피고인의 인식 사이에 간극(gap)이 존재할 가능성이 크다.

형법에서 다루어지는 여러 가지 이론들은, 상당수가 범죄성립의 조각에 관한 것이다. 대표적인 것이 사실의 착오이다. 형법은 행위자의 주관적 인식을 배제한 객관적 사정만을 두고 처벌하지 않는다. 주

---

68) 대상판결은, '성인지 감수성'을 객관적 구성요건요소의 충족 여부를 평가할 때에 관한 판시만을 하고, 주관적 구성요건요소의 충족 여부를 평가할 때 어떻게 하여야 하는지에 관하여는 판시가 없다고 보인다.

관과 객관의 결합에 의하여 반가치 평가가 이루어질 수 있어야 그 행위는 가벌적인 행위로 평가된다. 평균적인 피해자의 관점에서 객관적 구성요건요소의 충족 여부(객관적 구성요건해당성)를 검토한다고 하더라도, 주관적 구성요건요소의 충족 여부는 행위자 내지 객관적인 제3자의 관점에서 파악해야 할 수밖에 없다. 즉 성인지 감수성에 기초하여 평균적인 피해자의 관점에서 폭행, 협박이 있었는지 여부가 평가되고, 나아가 피해자의 의사에 반하여 이루어진 것인지 여부가 평가된다고 하더라도, 행위자가 그러한 객관적 구성요건요소에 대한 인식이 있었는지 여부는, '성인지 감수성'이라는 개념이 보편타당하게 사회에 일반화되기 전에는, 행위자의 입장에 기초하여 이루어질 수밖에 없다. 행위자의 입장에서는, 객관적인 제3자(통상적인 일반인)의 입장에서 이를 인식하였는지 여부로 판단하여야 한다.69) 행위자가, 평균적인 피해자의 관점에서, 이를 인식할 수 있었겠는가 여부를 기준으로 평가하여야 한다는 주장도 있을 수 있으나, 강간죄는 과실범이 아니라 고의범이기 때문에 행위자가 행위 당시에 구체적으로 어떻게 인식하였는가를 기초로 판단하여야 할 수밖에 없다. 왜냐하면 평균적인 피해자의 관점에서 볼 경우 동의가 없었고 폭행, 협박으로 평가될 수 있었음에도 왜 행위자가 그와 같이 인식하지 못하였는가에 관한 비판은 주의의무를 다하지 못하였음에 대한 비난이라고 평가할 수밖에 없을 것이기 때문이다. 다만 동의가 없음에도 동의가 있다고 잘못 인식한 것에 대하여, 이를 사실의 착오가 아니라 위전착으로 볼 경우에는, 고의설을 따르는가, 책임설을 따르는가에 따라 범죄성립 여부 자체가 달라질 수는 있다. 그러나 사실의 착오로 볼 경우에는 형법상 과실범의 성립 여부만

---

69) 고의의 인식 내용이 무엇이냐에 관하여 대체적으로 일치되어 있는 것은, '법적 의미'가 아니라 '사회적 의미'의 인식이라는 것이고, 이러한 사회적 의미의 인식은 사회생활을 영위하는 법문외한으로서의 일반인의 인식능력을 기준으로 하는 것이다. 이훈동, "정당화사정의 착오에 관한 연구", 한국외국어대학교 박사학위논문(1991), 23; 이러한 평가 기준을 병행평가(Parallelwertung in der Laiensphare)라고도 부른다. 한정환, "불능미수와 환각범(상)", 사법행정 제406호 (1994), 50.

이 문제될 것이고, 따라서 형법에 그 행위에 대하여 과실범 처벌규정
이 없다면 형사책임은 부정되고, 동일 행위에 대하여 민사적으로 과
실(또는 고의70))에 의한 불법행위책임의 성립 여부만이 문제될 것이다.

그런데 대상판결에서는 이러한 착오의 존재 가능성에 대한 검토
를 누락하고 있다. 파기환송하면서 적어도 이러한 가능성에 대한 심리
를 해 보라는 취지는 언급하였어야 된다고 생각된다. 신법이 제정될
경우 그 시행에 어느 정도 기간을 두는 것은 대중에게 그 존재를 알
리기 위함이다. '성인지 감수성'과 같은, 새로운 개념을 형사판결에 적
용시킨다면, 그에 대한 적응기간이 부여되어야 하고, 그 적응기간 동안
이루어지는 행위에 대하여는 착오론의 적용 가능성을 열어두어야 할
것이다.

비유적인 예를 들어본다. 어떠한 물건의 밝기에 관하여, 전에는
실내(태양광이 없는)에서 그 측정이 이루어졌다. 그런데 어떤 시점을
기준으로 실내가 아니라 태양광이 비치는 운동장 등 실외에서 정오에
측정이 이루어져야 한다는 기준이 마련되었다. 어떤 사람이 이러한 기
준이 마련되기 이전의 기준(교실에서 측정)에 의하여 어떤 물건의 밝기
를 측정하였다고 가정하자. 이 경우 그렇게 측정한 사람이 인식하는
밝기와 새로이 정립된 기준에 의한 밝기의 차이가, 행위자의 인식과
(성인지 감수성에 기반한) 평균적 피해자의 인식의 격차, 즉 사실의 착
오일 수 있다.

7. 성문제에 있어 허위진술 동기의 존재

남녀관계는 알 수 없는 요소가 많다. 변덕도 심하다. 몇십년을 같
이 산 부부인데도 티격태격 싸우기도 하고, 관계가 좋은 것 같은데 상
대방 모르게 다른 사람과의 성관계, 즉 외도를 하기도 한다. 외도를
할 경우 이를 감추려 한다. 사회적으로 이러한 외도는 불륜으로 평가

---

70) 고의의 불법행위를 인정할 수도 있는 이유는, 위에서 언급한 것처럼, 민사사
   건과 형사사건에 있어서 입증의 정도는 다르기 때문이다.

되고, 좋지 않게 받아들여지기 때문이다.71) 얼마 만나지 아니한 남녀
도 사이가 좋은 경우가 있는가 하면, 그렇지 아니한 경우도 많다. 남
녀관계에서 이루어지는 성관계 관련하여서도, 그러한 성관계의 이유
에 관하여, 단정적으로 평가하기 어려운 경우도 많다. 정말 사랑해서
성관계에 이르는 경우가 많겠지만, 그렇지 않더라도 성관계에 이르는
경우도 있다. 성이 인간의 기본적인 본능 중 하나라는 점도 그 원인으
로 작용할 수 있을 것이다. 술 등 약물에 의하여 약화된 지각능력이
적절한 사리분별을 하지 못하게 한 것이 원인으로 작용할 수도 있다.
그리고, 어찌 보면 당연하게도, 그러한 관계를 후회하는 경우도 존재
한다. 이러한 후회는 남자와 여자 모두에게 발생할 수 있다. 이러한
경우 그러한 관계를 부인하거나, 혹은 자신의 자의에 의한 것이 아니
라는 변명을 하고 싶은 동기도 생길 수 있다72). 혹은 아예 생면부지의
사람에게 성폭행을 당했다고 허위로 신고하는 경우도 있을 수 있다73).
즉 성폭행을 당했다고 허위로 진술하게 되는 동기는 다양하게 존재할
수 있다.74) 따라서 이러한 동기가 존재할 가능성이 있는 상황이라면
피해자 진술의 신빙성에 대하여 의문을 갖고 접근하는 것이 타당할 것

71) "불륜은 당연히 부부 사이의 약속과 대립하는 것으로 여겨진다. 따라서 혼외
사랑에 대해서는 성관계 이외에 애정의 원천이 되는 것은 모두 배제하고 아
주 하찮은 것으로 축소하는 입장만 사회적으로 받아들여진다. 실제로 성관계
는 불륜의 한 요소일 뿐이며, 불륜 당사자들에게도 부차적인 의미밖에 갖지
못한다. 사람에게는 성과 무관한 갖가지 욕구가 있다. 사람은 애정을 원하고,
인정받고 싶어 하며, 존중감과 단순한 우정을 필요로 하고, 외로움을 달래줄
사람을 원한다. 이런 욕구 중 어떤 것이든 불륜의 강력한 토대가 될 수 있
다." 리처드 테일러(하윤숙 역), 「결혼하면 사랑일까 -불륜에 숨겨진 부부관계
의 진실-」, 부키(2012), 77.
72) 이와 관련하여, 실화를 바탕으로 한 호주의 2014년도 영화 "Rise"를 보라.
73) 가출소녀 강간 무고에 인생 거덜난 30대, 법률신문(2013. 5. 7.자) https://m.lawtimes.
co.kr/Content/Article?serial=74794 참조. 2019. 11. 6. 방문; 안면이 있는 사이라고
하더라도, 학교에서의 생활태도가 지극히 불량한 사람이 자신을 훈육하였던
사람을 상대로 하여 허위 진술을 하는 경우도 생각해 볼 수 있다. 대법원
2012. 5. 10. 선고 2011도16413 판결 참조.
74) 나무위키에서 '성폭력 무고죄/사례' 검색(2019. 10. 17. 수정된 것).

이다.

8. 여성 펌하 내지 비하의 문제

형사사건에서 여성의 의사를 판단할 때 성인지 감수성을 가져오는 것은, 여성 펌하의 문제를 야기할 수 있다. 여성이 자신의 의사에 반하여 성적 행동을 하거나 감수하여야 하는 상황이 생기더라도 이에 대하여 의사표현을 제대로 하지 못할 수도 있기 때문에(혹은 거부의 의사표시를 하더라도 그것이 그대로 받아들여지지 아니할 수 있기 때문에), 그러한 사정을 고려하여 여성의 입장에서 상황을 관찰하는 것이 성인지 감수성에 부합할 수 있다는 것 때문이다. 이러한 것은 남녀의 지위에 따라서 여성(혹은 남성)이 자신의 의사표현을 제대로 할 수 없는 상황(가령 직장 내 상하관계, 학교 내 사제관계, 도제관계 등)에서는 맞을 수 있지만, 그렇지 않고 대등하게 만난 관계(가령 소개팅이나 미팅을 통해 만난 남녀, 동호회 등을 통하여 알게 된 남녀 등)에서까지 여성에 대하여 성인지 감수성이라는 잣대를 통해 그 진술의 신빙성을 남성의 그것보다 우월하게 평가해야 한다고 한다면, 그러한 사고 자체가 여성의 의사결정주체로서의 존재에 대한 비하 문제를 야기할 수 있다.[75]

역사적으로 근대에 이르기까지 여성은 사회생활에서 자신의 의사를 제대로 표현하지 못하는 수동적인 행위주체였다는 전제에서, 현재도 여전히 그러하여 여성은 제대로 자신의 의사를 외부로 표현하지 못하기 때문에 여성이 명시적으로 자신의 의사를 외부로 표현하지 못하였다고 하더라도 그 내심에 있던 의사를 그 상대방이 인지할 수 있었던 가능성이 있었다면 그 내심의 의사를 기초로 하여 그 여성의 의사를 평가하여야 한다는 결론에 이르게 될 것이다. 그러나 이러한 접

---

75) 헌법재판소 2009. 11. 26. 선고 2008헌바58, 2009헌바191(병합) 결정은 혼인빙자간음죄에 대하여 "여성을 유아시함으로써 여성을 보호한다는 미명 아래 사실상 국가 스스로가 여성의 성적자기결정권을 부인하는 것이 되므로, 이 사건 법률조항이 보호하고자 하는 여성의 성적자기결정권은 여성의 존엄과 가치에 역행하는 것이다."라고 하였다.

근방법은 타당하다고 생각되지 않는다.

9. 무죄의 입증을 위한 증거방법 등장 - 녹음76)

앞서 언급하였듯, 피해자의 진술에 기초하여 사실인정이 이루어진다면, 사실상 유죄의 추정이 되기 때문에, 피해자에게 유리하게, 피고인에게는 불리하게 사실관계가 인정되게 된다. 그렇다면 피고인 입장에서는 스스로 자신의 무죄를 입증해야 할 수밖에 없게 된다. 즉 입증책임이 검사에게서 피고인에게로 사실상 전환되는 것이다. 이러한 경우 피고인은 어떻게 자신의 무고함을 밝혀야 할까? 가장 확실한 방법은 남녀의 성관계가 자연스러운 상황에서 이루어졌다는 것을 밝히는 것으로, 성관계가 이루어지기 이전부터 성관계 도중, 그리고 성관계 이후의 상황을 모두 녹음하는 방법이다.77) 어찌 보면 비정상적인, 이러한 증거수집방법에 대하여 비판할 수도 있겠으나, 피해자의 진술을 주로 신빙하는 상황이 된다면 불가피한 선택일 것이다. 성관계 영상의 촬영이 아니라 당사자 사이의 음성 녹음은 법률상 처벌규정이 없다.78)

---

76) "생각 많은 작가의 생각날 때 그리는 만화－위기의 남편을 위한 교육－"(글, 그림: 윤새노트)에 보면, '여자와 성관계를 할 경우에는 전후 상황을 꼭 녹음해요!'라는 내용이 있다. https://cafe.naver.com/haeni530/20505 참조. 2019. 10. 31. 방문.

77) "女와 성관계때 녹음하라"… 젊은男 '안전수칙'에 여성들 '불안·분노', 문화일보(2019. 9. 25.자)
http://www.munhwa.com/news/view.html?no=2019092501030927328001 참조(2019. 11. 27. 방문);
"'성폭행당했다' 여대생 무고… 상대 남자 반전 카드는 '녹음파일'", 연합뉴스(2016. 10. 7.자)
https://www.yna.co.kr/view/AKR20161007071400055 참조(2019. 11. 27. 방문)

78) 통신비밀보호법 제14조 제1항은 타인간의 대화를 녹음하는 것을 금지할 뿐 녹음하는 사람과 그 상대방 사이의 대화를 녹음하는 것은 금지하지 않는다. 성폭력범죄의 처벌 등에 관한 특례법 제14조 제1항은 동의 없는 성관계 영상 촬영에 대하여 처벌규정이 있으나, 녹음에 관하여는 규정이 없다. 이에 대하여 동의 없는 성관계 영상의 촬영뿐만 아니라 녹음도 처벌하자는 주장(한국사이버성폭력대응센터 서승희 대표)이 있고 국회(더불어민주당 정춘숙 의원)에서도 법률 개정을 검토하고 있다고 한다(https://www.nocutnews.co.kr/news/5195555 참조. 2019. 11. 27. 방문). 그러나 녹음이 영상만큼 privacy 침해 위험

10. 사실심 심리에 있어, 성폭력 피해자 진술의 신빙성 인정에 대한 암묵적인 압박

대상판결이 선고된 이후의 성범죄 사건에 관하여, 과연 사실심에서, 피고인과 피해자의 진술의 신빙성이 애매하게 대등한 상황에서, 피해자의 진술의 신빙성이 존재함에도 불구하고 피고인 진술의 신빙성도 존재하기 때문에 합리적 의심 없는 확신이 존재하지 않는다는 이유로 무죄를 선고하는 것이 쉬울 수 있을까? 대상판결은, 사실심 판사로 하여금 일단 피해자의 진술을 믿고서 그에 기초하여 사실관계를 파악하라는 암묵적인 압박[79]으로 작용할 수 있다.

11. 민사소송에 의한 구제가능성

앞서 언급하였듯, 성인지 감수성이라는 개념이 민사나 행정사건에서 사용될 수 있는 개념이라고 본다면, 성범죄 형사사건에서 무죄판결이 선고되어 확정되었다고 하더라도, 그 피해자는 민사절차나 행정절차를 통하여 구제받을 수 있을 것이다[80]. 물론 가해자의 재산 유무에 따라 실질적인 피해 회복이 가능할지 여부가 결정될 수 있다는 문제점이 없지 않겠지만, 범죄 전반에 대하여 일반론적으로 접근해 본다면, 이러한 문제는 피해자구조제도[81]를 보완하는 등으로 해결할 수

성, 파괴력, 동일성 식별력이 있다고 생각되지 않고, 또한 녹음의 보편적 증거방법으로서의 유용성을 생각해 보면 녹음에 대하여까지 처벌을 확대하는 것은 문제가 있을 수 있다.

79) 이남석, 「인지편향사전」, 옥당(2016), 046 권위에의 호소 편향(권위 있는 사람이 주장한다는 이유만으로 그 내용이 사실이라고 믿는 현상).

80) 각주 58번의 사안 참조.

81) 현행 범죄피해자 보호법에서는 장해나 중상해의 경우에 한하여 피해자에게 장해구조금, 중상해구조금을 지급하도록 규정하고 있기 때문에(제3조 제1항 제5, 6호, 제16조, 제17조 제1항), 신체의 장해가 남거나 신체나 그 생리적 기능에 손상을 입었을 경우에 한하여 구조금이 지급된다. 따라서 강간 등에 의하여 신체의 장해가 남거나 신체나 그 생리적 기능에 손상을 입었을 경우에 한정하여, 피해자의 구조가 가능할 것이다. 여기서 '생리적 기능'의 의미 관련하여 '정신적인 생리적 기능'도 포함될 수 있을 것인지 문제될 수 있을 것이지만(극심한 스트레스 등), '신체나 그 생리적 기능에 손상'이라고 규정하고

도 있을 것이다.

Ⅳ. 마치며

최근 대상판결을 포함한 대법원의 성폭력 관련 형사판결에 관하여 여러 시선이 존재하는 것 같다. 특히 '성인지 감수성' 관련하여서는 진보적인 판결이라는 입장도 있으나, 위험할 수 있다는 입장도 있는 것 같다. 그런데 '성인지 감수성'의 형사판결에의 도입, 그로 인한 피해자 진술의 신빙성에 대한 우월성 부여에 관하여, 상당수가 몽따기[82]를 하고 있는 것 같기도 하다. 그에 대해 반박하는 사람은 진보적인 방향에 대한 걸림돌 취급을 당할 수도 있다는 두려움 때문일 수도 있다.

형사판결에서 '성인지 감수성'을 판단의 잣대로 사용하는 것은 신중해야 한다고 생각한다. '성인지 감수성'이라는 용어 자체가 도입된 취지가 국가정책의 시행에 관련된 것이라면, 추상적, 일반적 인간이 아니라 구체적, 개별적 인간을 다루는 재판관계에까지 적용되는 것은 타당하다고 보이지 않는다. 가사 정책 시행과 관련된 민사 내지 행정사건에 적용될 수 있다고 하더라도, '증거의 우위'가 아니라 '합리적 의심 없는 확신'을 요구하는 형사판결에 그러한 개념이 적용되는 것은 체계에 맞지 아니할 수도 있다.

물론 '성인지 감수성'을 그렇게 제한적인 관점에서 볼 것이 아니라, 피해자의 진술의 신빙성을 살펴볼 때 제반 사정을 종합하여 보라는 취지로, 보다 신중하게 피해자 진술의 신빙성을 배척하라는 취지일 수도 있다.

그러나 '성인지 감수성'의 원래 취지가 조직 등 사회적 계층에 있어 남성의 여성에 대한 우위에 대한 보정을 목적으로 한 것이라면, '성인지 감수성'이 아니라 '지위인지 감수성'이라는 개념이 더 적당한 것

있기 때문에 '신체적인 생리적 기능'에 한정된다고 해석함이 상당하다.
82) 몽따다: 알고 있으면서도 일부러 모르는 체하다(Naver 국어사전 참조).

아닌가 생각된다. 더욱이 젠더 스펙트럼의 관점에 선다면, 피해자의 '구체적인 성'이 어떠한가는 그 사람의 외양만으로는 사실상 알기 어려운 것이기 때문이다.

형사판결의 결론은 그 재판에 관련된 사람, 즉 피고인과 피해자의 인생에 중대한 영향을 미칠 수 있다. 누군가의 인생에 막대한 영향을 미칠 수 있는 절차라면, 데카르트의 말[83])처럼, 진실을 찾기 위하여 가능한 모든 것에 대하여 의문을 품고 접근해야 할 것이다.[84]) 그러한 의문이 확신이 들 정도로 해소되지 않는다면, 분루를 삼켜야 하는 어쩔 수 없는 일이 될 수도, 혹은 정의에 반한다는 느낌을 받을 수도 있겠지만, 무죄 추정의 원칙에 따라 피고인에게 유리하게 결론을 내려야 할 수밖에 없을 것이다.

가해자로 지목된 사람이 나의 가족이라고 가정해 보자. 가해자로 지목된 내 가족의 진술의 신빙성이, 상대방과 외부적으로 나타난 성별 차이 때문에 그 상대방 진술의 신빙성보다 낮게 평가되어야 한다면,

---

83) "If you would be a real seeker after truth, it is necessary that at least once in your life you doubt, as far as possible, all things." (René Descartes, Discours de la Méthode, 1637)
https://www.goodreads.com/quotes/28930-if-you-would-be-a-real-seeker-after-truth-it 및 http://dc37.dawsoncollege.qc.ca/humanities/gabriel/DTP/descartes.htm 참조. 2019. 11. 6. 방문.

84) 물론 데카르트는 논증에서 조금이라도 의심할 만한 것(감각 등)이 남아 있으면 이는 불완전한 것이라서 배제하여 버렸고, 이에 따라 모든 것이 거짓이라고 생각하는 동안에도 그렇게 생각하는 나는 존재해야 하기 때문에, '나는 생각(의심)한다, 고로 나는 존재한다(Cogito, ergo sum)'라는 명제는 어떠한 경우에도 흔들릴 수 없는 진리라고 보았다. 윤선구, (철학 텍스트들의 내용 분석에 의거한 디지털 지식 자원 구축을 위한 기초적 연구) 데카르트 『방법서설』, 『철학사상』 별책 제2권 제3호, 서울대학교 철학사상연구소(2003), 9~10 및 홍경남, 논증의 이해, 중앙대학교 출판부(2014), 75{권영법, "형사소송에서 합리적 의심과 입증에 관한 새로운 검토", 저스티스 147호(2015), 173 각주 85에서 재인용}; 그러나 이러한 논증방법은 사실상 불가능에 가깝기 때문에 형사소송에서 데카르트식의 완전한 입증을 할 수는 없고, 다만 판사의 논증은 타당성이 있어야 하며, 판결 이유에 입증의 정도가 고도의 개연성에 이르렀음이 드러나야 할 것이다. 권영법, 위 논문, 173 각주 85.

그것을 그대로 수긍할 수 있겠는가?

[주 제 어]
성인지 감수성, 자유심증주의, 무죄의 추정, 의심스러울 때에는 피고인의 이익으로(in dubio pro reo), 젠더 스펙트럼, 사실의 착오

[Key Words]
Gender Sensitivity, principle of free evaluation of evidence, presumption of innocence, in dubio pro reo, gender spectrum, mistake-of-fact

접수일자: 2021. 4. 26. 심사일자: 2021. 5. 21. 게재확정일자: 2021. 5. 26.

[참고문헌]

강일원, "현행 상고제도의 문제점과 개선방안 -영미법계에 비추어-", 사법개
   혁과 세계의 사법제도 I, 사법제도비교연구회(2004)

권영법, "형사소송에서 합리적 의심과 입증에 관한 새로운 검토", 저스티스
   147호(2015)

김도요, "카메라등이용촬영죄 무죄 사건 판결문 사진 첨부에 관한 생각", 젠
   더법연구회 2019. 11. 2.자 코트넷 게시글

김영철, [칼럼] 성인지 감수성, 법률저널 2019. 1. 18.자

김우석, "남성 스포츠지도자의 윤리적가치관이 성인지감수성 및 성폭력태도
   에 미치는 영향", 한국체육과학회지 제27권 제5호(2018)

리처드 테일러(하윤숙 역), 「결혼하면 사랑일까 — 불륜에 숨겨진 부부관계
   의 진실 —」, 부키(2012)

신진화, "2018-2019년 '성인지 감수성' 판결을 위한 변명 — 통념과 경험칙의
   재구성을 위하여 —", 2019년도 법관연수 어드밴스 과정 연구논문집,
   사법연수원(2020)

변종필, "강간죄의 폭행·협박에 관한 대법원의 해석론과 그 문제점", 비교
   형사법연구 제8권 제2호(2006. 12.)

설민수, "민사·형사 재판에서의 입증의 정도에 대한 비교법적·실증적 접
   근", 인권과 정의 388호(2008)

안성조, "법률의 착오에 관한 연구", 서울대 박사학위논문(2006)

엘리자베스 로프터스/캐서린 케첨(역: 정준형), "우리 기억은 진짜 기억일
   까?", 도솔(2008)

우인성·이은실, "성별정정에 관하여 — 성전환자를 중심으로 —", 사법논집
   제71집, 사법발전재단(2020)

윤덕경, "형사법상 성적 자기결정권 본질 및 성적 자기결정권 보호증진을
   위한 입법과제 검토", 이화젠더법학 제4권 제1호(2012. 6.)

윤선구, (철학 텍스트들의 내용 분석에 의거한 디지털 지식 자원 구축을 위
   한 기초적 연구) 데카르트 『방법서설』, 『철학사상』 별책 제2권 제3호,
   서울대학교 철학사상연구소(2003)

이남석, 「인지편향사전」, 옥당(2016)

이성기, "스포츠 성폭력 범죄의 처벌에서 '성인지 감수성'의 역할과 과제", 스포츠엔터테인먼트와 법 제22권 제2호(2019. 5.)

이영란, "성폭력특별법의 형법적 고찰", 피해자학연구 3호, 한국피해자학회 (1995)

이혜정·오선영·김은심, "예비유아교사의 성인지 감수성 인식 연구", 열린유아교육연구 제23권 제2호(2018. 4.)

이훈동, "정당화사정의 착오에 관한 연구", 한국외국어대학교 박사학위논문 (1991), 23

장상균, "Review of Factual Findings in the U.S. Judicial System = 미국 사법제도하에서의 사실발견 (지정토론문)", 사법개혁과 세계의 사법제도 III, 한국사법행정학회(2006. 12.)

장성원, "고의조각적 법률의 착오 -포섭의 착오에 대한 형법적 취급-", 형사법연구 제21권 제2호(2009)

장성원, "범죄체계론의 변화에 따른 포섭착오의 정서 ― 고의 및 위법성인식의 체계적 지위와 포섭착오 ― ", 법학논고 제49집, 경북대학교 출판부 (2015. 2.)

정상규, "형사판결 선고기일 재판진행의 일례", 형사법연구회 코트넷 게시글(2019. 10. 28.)

차인순, "성인지 예산 입법과정에 관한 연구", 여성연구 Vol. 76, No. 1(2009)

케이트 본스타인(조은혜 옮김), 「젠더 무법자」, 바다출판사(2015)

한인섭, "형법상 폭행개념에 대한 이론", 형사법연구 10호(1997)

한정환, "불능미수와 환각범(상)", 사법행정 제406호(1994)

홍수, "기억의 불완전함: 내 기억은 얼마나 진짜 기억일까?", 한겨레 과학웹진 사이언스온(2013. 8. 23.자)

홍진호, "형사재판에서 '합리적 의심'이란 무엇인가", 재판실무연구, 광주지방법원(2014)

황은영, "성폭력범죄에 대한 실효적 대응 방안", 법조 제57권 제1호(2008. 1.)

Benjamin Hughes, "Review of Factual Findings in the U.S. Judicial System", 사법

개혁과 세계의 사법제도 III, 한국사법행정학회(2006. 12.)

법원실무제요 형사 [II], 법원행정처(2014)
주석 형사소송법 (IV), 한국사법행정학회(2017)

가출소녀 강간 무고에 인생 거덜난 30대, 법률신문(2013. 5. 7.자)
"생각 많은 작가의 생각날 때 그리는 만화 — 위기의 남편을 위한 교육 — "
　(글, 그림: 윤새노트)
"女와 성관계때 녹음하라"… 젊은男 '안전수칙'에 여성들 '불안·분노', 문화
　일보(2019. 9. 25.자)
"'성폭행당했다' 여대생 무고… 상대 남자 반전 카드는 '녹음파일'", 연합뉴
　스(2016. 10. 7.자)

Alfred J. Horwood, 「Year Books of the Reign of King Edward the first:
　XXX-XXXI」, London: Longman, Green, Longman, Roberts, and Green(1863)
Allison Orr Larsen, "Confronting Supreme Court Fact Finding", Virginia Law
　Review Vol. 98(2012)
Andrew Stumer, 「The Presumption of Innocence - Evidential and Human rights
　Perspectives」, Oxford and Portland Oregon(2010)
A. Esmein, "History of Continental Criminal Procedure, with special reference to
　France", Boston(Little, Brown, and Company, 1913)
Benjamin Hughes, "Review of Factual Findings in the U.S. Judicial System", 사법
　개혁과 세계의 사법제도 Ⅲ, 한국사법행정학회(2006. 12.)
"Legal History: Origins of the Public Trial", Indiana Law Journal, Volume 35:
　Issue 2: Article 8(1960)
Jack B. Weinstein & Ian Dewsbury, "Comment on the meaning of 'proof beyond
　a reasonable doubt'", Law, Probability and Risk, Vol. 5, Issue 2(2006)
James Bradley Thayer, "The Presumption of Innocence in Criminal Cases", The
　Yale Law Journal, Vol. 6, No. 4(Mar., 1897)

James Franklin, "Case comment—United States v. Copeland, 369 F. Supp. 2d 275 (E.D.N.Y. 2005): quantification of the 'proof beyond reasonable doubt' standard", Law, Probability and Risk, Vol. 5, Issue 2(2006)

Jon O. Newman, "Quantifying the standard of proof beyond a reasonable doubt: a comment on three comments", Law, Probability and Risk Vol. 5, Issue 3~4(2006)

「Doubt in favour of the Defendant, Guilty beyond reasonable doubt: Comparative study」, OSCE(2016)

Steven. W. Kim, 「Trial By Jury - In-Depth Strategy for Jury Trials-」, Legal Research & Training Institute(법무연수원, 2013)

https://news.joins.com/article/22436152

https://archive.org/details/ahistorycontine00mittgoog/page/n8

http://www.repository.law.indiana.edu/cgi/viewcontent.cgi?article=3047&context=ilj

https://www.law.cornell.edu/constitution-conan/amendment-6/public-trial

https://cld.irmct.org/notions/show/437/in-dubio-pro-reo-principle#

https://www.jstor.org/stable/pdf/780722.pdf

https://books.google.co.kr/books?id=HMdCAAAAYAAJ&printsec=frontcover&source=gbs_ge_summary_r&cad=0#v=onepage&q&f=false

https://en.wikipedia.org/wiki/In_dubio_pro_reo

https://www.osce.org/mission-to-skopje/345461?download=true

https://en.wikipedia.org/wiki/Rule_of_lenity

https://en.wikipedia.org/wiki/Lockhart_v._United_States_(2016)

https://supreme.justia.com/cases/federal/us/364/587/

https://www.youtube.com/watch?v=yZYQpge1W5s

http://scienceon.hani.co.kr/118328

http://koreanlii.or.kr/w/index.php/Gender_sensitivity

http://world.moleg.go.kr/web/dta/lgslTrendReadPage.do?CTS_SEQ=15812&AST_SEQ=312&ETC=

https://caselaw.findlaw.com/us-supreme-court/397/358.html 참조(2019. 10. 23. 방문).

https://law.justia.com/cases/federal/district-courts/FSupp/458/388/1875797/

https://academic.oup.com/lpr/article/5/3-4/267/915446

https://m.lawtimes.co.kr/Content/Article?serial=74794

https://cafe.naver.com/haeni530/20505

http://www.munhwa.com/news/view.html?no=2019092501030927328001

https://www.yna.co.kr/view/AKR20161007071400055

https://www.nocutnews.co.kr/news/5195555

https://www.goodreads.com/quotes/28930-if-you-would-be-a-real-seeker-after-truth-it

http://dc37.dawsoncollege.qc.ca/humanities/gabriel/DTP/descartes.htm

[Abstract]

Review on the Supreme Court's decision about 'Gender Sensitivity'
— Supreme Court 2018. 10. 25. 2018do7709 decision —

Woo, In-sung*

This article dealt with problems or hazards arising from the usage of the concept 'Gender Sensitivity' to the criminal case's fact-finding and reasoning. First, if Supreme Court uses that concept in order to overturn the trial-court's fact-finding under the name of violating the principle of free evaluation of evidence, it can infringe on the principle of the court-oriented trial system, which means the fact-finding should be done in the trial-court which conducts the discovery and examines the evidence, which Supreme Court can't do generally. Second, the question arises whether there, in the case concerned, was a battery or threat which could constitute that of the rape. Third, the concept 'Gender Sensitivity' Supreme Court uses could be contradicted with the concept of 'presumption of innocence', further with that of 'in dubio pro reo', if it is used to induce the guilt of the defendant. Fourth, the concept 'Gender Sensitivity' is not obvious, which means it is too ambiguous to apply appropriately to the assessment of the weight of the evidence in the litigations. Fifth, the concept Supreme Court uses seems to ignore that the gender is divided not into the polarized binary but into the spectrum, because it seems that Supreme Court, despite of using the word 'Gender', rather focuses on and pays attention to the biological sex. Sixth, the decision neglects the issue of mistake-of-fact, which stems from the

* Presiding Judge, Seoul Western District Court

imperfection of the human beings. Seventh, the possibility of the motive to tell a lie about the reason of the intercourse seems not to be considered in the Supreme Court's decision. Eighth, this decision can be misunderstood to underestimate the autonomy of the female on their ability in decision-makings, in other words, self-determinations. Ninth, the tendency to find the facts based on the statements of one party can drive the other party to have the motive to produce the inculpatory evidence, which is collected by the abnormal means like recording the sounds before, during, and after the intercourse. Tenth, the trial-courts can be obsessed with the implicit pressure that the evidentiary value of the victim's statements should be assessed to outweigh that of the defendant. Eleventh, the possibility for the victim to be compensated for the injury in the civil case, even though the defendant is not punished in the criminal case, can be overlooked.

명예훼손죄의 '공연성' 의미와 판단 기준

윤 지 영*

[대상판결] 대법원 2020. 11. 19. 선고 2020도5813 전원합의체 판결

[사실관계]

피고인(여, 67세)은 2018년 2월부터 4월 사이에 같은 마을 주민인 피해자 甲(남, 47세)과 甲의 아내인 피해자 丁(여, 46세)을 포함하여 피해자 A(여, 84세), 피해자 B(여, 77세), 피해자 C(여, 83세)를 대상으로 수차례 폭행과 협박을 가하였다.[1] 또한 피고인은 2018년 3월 7일 16:00시경부터 같은 날 17:00시경까지 피해자 甲의 집 뒷길에서 피고인의 남편인 乙과 피해자 甲과 친척관계에 있는 丙이 듣고 있는 가운데 甲

---

* 한국형사·법무정책연구원 선임연구위원

1) 피고인은 ① 2018. 2. 3. 경로당에서 피해자 A의 옆구리를 발로 차 피해자가 약 4주간의 치료를 요하는 늑골 골절상을 입도록 하였다. ② 2018. 2. 중순경에는 경로당에서 굴 까는 작업을 함께 해 온 피해자 B가 피고인을 그 작업에서 쫓아내려고 한다면서 피해자의 입을 쥐어뜯고 멱살을 잡아당겨 폭행하였다. ③ 2018. 3. 8.에는 경로당 앞에서 평소 감정이 좋지 않던 피해자 甲을 보고 다가가 약 2주간의 치료가 필요한 목 부위 열상을 가하였다. 이 때 ④ 甲의 부인인 피해자 丁이 피고인을 제지하자 丁의 머리카락을 잡아 흔들고, 발로 가슴 부위를 차 피해자를 폭행하였다. 또한 ⑤ 2018. 3. 30.에는 피해자 C의 밭에서 피해자의 멱살을 잡고, 주먹으로 얼굴을 쥐어박아 폭행하였다. ⑥ 2018. 4. 2.에는 마을 버스승강장 앞에서 피해자 甲과 욕설을 하며 말다툼을 하면서 피해자의 멱살을 잡아 흔들고, 대야에 들고 있던 바닷물을 피해자의 얼굴을 향해 뿌려 피해자를 폭행하였다. 다음날인 ⑦ 2018. 4. 3. 피고인은 마을 광장에서 피해자 C를 보고 다가가 주먹으로 피해자의 얼굴을 쥐어박아 폭행하였다. 그리고 ⑧ 2018. 4. 9.에는 피해자 丁을 보고 피해자의 머리카락을 잡아당겨 넘어뜨린 후 발로 피해자의 다리와 배 부위를 밟고, 손으로 피해자의 목 부위를 긁어 피해자가 치료일수 불상의 목 부위 열린 상처 등을 입도록 하였다.

에게 "저것이 징역 살다온 전과자다. 전과자가 늙은 부모 피를 빨아먹고 내려온 놈이다"라고 큰소리로 말하여 공연히 사실을 적시하면서 甲의 명예를 훼손하였다.

[사건의 경과]

가. 1심의 판단(광주지방법원 순천지원 2020. 2. 6. 선고 2018고단2534 판결)

제1심은 형법 제257조 제1항(상해의 점), 제307조 제1항(명예훼손의 점), 제260조 제1항(폭행의 점)을 적용하여 피고인을 징역 6월에 처하였다. 양형과 관련하여 판사는 피고인이 반성하는 태도를 전혀 보이지 않는 점, 노약자를 포함한 여러 명의 피해자들을 상대로 폭력행위를 반복하였고 일부 피해자의 경우 상해의 결과가 중하다는 점, 피해 회복을 위한 노력도 하지 않았다는 점, 동종 전력이 있는 점 등을 감안할 때 피고인에 대한 실형 선고가 불가피하다고 판단하였다. 다만, 피고인이 고령인 점 등을 비롯하여 그 경력이나 건강 등 제반 양형 조건을 참작하여 주문과 같이 형을 정하였다고 밝혔다.

나. 2심의 판단(광주지방법원 2020. 4. 28. 선고 2020노359 판결)

항소심은 이 사건 공소사실 중 2018년 3월 8일에 발생했던 피해자 丁에 대한 폭행에 대한 공소를 기각하면서[2] 피고인을 징역 4월에 처하였다.

항소심에서 피고인은 명예훼손의 점과 관련하여 사건 당일 "저것

---

2) 항소심은 112신고사건처리표를 근거로 피해자 B가 사건 당일 출동한 경찰관에게 피고인에 대한 처벌불원의 의사를 표시한 사실을 인정하였다. 형사소송법 제232조 제3항, 제2항에 따라 반의사불벌죄에 관하여 그 처벌불원의 의사가 수사기관에 적법하게 표시된 이상 이를 철회할 수 없으므로, 원심은 이 부분 공소사실에 관하여 형사소송법 제327조 제6호에 의하여 공소를 기각하여야 함에도 유죄를 선고하였다. 이에 항소심은 원심판결은 형사소송법 제327조 제6호 공소기각판결에 관한 법리를 오해한 위법이 있고, 피고인의 이 부분 주장은 이유 있다고 판단하였다.

이 전과자다"라고 말하였으나, 공소사실에 기재된 것과 같은 말을 큰 소리로 한 사실은 없고, 피고인의 남편인 乙은 피해자 甲이 전과자인 사실을 이미 알고 있었으며, 피고인은 甲의 친척인 丙이 근처에 있다는 것을 알지 못하였다고 항변했다. 즉 피고인에게는 명예훼손의 고의가 없었고, 해당 행위는 공연성이 인정되지 않음에도 불구하고 원심이 사실오인 및 법리오해로 인해 피고인이 공연히 피해자의 명예를 훼손하였다고 잘못 판단했다고 주장한 것이다.

그러나 항소심은 원심이 적법하게 채택하여 조사한 증거들에 의해 인정되는 다음과 같은 사정들, 즉 ① 피해자 甲은 피고인이 乙, 丙이 근처에 있음에도 본인에게 "전과자다", "늙은 부모 피를 빨아먹고 내려온 놈이다"라는 취지로 크게 소리쳤다는 취지로 일관되게 진술하고 있는 점, ② 사건 현장 근처에 있던 丙도 경찰 수사과정에서, 피고인이 전과자라고 큰 소리로 말했는지를 묻는 경찰의 질문에 대하여 "마을 사람들이 다 들었을 겁니다"라고 진술한 점 등을 종합적으로 고려하면, 피고인이 큰 소리로 피해자 甲이 전과자라는 취지로 말한 사실이 인정된다고 보았다. 또한 재판부는 乙이 피해자 甲의 전과사실을 이미 알고 있었다거나, 丙이 피해자 甲과 친척관계에 있다고 할지라도 피고인의 발언이 전파될 가능성은 있기 때문에 공연성이 인정될 뿐만 아니라 명예훼손의 고의도 인정된다고 판단하였다.

이에 피고인은 자신의 남편인 공소외 乙이 피해자의 전과사실을 이미 알고 있었고, 공소외 丙은 피해자의 친척이므로 피고인의 발언에 전파가능성이 없어서 공연성이 인정되지 않는다는 이유로 상고하였다.

[주 문]
상고를 기각한다.

[판결요지]
[1] [다수의견] 대법원 판례는 명예훼손죄의 구성요건으로서 공연성에 관하여 '불특정 또는 다수인이 인식할 수 있는 상태'를 의미한다

고 밝혀 왔고, 이는 학계의 일반적인 견해이기도 하다. 대법원은 명예훼손죄의 공연성에 관하여 개별적으로 소수의 사람에게 사실을 적시하였더라도 그 상대방이 불특정 또는 다수인에게 적시된 사실을 전파할 가능성이 있는 때에는 공연성이 인정된다고 일관되게 판시하고 있는바, 이른바 전파가능성 이론은 공연성에 관한 확립된 법리로 정착되었다. … (중략) … 공연성에 관한 전파가능성 법리는 대법원이 오랜 시간에 걸쳐 발전시켜 온 것으로서 현재에도 여전히 법리적으로나 현실적인 측면에 비추어 볼 때 타당하므로 유지되어야 한다.

[대법관 김재형, 대법관 안철상, 대법관 김선수의 반대의견]

명예훼손죄에서 말하는 공연성은 전파가능성을 포섭할 수 없는 개념이다. 형법 제307조 제1항, 제2항에 규정된 공연성은 불특정 또는 다수인이 직접 인식할 수 있는 상태를 가리키는 것이고, 특정 개인이나 소수에게 말하여 이로부터 불특정 또는 다수인에게 전파될 가능성이 있다고 하더라도 공연성 요건을 충족한다고 볼 수 없다. 다수의견은 범죄구성요건을 확장하여 적용함으로써 형법이 예정한 범주를 벗어나 형사처벌을 하는 것으로서 죄형법정주의와 형법해석의 원칙에 반하여 찬성할 수 없다. 전파가능성 법리를 이유로 공연성을 인정한 대법원판결들은 변경되어야 한다.

[2] [다수의견] 피고인이 피해자 甲의 집 뒷길에서 피고인의 남편 乙 및 甲의 친척인 丙이 듣는 가운데 甲에게 '저것이 징역 살다온 전과자다'라고 큰 소리로 말함으로써 공연히 사실을 적시하여 甲의 명예를 훼손하였다는 내용으로 기소된 사안에서, 피고인과 甲은 이웃 주민으로 살면서 여러 가지 문제로 인해 갈등을 빚고 있었고, 당일에도 피고인이 甲과 말다툼을 하는 과정에서 위와 같은 발언을 하게 된 점, 乙과 甲의 처인 丁이 피고인과 甲이 큰 소리로 다투는 소리를 듣고 각자의 집에서 나오게 되었는데, 甲과 丁은 '피고인이 전과자라고 크게 소리쳤고, 이를 丙 외에도 마을 사람들이 들었다'는 취지로 일관되

게 진술한 점, 피고인은 신고를 받고 출동한 경찰관 앞에서도 '甲은 아주 질이 나쁜 전과자'라고 큰 소리로 수회 소리치기도 한 점, 해당 마을은 甲과 丙과 같은 성씨를 가진 사람들이 사는 집성촌이며 丙은 '피고인으로부터 甲이 전과자라는 말을 처음 들었다'고 진술하는 등 甲과 丙이 가까운 사이가 아니었던 것으로 보이는 점을 종합해 볼 때, 두 사람이 친척관계에 있다는 이유만으로 전파가능성이 부정된다고 볼 수 없고(甲과 丙 사이의 촌수나 구체적 친밀관계가 밝혀진 바도 없다), 오히려 피고인은 甲과의 싸움 과정에서 단지 甲을 모욕 내지 비방하기 위하여 공개된 장소에서 다른 마을 사람들이 들을 수 있을 정도로 큰 소리로 말하였으므로 불특정 또는 다수인이 인식할 수 있는 상태였다고 봄이 타당한바, 피고인의 발언에 대한 공연성을 인정하면서 공소사실을 유죄로 인정한 원심판단은 정당하다.

[대법관 김재형, 대법관 안철상, 대법관 김선수의 반대의견]

피고인이 자신의 남편 乙과 甲의 친척 丙이 듣고 있는 가운데 甲에 대한 사실을 적시한 것은 특정 소수에게 말한 것이지, 불특정 또는 다수인이 직접 인식할 수 있는 상태였다고 볼 수 없으므로 피고인의 발언은 공연성이 인정되지 않고, 명예훼손죄도 성립하지 않는다. 또한 발언을 들은 상대방이 피고인이나 피해자와 특수한 신분관계에 있다는 것은 공연성(다수의견의 경우에는 전파가능성)이 부정될 수 있는 유력한 사정인데, 재판 과정에서 丙이 甲의 친척이라는 사실이 밝혀졌음에도 불구하고 공연성에 관한 충분한 심리나 증명 없이 피고인의 발언이 전파될 가능성이 있어서 공연성이 충족된다는 것을 전제로 공소사실을 유죄로 판단한 원심판결은 명예훼손죄의 공연성에 관한 법리를 오해한 잘못이 있다.

[연　구]

Ⅰ. 서　론

최근 사회 운동 양상으로 전개되고 있는 '학폭 미투(나도 학교폭력을 당했다는 폭로)'가 향후 사실적시 명예훼손죄의 위헌결정 가능성에 영향을 미칠 것이라는 언론보도가 나왔다.[3] 이미 사실적시 명예훼손죄는 성폭력 피해를 고발하는 '미투(MeeToo)' 캠페인이 확산되던 당시에도 가해자가 피해자를 역고소하는 수단으로 활용되면서 비판을 받았다.[4] 또한 이혼 뒤에 양육비를 주지 않는 부모들의 신상을 공개한 온라인 사이트인 '배드파더스(badfathers)'의 운영자가 명예훼손 혐의로 기소되면서[5] 동 규정은 다시금 주목받기도 했다. 일련의 사건들을 계기로 사실적시 명예훼손죄의 폐지를 주장하는 목소리가 한층 더 높아졌다. 그러나 2021년 2월 25일 헌법재판소는 형법 제307조 제1항이 헌법에 위배되지 않는다는 결정을 내렸다.[6] 2016년 2월에 정보통신망을

---

3) "쏟아지는 '학폭 미투'…'사실적시 명예훼손' 위헌 가능성 높이나", 파이낸셜뉴스, 2021년 3월 1일자, https://www.fnnews.com/news/202103011106035504 (2021년 5월 30일 최종접속).

4) 서혜진, "권력형 성폭력 범죄의 특성과 문제점", 「권력형 성폭력 피해자 지원 및 보호를 위한 심포지엄(2018. 4. 6)」 자료집, 대한법률구조공단/한국여성변호사회, 2018, 23면; 윤지영, "성폭력 피해자의 2차 피해 방지를 위한 형사절차법적 개선 방안 모색 – 피해자의 성적 이력 사용 제한 및 역고소 남용 대응을 중심으로 –", 이화젠더법학 제10권 제1호, 이화여자대학교 젠더법학연구소, 2018. 5., 189-190면; 이미경, "일상화된 젠더폭력과 미투운동의 의의", 국가인권위원회, 「미투운동 연속토론회 1차, 미투로 연대했다!(2018. 4. 5)」자료집, 2018, 17-18면.

5) 이 사건의 1심은 국민참여재판으로 진행되었는데, 2020년 1월 15일 제1심 법원은 피고인의 행위가 공공의 이익을 위한 것이었다고 인정하면서 무죄를 선고하였다. 한편 대법원은 양육비를 지급하지 않는 부모의 채무 내용을 공시하는 방안을 검토 중이라고 한다. ""양육비 안준 부모 신상공개는 명예훼손 아냐"… 법원 판단배경은", 연합뉴스 2020년 1월 15일자, https://www.yna.co.kr/view/AKR20200115004100061?input=1195m (2021년 5월 30일 최종접속); "양육비 안 주는 '배드파더' 채무 공개되나...대법원, 공시제 도입 검토", 헤럴드경제, 2021년 4월 1일자, http://biz.heraldcorp.com/view.php?ud=20210401000194 (2021년 5월 30일 최종접속).

6) 「오늘날 매체가 매우 다양해짐에 따라 명예훼손적 표현의 전파속도와 파급효

이용한 사실적시 명예훼손죄에 대해 합헌결정(9인의 재판관 중 합헌의
견 7인, 위헌의견 2인)[7]이 내려진 지 5년 만에 나온 이번 결정에서는 위
헌 취지의 반대의견[8]을 제시한 재판관이 4인으로 늘었으나 법정의견

과는 광범위해지고 있으며, 일단 훼손되면 완전한 회복이 어렵다는 외적 명예
의 특성상, 명예훼손적 표현행위를 제한해야 할 필요성은 더 커지게 되었다.
형법 제307조 제1항은 공연히 사실을 적시하여 사람의 명예를 훼손하는 자를
형사처벌하도록 규정함으로써 개인의 명예, 즉 인격권을 보호하고 있다. 명예
는 사회에서 개인의 인격을 발현하기 위한 기본조건이므로 표현의 자유와 인
격권의 우열은 쉽게 단정할 성질의 것이 아니며, '징벌적 손해배상'이 인정되
는 입법례와 달리 우리나라의 민사적 구제방법만으로는 형벌과 같은 예방효과
를 확보하기 어려우므로 입법목적을 동일하게 달성하면서도 덜 침익적인 수단
이 있다고 보기 어렵다. 형법 제310조는 '진실한 사실로서 오로지 공공의 이익
에 관한 때에 처벌하지 아니'하도록 정하고 있고, 헌법재판소와 대법원은 형법
제310조의 적용범위를 넓게 해석함으로써 형법 제307조 제1항으로 인한 표현
의 자유 제한을 최소화함과 동시에 명예훼손죄가 공적인물과 국가기관에 대한
비판을 억압하는 수단으로 남용되지 않도록 하고 있다. 만약 표현의 자유에
대한 위축효과를 고려하여 형법 제307조 제1항을 전부위헌으로 결정한다면 외
적 명예가 침해되는 것을 방치하게 되고, 진실에 부합하더라도 개인이 숨기고
싶은 병력·성적 지향·가정사 등 사생활의 비밀이 침해될 수 있다. 형법 제307
조 제1항의 '사실'을 '사생활의 비밀에 해당하는 사실'로 한정하는 방향으로 일
부위헌 결정을 할 경우에도, '사생활의 비밀에 해당하는 사실'과 '그렇지 않은
사실' 사이의 불명확성으로 인해 또 다른 위축효과가 발생할 가능성은 여전히
존재한다. 헌법 제21조가 표현의 자유를 보장하면서도 타인의 명예와 권리를
그 한계로 선언하는 점, 타인으로부터 부당한 피해를 받았다고 생각하는 사람
이 법률상 허용된 민·형사상 절차에 따르지 아니한 채 사적 제재수단으로 명
예훼손을 악용하는 것을 규제할 필요성이 있는 점, 공익성이 인정되지 않음에
도 불구하고 단순히 타인의 명예가 허명임을 드러내기 위해 개인의 약점과 허
물을 공연히 적시하는 것은 자유로운 논쟁과 의견의 경합을 통해 민주적 의사
형성에 기여한다는 표현의 자유의 목적에도 부합하지 않는 점 등을 종합적으로
고려하면, 형법 제307조 제1항은 과잉금지원칙에 반하여 표현의 자유를 침해
하지 아니한다.」 헌법재판소 2021. 2. 25. 선고 2017헌마1113, 2018헌바330(병합).
7) 헌법재판소 2016. 2. 25. 선고 2013헌바105, 2015헌바234(병합).
8) 반대의견은 형법 제307조 제1항은 과잉금지원칙에 반하여 표현의 자유를 침해
한다고 보았으나, 헌법 제17조가 선언한 사생활의 비밀의 보호 필요성을 고려
할 때, '적시된 사실이 사생활의 비밀에 관한 것이 아닌 경우'에는 허위 사실
을 바탕으로 형성된 개인의 명예보다 표현의 자유 보장에 중점을 둘 필요성이
있다고 판단하였는바, 형법 제307조 제1항 중 '진실한 것으로서 사생활의 비밀
에 해당하지 아니한' 사실 적시에 관한 부분은 헌법에 위반된다는 의견을 제

은 합헌으로 유지되었고, 당분간 헌법재판소는 이 쟁점에 대해 변화된 입장을 표명하지 않을 것으로 전망된다. 이에 본고는 형법 제307조 제1항의 위헌 가능성에 대한 예측은 잠시 접어 두고 명예훼손죄의 적용상 문제를 짚어보고자 한다. 특히 명예훼손죄의 구성요건인 '공연성'을 판단하는 기준을 두고는 통설과 판례의 입장이 첨예하게 대립되고 있는데, 2020년 11월 19일 대법원은 오랫동안 학계로부터 비판을 받아온 '전파가능성 이론'을 종전대로 유지한다는 입장을 밝혔다. 이하에서는 해당 판결을 중심으로 하여 명예훼손죄의 구성요건인 '공연성'의 의미를 고찰하고, 그 판단 기준에 대해 논하고자 한다.

Ⅱ. 명예훼손죄의 구성요건인 공연성의 의의와 그 판단기준

1. 공연성의 의의

(1) 공연성의 의미와 기능

형법과 정보통신망 이용촉진 및 정보보호 등에 관한 법률(이하 '정보통신망법'이라 함) 및 공직선거법 등에 있는 명예훼손죄 관련 규정들은 명예에 대한 침해 행위가 '공연히' 또는 '공공연하게'[9] 이루어지도록 요구하고 있다. '공연히' 또는 '공공연하게'라는 용어는 사전적으로 '세상에서 다 알 만큼 뚜렷하고 떳떳하게', '숨김이나 거리낌이 없이 그대로 드러나게'라는 의미를 가지고 있다.[10] 명예훼손죄의 구성요건

시하였다. 헌법재판소 2021. 2. 25. 선고 2017헌마1113, 2018헌바330(병합) 중 재판관 유남석, 재판관 이석태, 재판관 김기영, 재판관 문형배의 반대의견 참조.

9) 2008년 6월 13일 법률 제9119호로 정보통신망법이 개정되면서 명예훼손죄의 처벌 규정 중 '공연히'라는 표현이 '공공연하게'로 변경되었는데, 이는 종래의 '공연(公然)히'라는 단어가 '괜히'를 뜻하는 '공연(空然)히'로 이해될 소지가 있어서 보다 알기 쉬운 용어를 바꾼 것이라고 한다. 류부곤, "SNS상에서의 정보유통과 "공연성" 개념", 형사정책 제26권 제1호, 한국형사정책학회, 2014, 292면; 조현욱, "명예훼손죄에 있어서 공연성의 의미와 판단기준", 법학연구 제32집, 한국법학회, 2008, 373면.

10) 국립국어원 표준국어대사전 참조, https://stdict.korean.go.kr/search/searchResult.do?pageSize=10&searchKeyword=%EA%B3%B5%EC%97%B0%ED%9E%88#none; https://stdict.korean.go.kr/search/searchView.do?word_no=27422&sort=asc&searchKeywo

인 '공연성'은 '불특정 또는 다수인이 인식할 수 있는 상태'로 이해되고 있는데, 이에 대해서는 통설[11]과 판례[12]의 입장이 일치한다. 동죄에서 공연성이라는 구성요건은 사람의 가치에 대한 사회적 평가가 침해될 수 있는 상황을 한정함으로써 개인 간의 정보전달이나 표현의 자유가 지나치게 제한되는 것을 완화시키는 기능을 한다.

(2) 형법상 개별 구성요건에서의 '공연성' 의미

명예훼손과 관련된 규정 이외에 형법상 개별 범죄의 구성요건으로 '공연성'을 요하고 있는 범죄로는 동법 제243조의 음화 등 전시·상영죄[13]와 제245조의 공연음란죄[14]가 있다. 전자와 관련하여 '음화 등을 공연히 전시한다는 것'은 '음화 등을 불특정 또는 다수인이 관람할 수 있는 상태로 현출시키는 것을 의미하는바, 특정된 소수만이 볼 수 있는 상태에 두는 것은 이에 해당되지 않는다'고 해석된다.[15] 후자와

---

rdTo=3&searchKeyword=%EA%B3%B5%EA%B3%B5%EC%97%B0&fileType=&fileField=&fileUseType=&fileUseContent=&downloadType=Excel (2021년 5월 30일 최종 접속).

11) 강구진, 형법강의 각론Ⅰ, 박영사, 1984, 215면; 김성돈, 형법각론[제7판], SKKUP, 2021, 231면; 김일수/서보학, 새로쓴 형법각론[제9판], 박영사, 2018, 158면; 김혜정/박미숙/안경옥/원혜욱/이인영, 형법각론, 피앤씨미디어, 2019, 196면; 권오걸, 스마트 형법각론, 형설출판사, 2011, 213면; 배종대, 형법각론[제11전정판], 홍문사, 2020, 199면; 오영근, 형법각론[제5판], 박영사, 2019, 161-162면; 이재상/장영민/강동범, 형법각론[제11판], 박영사, 2019, 187면; 임웅, 형법각론[제10판], 법문사, 2019, 237-238면; 정성근/박광민, 형법각론[전정3판], SKKUP, 2019, 196-197면.

12) 대법원 1981. 8. 25. 선고 81도149 판결; 대법원 1992. 5. 26. 선고 92도445 판결; 대법원 1996. 7. 12. 선고 96도1007 판결; 대법원 2008. 2. 14. 선고 2007도8155 판결; 2010. 10. 28. 선고 2010도2877 판결; 대법원 2018. 6. 15. 선고 2018도4200 판결; 대법원 2020. 1. 30. 선고 2016도21547 판결 등 참조.

13) 형법 제243조(음화반포등) 음란한 문서, 도화, 필름 기타 물건을 반포, 판매 또는 임대하거나 공연히 전시 또는 상영한 자는 1년 이하의 징역 또는 500만 원 이하의 벌금에 처한다.

14) 형법 제245조(공연음란) 공연히 음란한 행위를 한 자는 1년 이하의 징역, 500만원 이하의 벌금, 구류 또는 과료에 처한다.

15) 대법원 1973. 8. 21. 선고 73도409 판결.

관련해서도 '공연성'은 '불특정 또는 다수인이 알 수 있는 상태'로 해석되는데,16) 아파트 엘리베이터 내이지만 사람이 탑승할 가능성이 거의 없거나17) 거리라고 하더라도 한적한 곳에 숨어서 음란행위가 이루어졌다면 불특정 또는 다수인이 인식할 수 있는 상태가 아니었기 때문에 공연성이 인정되지 않는다.18)19)

16) 대법원 2000. 12. 22. 선고 2000도4372 판결.
17) 광주지방법원 2008. 11. 27. 선고 2008고합400, 2008고합449(병합), 2008고합463 (병합) 판결.
18) 김성돈, 앞의 책, 716면; 김혜정/박미숙/안경옥/원혜욱/이인영, 앞의 책, 608면.
19) 형법 이외의 법에서 '공연히'라는 문구가 포함된 조문은 5·18민주화운동 등에 관한 특별법 제8조(5·18민주화운동에 대한 허위사실 유포 금지), 공공단체등 위탁선거에 관한 법률 제62조(후보자 등 비방죄), 공직선거법 제82조의4(정보 통신망을 이용한 선거운동), 제110조(후보자 등의 비방금지), 제251조(후보자비 방죄), 제256조(각종제한규정위반죄), 국민투표법 제48조(특정인 비방의 금지), 군형법 제64조(상관 모욕 등), 농업협동조합법 제50조(선거운동의 제한), 산림 조합법 제40조(선거운동의 제한), 새마을금고법 제22조(임원의 선거운동 제한), 소비자생활협동조합법 제33조(선거운동의 제한), 제86조(벌칙), 수산업협동조합 법 제53조(선거운동의 제한), 엽연초생산협동조합법 제19조의2(선거운동의 제 한), 의무소방대설치법 제10조(벌칙), 협동조합 기본법 제37조(선거운동의 제 한) 등으로 주로 명예훼손과 관련된 규정들이다. 다만 전기통신기본법 제47조 (벌칙)에서는 자기 또는 타인에게 이익을 주거나 타인에게 손해를 가할 목적 으로 전기통신설비에 의하여 '공연히' 허위의 통신을 한 자를 처벌한다. 특허 법 제129조(생산방법의 추정)는 물건을 생산하는 방법의 발명에 관하여 특허 가 된 경우에 그 물건과 동일한 물건은 그 특허된 방법에 의하여 생산된 것 으로 추정하나, 특허출원 전에 국내에서 공지되었거나 '공연히' 실시된 물건 은 그 예외가 인정된다고 규정한다. 또한 마약류 불법거래 방지에 관한 특례 법 제10조(선동 등)는 마약류범죄의 실행이나 마약류의 남용을 '공연히' 선동 하거나 권유한 자를 처벌하고, 아동·청소년의 성보호에 관한 법률 제11조(아 동·청소년성착취물의 제작·배포 등)에서는 아동·청소년성착취물을 '공연히' 전시 또는 상영한 자를 처벌한다. 한편 채권의 공정한 추심에 관한 법률 제9 조(폭행·협박 등의 금지)는 채권추심자는 채권추심과 관련하여 채무자의 직장 이나 거주지 등 채무자의 사생활 또는 업무와 관련된 장소에서 다수인이 모 여 있는 가운데 채무자 외의 사람에게 채무자의 채무금액, 채무불이행 기간 등 채무에 관한 사항을 '공연히' 알리는 행위를 하지 않도록 금지하고 있다.
한편 형법 이외의 법에서 '공공연하게'라는 문구가 포함된 조문도 정보통 신망 이용촉진 및 정보보호 등에 관한 법률 제44조의7(불법정보의 유통금지 등), 제70조(벌칙), 제74조(벌칙), 제주4·3사건 진상규명 및 희생자 명예회복에

2. 공연성의 판단 기준

(1) 전파가능성 이론

명예훼손죄에서 공연성, 즉 '불특정 또는 다수인이 인식할 수 있는 상태'를 어떤 기준으로 해석할 것인지를 두고 판례와 통설의 입장이 대립된다. 1968년 12월 24일 대법원은 피고인이 이웃사람 2인에게 순차적으로 피해자가 자신과 동침한 적이 있다고 말한 사건에서 「비밀이 잘 보장되어 외부에 전파될 염려가 없는 경우가 아니면 비록 개별적으로 한 사람에 대하여 사실을 유포하였더라도 연속하여 수인에게 사실을 유포하여 그 유포한 사실이 외부에 전파될 가능성이 있는 이상 공연성이 있다.」고 판시하였다.[20] 이는 대법원이 전파가능성 이론에 입각해서 공연성을 인정한 최초의 판례로 평가된다.[21][22] 다만 사실이 적시된 문건을 특정 사람에게 개별적으로 전송했더라도 다수인에게 배포되었다면 공연성이 인정되는바, 동 판례의 경우에는 전파가능성을 따지지 않더라도 다수인이 인식할 수 있는 상태로서 공연성이 인정된다고 파악될 수 있다.

이후 1981년 10월 27일 대법원은 피고인이 피해자의 친척 1인에게 피해자가 불륜관계에 있다고 말한 사건에서 공연성을 부정하는 판

관한 특별법(제13조), 중소기업협동조합법 제53조(선거운동의 제한), 교육공무원법 제24조의2(선거운동의 제한), 경범죄 처벌법(제3조) 등으로 주로 명예훼손과 관련된 규정들이다. 다만 청소년 보호법은 청소년유해매체물인 옥외광고물을 '공공연하게' 설치·부착·배포하는 것을 금하면서(제19조 제1항), 이를 위반할 경우에는 시정명령(제45조 제1항 제7호)이나 벌금을 부과할 수 있도록 한다(제59조 제4호). 또한 성폭력범죄의 처벌 등에 관한 특례법 제14조(카메라 등을 이용한 촬영)는 성적 욕망이나 수치심을 유발할 수 있는 불법 촬영물 등을 공공연하게 전시·상영한 자를 처벌한다.

20) 대법원 1968. 12. 24. 선고 68도1569 판결.
21) 박영욱, "명예훼손죄의 공연성 판단과 전파가능성 법리", 사법 제55호, 사법발전재단, 2021, 1201면; 오영근, "명예훼손죄의 공연성", 형사판례연구 제1권, 박영사, 1993, 134면.
22) 참고로 이 보다 앞선 명예훼손 판결에서도 대법원이 전파가능성을 언급하였으나, 이를 근거로 공연성을 인정하지는 않았다. 대법원 1967. 5. 16. 선고 66도787 판결.

결을 내리면서 「명예훼손죄의 구성요건인 '공연성'은 불특정 또는 다수인이 인식할 수 있는 상태를 의미하므로, 비록 개별적으로 한 사람에 대하여 사실을 유포하였다고 하여도 이로부터 불특정 또는 다수인에게 전파될 가능성이 있다면 공연성의 요건을 충족하는 것이나, 이와 반대의 경우라면 특정한 한 사람에 대한 사실의 유포는 공연성을 결여한 것이다.」라고 판시하였다.[23] 요컨대 대법원은 특정 소수인에게 사실을 적시했더라도 그 상대방이 해당 사실을 불특정 또는 다수인에게 전파할 가능성이 있는 때에는 공연성이 인정된다는 입장을 취하였고, 이는 형법뿐만 아니라 정보통신망법상의 명예훼손죄나 공직선거법상 후보자비방죄 등의 공연성 판단에도 동일하게 적용되어 왔는바,[24] 전파가능성 이론은 대법원이 명예훼손죄의 공연성을 판단하는 법리로 정착되었다.

(2) 직접인식가능성설

전파가능성 이론에 대해서는 ① 불특정 또는 다수인이 아닌 1인에 대한 사실적시도 전파가능성이 있다는 이유로 공연성이 인정됨으로써 형법의 보충성 원칙에 반해 표현의 자유를 지나치게 침해한다는 비판이 제기된다.[25] 또한 이 이론에 의하면, ② 공연성의 인정 여부가 상대방의 전파의사에 좌우되어 법적 안정성에 문제가 생기고,[26] ③ 그

---

23) 대법원 1981. 10. 27. 선고 81도1023판결.
24) 대법원 1996. 7. 12. 선고 96도1007 판결, 대법원 2008. 2. 14. 선고 2007도8155 판결 등 참조.
25) 김혜정/박미숙/안경옥/원혜욱/이인영, 앞의 책, 196면; 류화진, "스마트폰 단체대화방내의 형법상 공연성의 인정문제", 법학연구 제25권 제2호, 경상대학교 법학연구소, 2017, 126면; 오영근, 앞의 책, 162면; 이재상/장영민/강동범, 앞의 책, 189면; 한성훈, "판례를 통해서 본 명예훼손죄의 공연성의 의미와 판단기준에 관한 소고 – 대법원 2020. 11. 19. 선고 2020도5813 전원합의체 판결을 중심으로–", 법학논총 제41권 제2호, 전남대학교 법학연구소, 2021, 225-226면.
26) 김재중/이훈, "명예훼손죄에 있어 공연성의 개념 – 대법원 2020. 11. 19. 선고 2020도5813 전원합의체 판결을 중심으로–", 법과정책연구 제21집 제1호(통권 제61호), 한국법정책학회, 2021, 16면; 오영근, 앞의 논문, 144면; 윤해성, "형법

판단 과정에 법관의 자의가 개입될 소지가 있다.[27] 아울러 이 이론은
④ 명예훼손죄의 보호법익에 대한 보호정도와 그 행위태양에 대한 해
석논리를 구별하지 못한다는 문제도 지적된다.[28] 즉 명예훼손죄는 사
람의 외적 명예가 현실적으로 침해될 것을 요구지 않고, 그 위험성만
으로 성립할 수 있다는 추상적 위험범의 해석논리가 동죄의 행위태양
인 공연성을 해석하는데 적용되고 있다는 것이다. 본죄가 위험범이라
고 해서 행위의 태양인 공연성을 전파가능성으로 대체할 수는 없다.
공연성은 불특정 또는 다수인이 현실적으로 인식할 것을 요구하지 않
더라도 적어도 직접 인식할 수 있는 상태에 있어야 인정된다. 요컨대
공연성의 해석은 불특정 또는 다수인이 직접 인식할 수 있는 상태를
의미한다는 직접인식가능성설에 의하는 것이 타당하고 이것이 학계의
통설이다.[29]

Ⅲ. 전파가능성 법리 존폐를 둘러싼 대상판결 내 쟁점

대법원 다수의견은 사실적시 명예훼손에 대한 형벌 부과의 필요
성을 인정하면서 공연성에 관한 전파가능성 법리를 유지해야 한다는
입장을 취하고 있다. 이에 비해 반대의견은 명예훼손죄의 구성요건인
공연성은 전파가능성을 포섭할 수 없는 개념이므로 죄형법정주의 및
형법해석의 원칙에 반하는 전파가능성 법리는 폐기되어야 한다고 주
장한다. 반대의견은 형사법학계의 통설인 직접인식가능성설을 취하고
있는데, 다수의견은 보충의견 등을 통해 반대의견의 논거에 대한 반론
을 제기하고 있는바, 이하에서는 이를 분석한 후 그 적절성에 대해 논
하고자 한다. 아울러 전파가능성 법리를 폐기할 경우에 고려되어야 할

체계상의 공연성", 형사정책연구 제20권 제1호(통권 제77호), 한국형사정책연
구원, 2009, 22면.
27) 김혜정/박미숙/안경옥/원혜욱/이인영, 앞의 책, 196면; 오영근, 앞의 책, 162
면; 이재상/장영민/강동범, 앞의 책, 189면. 123면
28) 김성돈, 앞의 책, 232면; 이재상/장영민/강동범, 앞의 책, 189면.
29) 이재상/장영민/강동범, 앞의 책, 189면.

쟁점들에 대해서도 다루도록 한다.

1. 전파가능성 법리 유지 주장과 그 적절성

(1) 구체적·객관적 기준 마련

다수의견은 전파가능성 이론을 비판[30]하는 견해가 초창기 대법원 판례의 전파가능성 법리에 대해 가해지던 지적 사항에 머물러 있다고 주장한다. 요컨대 대법원은 종래의 지적을 받아들여 공연성의 인정 여부를 판단할 구체적·객관적 기준[31]을 발전시키는 한편 특정 소수를 대상으로 한 사실적시와 관련된 공연성 인정을 제한하기 위한 다양한 법리[32]를 확립해 왔다고 강조한다. 또한 특정 소수에 대한 발언이 불특정 또는 다수인에게 전파될 가능성이 있다는 이유로 공연성이 인정되기 위해서는 막연한 전파가능성으로는 부족하고, 고도의 가능성이나 개연성이 요구되며,[33] 이에 대해서는 검사의 엄격한 증명이 이루어

---

30) 다수의견은 전파가능성에 대해 제기되는 비판, 즉 전파가능성 유무를 판단할 수 있는 객관적인 기준이 없어서 구체적 적용 시에 법관의 자의가 개입될 수 있고, 행위자에게 결과만으로 과중한 책임을 부담시키므로 책임주의에 반한다는 주장에 대해서는 그 내용과 논거가 타당하지 않다고 판단하지만 처벌범위의 확대를 경계하는 취지에는 공감한다고 밝혔다. 대법원 2020. 11. 19. 선고 2020도5813 전원합의체 판결.

31) 명예훼손죄에서 "공연성의 존부는 발언자와 상대방 또는 피해자 사이의 관계나 지위, 대화를 하게 된 경위와 상황, 사실적시의 내용, 적시의 방법과 장소 등 행위 당시의 객관적 제반 사정에 관하여 심리한 다음, 그로부터 상대방이 불특정 또는 다수인에게 전파할 가능성이 있는지 여부를 검토하여 종합적으로 판단"해야 하고, "발언 이후 실제 전파되었는지 여부는 전파가능성 유무를 판단하는 고려요소가 될 수 있으나, 발언 후 실제 전파 여부라는 우연한 사정은 공연성 인정 여부를 판단함에 있어 소극적 사정으로만 고려"되어야 한다는 기준이 확립되어 있다고 한다. 대법원 2020. 11. 19. 선고 2020도5813 전원합의체 판결.

32) 발언의 상대방이 발언자나 그 피해자와 사적으로 친밀한 관계에 있는 경우, 상대방이 직무상 비밀유지의무 등을 부담하는 특수한 지위 내지 신분을 가지고 있는 경우에는 그러한 관계나 신분에도 불구하고 불특정 또는 다수인에게 전파될 수 있다고 볼 만한 특별한 사정이 존재해야 한다. 대법원 2020. 11. 19. 선고 2020도5813 전원합의체 판결.

33) 대법원 1982. 3. 23. 선고 81도2491 판결; 대법원 1989. 7. 11. 선고 89도886 판

져야 한다는 것이다.[34] 아울러 전파가능성의 법리에 따르더라도 명예
훼손죄가 사실의 확인이나 규명, 가해에 대한 대응이나 수사 및 소송
등과 같은 정당한 행위를 가로막는 수단으로 악용되지 않도록 전파가
능성에 관한 발언자의 인식과 그 위험을 용인하는 내심의 의사를 인
정하는 것에 신중을 기하고 있다고 밝혔다.[35]

　　지난 40여 년 동안 공연성 인정 여부에 대한 판례가 집적되면서
법원의 판단 기준이 점차 구체화되고 표현의 자유를 과도하게 제한하
지 않기 위한 법리도 모색되었다. 그럼에도 불구하고 형법 제307조 제
1항과 제2항은 '공연성'을 명예훼손죄의 기본적인 구성요건으로 규정
하고 있는바, 전파가능성이 있다는 이유로 공연성을 인정하는 것은 문
언의 가능한 의미를 벗어난다. '공연히'나 '공공연하게'라는 의미를 아
무리 확장해서 해석하더라도 사적으로 특정한 소수에게 말한 것이 '세
상에서 다 알 만큼 뚜렷하고 떳떳하게' 내지는 '숨김이나 거리낌이 없
이 그대로 드러나게' 발언한 것이라고는 평가할 수 없다. 설령 그 발
언이 원인이 되어 불특정 또는 다수인에게 해당 사실이 전파되는 결
과가 발생하였다고 할지라도 그 행위 자체가 공연히 사실을 적시한
것이 아니라면 명예훼손죄는 성립하지 않는다. 그러나 다수의견에 의
할 때에는 행위가 공연히 이루어지지 않더라도 전파를 통해 공연해질
가능성이 있으면 공연성이 인정된다.[36] 더욱이 다수의견은 명예훼손

결; 대법원 2020. 12. 30. 선고 2015도15619 판결.
34) 대법원 2006. 4. 14. 선고 2004도207 판결; 대법원 2010. 11. 25. 선고 2009도
　　12132 판결.
35) 대법원 2020. 11. 19. 선고 2020도5813 전원합의체 판결.
36) 대법원은 "추상적 위험범으로서 명예훼손죄는 개인의 명예에 대한 사회적 평
　　가를 진위에 관계없이 보호함을 목적으로 하고, 적시된 사실이 특정인의 사
　　회적 평가를 침해할 가능성이 있을 정도로 구체성을 띠어야 하나(대법원
　　1994. 10. 25. 선고 94도1770 판결, 대법원 2000. 2. 25. 선고 98도2188 판결 등
　　참조), 위와 같이 침해할 위험이 발생한 것으로 족하고 침해의 결과를 요구하
　　지 않으므로, 다수의 사람에게 사실을 적시한 경우뿐만 아니라 소수의 사람
　　에게 발언하였다고 하더라도 그로 인해 불특정 또는 다수인이 인식할 수 있
　　는 상태를 초래한 경우에도 공연히 발언한 것으로 해석할 수 있다."고 본다.

죄를 추상적 위험범으로 파악하므로 전파가능성으로 인해 공연성이 인정되면 기수로 처벌될 수 있다. 이러한 해석은 피고인에게 불리한 부당한 확장해석이자 유추해석으로 죄형법정주의에 반하고, 이때 '가능성'이 '개연성'으로 대체된다고 하여 달리 볼 것은 아니다.[37]

한편 전파가능성 법리로 인하여 명예훼손죄의 공연성은 형법상 공연성을 구성요건으로 하는 음화 등 전시·상영죄나 공연음란죄에서의 공연성과 일관되게 해석되지 못한다는 문제도 지적된다. 이에 대해 다수의견에 대한 보충의견은 말이나 글을 통해 명예훼손적 사실이 전파되어 타인의 명예가 훼손될 위험성이 발생하는 것과 물건의 상태나 행위로 인해 선량한 성풍속에 대한 침해의 위험성이 발생하는 것을 동일한 차원에서 평가할 수 없는바, 강간죄나 공무집행방해죄 등의 개별 범죄에서 폭행이나 협박의 의미와 정도가 달리 해석되는 것처럼 개별 범죄의 공연성도 달리 해석될 수 있다고 보았다.[38]

그러나 폭행과 협박은 그 의미와 정도가 달라지더라도 '유형력의 행사'나 '해악의 고지'를 말한다는 것은 공통된다. 공연성은 '공연히'라는 부사로 표기되어 전시·상영이나 음란한 행위 및 사실 적시의 의미를 분명하게 만드는 요소로서 각각의 범죄에서 보호법익을 침해하는 개별 행위가 직접적으로 사회에 유포되거나 노출됨으로써 타인에게 해악을 끼치거나 보호법익을 침해할 위험이 있는 경우만을 처벌하기 위해 요구되므로 개별범죄의 보호법익은 다르더라도 '공연히'라는 사전적 의미를 고려하여 일관되게 해석할 필요가 있다. 한편 감염병의 예방 및 관리에 관한 법률(이하 '감염병예방법'이라고 함)은 '전파가능성'을 고려하여 감염병의 급수를 구분하고 있다.[39] 반면 명예훼손 관련

대법원 2020. 11. 19. 선고 2020도5813 전원합의체 판결.

37) 반대의견은 전파가능성 법리는 공연성 이외에 전파가능성까지도 새로운 구성요건으로 요구하는 것과 같아서 죄형법정주의의 명확성 원칙에도 반한다고 파악한다. 대법원 2020.11.19. 선고 2020도5813 전원합의체 판결 중 대법관 김재형, 대법관 안철상, 대법관 김선수 반대의견 참조.

38) 대법원 2020. 11. 19. 선고 2020도5813 전원합의체 판결 중 다수의견에 대한 대법관 박상옥, 대법관 민유숙의 보충의견 참조.

규정에는 이러한 문구가 없는데도 불구하고 판례가 '전파가능성'을 기준으로 공연성을 판단하고 있는바, 이는 입법자의 예상을 뛰어넘는 일이며, 법적 이성의 요구와도 배치된다.

(2) 의사소통 방법 및 구조의 변화

다수의견은 정보통신 기술의 발전으로 인해 변화된 의사소통의 방법 및 구조를 고려할 때 전파가능성 법리는 유지되어야 한다는 입장을 밝혔다. 요컨대 SNS나 이메일, 포털사이트 등 정보통신망을 통한 소통이 활성화됨에 따라 정보통신망을 이용한 명예훼손도 문제되고 있는데, 이 경우 '행위 상대방'의 범위와 경계가 불분명해지는가 하면,40) 행위자는 자신이 적시한 정보에 대한 통제가능성을 쉽게 상실하게 된다. 정보통신망을 이용한 명예훼손은 정보의 무한저장이나 재생산 및 그 전달이 손쉬워서 악의적이고 혐오적인 내용이 정보통신망을 통해 유포될 경우 피해자는 무차별적인 인격권 침해로 고통 받고, 그 피해회복은 불가능하거나 무의미해지는 경우가 종종 발생한다. 이에

---

39) 감염병예방법에 의할 때 "제1급감염병"이란 생물테러감염병 또는 치명률이 높거나 집단 발생의 우려가 커서 발생 또는 유행 즉시 신고하여야 하고, 음압격리와 같은 높은 수준의 격리가 필요한 감염병을 말하고, "제2급감염병"이란 전파가능성을 고려하여 발생 또는 유행 시 24시간 이내에 신고하여야 하고, 격리가 필요한 다음 각 목의 감염병을 말한다(감염병예방법 제2조 제2호, 제3호).

40) 정보통신망을 이용한 명예훼손은 정보의 무한저장이나 재생산 및 전달의 용이함으로 인해'행위 상대방'의 범위와 경계가 불분명해질 수 있는바, 허위사실이 담긴 이메일을 특정 소수에게 발송했더라도 그 행위 자체로 불특정 또는 다수인이 인식할 수 있는 상태가 형성될 수 있다는 것이다. 다수의견은 피고인이 직장 상사에게 직장동료인 피해자에 관한 허위내용이 담긴 이메일을 보낸 사안에서 피고인이 이메일을 보낸 경위와 내용 등에 비추어 전파될 가능성이 있다는 이유로 공연성을 인정한 판례(대법원 2009. 11. 12. 선고 2009도9396 판결)와 피고인이 오피스텔 관리인 후보로 출마한 피해자에 대한 비위사실을 경쟁 후보자의 지지자에게 카카오톡 메시지를 보낸 사안에서 분쟁 상황이나 그 상대방의 지위를 고려해 볼 때 상대방이 그 내용을 불특정 또는 다수인에게 알릴 수 있다는 점이 충분히 예상된다는 이유로 공연성을 인정한 결정(대법원 2019. 7. 5.자 2019도6916 결정) 등을 그 예로 제시하고 있다.

다수의견은 명예훼손에 대한 사전적·사후적 구제책이 부족하거나 미흡한 상황에서 전파가능성 이론은 정보통신망의 특성을 고려해 공연성을 판단할 수 있는 적절한 기준이라고 보았다.

정보통신망을 통한 명예훼손이 만연하여 이에 대한 처벌의 필요성이 인정된다고 하여 공연성의 개념 자체를 변경할 수는 없다. 다수의견은 시대의 변화나 정보통신망의 발달에 따라 공연성의 개념과 내용이 달라질 수 있다고 한다.41) 그러나 다수의견이 취하고 있는 전파가능성 이론은 공연성의 개념 자체를 변화시킨 것이 아니라 공연해질 수 있는 가능성만으로 공연성을 인정한 것이다. 또한 직접인식가능성설에 의하더라도 정보통신망을 이용한 명예훼손죄의 공연성 개념을 달리 해석할 이유가 없다. 즉 정보통신망을 이용해 특정 소수에게만 사실을 적시한 경우에는 공연성이 부정되어야 한다. SNS나 이메일을 통해 1인의 지인에게 사실을 적시한 것은 오프라인에서 그 1인에게 편지를 쓰거나 대면하여 말로 사실을 적시한 것과 그 행위 양태가 다르지 않다. 또한 사실적시가 정보통신망을 통해 이루어졌다고 해서 명예 침해의 일반적 위험성이 발생하는 것도 아니다. 전파가능성만으로 공연성을 인정하는 것은 표현의 자유를 침해하는 일이라고 판단되는 바, 다수의견처럼 변화된 의사소통 구조를 고려할 때 가능성만으로도 범죄 성립을 인정해야 할 필요성이 크다면 이는 법원의 해석이 아닌 입법으로 해결되어야 할 것이다.

(3) 형법 제310조의 위법성조각사유 인정 범위 확대

다수의견은 전파가능성 법리를 유지하되 공연성 판단 기준과는 별도로 '발언 내용'에 따른 위법성조각 인정 범위를 확대하여 처벌의 가능성을 낮추겠다는 입장을 취하고 있다. 형법 제310조는 '오로지 공

---

41) 오히려 불특정 또는 다수인에게 널리 사실을 전달할 수 있는 기술적 매체가 늘어날수록 명예훼손죄 자체의 해석은 더 정형화되어야만 한다는 의견도 있다. 홍영기, "2020년 형사법분야 대법원 주요판례와 평석", 안암법학 제62호, 안암법학회, 2021, 125면.

공의 이익에 관한 때'에 한하여 위법성이 조각된다고 규정하고 있으나, 이미 대법원은 '공공의 이익'을 점진적으로 넓게 인정해 왔다.[42] 이에 한걸음 더 나아가 진실한 사실의 적시의 경우에는 형법 제310조의 '공공의 이익'을 더 넓게 인정해야 한다고 설시하고 있는바, 공적인 인물이나 제도 및 정책 등에 관한 것에만 공공의 이익관련성을 인정할 것은 아니라고 한다.[43] 다수의견은 사실적시의 내용이 사회의 일부 구성원들의 이익에만 관련된 것이더라도 그 사항이 사회 구성원 모두의 공동생활에 관계된다면 공익성이 인정될 수 있다고 한다. 심지어 사실적시의 내용이 개인에 관한 것이더라도 그 사항이 공공의 이익과 관련되어 있고 사회적 관심을 받고 있다면 국가나 사회 일반의 이익이나 특정한 사회집단에 관한 것이 아니라는 이유만으로 형법 제310조의 적용을 배제할 수 없다고 한다. 요컨대 사실적시의 내용이 사인의 이익에 관한 것이더라도 그가 관계된 사회적 활동의 성질이나 사회에 미칠 영향을 고려하여 공공의 이익에 관련되는지를 판단해야 한다는 것이다.[44]

42) 우선 진실한 사실이 아니거나 진실한 사실이라는 증명이 없더라도 행위자가 그것을 진실이라고 믿을 상당한 이유가 있는 경우가 포함된다(대법원 1962. 5. 17. 선고 4294형상12 판결; 대법원 1988. 10. 11. 선고 85다카29 판결 등 참조). 또한 진실한 사실이란 그 내용 전체의 취지를 살펴볼 때 중요한 부분이 객관적 사실과 합치되는 사실이라는 의미로서 세부에 있어 진실과 약간 차이가 나거나 다소 과장된 표현이 있더라도 무방하다(대법원 1998. 10. 9. 선고, 97도158 판결; 대법원 2020. 8. 13. 선고 2019도13404 판결 등 참조). 나아가 대법원은 '오로지 공공의 이익에 관한 때'라는 법문의 요건을 완화하여 널리 국가나 사회 기타 일반 다수인의 이익에 관한 것은 물론이고 특정한 사회집단이나 그 구성원 전체의 관심과 이익에 관한 것도 포함되며, 행위자의 주요한 동기나 목적이 공공의 이익을 위한 것이라면 부수적으로 다른 사익적 목적이나 동기가 내포되어 있더라도 형법 제310조의 적용을 배제할 수 없다는 입장을 취한다(대법원 1998. 10. 9. 선고 97도158 판결; 대법원 1996. 10. 25. 선고 95도1473 판결; 대법원 2002. 9. 24. 선고 2002도3570 판결 등 참조).
43) 공직선거법 제251조 단서는 후보자비방죄의 위법성을 조각시키는 요건으로 '오로지'라는 제한을 두고 있지 않다. 형법 제310조도 실무 해석 현황을 고려해서 입법적 정비가 이루어질 필요가 있다.
44) 대법원 1998. 10. 9. 선고 97도158 판결, 대법원 2002. 9. 24. 선고 2002도3570

다수의견은 표현의 자유를 보장하기 위해 형법 제310조의 공익성을 보다 넓게 인정하고자 하나, 이는 선후가 바뀐 문제 해결책이다. 행위자의 표현행위에 대해 광범위하게 구성요건 해당성을 인정한 다음에 위법성조각사유도 넓게 인정하는 것보다는 공연성의 범위를 엄격히 해석하는 것이 우선시되어야 한다. 발언의 주된 목적이나 내용에 공익성이 전혀 없다면 위법성조각사유가 적용되지 않을 것인데, 사적인 공간에서 이루어진 사적 대화는 공익성이 없는 경우가 많고, 이를 요구하는 것은 사담을 금지하는 것과 같다.[45] 그리고 이 문제는 공익의 목적을 아무리 넓게 인정하더라도 전파가능성 법리를 포기하지 않는 한 해결되지 않는다.

2. 전파가능성 이론 폐지 시의 고려 사항

(1) 직접성의 문제

다수의견을 제시한 대법관 중 일부는 보충의견을 통해 전파가능성 법리는 공연성의 해석에 관한 것으로서 죄형법정주의와는 직접적인 관련이 없다고 밝혔다. 공연성의 개념 구성과 관련하여 '불특정 및 다수인'을 요건으로 하는지, 아니면 '불특정 또는 다수인'을 요건으로 하는지에 대한 해석이 달라질 수 있듯이 불특정 또는 다수인이 '직접' 인식할 수 있어야 하는지에 대해서도 다양한 견해가 존재할 수 있다는 것이다. 특히나 형사법학계의 통설이자 이 판결의 반대의견이 취하는 직접인식가능성설은 '직접 인식할 수 있는 상태'의 구체적 내용이 불명확해서 공연성의 판단 기준으로 부적합하고, 반대의견에 따른다고 해서 표현의 자유가 더 보호되는 것도 아니므로 전파가능성 법리의 전면적 폐기는 타당하지 않다고 주장하였다.

한편 보충의견은 반대의견이 주장하는 '직접 인식할 수 있는 상

판결 등 참조.

45) 대법원 2020. 11. 19. 선고 2020도5813 전원합의체 판결 중 대법관 김재형, 대법관 안철상, 대법관 김선수 반대의견 참조.

태'란 행위 당시에 불특정 또는 다수인이 동시에 물리적 공간에 존재하거나 행위 상대방과 대면할 것이 전제된다고 이해한다. 이에 보충의견은 발언의 '직접성'을 요건으로 하는 반대의견의 경우 '물리적 공간에서의 대면성'을 필연적으로 요구함으로써 정보통신망을 통한 가상의 공간에서 발생하는 명예훼손 행위의 가공할만한 확장성과 전파성을 제대로 규율하지 못한다고 비판한다.

직접인식가능성설은 행위자가 적시한 내용을 불특정 또는 다수인이 현실로 인식할 것을 요하지는 않지만 적어도 불특정 또는 다수인이 직접 인식할 수 있는 상태에 이르러야 공연성이 인정된다는 입장이다. 이 때 '직접'은 물리적 공간에서의 대면성을 요구하는 것이 아니다. 이는 '잠정적'인 전파가능성만으로 공연성을 인정하는 다수의견과 대비되는 특성을 나타내는 용어로서 불특정 또는 다수인이 현실적으로 인식하지는 않더라도 언제든지 '직접' 인식할 수 있는 상태가 되었을 때 공연성이 인정된다는 의미로 파악해야 한다. 즉 행위자가 피해자의 명예를 훼손하는 내용의 이메일을 다수인에게 전송했다면, 수신자들이 메일을 열어보지 않았더라도 언제라도 그 내용을 확인할 수 있으므로 '직접 인식할 수 있는 상태'로서 공연성이 인정된다.

(2) 처벌의 공백

전파가능성 이론이 폐지될 경우 특정 소수에게 사실을 적시한 행위가 연쇄적으로 이어져 피해자에 대한 사회적 평가가 침해될 일반적 위험성이 발생한 경우에 처벌의 공백이 문제될 수 있다. 일례로 행위자가 직장 동료 1인에게 상사의 개인사에 대한 민감한 내용이 담긴 문자메시지나 이메일을 전송하고, 이를 받은 상대방이 해당 문자메시지나 이메일을 그대로 다른 동료에게 전달한 후 이러한 행위가 여러 번 순차적으로 이어진 경우, 직접인식가능성설에 의하면 각 행위가 이루어진 단계마다 '불특정 또는 다수인이 직접 인식할 수 있는 상태'의 요건이 충족되지 못하여 그 누구도 처벌할 수 없게 된다. 이에 보충의견은 최초의 행위자가 처음부터 다수인에게 문자메시지나 이메일을 전송한 경우와 비교할 때 피해자에 대한 사회적 평가가 침해될 수 있는 일반적 위험성이 발생했다는 점은 동일함에도 불구하고 처벌이 불가능한바, 직접인식가능성설은 그 한계가 있다고 지적했다.

한편 반대의견은 직접인식가능성설을 취하더라도 심각한 처벌의 공백이 발생하지 않는다고 보고 있다.46) 예컨대 최초의 발설자로부터 타인의 사회적 평가를 떨어뜨리는 이야기를 들은 상대방이 불특정 또는 다수인에게 전파한 경우에는 최초의 발설자가 처벌되지 않으나 그 상대방은 처벌될 수 있다.47) 이때 최초의 발설자가 명예훼손의 고의를 가지고 상대방의 전파행위를 의도했다면 그 상대방은 명예훼손죄의 정범이 되고, 최초 발설자는 교사범이나 방조범의 법리를 통해 처벌될 수 있다. 요컨대 상대방의 전파가능성을 이용하여 피해자의 명예를 훼손하고자 한 행위자를 처벌할 수 있는 법리는 전파가능성 이론이 아니라 공범 이론이어야 한다.48)

다만 반대의견은 최초 발설자가 특정 소수에게 사실을 적시하는 행위를 반복한 경우에는 공연성 요건이 충족된다고 보고 있는데, 이는 오해의 소지가 있다. 먼저 '특정 소수에게 사실을 적시하는 행위를 반복'했다는 상황이 '동일한' 특정 소수에게 반복적으로 사실을 적시한 것이라면 공연성이 인정될 수 없다. 즉 사실적시의 횟수가 반복되었더라도 이는 어디까지나 동일한 특정 소수를 대상으로 한 것인바, '불특

---

46) 대법원 2020. 11. 19. 선고 2020도5813 전원합의체 판결 중 대법관 김재형, 대법관 안철상, 대법관 김선수 반대의견 참조.
47) 반대의견은 최초의 발설자가 특정 소수에게 명예훼손 사실을 적시한 후 실제 전파한 사람을 찾을 수 없는 경우일지라도 최초 발설자의 행위에는 공연성이 인정되지 않고, 이러한 경우까지 처벌의 공백이 문제되는 것도 아니라도 판단하였다. 대법원 2020. 11. 19. 선고 2020도5813 전원합의체 판결 중 대법관 김재형, 대법관 안철상, 대법관 김선수 반대의견 참조.
48) 전파가능성 법리를 적용할 경우 불특정 또는 다수인에게 전파할 가능성이 있는 특정 소수에게 사실을 적시하였다면 그 단계에서 기수에 이르고 범죄가 종료되어 공범이 성립할 여지가 없기 때문에, 다수의견은 이를 공범의 문제로 파악하지 않는다.

정 또는 다수인이 직접 인식할 수 있는 상태'가 아니어서 공연성이 인정되지 않는 것이 논리 일관적이다. 반면에 '특정 소수에게 사실을 적시하는 행위를 반복'했다는 상황이 개별 특정 소수에게는 단 1회 사실을 적시했으나, 여러 특정 소수를 대상으로 각 1회씩 반복적으로 사실을 적시한 것이라면 공연성이 인정된다.

한편 보충의견은 공범 이론이 적용될 경우, 최초의 발설자에게 '교사의 고의', 즉 정범에게 범죄 결의를 가지도록 하고 정범에 의하여 범죄를 실행할 고의가 인정되지 않을 때에는 그의 불법성이 가장 큼에도 불구하고 처벌할 수 없는 불합리한 상황이 발생한다고 비판한다. 이러한 문제 제기에 대해서는 일응 공감하나, 적시된 사실의 내용은 전달되는 과정에서 부풀려지거나 왜곡될 수 있기 때문에 각 행위자의 피해자에 대한 명예 침해 정도나 범위에 대한 고려 없이 최초 발설자의 불법성이 가장 크다고 단정할 수 있을지는 의문이다. 아울러 이 경우 형사처벌은 불가능하지만 민법상 손해배상은 이용될 수 있다.

IV. 사안에 대한 해결

피고인은 자신의 남편 乙과 피해자 甲의 친척 丙이 듣고 있는 상황에서 피해자의 전과 사실을 적시하였는바, 특정 소수를 대상으로 피해자에 대한 사회적 평가를 떨어뜨릴 수 있는 사실을 적시하였다. 대법원이 취하고 있는 전파가능성 법리를 폐기하고 직접인식가능성설에 따라 사안을 검토할 경우, 피고인의 발언은 불특정 또는 다수인이 직접 인식할 수 있는 상태에 있었다고 볼 수 없으므로 공연성이 인정되지 않고, 명예훼손죄도 성립하지 않는다.

다수의견은 「甲과 丙의 친분 정도나 적시된 사실이 甲이 공개하기 꺼려하는 개인사에 관한 것으로 주변에 회자될 가능성이 큰 내용이라는 점을 고려할 때 丙이 甲과 친척관계에 있다는 이유만으로 전파가능성이 부정된다고 볼 수 없고(甲과 丙 사이의 촌수나 구체적 친밀관계가 밝혀진 바도 없다), 오히려 피고인은 甲과의 싸움 과정에서 단지

甲을 모욕 내지 비방하기 위하여 공개된 장소에서 큰 소리로 말하여 다른 마을 사람들이 들을 수 있을 정도였던 것으로 불특정 또는 다수인이 인식할 수 있는 상태였다고 봄이 타당하므로 피고인의 위 발언은 공연성이 인정된다」고 보았다.

그러나 전파가능성 법리를 적용하더라도 이 사건에서 명예훼손죄의 공연성은 부정되어야 한다. 대법원은 특정 소수에게 사실을 적시한 경우에도 전파가능성만으로 공연성이 인정됨으로써 가벌성이 확장되는 것을 제한하기 위해 다양한 법리를 확립하고 있다. 그 중 하나가 바로 발언의 상대방이 발언자나 피해자의 배우자, 친척, 친구 등으로서 사적으로 친밀한 관계에 있는 경우에는 그러한 관계에도 불구하고 불특정 또는 다수인에게 전파될 수 있다고 판단할 만한 특별한 사정이 존재해야 한다는 것이다.

이 사건은 재판 과정에서 피해자 甲과 丙이 친척이라는 사실이 밝혀졌는데, 이는 전파가능성이 부정될 수 있는 유력한 사정임에도 불구하고, 원심은 촌수나 구체적 친밀관계도 밝혀내지 않았다. 대법원은 전파가능성에 관하여는 검사의 엄격한 증명이 필요하고, 증명의 정도는 '가능성'이 아닌 '개연성'을 요구한다고 판시하였는데, 이와 관련해 합리적 의심이 없을 정도의 충분한 심리나 증명이 이루어졌다고 보기 어렵다. 한편 다수의견은 甲이 전과자였다는 사실을 그 친척인 丙이 처음 들었다고 진술한 것을 근거로 그들이 가까운 사이가 아니라고 판단하였는데, 범죄경력과 같은 민감 정보는 설령 가까운 친척 간이라도 충분히 숨길 수 있다는 점이 간과되고 있다. 요컨대 피고인의 발언이 전파될 가능성이 있어 공연성이 충족됨을 전제로 공소사실을 유죄로 판단한 원심판결은 명예훼손죄의 공연성에 관한 법리를 오해하여 판결에 영향을 미친 잘못이 있다고 보아야 할 것이다.

V. 결 론

다수의견은 헌법상 개인의 인격권과 사생활의 비밀을 보호하기

위해 전파가능성 법리를 유지한다는 입장을 밝히면서 사실적시 명예
훼손죄를 사적 대화나 정보의 전달을 처벌하여 표현의 자유를 제한하
는 것이라는 전제에서 출발하면 제대로 된 이익형량이 실현되기 어렵
다는 우려를 표하였다. 또한 정보통신 기술의 발전과 비대면 소통의
증가에 따라 사적인 관계와 공적인 관계의 경계가 모호해지고 있다는
점을 고려할 때 사적 관계라는 이유만으로 처벌의 대상에서 제외되는
것은 타당하지 않다고 주장한다.

　　형법상 범죄 중 그 누구라도 피해자나 가해자가 될 가능성이 큰
범죄가 바로 명예훼손죄일 것이다. 다소 오래된 자료이나 1966년부터
2010년까지 공개된 모든 대법원 판례를 대상으로 명예훼손죄의 공연
성에 영향을 미칠 수 있는 변수를 분석한 연구가 발표되었는데, 동
연구에 의하면 명예훼손죄 중 정보 청취자가 1인인 경우는 전체 사
건의 42.9%로 집계되었고, 2인인 경우가 16.7%, 6~10인인 경우는
9.5%, 20~29인인 경우가 7.1%로 나타났다.[49] 애당초 불특정 또는 다
수인을 대상으로 사실을 적시한 경우보다 특정 소수에 대한 사실적시
사례가 월등히 많은 것으로 파악된 것이다. 이 결과에 비추어 보면 특
정 소수에 대한 명예훼손 사건에서 전파가능성 법리가 피고인의 공연
성을 인정하여 가벌성을 확대하는 데에 일정한 역할을 하고 있다는
것을 알 수 있다.

　　특히 사실적시 명예훼손죄의 경우에는 형법 제310조의 위법성조
각사유를 아무리 넓게 해석하더라도 그 발언의 주된 목적이나 내용에
공익성이 없는 이상 명예훼손죄로 처벌될 수 있다. 사적인 공간에서
이루어지는 사적 대화에 공익성이 있는 경우가 얼마나 있을지 의문을
표하며, 전파가능성 법리가 대법원 판례 역사의 뒤안길로 사라지기를
기대해 본다. 아울러 입법자들은 법원의 해석을 통해 문언 그대로 적
용되지 않는 법 규정들을 방치할 것이 아니라 보다 적극적으로 입법

---

49) 이인호/이구현, "명예훼손죄의 공연성 구성요건에 관한 비판적 고찰 - 대법원
　　판례를 중심으로 - ", 언론과 법 제12권 제2호, (사)한국언론법학회, 2013, 71면.

적 정비 방안을 모색해야 한다. 일례로 형법 제310조의 '오로지'라는 문구에도 불구하고 대법원이 해석을 통해 그 적용 범위를 확대하는 동안 입법자들은 무엇을 하고 있었는지 궁금하다. 시대의 변화에 따라 사실적시 명예훼손죄의 처벌 범위를 축소해야 할 필요성이 대두되었다면 해당 조문에서 '오로지'라는 문구를 삭제하는 개정이 진작 이루어졌어야 한다. 사실적시 명예훼손죄의 존폐와 같은 논의에만 관심을 둘 것이 아니라 명예훼손과 관련된 개별 조문들이 어떻게 적용되고 있는지를 파악한 후 필요하다면 법 개정을 단행해야 하는 것이다. 나아가 처벌의 공백에 대한 우려 없이 전파가능성 법리가 폐기될 수 있도록 징벌적 손해배상과 같은 민사적 구제수단도 조속히 도입되어야 할 것이다.

[주 제 어]
명예훼손죄, 공연성, 전파가능성 이론, 직접인식가능성 이론, 표현의 자유

[Key Words]
crime of defamation, publicity, theory of possibility of dissemination, theory of possibility of direct recognition, freedom of expression

접수일자: 2021. 4. 26. 심사일자: 2021. 5. 21. 게재확정일자: 2021. 5. 26.

[참고문헌]

강구진, 형법강의 각론 I, 박영사, 1984.

권오걸, 스마트 형법각론, 형설출판사, 2011.

김성돈, 형법각론[제7판], SKKUP, 2021.

김일수/서보학, 새로쓴 형법각론[제9판], 박영사, 2018.

김혜정/박미숙/안경옥/원혜욱/이인영, 형법각론, 피앤씨미디어, 2019.

배종대, 형법각론[제11전정판], 홍문사, 2020.

오영근, 형법각론[제5판], 박영사, 2019.

이재상/장영민/강동범, 형법각론[제11판], 박영사, 2019.

임웅, 형법각론[제10판], 법문사, 2019.

정성근/박광민, 형법각론[전정3판], SKKUP, 2019.

김재중/이훈, "명예훼손죄에 있어 공연성의 개념 — 대법원 2020.11.19. 선고
    2020도5813 전원합의체 판결을 중심으로 —", 법과정책연구 제21집 제1
    호(통권 제61호), 한국법정책학회, 2021.

류부곤, "SNS상에서의 정보유통과 "공연성" 개념", 형사정책 제26권 제1호,
    한국형사정책학회, 2014.

류화진, "스마트폰 단체대화방내의 형법상 공연성의 인정문제", 법학연구
    제25권 제2호, 경상대학교 법학연구소, 2017.

박영욱, "명예훼손죄의 공연성 판단과 전파가능성 법리", 사법 제55호, 사법
    발전재단, 2021.

서혜진, "권력형 성폭력 범죄의 특성과 문제점", 「권력형 성폭력 피해자 지
    원 및 보호를 위한 심포지엄(2018. 4. 6)」 자료집, 대한법률구조공단/한
    국여성변호사회, 2018.

오영근, "명예훼손죄의 공연성", 형사판례연구 제1권, 박영사, 1993.

윤지영, "성폭력 피해자의 2차 피해 방지를 위한 형사절차법적 개선 방안
    모색 — 피해자의 성적 이력 사용 제한 및 역고소 남용 대응을 중심으
    로 —", 이화젠더법학 제10권 제1호, 이화여자대학교 젠더법학연구소,
    2018. 5.

윤해성, "형법체계상의 공연성", 형사정책연구 제20권 제1호(통권 제77호), 한국형사정책연구원, 2009.

이미경, "일상화된 젠더폭력과 미투운동의 의의", 국가인권위원회, 「미투운 동 연속토론회 1차, 미투로 연대했다!(2018. 4. 5)」 자료집, 2018.

이인호/이구현, "명예훼손죄의 공연성 구성요건에 관한 비판적 고찰 — 대법 원 판례를 중심으로 — ", 언론과 법 제12권 제2호, (사)한국언론법학회, 2013.

조현욱, "명예훼손죄에 있어서 공연성의 의미와 판단기준", 법학연구 제32 집, 한국법학회, 2008.

한성훈, "판례를 통해서 본 명예훼손죄의 공연성의 의미와 판단기준에 관한 소고 — 대법원 2020. 11. 19. 선고 2020도5813 전원합의체 판결을 중심으 로 — ", 법학논총 제41권 제2호, 전남대학교 법학연구소, 2021.

홍영기, "2020년 형사법분야 대법원 주요판례와 평석", 안암법학 제62호, 안 암법학회, 2021.

[Abstract]

Meaning of 'Publicity' in the Crime of Defamation and Standard of Determination

Yun, Jee-Young*

There was a media report that 'school violence #MeToo', which has become a social movement recently, would be likely to affect the decision of unconstitutionality of defamation by statement of fact, in the future. In fact, the crime of defamation by statement of fact (Article 307(1) of the Criminal Act) was criticized at the onset of the #MeToo campaign as many perpetrators used it as a means to make a counterclaim against the victims who reported the sexual abuse or harassment they had endured by the former. This provision received attention again when the administrator of Badfathers, an online site which discloses the personal information of parents who do not pay child support after divorce, was charged with defamation. Through a series of happenings, calls for abolishing defamation by statement of fact has been growing even more. Nevertheless, the Constitutional Court of Korea made a decision on February 25, 2021 that Article 307 Paragraph 1 of the Criminal is not in violation of the Constitution. It was for the first time in the last five years since the Court determined the constitutionality of this provision in a case of statement of fact-defamation by using information and communication networks, in February 2016. Although, compared to the 2016 decision, the number of judges who voted for unconstitutionality of the provision increased to four this time (of nine judges, seven voted for constitutionality, and two for unconstitutionality of the provision), the

---

* Senior Research Fellow, Korean Institute of Criminology and Justice

majority maintained their previous view that the provision is constitutional, and their position does not seem to change in any time soon. Therefore, instead of focusing on the prediction of (un)constitutionality of Article 307(1) of the Criminal Act, this paper would attempt to examine the matter of application of the crime itself. In particular, while there is a sharp contrast between the popular view and the precedents toward 'publicity', one of the key elements that constitute the crime of defamation, on November 19, 2020 the Supreme Court made its position clear that it upholds the theory of 'possibility of dissemination' as before, despite the long-standing criticism by academics. In the following, this paper will examine the meaning of 'publicity', an element to constitute the crime of defamation, based on the precedents, and discuss the standard of determination.

점유개정의 방식으로 양도담보가 설정된 동산을 임의로 처분한 채무자의 형사책임
― 횡령죄와 배임죄의 성립여부에 대한 검토를 중심으로 ―

강 우 예*

【대상판결】 대법원 2020. 2. 20. 선고 2019도9756 전원합의체 판결

〈사실관계〉

갑 주식회사를 운영하는 피고인이 을 은행으로부터 대출을 받으면서 대출금을 완납할 때까지 갑 회사 소유의 동산인 골재생산기기(크러셔)를 점유개정 방식으로 양도담보로 제공하기로 하는 계약을 체결하였음에도 담보목적물인 동산을 병 등에게 매각함으로써 을 은행에 대출금 상당의 손해를 가하였다.

〈판결요지〉

배임죄는 타인의 사무를 처리하는 자가 그 임무에 위배하는 행위로써 재산상의 이익을 취득하거나 제3자로 하여금 이를 취득하게 하여 사무의 주체인 타인에게 손해를 가할 때 성립하는 것이므로 범죄

---

* 한국해양대학교 해사법학부 교수, 법학박사.

의 주체는 타인의 사무를 처리하는 지위에 있어야 한다. 여기에서 '타인의 사무를 처리하는 자'라고 하려면, 타인의 재산관리에 관한 사무의 전부 또는 일부를 타인을 위하여 대행하는 경우와 같이 당사자 관계의 전형적·본질적 내용이 통상의 계약에서의 이익대립관계를 넘어서 그들 사이의 신임관계에 기초하여 타인의 재산을 보호 또는 관리하는 데에 있어야 한다. 이익대립관계에 있는 통상의 계약관계에서 채무자의 성실한 급부이행에 의해 상대방이 계약상 권리의 만족 내지 채권의 실현이라는 이익을 얻게 되는 관계에 있다거나, 계약을 이행함에 있어 상대방을 보호하거나 배려할 부수적인 의무가 있다는 것만으로는 채무자를 타인의 사무를 처리하는 자라고 할 수 없고, 위임 등과 같이 계약의 전형적·본질적인 급부의 내용이 상대방의 재산상 사무를 일정한 권한을 가지고 맡아 처리하는 경우에 해당하여야 한다.

채무자가 금전채무를 담보하기 위하여 그 소유의 동산을 채권자에게 양도담보로 제공함으로써 채권자인 양도담보권자에 대하여 담보물의 담보가치를 유지·보전할 의무 내지 담보물을 타에 처분하거나 멸실, 훼손하는 등으로 담보권 실행에 지장을 초래하는 행위를 하지 않을 의무를 부담하게 되었더라도, 이를 들어 채무자가 통상의 계약에서의 이익대립관계를 넘어서 채권자와의 신임관계에 기초하여 채권자의 사무를 맡아 처리하는 것으로 볼 수 없다. 따라서 채무자를 배임죄의 주체인 '타인의 사무를 처리하는 자'에 해당한다고 할 수 없고, 그가 담보물을 제3자에게 처분하는 등으로 담보가치를 감소 또는 상실시켜 채권자의 담보권 실행이나 이를 통한 채권실현에 위험을 초래하더라도 배임죄가 성립한다고 할 수 없다.

위와 같은 법리는, 채무자가 동산에 관하여 양도담보설정계약을 체결하여 이를 채권자에게 양도할 의무가 있음에도 제3자에게 처분한 경우에도 적용되고, 주식에 관하여 양도담보설정계약을 체결한 채무자가 제3자에게 해당 주식을 처분한 사안에도 마찬가지로 적용된다.

〈별개의견: 대법관 김재형, 대법관 김선수〉

채무자가 채권담보의 목적으로 점유개정 방식으로 채권자에게 동산을 양도하고 이를 보관하던 중 임의로 제3자에게 처분한 경우 횡령죄가 성립한다고 보아야 한다.

동산 양도담보는 동산소유권을 이전하는 형태의 양도담보이다. 그 법적 구성을 어떻게 할 것인지에 관해서는 논란이 있지만, 현재까지 일관된 판례에 따라 신탁적 양도, 즉 채권담보를 목적으로 소유권을 이전하는 행위로 봄이 타당하다(동산 양도담보에 대해서는 '가등기담보 등에 관한 법률'이 적용되지 않는다).

동산 양도담보를 신탁적 양도로 보는 이상, 그 기능이나 경제적 목적이 채권담보이고, 그에 따라 채권자가 채권담보의 목적 범위에서만 소유권을 행사할 채권적 의무를 부담하더라도, 담보목적물의 소유권은 당사자 사이에 소유권을 양도한다는 합의와 점유개정에 의한 인도에 따라 완전히 채권자에게 이전한다. 따라서 점유개정에 따라 양도담보 목적물을 직접 점유하는 채무자는 '타인의 재물을 보관하는 자'에 해당하고, 그가 채권자의 허락 없이 제3자에게 담보목적물을 양도하는 등 처분한 경우에는 횡령죄가 성립한다고 보아야 한다.

〈반대의견: 대법관 민유숙〉

채무자가 동산에 관하여 점유개정 등으로 양도담보권을 설정한 이후 채권자에 대하여 부담하는 담보물의 보관의무 및 담보가치 유지의무는 '타인의 사무'에 해당한다.

그 해석이 다수의견이 변경대상으로 지적하는 몇 개의 대법원판결을 넘어서 최근까지 이루어진 많은 대법원판결들 및 전원합의체 판결의 흐름에 부합하고, 범행 실체에 따른 처벌 필요성에 부응한다.

배임죄의 성부를 가르는 기준은 담보권설정 약정의 불이행인지, 담보권설정 후 유지관리임무를 위배한 처분인지에 달려 있고, 구체적인 사건에서 동산담보권이 설정되었는지 여부는 사실인정의 문제로서 사실심 재판과정에서 심리되어야 한다.

【참조판결1】 대법원 2020. 6. 18. 선고 2019도14340 전원합의체 판결

〈판결요지〉

채무자가 금전채무를 담보하기 위한 저당권설정계약에 따라 채권자에게 그 소유의 부동산에 관하여 저당권을 설정할 의무를 부담하게 되었다고 하더라도, 이를 들어 채무자가 통상의 계약에서 이루어지는 이익대립관계를 넘어서 채권자와의 신임관계에 기초하여 채권자의 사무를 맡아 처리하는 것으로 볼 수 없다.

채무자가 저당권설정계약에 따라 채권자에 대하여 부담하는 저당권을 설정할 의무는 계약에 따라 부담하게 된 채무자 자신의 의무이다. 채무자가 위와 같은 의무를 이행하는 것은 채무자 자신의 사무에 해당할 뿐이므로, 채무자를 채권자에 대한 관계에서 '타인의 사무를 처리하는 자'라고 할 수 없다. 따라서 채무자가 제3자에게 먼저 담보물에 관한 저당권을 설정하거나 담보물을 양도하는 등으로 담보가치를 감소 또는 상실시켜 채권자의 채권실현에 위험을 초래하더라도 배임죄가 성립한다고 할 수 없다.

위와 같은 법리는, 채무자가 금전채무에 대한 담보로 부동산에 관하여 양도담보설정계약을 체결하고 이에 따라 채권자에게 소유권이전등기를 해 줄 의무가 있음에도 제3자에게 그 부동산을 처분한 경우에도 적용된다.

〈반대의견: 대법관 김재형, 대법관 민유숙, 대법관 김선수, 대법관 이동원〉

채무자가 채권자로부터 금원을 차용하는 등 채무를 부담하면서 채무 담보를 위하여 저당권설정계약을 체결한 경우, 위 약정의 내용에

좋아 채권자에게 저당권을 설정하여 줄 의무는 자기의 사무인 동시에 상대방의 재산보전에 협력할 의무에 해당하여 '타인의 사무'에 해당한다. 다수의견은 거래관계에서 발생하는 당사자 간의 신임관계를 보호하기 위하여 타인의 재산보전에 협력할 의무가 있는 경우에는 배임죄의 주체인 '타인의 사무를 처리하는 자'에 해당한다고 보아 온 대법원 판례와 논리적으로 일관되지 않고, 담보계약에 기초한 신임관계도 배임죄에 의하여 보호되어야 할 법익이 될 수 있다는 점을 도외시한 것으로 찬성할 수 없다.

부동산에 관한 저당권설정계약을 체결한 채무자가 그 신임관계를 저버리고 부동산을 제3자에게 처분함으로써 채권자로 하여금 부동산에 관한 저당권 취득을 불가능하게 하거나 현저히 곤란하게 하였다면, 이러한 행위는 저당권설정계약에서 비롯되는 본질적·전형적 신임관계를 위반한 것으로서 배임죄에 해당한다. 그리고 그렇게 보는 것이 부동산의 이중매매, 이중전세권설정, 면허권 등의 이중처분에 관하여 배임죄를 인정하여 온 판례의 확립된 태도와 논리적으로 부합한다.

【참조판결2】 대법원 2018. 5. 17. 선고 2017도4027 전원합의체 판결

〈판결요지〉

부동산 매매계약에서 계약금만 지급된 단계에서는 어느 당사자나 계약금을 포기하거나 그 배액을 상환함으로써 자유롭게 계약의 구속력에서 벗어날 수 있다. 그러나 중도금이 지급되는 등 계약이 본격적으로 이행되는 단계에 이른 때에는 계약이 취소되거나 해제되지 않는 한 매도인은 매수인에게 부동산의 소유권을 이전해 줄 의무에서 벗어날 수 없다. 따라서 이러한 단계에 이른 때에 매도인은 매수인에 대하여 매수인의 재산보전에 협력하여 재산적 이익을 보호·관리할 신임관계에 있게 된다. 그때부터 매도인은 배임죄에서 말하는 '타인의 사무를 처리하는 자'에 해당한다고 보아야 한다. 그러한 지위에 있는 매도인이 매수인에게 계약 내용에 따라 부동산의 소유권을 이전해 주기 전에 그 부동산을 제3자에게 처분하고 제3자 앞으로 그 처분에 따른 등기를 마쳐 준 행위는 매수인의 부동산 취득 또는 보전에 지장을 초래하는 행위이다. 이는 매수인과의 신임관계를 저버리는 행위로서 배임죄가 성립한다.

그 이유는 다음과 같다.

① 배임죄는 타인과 그 재산상 이익을 보호·관리하여야 할 신임관계에 있는 사람이 신뢰를 저버리는 행위를 함으로써 타인의 재산상 이익을 침해할 때 성립하는 범죄이다. 계약관계에 있는 당사자 사이에 어느 정도의 신뢰가 형성되었을 때 형사법에 의해 보호받는 신임관계가 발생한다고 볼 것인지, 어떠한 형태의 신뢰위반 행위를 가벌적인 임무위배행위로 인정할 것인지는 계약의 내용과 이행의 정도, 그에 따른 계약의 구속력 정도, 거래 관행, 신임관계의 유형과 내용, 신뢰위반의 정도 등을 종합적으로 고려하여 타인의 재산상 이익 보호가 신임관계의 전형적·본질적 내용이 되었는지, 해당 행위가 형사법의 개입이 정당화될 정도의 배신적인 행위인지 등에 따라 규범적으로 판단해야 한다. 이와 같이 배임죄의 성립 범위를 확정함에 있어서는 형벌법규로서의 배임죄가 본연의 기능을 다하지 못하게 되어 개인의 재산권 보호가 소홀해지지 않도록 유의해야 한다.

② 우리나라에서 부동산은 국민의 기본적 생활의 터전으로 경제활동의 근저를 이루고 있고, 국민 개개인이 보유하는 재산가치의 대부분을 부동산이 차지하는 경우도 상당하다. 이렇듯 부동산이 경제생활에서 차지하는 비중이나 이를 목적으로 한 거래의 사회경제적 의미는 여전히 크다.

③ 부동산 매매대금은 통상 계약금, 중도금, 잔금으로 나뉘어 지급된다. 매수인이 매도인에게 중도금을 지급하면 당사자가 임의로 계약을 해제할 수 없는 구속력이 발생한다(민법 제565조 참조). 그런데 매수

인이 매도인에게 매매대금의 상당부분에 이르는 계약금과 중도금까지 지급하더라도 매도인의 이중매매를 방지할 보편적이고 충분한 수단은 마련되어 있지 않다. 이러한 상황에서도 매수인은 매도인이 소유권이 전등기를 마쳐 줄 것으로 믿고 중도금을 지급한다. 즉 매수인은 매도인이 소유권이전등기를 마쳐 줄 것이라는 신뢰에 기초하여 중도금을 지급하고, 매도인 또한 중도금이 그러한 신뢰를 바탕으로 지급된다는 것을 인식하면서 이를 받는다. 따라서 중도금이 지급된 단계부터는 매도인이 매수인의 재산보전에 협력하는 신임관계가 당사자 관계의 전형적·본질적 내용이 된다. 이러한 신임관계에 있는 매도인은 매수인의 소유권 취득 사무를 처리하는 자로서 배임죄에서 말하는 '타인의 사무를 처리하는 자'에 해당하게 된다. 나아가 그러한 지위에 있는 매도인이 매수인에게 소유권을 이전하기 전에 고의로 제3자에게 목적부동산을 처분하는 행위는 매매계약상 혹은 신의칙상 당연히 하지 않아야 할 행위로서 배임죄에서 말하는 임무위배행위로 평가할 수 있다.

④ 대법원은 오래전부터 부동산 이중매매 사건에서, 매도인은 매수인 앞으로 소유권이전등기를 마칠 때까지 협력할 의무가 있고, 매도인이 중도금을 지급받은 이후 목적부동산을 제3자에게 이중으로 양도하면 배임죄가 성립한다고 일관되게 판결함으로써 그러한 판례를 확립하여 왔다. 이러한 판례 법리는 부동산 이중매매를 억제하고 매수인을 보호하는 역할을 충실히 수행하여 왔고, 현재 우리의 부동산 매매거래 현실에 비추어 보더라도 여전히 타당하다. 이러한 법리가 부동산 거래의 왜곡 또는 혼란을 야기하는 것도 아니고, 매도인의 계약의 자유를 과도하게 제한한다고 볼 수도 없다. 따라서 기존의 판례는 유지되어야 한다.

〈반대의견: 대법관 김창석, 대법관 김신, 대법관 조희대, 대법관 권순일, 대법관 박정화〉

다수의견은 부동산 거래에서 매수인 보호를 위한 처벌의 필요성만

을 중시한 나머지 형법의 문언에 반하거나 그 문언의 의미를 피고인
에게 불리하게 확장하여 형사법의 대원칙인 죄형법정주의를 도외시한
해석일 뿐 아니라, 동산 이중매매와 부동산 대물변제예약 사안에서 매
도인 또는 채무자에 대하여 배임죄의 성립을 부정하는 대법원판례의
흐름과도 맞지 않는 것이어서 찬성하기 어렵다.

배임죄에서 '타인의 사무'는 먼저 문언의 통상적 의미에 비추어
볼 때, 타인에게 귀속되는 사무로서 사무의 주체가 타인이어야 한다.
즉 본래 타인이 처리하여야 할 사무를 그를 대신하여 처리하는 것이
어야 한다. 나아가 배임죄의 본질은 본인과의 내부관계 내지 신임관계
에서 발생하는 본인의 재산적 이익을 보호할 의무를 위반하여 타인의
재산권을 침해하는 데에 있다는 점을 고려하면, 신임관계에 기초하여
위와 같은 의미의 '타인의 사무'를 처리하게 된 것이어야 하고, 사무
자체의 내용이나 신임관계의 본질적 내용이 타인의 재산적 이익을 보
호·관리하는 것이어야 한다. 따라서 계약의 일방 당사자가 상대방에
게 계약의 내용에 따른 의무를 성실하게 이행하고, 그로 인해 상대방
은 계약상 권리의 만족이라는 이익을 얻는 관계에 있더라도 그 의무
의 이행이 위와 같은 의미의 '타인의 사무'에 해당하지 않는다면, 그것
은 '자기의 사무'에 불과할 뿐이다.

부동산 매매계약이 체결된 경우, 계약 체결과 동시에 그 계약의
효력으로 매도인에게는 부동산 소유권이전의무가 발생하고, 매수인에
게는 매매대금 지급의무가 발생한다. 매도인이나 매수인의 이러한 의
무는 매매계약에 따른 각자의 '자기의 사무'일 뿐 '타인의 사무'에 해
당한다고 볼 수 없다. 매도인의 재산권이전의무나 매수인의 대금지급
의무는 매매계약에 의하여 발생한 것으로 본래부터 상대방이 처리하
여야 할 사무도 아니고, 신임관계에 기초하여 상대방에게 위탁된 것이
라고 볼 수도 없으며, 계약상대방의 재산적 이익을 보호·관리하는 것
이 매매계약의 전형적·본질적 내용이라고도 볼 수 없기 때문이다. 매
매계약에서 당사자들은 각자의 계약상 권리의 만족을 위해 상대방에

게 그 반대급부를 이행하여야 하는 대향적 거래관계에 있을 뿐이다. 설사 매도인에게 등기협력의무가 있다거나 매수인의 재산취득사무에 협력할 의무가 있다고 주장해도 그 '협력의무'의 본질은 소유권이전의무를 달리 표현한 것에 지나지 않으니 그 부당함은 마찬가지이다.

만약 매도인에게 매수인의 재산보전에 협력할 의무가 있다고 가정하면, 쌍무계약의 본질에 비추어 상대방인 매수인에게도 매도인의 재산보전에 협력할 의무가 있다고 보아야 균형이 맞다. 그러나 판례는 잔금을 지급하기 전에 소유권을 먼저 이전받은 매수인이 부동산을 담보로 대출을 받아 매매잔금을 지급하기로 한 약정을 이행하지 않고 다른 용도로 근저당권을 설정한 사안에서 매수인인 피고인에게 배임죄가 성립하지 않는다고 판단하여 이를 부정한 바 있다. 다수의견에 따르면 계약 당사자 사이의 대등한 법적 지위의 보장을 전제로 하는 쌍무계약에서 매도인과 매수인의 상대방에 대한 재산보전에 협력할 의무의 유무를 달리 보는 이유에 대한 납득할 만한 설명을 할 수 없다.

또한 다수의견에 따르면, 매도인이 제2매수인으로부터 중도금을 받았다면 제2매수인에 대한 관계에서도 마찬가지로 그 재산보전에 협력하여 재산적 이익을 보호·관리할 신임관계에 있다고 보아야 한다. 그런데 판례는 매도인이 제2매수인에게 소유권이전등기를 마쳐 준 경우에는 제1매수인에 대한 관계에서 배임죄의 성립을 인정하는 반면, 제1매수인에게 소유권이전등기를 마쳐 준 경우에는 제2매수인으로부터 중도금 또는 잔금까지 받았다고 하더라도 그에 대한 관계에서는 배임죄가 성립하지 않는다고 본다. 소유권이전등기를 마쳐 물권을 취득하기 전에는 채권자로서 대등한 법적 지위를 보장받아야 할 제1매수인과 제2매수인에 대하여 배임죄 성립에 있어서 보호 정도를 달리할 논리적 근거는 어디에서도 찾아볼 수 없다.

한편 다수의견과 같이 매수인의 재산보전에 협력할 의무가 있음을 이유로 매도인이 '타인의 사무를 처리하는 자'에 해당하여 그를 배임죄로 처벌할 수 있다고 본다면, 이는 대법원이 종래 동산 이중매매 사건에서 선고한 판시와 배치된다.

I. 문제의 소재

우리 대법원은 양도담보가 설정된 동산을 임의로 처분한 행위는 채권자와의 신임관계로 인하여 타인의 사무를 처리하는 지위에 있는 채무자가 그 의무를 위반하여 손해를 가하였으므로 배임죄로 처벌된 다고 보았던 입장1)을 대상판결에서 변경하여 동산 양도담보설정자인 채무자는 타인의 사무를 처리하는 자가 아니므로 무죄라고 판시했다. 대상판결은 동산 이중매매에 대하여 배임죄가 성립하지 않는다고 본 대법원 2011. 1. 20. 선고 2008도10479 전원합의체 판결과 채무자가 자신의 채무를 담보하기 위해 대물변제예약을 체결한 목적물인 부동산을 임의로 처분한 경우가 배임죄가 성립하지 않는다고 본 대법원 2014. 8. 21. 선고 2014도3363 전원합의체 판결의 후속판결이다. 대법원은 대상판결에서 채권자로부터 금전을 제공받고 그 금전에 대한 담보로 제공한 물건을 처분한 채무자의 의무는 채권자의 재산상 사무를 대행하여 처리하는 성격이 아니라고 기술한 것이다.

대상판결은 넓게 보아 어떠한 형태의 계약상의 의무위반에 대하여 형사 책임을 성립시킬 수 있는지에 관한 쟁점과 결부되어 있다. 사실, 사적인 거래에는 항상 위험이 따르고 그 위험과 책임은 사법(私法)상 여러 가지 방식으로 배분된다. 통상, 이러한 사인 간의 거래 영역에 형사법이 개입하는 것은 중대한 이익과 권리를 침해한 경우로 한정해야 한다는 데는 이론이 없을 것이다. 재산적 법익을 침해하는 범죄 중에서 사기, 공갈, 강도 및 권리행사방해와는 달리 배임과 횡령은 가해자가 피해자의 의사에 어떠한 부당한 침해도 가하지 않는 순수한

---

1) 대법원 2010. 11. 25. 선고 2010도11293 판결; 대법원 1989. 7. 25. 선고 89도350 판결; 대법원 1983. 3. 8. 선고 82도1829 판결.

의무위반에 관한 것이다. 그러면, 민사상의 책임을 넘어 형사상의 비난가치 있는 계약의무의 위반은 어떠한 형태와 내용을 지닌다고 보아야 하는가?

우선, 대상판결의 별개의견을 작성한 김재형 대법관과 김선수 대법관이 대상판결의 사안에 있어 소유권이 양도담보권자인 채권자에게 완전히 이전하므로 횡령죄에 해당한다고 본 주장에 대해 검토할 필요가 있다. 동산 양도담보에 있어 소유권의 소재는 횡령죄 또는 배임죄의 성립여부를 결정하는 중요한 쟁점이 된다. 대상판결의 별개의견에서 지적한대로 만일 양도담보 목적물이 된 동산의 소유권이 담보권자인 채권자에게 있다고 하면 "채무자가 동산을 양도담보로 제공하고 이를 계속 점유하는 경우에는 '타인의 재물을 보관하는 자'라는 횡령죄의 구성요건을 쉽게 충족"하는 것으로 볼 여지가 있다.[2] 일반적으로, 형법의 보호법익이 되는 소유권의 소재는 민법에 따라 결정된다고 본다. 민법에서 인정하는 소유권의 형태와 내용에 대하여 법질서통일의 원칙에 따라 형법에서도 보호하는 것이 적절하다는 것이다.[3] 그렇지만 양도담보는 우리 민법의 규정에는 없는 관습법상의 비전형담보로서 그 권리의 내용과 성질에 대한 의견의 완전한 일치가 이루어지지 않았다. 즉, 양도담보약정 후 목적물인 동산에 대한 인도나 점유개정이 이루어지면 양도담보권자인 채권자가 보유하는 것이 소유권인지 아니면 담보권인지에 대한 민법학계의 논란은 대상판결의 다수의견과 별개의견의 논쟁에서도 상당부분 그대로 나타난다.

만일 대상판결의 별개의견의 견해와는 달리 양도담보설정자인 채무자가 양도담보권자의 채권자와의 관계에 있어 여전히 목적물인 동

---

2) 다른 예를 더 들자면, 대상판결의 다수의견의 보충의견에서는 임차인을 임대인에 대한 관계에서 배임죄의 행위주체인 타인의 사무를 처리하는 자가 될 수 없다고 기술하고 있지만, 대상판결의 별개의견에서는 임차인은 임대인이 소유하는 물건을 보관하고 있는 자로서 임의로 처분하면 횡령죄의 책임을 질 수 있다고 보고 있다. 이 부분은 대상판결의 별개의견이 더 설득력이 있어 보인다.

3) 대법원 2010. 5. 13. 선고 2009도1373 판결; 대상판결의 별개의견 참조.

산의 소유권을 보유한다고 보게 되면, 해당 채무자가 배임죄 행위주체
인 타인의 사무를 처리하는 자에 해당하는지 여부를 이제 검토해야
한다. 대상판결은 '타인의 사무를 처리하는 자'를 판단하는 기준으로
종전의 대법원 판결과는 차이가 나는 문장을 제시했다. 즉, 대상판결
은 배임죄의 행위주체는 "위임 등과 같이 계약의 전형적·본질적인 급
부의 내용이 상대방의 재산상 사무를 일정한 권한을 가지고 맡아 처
리하는 경우에 해당하여야 한다"고 판시했다. 대상판결은 '타인의 사
무를 처리하는 자'를 특정한 형태의 계약의무가 있는 경우로 한정함으
로서 특히 부동산 이중매매가 배임죄에 해당한다고 본 참조판결2의
가변적 기준과 날카로운 대립을 보여준다. 다른 말로 하면, 대상판결
과 대비하여 참조판결2에서 대법원이 "계약관계에 있는 당사자 사이
에 어느 정도의 신뢰가 형성되었을 때 형사법에 의해 보호받는 신임
관계가 발생한다고 볼 것인지, 어떠한 형태의 신뢰위반 행위를 가벌적
인 임무위배행위로 인정할 것인지는 계약의 내용과 이행의 정도, 그에
따른 계약의 구속력 정도, 거래 관행, 신임관계의 유형과 내용, 신뢰위
반의 정도 등을 종합적으로 고려하여 타인의 재산상 이익 보호가 신
임관계의 전형적·본질적 내용이 되었는지, 해당 행위가 형사법의 개
입이 정당화될 정도의 배신적인 행위인지 등에 따라 규범적으로 판단
해야 한다"고 판시한 부분을 유의깊게 보아야 한다. 참조판결1에서 분
명히 나타나듯이 대상판결은 이후의 판결에 있어 선례로 작용하며 배
임죄의 성립범위를 좁히는 역할을 할 것이지만, 대법원이 참조판결2
의 가변적·유형적 접근법을 그대로 유지할지 나아가 유지한다면 어느
범위에서 가능할지가 관심의 대상이라고 할 수 밖에 없다. 이러한 시
각에서, 본 글은 대상판결과 연관이 있는 대법원 판결들의 정합성을
분석적으로 검토해 보았다. 즉, 배임죄 주체의 성립과 관련하여 대법
원에서 고려된 것으로 보이는 '목적물 및 권리의 성격', '권리의 이전
시점', '거래상의 지위의 우열'라는 항목들이 대상판결 전후의 판결들
에서 가지는 의미의 파악을 시도해 보았다.

한편, 횡령죄와 배임죄의 성부를 검토하는 데 있어 동산 양도담보가 가진 고유한 특성을 고려할 필요가 있다. 동산 양도담보는 비전형 담보로서 전형적인 담보권인 질권이나 저당권과는 다른 특성을 보인다. 우선, 동산 양도담보는 법률상 전형적인 담보권인 저당권이 부동산에만 적용될 수 있는 제한을 벗어나 동산에도 담보를 자유롭게 설정할 수 있도록 한다. 또한, 동산 양도담보는 질권처럼 목적물을 채권자에게 현실적으로 인도할 필요가 없다. 통상, 동산 양도담보의 설정자인 채무자는 해당 목적물을 그대로 점유하고 용익해야 할 필요가 절실한 경우가 대부분이다. 담보권자의 입장에서도 일반채권자는 물론 후순위담보권자에 의한 담보권 소멸의 걱정을 하지 않아도 되며, 피담보채권의 변제기 도래 후 목적물을 판매하여 환가하는 과정도 경매절차 보다 간소하며 상대적으로 높은 가격을 받을 가능성이 높다. 게다가, 일반적인 대물변제예약이나 물상대위와는 달리 동산 양도담보에서는 소유권 이전을 형식으로 한다는 특징이 있다. 이러한 이점들에도 불구하고 동산 양도담보는 그 형태가 소유권을 이전하는 것이기 때문에 양도담보설정자인 채무자는 채권자가 담보의 목적을 넘어 임의로 처분할 가능성에 대한 위험을 안게 된다. 반대로, 대상판결과 같이 양도담보권자인 채권자는 목적물인 동산에 대한 점유를 하지 않고 있으므로 채무자가 임의로 처분할 수도 있다는 위험을 부담한다. 나아가, 동산 양도담보는 정형화된 물권변동의 공시방법을 취하지 않고 대체로 점유개정의 형식을 취하기 때문에 양도담보가 설정된 동산을 양수하는 제3자 또한 의도치 않은 손해를 입을 가능성이 있다.

Ⅱ. 양도담보의 목적이 된 동산의 소유권: 횡령죄 성립여부

1. 신탁적 양도설

(1) 소유권의 완전한 이전설

신탁적 양도설은 원칙적으로 채무자가 채권자에게 양도담보 목적물인 동산의 완전한 소유권을 이전하는 것이라고 보고 있다. 양도담보는 소유권 이전을 형식으로 하는 담보물권이이므로, 동산의 양도담보 설정은 약정에 의하여 물건을 인도하는 것으로 완성된다. 다만, 대부분의 동산 양도담보는 거의 예외없이 점유개정을 통해 채무자가 현실적으로 물건을 인도하지 않고 계속하여 점유하는 형태로 나타난다. 민법 제189조는 동산의 소유권 이전을 위해 필요한 인도에는 점유개정이 포함된다고 규정하고 있다. 대상판결의 다수의견에 대한 보충의견을 기술한 김재형 대법관과 김선수 대법관은 우리 민법은 물권변동에 있어 형식주의를 택하고 있는 만큼 공시방법인 인도의 일종으로서 점유개정을 함으로서 양도담보설정자인 채무자는 양도담보권자인 채권자에게 완전한 소유권을 이전하게 된다고 주장했다. 이 경우 채무자의 점유는 채권자의 소유권을 전제로 한 점유로 전환된다. 채권자는 채권담보의 목적 범위에서만 양도받은 목적물의 소유권을 행사해야 하는 의무를 채무자에게 부담한다. 즉, 채권자는 채무자가 채무불이행을 할 경우 양도받은 동산을 처분하여 자신의 채권에 대한 우선변제를 실현하기 위한 목적을 전제로 소유권을 보유하게 된다.[4] 다른 한편으로, 양도담보가 설정된 동산을 양도받은 채권자는 채무자의 채무불이행시 수임인으로서 선량한 관리자의 주의의무를 다하여 정산하여야 한다.[5]

소유권의 완전한 이전설은 일물일권주의에 기초하여 하나의 물건에 대하여 두 사람이 소유권을 가질 수 없다고 기술한다. 동산 양도담보에 있어 소유권이 대외적으로는 채권자에게 유효하게 이전하지만 양도담보권자인 채권자와 양도담보설정자인 채무자 간의 대내적 관계에서는 채무자가 여전히 소유권을 갖는다고 하는 것은 새로운 형태의 소유권을 창설하는 것으로서 물권법정주의에 반한다고 본다. 이처럼, 양도담보설정자에서 양도담보권자로 목적물인 동산의 완전한 소유권이 이전된다고 보는 것이 독일, 스위스, 일본의 판례와 통설이라고 소

---

4) 대상판결의 별개의견.
5) 양창수·김형석, 민법Ⅲ: 권리의 보전과 담보 제2판, 박영사, 2016, 493면.

개한다.6) 사실, 과거 대법원 판례를 살피면 채권자가 양도담보물을 채무변제기 이전에 임의로 처분한 경우에 배임죄를 성립시킨 사례가 몇 건 있었다.7) 이 경우, 만일 양도담보설정자인 채무자에게 소유권이 채권자에 대한 대내적 관계에서 남아있다면 횡령죄가 성립이 우선적으로 검토되었어야 한다는 것이다.

소유권의 완전한 이적설은 우리 법원의 민사판결에는 채무자가 양도담보로 제공한 목적물의 소유권이 채권자로 이전했음을 전제로 한 경우가 많다고 기술한다. 그 예로 청산절차를 마치기 전이라도 점유개정의 방법으로 동산의 인도를 받은 채권자인 양도담보권자는 제3자에 대한 관계에 있어 그 물건의 소유자로서 권리를 행사할 수 있다고 한 판례를 들고 있다.8) 사실, 양도담보권자가 담보목적물을 제3자에게 처분하는 경우 공서양속에 반하지 않는 한 유효하며9) 양수한 제3자는 악의이더라도 유효하게 권리를 취득한다.10) 또한, 양도담보된 동산에 대하여 제3자가 목적물을 불법으로 점유하는 등의 위법한 침해행위를 하게 되면 양도담보권자는 물권적 청구권을 행사할 수 있다.11) 나아가, 양도담보설정자인 채무자가 채권자 이외의 제3자에게 다시 양도담보약정을 하더라도 해당 제3자는 무권리자로서 선의취득이 아닌 이상 권리를 취득할 수 없으며12) 양도담보권자인 채권자는 제3자에게 목적물 반환을 구하는 물권적 청구권의 이익을 누릴 수 있

---

6) 대상판결의 별개의견.

7) 대법원 1976. 9. 14. 선고 76도2069 판결; 대법원 1973. 3. 13. 선고 73도181 판결.

8) 대법원 1994. 8. 26. 선고 93다44739 판결.

9) 대법원 1979 7 24 선고 79다942 판결.

10) 대법원 1967. 3. 28. 선고 67다61 판결; 대법원 1979. 7. 24. 선고 79다942 판결. 다만, 양도담보권자인 채권자가 변제기 전에 임의로 목적물을 초과한 경우 양도담보권자는 담보 목적을 초과하는 소유권의 행사를 하지 않을 의무를 위반한 것이므로 민사상 채무불이행 책임을 진다. 양창수·김형석, 앞의 책, 490면.

11) 양창수·김형석, 앞의 책, 491면; 곽윤직·김재형, 물권법 [민법강의 II] 제8판 (전면개정) 보정, 박영사, 2020, 580면.

12) 대법원 2004. 10. 28. 선고 2003다30463 판결; 대법원 2005. 2. 18. 선고 2004다 37430 판결.

다.13) 게다가, 양도담보권자는 원칙적으로 양도담보설정자의 목적물 침해에 대해서도 물권적 청구권을 지닌다.14) 또한, 양도담보된 동산은 양도담보권자의 소유이므로 양도담보권자의 일반채권자가 해당 목적물을 압류하는 강제집행을 할 경우 양도담보설정자는 제3자의 소로 이를 막을 수 없다.15) 반면, 양도담보권자인 채권자는 양도담보설정자인 채무자의 일반채권자가 신청한 목적물에 대한 강제집행절차에서 제3자 이의의 소로써 강제집행의 배제를 구할 수 있다.16)

(2) 소유권의 관계적 귀속설

대법원은 동산 양도담보에 있어 대외적으로 양도담보권자에게 목적물의 소유권이 이전되지만 대내적으로는 여전히 양도담보설정자에게 소유권이 남아 있다는 입장에 있는 것으로 보인다. 우선, 대법원은 동산의 양도담보권자는 제3자에 대한 관계에서 해당 동산에 대한 소유권을 행사할 수 있지만 양도담보권설정자에 대해서는 그렇지 않다고 판시한 바 있다.17) 즉, 대내적 관계에 있어 대법원은 양도담보약정에서 채무자가 소유권자이고 채권자는 담보권자로 파악하고 있다. 대법원은 양도담보권자인 채권자가 담보권의 범위를 벗어나서 담보물의 반환을 거부하거나 처분한 경우 횡령죄가 성립한다고 판시했다. 즉, 채권자가 금전을 대여하면서 채무자로부터 담보의 목적으로 동산을 양도받았는데, 자신의 피담보채권의 범위 내에서 담보권을 행사하여야 할 의무가 있음에도 목적물인 동산을 처분하여 자신의 피담보채권뿐만 아니라 제3자의 채권까지 변제충당한 행위는 횡령에 해당한다.18) 대상판결 전 오랫동안 대법원은 양도담보가 설정된 동산을 채무자가

---

13) 대법원 1986. 8. 19. 선고 86다카315 판결.
14) 양창수·김형석, 앞의 책, 487-488면.
15) 양창수·김형석, 앞의 책, 490면.
16) 대법원 1994. 8. 26. 선고 93다44739 판결.
17) 대법원 1999. 9. 7. 선고 98다47283 판결; 대법원 1994. 8. 26. 선고 93다44739 판결.
18) 대법원 2007. 6. 14. 선고 2005도7880 판결; 같은 취지로 대법원 1989. 4. 11. 선고 88도906 판결.

임의로 처분한 경우 횡령죄가 아닌 배임죄로 처벌해왔다.[19] 대상판결
의 다수의견이 양도담보가 설정된 동산을 채무자가 임의로 처분한 데
대하여 횡령죄가 아닌 배임죄 성부만을 검토한 것은 해당 동산이 간
명하게 양도담보권자인 채권자의 소유에 속한다고 단정하기 힘들다고
판단하는 것으로 보인다. 비교적 최근까지 대법원은 동산양도담보에
있어 목적물의 소유권은 채무자에게 유보되어 있어 자신의 물건을 보
관하고 있는 경우이기 때문에 채무자가 임의로 처분한다고 하더라도
횡령죄가 성립할 수 없다고 판시했다.[20]

　반대로, 양도담보설정자와 양도담보권자 간의 내부적 관계는 타
인에게 효력이 미치지 않는다. 우선, 대법원은 양도담보권자는 양도담
보가 설정된 동산과 관련하여 제3자에 대하여서만은 배타적 권리를
누린다고 판시한 바 있다. 이미 양도담보가 설정된 동산의 양도담보설
정자와 시간적으로 후순위의 양도담보약정을 맺은 자는 유효하게 양
도담보권을 취득하지 못한다고 보았다.[21] 왜냐하면, 양도담보설정자는
대외적으로 양도담보된 목적물에 대하여 무권리자이기 때문이다. 또
한, 대법원은 동산양도담보권자는 대외적으로 행사할 수 있는 소유권
을 바탕으로 제3자에 대하여 목적물의 반환청구를 할 수 있으며 이를
거부당한 경우 손해배상청구를 할 수 있다고 판시한 바 있다.[22] 형사
사건에서도 대법원은 대외적 관계에서 채무자는 동산의 소유권을 채
권자에게 양도한 무권리자가 된다고 판시하여, 대법원은 대외적 관계
에서는 제3자의 보호에 더 충실하고 있다. 즉, 양도담보권자인 채권자
가 제3자에게 양도담보 목적물인 동산을 매각한 경우 제3자는 정산절

19) 대법원 1983. 3. 8. 선고 82도1892; 대법원 2007. 6. 15. 선고 2006도3912 판결;
　　대법원 2011. 12. 22. 선고 2010도7923 판결.
20) 대법원 2009. 2. 12. 선고 2008도10971 판결; 대법원 1980. 11. 11. 선고 80도2097
　　판결.
21) 대법원 2004. 10. 28. 선고 2003다30463 판결; 대법원 2004. 12. 24. 선고 2004다
　　45943 판결; 대법원 2005. 2. 18. 선고 2004다37430 판결.
22) 대법원 1991. 10. 8. 선고 90다9780 판결; 대법원 1986. 8. 19. 선고 86다카315
　　판결.

차 종결 여부와 관계없이 해당 동산을 인도받음으로서 소유권을 취득
하게 된다는 것이다. 양도담보설정 시 점유개정에 의하여 채무자가 동
산을 점유하고 있을 때 채권자가 제3자로 하여금 목적물인 동산의 반
환청구권을 취득하고 해당 동산을 취거하도록 하더라도 제3자가 정당
한 소유자이므로 절도죄가 성립하지 않는다.23) 이뿐만 아니라, 대법원
은 양도담보설정자와 제2의 양도담보약정을 맺은 자는 양도담보설정
자가 목적물인 동산을 또다른 제3자에게 처분하여도 해당 제2의 양도
담보약정은 대외적으로 해당 동산에 대해 무권리자인 양도담보설정자
와 맺은 것일 뿐이어서 양도담보설정자에게 배임죄에 있어 타인의 사
무를 처리하는 자라고 볼 수 없다는 판결을 한 바 있다.24)

2. 담보물권설

담보물권설에서는 소유권이전 등기를 매개로 한 부동산의 양도담
보를 목적으로 하는 소유권이전의 주된 법적 성격을 담보로 파악하는
것과 마찬가지로 동산 양도담보 또한 실질적 관점에서 담보로 파악해
야 한다고 본다.25) 담보물권설에 따르면, 양도담보권자가 취득하는 것
은 소유권과 담보권 모두가 아니며 관습법상의 비전형담보물권일 뿐

---

23) 대법원 2008. 11. 27. 선고 2006도4268 판결.
24) 대법원 2004. 6. 25. 선고 2004도1751 판결. 그러나 소유권의 이원적 분할설에
   기초한다고 하더라도 대법원의 입장과는 달리 배임죄가 성립할 수 있다고 보
   는 입장이 있다. 양도담보설정자와 두 번째로 양도담보약정을 한 채권자 간
   의 배임 여부의 판단할 시 두 번째 양도담보약정을 한 채권자를 첫 번째 양
   도담보약정을 한 채권자와의 관계에 있어 대외적으로 무권리자와의 약정을
   맺었다고 할 것이 아니라 양도담보설정자와의 관계는 순수 내부적인 것이어
   서 소유권자인 양도담보설정자와 양도담보약정을 유효하게 맺은 것으로 보아
   야 한다고 비판한 견해로, 손동권, 양도담보물을 임의 처분한 경우의 형사책
   임, 형사정책연구 제20권 제1호, 2009, 558면. 그러나, 점유개정에 의한 동산
   양도담보의 두 번째 담보권자인 양수인은 점유개정이 선의취득에서 의미하는
   인도에 해당할 수 없어 선의취득이 불가능하며 이로 인해 첫 번째 양도담보
   권자가 두 번째 양도담보권자에게 우선하는 효과가 있다고 지적하는 견해로,
   양창수·김형석, 477면.
25) 김형배, 민법학강의 제7판, 신조사, 2008, 798면.

이다. 즉, 동산 양도담보는 소유권이전의 형식을 취하고 있지만 본질적으로 담보물권이기 때문에 담보물권의 법리를 우선적으로 적용해야 한다는 것이다. 담보물권설은 양도담보권자인 채권자에 비하여 상대적으로 경제적 약자인 양도담보설정자인 채무자에 유리한 법리구성이다. 현재, 민법학계의 다수설이라고 할 수 있다.26)

3. 소 결

어떠한 민사법적인 관점에 비추어 본다고 하더라도 양도담보는 소유권 양도의 형식을 지녔지만 실질적으로는 담보물권이다. 설령, 신탁적 양도설에 기초하여 소유권 이전에 보다 초점을 맞춘다고 하더라도 담보물권 설정의 성질을 완전히 제거할 수 없다. 신탁적 양도설을 지지하는 대상판결의 보충의견을 작성한 김재형 대법관과 김선수 대법관 또한 인정하고 있다시피 양도담보는 개념 정의상 소유권 등 권리 이전 형태를 띄고 있는 비전형담보라고 기술하고 있다. 동산의 양도담보권자인 채권자는 자신의 채권에 대한 담보의 목적을 넘어서 해당 동산을 사용·수익·처분할 수 없다.27) 무엇보다, 양도담보권자가 동산에 대한 소유권을 완전히 취득한 것이라면 담보권이 소멸되어야 하는데 동산이 양도된다고 하더라도 담보권은 그대로 남게 되고 변제기의 도래 등 약정된 조건 하에서만 담보권을 실현할 수 있다.28) 또한, 별도의 약정을 하지 않는 이상 양도담보의 목적물이 된 동산의 사용·수익에 관한 권리는 통상 양도담보설정자인 채무자가 보유한다. 따라서, 양도담보된 동산에서 유래한 과실은 양도담보설정자인 채무

---

26) 신봉근, 동산양도담보의 법리적 이론, 법학연구 제20호, 한국법학회, 2005, 279면; 양창수·김형석, 앞의 책, 469면.

27) 양창수·김형석, 앞의 책, 487-488면;

28) 양창수 교수와 김형석 교수가 소유권등기에 의하여 저당권 유사의 권리가 공시되는 법상태를 병적인 것이라고 했지만(양창수·김형석, 앞의 책, 469면), 소유권의 완전한 이전설의 입장에 서더라도 한 사람이 소유권과 담보권 모두를 보유하는 상태를 목격할 수밖에 없어 역시 개념적 순일함을 잃게 되는 것은 마찬가지이다.

자의 소유이다.29) 설령, 양도담보계약에서 채무자의 목적물의 용익을
임대차로 명시하고 차임을 지급하기로 했다고 하더라도 채권자는 담
보권을 보유할 뿐이므로 약정한 차임은 피담보채무의 이자로 보아야
한다.30) 이뿐만 아니라 채무자는 양도담보물에 대한 용익권능을 바탕
으로 제3자에게 임대할 수 있으며 이 경우 양도담보권자는 임차인에
대한 물건의 반환청구권을 행사할 수 없다.31) 아직 환가가 행해져서
청산절차를 거친 후에야 양도담보권자는 목적물에 대한 완전한 소유
권을 취득할 수 있는 가능성을 획득하게 된다. 그에 비하여 양도담보
설정자인 채무자는 피담보채무의 이행기가 경과한 후라고 하더라도
여전히 피담보채무를 변제하여 목적물을 회수할 수 있는 권리가 있다.
덧붙여, 양도담보설정자가 파산한 경우 양도담보권자는 일반적인 소
유자와는 달리 채무자회생 및 파산에 관한 법률의 환취권32)을 행사하
지 못한다.33) 다른 한편으로, 양도담보권자는 마치 저당권자나 질권자
와 마찬가지로 양도담보물의 강제경매를 통하여 자신의 채권변제에
충당할 수 있는 물권적 담보권자로서의 우선적 지위를 누릴 수 있다.
이 경우 다른 채권자가 경합하여 압류하더라도 그 채권자는 양도담보
권자에 대해 압류경합권자나 배당요구권자로 인정될 수 없다.34) 따라
서, 동산에 대한 양도담보권자 역시 목적물 대한 전형적인 소유권을
취득하는 것이 아니라 매우 임시적이고 제한적이며 특수한 권리를 보
유자가 된다고 보아야 한다.
　　대법원은 분명히 형사사건에서도 양도담보계약에서 동산의 양도
의 형식을 취하였더라고 하더라도 그것은 어디까지나 채무의 담보를

29) 대법원 1996. 9. 10. 선고 96다25463 판결.
30) 대법원 1977. 5. 24. 선고 77다430 판결.
31) 대법원 1996. 6. 28. 선고 96다9218 판결.
32) 환취권(還取權)이란 파산 등 도산절차에서 파산관재인이 관리하는 재산에 대
　　하여 제3자인 소유권자가 청구할 수 있는 반환청구권을 의미한다. 곽윤직·김
　　재형, 앞의 책, 26면.
33) 양창수·김형석, 앞의 책, 489-490면.
34) 대법원 2005. 2. 18. 선고 2004다37430 판결. 양창수·김형석, 앞의 책, 498-499면.

위한 것이어서 담보설정자인 채무자에게 여전히 소유권이 유보되어
있다고 기술한 바 있다.[35] 동산의 양도담보는 따로 공시방법이 없기
때문에 양도라고 하는 외견상 소유권 이전의 형태를 빌게 되는 것이
다.[36] 이러한 관점에서 볼 때, 대상판결의 보충의견에서 주장한 바와
같이 우리 민법은 물권변동(민법 제186조, 제188조 제1항)에 있어 형식주
의를 채택하고 있기 때문에 양도담보계약의 동산의 양도가 완전한 소
유권의 이전이 되어야 된다고 보는 것은 적절하지 못하다. 왜냐하면,
물권변동은 인도라고 하는 형식적 요건만 갖추어진다고 유효하게 이
루어지는 것이 아니라 물권변동의 의사가 반드시 필요하기 때문이다.
동산 양도담보계약은 본질적으로 소유권을 이전하는 의사가 아닌 담
보권을 설정하기 위한 의사를 그 주된 내용으로 한다. 즉, 양도담보설
정자인 채무자가 자신의 채무에 대한 담보를 위해서 채권자에게 물건
을 양도하는 것이 전형적인 동산 양도담보약정의 형태인 것이다. 사
실, 양도담보관계는 법률적 정형 보다는 주로 당사자의 약정으로 정해
진다. 만일 물권변동의 형식주의가 모든 면에서 완전히 관철되어야 한
다면 왜 '우리 가등기담보 등에 관한 법률'이나 '동산·채권 등의 담보
에 관한 법률'에서는 소유권과 관련된 등기의 성격을 담보라고 파악하
는지 이해하기 쉽지 않다. 이처럼 소유권이전을 형식으로 하고 실질은
담보권을 설정하는 것은 대상판결의 보충의견이 주장하는 바와 달리
우리 법률 및 관습법상 인정되는 유효한 물권변동의 형태이다.

　나아가, 설령 민법의 시각으로 소유권의 형식과 실질의 개념적 분
열을 인내하기 힘들더라도, 양도담보와 같은 특별한 형태의 법률관계
에 있어서 형사적인 보호가 반드시 개념적으로 순일한 소유권 변동의
형식에 초점을 맞추어서 이루어져야 한다고 보는 것은 지나치게 경직
된 접근법이다. 이미, 우리 대법원은 형법에서 보호하고자 하는 소유

---

35) 예를 들어, 대법원 1989. 4. 11. 선고 88도906 판결.
36) 하태인, 형법에서 동산양도담보의 법리, 비교형사법연구 제19권 제1호, 한국비
　　교형사법학회, 2017, 149면.

권이나 점유권의 형태가 반드시 민법의 개념과 일치하지 않을 수 있다는 점을 여러 면에서 제시한 바 있다.[37] 따라서, 민법상의 소유권 이전의 형식과 실질에 관한 논쟁과는 별개로, 임의로 목적물인 동산을 처분한 양도담보설정자의 비난가치를 판단하는데 있어 실질적 소유권 은 양도담보권자에 이전하지 않았다는 접근법 또한 얼마든지 설득력 을 가질 수 있는 것이다.

Ⅲ. 동산의 양도담보설정자가 부담하는 의무의 타인사무성: 배임 죄 성립여부

1. 개 요

그런데, 양도담보에 있어 소유권이 채권자에게로 이전하지 않는 다고 보게 되면 문제가 간단해지지 않는다. 양도담보약정에 따라 채권 자에게 지는 의무를 위반한 채무자가 배임죄의 주체가 될 수 있는지 에 대해 검토해야 하는 것이다. 사실, 채권자는 자신의 담보권이라는 중요한 재산적 가치가 목적물을 점유하고 있는 채무자의 침해행위로 부터 보호되어야 하는 중대한 이해관계를 가지고 있다. 과거 우리 대

---

37) 채권양도인이 대항력을 갖추기 전에 채무자로부터 변제받은 금전을 사용해 버린 것에 대한 횡령죄의 성립을 판단하는데 있어 민법과 별도의 소유권 개 념이 필요하다고 본 판결로, 대법원 1999. 4. 15. 선고 97도666 전원합의체 판 결. 나아가, 형법적으로 보호가치 있는 점유의 개념은 민법의 점유권과는 차 이가 나는 경우가 있다. 예를 들어, 상속인은 민법에 의하면 상속물에 대한 소유권과 점유권을 피상속인의 사망을 원인으로 취득하게 되지만 형법에 의 하면 상속인이 상속물을 사실상 지배하여야 상속인의 점유가 된다고 본 판 결로, 대법원 2012. 4. 26. 선고 2010도6334 판결 참조. 임차인이 임대계약 종 료 후 식당건물에서 퇴거하면서 종전부터 사용하던 냉장고의 전원을 켜 둔 채 그대로 두었다가 약 1개월 후 철거해 가는 바람에 그 기간 동안 전기가 소비된 경우 해당 전기료에 대한 변제책임이 발생하는 것과는 별도로, 형사 적으로는 임차인이 퇴거 후에도 냉장고에 관한 점유·관리를 그대로 보유하 고 있었다고 보아야 하므로 냉장고를 통하여 전기를 계속 사용하였다고 하 더라도 이는 당초부터 자기의 점유·관리하에 있던 전기를 사용한 것일 뿐 타인의 점유·관리하에 있던 전기가 아니어서 절도죄가 성립하지 않는다고 본 판결로, 대법원 2008. 7. 10. 선고 2008도3252 판결.

법원은 양도담보설정자인 채무자가 점유개정을 통하여 목적물을 점유하고 있는 경우에는 "채권자가 담보의 목적을 달성할 수 있도록 이를 보관할 의무를 지게 되어 채권자에 대하여 그의 사무를 처리하는 지위에 있게 된다"38)고 보았다. 적어도, 종래 대법원은 양도담보설정자인 채무자는 횡령죄에 있어 위탁관계에 기초하여 타인의 물건을 보관하는 지위와 같은 수준의 의무를 진다고 보았던 것이다.

그러나, 대상판결은 이와 같은 대법원의 입장을 뒤집고 양도담보설정자인 채무자가 배임죄의 주체가 되는 타인의 사무를 처리하는 자가 아니라고 판시했다. 대상 판결이 제시한 배임죄 주체의 성립범위의 축소는 계약의무 위반의 배임죄 성립이라는 쟁점에 있어 상당히 중요한 의미를 차지하며 향후 판결에 대한 일종의 시금석이 될 가능성이 높다. 대상판결의 유일한 반대의견을 기술한 민유숙 대법관이 지적하듯이 본 대상판결의 배임죄 성립을 위한 기준은 기존의 대법원 판결과 일관되지 않은 부분이 있다. 따라서, 본 대상판결이 주된 선례가 될 것인지 아니면 일종의 특수한 판례로 예외를 형성하는 데 기여할지 분석해 볼 가치가 있다고 하겠다.

2. 배임죄의 본질

배임죄의 본질은 대내적 신임관계를 배신한 데 있다고 보는 배신설이 우리나라의 통설과 판례의 태도이다. 사실, 배임죄의 본질이 법적 대리권의 남용이라고 보는 권한남용설을 지지하는 입장은 매우 드물었다. 왜냐하면, 권한남용설은 대리권 발생을 위한 법률관계를 전제로 하고 있기 때문에 법률관계가 없거나 법률관계가 취소 또는 무효가 되는 등으로 사실상 발생하는 신임관계를 위반하는 경우를 설명해 낼 수 없기 때문이다. 즉, 배임죄의 행위주체에 해당하기 위해서는 적법한 대리권을 반드시 갖추어야 하는 것이 아니라 신임관계에 기초를 둔 상대방의 재산보호 내지 관리의무가 있는 경우이면 충분하다고 해

---

38) 대법원 1983. 3. 8. 선고 82도1829 판결.

석되었다.39) 그럼에도, 권리남용설은 배임죄가 권리를 침해하는 범죄
로서의 성격을 분명히 하여 배임죄의 적용범위가 지나치게 확대되는
것을 방지할 수 있는 장점이 있다고 이해된다. 특히 대상판결을 비롯
하여 근래에 있은 대법원의 판결들은 쌍무계약에 있어 배임죄의 주체
가 될 수 있는 약정의 형태를 위탁이나 위임 등으로 한정하여 배임죄
의 본질이 과연 신임관계의 배신이라는 넓은 개념으로 이해될 수 있
는지에 대한 의문을 던지고 있다.

　　권리남용설과 유사하게 사무처리설은 대내적인 법률상의 재산보
호의무로 배임죄의 본질을 한정하고 있다. 허일태 교수는 배신설이 배
임죄의 본질을 단순한 배신에서 찾기 보다는 법률상·사실상 맡은 임
무인 사무처리의무를 위반한 경우에서 발견해야 한다고 보았다. 이 사
무처리의무는 반드시 민법상의 법률행위에 한정될 필요가 없고 형사
상 비난가치가 있는 형태에 근거를 두면 된다고 보았다.40)

　　대상판결에서 대법원은 타인의 재산을 처리할 수 있는 권한이 행
위자에게 위임되어야 배임죄의 타인사무성이 인정될 수 있다고 기술
하고 있다. 즉, 타인의 재산 처리를 대행할 수 있는 권한을 보유했다
는 외관이 형성되어 있고 해당 외관이 당사자 간에 존재하는 의무와
권리에 기초를 두고 있을 경우에 배임죄가 성립할 수 있다고 보아야
한다. 이 의무는 계약의 해석상 부수적인 것이 아닌 전형적·본질적
내용이 될 정도의 형사적 비난가치가 있어야 하는 것이다. 만일 대상
판결을 좁게 이해하면 타인의 사무를 처리하는 의무는 법률행위를 반
드시 전제하는 권한남용설로 기운 것으로 볼 여지도 있다. 그러나, 사
무처리설과 같이 의무의 발생근거를 다소 넓게 해석하여 위임에 준하
는 사실상 맡은 임무까지 포함하는 것도 불가능해 보이지는 않는다.

---

39) 대법원 1999. 9. 17. 선고 97도3219 판결.
40) 허일태, 부동산 이중매매와 배임죄, 형사법연구 제15호, 한국형사법학회, 2001,
　　330-331면.

3. 양도담보설정자의 배임죄 행위주체의 세부 유형

(1) 타인의 사무를 대행할 의무

명백히, 대상판결은 배임죄의 주체를 사실상 타인의 재산처리를 대행하는 경우로 제한하는 시도를 했다. 우선, 대법원은 대상판결에서 "타인의 사무를 처리하는 자라고 하면 ⋯ 위임 등과 같이 계약의 전형적·본질적인 급부의 내용이 상대방의 재산상 사무를 일정한 권한을 가지고 맡아 처리하는 경우에 해당하여야 한다"고 하여 종전의 대법원의 입장과는 분명히 차이가 나는 내용의 판시사항을 기술했다. 사실, 본 대상판결 전에 이미 부동산 이중매매를 다룬 대법원 2018. 5. 17. 선고 2017도4027 전원합의체 판결의 반대의견은 배임죄의 주체가 되기 위해서는 "본래 타인이 처리하여야 할 사무를 그를 대신하여 처리하는 것이어야 한다"고 기술한 바 있다. 나아가, 대법원 2018. 5. 17. 선고 2017도4027 전원합의체 판결에 대한 반대의견의 보충의견을 작성한 김창석 대법관은 상대방의 재산상 이익을 보호·관리할 지위에 있는지 여부는 당사자 사이의 계약의 내용이나 신임관계의 유형과 내용에 따라 결정되는데, 이에 해당하는 것으로 위임, 고용, 근로가 있다고 주장한 바 있다. 대상판결 이후 등장한 대법원 2020. 6. 18. 선고 2019도14340 전원합의체 판결에서도 배임죄의 주체를 "상대방의 재산상 사무를 일정한 권한을 가지고 맡아 처리하는 경우"라고 동일하게 판시함으로 인하여 대상판결의 판시내용을 다시 확인한 바 있다. 따라서, 이제 배임죄의 주체가 되기 위해서는 단지 상대방에 대하여 중요한 계약상의 의무를 지는 것으로는 부족하고 위임, 위탁, 고용, 근로계약, 등 원래는 타인의 사무에 속하는 것을 대신 처리하는 약정이 계약의 전형적·본질적 형태가 되어야 한다. 사실, 배임죄와 죄질을 같이하는 횡령죄를 해석하는데 있어서도 타인의 물건에 대한 사실상의 점유만으로 위탁관계에 의한 보관의무가 당연히 발생하지는 않는다고 본다.[41] 마찬가지로, 양도담보가 설정되어 타인의 재산적 이익인 담보

---

41) 예를 들어, 부동산 명의수탁자와 명의신탁자 사이의 관계는 원칙적으로 '부동

권의 목적물인 동산에 대한 점유가 있다는 것만으로 자신의 사무에
대한 처리를 넘어 배임죄의 타인의 재산적 사무를 처리하는 의무가
계약의 전형적·본질적 내용이 된다고 할 수 없다.

　대상판결은 향후 배임죄의 성립여부를 판단하는 기준점이 될 가
능성이 높다. 즉, 대법원은 대상판결에서 '상대방의 재산상 사무를 일
정한 권한을 가지고 맡아 처리'하는 경우라는 표지를 제시하여 일종의
형성적 판단을 한 것이다. 대상판결과 같이 배임죄의 주체를 특정한
형태의 법률행위에 근거해야 한다고 제시할 경우 법적용의 명확성과
객관성은 분명히 더 개선될 것으로 보인다. 이러한 접근법은 오랫동안
배임죄의 처벌범위가 지나치게 넓다는 비판[42]들도 적절히 흡수할 수
있다. 물론, '타인의 재산적 사무 처리를 맡아 처리'하는 것이나 '일정
한 권한'의 의미가 그 자체로 완전히 자명하지는 않아 이후 논란이 발
생할 여지가 있다.[43] 특히, 의사의 합치 없이 위탁신임관계에 의한 사
무처리의무가 있다고 볼 필요가 있는 경우의 범위가 문제될 것이다.

<hr>

산 실권리자명의 등기에 관한 법률'에 반하여 범죄를 구성할뿐 형법상 보호
　가치 있는 신임에 의한 것이라고 할 수 없다고 하여 횡령죄의 성립을 부정
　했다. 대법원 2015. 5. 19. 선고 2014도6992 전원합의체 판결.
42) 대표적으로, 이창섭, 배임죄의 본질에 관한 소고, 비교형사법연구 제14권 제2
　호, 한국비교형사법학회, 2012 참조.
43) 필자가 판단하기에 점유개정의 방법에 의하여 양도담보가 설정된 동산을 임
　의로 처분한 채무자는 계약의 목적이 된 권리가 상대방에 귀속된 후 그 재산
　권의 보전에 협력할 의무가 발생하는 경우로 볼 여지도 일부 있다고 생각한
　다. 우선, 양도담보 채무자는 담보권이든 소유권이든 대외적으로 타인의 권리
　의 목적물이 된 재산에 대한 처분권을 지니는 것으로 보이며, 계약의 내용에
　채무자의 점유개정까지 포함되어 있으면 위임에 준하는 신임이 부여되었다고
　볼 여지가 있어 보인다. 다만, 신탁적 양도설에 따르면, 대상판결의 담보설정
　자는 담보권자로부터 담보목적물을 유효하게 처분할 권한까지 유효하게 부여
　받았다고 보기는 힘들다. 이러한 점들을 고려하면, 대상판결을 좁게 해석하면
　배임죄의 행위주체가 되기 위해서는 처분에 대한 법적으로 유효한 위임이 있
　어야 한다는 결론으로 귀결된다. 그러나, 처분권을 완전히 유효하게 부여받은
　자가 처분한 경우 배임죄가 성립하는 경우는 있을 수 없다. 이러한 이유로,
　대상판결의 배임죄 주체에 관한 정형적 기준인 '타인의 사무처리를 대행'하는
　경우가 무엇인지는 해석이 나뉘어질 가능성이 충분하다고 보아야 한다.

(2) 타인의 재산의 보전에 협력할 의무
1) 판단 근거 및 기준의 형태

대상판결에도 불구하고 대법원은 중도금을 지급한 부동산 매도인이 배임죄의 주체가 될 수 있다는 입장에 아직 발을 빼지 않고 있다는 사실은 논의를 간단하지 않게 한다. 즉, 대법원은 부동산 이중매매에 있어서 배임죄의 사무의 타인성을 판단하는 기준을 제시하는 데 있어 개념적 정합성을 상당부분 포기하고 사회적 비난가치의 실질을 고려하는 데 무게를 두는 태도를 보이고 있다.[44] 보다 구체적으로는, 대법원 2018. 5. 17. 선고 2017도4027 전원합의체 판결에서는 배임죄의 주체를 정형적 개념으로 포착하기 보다는 매우 추상적이고 가변적인 국민경제에 차지하는 비중이라든지 부동산이 매수자에게 가지는 의미의 특별함이나 대체불가능성이라는 논거로서 형사적 비난가능성을 확보하려고 했다. 사실, 단순한 계약의무의 위반은 배임죄가 보호하는 신임관계의 배신이라고 볼 수 없다는 데 대하여 이론이 없다. 다만, 쌍무계약에 있어 각 당사자의 의무는 통상적으로 자기 사무에 지나지 않지만 어떠한 특정한 단계부터 타인의 재산상 이익의 보호가 부수적·주변적 의미에서 벗어나 신임관계의 전형적·본질적 내용이 되는지에 대해서는 의견이 일치하지 않는다. 한 발 더 나아가, 대상판결에서 제시한 "상대방의 재산상 사무를 일정한 권한을 가지고 맡아 처리하는 경우"이외에 "거래를 완성하기 위한 자기의 사무인 동시에 상대방의 재산보전에 협력할 의무"가 있는 경우

---

44) 이미 동산 이중매매를 다룬 판결에서 논리적 정합성의 균열은 이미 나타났다. 대법원 2011. 1. 20. 선고 2008도10479 전원합의체 판결(다수의견에 따르면, "반대의견은 배임죄의 구성요건에 관하여 행위의 비난가능성이라는 측면을 강조하고 있는 것으로 보이나, 타인의 사무를 처리하는 자라는 법문에 충실하게 배임죄의 구성요건을 해석"하여야 한다고 보았으며 그렇다고 하더라도 "부동산 이중매매가 배임죄를 구성한다고 보는 기존 판례에 대하여는 여러 가지 측면에서 비판의 여지가 있으나, 이에 관한 판례법리가 오랫동안 판례법으로 굳어진 마당에 이를 정면으로 부정하는 입장을 택하기 어려운 측면이 있다"는 궁여지책을 제시하고 있다).

또한 배임죄의 행위주체의 유형에서 여전히 포함되어야 하는지에 대해서 논의가 있어야 한다.

대상판결의 유일한 반대의견을 제시한 민유숙 대법관은 양도담보의 설정자인 채무자가 목적물인 동산을 처분한 행위에 대한 처벌의 실질(가벌성, 비난가능성)을 민사상의 권리의무의 강도로 포착할 수 있다는 접근법을 취하고 있다. 우선, 민유숙 대법관은 양도담보권자가 가지는 권한이 매우 강도 높다는 점을 지적한다. 첫째 양도담보권자는 제3자와의 관계에서 담보목적물의 소유자로서 권리를 행사한다.45) 따라서, 양도담보권자로부터 목적물을 매수하여 인도받은 제3자는 채권자와 채무자 간의 정산절차의 종결 여부와 관계없이 소유권을 취득한다.46) 둘째 채권자는 담보권을 실행하며 목적물인 동산을 어떤 형태로건 처분하거나 스스로 취득한 후 정산할 수 있다.47) 처분한 동산의 환가는 채권자의 채권의 변제에 최우선으로 충당할 수 있다.48) 민유숙 대법관은 이와 같이 강력한 내용을 가지고 있는 채권자의 담보권의 행사는 '채권자의 사무'로서 파악할 수 있다고 보았다. 이에 대한 논리적 귀결로, 양도담보설정자인 채무자가 부담하는 의무는 "채권자를 위한 사무로서의 부수적이고·주변적인 의미를 넘어서 매우 중요한 내용을 이루게 되고" 따라서 배임죄 요건인 타인 사무에 해당한다고 주장했다.49) 이러한 민유숙 대법관의 반대의견에서의 접근법과 유사한 형

---

45) 대법원 1994. 8. 26. 선고 93다44739 판결.
46) 대법원 2008. 11. 27. 선고 2006도4263 판결.
47) 대법원 2009. 11. 26. 선고 2006다37106 판결.
48) 대법원 2000. 6. 23. 선고 99다65066 판결.
49) 또한, 대법원 2020. 6. 18. 선고 2019도14340 전원합의체 판결의 반대의견에서는 "저당권설정계약을 체결한 채무자가 담보로 제공하기로 한 부동산을 제3자에게 처분한 경우, 이는 배임죄의 성립 여부에서 부동산 이중매매의 경우와 조금도 다를 바가 없다. 오히려 매매의 경우 매도인이 중도금만 받은 단계에서는 매수인의 소유권이전등기청구에 대하여 매도인이 잔금과의 동시이행 항변을 주장할 수 있는 반면, 차용금을 지급받은 채무자가 금전채무에 대한 담보로서 저당권설정계약을 체결한 경우에는 채권자의 의무 이행이 모두 완료되어 채권자가 저당권설정등기를 청구하면 채무자는 그러한 항변조차 하지 못하고 저당권설정등기에 응할 수밖에 없다. 후자에서 채무자의 지위는 매매

태가 대법원의 판결에도 이미 나타난 바 있다. 대법원은 부동산 이중매매 사건에 있어 "중도금이 지급되는 등 계약이 본격적으로 이행되는 단계에 이른 때에는 계약이 취소되거나 해제되지 않는 한 매도인은 매수인에게 부동산의 소유권을 이전해 줄 의무에서 벗어날 수 없다. 따라서, 이러한 단계에 이른 때에 매도인은 매수인에 대하여 매수인의 재산보전에 협력하여 재산적 이익을 보호·관리할 신임관계에 있게 된다"고 판시한 바 있다.50)

그러나 종래 대법원 판결에는 형사적인 비난가치에 대한 판단은 민사적인 권리와 의무의 배분과 반드시 일치한다고 볼 수 없다고 한 접근법이 상당수 있다. 이러한 시각에 기초하면, 민사법의 거래형태에 대한 보호가치가 형사적 가벌성이나 비난가능성의 직접적인 원인이 될 수 없다. 물론 재산적 법익을 침해하는 범죄에 대한 처벌규정은 민사상의 권리의무를 기초로 하지만 민사상 권리의무의 형태와 내용에 완전히 기속되는 것은 아니다. 오히려, 강한 민사적인 권리확보 수단의 존재는 오히려 형사적 처벌의 필요성의 강도를 낮춘다고 할 수도 있을 것이다. 사실, 기존에 배임죄를 넓게 인정해 준 판결들이 쌍무계약에 담긴 중요한 의무를 형사적 보호범위에 포함되는 재산보전에 협력할 의무로 폭넓게 인정하던 접근법은 결코 논리필연적인 것이 아니

잔금까지 다 수령한 부동산 매도인의 지위와 유사하여 배임죄의 주체인 '타인의 사무를 처리하는 자'로서의 성격은 전자의 경우보다 한층 강하다고 볼 수 있고, 따라서 이 경우에 채무자가 해당 부동산을 다시 제3자에게 처분하면 배임죄가 성립한다고 보는 것이 자연스럽다." 또한, 동 판결의 반대의견의 보충의견을 쓴 김재형 대법관은 "부동산 대물변제예약의 경우 채무자는 예약완결권 행사 이후라도 금전채무를 변제하여 소유권이전등기절차를 이행할 의무를 소멸시키고 의무에서 벗어날 수 있다고 하나, 근저당권 설정계약을 한 상태에서는 채무자가 언제든지 피담보채무를 변제하고 근저당권설정등기를 할 의무에서 벗어날 수 없다. 부동산 대물변제예약은 '채무이행의 방법'에 관한 약정으로 민법의 채권편에서 규정하고 있는 반면, 근저당권설정계약의 경우 '담보권설정'에 관한 약정으로 채무자에게 즉시 저당권을 설정해 줄 의무가 발생하고, 소멸에서의 부종성이 인정되지 아니하여 피담보채무의 변제만으로 근저당권설정등기의무가 소멸된다고 볼 수 없다."고 하였다.
50) 대법원 2018. 5. 17. 선고 2017도4027 전원합의체 판결.

었다. 이와 같은 취지에서 대법원 2020. 6. 18. 선고 2019도14340 전원
합의체 판결은 "모든 부동산 거래에서 필수적으로 수반되는 등기협력
의무를 곧바로 타인의 사무로 보지 않고 부동산 계약의 유형이나 그
와 관련된 사회 현실 등을 바탕으로 재산보전에 협력할 의무가 타인
의 사무에 해당하는지 개별적으로 판단하는 것이 옳다"고 판시한 것
이다.

한편, 대법원 2020. 6. 18. 선고 2019도14340 전원합의체 판결과 정
반대로 부동산 이중매매에 있어 매도인의 제1매수인에 대한 등기협력
의무의 특별함을 인정한 대법원 2018. 5. 17. 선고 2017도4027 전원합
의체 판결에서에서도 역시 사회현실 등에 기초하여 개별적으로 판단
해야 하는 타인의 재산보전에 협력할 의무가 무엇이 되어야 하는지는
매우 가변적이고 유형적인 기준에 기초하여 판단한 바 있다. 즉, 대법
원은 배임죄의 주체성을 판단하기 위해서는 "계약의 내용과 이행의
정도, 그에 따른 계약의 구속력 정도, 거래 관행, 신임관계의 유형과
내용, 신뢰위반의 정도 등을 종합적으로 고려"해야 한다고 기술했다.
사실, 동 전원합의체 판결에서 중도금을 받은 부동산 매도자의 등기협
력의무가 배임죄의 주체성을 확보할 정도가 되는 결정적인 논거는 계
약의 형태에서 발견되지 않고 부동산 이중매매를 방지할 충분한 수단
의 확보를 위한 정책적 필요성에서 발견된다. 동 전원합의체 판결의
보충의견은 "계약에 따른 채무의 유형이나 권리 변동의 구성요소 등
과 같은 법적 구조의 일부 외형이 유사하다고 하여" 반드시 형사적
비난가치가 동일하다고 볼 수 없다고 하며, "일정한 행위가 형사법의
개입이 정당화될 정도의 배신적 행위인지는 그 실질에 따라 규범적으
로 판단해야 한다"고 기술했다. 물론, 대법원 2018. 5. 17. 선고 2017도
4027 전원합의체 판결의 반대의견은 이러한 동 판결의 다수의견의 접
근법은 배임죄에 있어 임무에 위배하는 행위의 내용과 범위가 무엇인
지를 파악할 수 없게 하는 것이라는 것이라고 비판한다.

2) 목적물 및 권리의 성격과 사무의 타인성

가. 부동산과 동산

대상판결은 동산에 대한 양도담보설정자인 채무자의 배임죄 주체성을 부정하는 판결을 제시했다. 사실, 대법원이 2011년 중도금을 수령한 동산 매도인의 임의 처분행위에 대해 배임죄가 성립하지 않는다고 하여 동산과 부동산이라는 계약의 목적물에 따라 '타인의 사무를 처리'하는 배임죄의 행위주체 해당성 여부가 달라질 수 있다는 판결을 했다. 즉, 매매계약의 대상의 되는 부동산은 "국민의 기본적 생활의 터전으로 경제활동의 근저를 이루고 있고, 국민 개개인이 보유하는 재산가치의 대부분을 부동산이 차지하는 경우도 상당"한 특수성을 지니고 있다는 것이다.[51] 이후, 대법원은 부동산 이중매매를 직접 다룬 대법원 2018. 5. 17. 선고 2017도4027 전원합의체 판결에서 이를 다시 확인했다. 그러나, 배임죄 성립여부에 있어 부동산의 거래대상으로서의 특수성을 인정한 것은 양도담보에는 적용되지 않았다. 즉, 대상판결 이후 등장한 대법원 2020. 6. 18. 선고 2019도14340 전원합의체 판결에서는 금전채무를 담보하기 위해 부동산에 대한 양도담보를 설정하기로 한 약정에 있어 양도담보설정자인 채무자는 채권자에 대하여 배임죄의 주체가 될 수 없다고 판시했다. 요약하자면, 대법원이 파악하기로, 부동산 거래가 특별하게 취급되는 경우는 내 집마련의 꿈을 이루기 위해 모든 재산을 동원하고 부족한 자금을 대출 및 차용하는 경우도 흔한[52] 매수인의 상대방이 된 매도인이 중도금 이상을 수령했을 때이다.

나. 소유권과 담보권

이뿐만 아니라, 대법원 2020. 6. 18. 선고 2019도14340 전원합의체 판결에서는 저당권설정계약에서 저당권설정 의무를 지는 자는 '타인

---

51) 대법원 2011. 1. 20. 선고 2008도10479 전원합의체 판결.

52) 대법원 2020. 6. 18. 선고 2019도14340 전원합의체 판결 다수의견에 대한 보충의견.

의 사무를 처리하는 자'가 아니라고 봄으로서 부동산등기협력 의무가
있는 자는 일반적으로 배임죄의 행위주체가 될 수 있다고 했던 과거
의 대법원의 입장53)을 변경했다. 대법원은 등기의 공동신청과 관련한
등기협력의무라는 권리 이전 형식 자체가 실질적 가벌성과 비난가능
성을 높이는 것은 아니라고 보고 있는 것이다. 사실, 대법원은 채권에
대한 담보를 목적으로 부동산에 대한 권리설정의 약정을 하여 계약상
등기의무를 진다고 하더라도 배임죄의 주체가 될 수 없다고 보는 접
근법에 대하여 이미 부동산에 관한 대물변제예약에 관한 대법원 2014.
8. 21. 선고 2014도3363 전원합의체 판결에서 디딤돌을 놓은 바 있다.
게다가, 대상판결의 대법원의 다수의견은 당사자관계의 전형적·본질
적 내용에 대한 판단을 채권적 약정과 물권적 약정 간의 주종관계에
대한 논의로 슬쩍 바꾸어 놓으면서까지 담보권 설정행위에 대해서는
배임죄로 보호하지 않겠다는 의지를 보였다. 사실, 대법원 2009. 2. 26.
선고 2008도11722 판결에서 신탁계약을 체결하고 신탁목적물인 아파
트의 소유권이전등기까지 경료해준 자가 제3자에게 아파트를 매도한
경우 신탁계약의 목적은 소유권이전등기를 해 준 것으로 달성했다고
본 것과 마찬가지로, 양도담보계약에 있어 담보권이 이미 설정이 되었
으면 해당 담보권은 배타적인 효력을 지니므로 양도담보설정자는 자
신의 동산에 담보권을 설정해주는 의사표시와 인도를 대신하는 점유
개정을 한 것으로 양도담보계약의 목적을 이미 달성했다고 볼 수도
있을 것이다. 즉, 양도담보권자는 물권적 청구권을 양도담보설정자를
비롯한 제3자에게도 주장할 수 있는 것이다.54) 따라서, 현재까지의 대
법원 판결들을 정리하자면, 부동산이라는 특별한 물건의 소유권을 이
전하는 등기협력의무를 지는 자 만이 배임죄의 주체가 될 수 있게 되
었다.

---

53) 대법원 2008. 3. 27. 선고 2007도9328 판결; 대법원 2011. 11. 10. 선고 2011도
11224 판결.
54) 다만, 양도담보권자는 양도담보설정자로부터 목적물을 양수한 선의의 제3자
가 선의취득할 수도 있다는 위험을 지게 된다.

한편, 앞서 살핀 것처럼 우리 대법원은 2007. 6. 14. 선고 2005도 7880 판결 등에서는 양도담보가 설정된 동산을 임의로 처분한 채권자에게 횡령죄가 성립한다고 판시한 바 있다. 양도담보약정이라는 쌍무계약에서 담보목적물인 동산을 채권자가 처분한 경우에는 횡령죄가 되지만 채무자가 처분한 경우에는 배임죄에 해당하지도 않고 무죄라고 하는 불균형을 어떻게 해소할 수 있는가? 이 결론이 그대로 유지된다면, 형사적 비난가치의 비중이 담보권 보다는 소유권 침해에 더 주어진다고 볼 여지가 더 많아진다. 다만, 아래에서 살피겠지만 이 문제에 대해서는 우리 대법원이 배임죄의 성립범위를 결정하는 데 채권자와 채무자의 거래상의 우열도 고려대상으로 놓고 있다는 점을 감안할 필요가 있다.

3) 권리이전 시점과 사무의 타인성

양도담보와 관련된 어떠한 학설에 따른다고 하더라도 양도담보설정자가 임의로 목적물을 처분하는 시점은 소유권이 이전되거나 담보권이 설정된 이후이다. 대법원은 1986. 9. 23. 선고 86도811 판결에서 점포임차권양도계약을 체결한 후 중도금까지 지급 받은 단계에서는 채권이 양수인에게 귀속되기 전이므로 그 채권의 양수인의 재산권이라고 할 수 없어 타인의 사무로 볼 수 없다고 본 판시한 바 있다. 즉, 임차권의 양도와 같이 채무자의 동의를 요구하는 경우에는 동의 전에는 임차권이 양수인에게 이전하지 않았으므로 배임죄의 주체가 될 수 없다고 본 것이다. 대상판결의 반대의견을 작성한 민유숙 대법관 또한 대상판결의 다수의견이 대법원 2011. 1. 20. 선고 2008도10479 전원합의체 판결을 따르고 있다고 하나 대상판결과 대법원 2011. 1. 20. 선고 2008도10479 전원합의체 판결은 권리이전 시점 면에서 차이가 난다고 지적하고 있다. 즉, 대상판결은 이미 양도담보가 설정된 이후에 채무자가 임의로 처분한 경우이지만 동산의 이중매매는 동산의 권리가 제1매수인에게 이전되기 전에 제2매수인에게 처분한 경우로 다르기 때문에 각 사안에 있어 행위주체가 지는 의무가 동일하다고 볼 수 없다는 것이다. 이러한 처분시점의 차이는 대상판결이 선례로 삼고 있는 채권담보의 목적으로 부동산에 관한 대물변제예약을 체결한 채무자가 임의로 목적물을 처분한 사건인 대법원 2014. 8. 21. 선고 2014도3363 전원합의체 판결과 대상판결 간에도 나타난다고 할 수 있다. 사실, 대법원 2011. 1. 20. 선고 2008도10479 전원합의체 판결의 다수의견은 동산 이중매매의 경우 배임죄로 처벌되지 않는다는 판시사항이 권리가 설정되거나 이전된 이후의 문제인 양도담보까지 포함하여 채권, 허가권, 면허권 및 특허권55)의 이중양도에까지 적용될 수 없다고 판시한 바 있다. 대법원의 소유권의 관계적 귀속론에 의하면 동산양도담보의 담보권 설정의 의사합의는 제3자에게는 대항할 수 없으므로 채권양도만으로 채무자 및 제3자에 대항하지 못하는 것과 동일한 구조이다.

그렇지만, 만일 대상판결이 채권, 면허권, 허가권, 특허권의 이중양도에도 적용될 수 있다고 해석하는 방향전환의 기점으로 이해될 수 있다면 배임죄의 처벌범위는 더욱 축소될 것이다. 사실, 대법원은 대법원 2018. 5. 17. 선고 2017도4027 전원합의체 판결에서 소유권 이전 전의 부동산 이중매매에 대하여 배임죄 성립을 긍정함으로써 권리이전 시점이 결정적 요인이 아니라는 것을 일면 보여준 바 있다. 또한, 대법원은 오래 전부터 근저당권설정계약 또는 전세권설정계약을 체결하고 설정등기를 마친 다음 등기관계 서류를 조작하여 등기를 말소한 경우 등기를 임의로 말소해서는 안 되는 것은 물권의 대세적 효력의 당연한 귀결이고 권리설정 후에 채무자만이 특별하게 부담하는 의무가 아니므로 배임죄의 주체가 될 수 없다고 판시한 바 있다.56) 이뿐만

---

55) 채권 양도인이 채권양수인을 위하여 타인의 사무를 처리하는 지위에 있음을 인정하면서 채권의 이중양도행위가 배임죄에 해당할 수 있다는 점을 언급한 판결로, 대법원 2007. 5. 11. 선고 2006도4935 판결; 대법원 2012. 2. 23. 선고 2011도16385 판결. 주류제조면허 이중양도계약 시 배임죄 성립가능하다는 판결로, 대법원 1979. 11. 27. 선고 76도3962 전원합의체 판결. 특허권을 양도한 후 다시 제3자에 처분한 경우 배임죄의 주체가 될 수 있다고 본 판결로, 대법원 2012. 11. 15. 선고 2012도6676 판결.

56) 대법원 2010. 5. 27. 선고 2009도5738 판결; 대법원 2007. 8. 24. 선고 2007도3408

아니라, 최근 대법원은 2020. 6. 4. 선고 2015도6057 판결에서 의사합치만으로 효력이 발생할 수 있는 주식의 양도 후 양도인이 양수인에게 대항력 확보를 위한 요건을 갖추어주지 않은 채 다른 사람에게 처분하는 경우 양도인은 양수인의 사무를 맡아 처리하는 의무를 지지 않아 배임죄가 성립할 수 없다고 판시했다. 이처럼 권리이전 시점이 배임죄 행위주체 성립의 결정적 요소가 아니게 되면, 아마도 채권, 면허권 및 허가권의 양수인을 보호해야 할 특별한 필요성이 인정되는 방향으로 논거가 제시될 수 있어야지만 부동산 이중매매와 동일한 결론이 날 것이다.

4) 거래상의 지위의 우열과 사무의 타인성

최근 대법원이 배임죄의 행위주체성을 따지데 있어 거래당사자간의 상호관계에 있어 지위의 불안정성과 비교우위성이라는 요소를 제시한 것을 눈여겨 볼 필요가 있다. 즉, 대법원은 2020. 6. 18. 선고 2019도14340 전원합의체 판결의 다수의견의 보충의견에서 "일반적으로 부동산 매매의 경우에는 매수인이 매도인보다 불안정한 지위에 있지만 저당권설정의 경우에는 채권자가 채무자보다 우월한 지위에 있다고 볼 수 있다"고 기술했다. 이러한 시각에 기초하면 "신축한 아파트의 시행자가 일부 세대에 관하여는 분양계약을 체결하고 일부 세대에 관하여는 시공자에 대한 공사대금채무의 담보를 위한 대물변제예약을 체결한 아파트 전체를 제3자에게 일괄적으로 처분한 경우, 수분양자에 대하여는 배임죄가 성립하지만 시공자에 대하여는 배임죄가 성립하지 않는다"[57]고 보아야 하며, 이는 대상판결의 다수의견이나 대법원은 2020. 6. 18. 선고 2019도14340 전원합의체 판결의 다수의견의 시각에서는 매우 정당하고 공정한 결론이다.

동산 양도담보의 경우 양도담보설정자인 채무자는 거래상의 지위

판결; 대법원 1987. 8. 18. 선고 87도201 판결.

57) 이 기술내용은 대법원 2014 8 21 선고 2014도3363 전원합의체 판결의 반대의견이 수분양자와 시공자에 대한 시행사가 지는 형사책임이 다른 것이 부당하다는 논거로 제시된 예이다.

에 있어 양도담보권자인 채권자에 비하여 대체로 비교열위에 있다. 거의 예외없이 동산 양도담보 설정자인 채무자는 목적물을 점유개정을 통하여 사용·수익하는 것을 포기하지 못하고 채권자로부터 이를 담보로 잡히고 금전을 융통하는 채무를 져야하는 상황에 처해있다. 대상판결에서는 양도담보설정자인 채무자가 은행으로부터 대출을 받으며 대출금을 완납할 때까지 자신 소유의 골재생산기기를 점유개정방식으로 사용하는 약정을 하고 담보로 제공했다. 이외에도, 동산 양도담보의 목적물이 된 물건은 농장의 돼지, 어업용 통발어구, 뱀장어, 제강회사의 원자재, 의류, 포목과 같은 것들이었다는 사실을[58] 참고할 필요가 있다.

Ⅳ. 결   론

근본적으로, 형사적 비난가치를 판단할 때 민사법의 권리변동이나 법률관계의 형식보다는 행위자의 의무위반의 실질을 고려해야 한다. 동산 양도담보는 비전형담보라는 점에서 점유개정이라는 물권변동의 형식에 형사적 보호의 절대적인 의미와 기준을 두는 것은 적절하지 못한다. 오히려, 양도담보권자인 채권자와의 관계에 있어서는 소유자로서의 실질이 훨씬 더 강한 양도담보설정자인 채무자가 담보로 제공한 자기의 물건을 횡령할 수 있다고 보는 것은 받아들이기 힘들다. 따라서 대상판결에서 양도담보가 설정된 동산을 임의로 처분한 채무자에 대하여 횡령죄보다는 배임죄의 성립여부를 검토한 다수의견의 접근법은 정당하다.

대상판결은 '상대방의 사무를 일정한 권한을 가지고 맡아 처리'하는 경우에 한하여 배임죄의 행위주체가 될 수 있다는 기준을 제시했다. 이 대상판결의 배임죄 행위주체에 관한 기준은 배임죄 성립범위를 제한하는 방향으로 정형화된 것이다. 대상판결은 향후 우리나라의 배임죄 행위주체를 판단하는 데 있어 중요한 선례가 될 것으로 보인다.

---

58) 하태인, 앞의 논문, 148-149면.

아직까지 대법원이 판례변경을 하지 않은 채권, 면허권, 허가권의 이중양도의 경우에도 동산이나 주식의 이중양도나 양도담보와 마찬가지로 배임죄의 처벌범위에서 제외할 가능성이 높다. 그럼에도, 부동산 거래에 있어 중도금을 받은 매도인의 이중매매를 여전히 배임죄로 처벌하는 우리 대법원의 접근법은 배임죄의 행위주체의 성립범위에 대한 판단의 가변성이 완전히 사라지지 않았다는 사실을 보여준다. '상대방의 재산상 사무를 일정한 권한을 가지고 맡아 처리하는 경우'가 아닌 '타인의 재산의 보전에 협력할 의무'가 있는지 여부는 목적물 및 권리의 성격, 거래상의 지위의 우열, 등이 고려되어 적절히 판단되어야 한다. 장기적으로, 대상판결의 정형성과 부동산 이중매매 판결의 가변성 간의 긴장과 모순은 새로운 방향으로 해소될 것으로 기대한다.

[주 제 어]
점유개정, 양도담보, 동산, 횡령죄, 배임죄, 타인의 사무

[Key Words]
a security on a movable assets by means of transfer, embezzlement, malpractice, a right to handle a work of a creditor, delivery of a movable asset.

접수일자: 2021. 4. 26. 심사일자: 2021. 5. 21. 게재확정일자: 2021. 5. 26.

[참고문헌]

곽윤직·김재형, 물권법 [민법강의 Ⅱ] 제8판 (전면개정) 보정, 박영사, 2020.

김형배, 민법학강의 제7판, 신조사, 2008.

신봉근, 동산양도담보의 법리적 이론, 법학연구 제20호, 한국법학회, 2005.

양창수·김형석, 민법Ⅲ:권리의 보전과 담보 제2판, 박영사, 2016.

이창섭, 배임죄의 본질에 관한 소고, 비교형사법연구 제14권 제2호, 한국비
    교형사법학회, 2012.

허일태, 부동산 이중매매와 배임죄, 형사법연구 제15호, 한국형사법학회,
    2001.

[Abstract]

A criminal responsibilty of a debtor who sold a movable asset secured for a creditor by means of transfer of occupation

Kang, Wu Ye*

The Criminal Responsibility of a Debtor who Arbitrarily Sells a Movable Assets in which a Security by means oIt is not proper to place an absolute meaning on the form of delivery of a movable asset for criminal protection with regard to a security on a movable assets by means of transfer. Moreover, it is not acceptable to see that a debtor who sets up a security on a movable assets by means of transfer can embezzle a property that substantially belongs to his ownership in relation to a creditor. Therefore, in the case in question, it is justifiable to support the approach of the majority perspective to assess an establishment of malpractice rather than embezzlement.

The case in question declared that the subject of malpractice must satisfy the requirement of 'holding a right to handle a work of a creditor'. The standard of the subject of malpractice in this case in question formalize and thus restrain the scope of subject of malpractice. The case in question will be the leading precedent that can determine what is the subject of malpractice. Just like a double transfer of a movable property and a stock or a security on a movable assets by means of transfer, a double transfer of a debt or a license is expected to be excluded from the possibility of criminal punishment. Regardless, flexibility of judgment does not disappear when it come to the Korean Supreme Court's

* Professor, Korea Maritime & Ocean University Maritime Law Department, S.J.D.

approach to still punish a double transfer of real property when a contractor received some amount of middle payment. Whether there is a duty to cooperate with preserving the other's property, other than the case of handling the other's property with a particular right, should depend on the consideration of nature of property object and right or merit and demerit of transaction status.f Transfer is Established.

위계 간음죄에서
위계의 대상과 인과관계*

장 성 원**

[대상판결] 대법원 2020. 8. 27. 선고 2015도9436 전원합의체 판결

[사실관계]

36세의 피고인은 2014. 7. 중순경 스마트폰 채팅 애플리케이션 '낯선 사람 랜덤채팅'을 통하여 알게 된 14세의 피해자에게 자신을 '고등학교 2학년생인 김○○'이라고 거짓으로 소개하고 다른 사람의 사진을 자신의 사진인 것처럼 피해자에게 전송한 뒤 채팅을 계속하여 피해자와 사귀기로 하였다. 피고인은 피해자 가슴 부위사진을 찍어 보내줄 것을 요구하였고 이에 피해자가 수차례 응하였다. 그러다가 피고인은 김○○을 스토킹하는 여성의 행세를 하며 피해자에게 자신도 김○○을 좋아하는데 그를 좋아하면 무엇이든 해야 한다고 도발하였다. 피고인은 2014. 8. 초순경 피해자에게 '사실은 나(김○○)를 좋아해서 스토킹하는 여성이 있는데, 나에게 집착을 해서 너무 힘들다. 죽고 싶다. 우리 그냥 헤어질까'라고 거짓말하면서 '스토킹하는 여성을 떼어내려면 나의 선배와 성관계하면 된다'는 취지로 이야기하였다. 이러한 도발과 부탁은 여러 차례 반복되었다. 처음에는 거절하였던 피해자는 김

* 이 논문은 2019학년도 세명대학교 연구년 지원에 의한 연구임.
** 세명대학교 법학과 부교수, 법학박사

○○과 헤어질 것이 두려워 김○○의 선배를 만나 성관계하는 데에 동의하였고, 이를 위해 새벽에 고속버스를 타고 피고인이 지정한 장소로 이동하였다. 약속한 장소에서 피해자를 만난 피고인은 김○○의 선배 행세를 하며 피해자를 차량에 태워 인접한 해수욕장 근처 공터로 가 차량 뒷좌석에서 스스로 옷을 벗게 한 후 1회 간음하였다. 이 과정에서 피고인이 성관계를 추가로 요구하자 피해자는 2회 더 간음에 응하였다.

[소송의 경과]

위력에 의한 간음죄로 기소된 1심에서는 위력에 대한 증명이 부족하다는 이유로 무죄가 선고되었다. 검사가 항소한 2심은 위계에 의한 간음죄로 공소장이 변경된 뒤 1심을 파기하고 기존 판례의 취지에 따라 위계 간음죄에 무죄를 선고하였다.1)

2심은 위계에 의한 간음죄에서 위계의 의미에 대해 "행위자가 간음의 목적으로 상대방에게 오인, 착각, 부지를 일으키고는 상대방의 그러한 심적 상태를 이용하여 간음의 목적을 달성하는 것을 말하는 것이고, 여기에서 오인, 착각, 부지란 간음행위 자체에 대한 오인, 착각, 부지를 말하는 것이지, 간음행위와 불가분적 관련성이 인정되지 않는 다른 조건에 관한 오인, 착각, 부지를 가리키는 것은 아니라고 보아야 한다."라는 종전 판례(대법원 2001. 12. 24. 선고 2001도5074 판결 등)의 판시에 따라, 피해자가 간음행위와 불가분적 관련성이 인정되지 않는 다른 조건에 관하여 피고인에게 속았던 것뿐이므로 피고인의 간음행위는 형법 등에서 처벌대상으로 규정하는 위계에 의한 것이 아니라고 인정하였다.

검사가 상고한 대법원에서는 2인의 보충의견을 곁들인 전원일치 의견으로 원심판결을 파기 환송하였다.

---

1) 광주고등법원 2015. 6. 11. 선고 2015노145 판결. 1심은 광주지방법원 순천지원 2015. 2. 5. 선고 2014고합278 판결.

[판결이유]

1. 이 사건 경위와 쟁점 [생략]

2. 위계에 의한 간음죄의 입법경위

가. 위계에 의한 간음에 대한 처벌규정은 1953년 제정형법에서 시작되었다. 제정형법은 이를 제2편 제32장 정조에 관한 죄의 일부로서 규정하였는데, 당시의 법정형은 강간죄는 물론 강제추행죄의 법정형보다도 가벼웠고, 그중 혼인빙자 등에 의한 간음죄는 '음행의 상습 없는 부녀'도 대상으로 규정하고 있었다. 이렇듯 제정형법 당시 위계에 의한 간음죄는 부녀의 정조 보호를 입법목적으로 하면서 강간죄·강제추행죄보다 가벌성이 낮은 보충적 유형의 범죄로 인식되었던 것으로 보인다.

나. 그 후 형법의 1995. 12. 29.자 개정으로 제2편 제32장의 표목에서 '정조에 관한 죄'라는 표현이 삭제되었다. 또한 음행의 상습 없는 부녀도 대상으로 규정하였던 혼인빙자 등에 의한 간음죄가 헌법재판소 2009. 11. 26. 선고 2008헌바58 등 위헌결정 및 그 취지 등을 반영하여 폐지됨에 따라 형법상 위계에 의한 간음죄의 대상은 미성년자, 심신미약자, 피보호자·피감독자 등 성폭력범행에 특히 취약한 사람만으로 한정되었다.

다. 형사특별법에서도 성폭력범행에 특히 취약한 사람을 대상으로 하는 위계에 의한 간음죄 규정이 신설되었다. 13세 미만의 여자에 대하여는 구 성폭력범죄의 처벌 및 피해자보호 등에 관한 법률[그중 성폭력범죄의 처벌에 관한 사항이 분리되어 2010. 4. 15. 제정된 성폭력범죄의 처벌 등에 관한 특례법(이하 '성폭력처벌법'이라고 한다)에 규정되었다]의 1997. 8. 22.자 개정으로, 여자 청소년에 대하여는 2000. 2. 3. 구 청소년의 성보호에 관한 법률(아동·청소년의 성보호에 관한 법률로 제명이 개정되었다. 이하 모두 '청소년성보호법'이라고 한다)의 제정으로, 신체적·정신적 장애가 있는 여자에 대하여는 성폭력처벌법의

2011. 11. 17.자 개정으로 각 처벌규정이 마련되었고, 5년 이상의 유기징역이 법정형으로 규정되었다. 그 후 13세 미만자와 아동·청소년을 대상으로 한 위계에 의한 간음죄의 법정형은 무기징역까지로 상향개정되었다. 이는 형법상 강간죄보다 더 중한 형을 규정한 것이다.

라. 위와 같은 위계에 의한 간음죄의 개정경과 및 이 사건에 적용되는 2014년 무렵의 법률 내용을 종합하여 보면, 과거와 달리 오늘날에는 위계에 의한 간음죄를 아동·청소년, 미성년자, 심신미약자, 피보호자·피감독자, 장애인 등 성폭력범행에 특히 취약한 사람을 보호대상으로 하고 강간죄 등과 비견되는 독립적인 가벌성을 지닌 범죄로 규정하여, 행위자를 강력하게 처벌하려는 것으로 평가할 수 있다.

3. 성적 자기결정권 행사의 의미

가. 헌법 제10조는 "모든 국민은 인간으로서의 존엄과 가치를 가지며, 행복을 추구할 권리를 가진다. 국가는 개인이 가지는 불가침의 기본적 인권을 확인하고 이를 보장할 의무를 진다."라고 규정하고 있다. 자기결정권은 헌법 제10조에서 규정한 개인의 인격권과 행복추구권에 의하여 보호되는 권리이다(대법원 2009. 5. 21. 선고 2009다17417 전원합의체 판결 등 참조).

성적 자기결정권은 스스로 선택한 인생관 등을 바탕으로 사회공동체 안에서 각자가 독자적으로 성적 관념을 확립하고 이에 따라 사생활의 영역에서 자기 스스로 내린 성적 결정에 따라 자기책임 하에 상대방을 선택하고 성관계를 가질 권리로 이해된다(헌법재판소 2002. 10. 31. 선고 99헌바40 등 결정 참조). 여기에는 자신이 하고자 하는 성행위를 결정할 권리라는 적극적 측면과 함께 원치 않는 성행위를 거부할 권리라는 소극적 측면이 함께 존재하는데, 위계에 의한 간음죄를 비롯한 강간과 추행의 죄는 소극적 성적 자기결정권을 침해하는 것을 내용으로 한다(대법원 2019. 6. 13. 선고 2019도3341 판결 참조).

나. 이 사건 피해자는 14세로서 19세 미만의 자를 일컫는 청소년 성보호법상 아동·청소년에 해당한다.

국가와 사회는 아동·청소년에 대하여 다양한 보호의무를 부담한다. 국가는 청소년의 복지향상을 위한 정책을 실시하고(헌법 제34조 제4항), 초·중등교육을 실시할 의무(교육기본법 제8조)를 부담한다. 사법 영역에서도 마찬가지여서 친권자는 미성년자를 보호하고 양육하여야 하고(민법 제913조), 미성년자가 법정대리인의 동의 없이 한 법률행위는 원칙적으로 그 사유에 제한 없이 취소할 수 있다(민법 제5조).

법원도 아동·청소년이 피해자인 사건에서 아동·청소년이 특별히 보호되어야 할 대상임을 전제로 판단해왔다. 대법원은 아동복지법상 아동에 대한 성적 학대행위 해당 여부를 판단함에 있어 아동이 명시적인 반대 의사를 표시하지 아니하였더라도 성적 자기결정권을 행사하여 자신을 보호할 능력이 부족한 상황에 기인한 것인지 가려보아야 한다는 취지로 판시하였고(대법원 2015. 7. 9. 선고 2013도7787 판결 참조), 아동복지법상 아동매매죄에 있어서 설령 아동 자신이 동의하였더라도 유죄가 인정된다고 판시하였다(대법원 2015. 8. 27. 선고 2015도6480 판결 참조). 아동·청소년이 자신을 대상으로 음란물을 제작하는 데에 동의하였더라도 원칙적으로 청소년성보호법상 아동·청소년이용 음란물 제작죄를 구성한다는 판시(대법원 2015. 2. 12. 선고 2014도11501, 2014전도197 판결 참조)도 같은 취지이다.

이와 같이 아동·청소년을 보호하고자 하는 이유는, 아동·청소년은 사회적·문화적 제약 등으로 아직 온전한 자기결정권을 행사하기 어려울 뿐만 아니라, 인지적·심리적·관계적 자원의 부족으로 타인의 성적 침해 또는 착취행위로부터 자신을 방어하기 어려운 처지에 있기 때문이다. 또한 아동·청소년은 성적 가치관을 형성하고 성 건강을 완성해가는 과정에 있으므로 아동·청소년에 대한 성적 침해 또는 착취행위는 아동·청소년이 성과 관련한 정신적·신체적 건강을 추구하고 자율적 인격을 형성·발전시키는 데에 심각하고 지속적인 부정적 영향을 미칠 수 있다. 따라서 아동·청소년이 외관상 성적 결정 또는 동의로 보이는 언동을 하였다 하더라도, 그것이 타인의 기망이나 왜곡된 신뢰관계의 이용에 의한 것이라면, 이를 아동·청소년의 온전한 성적 자기결정권의 행사에 의한 것이라고 평가하기 어렵다.

다. 그 외 위계에 의한 간음죄가 보호대상으로 규정한 미성년자, 심신미약자, 피보호자·피감독자, 장애인 등도 나이, 정신기능 등의 장애, 행위자와 피해자 사이의 종속적인 관계 등으로 인해 피해자가 행위자를 비롯한 외부의 영향으로부터 자신을 방어하기 어렵고 성적 자기결정권 행사 과정에서 내부 정신작용이 왜곡되기 쉽다는 점에서는 앞서 본 아동·청소년의 경우와 본질적인 차이가 없다.

4. 위계에 의한 간음죄에서 위계의 의미

가. '위계'라 함은 행위자의 행위목적을 달성하기 위하여 피해자에게 오인, 착각, 부지를 일으키게 하여 이를 이용하는 것을 말한다. 이러한 위계의 개념 및 앞서 본 바와 같이 성폭력범행에 특히 취약한 사람을 보호하고 행위자를 강력하게 처벌하려는 입법태도, 피해자의 인지적·심리적·관계적 특성으로 온전한 성적 자기결정권 행사를 기대하기 어려운 사정 등을 종합하면, 행위자가 간음의 목적으로 피해자에게 오인, 착각, 부지를 일으키고 피해자의 그러한 심적 상태를 이용하여 간음의 목적을 달성하였다면 위계와 간음행위 사이의 인과관계를 인정할 수 있고, 따라서 위계에 의한 간음죄가 성립한다. 왜곡된 성적 결정에 기초하여 성행위를 하였다면 왜곡이 발생한 지점이 성행위 그 자체인지 성행위에 이르게 된 동기인지는 성적 자기결정권에 대한 침해가 발생한 것은 마찬가지라는 점에서 핵심적인 부분이라고 하기 어렵다. 피해자가 오인, 착각, 부지에 빠지게 되는 대상은 간음행위 자체일 수도 있고, 간음행위에 이르게 된 동기이거나 간음행위와 결부된 금전적·비금전적 대가와 같은 요소일 수도 있다.

나. 다만 행위자의 위계적 언동이 존재하였다는 사정만으로 위계에 의한 간음죄가 성립하는 것은 아니므로 위계적 언동의 내용 중에 피해자가 성행위를 결심하게 된 중요한 동기를 이룰 만한 사정이 포함되어 있어 피해자의 자발적인 성적 자기결정권의 행사가 없었다고 평가할 수 있어야 한다. 이와 같은 인과관계를 판단함에 있어서는 피해자의 연령 및 행위자와의 관계, 범행에 이르게 된 경위, 범행 당시와 전후의 상황 등 여러 사정을 종합적으로 고려하여야 한다.

다. 한편 위계에 의한 간음죄가 보호대상으로 삼는 아동·청소년, 미성년자, 심신미약자, 피보호자·피감독자, 장애인 등의 성적 자기결정 능력은 그 나이, 성장과정, 환경, 지능 내지 정신기능 장애의 정도 등에 따라 개인별로 차이가 있으므로 간음행위와 인과관계가 있는 위계에 해당하는지 여부를 판단함에 있어서는 구체적인 범행 상황에 놓인 피해자의 입장과 관점이 충분히 고려되어야 하고, 일반적·평균적 판단능력을 갖춘 성인 또는 충분한 보호와 교육을 받은 또래의 시각에서 인과관계를 쉽사리 부정하여서는 안 된다.

라. 이와 달리 위계에 의한 간음죄에서 행위자가 간음의 목적으로 상대방에게 일으킨 오인, 착각, 부지는 간음행위 자체에 대한 오인, 착각, 부지를 말하는 것이지 간음행위와 불가분적 관련성이 인정되지 않는 다른 조건에 관한 오인, 착각, 부지를 가리키는 것은 아니라는 취지의 종전 판례인 대법원 2001. 12. 24. 선고 2001도5074 판결, 대법원 2002. 7. 12. 선고 2002도2029 판결, 대법원 2007. 9. 21. 선고 2007도6190 판결, 대법원 2012. 9. 27. 선고 2012도9119 판결, 대법원 2014. 9. 4. 선고 2014도8423, 2014전도151 판결 등은 이 판결과 배치되는 부분이 있으므로 그 범위에서 이를 변경하기로 한다.

5. 판단 / 6. 결론 / 7. 보충의견 [각 생략]

[참조판례1] 대법원 2001. 12. 24. 선고 2001도5074 판
결 [청소년의성보호에관한법률위반]

피해자는 16세 남짓의 고등학교 1학년생으로 컴퓨터 채팅을 통하
여 당시 24세인 피고인이 성관계를 가지면 50만원을 주겠다는 제의를
하자 이를 승낙한 뒤 피고인과 성행위를 하였다. 피고인은 약속과 달
리 금전을 지급하지 않은 채 칼로 피해자를 위협하고 돈을 빼앗아 달
아났다. 피고인이 청소년에게 성교의 대가로 돈을 주겠다고 거짓말하
고 청소년이 이에 속아 피고인과 성교행위를 하였다고 하더라도, 사리
판단력이 있는 청소년에 관하여는 그러한 금품의 제공과 성교행위 사
이에 불가분의 관련성이 인정되지 아니하는 만큼 이로 인하여 청소년
이 간음행위 자체에 대한 착오에 빠졌다거나 이를 알지 못하였다고
할 수 없다는 이유로 피고인의 행위가 (구)청소년의성보호에관한법률
제10조 제4항 소정의 위계에 해당하지 아니한다.

[참조판례2] 대법원 2002. 7. 12. 선고 2002도2029 판결
[형법위반(심신미약자간음)]

피고인이 피해자를 여관으로 유인하기 위하여 남자를 소개시켜 주
겠다고 거짓말을 하고 피해자가 이에 속아 여관으로 오게 되었고 거기
에서 성관계를 하게 되었다 할지라도, 그녀가 여관으로 온 행위와 성교
행위 사이에는 불가분의 관련성이 인정되지 아니하는 만큼 이로 인하여
피해자가 간음행위 자체에 대한 착오에 빠졌다거나 이를 알지 못하였다
고 할 수는 없다 할 것이어서, 피고인의 위 행위는 형법 제302조 소정
의 위계에 의한 심신미약자간음죄에 있어서 위계에 해당하지 아니한다.

[참조판례3] 대법원 2014. 9. 4. 선고 2014도8423,2014
전도151 판결 [성폭력범죄의처벌등에관한특례법위
반(장애인위계등간음, 장애인위계등추행)]

피고인이 갑에게 정신장애가 있음을 알면서 인터넷 쪽지를 이용

하여 갑을 피고인의 집으로 유인한 후 성교행위와 제모행위를 함으로써 장애인인 갑을 간음하고 추행하였다고 하여 구 성폭력범죄의 처벌 등에 관한 특례법 위반으로 기소된 사안에서, 피고인이 성교 등의 목적을 가지고 갑을 유인하여 피고인의 집으로 오게 하였더라도, 위 유인행위는 갑을 피고인의 집으로 오게 하기 위한 행위에 불과하고, 갑이 피고인의 집으로 온 것과 성교행위나 제모행위 사이에 불가분적 관련성이 인정되지 아니하여, 갑이 피고인의 유인행위로 간음행위나 추행행위 자체에 대한 착오에 빠졌다거나 이를 알지 못하게 되었다고 할 수 없으므로, 피고인의 행위는 위 특례법에서 정한 장애인에 대한 위계에 의한 간음죄 또는 추행죄에 해당하지 않는다.

[연 구]

I. 들어가며

대상판결은 위계(僞計)에 의한 간음죄에서 위계의 대상과 위계와 간음 사이의 인과관계를 종전에 비해 확장하고 있다. 위계의 의미와 위계가 성행위 등에 미친 영향을 넓게 보면서 내세운 근거는 위계의 개념과 간음과의 연결방식이나 인과관계 자체에 대한 이론적·구조적 접근보다는 특별법에서의 성범죄에 대한 입법적 강화경향, 청소년 성보호의 필요성, 그리고 자기결정권의 실질적 침해와 같은 요소이다.

성범죄에서 공통적으로 인정되는 보호법익인 성적 자기결정권의 의미가 위계 간음죄에 와서는 다른 강제적 성범죄에 비해 변용되는 모습을 보인다. 성적 자기결정권이 형식적으로 존재하나 실질적으로 침해되었다는 인식을 기초하기에, 이 경우 상대방의 성적 결정권은 침해로부터 보호받아야 하는지 아니면 범죄화로부터 보호받아야 하는지 문제된다. 특히 미성년자에 대한 성보호라는 법익을 강조하면서 성적 자기결정권이 다소 형해화되는 모습도 띠게 된다.

그리고 판례는 특히 입법 경향을 반영하여 해석방향을 잡은 듯한 논지를 전개한다. 실제 입법강화 추세와 미성년자 성보호에 대한 강한 요청이 위계 및 간음과의 인과관계의 결정에 영향을 주고 있다. 대상판결은 "위계에 의한 간음죄의 입법경위, 성적 자기결정권 행사의 의미, 위계에 의한 간음죄에서 위계의 의미 등을 종합하여" 위계에 의한 간음죄에서 위계의 의미를 종전과 다르게 해석하고 있다. 그러면서 그 이유에서 위계 간음죄 등이 무기형까지 가중하여 벌할 수 있다는 점을 든다. 보충의견은 최근 아동·청소년 보호를 위해 입법을 강화하고 형량이 높아지는 경향을 근거로 든다. 이들이 위계 간음죄에서 위계의 범위를 해석하는 데 있어 처벌을 강화하고 확대하는 기초 논리를 제공하고 있다.

본 연구에서는 위계 또는 위력의 방법으로 간음하거나 추행한 경우에 성립하는 성범죄 유형 가운데 특히 위계의 방법을 중심으로 형법과 특별법에서의 구성요건의 해석과 적용범위를 살펴보고자 한다.2) 대상판결에서는 그 가운데 위계의 대상과 인과관계에 대하여 판단을 내리고 있으며 위계의 의미에 대하여 새로운 입장을 보이고 있다. 그 과정에 입법적 접근, 자기결정권에 기한 접근, 그리고 위계와 간음과의 관계 면에서 접근 등을 개진하고 있다. 이들을 검토하면서 위계 간음죄의 해석방향과 아울러 대상판결의 의미를 확인하고자 한다.

II. 위계 간음죄의 체계와 보호법익

1. 위계 간음죄 적용의 중복영역과 고유영역

(1) 위계 간음죄의 존재형태

위계·위력에 의한 간음죄는 법 체계상 형법과 특별법에 나누어

---

2) 주지하듯 성범죄를 규율하는 법체계는 「형법」 외에 「성폭력범죄의 처벌 등에 관한 특례법」(이하 '성폭법')과 「아동·청소년의 성보호에 관한 법률」(이하 '아청법') 등 특별법에서 중복, 변형, 가중된 형태로 규정하고 있으면서 특히 특별법 영역에서는 개정 및 신설이 빈번히 이뤄지는 관계로 다소 난삽한 형태를 취하고 있다.

규정되고 있다. 형법과 성폭법, 아청법 등에서 규정되는 위계에 의한
간음죄를 중심으로 본 죄의 적용방식을 구분하여 따져볼 수 있다. 먼
저 범죄 구성요건과 법정형을 조문을 따라 비교하면 다음과 같다. 형
법3)은 위계·위력으로 미성년자 또는 심신미약자를 간음·추행한 경
우, 5년 이하 징역에 처한다. 아청법4)은 위계·위력으로 아동·청소년
을 간음한 경우 무기 또는 5년 이상 징역, 유사간음한 경우 5년 이상
징역, 추행한 경우 2년 이상 징역 또는 1천만원-3천만원 벌금에 처한
다. 성폭법5)은 위계·위력으로 신체적·정신적 장애가 있는 사람을 간
음한 경우 5년 이상 징역, 추행한 경우 1년 이상 징역 또는 1천만원-3
천만원 벌금형에 처한다.

　범죄 성립에 필요한 구성요건요소가 같은지 다른지는 따로 보더
라도, 법정형에 큰 차이가 있음을 알 수 있다. 형법이 적용되는 경우
간음·추행 모두 5년 이하 징역형인데, 특별법이 적용되는 경우 간음
은 무기나 5년 이상 징역형이고, 추행은 2년 또는 1년 이상 징역형이
다. 형법과 달리 아청법과 성폭법에서는 위계·위력 추행에 벌금형이

---

3) 「형법」 제302조(미성년자 등에 대한 간음) 미성년자 또는 심신미약자에 대하여
위계 또는 위력으로써 간음 또는 추행을 한 자는 5년 이하의 징역에 처한다.
4) 「아청법」 제7조(아동·청소년에 대한 강간·강제추행 등) ① 폭행 또는 협박으로
아동·청소년을 강간한 사람은 무기징역 또는 5년 이상의 유기징역에 처한다.
② 아동·청소년에 대하여 폭행이나 협박으로 다음 각 호의 어느 하나에 해당
하는 행위를 한 자는 5년 이상의 유기징역에 처한다.
　1. 구강·항문 등 신체(성기는 제외한다)의 내부에 성기를 넣는 행위
　2. 성기·항문에 손가락 등 신체(성기는 제외한다)의 일부나 도구를 넣는 행위
③ 아동·청소년에 대하여 「형법」 제298조의 죄를 범한 자는 2년 이상의 유기
징역 또는 1천만원 이상 3천만원 이하의 벌금에 처한다. / ④ [생략]
⑤ 위계(僞計) 또는 위력으로써 아동·청소년을 간음하거나 아동·청소년을 추
행한 자는 제1항부터 제3항까지의 예에 따른다. / ⑥ [생략]
5) 「성폭법」 제6조(장애인에 대한 강간·강제추행 등) ① - ④ [생략]
⑤ 위계(僞計) 또는 위력(威力)으로써 신체적인 또는 정신적인 장애가 있는 사
람을 간음한 사람은 5년 이상의 유기징역에 처한다.
⑥ 위계 또는 위력으로써 신체적인 또는 정신적인 장애가 있는 사람을 추행
한 사람은 1년 이상의 유기징역 또는 1천만원 이상 3천만원 이하의 벌금에
처한다.

선택형으로 존재한다.

대체로 객관적 구성요건이 동일하거나 유사하다고 할 때 특별법에서는 법정형이 대폭 상향되어 있고 이것이 해석의 방향에도 적잖이 영향을 미치고 있다. 대상판결에서 대법원은 이같은 법규정의 현상이 입법자의 변화된 의사이며 이를 위계 간음죄 구성요건 해석에도 반영해야 함을 전제하고 있다.

(2) 행위객체와 행위태양 비교

위계에 의한 간음죄에서 법정형의 차이를 제외하고는 형법상 범죄 구성요건이 특별법과 완전히 중복되는지, 아니면 형법 또는 아청법이나 성폭법의 고유한 적용영역이 존재하는지 문제된다. 위계 간음죄가 규정된 위 법조문을 보면, 형법과 아청법은 행위객체로서 미성년자와 아동·청소년을 규정하고, 형법과 성폭법은 각 심신미약자와 신체적·정신적 장애가 있는 사람을 규정하고 있다. 행위객체로 형법은 미성년자(민법에 따라 19세 미만), 아청법은 아동·청소년(19세 미만의 자, 법 § 2 I)이라고 규정하여 사실상 동일한 대상을 법을 달리하여 규정하는 셈이 된다.

대법원은 형법과 아청법상 위계 간음죄에서 미성년자와 아동·청소년은 구성요건면에서는 동일한 것이며, 형법의 요건들 가운데 미성년자 부분을 특별법에서 가중처벌하는 규정일 뿐이라고 보고 있다.[6] 민법의 개정으로 미성년 연령이 아청법상 아동·청소년과 동일하게 변경되었다는 점에서 이와 달리 볼 다른 이유는 찾기 어렵다. 형법과 성폭법이 행위객체로 각 심신미약자와 신체적인 또는 정신적인 장애가 있는 사람으로 규정하는 부분에서는 일부 적용대상의 차이가 있는지 논란의 여지가 있다. 심신미약자와 신체적인 또는 정신적인 장애가 있는 사람은 법문으로도 그러하고 형법에서 적용되고 해석되던 용어를 고려할 때, 완전히 동일한 개념으로 상정되는 것은 아니라고 볼 수 있

---

6) 대법원 2001. 6. 15. 선고 2001도1017 판결.

기 때문이다.

행위태양이나 행위방법면에서 보면, 위계에 의한 간음이나 추행 외에 유사간음이 포함되는지 문제된다. 형법과 특별법에 간음 또는 추행이란 표현에 유사간음이 포함되는지를 판단하려면, 법문의 구조와 체계를 살펴보아야 한다. 아청법상 아동·청소년에 대한 위계·위력 간음·추행죄에 관하여는, 법 제7조 1항에서 강간, 2항에서 유사강간, 제3항에서 강제추행을 규정한 다음, 제5항에서 위계·위력으로 간음·추행한 자는 제1항에서 제3항까지의 예에 따른다고 한다. 아청법상 위계·위력 간음죄에서는 유사강간 조항이 명시적으로 구성요건의 예로 들어가 있기에 이를 포함된다고 해석할 수 있다.

이와 다르게, 성폭법상 장애인에 대한 위계·위력 간음·추행죄에서는, 법 제6조 제1항에서 장애인에 대한 강간, 2항에서 유사강간, 3항에서 강제추행을 규정하고, 제4항에서 준강간·준강제추행의 경우 제1항에서 제3항의 예를 따르도록 하지만, 제5항은 장애인에 대한 위계·위력 간음죄, 제6항은 추행죄를 별도로 규정하면서 법정형을 정하고 있다. 이 경우 아청법상 위계 간음·추행죄나 성폭법상 준강간·준강간죄와 규정형식이 다름을 알 수 있다.

이를 전제로 형법상 위계·위력에 의한 미성년자·심신미약자 간음·추행죄도 유사간음과 관련하여 포함논의를 해볼 수 있다. 유사간음도 포함된다는 견해에서는 아청법에서 간음하거나 추행한 자는 강간·유사강간·추행한 자에 대한 처벌례에 따른다고 규정한 것에 비추어, 체계적 해석으로 형법상 간음·추행에 유사간음이 포함된다고 볼 수 있다는 입론이 가능하다. 간음이란 용어에 강간에서 말하는 성기와 성기의 결합뿐 아니라 유사강간에서 말하는 구강·항문등 신체내부와 성기의 결합 또는 성기·항문과 손가락등 신체일부·도구의 결합을 포함한다고 해석할 수 있다. 또는 적어도 종래 판례에서와 같이 유사강간행위를 추행의 개념에 포섭할 수도 있다. 유사간음은 여기에 포함되지 않는다는 입장에서는 형법과 성폭법은 아청법과 달리 강간·유사강간·강제추행 규정의 예에 따른다는 표현을 쓰지 않고, 간음·추행만 규정하면서 별도의 법정형을 설정하고 있다는 점을 강조할 것이다. 이처럼 간음이나 추행에 위계 위력에 의한 이른바 유사간음 행위가 포섭될 수 있는지는 해석에 따른 판단 여지가 생긴다.

생각건대, 비록 위계 간음·추행죄를 규정한 형법 제302조가 유사강간을 규정한 제297조의2 보다 체계상 뒤쪽에 위치하여 이를 포함하여 해석할 가능성이 없지 않으나, 유사강간죄는 2012년 개정으로 추가된 규정이므로 제정 형법부터 존재한 위계·위력 간음죄에서 이를 전제하고 있다고 보기 어려우며, 더구나 유사강간죄를 도입할 당시에도 이 문제를 해결하기 위해 제302조를 함께 개정하는 등의 입법적 조처를 따로 취하지 않은 점을 고려한다면, 제297조의2가 제302조에 체계상 앞서 있고 아청법에서는 유사강간을 포함하도록 명시적으로 규정되었다고 하더라도, 이를 근거로 형법에서 유사강간죄가 간음·추행이란 법문에 당연히 포함된다고 보기는 어렵다.

간음·추행이란 법문의 가능한 의미를 고려할 때에도, 간음 또는 추행에 이른바 유사간음이 당연히 포함되는지는 의문이 있다. 유사강간은 종전 추행으로 취급되던 것에서 분리되어 독자적으로 규율된 것이므로 일반인의 언어관념상 간음으로 볼지 추행으로 볼지, 또는 제3의 독자형상인 유사간음으로 개념을 세울지 논란이 가능하다. 간음과 유사간음이 간음이라는 동일한 어구를 공유하고 있지만 그 둘이 각각 지칭하는 바는 명백히 구별되는 행위형태이며, 구성요건도 달리두고 법정형도 다른 독립된 범죄형상으로 설정되어 있다. 추행과 유사간음도 마찬가지로, 추행에서 떨어져나가 유사간음이라는 독자적 구성요건을 마련하고 있는 상황에서 여전히 추행에 포함된다고 볼 수 있을지 논란이 될 수 있다.

이와 같은 법문의 차이를 고려할 때 형법은 아청법과 달리 해석하여야 하며, 이렇게 보는 것이 피고인의 이익과 유추해석금지원칙의 취지에 부합하는 길이라 여겨진다.

(3) 형법과 특별법의 적용영역

위계 간음죄에 관한 형법과 특별법의 규정을 볼 때 구성요건 중 행위객체나 행위태양이 동일한 때에도 법정형의 차이 등으로 완전히 평행한 규정이라고는 할 수 없다. 구성요건이 동일하다는 전제에서는 해당 규정 간에는 특별법우선원칙에 따라 아청법이나 성폭법이 적용된다. 행위객체나 행위태양이 동일하지 않는 일부 영역에서는 형법과 특별법이 각 고유한 적용영역을 확보하게 된다.

위계 간음죄가 대체적인 구성요건이 동일하고 법정형만 다른 경우이기 때문에, 특별법의 처벌강화 추세에 따라 형법상 위계·위력 간음죄가 그 실질적 기능을 상실해간다는 지적[7]은 일리가 있다. 다만, 이는 형법과 아청법, 형법과 성폭법이 구성요건을 동일하게 두면서 법정형만 달리 두는 부분에 한정되고, 형법과 특별법이 위와 같이 행위객체나 행위태양에서 적용영역을 달리하는 일부 고유한 부분을 갖는 영역에서는 각 법령이 독자적인 의미를 지니게 된다. 그럼에도 기본법인 형법의 입장에서는 독자적인 영역이 상당히 축소되어 있음은 부인할 수 없는 사실이다. 아울러, 특별법의 난립으로 형법이 기본법률로서 제 기능을 못하게 만들고 그 결과 법률전문가조차 특별법의 복잡하고 비체계적인 난맥상을 이유로 적용법조를 혼란스러워하는 현실은 어떤 식으로든 정비되어야 마땅하다.[8]

형법과 특별법에서 위와 같이 위계 간음죄를 규정한 것에 더하여 형법 등에는 의제 강간·강제추행등죄가 있다. 대표적으로 형법 제305조 제2항에 따르면 19세 이상인 행위자가 16세 미만(13세에서 15세)의 아동·청소년을 간음하거나 추행하면 합의나 동의가 있더라도 강제로

---

7) 최은하, "위계 또는 위력에 의한 미성년자간음죄(형법 제302조)에서 '위계'의 해석: 성적 강요죄(독일형법 제177조)의 관점에서", 비교형사법연구 제17권 제3호, 2015, 177면.
8) 아래에서는 형법과 특별법에서 위계 간음죄가 구성요건에 다소 차이가 있거나 법정형이 큰 차이가 있음에도 '위계'라는 공통 표지에 집중하여 포괄하여 논의하고자 한다.

하는 것과 마찬가지로 처벌하도록 하고 있다. 행위객체로서 미성년자 가운데 13세 또는 16세 미만은 위계등 요건을 요구하지 않는 의제강간등죄가 또한 적용될 수 있다. 그밖에도 후술하듯이 아청법상 성매수 죄와 형법상 사기죄 등이 위계 간음죄와 관련하여 함께 검토되거나 논의될 수 있다.

2. 보호법익으로서 성적 자기결정권과 미성년의 성보호

(1) 소극적 성적 자기결정권의 보호

위계 간음죄에 대한 논의에서는 성적 자기결정권을 보호법익으로 하면서 미성년에 대한 성보호도 함께 보호법익으로 들고 있다. 대상판결에서는 위계 간음죄는 소극적 자기결정권에 관련된다고 판시하여 그 의미를 확인하고 있다.[9] 자기결정권이 헌법상 인격권과 행복추구권에서 파생되는 권리인데,[10] 성적 자기결정권은 사생활의 영역에서 자기 스스로 내린 성적 결정에 따라 자기책임 하에 상대방을 선택하고 성관계를 가질 권리로 이해한다.[11] 성범죄의 일반적인 공통 법익으로 성적 자기결정권을 내세우면서, 위계 간음죄뿐 아니라 폭행·협박 등 강제적 수단에 의한 성범죄도 원치 않는 성행위를 거부할 권리라는 측면에서 소극적 성적 자기결정권을 침해하는 범죄로 본다. 성적 자기결정권의 적극적인 측면과 소극적 측면을 구분하여 성범죄는 대체로 소극적 측면을 침해하는 것이라고 하여 묶고 있다. 그런데 강제적 성범죄와 위계 간음죄와 같은 이른바 하자 있는 결정에 기한 간음은 성적 자기결정권에서 다소 차이가 있는 것처럼 보인다.

강제적, 비강제적 불문하고 성범죄의 공통적 보호법익은 성적 자기결정권이다. 성적 자기결정권은 성범죄에서 합의와 동의, 승낙 여부를 묻는다. 폭행이나 협박 등 강제에 의한 성범죄는 성적 자기결정권

---

9) 대법원 2019. 6. 13. 선고 2019도3341 판결 및 대상판결.
10) 대법원 2009. 5. 21. 선고 2009다17417 전원합의체 판결 등.
11) 헌법재판소 2002. 10. 31. 선고 99헌바40 등 결정.

을 정면에서 침해하는 범죄이다. 성적 자기결정권을 직접 침해함으로
써 성범죄라는 이름을 붙이게 된다. 그런데 강간과 강제추행과 같은
강제적 성범죄는 차치하고 위계 간음죄와 같이 합의나 동의가 있어
외견상 성적 결정권에 대한 침해가 없는 것처럼 보이는 범죄유형에서
는 성적 자기결정권이 범죄에 기능하는 모습이 다르다.

(2) 위계 간음죄에서 성적 자기결정권의 양면성

위계 간음죄에서는 강제적 성범죄와 달리 성적 자기결정권이 서
로 다른 두 가지 방향에서 작동되는 구조를 보인다. 한쪽은 범죄를 성
립시키는 이유가 되는 전형적인 범죄의 보호법익으로서이다. 위계에
의하여 자율적이고 온전한 성적 자기결정권 행사를 방해함으로써 그
한도에서 피해자의 성적 자기결정권을 침해하게 된다. 위계 또는 위력
은 폭행이나 협박보다는 다소 간접적인 방식으로 성적 자기결정권에
영향을 미친다. 성적 자기결정권을 직접 뺏어 그 결정권을 행위자가
가져오는 방식이라기보다는 그 결정권의 상당 부분을 여전히 상대에
게 남겨두고 있다. 다만 당해 성적 결정은 피해자가 선택을 통해 스스
로 내리더라도 행위자가 원하는 방향으로 결정되도록 영향력을 미쳐
선택과정을 오염시킨다. 그렇더라도 피해자에게 결정권이 여전히 남
아있는 것처럼 보이고, 실제로도 당사자는 자신이 여러 사정을 고려하
여 독자적이고 자율적으로 성적 결정을 행사한 형태로 인식한다.

위계에 의해 성적 자기결정권이 침해되었지만 다른 강제적 성범
죄와 달리 자기결정권이 완전히 또는 대부분 침해되어 몰각되지 않았
다는 점에서, 그 결정이 하자가 있거나 오염되었다고 하여도 그 결정
의 본체가 여전히 본인에게 남아있었다는 부분에서 성적 자기결정권
에 대한 이중적 모습이 드러난다. 본인이 자신의 성적 자기결정권을
여전히 행사했다는 외양을 갖고 있기 때문에, 어떤 영향을 받아 그 결
정에 역할을 했는지를 따져보기 전에는, 여전히 성적 자기결정권은 유
효하게 행사되었다고 보여진다. 성적 자기결정권에서 중요하게 보는

성적 행위에 대한 동의, 합의 또는 승낙이 외견상 그리고 어떤 점에서는 실제로 상당 부분 존재한다. 피해자인 본인의 이성적 결정에 의거한 동의 행위가 범죄에 포섭된다는 것은 일정 범위에서는 자신의 고유한 결정이 부인 당한다는 것을 의미한다. 어떤 조건이나 어떤 동기에 영향을 받아 내려진 성적 자기결정이 비록 결정의 중요한 부분이 타인의 위계에 조건관계에 선다고 하더라도, 이것은 여전히 본인의 결정이 아니든가 본인의 결정에 따른 책임을 부인할 수 있겠는가 하는 물음이다. 이런 의문에서 여전히 보호법익이기는 하지만 어쩌면 범죄 성립을 가로막거나 제어하는 원리로서 피해자가 갖는 성적 결정권의 보호라는 다른 측면이 노출된다. 이같은 지점에서 비록 소극적 자기결정권이라고 하더라도 이것만으로는 위계 간음죄를 벌하는 이유를 모두 설명할 수 없다고 보아, 미성년 또는 심신미약자에 대한 성보호라는 개념을 보호법익에 가세시키게 된다.

(3) 미성년자 성보호라는 보호법익의 확장

대상판결에서는 법원이 아동매매나 아청 대상 음란물 제작 등 아동·청소년이 피해자가 되는 사건에서 아동·청소년의 동의가 있었더라도 각 죄를 구성한다고 보아, 이들이 특별한 보호를 받아야 할 대상임을 다각도에서 피력해왔음을 제시한다. 그러면서 아동·청소년을 보호하려는 이유로 "아직 온전히 자기결정권을 행사하기 어"렵다고 하거나, 나아가 "아동·청소년이 외관상 성적 결정 또는 동의로 보이는 언동을 하였다 하더라도, 그것이 타인의 기망이나 왜곡된 신뢰관계의 이용에 의한 것이라면, 이를 아동·청소년의 온전한 성적 자기결정권의 행사에 의한 것이라고 평가하기 어렵다"고 적시한다. 보충의견에서는 "16세 미만자의 성행위는 형식적으로 자기결정권 행사를 존중한다는 측면으로 접근하기보다는 보호되어야 할 성이 침해되었는지 여부의 측면으로 접근하는 것이 타당하다"고 한다.

미성년자에 대한 보호를 고려한다면 미성년자가 스스로 내린 결정이더라도 그 자기결정은 하자가 있기도 하지만 일단 성보호를 위해 뒤로 물러나 있어야 한다는 구조이다. 마치 성매매에서 합의가 있지만 그것은 진정한 합의가 아니며 사회경제적 구조 아래 조정된 합의, 즉 그 합의가 자리한 기반이나 전제가 잘못되었기에 그 위에 성립한 합의는 착취의 결과이지 유효한 합의가 아니라는 논리와 구도면에서는 유사하다. 미성년자가 자신의 결정 아래 내린 성적 행위에 대한 동의는 위계에 의해 조작되었기에 순전한 동의나 승낙이라고 볼 수 없고, 나아가 미성년자는 성적 보호의 대상이지 기본적으로 그 미성숙성으로 인해 성적 결정권의 주체로는 온전히 인정할 수 없기 때문에 그 합의에 법적 의미나 고려를 부여할 수 없다는 것이다.

　법이 미성년자를 성적 자기결정권의 온전한 주체로 보지 않음은 의제강간이나 의제강제추행죄에서 명백하게 드러난다. 합의나 동의에 의한 관계도 강제로 보겠다는 의제성범죄는 비록 그 연령을 13세 또는 16세로 제한했지만 적어도 그 연령 미만에서는 성적 자기결정권을 전혀 인정하지 않겠다는 취지이다(다만, 13세 이상 16세 미만 의제성범죄의 경우 미성년 행위자는 제외된다). 성범죄의 보호법익으로 강조되는 성적 자기결정권을 이 영역에 와서는 범죄 성립을 위해 뺏어버리거나 외면하는 이중적인 상황이 연출된다. 이같은 모순은 그 뒤틀린 공간을 미성년에 대한 성보호라는 다른 법익을 가져와 덮어버리는 순간 은폐된다. 그래서 의제강간·강제추행죄에서 성적 자기결정권은 미성년의 성보호라는 법익으로 거의 완전히 대체된다. 성적 자기결정권을 보호한다고 하더라도, 그 해당 연령의 자기결정은 온전한 자기결정이라고 볼 수 없다고 전제하기에, 그 부분에서는 성적 자기결정권을 인정하지 않는 결과에 이른다.

　위계 간음죄는 이와 좀 다른데, 성적 자기결정권을 완전히 배제하지는 않는다. 즉 성적 자기결정권이 있었지만 그것이 위계 등에 의해 왜곡되었기에 온전한 자기결정이라고 볼 수 없다는 구도를 취한다. 민법에서 기망이나 강박에 의한 하자 있는 의사표시에 대해 법적 효력을 제한하는 것과 같은 방식이다. 이 장면에서 성적 보호의 필요성이라는 법익이 성적 자기결정권을 단순히 보조하거나 일부 밀어내는 수준인지, 아니면 완전히 대체하는지는 판례 등에서 명확하지 않다.

(4) 보호법익의 해석 방향

위계 간음죄에서 성적 자기결정권과 미성년 등의 성보호라는 두 보호법익이 각자 어떤 기능을 담당하고 둘 사이의 관계는 어떠한지는 충분히 해명되지 못하였다. 그에 따라 법규정에 따라 또는 판례에 따라 성적 자기결정권을 소극적인 측면에서라도 강조하는 지점과, 미성년 등에 대한 성보호를 강조하거나 근거로 내세우는 정도는 고르지 못하고 구체적인 사정에 따라 유동적인 모습을 보인다. 대상판결에서도 본죄가 소극적 성적 자기결정권을 보호한다고 보면서 특히 미성년에 대한 성보호가 함께 필요하다고 판시하지만, 그 둘이 어떤 형태로 위계 간음죄 보호법익으로서 기능하는지 더 이상 구체적으로 말하지 않는다. 위계에 의해서 자기결정권이 완전히 배제되는 결과에 이르렀는지 여전히 자기결정권이 남았다고 보는지, 아니면 제한된 자기결정권을 인정하겠다는 것인지 불분명하다. 미성년 성보호를 위해서라면, 즉 성보호를 침해했다면 성적 자기결정권이 남아있었는지 여부는 중요하지 않고 고려대상이 아니라는 것인지, 성적 자기결정권이 존재한다면 그래서 만약 그것이 성보호와 충돌한다면 어떻게 봐야 하는지 대답하지 않는다.

이 점에서 미성년에 대한 성보호를 운위하기 전에 성범죄 본연의 법익으로서 성적 자기결정권에 대한 충분한 판단과 그 영향력에 대한 고려가 선행되어야 한다. 위계 간음죄에서 성적 자기결정권은 완전히 침해되지 않았고, 사안에 따라 자기결정에 이르는 과정에 하자를 인정하더라도, 일정 부분 자신이 합리적인 이성에 따라 진지한 고민과 선택의 결과로 자신의 성적 행위를 결정했다는 의미에서의 성적 자기결정권은 유지되고 있다. 그러므로 자기결정권의 온전성을 판단하기 위하여는 그 하자 있는 결정에 대한 평가에 더하여 미성년 등에 대한 성보호를 어느 수준에서 얼마만큼 고려할지가 검토되어야 한다. 즉 위계에 의해 왜곡되거나 오염된 부분에 대한 평가를 통해 성적 자기결정권의 침해 정도를 판단하는 일이 남게 된다. 이는 위계가 이뤄지는 대상, 그리고 그 위계가 성적 행위로 나아가게 된 결정에 미친 영향을 평가하는 일이 된다.

Ⅲ. 위계의 대상과 인과관계 판단

1. 위계의 의미와 대상

(1) 형법에서 위계의 개념

'위계'는 행위목적을 달성하기 위하여 피해자에게 오인, 착각, 부지를 일으키게 하여 이를 이용하는 것을 말한다. 위계는 위계 간음죄 외에도 형법에서 위계에 의한 공무집행방해죄(제137조), 위계 등에 의한 촉탁살인죄(제253조), 업무상 위력 등에 의한 간음죄(제303조) 등 여러 범죄에서 소용되는 개념이지만, 그 구성요건마다 완전히 동일한 의미폭을 갖고 사용되는 것으로는 보이지 않는다. 공무집행방해죄나 업무방해죄 등에서 판례는 "타인의 착오 또는 부지를 이용하거나 기망, 유혹의 수단을 사용하는 것"이라고 구체화하지만,[12] 여전히 그 개념 안에 추상성이나 포괄성이 남아있어 명확하지 않다는 우려가 제기된다.[13] 그런 우려를 고려한 것인지 판례에서는 위계의 개념을 가급적 제한해석하려는 경향을 보여왔다. 즉 위계에 의한 공무집행방해죄 등과 같은 유형에서 위계가 개입된 것으로 의심되는 범죄 불법성을 좀처럼 인정하지 않으려 한다고 평가된다.[14] 위계 간음죄와 같은 성범죄

---

12) 대법원 2003. 12. 26. 선고 2001도6349 판결; 대법원 2008. 6. 26. 선고 2008도2537 판결 등.
13) 최성진, "위계에 의한 공무집행방해죄의 적용범위에 대한 비판적 고찰", 형사법연구 제23권 제2호, 2011, 249면; 박동률, "판례를 통해 본 위계공무집행방해죄: 법적 성격과 위계의 범위를 중심으로", 경북대 법학논고 제29집, 2008, 188면.
14) 이덕인, "위계에 의한 아동·청소년 간음죄에서의 '위계'의 의미", 형사법연구 제28권 제4호, 2016, 261면 및 각주 8에 소개된 판례 참고.

에서도 이같은 기조는 유지되고 있었던 것으로 보인다. 종래 판례에서 위계 간음죄에서 위계는 "행위자가 간음의 목적으로 상대방에게 오인, 착각, 부지를 일으키고는 상대방의 그러한 심적 상태를 이용하여 간음의 목적을 달성하는 것"15)으로 보았으며, 이 부분 판시는 대상판결에서도 유지되고 있다.

(2) 위계의 대상

위계 간음죄 등에 관한 종래 판례에서 위계의 대상에 대하여 "오인, 착각, 부지란 간음행위 자체에 대한 오인, 착각, 부지를 말하는 것이지, 간음행위와 불가분적 관련성이 인정되지 않는 다른 조건에 관한 오인, 착각, 부지를 가리키는 것은 아니다."라고 한다.16) 즉 위계가 간음행위 자체에 관한 것이거나, 간음행위와 불가분적 관련성이 있는 조건에 관계되어 간음행위 자체에 관한 위계로 볼 수 있는 것이어야 한다. 간음행위 자체에 관한 것으로는 간음이나 추행을 하면서 의료행위나 치료를 빙자하거나 신앙에 기반한 종교의식을 빙자하는 경우를 들수 있다. 이와 같은 제한된 기준 아래 판례에서는 위 참조판례에서 적용법조는 달리하지만 각 위계 간음죄를 인정하지 아니하였다.

[참조판례1]에서는 성교의 대가로 돈을 주겠다고 거짓말하고 이에 속아 성교행위를 하였더라도 사리판단력이 있는 청소년에게 그러한 금품 제공과 성교행위 사이에 불가분적 관련성이 인정되지 아니한다고 보아 아청법상 아청에 대한 위계 간음죄를 인정하지 않았다.17) [참조판례2]에서는 피고인이 피해자를 여관으로 유인하기 위하여 남자를 소개시켜 주겠다고 거짓말을 하고 피해자가 이에 속아 여관으로 왔고 거기에서 성관계를 하게 되었더라도, 여관으로 온 행위와 성교행

---

15) 대법원 2001. 12. 24. 선고 2001도5074 판결; 대법원 2014. 9. 4. 선고 2014도8423 판결.
16) 대법원 2001. 12. 24. 선고 2001도5074 판결; 대법원 2002. 7. 12. 선고 2002도2029 판결; 대법원 2007. 9. 21. 선고 2007도6190 판결; 대법원 2012. 9. 27. 선고 2012도9119 판결; 대법원 2014. 9. 4. 선고 2014도8423, 2014전도151 판결.
17) 대법원 2001. 12. 24. 선고 2001도5074 판결.

위 사이에는 불가분의 관련성이 인정되지 아니하므로 이로 인하여 피해자가 간음행위 자체에 대한 착오에 빠졌다거나 이를 알지 못하였다고 할 수는 없다 할 것이므로 형법상 심신미약자에 대한 위계 간음죄에 해당 않는다고 보았다.[18) [참조판례3]에서는 정신장애가 있음을 알면서 인터넷 쪽지로 자신의 집으로 유인하여 성교행위와 제모행위를 하여 간음 및 추행을 한 사안에서, 집으로 오도록 한 유인행위와 성교행위나 제모행위 사이에 불가분적 관련성이 인정되지 아니한다고 보아 성폭법상 장애인에 대한 위계 간음·추행죄를 인정하지 않았다.[19)

위계의 대상에 관하여 이들 사안의 판단에 공통적으로 등장하는 것은 간음·추행 행위 그 자체에 대한 위계인가, 또는 간음·추행에 불가분적 관련성을 갖는 부분에 대한 위계인가, 아니면 그 외의 간음행위등과 불가분적 관련성이 없는 조건에 대한 위계인가 하는 점이다. 판례에서는 간음등 행위 그 자체에 대한 위계가 필요하고, 간음등에 불가분적 관련성을 갖는 위계가 있으면 이는 곧 간음등 행위 자체에 대한 위계로 볼 수 있기에 거기까지는 위계 간음죄의 위계로서 요건을 충족한다고 보았다. 이에 대해 본 대상판결은 전원합의체로 위계의 범위에 관하여, 피해자가 오인, 착각, 부지에 빠지게 되는 대상은 간음행위 자체일 수도 있고, 간음행위에 이르게 된 동기이거나 간음행위와 결부된 금전적·비금전적 대가와 같은 요소일 수도 있다고 하여, 해석으로 위계의 대상을 종전보다 넓히고 있다.

(3) 위계의 대상을 결정짓는 요소

위계 간음죄에서 위계의 범위는 성행위등 결과 자체에 대한 위계로 볼 것인지, 성행위등 결과뿐 아니라 그에 이르는 과정에 대한 위계도 포함할 것인지 문제된다. 앞서 대법원의 종래 입장은 전자의 위치에서 간음등 행위결과를 결정하는 점에 직접 위계가 이뤄지거나 행위결과에 불가분적 연관이 있어 행위결과에 대한 직접 위계라고 볼 수

---

18) 대법원 2002. 7. 12. 선고 2002도2029 판결.
19) 대법원 2014. 9. 4. 선고 2014도8423, 2014전도151 판결.

있는 정도라야 위계라고 인정하는 것이다.20) 이에 대하여 위계가 성행
위등 행위결과뿐 아니라 그러한 의사결정이나 동기에 대한 중요한 부
분 또는 본질적 부분에 존재하여 영향을 미쳤다면 이를 위계로 볼 수
있다는 견해가 있다. 이는 위계에 의한 간음에서 위계는 간음을 위한
방법으로서 상대에게 착오를 일으키거나 부지를 이용하여 간음을 하
는 것으로 넓게 해석하는 것이다.21) 자신의 의도나 객관적 상황에 대
해 속임수를 통해 목적한 간음·추행을 이루는 것이나, 이같은 목적으
로 기망하거나 유혹하는 것을 포괄하여 위계로 본다. [참조판례]에서
말하는 금품을 제공하겠다고 속이거나 적어도 금전으로 유혹하거나
특정장소로 유인하는 것이 여기에 해당될 수 있다. 이들은 실제 당사
자가 성교행위로 나아가는 의사결정에 본질적으로 중요한 요소가 되
는 부분이며, 아울러 간음·추행이라는 행위자의 숨겨진 목적에 대한
기망이 된다.

그리고 위계의 개념이나 대상을 이같이 넓게 해석하는 이유로 국
가의 후견적 배려사상에 근거한 청소년의 성에 대한 보호, 또는 위계
를 수단으로 한 다른 구성요건에서의 해석방향과 차별적으로 처벌영
역을 확대함으로써 위계 간음죄의 적용영역 확보 등을 든다.22) 종래
형법상 제한적으로 인정되었던 위계의 개념이나 적용범위와 다르게
특별법에서는 강화된 법정형의 위상을 고려하여 해석도 확대되어야
함을 나타내고 있다.

다만, 국친사상에 기한 청소년 성에 대한 보호는 앞서 살펴보았듯
이 미성년자 등의 성적 자기결정권의 해석 방향에 따라 완급이 조절
될 여지가 있다. 위계가 존재한 탓에 불완전하거나 또는 하자가 인정

---

20) 이상주, "청소년의 성보호에 관한 법률 제10조 제4항의 위계에 의한 여자 청
소년 간음죄에 있어서 '위계'의 개념", 대법원판례해설 제41호, 2002, 761면.
21) 한영수, "'청소년의 성을 사는 행위'와 '위계에 의한 청소년간음행위'의 구별",
형사판례연구[11], 2003, 521면; 김성천, "청소년의 성보호", 중앙법학 제7집 제
3호, 2005, 78면; 최은하, 앞의 논문(주 7), 181면; 이덕인, 앞의 논문(주 14), 269면.
22) 이덕인, 위의 논문, 266면 이하 참고.

되더라도 자신이 내린 합리적 결정이 존재하는 부분에 대한 평가를
어느 정도로 인정할 것인지는 절대적인 가부의 영역이 아니라 상대적
인 정도의 문제가 된다. 미성년자라고 하더라도 성인에 비해 다소 미
성숙한 결정이거나 다소 보호의 필요성이 크다고 하더라도, 성적 자기
결정의 영역과 그에 따른 자기결정의 효력을 완전히 배제해서는 안
될 것이다. 대상판결에서 위계를 판단함에 피해자의 연령 등 다양한
사정을 고려해야 한다고 적시한 점은 이 부분에서 의미를 가진다.

　이같은 확장적 해석론은 종전과 같은 판례 해석에 의할 때 위계
간음죄가 성립될 영역이 매우 협소하다는 지적에 대한 반성적 고려로
여겨진다. [참조판례]에서와 같이 위계 간음죄의 많은 경우인 금전이
나 대가에 대한 위계를 염두에 둔 우려로 읽힌다. 이런 동기나 조건에
대한 부분은 그 조건이 그대로 실행된 경우에는 아청법상 아동·청소
년에 대한 성매수 등으로 규제할 수 있고(제13조 제1항), 조건을 속였
다거나 미이행하는 경우에는 형법상 사기죄 등으로 의율이 가능하다.
기망하여 성행위 대가의 지급을 면하는 경우 사기죄가 성립한다는 점
은 판례의 입장이기도 하며,23) [참조판례1]의 판시에서도 위계 간음죄
에 사기죄 여지가 있음을 별론으로 남겨두고 있다. 그에 따라 종전 판
례와 같은 제한해석을 취하더라도 이 부분이 온전히 처벌공백상태로
남는 것은 아니다.

2. 위계와 간음의 인과관계

(1) 위계와 인과관계

　위계 간음죄에서 위계의 해석방향과 그 범위에 대한 평가적 분
석은 위계의 개념과 그 대상에 대한 체계적 해석만으로는 도출하기
어렵다. 위계가 이루어진 지점을 중심으로 전체 구성요건을 함께 고
려해야 할 필요가 있다. 즉, 행위수단인 위계로부터 성행위등 행위결
과로 이어지는 인과과정을 염두에 두고 그 해석의 당부를 검토할 수

---

23) 대법원 2001. 10. 23. 선고 2001도2991 판결.

있겠다.

위계의 인과관계 판단에는 보호법익이 고려되고 있다. 위계 간음죄에서 보호법익의 강조지점이나 비중에 따라 입장이 분기되는 모습을 볼 수 있다. 즉 성적 자기결정권을 우선시하거나 중시하면 위계를 좁게 인정하고, 청소년 등에 대한 성보호를 강조하면 위계를 넓게 인정하는 것처럼 보인다. 성적 자기결정권을 중시하는 쪽에서는 성관계에 대하여 자기 스스로 결정하고 동의하였는지를 중시하여 자기결정을 보호하려 한다. 위계가 성행위가 이루어진다는 사실 자체에 대하여 기망하는 방식으로 존재한 경우 성적 자기결정권 침해로 보아 본죄를 인정하게 된다. 이와 달리 미성년자에 대한 성보호에 중점을 둔다면, 이른바 국친사상이나 후견주의 입장에서 미성년자의 방해없는 성장을 배려하고 성적 결정에서 미성숙한 연령대의 아동·청소년을 두텁게 보호해야 한다는 쪽에 서서 이들의 성보호를 위해, 성행위 자체에 대한 위계뿐 아니라 성행위에 이르는 과정에서 중요한 동기나 의사결정에 본질적 영향을 미치는 부분, 또는 그 외의 인과관계가 있는 조건에 대한 위계로도 본죄가 성립된다고 보아 보호의 범위를 확대한다.

판례는 행위자가 간음의 목적으로 피해자에게 오인, 착각, 부지를 일으키고 피해자의 그러한 심적 상태를 이용하여 간음의 목적을 달성하였다면 위계와 간음행위 사이의 인과관계를 인정할 수 있다고 한다. 대상판결은 특히 "왜곡된 성적 결정에 기초하여 성행위를 하였다면 왜곡이 발생한 지점이 성행위 그 자체인지 성행위에 이르게 된 동기인지는 성적 자기결정권에 대한 침해가 발생한 것은 마찬가지라는 점에서 핵심적인 부분이라고 하기 어렵다"고 한다. 따라서 피해자에 오인, 착각, 부지를 일으켜 왜곡된 성적 결정을 하기에 이르렀다면, 성적 자기결정권은 침해된 것이므로 위계와 간음 사이에 인과관계가 인정된다고 본다. 판례는 이같은 판시 부분에서는 성적 자기결정권에 대한 침해 여부를 기준으로 들지만, 그 전후 논거에서 계속하여 미성년자에 대한 성보호 필요성과 입법의 경향을 언급함으로써 실제로는 미성년

성보호의 측면을 다소 우위에 놓고 고려한 것이 아닌가 생각된다.

(2) 위계의 인과관계 판단 구조

성적 자기결정권과 미성년 성보호라는 법익 간 고려 문제는 사실에 대한 판례의 법리적용에서도 드러난다. 대상판결에서는 14세에 불과한 아동·청소년인 피해자가 36세인 피고인이 가공한 상황 및 반복된 도발과 부탁에 이용당했다는 점을 확인한다. 연소한 미성년자인 피해자로서는 온전하게 의사결정을 하기 어려웠을 처지임을 짐작할 수 있다. 이러한 상황에서 피해자는 피고인에게 속아 자신이 그 가상의 선배와 성관계를 해야만 스토킹하는 여성을 떼어내고 자신이 상대방과 교제를 지속할 수 있는 길이라고 오인했다. 피해자가 이같은 착각이나 오인에 빠지지 않았더라면 그러한 성관계에 동의하거나 승낙하지 않았을 가능성이 적지 않다. 적어도 그 시점은 늦춰졌을 것으로 보여진다. 피해자가 오인한 지점은 성행위를 결정하는 중요한 부분에 해당되고 그 중요한 동기가 성행위로 이어졌기 때문에 위계와 성행위 간에 인과관계가 긍정될 수 있다. 물론 여기에는 피해자의 의사결정이 순전히 자발적이고 진지한 성적 자기결정권의 행사라고 보기 어렵다는 판단이 전제되어 있다.

대상판결은 이 같은 사실관계에 대한 평가적 분석을 통해 피고인이 "간음의 목적으로 피해자에게 오인, 착각, 부지를 일으키고 피해자의 그러한 심적 상태를 이용하여 피해자를 간음한 것이므로 이러한 피고인의 간음행위는 위계에 의한 것이라고 평가할 수 있다."고 결론짓는다. 대상판결에 드러난 위계와 간음등의 인과관계는 다음과 같이 3단계 구조로 나누어 볼 수 있다. 첫 번째, 위계 대상의 범주에 해당하는지에 대한 판단이다. 위계가 간음 자체에 관한 것인지, 간음등에 이른 동기나 간음등에 결부된 요소에 해당하는 것인지에 대한 판단이다. 두 번째는, 위계가 간음 자체에 관한 것 이외의 인과관계 있는 조건에 해당하는 경우에는 위계에 해당하는 언동이 성행위를 결심한 중요한 동기에 포함되는지를 본다. 단순한 동기나 조건을 배제하면서 판례가 통상 취하는 규범적 판단인 상당성 판단을 하겠다는 것이다. 이는 본질적인 부분에 대한 영향인가로 표현될 수도 있다. 세 번째는 위계의 결과로 성적 자기결정권이 침해되었는가에 대한 판단이다. 이 부분에서는 형식적으로 성적 자기결정권이 행사되었더라도 자발적이고 진지한 성적 자기결정권의 존재를 요구함으로써 하자에 의한 자기결정권은 온전한 성적 자기결정권으로 보지 않는다. 즉 자발적이고 진지한 자기결정권이 배제되었다면 본죄의 보호법익이 침해되었다고 본다.

(3) 위계 판단의 다층성

대상판결의 이같은 위계, 그 대상, 그에 따른 인과관계 판단구조를 좇아가면, 그 판단은 오로지 문언의 해석이나 법 체계상의 논리, 또는 법이론적인 접근으로만 도출되는 것이 아니라는 점을 알게 된다. 즉 위계 범죄에서 위계 판단에 대한 다층성을 확인하게 된다. 판례가 들고 있는 중요한 동기인가 하는 부분도 상당인과관계에 연결되는 인상이지만, 그에 대한 구체적인 검토는 제시되지 않는다. 자발적이고 진지한 동의와 외견상으로 존재하는 형식적 동의를 구분하고 있지만, 그 역시 그 명확한 기준이나 경계, 또는 적어도 그 정도의 문제에 대하여는 더 이상 논증하지 않는다.

다만 대상판결은 위계와 간음 사이 인과관계를 종전에 비해 넓게 인정하면서도 인과관계의 확장에 다소 제동을 거는 요건을 덧붙이고 있다. 위계적 언동이 존재했다는 사정만으로 위계 간음죄가 성립하는 것은 아니라고 하면서, 위계적 언동 내용 중에 "피해자가 성행위를 결심하게 된 중요한 동기를 이룰 만한 사정이 포함되어 있"고, "피해자의 자발적인 성적 자기결정권의 행사가 없었다고 평가할 수 있어야 한다"는 것이다. 그같은 인과관계 판단에 "피해자의 연령 및 행위자와의 관계, 범행에 이르게 된 경위, 범행 당시와 전후의 상황 등 여러 사정을 종합적으로 고려"해야 함을 피력한다. 판례는 또 성적 자기결정 능력은 일반적·평균적 판단능력을 갖춘 성인이나 충분한 보호와 교육을 받은 또래의 시각에서 볼 것이 아니라, 구체적인 범행 상황에 놓인 피해자의 입장과 관점이 충분히 고려되어야 함을 말한다. 인과관계를 판단하는 주요한 고려요소로 이른바 피해자적 입장을 강조한 것으로 보인다.

대상판결의 특이점은 위계에 의한 간음죄에서 오인, 착각, 부지의 대상을 간음행위와 인과관계가 있는 대상으로 확장했다는 점에서 찾을 수 있다. 그렇더라도 그 인과관계가 인정되는 대상 및 범위 등은 각 사건마다 개별적·구체적으로 판단되어야 할 것을 예정하고 있다. 그래서 전원합의체 판결의 적용 범위는 판시에서 이와 배치되는 범위에서 판례 변경을 한다지만, 사실관계에 따라 전원합의체 판결 영향은 제한적으로 적용이 될 여지가 있다. 이런 점을 고려하여 판례의 입장을 조금 다른 측면에서 분석해볼 수 있다. 위계 간음죄 성부에 관한 구체적 판단을 위하여 법익을 중심으로 행위자의 위계와 그로 인한 피해자의 착오 동의를 평가하는 방식이 하나의 기준으로 제시될 수 있다.

3. 위계로 하자 있는 동의의 효력

(1) 위계의 대상과 착오에 의한 동의

대상판례 사안에서는 행위자의 위계에 따라 피해자가 간음등 행위에 동의하는 구조를 갖고 있어, 피해자의 동의를 성적 자기결정권이라는 보호법익의 관점에서 어떻게 이해할 것인지가 또 다른 쟁점을 구성하게 된다. 행위자의 위계로 피해자는 착오를 일으킨다. 그 결과는 보호법익인 성적 자기결정권에 대한 침해로 나타날 수 있다.

동의에는 동의능력과 함께 동의의 하자 여부가 문제된다. 특히 위계에 의한 동의의 경우 착오가 어느 부분에서 발생하여 동의에 어떤 영향을 미쳤는지를 판단해야 한다. 위계가 있었다고 하여 상대방 동의의 효력을 모두 부정하기는 어렵다. 착오가 일어난 부분이 동의의 핵심적인 내용에 대한 부분이거나 본질적인 부분일 때 그 착오는 의미가 있다고 할 것이다. 이와 관련하여 하자 있는 동의의 유효성을 판단하기 위한 기준으로 종래 단순 동기착오와 구별되는 법익을 중심으로 관련성을 묻는 견해가 제시되어 있다.24) 이른바 법익관련적 착오이론은 동의자의 흠결있는 의사가 단순한 동기착오에 기인한 경우에는 무효가 되지 않지만, 그 착오가 법익관계적인 경우에는 무효로 볼 수 있다는 입장이다.25) 법익관련적 착오는 법익 자체를 향하고 있기에 단순한 동기의 착오와 조건의 착오는 배제한다. 그에 따라 범죄의 성부에 영향을 주는 의미있는 위계의 대상은 피해자에게 법익관련적 착오를 유발하여 순수한 의미의 성적 자기결정권이나 진지한 성적 자기결정권을 행사하지 못하게 한 경우에 모아진다. 이때 행위자가 위계를 통하여 상대방에게 법익관련적 착오를 일으켜 보호법익에 대한 침해를 가져왔는지에 따라 위계의 효과는 달리 평가된다. 위계 간음죄는 원하지 않는 성행위를 거부할 소극적 성적 자기결정권을 침해하는 것이라는 대법원 입장을 고려하더라도, 위계 간음죄에서는 위계로 인하여 상대방이 온전한 성적 자기결정권을 행사하지 못하도록 그 권리를 침해하였는지가 주된 평가대상이 된다.

이처럼 위계에 의한 간음죄에서 동의의 대상이 되는 핵심, 즉 본

---

24) 전지연, "착오에 의한 피해자의 승낙", 동암 이형국교수 화갑기념논문집, 1998, 222면 이하; 강동욱, "기망이나 착오 등에 의한 피해자의 승낙의 법적 효과에 관한 고찰", 법과정책연구 제4집 제2호, 2004, 571면 이하; 황태정, "형법상 동의의 법적 효과와 한계" 형사법연구 제19권 제2호, 2007, 63면 이하 등 참고.

25) 상세는 전지연, 위의 논문, 234면 이하. 또한 김혜경, "위계의 인과관계 및 객관적 귀속과 동기의 착오의 효력: 대법원 2020. 8. 27. 선고 2015도9436 전원합의체 판결을 중심으로", 한국비교형사법학회 동계학술대회 발표문, 2021/2, 29면 이하에서는 법익관련적 착오설의 타당성을 지적하면서 객관적 귀속원리인 규범의 보호목적관련성을 들어 양해의 효력을 검토하고 있다.

질은 보호법익을 중심으로 파악하지 않을 수 없다. 행위자의 위계로 피해자가 동의를 하는 과정에서 법익에 관련된 부분에 착오가 발생하였으면, 그 동의는 유효한 동의로 볼 수 없다. 즉 보호법익에 관련된 착오로 성적 자기결정권을 침해하는 경우 위계 간음죄에서 피해자의 동의는 본죄의 성립에 장애가 되지 않는다.

(2) 위계로 인한 착오와 법익관련성

법익관련적 착오가 인정되면 피해자가 외견상 동의하였더라도 그 동의의 효력은 상실된다. 그렇다면 착오의 유효성을 가늠하는 법익의 범위는 어떻게 결정되어야 하는지 문제이다. 일부 견해는 여기에 대해 위계 간음죄의 구성요건적 행위태양 가운데 핵심 표지라고 할 수 있는 간음을 기준으로 판단하고자 한다.[26] 피해자 착오의 대상을 간음행위에 한정하는 것이다. 위계 간음죄 성립범위는 동기에 대한 착오를 배제하고 간음행위 자체에 대한 착오로 제한한다. 이는 구성요건에 기반하여 본죄의 성립범위를 인정하려는 입장으로 대상판결과 같은 확장해석을 제어할 수 있는 원리로서 기본적으로 타당한 접근이라 하겠다. 유의미한 착오의 인정범위를 간음이라는 구성요건적 중심표지에서 찾는 것은 성행위를 중심으로 그와 불가분적 관련이 있는 조건에 한정하던 종래 판례의 입장과 일맥상통하기도 한다.

다만 착오가 간음·추행 행위 그 자체를 향하고 있는지, 또는 간음·추행에 불가분적 관련성을 갖는 부분에 관한 것인지, 아니면 간음행위등과 불가분적 관련성이 없는 조건에 있는지는 보호법익에 대한 해석의 결과 구체적으로 상정하게 되는 기제일 뿐 그 자체로 착오의 효과를 가늠하는 기준이 될 수는 없다. 즉 간음행위 자체에 대한 착오인가, 아니면 간음에 이른 동기나 조건에 대한 착오인가 하는 점은 본죄에서 착오의 효과를 판단하는 절대적인 기준이 될 수 없다. 그 기준은 위계 간음죄의 보호법익을 중심으로 접근해야 하며, 이때 보호법익

---

26) 허황, "아동·청소년 위계간음죄", 제334회 형사판례연구회 발표문, 2021/1, 18면.

에 관련되는지 여부는 그 대상이 간음인가 아니면 그 동기인가에 따라 양분되지 않는다. 위계로 인한 착오가 간음자체를 대상으로 삼고 있더라도 이것이 경우에 따라 법익에 관련되지 않는 경우에는 그 착오는 형법적으로 무의미한 것일 수 있다. 이와 달리 위계에 따른 착오가 간음자체에 대한 것이 아니며 그 동기나 조건에 관련된 것이더라도 이것이 법익에 직접 관련된다면 이 경우 착오는 유의미하게 평가될 수 있다.

　　법익관련적 착오는 종전 판례의 표현으로는 성행위 자체는 물론 성행위와 불가분적 관련있는 조건이더라도 보호법익의 중핵에 해당된다면 인정될 수 있다.[27] 기존 판례의 일관된 입장은 위계에 의한 간음에서 위계로 착오를 일으킨다는 것은 간음행위 자체 또는 그와 불가분적 관련성이 인정되는 착오를 의미하고, 그와 불가분적 관련성 없는 다른 조건에 대한 착오는 인정되지 않는다는 것이었다. 이와 달리 대상판례는 위계에 의한 착오의 대상을 간음행위 자체뿐 아니라, 간음에 이른 동기나 간음에 결부된 대가와 같은 조건에 대한 경우도 모두 포함한다고 판시한다. 즉 원칙적으로 위계의 대상으로 동기에 대한 착오도 정면에서 인정하고 있다. 간음행위 자체뿐 아니라 간음행위의 동기나 대가, 조건에 대한 착오를 일으키는 위계행위도 본죄에 의거 처벌하겠다는 것이다. 이 점에서 대상판결은 성적 자기결정권의 침해라는 주된 보호법익을 전면에 내세우지 않은 채 미성년을 보호하여야 한다는 후견사상에 매몰되어 처벌의 확장성을 꾀한 것이 아닌가 의심을 받게 된다.

　　다행스러운 점은 본 사안에서 판례가 피해자가 성행위를 결심하게 된 중요한 동기를 이룰 만한 사정이 포함되어 있는지, 피해자의 자발적인 성적 자기결정권의 행사가 없었다고 평가할 수 있는지를 추가로 요구함으로써 동기 착오의 인정을 제한하는 원리를 상정하여 장차

---

27) 황태정, 앞의 논문(주 24), 77면은 종래 대법원 판례가 위계 미성년자 간음사례에서 법익관계적 착오설 입장을 취했다고 평가한다.

그 적용 가능성을 내포하게 되었다는 것이다.

(3) 법익관점에서 착오 동의에 대한 구체적 판단

대상판결 사안에서는 행위자의 위계로 피해자가 성행위의 대상, 즉 상대방이 누구인가에 대해 착오에 빠지게 된다. 상대방이 누구인가는 성관계에서 매우 중요하고 본질적인 부분에 해당한다. 이에 대한 착오가 성적 자기결정권이라는 보호법익의 관점에서 법익관련적 착오라고 할 수 있을지가 관건이다. 대상 사안에서는 행위자의 위계로 피해자가 채팅하여 사귀는 사람이 고교 2학년생으로 오인하게 되었으며, 위계에 의하여 피해자는 그 고등학생의 선배와 성관계를 맺어야 교제를 지속할 수 있다고 믿게 되었다. 그런 가운데 간음행위의 상대방은 자신이 피해자가 교제하던 고등학생의 선배인 척 행세함으로써 피해자가 실제 성관계의 상대방에 대하여 착오하도록 유도하였다.

결과적으로 행위자의 위계로 인하여 피해자는 상대방의 정체에 관하여 착오에 빠진 채 그와 성적 관계를 맺게 되었다. 행위자의 위계로 피해자는 여러 단계에서 부지, 오인, 착각을 일으켰지만, 그 가운데 특히 주목되는 것은 성관계의 상대방에 대한 착오이다. 피해자는 성행위의 상대방이 자신이 교제 중인 고등학생의 선배라고 그 정체에 대해 착각하게 되었고, 그와 관계를 맺어야 하는 이유에 대하여는 동기의 착오를 일으켰다. 이는 판례의 입장에 따를 때 성행위 자체에 대한 것은 아니며 성행위를 결정하게 된 조건이나 동기에 대한 착오라 할 수 있다. 사안은 위계로 인하여 성적 관계에 동의하게 된 조건이나 동기에 대하여도 착오가 발생했지만, 특히 성관계의 상대방이 누구인가하는 그 정체에 대하여 착오를 일으켰다. 성관계의 상대방은 교제 중인 고등학생과 그 선배라는 두 역할을 모두 행세한 사람이었지만, 피해자는 그 두 사람 역할 가운데 어느 부분도 인식하지 못한 착오에 빠져 있었다.

성적 관계를 맺음에 있어 그 상대방이 누구인가는 성행위 여부를 결정하는 매우 중요한 핵심 부분이다.[28] 상대방의 나이, 성별, 신분과 같은 요소는 성행위 자체에 포섭된다고까지 볼 수는 없더라도 성적 관계를 가늠하는 결정적인 요인이라고 할 수 있다. 여기서 피해자가 성적 자기결정권을 행사하며 동의한 부분은 성적 결정권 행사에 주된 영역에 대한 부지와 착각 아래 이루어졌다. 성적 자기결정권이라는 법익을 기준으로 볼 때 행위자의 위계로 인하여 법익의 중요하고 본질적인 부분에 착오가 이뤄진 상태에서 법익의 주체인 피해자의 동의가 이루어졌다. 이와 같이 법익관련적 착오가 발생한 상태에서 행한 당사자의 동의는 유효하지 못하다. 결과적으로 법적으로 무효인 동의에 의한 자기 결정으로 이루어진 간음행위는 성적 자기결정권이라는 보호법익은 물론 미성년에 대한 성보호라는 부차적인 법익에 대하여도 침해를 가져온다.

대상판결은 위계로 인하여 피해자에게 발생한 착오 가운데 동기나 조건에 대한 착오에 주목한 나머지, 사안과 같은 부류는 종래 위계로 인한 착오의 인정대상으로 보지 않았던 연장선에서 착오의 대상영역을 확장하는 방식으로 문제를 해결하려 한 것으로 보인다. 그러나 피해자가 착오를 일으킨 부분은 단순한 동기나 조건에 해당하는 부분도 있지만 한편으로는 성관계의 상대방이라고 하는 단순 동기나 반대급부적인 조건에 그치지 않으면서 판례의 표현대로 "피해자가 성행위를 결심하게 된 중요한 동기를 이룰 만한 사정"이면서 "피해자의 자발적인 성적 자기결정권의 행사가 없었다고 평가할 수 있는" 법익관련적 착오가 발생한 경우라고 할 수 있다. 이같은 법익관련적 착오는 당사자의 동의 효력을 무력화시켜 범죄성립에 영향을 미치지 못하게 된다.

[참조판례1] 사례에서는, 성관계의 대가로 50만원을 지급하기로

---

28) 그 점에서 허황, 앞의 논문(주 26), 19면은 성행위의 상대방은 간음행위의 시간, 장소, 방법, 속성과 함께 성행위를 구성하는 본질적 요소로서 그에 대한 착오는 간음행위 자체에 대한 착오로 볼 수 있다고 한다.

하였으나 지급하지 않은 것이 위계의 주된 부분이다. 피해자의 입장에서 보면, 금전적 대가를 받는다는 부분이 성적 행위로 나아가는 데 주된 동기를 형성했다고 볼 수 있다. 그렇지만 직업으로서 성매도를 하는지는 별론으로 하더라도, 금전적 대가 여부가 원하지 않는 성관계를 맺지 않을 소극적 성적 자기결정권이라는 위계 간음죄 보호법익에 관계된다고는 보기 어렵다. 금전적 대가라는 조건은 성관계 이후에 받게 되는 재산적 이득으로서 성적 자기결정권에 관계된 동의를 훼손하지 않는다. [참조판례2]에서 남자친구를 소개시켜주겠다는 성관계에 이르게 된 조건 또는 동기도 마찬가지이다. 이는 위계에 의하여 성관계에 이르게 된 조건에 착오를 일으킨 것이지만 이성을 소개받는다는 조건은 성관계 후 얻게 되는 무형적 이익에 대한 기대에 그치고 성적 자기결정권이라는 법익에 직접 관련된 착오라고 보기 어렵다. [참조판례3]은 인터넷 쪽지로 행위자의 집으로 오도록 유인한 행위에 위계는 있었지만 피해자가 그에 따라 성행위에 동의를 할 때 보호법익에 대한 침해가 발생하였는지는 별도로 따져보아야 한다. 행위자의 집에 가게 된 부분에 속임수가 있었지만 그 이후 성적 행위에 대한 결정권은 다시 독자적으로 피해자에게 부여되어 있다고 볼 수 있는 점에서 성적 자기결정권을 침해하는 법익관련적 착오로 인정하기 어려운 부분이 존재한다.

Ⅳ. 판례의 해석근거에 대한 평가

대상판결에 나타난 위계의 해석은 구성요건 해석으로 가능한 해석이며 종전 판례든 대상판결이든 문리해석이나 체계적 해석의 범위 안에 위치하는 것으로 생각된다. 다만 대상판결과 같은 기준으로 위계 간음죄를 확장하는 것은 특별법상 법정형이 매우 높은 현실을 고려할 때 다소 우려되는 바가 없지 않다. 강제적 성범죄에 보충적 구성요건으로 위계 간음죄가 자리잡았다면 모르겠지만, 강제적 성범죄보다 법정형이 높은 현실에서는 이같은 일반적 확장해석으로 비강제적 성범죄의 처벌범위를 넓히는 결과에 이르게 된다. 불법유형이 폭력적인 경우보다 비폭력적인 성범죄에서, 성적 자기결정권이 완전히 침해되었다고 볼 수 없는 경우를 포괄하여 처벌하는 현행 구조에서는 표지에 대한 일반적 확장해석은 처벌의 불합리를 가져올 수 있다.

대상판결은 입법자가 위계 간음죄를 독립적 행위로 보아 가중처벌하는 의미를 고려하여 그 해석이 이에 맞추어 변화되어야 함을 전제하고 있다. 그러나 한편으로 법정형이 높아졌다는 점을 고려하여 위계 등의 해석을 제한할 필요는 없는지도 생각해볼 수 있다. 법정형의 차이와 입법자 의사를 구성요건 해석에 어떤 식으로 반영할 것인지는 한 가지 방향만 가능한 것은 아니다. 앞서 본대로 형법과 아청법, 성폭법은 동일하거나 거의 같은 구성요건에 법정형을 크게 다르게 규정하고 있다. 대법원은 이것이 위계·위력 간음죄에서 달라진 입법자의 의사라 평가하고 이것이 구성요건 해석에도 반영되어야 한다는 전제 아래 위계의 대상범위를 넓히는 것에 정당성을 부여하고 있다. 그에 따라 종전 형법상 위계 간음죄에 비해 아청법 및 성폭법상 위계 간음죄에서 형량을 높인 것이 입법자의 의사이고 이것이 정당하다고 인정하더라도, 그에 따라 구성요건의 해석도 처벌을 확대하는 방향으로 반드시 해석되어야 하는 것은 아닐 것이다.[29]

_____

29) 오히려 그동안 법정형의 차이는 해석의 범위에 반비례하는 영향을 주었다고 보는 것이 일반적이다. 가령 형법상 성범죄의 기본 구성요건으로 강제추행죄와 불법이 가중된 강간죄를 두고 볼 때, 행위수단으로 '폭행 또는 협박'이라는 표지를 공통으로 갖고 있지만, 폭행의 경우 강제추행죄에서는 유형력의 행사로서 힘의 대소강약을 불문하며, 소위 기습추행의 경우도 인정된다. 이와는 결을 달리해서 강간죄에서는 폭행·협박을 최협의로 보면서 반항이 불가능하거나 현저히 곤란해야 한다는 측면에서 법문상 동일한 표지인 폭행의 개념을 다른 구성요건에서보다 좁게 해석해 왔다. 물론 강간죄의 폭행·협박도 일부 유연하게 해석범위를 확대해 부분도 없지 않다. 그렇더라도 판례가 강간죄와 강제추행죄에 규정된 동일한 구성요건 표지를 다르게 해석하고 학설에서 이를 대체로 수긍한 데에는 양죄의 법정형 차이가 큰 부분을 차지했다고 볼 수 있다. 장성원, "대학 성폭력 책임에서 징계와 형사의 이중 구조와 절차적 특수성", 경찰법연구 제19권 1호, 2021, 19면 이하 참고.

  형법상 위계 간음죄와 가령 아청법상 위계 간음죄는 형량에서 각
5년 이하 징역과 무기 또는 5년 이상 징역으로 큰 차이를 보이고 있
다. 일반법과 특별법의 관계인 형법과 아청법을 동일선상에서 병치해
두고 비교할 수는 없지만, 아청법상 위계 간음죄를 다른 성범죄와 비
교하더라도 무기 또는 5년 이상의 징역이라는, 사형을 배제하면 사실
상 살인죄보다 높은 형량임을 고려할 때 이는 중범죄로 분류되어 취
급됨에 손색이 없다. 형법상 강간죄보다 훨씬 높은 법정형이라는 점에
서 구성요건 해석의 방향이 반드시 확대적용하는 쪽으로만 향하여야
하는지 의문이 일 수 있다. 입법자가 법정형을 높여놓은 취지를 존중
하여 처벌범위를 넓히고자 했다는 논변은 이같이 한 쪽에서만 타당한
논리이고 충분히 다른 쪽으로 해석할 수 있는 지점을 갖고 있어, 엄격
해석이나 제한해석의 요청을 너무 쉽게 외면하는 결과에 이르지 않나
우려가 없지 않다.
  구성요건상 처벌을 확대하고 법정형이 높아진다는 것이 입법자의
변화된 의사라고 하더라도 그것이 반드시 구성요건의 해석에 대한 확
장과 그 결과로 처벌의 범위를 넓히는 쪽으로 동반해서 높아져야 하
는가에 대하여는 신중한 검토를 요한다. 형량이 높고 처벌이 확대되는
추세일수록 구성요건을 제한해석하고 엄격해석하여 죄형법정주의의
요청을 고려하여 법적용을 엄격하게 해야 할 필요도 충분히 숙고하여
야 한다. 입법경위와 법정형 강화라는 근거에 힘입어 구성요건 표지에
대한 해석의 범위를 넓혀야 한다는 논리전개가 그 구체적 사실관계에
따른 평가로서 당부를 떠나 판결이유로 이견 없이 제시된 부분은 아
쉬움이 남는다.

[주 제 어]
위계 간음죄, 성적 자기결정권, 피해자 동의, 위계, 인과관계

[Key Words]

adultery by deceptive scheme, right to sexual self-determination, consent of the victim, deceptive scheme, causal relation

접수일자: 2021. 4. 26. 심사일자: 2021. 5. 21. 게재확정일자: 2021. 5. 26.

[참고문헌]

강동욱, "기망이나 착오 등에 의한 피해자의 승낙의 법적 효과에 관한 고찰", 법과정책연구 제4집 제2호, 2004.

김혜경, "위계의 인과관계 및 객관적 귀속과 동기의 착오의 효력: 대법원 2020. 8. 27, 선고 2015도9436 전원합의체 판결을 중심으로", 한국비교형사법학회 동계학술대회 발표문, 2021/2.

류부곤, "미성년자 등 간음죄에 있어서 '위력'의 의미", 형사법연구 제25권 제1호, 2013.

박동률, "판례를 통해 본 위계공무집행방해죄: 법적 성격과 위계의 범위를 중심으로", 경북대 법학논고 제29집, 2008.

박찬걸, "청소년성보호법상 위계에 의한 아동·청소년 간음죄에 있어서 '위계'의 해석", 소년보호연구 제31권 제3호, 2018.

박혜진, "형법상 성적 자기결정권 개념에 대한 성찰", 형사법연구 제21권 제3호, 2009.

심갑보, "'위계에 의한 미성년자 간음죄'에 있어서의 '위계'의 의미", 강의중교수 정년기념논문집, 2002.

이덕인, "위계에 의한 아동·청소년 간음죄에서의 '위계'의 의미", 형사법연구 제28권 제4호, 2016.

이상주, "청소년의성보호에관한법률 제10조 제4항의 위계에 의한 여자 청소년 간음죄에 있어서 '위계'의 개념", 대법원판례해설 제41호, 2002.

이용식, "피해자의 승낙에 관한 소고", 손해목교수 화갑기념논문집, 1993.

이용식, "하자있는 피해자의 동의", 고시계 1998/3.

장성원, "대학 성폭력 책임에서 징계와 형사의 이중 구조와 절차적 특수성", 경찰법연구 제19권 1호, 2021.

전지연, "착오에 의한 피해자의 승낙", 동암 이형국교수 화갑기념논문집, 1998.

최성진, "위계에 의한 공무집행방해죄의 적용범위에 대한 비판적 고찰", 형사법연구 제23권 제2호, 2011.

최은하, "위계 또는 위력에 의한 미성년자간음죄(형법 제302조)에서 '위계'의

해석: 성적 강요죄(독일형법 제177조)의 관점에서”, 비교형사법연구 제
17권 제3호, 2015.

허황, “아동·청소년 위계간음죄”, 제334회 형사판례연구회 발표문, 2021/1.

황태정, “착오에 의한 승낙과 긴급상황 착오에서의 유효성”, 형사법연구 제
22권 제1호, 2010.

황태정, “형법상 동의의 법적 효과와 한계” 형사법연구 제19권 제2호, 2007.

[Abstract]

The object of deceptive scheme and causal relation in adultery by deceptive scheme

JANG, Seong Won*

The subject judgment extends the causal relation between the object of the deceptive scheme and the deceptive scheme and adultery in the crime of adultery by the deceptive scheme. The Supreme Court widely sees the meaning of the deceptive scheme and the effect of the deceptive scheme on sexual behavior. For this purpose, the grounds of the Supreme Court are not the concept of a deceptive scheme and a connection method with adultery or a theoretical and structural approach to the causal relation itself. Rather, it is a tendency to strengthen legislatively against sex crimes under special laws, the necessity of sexual protection for juveniles, and a substantial violation of the right to self-determination.

The meaning of the right to sexual self-determination, which is a common protection interest in sex crimes, is changed compared to other compulsory sex crimes when it comes to adultery under the deceptive scheme. This is based on the recognition that the right to sexual self-determination exists in a form but has been substantially violated. In this case, the question of whether the other party's right to make sexual decisions should be protected from infringement, otherwise, should be protected from criminalization. In particular, as a result of emphasizing the legal interests of sexual protection for minors, the right to sexual self-determination changes somewhat superficially.

The subject judgment is to interpret the meaning of the deceptive

---

* Prof. Dr. Semyung University Dept. of Law

scheme differently from the previous one by "summarizing the legislative history of adultery by the deceptive scheme, the meaning of the exercise of sexual self-determination, and the meaning of the deceptive scheme in adultery by the deceptive scheme." The reason is that adultery under the deceptive scheme can be punished by aggravating life imprisonment. The supplementary opinion is based on the recent trend of strengthening legislation and increasing sentences to protect children and adolescents. This provides the basic logic for reinforcing and expanding punishment in interpreting the scope of deceptive schemes in adultery by deceptive schemes.

The purpose of this study was to examine the interpretation of the constituent requirements and the scope of application for the types of sexual offenses that occur in cases of adultery or harassment by the method of deceptive scheme. The Supreme Court is making a judgment on the object of the deceptive scheme and the causal relation, and is showing a new position on the meaning of the deceptive scheme. In the process, the legislative approach, the approach based on the right to self-determination, and the approach in relation to the deceptive scheme and adultery are judged. While reviewing these, I tried to find out the direction of interpretation of adultery by the deceptive scheme.

아동·청소년 위계간음죄

허 황*

[대상판결] 대법원 2020. 8. 27. 선고 2015도9436 전원합의체 판결

[사실관계]

36세의 피고인은 2014. 7. 중순경 스마트폰 채팅 애플리케이션 '낯선 사람 랜덤채팅'을 통하여 알게 된 14세의 피해자에게 자신을 '고등학교 2학년생인 김○○'이라고 거짓으로 소개하고 다른 사람의 사진을 자신의 사진인 것처럼 피해자에게 전송한 뒤 채팅을 계속하여 피해자와 사귀기로 하였다. 피고인은 피해자 신체의 가슴 부위사진을 찍어 보내줄 것을 요구하였고 이에 피해자가 수차례 응하였다. 그러다가 피고인은 김○○을 스토킹하는 여성의 행세를 하며 피해자에게 자신도 김○○을 좋아하는데 그를 좋아하면 무엇이든 해야 한다고 도발하였다. 피고인은 2014. 8. 초순경 피해자에게 '사실은 나(김○○)를 좋아해서 스토킹하는 여성이 있는데, 나에게 집착을 해서 너무 힘들다. 죽고 싶다. 우리 그냥 헤어질까'라고 거짓말하면서 '스토킹하는 여성을 떼어내려면 나의 선배와 성관계하면 된다'는 취지로 이야기하였다. 이러한 도발과 부탁은 여러 차례 반복되었다. 처음에는 거절하였던 피해자는 김○○과 헤어질 것이 두려워 김○○의 선배를 만나 성관계하는 데에 동의하였고, 이를 위해 새벽에 고속버스를 타고 피고인이 지정한 장소

---

* 한국형사·법무정책연구원 부연구위원

로 이동하였다. 약속한 장소에서 피해자를 만난 피고인은 김○○의 선배 행세를 하며 피해자를 차량에 태워 인접한 해수욕장 근처 공터로 가 차량 뒷좌석에서 스스로 옷을 벗게 한 후 1회 간음하였다. 이 과정에서 피고인이 성관계를 추가로 요구하자 피해자는 2회 더 간음에 응하였다.

[소송의 경과]

1. 위력에 의한 간음죄로 기소된 1심에서는 위력에 대한 증명이 부족하다는 이유로 무죄가 선고되었다.

2. 검사가 항소한 2심은 위계에 의한 간음죄로 공소장이 변경된 뒤 1심을 파기하고 기존 판례의 취지에 따라 위계 간음죄에 무죄를 선고하였다. 2심은 위계에 의한 간음죄에서 위계의 의미에 대해 "행위자가 간음의 목적으로 상대방에게 오인, 착각, 부지를 일으키고는 상대방의 그러한 심적 상태를 이용하여 간음의 목적을 달성하는 것을 말하는 것이고, 여기에서 오인, 착각, 부지란 간음행위 자체에 대한 오인, 착각, 부지를 말하는 것이지, 간음행위와 불가분적 관련성이 인정되지 않는 다른 조건에 관한 오인, 착각, 부지를 가리키는 것은 아니라고 보아야 한다."라는 종전 판례(대법원 2001. 12. 24. 선고 2001도5074 판결 등)의 판시에 따라, 피해자가 간음행위와 불가분적 관련성이 인정되지 않는 다른 조건에 관하여 피고인에게 속았던 것뿐이므로 피고인의 간음행위는 형법 등에서 처벌대상으로 규정하는 위계에 의한 것이 아니라고 인정하였다.

3. 검사가 상고한 대법원에서는 2인의 보충의견을 곁들인 전원일치 의견으로 원심판결을 파기 환송하였다.

[판결이유]

1. …

2. 위계에 의한 간음죄의 입법경위

가. 위계에 의한 간음에 대한 처벌규정은 1953년 제정형법에서 시작되었다. 제정형법은 이를 제2편 제32장 정조에 관한 죄의 일부로서 규정하였는데, 당시의 법정형은 강간죄는 물론 강제추행죄의 법정형보다도 가벼웠고, 그중 혼인빙자 등에 의한 간음죄는 '음행의 상습 없는 부녀'도 대상으로 규정하고 있었다. 이렇듯 제정형법 당시 위계에 의한 간음죄는 부녀의 정조 보호를 입법목적으로 하면서 강간죄·강제추행죄보다 가벌성이 낮은 보충적 유형의 범죄로 인식되었던 것으로 보인다.

나. 그 후 형법의 1995. 12. 29.자 개정으로 제2편 제32장의 표목에서 '정조에 관한 죄'라는 표현이 삭제되었다. 또한 음행의 상습 없는 부녀도 대상으로 규정하였던 혼인빙자 등에 의한 간음죄가 헌법재판소 2009. 11. 26. 선고 2008헌바58 등 위헌결정 및 그 취지 등을 반영하여 폐지됨에 따라 형법상 위계에 의한 간음죄의 대상은 미성년자, 심신미약자, 피보호자·피감독자 등 성폭력범행에 특히 취약한 사람만으로 한정되었다.

다. 형사특별법에서도 성폭력범행에 특히 취약한 사람을 대상으로 하는 위계에 의한 간음죄 규정이 신설되었다. 13세 미만의 여자에 대하여는 구 성폭력범죄의 처벌 및 피해자보호 등에 관한 법률[그중 성폭력범죄의 처벌에 관한 사항이 분리되어 2010. 4. 15. 제정된 성폭력범죄의 처벌 등에 관한 특례법(이하 '성폭력처벌법'이라고 한다)에 규정되었다]의 1997. 8. 22.자 개정으로, 여자 청소년에 대하여는 2000. 2. 3. 구 청소년의 성보호에 관한 법률(아동·청소년의 성보호에 관한 법률로 제명이 개정되었다. 이하 모두 '청소년성보호법'이라고 한다)의 제정으로, 신체적·정신적 장애가 있는 여자에 대하여는 성폭력처벌법의 2011. 11. 17.자 개정으로 각 처벌규정이 마련되었고, 5년 이상의 유기징역이 법정형으로 규정되었다. 그 후 13세 미만자와 아동·청소년을 대상으로 한 위계에 의한 간음죄의 법정형은 무기징역까지로 상향개정되었다. 이는 형법상 강간죄보다 더 중한 형을 규정한 것이다.

라. 위와 같은 위계에 의한 간음죄의 개정경과 및 이 사건에 적용되는 2014년 무렵의 법률 내용을 종합하여 보면, 과거와 달리 오늘날에는 위계에 의한 간음죄를 아동·청소년, 미성년자, 심신미약자, 피보호자·피감독자, 장애인 등 성폭력범행에 특히 취약한 사람을 보호대상으로 하고 강간죄 등과 비견되는 독립적인 가벌성을 지닌 범죄로 규정하여, 행위자를 강력하게 처벌하려는 것으로 평가할 수 있다.

3. 성적 자기결정권 행사의 의미

가. 헌법 제10조는 "모든 국민은 인간으로서의 존엄과 가치를 가지며, 행복을 추구할 권리를 가진다. 국가는 개인이 가지는 불가침의 기본적 인권을 확인하고 이를 보장할 의무를 진다."라고 규정하고 있다. 자기결정권은 헌법 제10조에서 규정한 개인의 인격권과 행복추구권에 의하여 보호되는 권리이다(대법원 2009. 5. 21. 선고 2009다17417 전원합의체 판결 등 참조).

성적 자기결정권은 스스로 선택한 인생관 등을 바탕으로 사회공동체 안에서 각자가 독자적으로 성적 관념을 확립하고 이에 따라 사생활의 영역에서 자기 스스로 내린 성적 결정에 따라 자기책임 하에 상대방을 선택하고 성관계를 가질 권리로 이해된다(헌법재판소 2002. 10. 31. 선고 99헌바40 등 결정 참조). 여기에는 자신이 하고자 하는 성행위를 결정할 권리라는 적극적 측면과 함께 원치 않는 성행위를 거부할 권리라는 소극적 측면이 함께 존재하는데, 위계에 의한 간음죄를 비롯한 강간과 추행의 죄는 소극적 성적 자기결정권을 침해하는 것을 내용으로 한다(대법원 2019. 6. 13. 선고 2019도3341 판결 참조).

나. 이 사건 피해자는 14세로서 19세 미만의 자를 일컫는 청소년성보호법상 아동·청소년에 해당한다.

국가와 사회는 아동·청소년에 대하여 다양한 보호의무를 부담한다. 국가는 청소년의 복지향상을 위한 정책을 실시하고(헌법 제34조 제4항), 초·중등교육을 실시할 의무(교육기본법 제8조)를 부담한다. 사법영역에서도 마찬가지여서 친권자는 미성년자를 보호하고 양육하여야 하고(민법 제913조), 미성년자가 법정대리인의 동의 없이 한 법률행위는 원칙적으로 그 사유에 제한 없이 취소할 수 있다(민법 제5조).

법원도 아동·청소년이 피해자인 사건에서 아동·청소년이 특별히 보호되어야 할 대상임을 전제로 판단해왔다. 대법원은 아동복지법상 아동에 대한 성적 학대행위 해당 여부를 판단함에 있어 아동이 명시적인 반대 의사를 표시하지 아니하였더라도 성적 자기결정권을 행사하여 자신을 보호할 능력이 부족한 상황에 기인한 것인지 가려보아야 한다는 취지로 판시하였고(대법원 2015. 7. 9. 선고 2013도7787 판결 참조), 아동복지법상 아동매매죄에 있어서 설령 아동 자신이 동의하였더라도 유죄가 인정된다고 판시하였다(대법원 2015. 8. 27. 선고 2015도6480 판결 참조). 아동·청소년이 자신을 대상으로 음란물을 제작하는 데에 동의하였더라도 원칙적으로 청소년성보호법상 아동·청소년이용 음란물 제작죄를 구성한다는 판시(대법원 2015. 2. 12. 선고 2014도11501, 2014전도197 판결 참조)도 같은 취지이다.

이와 같이 아동·청소년을 보호하고자 하는 이유는, 아동·청소년은 사회적·문화적 제약 등으로 아직 온전한 자기결정권을 행사하기 어려울 뿐만 아니라, 인지적·심리적·관계적 자원의 부족으로 타인의 성적 침해 또는 착취행위로부터 자신을 방어하기 어려운 처지에 있기 때문이다. 또한 아동·청소년은 성적 가치관을 형성하고 성 건강을 완성해가는 과정에 있으므로 아동·청소년에 대한 성적 침해 또는 착취행위는 아동·청소년이 성과 관련한 정신적·신체적 건강을 추구하고 자율적 인격을 형성·발전시키는 데에 심각하고 지속적인 부정적 영향을 미칠 수 있다. 따라서 아동·청소년이 외관상 성적 결정 또는 동의로 보이는 언동을 하였다 하더라도, 그것이 타인의 기망이나 왜곡된 신뢰관계의 이용에 의한 것이라면, 이를 아동·청소년의 온전한 성적 자기결정권의 행사에 의한 것이라고 평가하기 어렵다.

다. 그 외 위계에 의한 간음죄가 보호대상으로 규정한 미성년자, 심신미약자, 피보호자·피감독자, 장애인 등도 나이, 정신기능 등의 장애, 행위자와 피해자 사이의 종속적인 관계 등으로 인해 피해자가 행위자를 비롯한 외부의 영향으로부터 자신을 방어하기 어렵고 성적 자기결정권 행사 과정에서 내부 정신작용이 왜곡되기 쉽다는 점에서는 앞서 본 아동·청소년의 경우와 본질적인 차이가 없다.

4. 위계에 의한 간음죄에서 위계의 의미

가. '위계'라 함은 행위자의 행위목적을 달성하기 위하여 피해자에게 오인, 착각, 부지를 일으키게 하여 이를 이용하는 것을 말한다. 이러한 위계의 개념 및 앞서 본 바와 같이 성폭력범행에 특히 취약한 사람을 보호하고 행위자를 강력하게 처벌하려는 입법태도, 피해자의 인지적·심리적·관계적 특성으로 온전한 성적 자기결정권 행사를 기대하기 어려운 사정 등을 종합하면, 행위자가 간음의 목적으로 피해자에게 오인, 착각, 부지를 일으키고 피해자의 그러한 심적 상태를 이용하여 간음의 목적을 달성하였다면 위계와 간음행위 사이의 인과관계를 인정할 수 있고, 따라서 위계에 의한 간음죄가 성립한다. 왜곡된 성적 결정에 기초하여 성행위를 하였다면 왜곡이 발생한 지점이 성행위 그 자체인지 성행위에 이르게 된 동기인지는 성적 자기결정권에 대한 침해가 발생한 것은 마찬가지라는 점에서 핵심적인 부분이라고 하기 어렵다. 피해자가 오인, 착각, 부지에 빠지게 되는 대상은 간음행위 자체일 수도 있고, 간음행위에 이르게 된 동기이거나 간음행위와 결부된 금전적·비금전적 대가와 같은 요소일 수도 있다.

나. 다만 행위자의 위계적 언동이 존재하였다는 사정만으로 위계에 의한 간음죄가 성립하는 것은 아니므로 위계적 언동의 내용 중에

피해자가 성행위를 결심하게 된 중요한 동기를 이룰 만한 사정이 포함되어 있어 피해자의 자발적인 성적 자기결정권의 행사가 없었다고 평가할 수 있어야 한다. 이와 같은 인과관계를 판단함에 있어서는 피해자의 연령 및 행위자와의 관계, 범행에 이르게 된 경위, 범행 당시와 전후의 상황 등 여러 사정을 종합적으로 고려하여야 한다.

　다. 한편 위계에 의한 간음죄가 보호대상으로 삼는 아동·청소년, 미성년자, 심신미약자, 피보호자·피감독자, 장애인 등의 성적 자기결정 능력은 그 나이, 성장과정, 환경, 지능 내지 정신기능 장애의 정도 등에 따라 개인별로 차이가 있으므로 간음행위와 인과관계가 있는 위계에 해당하는지 여부를 판단함에 있어서는 구체적인 범행 상황에 놓인 피해자의 입장과 관점이 충분히 고려되어야 하고, 일반적·평균적 판단능력을 갖춘 성인 또는 충분한 보호와 교육을 받은 또래의 시각에서 인과관계를 쉽사리 부정하여서는 안 된다.

　라. 이와 달리 위계에 의한 간음죄에서 행위자가 간음의 목적으로 상대방에게 일으킨 오인, 착각, 부지는 간음행위 자체에 대한 오인, 착각, 부지를 말하는 것이지 간음행위와 불가분적 관련성이 인정되지 않는 다른 조건에 관한 오인, 착각, 부지를 가리키는 것은 아니라는 취지의 종전 판례인 대법원 2001. 12. 24. 선고 2001도5074 판결, 대법원 2002. 7. 12. 선고 2002도2029 판결, 대법원 2007. 9. 21. 선고 2007도6190 판결, 대법원 2012. 9. 27. 선고 2012도9119 판결, 대법원 2014. 9. 4. 선고 2014도8423, 2014전도151 판결 등은 이 판결과 배치되는 부분이 있으므로 그 범위에서 이를 변경하기로 한다.

[연　구]

I. 문제제기

　대법원 판례는 위에서 기술된 사실관계에서 「아동청소년의 성보호에 관한 법률」(이하 청소년성보호법이라 한다) 제7조 제5항이 성립하는지를 판단하였다. 동 규정에 따르면 위계로써 아동·청소년을 간음한 자는 무기징역 또는 5년 이상의 유기징역에 처한다. 여기서 구성요건표지는 위계로써 아동·청소년을 간음한 자인데, 동법 제2조에 따르면 아동·청소년이란 '19세 미만의 자'를 의미하므로 36세의 피고인과 14세의 피해자는 행위 주체와 객체의 측면에서 구성요건해당성이 인정된다는 점에서는 아무런 의문이 없다. 또한 양 자 사이에 간음행위가 있었다는 점도 확인된다. 문제는 대법원에 의해 인정된 사실관계로써 '위계로써 간음'이라는 표지가 충족되는가이다.

이와 관련하여 평석의 대상이 되는 판례는 다음과 같이 서술한다. 위계에 의한 간음죄에서 '위계'란 행위자의 행위목적을 달성하기 위하여 피해자에게 오인, 착각, 부지를 일으키게 하여 이를 이용하는 것을 말한다. 이러한 위계의 개념 및 성폭력범행에 특히 취약한 사람을 보호하고 행위자를 강력하게 처벌하려는 입법 태도, 피해자의 인지적·심리적·관계적 특성으로 온전한 성적 자기결정권 행사를 기대하기 어려운 사정 등을 종합하면, 행위자가 간음의 목적으로 피해자에게 오인, 착각, 부지를 일으키고 피해자의 그러한 심적 상태를 이용하여 간음의 목적을 달성하였다면 위계와 간음행위 사이의 인과관계를 인정할 수 있고, 따라서 위계에 의한 간음죄가 성립한다. 그리고 피해자가 오인, 착각, 부지에 빠지게 되는 대상은 간음행위 자체일 수도 있고, 간음행위에 이르게 된 동기이거나 간음행위와 결부된 금전적·비금전적 대가와 같은 요소일 수도 있다. 다만 행위자의 위계적 언동이 존재하였다는 사정만으로 위계에 의한 간음죄가 성립하는 것은 아니므로 위계적 언동의 내용 중에 피해자가 성행위를 결심하게 된 중요한 동기를 이룰 만한 사정이 포함되어 있어 피해자의 자발적인 성적 자기결정권의 행사가 없었다고 평가할 수 있어야 한다. 한편 위계에 의한 간음죄가 보호대상으로 삼는 아동·청소년, 미성년자, 심신미약자, 피보호자·피감독자, 장애인 등의 성적 자기결정 능력은 그 나이, 성장과

정, 환경, 지능 내지 정신기능 장애의 정도 등에 따라 개인별로 차이가 있으므로 간음행위와 인과관계가 있는 위계에 해당하는지 여부를 판단할 때에는 구체적인 범행 상황에 놓인 피해자의 입장과 관점이 충분히 고려되어야 하고, 일반적·평균적 판단능력을 갖춘 성인 또는 충분한 보호와 교육을 받은 또래의 시각에서 인과관계를 쉽사리 부정하여서는 안 된다.

결론적으로 대상판례는 해당 사실관계에서 '위계로써 간음'이라는 표지는 충족되었다고 판단하면서, 이러한 결론에 이르는 논증과정을 다음과 같이 밟고 있다. 먼저 소위 위계간음죄가 성립하려면 '위계행위'와 '간음행위'가 주어져 있어야 하고 나아가 이 둘 사이에 '인과관계'가 존재하여야 하다. 그리고 이러한 인과관계의 존재여부를 판단하기 위해서는 위계의 의미와 범위가 정해져야 하고 성폭력범행에 특히 취약한 사람을 보호하고 행위자를 강력하게 처벌하려는 입법 태도 그리고 성적 자기결정권 행사와 관련된 피해자의 특수한 사정등이 고려되어야 한다는 것이다.

아래에서는 아동·청소년 위계간음죄의 보호법익이 무엇인지를 살펴보고(II.) 보호법익의 관점에서 대법원이 인정하고 있는 아동·청소년 위계간음죄의 성립요건에 대해 비판적으로 검토한다(III.). 그런 후 필자가 취하고 있는 해당 범죄의 성립요건이 무엇인지 밝힌 후(IV. 및 V.) 이를 해당 사실관계에 적용해 보고자 한다(VI.).

II. 아동·청소년 위계간음죄의 보호법익 및 성적 자기결정권의 의미

보호법익에 관한 논의는 입법 뿐만 아니라 사법(해석)의 방향을 정해주는 기능을 가지므로 먼저 아동·청소년 위계간음죄의 보호법익이 무엇인지 살펴보자.

1. 부녀의 정조에서 성적자기결정권으로의 전환

대상판례의 설시에서도 알 수 있듯이 제정형법 당시 위계에 의한 간음죄는 부녀의 정조 보호를 입법목적으로 하였으나 그 후 1995년 형법 개정으로 제2편 제32장의 표목에서 '정조에 관한 죄'라는 표현이 '강간과 추행의 죄'로 대체되어 현재 대부분의 성폭력범죄는 개인적 법익으로서 성적 자기결정권을 그 보호법익으로 하고 있다.

대상 판례는 아동·청소년 위계간음죄의 경우에도 그 보호법익을 성적 자기결정권으로 보고 있다. 동 판례에 따르면 "성적 자기결정권 은 스스로 선택한 인생관 등을 바탕으로 사회공동체 안에서 각자가 독자적으로 성적 관념을 확립하고 이에 따라 사생활의 영역에서 자기 스스로 내린 성적 결정에 따라 자기책임 하에 상대방을 선택하고 성 관계를 가질 권리로" 이해하고 있다.[1] 그리고 위계에 의한 간음죄를 비롯한 강간과 추행의 죄는 소극적 성적 자기결정권을 침해하는 것을 내용으로 한다는 것이다.[2]

판례가 인정한 성적 자기결정권의 내용을 보충하기 위해 학설상 의 견해를 살펴보면, 성적 자기결정권은 개인의 자기결정권(Selbst-bestimmungsrecht)의 일종으로 성적 행위와 관련된다.[3] 자유로서 자기결 정권은 헌법 제10조, 제17조 그리고 제37조 제1항에서 그 법적 근거를 가지고,[4] "타인에 의한 결정으로부터의 자유"를 의미한다고 한다.[5] 법 철학적 관점에서 자기결정이 있기 위해서는 자율(Autonomie)로서 의사 의 자유(Willensfreiheit)가 선행되어야 하는데, 의사의 자유는 선택과 결 정의 자유(Wahl- und Entscheidungsfreiheit)를 포함한다.[6] 자기결정의 실천

---

1) 헌법재판소 2002. 10. 31. 선고 99헌바40 등 결정.
2) 대법원 2019. 6. 13. 선고 2019도3341 판결.
3) 허황, "비동의 성범죄 신설에 관한 소고" 피해자학연구 제28권 제1호(2020). 104면.
4) 이수진, "13세 이상 미성년자의 성적 자기결정권", 비교형사법연구 제17권 제3 호(2015), 124면.
5) MüKoStGB/Renzikowski, 4. Aufl. 2021, StGB Vor. § 174, Rn. 8.
6) 보다 자세한 설명은 허황, 주3)의 글, 104면 참조.

적 측면은 외부로부터의 '부당한 간섭의 배제'라는 소극적 측면과 다른 한편으로는 '자기지배'라는 적극적 측면도 포함하는 개념으로 그로 인해 발생되는 결과에 대해 감수해야 하는 '자기책임'을 빼놓을 수 없다고 한다. 즉 자기책임의 원리가 지배하게 된다는 것이다. 자유로운 의사결정에 따른 결과에 대해서는 의사결정자가 책임을 져야 하기 때문에 자유로운 의사결정이 이루어질 수 있는 절차가 보장되어야 하고 의사결정능력이 인정되어야 한다.[7]

다시 성적 자기결정권으로 돌아와서 성적 자기결정권이란 "원하는 상대와 원하는 시간에 원하는 장소에서 성적 자유를 누릴 수 있는 권리"로[8] 이해한다. 물론 이러한 적극적 의미에서의 성적 자유는 사회 공동체 내에서 타인의 권리를 침해하지 않는 범위내에서 인정되는 한계를 가지고 형법의 기능이 이러한 적극적 의미의 성적 자유의 실현을 보장하는데 있는 것은 아니다.[9] 자유주의를 강조하는 입장에 따르면 형법상 보호되는 성적 자기결정권은 일종의 방어권(Abwehrrecht)으로서 소극적 의미를 가지고, 타인이 결정한 성적 침해의 객체로 격하되는 것으로부터의 자유를[10] 의미한다고 한다. 이러한 자유로운 결정은 대표적으로 강제된 성행위를 통해 무시된다고 한다.[11]

결론적으로 형법상의 성범죄를 통해 보호하려는 법익이 사회적 법익인 정조로부터 개인적 법익인 성적 자기결정권으로 전환되었다는 것은 하나의 시대적 요청으로, 문제된 행위가 형법상 처벌될 수 있는 행위인지 아닌지를 국가 또는 사회가 결정하는 것이 아니라 관계 당사자(여기서는 피해자)가 스스로 결정한다는 것을 의미한다고 하겠다. 이러한 생활 영역에서 국가 또는 사회는 해당 당사자의 의사를 존중

---

7) 이수진, 주4)의 글, 125면.
8) 권오걸, 스마트 형법각론, 형설출판사 2011, 157면.
9) 이얼·김성돈, "성적 자기결정권의 형법적 의의와 기능", 법학논총 제34권 제2호, 2010, 405면.
10) Renzikowski, 주5)의 책, Vor. § 174, Rn. 8.
11) 권오걸, 주8)의 책, 157면.

하여 자신들의 개입을 자제해야 한다. 따라서 형벌권의 개입여부는 이러한 개인의사에 종속된다.

2. 아동·청소년의 성적 자기결정권

대상판례는 성적 자기결정권과 관련하여 아동·청소년을 자신의 성적 자기결정권행사에 있어 존중의 대상이자 보호의 대상으로 보고 있다.12) 즉, 판례는 아동·청소년인 피해자는 "인지적·심리적·관계적 특성으로 온전한 성적 자기결정권 행사를 기대하기 어"렵다고 보아 정신적·육체적으로 건강한 성인의 경우 인정되는 성적 자기결정권의 의미와 범위를 그대로 아동·청소년에게 인정될 수 없다고 보고 있는 것이다. 그리고 판례는 이러한 사고를 그대로 다른 위계 간음죄 즉, 심신미약자, 피보호자·피감독자, 장애인을 대상으로 하는 위계 간음죄에 적용하고 있다. 판례의 이러한 입장은 그 동안 학설상 제기된 아동·청소년 등에 대한 성적 자기결정권의 한계를13) 그대로 수용한 것으로 보인다.

그런데 이러한 판례의 입장에 따르면 아동·청소년은 성적 자기결정권의 능동적 행사주체이자 성적 자기결정권의 관점에서 수동적 보호객체라는 지위를 동시에 가지게 된다. 문제는 이러한 양자의 지위가 서로 양립할 수 있는 것인지, 있다면 어떻게 양립할 수 있는가이다.14) 또한 아동·청소년의 성적 자기결정권이 성인의 그것과 같은 것인지에 대한 의구심도 생길 수 있다. 이러한 혼란은 위계간음죄의 보호법익이 과거 사회적 법익인 부녀의 정조에서 현재 개인적 법익인 성적 자기결정권으로 바뀌면서 더욱 가중되었다고 보인다. 과거처럼 위계간음

---

12) 이에 대해서는, 이수진, 주4)의 글, 122면 이하.

13) 대표적으로 이덕인, "위계에 의한 아동·청소년 간음죄에서의 '위계'의 의미", 형사법연구 제28권 제4호, 2016, 267면 이하; 김희정, "청소년기의 특성을 고려한 청소년과의 '합의'에 의한 성관계의 강간죄 처벌에 관한 고찰", 형사법의 신동향 통권 제51호, 2016, 416면 이하.

14) 장성원, "위계 간음죄에서 위계의 대상과 인과관계", 제332회 형사판례연구회 (2020.11.2.) 발표문, 9면.

죄의 보호법익을 부녀의 정조로 보게 되면 이는 개인이 처분할 수 있는 법익이 아니어서 불법이 성립함에 있어 성인이든 미성년자든 피해자의 의사는 중요한 요소가 아니었다. 그런데 위계간음죄의 보호법익이 개인이 행사할 수 있는 성적 자기결정권으로 전환되면서 아동 · 청소년 및 미성년자의 성적 자기결정권의 의미가 모호해졌다고 볼 수 있다. 판례의 입장만 보면 아동 · 청소년은 원칙적으로 성적 자기결정권의 주체가 된다는 것인지 아니면 형법 제305조의 13세 미만인 자와 같이 성적 자기결정권과 관련하여 보호의 객체로서만 의미를 가지는지 불명확하다. 아동 · 청소년의 경우 국가 후견주의의 발로에[15] 의해 성적 자기결정권의 주체로서가 아니라 보호객체로서의 지위가 전면에 나서야 한다는 학설상의 주장은 이를 뒷받침한다. 이는 아동 · 청소년은 성적 자기결정권의 귀속주체는 되지만 행사주체는 될 수 없다는 것을 뜻한다.

그런데 이러한 모순은 '자기결정'의 본질의 관점에서는 더 이상 모순이 아니다. 즉, 법적으로 온전한 의미의 자기결정이 이루어지기 위해서는 결정자에게 일정한 자질이 요구되고 결정에 이르는 과정에서 외부의 부당한 간섭이나 압력이 없어야 함을 전제로 한다. 이러한 요건이 충족되지 않으면 비록 외견상 자유로이 의사결정이 이루어진 것처럼 보이나 그 실질은 자유로운 의사결정이 아닌 것이다. 아동 · 청소년 위계 · 위력간음죄의 경우 자유로운 의사결정을 위한 두 가지 전제조건에 모두 문제가 있는 것이다. 의사결정권자의 의사결정시 취약한 특성과 위계 · 위력이라는 외부로부터 부당한 영향 모두 피해자의 의사형성 및 표현에 영향을 주고 있다.

다만, 피해자 측의 자기결정권의 행사라고 보이는 동의의 유효성이 아동청소년의 경우 문제가 된다는 것은 자기결정권의 내재적 한계이지 국가 후견주의의 발로에 의한 것은 아니라고 생각된다. 아동 · 청소년 위계간음죄가 전적으로 국가 후견주의적 입장에서만 설명된다면

---

15) 이덕인, 주13)의 글, 267면, 270면.

범죄성립에 있어 피해자인 아동·청소년은 아무런 역할을 할 수 없다. 이러한 관점에서는 오로지 법익 공격자만 있고 법은 오로지 이러한 법익 공격자로부터 피해자를 보호하는 데에 그 목적이 있다. 이러한 의미에서 아동·청소년 위계간음죄의 불법은 오로지 행위자가 자신의 행위(위계행위)를 통해 간음의 결과를 인과적으로 '야기'했다는 데에 놓여 있는 것이다. 이는 동 범죄의 불법이 성적 자기결정권의 침해에 놓여있다는 점에서 타당하지 않다.

나아가 이러한 사고는 아동·청소년의 성적 자기결정권을 일반 성인의 그것과 같이 현실적 성적 자기결정권이 아니라 잠재적 성적 자기결정권, 즉 아동·청소년이 자신의 성적 가치관을 형성하고 성 건강을 완성해가는 과정에서 방해받지 않을 권리로 이해하는 입장과는 배치된다.16) 이러한 입장에서는 아동·청소년이 보호법익을 처분할 수 없기 때문에 이들의 동의는 법적으로 무의미하게 되며17) 범죄성립에 있어서 피해자의 역할은 무시되고 피해자의 지위는 국가에 의한 보호의 수동적 객체로 전락하게 된다.

이를 종합하면, 2020년 형법 제305조 제2항의 신설로 인해 현재는 16세 이상인 아동·청소년으로 제한되었지만, 문제된 사건이 발생할 당시 우리나라 형사입법자는 13세 이상 아동·청소년의 경우에도 위에서 설명한 의미에서의 성적 자기결정권을 원칙적으로 인정하고 있었다.18) 이는 이러한 연령대에 해당하는 자도 형법적 관점에서는 원칙적으로 성생활을 자신의 책임하에 영위할 수 있다는 의미이다.19) 다만,

---

16) 같은 취지 Renzikowski, 주5)의 책, § 174 Rn. 2; Heike Jung·Karl-Ludwig Kunz, Das Absehen von Strafe nach § 174 IV StGB, NStZ 1982, 409, 412.

17) Renzikowski, 주5)의 책, § 174 Rn. 2.

18) 이에 대한 비판으로 이정원, "법익주체의 동의로서 승낙과 양해", 법학논총 제16권 제2호, 2009, 11면. 동 교수의 견해에 따르면 형법 제305조는 승낙연령을 규정한 것이 아니라 "피해자의 동의, 즉 양해가 있어도 구성요건해당성이 인정된다"고 규정하고 있을 뿐이라고 한다.

19) 물론 당시에도 성적 자기결정권의 관점에서 14세의 자와 19세의 자를 동일하게 취급하는 것은 문제가 없지 않았다. 아동·청소년의 정신적, 신체적 성숙도에 따라 이들에 대한 성적 자기결정권의 보호 형태를 달리 정하는 것도 하

형사입법자는 성적 자기결정권이 아동·청소년의 경우 일반 성인에 비해 쉽사리 침해될 수 있는 특성을 감안하여 폭행·협박이 아닌 위계·위력이 가해진 때에도 특별히 보호하고 있는 것이다. 그러나 이는 아동·청소년의 경우 성적 자기결정능력이 처음부터 제한되어 있다는 것을 의미하지 않는다. 만약 그렇다면 위계·위력 등이 없는 경우, 즉 아동·청소년이 스스로 온전히 자기결정을 할 수 있는 경우에도 동의능력이 제한되기 때문에 보호자 등의 동의가 보충적으로 요구된다는 것을 의미하게 된다. 따라서 아동·청소년의 경우 동의능력이 부족한 것이 아니라 성행위와 관련된 의사결정시 외부로부터의 영향에 취약하다는 특성이 존재하는 것이다.

Ⅲ. 위계간음죄의 범죄구성요건

아동·청소년의 보호법익이 주로 무엇이냐 혹은 여러 가지 보호법익 중 무엇이 우선되느냐의 문제는 위계간음죄의 판단 구조에 영향을 미친다. 동 범죄규정의 보호법익으로 온전한 의미의 성적 자기결정권을 보다 강조하게 되면 범죄성립에 있어서 피해자의 역할이 중요한 의미를 가지게 된다. 이러한 맥락에서는 성적 행위에 대한 피해자의 동의의 유효성 문제가 전면에 등장한다. 반대로 문제된 보호법익이 개인적·주관적 권리로서 성적 자기결정권이 아닌 그 이상의 것(부녀의 정조 또는 행위주체가 처분할 수 없는 성적 자기결정권)이라면 범죄성립에 있어 피해자의 역할은 그만큼 감소하고 행위자 측의 역할 즉, 행위자가 자신의 행위를 통해 어떠한 반가치적 결과를 야기했는가의 문제가 주로 논의될 것이다.

나의 방법이라고 생각된다. 독일의 경우 14에서 15세 사이와 16세에서 17세 사이의 연령대를 형법적으로 달리 취급하고 있는데(독일 형법 제174조 이하 참조), 이는 하나의 좋은 예시가 된다. 다만, 현재 형법 제305조의 변경으로 인해 19세 이상인 자에 대해 16세 미만인 자가 성행위에 동의를 하였다고 하더라도 상대방은 처벌될 수 있기 때문에 이러한 한도에서 위에서 설명한 성적 자기결정권은 부정된다고 하겠다.

1. 위계와 간음 간의 인과관계 판단 문제

우선 대법원 판례는 해당 아동·청소년 위계간음죄가 성립하기위
해서는 위계와 간음 사이 '인과관계'가 요구된다고 함으로써 언뜻 동
규정의 구성요건적 '행위'는 위계이고 간음은 구성요건적 '결과'로 보
고 있는 듯한 인상을 준다. 범죄구성요건에서 인과관계를 요구하는 것
은 주로 살인죄 또는 상해죄와 같은 결과범이고, 결과범에서 발생된
결과에 대해 행위자에게 형사 책임을 지우기 위해서는 문제된 행위와
결과 사이에 인과관계(및 나아가 객관적 귀속관계)를 요구한다. 이러한
결과범에서 결과는 인간의 행위에 의해 촉발되어 인과법칙에 따라 진
행된 사태로서 사망의 결과 또는 상해의 결과와 같이 인과진행의 한
단면으로 법률에 의해 반가치의 평가를 받는 것이다. 그런데 아동·청
소년 위계간음죄의 구성요건적 행위는 위계 뿐만 아니라 간음'행위'를
포함한다. 이러한 간음행위는 사망 또는 상해와 같은 자연적 의미에서
의 인과적 진행을 의미하지 않는다. 즉 그 자체로 인간의 행위에 따른,
그렇지만 행위와는 개념적으로 구분되는 "외부세계의 변화(Veränderung
der Außenwelt)"[20]로서 결과(Folge)가 아니라 인간의 행위이다. 따라서
대법원 판례가 위계간음죄에서 인과관계를 요구할 때 인과관계는 적
어도 이러한 의미의 인과관계는 될 수 없다.

그렇다고 판례가 위계간음죄의 성립을 위해 요구하고 있는 인과
관계가 반드시 형법적으로 낯설다고만 할 수는 없다. 구조적 측면에서
위계간음죄와 유사한 범죄로 예컨대 형법 제347조 사기죄를 들 수 있
다.[21] 사기죄의 구성요건은 "사람을 기망하여 재물의 교부를 받거나
재산상의 이익을 취득한 자"이다. 판례에 따르면 사기죄가 성립하기
위해서는 "피기망자가 착오에 빠져 어떠한 재산상의 처분행위를 하도
록 유발하여 재산적 이득을 얻을 것을 요하고 … <u>기망, 착오, 처분, 이</u>

---

20) Franz von Liszt, Lehrbuch des deutschen Strafrechts, 21. u. 22. Aufl., 1919 S. 118.
21) 박찬걸, "청소년성보호법상 위계에 의한 아동·청소년 간음죄에 있어서 '위계'
의 해석", 소년보호연구 제31권 제3호, 2018, 173면: "사기간음".

득 사이에 인과관계가 있어야 한다.”[22] 학설도 대체적으로 사기죄의
객관적 범죄구성요건의 인정을 위해 이러한 다층의 인과관계를 요구
한다.[23] 생각건대, 판례가 ‘위계’를 “행위자의 행위목적을 달성하기 위
하여 피해자에게 오인, 착각, 부지를 일으키게 하여 이를 이용하는
것”이라고 정의함에도 불구하고 이를 분설하면 위계간음죄도 사기죄
와 같은 구조를 가지고 있다고 판단된다. 따라서 위계간음죄도 도식화
하면 일응 ‘행위자 측 기망 → 피해자 측 착오 → 피해자 측 동의 →
쌍방간 간음’의 인과관계가 요구된다고 볼 수 있다.[24]

이러한 구조하에서는 이제 각 단계별 인과관계를 어떻게 확정할
것인가 하는 문제가 등장한다. 우선, 행위와 결과 간의 인과관계 확정
을 위해 독일 판례가 사용하고 있는 조건공식(conditio-sine-qua-non
Formel)에 따르게 되면 가벌성이 무한히 확장될 수 밖에 없다. 이는 특
히 위계의 인정범위가 폭행·협박·위력보다 넓고 위계의 수단도 제한
이 없기 때문에 그러하다.[25] 대상판결에서는 인과관계 확정을 위한 판
단 척도를 명시적으로 언급하고 있지 않지만 기존 판례의 입장을 고
려할 때 이는 상당인과관계로 이해해도 무방할 듯 하다.[26] 그런데 주
목할 점은 판례가 이러한 상당인과관계를 판단하기 위해 기초자료로
“구체적인 범행 상황에 놓인 피해자의 입장과 관점이 충분히 고려되
어야 하고, 일반적·평균적 판단능력을 갖춘 성인 또는 충분한 보호와
교육을 받은 또래의 시각에서 인과관계를 쉽사리 부정하여서는 안 된

---

22) 대법원 1991. 1. 11. 선고 90도2180 판결. 밑줄은 필자에 의한 강조.
23) 김성돈, 형법각론 제4판, 성균관대학교 출판부 2016, 352면; Karl Lackner·
Kristian Kühl, StGB Strafgesetzbuch Kommentar, 29. Auflage 2018, § 263 Rn. 54.
24) 이러한 인과관계의 관점에서는 소위 “심리적 인과관계(die psychische Kausalität)”
가 논의될 수 있다. 여기서는 이에 관한 보다 깊은 논의는 생략하고, 이론상
인간의 심리영역에서는 물리 또는 생물학 영역에서 적용될 수 있는 인과법칙
과 같은 확고한 인과법칙이 적용될 수 없지만 통상의 법적 문제 해결을 위한
일상 경험법칙은 어느 정도 인정될 수 있다는 점만 언급하기로 한다.
25) 조국, “강간죄 및 미성년자 등에 대한 위계간음죄 재론”, 형사법연구 제28권
제4호, 2016, 117면.
26) 박찬걸, 주21)의 글, 175면.

다"고 하여 소위 주관적 상당인과관계설을 취하고 있다는 인상을 가질 수 있다.27) 이러한 판단기준은 가벌성의 무한한 확장을 제한한다는 상당인과관계론의 본래적 기능을 형해화한다는 점에서 타당하지 않다.

생각건대, 위계간음죄의 경우 폭행·협박을 수단으로 하는 강간죄의 경우와 같이 그 성립이 행위자 측의 인과적 야기만으로 이루어지지 않는다. 위계간음죄의 경우 그 범죄성립은 행위자의 행위 뿐만 아니라 피해자의 행태에도 종속된다. 즉, 여기서는 피해자가 비록 착오에 빠져있지만 성관계에 대한 동의를 한 것이고 어떠한 강제력도 동원되지 않았다. 위의 사실관계에서도 피고인은 문제된 행위시점에 억지로 피해자와 성관계를 맺으려고 시도하지 않았다. 문제는 성행위 시점에 피해자 측의 동의가 착오한 상태에서 이루어진 것으로 과연 이러한 '동의가 유효한가'이다. 이는 다시 말해 구체적 사안에서 피해자가 자신이 행한 동의와 동의에 따른 성행위를 통해 자신의 성적 자기결정권을 온전히 실현하였다고 평가할 수 있는가이다. 유효한 동의는 불법한 성행위를 적법한 것으로 만든다. 그러므로 위계간음죄에서 범죄성립여부를 판단할 때 중요한 실천적 질문은 행위자가 위계를 통해

---

27) 이에 대한 비판으로 김혜경, "문언의 해석과 객관적 귀속의 관점", 형사법연구 제33권 제1호, 2021, 18면 이하. 이에 따르면 "주관적 상당인과관계설은 행위자가 행위 당시 인식하였거나 인식할 수 있었던 사정을 의미하므로, 피해자의 관점에서의 판단이 아니라고 한다." 이는 물론 타당한 지적이다. 다만, 필자는 위계간음죄의 인과관계 판단이 앞서 설명한 바와 같이 다층적 구조를 가지고 피해자의 착오도 행위자의 기망행위에 의해 촉발된 인과진행의 한 단면이기 때문에 위계행위와 간음행위 간의 상당인과관계를 판단할 때 판단자는 구체적인 피해자의 특성을 고려해야 하는 것이 아니라 일반적·평균적인 또래의 피해자의 관점을 고려해야 하는 것이 아닌지라는 의구심에서 판례의 입장을 비판적으로 바라본 것이다. 그리고 본 논문에서 몇 차례 지적한 바와 같이 위계간음죄의 경우 그 불법은 강간죄와 같이 행위자의 일방적인 법익침해만으로는 충분히 설명되지 않기 때문에, 즉 피해자 측의 유효한 동의여부에 어느 정도 종속되기 때문에 착오여부를 판단할 때 어떠한 피해자(구체적 피해자 또는 일반적·평균적 피해자)의 입장에서 출발해야 하는가는 중요한 문제가 된다.

간음한 것이 행위자가 피해자의 동의 없이 간음한 것과 같이 평가할
수 있느냐이다. 이는 위에서 언급한 인과관계의 인정을 전제로 제기되
는 객관적 귀속의 문제이기도 한다.[28] 유효한 동의에 기해 성적 행위
로 나아간다면 이는 피해자의 책임영역에서 발생한 사건이다.[29]

2. 동의의 유효성 판단 문제

여기서는 동의라는 범죄성립상 중요한 요소에 대해 살펴보자. 일
반 성인의 경우 동의에 기초한 성행위는 일상 생활의 일부분으로서
형법적으로 아무런 문제가 되지 않는다. 이는 현행 형사법상 성범죄는
성적 자기결정권의 침해를 그 핵심내용으로 하기 때문이다. 판례와 같
이 '위계와 간음 사이의 인과관계'를 구성요건 표지로 보더라도 앞서
행한 사기죄 구조와의 비교에서 살펴본 바와 같이 이러한 인과관계도
'위계 → 착오 → 동의(!) → 간음'이라는 단계를 거치는 것이고 결국
관건은 위계행위로 인해 피해자의 성적 자기결정권의 행사(즉 동의)에
얼마나 영향을 준 것인가이다. 즉, 위계간음죄가 성립하려면 위계로
인해 성행위시 실질적으로 성적 자기결정권이 침해되어야 하는데 이
는 결국 '동의의 유효성' 문제이다.

국제적으로 성형법이 피해자의 동의유무 내지 동의의 유효성 판
단 중심으로 흘러가고 있다는 점에서 아직 우리나라 현행법이 비동의
간음죄를 신설하지는 않았지만[30] 성범죄의 해석론도 여기에 맞추어져
야 한다고 보인다. 이는 각종 위계 · 위력간음죄는 강간죄와 현재 논의
가 되고 있는 비동의간음죄의 중간 영역 어디엔가에 위치하고 있다는
점에서 더욱 그러하다.[31]

---

28) 김혜경, 주27)의 글, 19면 이하. 동 저자는 특히 객관적 귀속 척도 중 규범의
보호목적에 주목하고 있다.

29) 김혜경, 앞의 글, 28면.

30) 비동의간음죄에 대해 자세히는 허황, 주3)의 논문, 85면, 특히 99면 이하.

31) 류부곤, "미성년자 등 간음죄에 있어서 '위력'의 의미", 형사법연구 제25권 제
1호, 2013, 148면; 허황, 앞의 글, 95면.

한편, 상대방에 의해 제안된 성적 행위에 관한 자유로운 의사결정
은 결국 동의로 표현되고 이러한 동의의 법적 성격은 대다수의 견해
에 따를 때 범죄구성요건을 배제시키는 양해(Einverständnis)로 본다.32)
양해란 해당 구성요건의 행위개념 자체가 이미 피해자의 의사에 반하
는 것을 내용으로 하고 있기 때문에 피해자의 동의가 있으면 구성요
건해당성 자체가 인정되지 않는 것으로 본다.33) 예를 들어 절취, 주거
침입, 강간 등의 행위개념은 피해자의 의사에 반하는 것을 당연한 내
용으로 하고 있기 때문에, 피해자의 동의가 있으면 절취, 주거침입, 강
간 등의 행위 자체가 성립하지 않게 되며, 처음부터 절도죄, 주거침입
죄, 강간죄 등의 구성요건에 해당하지 않는다. 성범죄의 경우 성적 접
촉 그 자체는 일상 생활의 일부분이고 상해죄의 신체침해와 같이 원
칙적으로 그 자체가 금지되는 행위는 아니고 피해자의 의사에 반한
성적 행위만 단편적으로 금지의 대상이 된다.

그런데 견해에 따르면 피해자승낙(Einwilligung)과 구별되는 양해는
'사실적 의사'로서 족하기 때문에 어린 아이의 절취에 대한 동의나 기
망에 따른 하자있는 의사표시라도 그 효력에는 영향이 없다고 한다.34)
이러한 입장에서는 위의 사실관계에서 피해자인 14세의 여성이 착오
에 빠진 상태에서 동의를 하였더라도 그러한 동의는 사실상의 의사표
시로 유효하고 위계간음죄의 범죄구성요건을 배제하게 된다.35) 그런
데 양해를 반드시 자연적 또는 사실적 의미로만 이해해야 할 필요는
없다고 보인다. 행위자 측에서 실현해야하는 범죄구성요건표지가 기
술적인 것과 규범적인 것으로 구분될 수 있다면 범죄구성요건해당성
을 배제하는 피해자 측의 동의도 그에 상응하여 자연적인 것과 규범
적인 것으로 구별할 수 있다.36) 절도죄 또는 주거침입죄에 있어서 피

---

32) 피해자의 승낙으로 보는 견해로 대표적으로 이수진, 주4)의 글, 123면 이하.
33) 이재상 외, 형법총론, 제10판, 2019, 286면; 임웅, 형법총론, 법문사 2011, 257면.
34) 이정원, 주18)의 글, 16면 이하.
35) 이정원, 앞의 글, 16면.
36) 이러한 입장은 소위 개별설 내지 개별적 취급설에 속한다고 볼 수 있다. 여

해자의 동의는 사실적인 것으로 족하므로 아동의 동의에 다른 절취행위 내지 주거침입은 처벌되지 않지만 성범죄의 경우 사기죄와 마찬가지로 일종의 거래적 속성을 가지는 것으로[37] 상대방의 동의에 일정한 자격과 요건을 요한다고 하겠다.[38] 특히 성적 행위가 가지는 사회적 · 문화적 · 생물학적 · 의학적 의미를 고려할 때 성과 관련된 모든 사안들을 스스로 결정하기 위해서는 일정한 교육과 경험이 필수적이다. 시민들과 그들의 선택이 진정으로 자기결정에 의한 것이라고 보기 위해서는 적절한 교육, 대안의 현실적인 선택가능성, 그리고 개인의 내적 성찰을 가능하게 하는 적절한 정도의 문화적 뒷받침이 되어야 한다는 주장도[39] 이를 뒷받침한다. 판례도 아동 · 청소년 이용 음란물 제작과 관련하여 "영상의 제작행위가 헌법상 보장되는 인격권, 행복추구권 또는 사생활의 자유 등을 이루는 사적인 생활영역 범주 안에 있고 <u>사리분별력 있는 사람</u>의 정당한 자기결정권 행사에 해당한다고 볼 수 있는 예외적인 경우에는 위법성이 없다. 영상의 제작 행위가 이에 해당하는지 여부는 아동 · 청소년의 나이와 지적 · 사회적 능력, 제작목적과 그 동기 및 경위, 촬영 과정에서 강제력이나 위계 혹은 대가가 결부되었는지 여부, 아동 · 청소년의 동의나 관여가 자발적이고 진지하게 이루어졌는지 여부로 결정된다"고 하고 있는데,[40] 이는 양해로서 동의가 피해자 승낙과 마찬가지로 규범적 · 평가적 속성을 가지고 있음을 나타낸다고 보인다. 결론적으로 아동 · 청소년 위계간음죄에서 피해자의 동의가 사실상 이루어진 경우에도 그 유효성 여부는 피해자 승낙의 기준과 마찬가지로 검토될 수 있다.

기에 속하는 입장은 이재상 외, 주33)의 책, 287면; 손동권, "양해 · 승낙의 구분에 따른 구체적 법 효과 차이의 문제." 형사법연구 제23권 제3호, 2011, 105면.

37) Wolfgang Joechs · Christian Jäger, Studienkommentar StGB, 13. Aufl., Vor § 32 Rn. 21와 29 참조.

38) 임웅, 형법총론 제11판, 법문사 2019, 282면.

39) 이수진, 주4)의 글, 127면.

40) 대법원 1982.10.12. 선고 82도2183 판결. 밑줄은 필자에 의한 강조.

정리하면, 위계간음죄에서 피해자의 '유효한 동의 없이'는 기술되지 않은 범죄구성요건표지이고 이를 포함하여 해당 범죄구성요건을 완성한다면, 청소년성보호법 제7조 제5항은 "위계(僞計) 또는 위력으로써 아동·청소년을 그의 '유효한 동의없이' 간음하거나 ⋯ 한 자는"이라는 형태로 될 것이다.

Ⅳ. 동의의 유효성 판단에 있어서 위계의 의미

성범죄에서 범죄의 구성요건을 배제하는 유효한 동의가 되려면 동의가 동의자의 자유로운 의사결정에 기하여 자발적이고(freiwillig) 진지하게(ernsthaft) 이루어져야 한다. 자유로운 의사인지 아닌지는 규범적 판단의 문제이다. 강간죄에서 많은 경우 일정 자격을 갖춘 폭행 및 협박에 의해 동의가 이루어지면 이는 물론 동의자의 자유로운 의사결정에 기한 동의가 아니다. 이 경우 이미 내적으로 자유롭게 결정된 "싫다"는 의사가 행위자 측의 강압적 행위로 인해 제압·왜곡된 것이다. 그리고 위계행위, 보다 구체적으로 말해 기망행위에 의해 상대방이 착오를 일으키고 그러한 상태에서 의사결정을 한 것은 하자있는 의사결정으로 넓은 의미에서 자유로운 의사결정의 침해라고도 볼 수 있을 것이다.41) 그러나 위계에 의한 성적 자기결정권의 침해의 경우 보다 신중한 검토를 요한다.

참고로 의사표시의 유효성과 관련하여 다른 법제를 살펴보면 다음과 같다. 민법상 법률행위에 관한 규정인 민법 제109조 및 제110조에 따르면 법률행위의 내용의 중요부분에 착오가 있는 경우의 의사표시 또는 사기나 강박에 의한 의사표시는 무효가 아니라 취소할 수 있다. 행정법상 행정행위에 관해서도 행정행위(처분)는 권한이 있는 기관이 취소 또는 철회하거나 기간의 경과 등으로 소멸되기 전까지는 유효한 것으로 통용된다(행정행위의 공정력, 행정기본법 제15조). 다

---

41) 김성천, "청소년의 성보호", 중앙법학 제7권 제3호, 2005, 76면: "의사결정의 자유를 침해하는 수단".

수적 견해에 따르면 행정기관의 허가가 구성요건배제사유라면 죄형
법정주의의 엄격한 적용을 받아[42] 해당 허가가 하자가 있더라도 그
것이 효력을 갖는 한 구성요건을 배제하는 효력을 가진다. 이는 상대
방이 기망 등을 통해 해당 행정행위를 편취·약취한 경우에도 마찬가
지이다.[43]

　형사법의 경우에도 피해자의 동의가 양해로 해석되는 강간죄에서
기망에 의한 피해자의 양해는 효력이 있는 것으로 평가되어도 무방하
다는 견해,[44] 위계란 '의사에 반하는' 폭행·협박·위력 등을 사용하여
간음하는 경우와 달리 비록 하자 있는 의사표시이기는 하지만 피해자
의 동의를 전제로 하고 있다는 점에서 합의에 의한 간음으로 볼 수
있다는 견해 등이 있다.[45] 법익향유자가 처음에는 싫다고 말했지만 행
위자의 기망을 통해 마음을 바꾸어 동의하였다면 범죄행위시점에서는
더이상 거절한 것은 아니기 때문에, 이는 "의사에 반한" 것이 아니라
는 것이다.[46] 예컨대 어떤 여성이 처음에는 남성의 요구를 거절하였다
가 거짓 약속(예를 들어 일정 액수의 금전지급)을 통해 마음을 바꾸었다
면 그런 후 이루어진 성적 행위는 바뀐 의사에 부합하게 이루어진 것
이다.[47]

　그리고 우리나라 법률체계는 위계를 수단으로 하는 성적 침해를

---

42) 형법상 범죄구성요건을 배제하는 양해에 대해서도 이러한 죄형법정주의의 관
　점을 설명하고 있는 견해로는 이정원, 주18)의 글, 17면.
43) Jürgen Baumann 외, Strafrecht Allgemeiner Teil Lehrbuch, 12. Aufl., 2016, § 15 Rn.
　165; Claus Roxin·Luis Greco, Strafrecht Allgemeiner Teil Band I Grundlagen·Der
　Aufbau der Verbrechenlehre, 5. Aufl., 2020, § 17 Rn. 63. 행정기관의 허가가 정
　당화사유인 경우 허가 상대방이 허가에 대해 가지는 신뢰를 보호해야 할 필
　요가 있다면 그 허가는 정당화의 효과를 가지고, 허가 상대방이 기망, 협박,
　공모 등을 통해 위법하게 허가를 받은 경우 이는 권리남용에 해당되기 때문
　에 허가받은 구성요건적 행위의 위법성은 조각되지 않는다.
44) 손동권, 주36)의 글, 108면.
45) 이덕인, 주13)의 글, 262면; 박찬걸, 주21)의 글, 179면.
46) "의사에 반하는 위계"의 개념으로 박찬걸, 앞의 글, 179면.
47) Mohamad El-Ghazi, Der neue Straftatbestand des sexuellen Übergriffs nach § 177
　Abs. 1 StGB n.F., ZIS 2017, 164면.

일반의 성인을 대상으로 인정하지 않고 있다.48)49) 기존에 있었던 혼인
빙자 등에 의한 간음죄가 헌법재판소의 위헌결정으로50) 폐지됨에 따
라 일반 성인에 대한 위계간음죄는 존재하지 않는다. 독일의 경우에도
기망에 대해 성적 자기결정권은 보호되지 않는다고 한다.51) 대부분 위
계간음죄 등은 아동·청소년, 미성년자, 심신미약자, 피보호자·피감독
자, 장애인 등 성폭력범행에 특히 취약한 사람 등의 일정한 인적 범위
를 그 보호대상으로 한다. 형사 입법자의 이러한 태도를 고려하면 성
범죄에 있어 동의의 유효성을 판단할 때 위계는 원칙적으로 고려할
사항이 아닌 것이다.

그럼에도 불구하고 우리 입법자는 예외적으로 특정 인적범위를
대상으로 위계를 수단으로 한 성적 자기결정권 침해를 형법적으로 보
호하고 있다. 이는 비교법적 관점에서 독특한 입법이라고 한다.52)53)

아동·청소년 등의 위계·위력간음죄를 처벌하는 이유는 한편으로
동의하는 자가 의사형성 및 표시에 있어서 외부적 영향에 취약하다는
특수성과 다른 한편 위계·위력이 그러한 특수성을 가지는 자의 의사
형성 및 표시에 대해 가지는 영향에 있다. 다시말해 위계·위력이라는
행위수단은 일반인에 대해 강간죄의 폭행·협박만큼의 자유의지를 꺽
는 강제력을 가지지 못하지만 외부 영향에 민감하고 취약한 아동·청
소년에 대해서는 그만큼 의사결정의 자유에 영향을 미친다는 것이다.

48) 박찬걸, 주21)의 글, 174면.
49) 성인 대상 위계간음행위에 대한 처벌의 필요성을 주장하며 그 공백을 보충하
기 위해 처벌규정의 재도입이 주장하는 견해로, 김한기, "성폭력범죄에 대응
한 개정 형법에 관한 연구", 일감법학 제27호, 2014, 398면 이하; 박수희, "개
정형법상 성폭력범죄규정에 대한 비판적 검토", 법학논총 제32집 제4호, 2015,
186면.
50) 헌법재판소 2009. 11. 26. 선고 2008헌바58.
51) Thomas Fischer, Strafgesetzbuch mit Nebengesetzen, 66. Aufl., 2019, § 177 Rn. 2.
52) 이덕인, 주13)의 글, 258면.
53) 견해에 따라서는 다른 특수범죄가 성립하는 대안이 있는 경우(즉, 강간죄에
대해서는 미성년자간음죄 또는 위계에 의한 간음죄, 절도죄에 대해서는 사기
죄) 해당 범죄구성요건을 배제하기 위해 자연적 양해의사만으로 충분하다고
한다(손동권, 주36)의 글, 106면과 108면).

성적 자기결정권 침해라는 관점에서 위계 · 위력의 행위수단에서 부족한 부분이 피해자의 특징으로 보충되는 것이다. 그러나 이러한 설명은 위력간음죄에서는 타당하지만 위계간음죄의 경우 그대로 적용하기엔 다소 무리가 따른다. 위계의 수단이 상대방의 의사형성에 영향을 미친다는 것은 폭행 · 협박 · 위력이 상대방의 의사결정 및 실현의 자유를 침해한다는 것과는 질적으로 다르다. 전자의 경우 이미 결정된 내적 의사를 제압하는 것이 아니라 올바른 의사결정을 위한 토대를 뺏는다는 측면이 강하다. 물론 이는 넓은 의미에서 상대방의 의사형성과정에 부정적으로 영향을 미치는 것으로 우리 입법자는 이러한 위계수단도 아동 · 청소년의 성적 자기결정권의 특별한 보호필요성에 의해 금지시키고 있다. 그러나 자기결정권의 침해과정에서 위계와 위력이 가지는 이러한 질적 차이는 그 해석에 있어 고려되어야 하고 위계를 보다 엄격히 해석해야한다는 요청으로 나아간다.

   이상의 내용을 정리하면, 성범죄의 범죄구성요건을 배제하는 동의가 있는 경우 그 동의가 위계에 의한 경우에는 원칙적으로 동의의 유효성이 부정되는 것은 아니다. 그런데 우리 형사입법자는 아동 · 청소년 등의 일정한 인적 범위를 성적 행위의 대상으로 하는 경우 예외적으로 그 동의의 유효성을 부정하고 있는 것이다. 이때에 상대방의 동의는 무효로서 처음부터 존재하지 않은 것으로 취급된다. 이를 달리 표현하면, 행위자가 위계를 쓰면 피해자의 동의는 하자있는 동의가 될 것이지만 동의가 하자있다고 하여 그 동의는 당연히 무효가 되는 것은 아니다. 그런데 하자있는 동의 중에 무효가 되는 것만 위계간음죄로 처벌된다. 한국의 형사입법자의 취지는 하자있는 동의가 무효가 되려면 위계를 사용했다는 점만으로는 충분치 않고 그 상대방이 특수한 상황에 처해있어야 한다는 것이다. 상대방의 동의가 사실상 존재함에도 불구하고 그 동의의 유효성을 부정하여 위계간음죄를 인정하는 것은 행위자의 입장에서는 불리한 결정이다. 따라서 위계에 의한 성적 자기결정권의 침해여부를 판단할 때 위계의 의미를 엄격하게 해석해야하는 이유로 작용한다.

V. 위계의 대상

여기서는 가별적 위계의 범위로서 위계의 대상에 관하여 살펴보자. 일반 성인을 상대로 기망을 통해 간음행위에 대해 동의를 구했다고 한 유형을 살펴보면 다음과 같다. 일단 거짓말 그 자체는 형사처벌되는 행위가 아니고 여기에 더해 개인적 또는 사회적 손해가 발생해야 형법적으로 문제가 된다. 예컨대 거짓 사실을 주장함으로써 약혼에 이르게 한 자는 처벌할 수 없다. 성적 행위와 관련하여 형사법적으로 문제될 수 있는 것은 다음 네 가지 유형이 있다고 한다.54) ① 성적 행위의 속성에 관한 기망이 있는 경우이다. 이는 행위자가 자신의 행위의 성적 속성을 숨기는 경우이다. 예컨대 의사가 여성 환자를 치료하면서 환자가 설명한 증상을 치료하기 위해서는 의사의 손으로 성기를 자극하는 것이 필수적이라고 속이는 경우가 그러하다. ② 간음행위 상대방의 정체성에 관한 기망이 있는 경우이다. 예컨대 자신이 피해자의 남편이라고 속인 경우처럼 행위자가 자신의 진정한 정체성에 관하여 피해자를 속인 경우가 여기에 해당한다. ③ 행위자가 자신의 신체 상태에 대하여 속인 유형이다. 여기서 행위자는 상대방이 성적 행위의 여부 및 방법에 대한 동의결정을 할 때 중요한 자신의 신체적 정보를 숨긴 경우이다. 예컨대 행위자가 자신의 생물학적 성을 속인 경우나 HIV 감염등의 성병에 걸려있음을 속인 경우이다. ④ 기타 행위자의 속성, 동기, 의도에 대하여 기망한 유형이다. 여기서 행위자는 자신의 내적 또는 외적 상태를 속이고 피해자는 성적 행위를 할지 말지를 그러한 상태에 따라 결정하는 경우를 말한다. 예컨대, 수입 또는 직업 또는 혼인상태를 속이거나 혼인의사가 없음에도 불구하고 혼인을 빙자하여 간음하거나 지불할 의사가 없음에도

---

54) Eisa Hoven·Thomas Weigend, Zur Strafbarkeit von Täuschungen im Sexualstrafrecht, KriPoZ 3/2018, 15면 이하.

불구하고 매음의 대가로 성행위를 하는 것을 의미한다. 이 중 첫 번째와 두 번째 유형에서 행위자는 비록 피해자가 성인이라 하여도 자신의 기망행위를 통해 형사법이 보호하는 피해자의 성적 자기결정권을 침해하였다고 보기도 한다.55)

앞서 평석의 대상이 된 판결의 가장 큰 의의는 가벌적 위계의 범위를 확대하였다는 것이다. '위계'라 함은 행위자의 행위목적을 달성하기 위하여 피해자에게 오인, 착각, 부지를 일으키게 하여 이를 이용하는 것을 말한다. 과거 판례의 태도에 따르면 위계가 인정되려면 간음행위 자체에 대한 오인, 착각, 부지를 말하는 것이지 간음행위와 불가분적 관련성이 인정되지 않는 다른 조건에 관한 오인, 착각, 부지를 가리키는 것은 아니라고 하였으나 본 대상판결은 이러한 입장을 변경하였다. 왜곡된 성적 결정에 기초하여 성행위를 하였다면 왜곡이 발생한 지점이 성행위 그 자체인지 성행위에 이르게 된 동기인지는 성적 자기결정권에 대한 침해가 발생한 것은 마찬가지라는 점에서 핵심적인 부분이라고 하기 어렵고 피해자가 오인, 착각, 부지에 빠지게 되는 대상은 간음행위 자체일 수도 있고, 간음행위에 이르게 된 동기이거나 간음행위와 결부된 금전적·비금전적 대가와 같은 요소일 수도 있다는 것이다. 그러면서도 가벌성의 무한한 확장을 우려하여, "행위자의 위계적 언동이 존재하였다는 사정만으로 위계에 의한 간음죄가 성립하는 것은 아니"고 "위계적 언동의 내용 중에 피해자가 성행위를 결심하게 된 중요한 동기를 이룰 만한 사정이 포함되어 있어 피해자의 자발적인 성적 자기결정권의 행사가 없었다고 평가할 수 있어야 한다"고 하였다.

대상판례는 위계를 이렇게 넓게 인정하는 이유로 입법자의 의사를 들고 있다. 판례가 확인한 입법자의 의사는 "과거와 달리 오늘날에는 위계에 의한 간음죄를 아동·청소년, 미성년자, 심신미약자, 피보호자·피감독자, 장애인 등 성폭력범행에 특히 취약한 사람을 보호대상

55) Eisa Hoven·Thomas Weigend, 주54)의 글, 16면.

으로 하고 강간죄 등과 비견되는 독립적인 가벌성을 지닌 범죄로 규정하여, 행위자를 강력하게 처벌하려는 것으로 평가할 수 있다"는 것이다. 학설상 견해에 따르면 형법 제302조의 영역에서 동 규정이 강간죄에 대해 "사실상 보충적 구성요건으로서의 기능을 다할 수" 있도록 위계의 범위는 확대되어야 할 필요가 있다고 한다.[56]

그러나 이에 대해서는, 먼저 특수한 상황에 처한 일정한 인적 범위를 더욱 두텁게 보호하는 입법취지로부터. 위계의 범위가 확장되어야 하는 요청은 논리필연적인 것은 아니라는 점을 들 수 있겠다. 입법자의 입법취지는 이미 폭넓게 상향된 법정형의 조정으로도 충분히 달성되었다고 볼 수 있다. 법정형 상향과 별도로 구성요건의 폭을 확장하는 것은 가벌성을 지나치게 확장하는 위험을 내포한다. 오히려 형법상의 강간죄(3년 이상의 유기징역)보다도 아동·청소년 위계간음죄의 법정형(무기징역 또는 5년 이상의 유기징역)이 높다는 점을 고려하면 위계의 의미와 범위를 더욱 엄격하게 해석해야할 것이다. 판례와 다수적 견해에 따를 때 강간죄 성립을 위한 폭행·협박은 최협의로 이해해야 한다고 할 때 이것과의 형평성을 고려해야 한다. 물론 판례의 변경된 입장에 따를 때에도 모든 위계에 따른 간음행위가 본죄의 구성요건을 만족시키는 것은 아니고 "위계적 언동의 내용 중에 피해자가 성행위를 결심하게 된 중요한 동기를 이룰 만한 사정이 포함되어 있어 피해자의 자발적인 성적 자기결정권의 행사가 없었다고 평가할 수 있어야 한다"고 하여 그 제한을 가하고 있다. 그러나 이 또한 명확하지 않아 어떠한 동기가 성적 자기결정권의 행사에 있어 중요한 것인지 판단하기 어렵다.[57] 이러한 제한에도 불구하고 변경된 판례의 입장에 따르면 간음행위와 결부된 금전적·비금전적 대가와 같은 요소는 성적 자기결정권을 침해하는 중요한 요소로 보고 있다.

따라서 판례의 종전의 입장과 마찬가지로 피해자의 착오의 대상

---

56) 이덕인, 주13)의 글, 265면.
57) 김혜경, 주27)의 글, 29면.

은 아동·청소년 위계간음죄의 '구성요건적 행위'인 간음행위로 한정되어야 한다. 이는 죄형법정주의의 명확성원칙으로부터 도출된다고 보인다. 피해자 측의 착오는 위계간음죄에 있어 기술되지 않은 범죄구성요건표지로 볼 수 있는데 구성요건적 행위인 간음행위가 아닌 그 행위의 동기에 대한 착오까지도 여기에 포함된다면 이는 명확성원칙에 반할 소지가 있다.

보론으로, 범죄지배라는 형법도그마틱의 관점에서 피해자 측의 착오의 범위는 구성요건적 행위인 간음행위로 제한되어야 한다고 보인다. 범죄의 성립과정에서 착오는 행위자 및 공범자 그리고 피해자 측에서 발생할 수 있는데 그 효과는 다르다. 구성요건적 행위와 관련하여 행위자 측에 착오가 발생하면 이는 구성요건적 고의를 탈락시킨다. 즉, 주관적 귀속이 부정된다. 그러나 구성요건적 요소가 아닌 동기 내지 목적에 착오가 있었다 하여 이러한 효과가 발생하지는 않는다. 착오한 자를 이용하는 간접정범자의 경우에도 피이용자의 착오는 구성요건적 행위로 한정되고 피이용자의 동기 내지 목적의 착오는 배후자의 의사지배를 근거지우지 못한다.[58] 이러한 법리는 위계간음죄에서 피해자의 착오에도 적용될 수 있다고 보이는데 피해자의 형법적으로 중요한 착오는 피해자가 행한 범죄의 기여분을 피해자 자신의 몫으로 만들지 않고 착오를 야기한 자의 몫으로 돌린다. 그렇다면 성적 자기결정권의 침해는 궁극적으로 간음행위를 통해서 이루어질 수 있다는 점에서 피해자의 착오는 간음행위로 제한되어야 그러한 간음행위를 온전히 행위자의 행위로 귀속시킬 수 있을 것이다. 간음행위에 대해서는 착오가 없고 단지 그러한 행위의 동기에 대해서만 착오가 있다면 그러한 동기의 대상이 되는 사실관계에 대해서만 착오야기자가 책임져야 하지 간음행위 그 자체에 대해서는 책임질 필요가 없고 이는 피해자의 몫이다.

---

58) Kristian Kühl, Strafrecht Allgemeiner Teil, 8. Aufl., 2017, § 20 Rn. 49. 다만, 이에 대해서는 견해대립이 있다.

이를 종합하면 아동·청소년 위계간음죄의 경우에도 위계의 대상
은 구성요건적 행위인 간음행위이다.

그런데 구성요건적 행위로서 간음행위가 무엇인지에 대해서는 재
고를 요한다. 기존의 문헌에 따르면 간음행위는 그저 "남자의 성기를
여자의 성기에 삽입하는 것"으로 정의되는데,59) 이러한 단편적인 정의
로는 성적 자기결정권을 보호하고자 하는 동 범죄규정의 취지를 살리
지 못한다. 간음행위는 성행위로서 남녀간의 성기결합이 본질적 요소
이긴 하지만 그러한 요소만이 간음행위를 전부를 구성하지 못한다. 구
성요건적 행위로서 간음행위를 구성하는 요소는 그 밖에도 간음행위
의 시간, 장소, 방법, 성행위의 속성, 상대방 등을 들 수 있다. 성행위
가 언제, 어디서 이루어지고 어떠한 방식으로 진행되며 누구와 함께
하는 가는 성행위를 구성하는 본질적 요소이고 피해자 측에서 이러
한 요소에 대한 착오를 일으켰다면 이는 성적 자기결정권의 침해로
서 간음행위 자체에 대한 착오로 볼 수 있다. 이를 통해 기존의 대법
원 판례의 입장에 대해 가해졌던 비판, 즉 간음행위 그 자체에 관한
착오만을 위계에 포섭시킴으로서 위계간음죄를 너무 좁게 인정하여
위계간음죄가 사문화되었다라는 비판을60) 어느 정도 피해갈 수 있다
고 보인다.

그렇다면 앞서 언급한 착오에 따른 간음행위의 네 가지 유형 중,
행위속성과 상대방의 정체성에 관한 착오는 구성요건적 행위인 간음
행위 그 자체에 대한 착오로 볼 수 있고 행위자의 신체상태 또는 동
기, 의도에 관한 착오는 여기에 포함되지 않는다. 이러한 착오를 이용
하여 성관계를 맺었다면 상해죄 내지 사기죄가 성립할 수 있음은 별
론으로 하고 위계간음죄은 고려되지 않는다.61)

---

59) 김성돈, 주23)의 책, 173면.
60) 이덕인, 주13)의 글, 268면.
61) 사기죄가 성립한다는 견해, 박찬걸, 주21)의 논문, 176면.

VI. 사안에의 적용

대상판결의 사안을 분석하면 다음과 같다. 14세의 피해자는 피고인과의 간음시 성행위에 대해 동의한 상태였다. 문제는 이러한 피해자의 동의는 자신과 성행위를 하고 있는 상대방의 정체성에 관한 착오에 기인한다는 것이다.[62] 사실관계에서 피해자는 상대방이 고등학교 2학년 김○○의 선배로 알고 있었지만, 사실은 고등학교 2학년 김○○으로 자칭한 자였고 이러한 김○○은 실제로 본 사건과 전혀 무관한 자였다. 물론 피해자는 김○○이 아니라 김○○의 선배와 성관계를 맺기로 합의하였고 실제로는 피고인과 성관계를 맺었기 때문에 상대방의 정체성에 관한 착오가 아니라고도 할 수 있겠지만, 피해자의 입장에서는 지금 자신과 성관계를 맺고 있는 상대방이 원래 자신이 동의했던 자(고등학교 2학년 ○○○의 선배)가 아니라는 사실은 성행위로 나아가기로 의사결정을 내리는 데 중요한 사실이다. 성적 자기결정권에 의해 보호되는 성적 행위에는 성적 행위 상대방이 누구인가는 본질적 요소이다. 일반적인 설명에 따를 때 성적 자기결정권이란 언제, 어디서, 어떻게 그리고 누구와 성적 행위를 가질 것인가에 관해 자유이기 때문이다. 상대방의 정체성에 관한 착오는 성인인 피해자의 경우에도 성적 자기결정권 침해여부를 판단할 때 중요한 요소이다. 그렇다면 대상판결의 사안은 굳이 판례변경을 요하지 않더라도 기존의 판례입장에서도 충분히 가벌성이 있는 행위로 판단된다.

한편, 대상판결의 사실관계를 살펴보면 피고인은 김○○을 스토킹하는 여성으로도 행세하면서 피해자에게 자신도 김○○을 좋아하는데 그를 좋아하면 무엇이든 해야 한다고 도발하였다. 그리고 김○○으로 사칭한 피고인은 '스토킹하는 여성을 떼어내려면 나의 선배와 성관계

---

62) 사안에서 "피해자는 성교행위의 상대방을 특정하여 인식하고 있지 않았으므로 진의와의 불일치가 발생하였다고 평가할 수 없다"는 견해로는 김혜경, 주 27)의 글, 28면.

하면 된다'는 취지로 이야기하였다. 이러한 도발과 부탁은 여러 차례 반복되었는데 처음에는 거절하였던 피해자는 김○○과 헤어질 것이 '두려워' 김○○의 선배를 만나 성관계하는 데에 동의하게 되었다. 이런 점을 고려하면 제1심에서 부인된 '위력'에 의한 간음죄가 성립할 여지가 충분히 있다고 보인다. 판례에 따르면 위력이라 함은 피해자의 자유의사를 제압하기에 충분한 세력을 말하고, 유형적이든 무형적이든 묻지 않으므로 폭행·협박뿐 아니라 행위자의 사회적·경제적·정치적인 지위나 권세를 이용하는 것도 가능하며, '위력으로써' 간음 또는 추행한 것인지 여부는 행사한 유형력의 내용과 정도 내지 이용한 행위자의 지위나 권세의 종류, 피해자의 연령, 행위자와 피해자의 이전부터의 관계, 그 행위에 이르게 된 경위, 구체적인 행위 태양, 범행 당시의 정황 등 제반 사정을 종합적으로 고려하여 판단하여야 한다고 한다.63) 대상판결 사안에서 피해자는 그 동안의 온라인상의 만남을 통해 피고인과 친밀한 관계를 유지하였고 정신적·심리적으로 종속된 관계에 놓이게 된 것으로 보인다. 피고인의 비합리적인 부탁(스토킹하는 여성을 떼어내기 위해서 나의 선배와 성관계를 맺어달라)을 들어준 이유도 피고인과 피해자 간의 관계단절이 두려웠기 때문이다. 피고인은 비록 위계를 수단으로 사용하였지만 이는 결국 협박의 한 유형이고 나이 어린 피해자의 이러한 위축된 정신적·심리적 상태를 이용한 것으로 보이며 이를 통해 피해자의 입장에서는 최초의 거절 의사가 제압된 것으로 판단될 수 있다. 성인의 연인 사이에서 관계단절을 이유로 상대방의 성적 요구에 응하는 것은 사회적으로 상당한 것이지만 14세의 어린 여자아이의 경우에는 관계단절의 협박은 기 형성된 의사를 제압하기에 충분하다고 보인다.

---

63) 대법원 2005. 7. 29. 선고 2004도5868 판결.

[주 제 어]
성적 자기결정권, 아동·청소년, 위계, 착오, 간음, 인과관계, 동의의 유효성

[Stichwörter]
Sexuelle Selbstbestimmung, Jugendliche, Täuschung, Irrtum, Beischlaf, Kausalität, Wirksamkeit der Zustimmung

접수일자: 2021. 4. 26. 심사일자: 2021. 5. 21. 게재확정일자: 2021. 5. 26.

[참고문헌]

권오걸, 스마트 형법각론, 형설출판사 2011.

김성돈, 형법각론 제4판, 성균관대학교 출판부 2016.

김성천, "청소년의 성보호", 중앙법학 제7권 제3호, 2005.

김한기, "성폭력범죄에 대응한 개정 형법에 관한 연구", 일감법학 제27호, 2014.

김혜경, "문언의 해석과 객관적 귀속의 관점", 형사법연구 제33권 제1호, 2021.

김희정, "청소년기의 특성을 고려한 청소년과의 '합의'에 의한 성관계의 강간죄 처벌에 관한 고찰", 형사법의 신동향 통권 제51호, 2016.

류부곤, "미성년자 등 간음죄에 있어서 '위력'의 의미", 형사법연구 제25권 제1호, 2013.

박수희, "개정형법상 성폭력범죄규정에 대한 비판적 검토", 법학논총 제32집 제4호, 2015.

박찬걸, "청소년성보호법상 위계에 의한 아동·청소년 간음죄에 있어서 '위계'의 해석", 소년보호연구 제31권 제3호, 2018.

박혜진, "형법상 성적 자기결정권 개념에 대한 성찰", 형사법연구 제21권 제3호, 2009.

손동권, "양해·승낙의 구분에 따른 구체적 법 효과 차이의 문제", 형사법연구 제23권 제3호, 2011.

이덕인, "위계에 의한 아동·청소년 간음죄에서의 '위계'의 의미", 형사법연구 제28권 제4호, 2016.

이수진, "13세 이상 미성년자의 성적 자기결정권", 비교형사법연구 제17권 제3호, 2015.

이 얼·김성돈, "성적 자기결정권의 형법적 의의와 기능", 법학논총 제34권 제2호, 2010.

이정원, "법익주체의 동의로서 승낙과 양해", 법학논총 제16권 제2호, 2009.

임 웅, 형법총론 제11판, 법문사 2019.

장성원, "위계 간음죄에서 위계의 대상과 인과관계", 제332회 형사판례연구회(2020.11.2.) 발표문.

조 국, "강간죄 및 미성년자 등에 대한 위계간음죄 재론(再論)", 형사법연구 제28권 제4호, 2016.

허 황, "비동의 성범죄 신설에 관한 소고", 피해자학연구 제28권 제1호, 2020.

Claus Roxin · Luis Greco, Strafrecht Allgemeiner Teil Band I Grundlagen · Der Aufbau der Verbrechenlehre, 5. Aufl., 2020.

Eisa Hoven · Thomas Weigend, Zur Strafbarkeit von Täuschungen im Sexualstrafrecht, KriPoZ 3/2018.

Franz von Liszt, Lehrbuch des deutschen Strafrechts, 21. u. 22. Aufl., 1919.

Heike Jung · Karl-Ludwig Kunz, Das Absehen von Strafe nach § 174 IV StGB, NStZ 1982.

Jürgen Baumann · Ulrich Weber · Wolfgang Mitsch · Jörg Eisele, Strafrecht Allgemeiner Teil Lehrbuch, 12. Aufl., 2016.

Karl Lackner · Kristian Kühl, StGB Strafgesetzbuch Kommentar, 29. Auflage 2018.

Kristian Kühl, Strafrecht Allgemeiner Teil, 8. Aufl., 2017.

Münchener Kommentar zum StGB, 4. Auflage 2021.

Mohamad El-Ghazi, Der neue Straftatbestand des sexuellen Übergriffs nach § 177 Abs. 1 StGB n.F., ZIS 2017.

Thomas Fischer, Strafgesetzbuch mit Nebengesetzen, 66. Aufl., 2019.

Wolfgang Joechs · Christian Jäger, Studienkommentar StGB, 13. Aufl., 2021.

[Zusammenfassung]

Die Strafbarkeit des täuschungsbedingten Beischlafs mit Jugentlichen

Heo, Hwang*

In dieser Arbeit wird die höchstrichterliche Rechtsprechung zum strafbaren, täuschungsbedingten Beischlaf mit Jugentlichen analysiert. Zusammengefasst: Unser Strafgesetzgeber geht bei Jugendlichen auch vom Recht auf die sexuelle Selbstbestimmung aus, wobei er aber die Besonderheit von Jugendlichen mit berücksichtigt, dass sie unter Willensmängeln leiden. Der Unrechtskern der Straftat liegt nicht darin, dass der Täter durch Täuschung den Beischlaft kausal herbeigeführt hat, sondern darin, dass er damit die Wirksamkeit der Zustimmung des Opfers zur Tat hat entfallen lassen, also das Recht auf die sexuelle Selbstbestimmung verletzt hat. Die Täuschung schließt grundsätzlich die Wirksamkeit der Zustimmung nicht aus. Das sieht aber unser Strafgesetzgeber anders, wenn es sich beim Opfer um die Person handelt, die die oben gesagte Besonderheit aufweist. Hier entfällt die Wirksamkeit der Zustimmung durch die Täuschung. Nach der Rechtsprechung soll sich die Täuschung nicht auf den Beischlaf beschränken, sondern sie erstrecke sich auf die Motive oder (un)wirtschaftliche Gegenleistungen, die mit dem Beischlaft verbunden seien. Das ist aber nicht überzeugend. Aus dem Nullum crimen sine lege, vor allem Bestimmtheitsprinzip muss sich die Täuschung auf die tatbestandliche sexuelle Handlung beziehen. Aber der Begriff von Beischlaf umfasst nicht jedes wesentliche Element der tatbestandlichen Handlung. Die wesentliche Bestandteile sind: Ob das

---

* Korean Institute of Criminology, Research Fellow, Dr. iur.

Opfer welchem Täter wann, wo und wie beischläft. Wenn man so die tatbestandliche Handlung auslegt, dann wird die von der Rechtsprechung behandelte Fallkonstellation ohne Meinungsänderung von der Rechtsprechung mit dem gleichen Ergebnis gelöst.

아동·청소년 성착취물(아동·청소년 이용음란물)의 제작
─ [대법원 2018. 9. 13., 선고, 2018도9340, 판결] 아동·청소년의성보호에관한법률위반 (음란물제작·배포등) ─

김 한 균*

Ⅰ. 대상판결

1. 사안 개요

피고인은 2017년 카카오톡 메신저를 이용하여 당시 18세인 피해자에게 돈을 주겠다고 말한 다음 피해자 스마트폰에 부착된 카메라로 피해자 자위행위 등 음란행위 장면을 촬영하도록 지시하였다. 그에 따라 피해자가 자기 스마트폰에 부착된 카메라로 음란행위 장면을 촬영한 영상 6개를 전송받았다. 그리고 피고인이 가지고 있던 음란사진 3장을 피해자에게 전송하고, 피해자의 초등학생 동생의 음란동영상을 촬영하도록 협박했다가 미수에 그쳤다.

피고인은 피해자가 촬영한 동영상 파일을 피해자로부터 전송받기만 하였을 뿐 이를 저장하거나 유포하지 않았으므로 아동·청소년이용음란물 제작에 해당하지 않는다는 주장으로 항소하였다.

항소심은 그와 같이 촬영된 영상정보가 피해자 스마트폰 주기억

* 한국형사·법무정책연구원 연구위원, 법학박사

장치에 입력되는 순간 아동·청소년이용음란물 제작을 마쳤다고 판단하였다. 이에 따라 징역 2년 6개월과 성폭력 치료프로그램 80시간 이수를 선고하였다[1]

2. 대법원 판결(2018도9340) 요지 해설

(1) 사안의 주요쟁점

첫째, 아동·청소년을 이용한 음란물 제작을 처벌하는 이유

둘째, 아동·청소년 동의가 있더라도 구 아동·청소년의 성보호에 관한 법률 제11조 제1항의 '아동·청소년이용음란물의 제작'에 해당하는지 여부

셋째, 개인적인 소지·보관을 1차적 목적으로 제작하더라도 아동·청소년이용음란물 제작에 해당하는지 여부

넷째, 직접 아동·청소년의 면전에서 촬영행위를 하지 않았더라도 아동·청소년이용음란물을 만드는 것을 기획하고 타인으로 하여금 촬영행위를 하게 하거나 만드는 과정에서 구체적인 지시를 한 경우, 아동·청소년이용음란물 '제작'에 해당하는지 여부

다섯째, 아동·청소년으로 하여금 스스로 자신을 대상으로 하는 음란물을 촬영하게 한 경우에도 아동·청소년이용음란물 '제작'에 해당하는지 여부

여섯째, 아동·청소년이용음란물 제작의 기수 시기가 촬영을 마쳐 재생이 가능한 형태로 저장된 때인지의 여부

(2) 판결의 주요내용

첫째, 아동·청소년이용음란물은 직접 피해자인 아동·청소년에게 치유하기 어려운 정신적 상처를 준다. 이를 시청하는 사람에게까지 성에 대한 왜곡된 인식과 비정상적 가치관을 조장한다. 따라서 아동·청소년의 성보호에 관한 법률(청소년성보호법) 입법목적은 아동·청소년

---

1) 부산고법 2018. 5. 24. 선고 2017노756 판결.

을 대상으로 성적 행위를 한 자를 엄중하게 처벌함으로써 성적 학대나 착취로부터 아동·청소년을 보호하려는 데 있다.

둘째, 아동·청소년을 이용한 음란물 제작을 원천적으로 봉쇄하여 아동·청소년을 성적 대상으로 보는 데서 비롯되는 잠재적 성범죄로부터 아동·청소년을 보호할 필요가 있다. 특히 인터넷 등 정보통신매체 발달로 음란물이 일단 제작되면 제작 후 제작자 의도와 관계없이 언제라도 무분별하고 무차별적으로 유통에 제공될 가능성이 있다. 그러므로 아동·청소년 동의가 있다거나 개인적인 소지·보관을 1차적 목적으로 제작하더라도 아동·청소년이용음란물 제작에 해당한다.

셋째, 피고인이 직접 아동·청소년의 면전에서 촬영행위를 하지 않았더라도 아동·청소년이용음란물을 만드는 것을 기획하고 타인으로 하여금 촬영행위를 하게 하거나 만드는 과정에서 구체적인 지시를 하였다면, 특별한 사정이 없는 한 아동·청소년이용음란물 제작에 해당한다. 피고인이 아동·청소년으로 하여금 스스로 자신을 대상으로 하는 음란물을 촬영하게 한 경우에도 마찬가지이다.

넷째, 이러한 촬영을 마쳐 재생이 가능한 형태로 저장이 된 때에 제작은 기수에 이르고 반드시 피고인이 그와 같이 제작된 아동·청소년이용음란물을 재생하거나 피고인의 기기로 재생할 수 있는 상태에 이르러야만 하는 것은 아니다.

Ⅱ. 사안과 판례 분석

본 판례 사안은 현재 한국사회의 주요현안인 디지털성범죄 피해자 상당수가 아동·청소년이며 그 피해가 더욱 확대되고 있는 문제현실[2]을 고려할 때, 아동성착취물(아동포르노물)의 처벌근거와 아동성착취물 제작범죄의 의미를 다루었다는 점에서 의의가 있다.

---

2) 김지선 외, 아동·청소년 대상 성범죄 동향 및 추세 분석, 여성가족부, 2019, 219면; 전윤정, 디지털 아동·청소년성착취 근절 제도개선 현황 및 과제, NARS 현안분석 161, 2020, 1면.

판례의 구 아동·청소년의 성보호에 관한 법률(법률 제14236호, 2016. 11. 30. 시행)에 따르면 '아동·청소년이용음란물'이란 아동·청소년 또는 아동·청소년으로 명백하게 인식될 수 있는 사람이나 표현물이 등장하여 제4호(청소년의 성을 사는 행위)의 어느 하나에 해당하는 행위 (가. 성교 행위, 나. 유사 성교 행위, 다. 신체의 전부 또는 일부를 접촉·노출하는 행위로서 일반인의 성적 수치심이나 혐오감을 일으키는 행위, 라. 자위 행위)를 하거나 그 밖의 성적 행위를 하는 내용을 표현하는 것으로서 필름·비디오물·게임물 또는 컴퓨터나 그 밖의 통신매체를 통한 화상·영상 등의 형태로 된 것을 말한다(제2조 5호). 2020년 6월 개정 청소년성보호법(법률 제17338호)은 '아동·청소년이용음란물'을 '아동·청소년성착취물'로 내용은 같은데 용어만 변경하였다.

이하에서는 2018도9340판결을 중심으로, 아동성착취물 제작 처벌의 근거와 제작의 의미내용, 제작 기수시기에 관하여 법원이 살펴본 내용, 깊이 살펴보기를 생략한 내용, 그리고 그 판단의 내용에 대해 분석평가해 본다.

1. 아동에게 음란행위를 하게 한 행위, 아동의 성을 사는 행위, 아동성착취 행위

피고인은 피해아동에게 금품제공을 약속하고 피해자로 하여금 자신의 음란행위 장면을 촬영하도록 지시하여 그 영상물을 전송받았다. 따라서 금품제공을 약속하고 음란행위를 하게 한 행위와 이를 촬영 또는 촬영하도록 한 행위 두 가지가 범행 내용이다.

우선 음란행위를 하게 한 행위는 아동복지법상 '아동에게 음란한 행위를 시키는 행위'에 해당된다(아동복지법 제17조 2호). 음란행위를 시키는 행위를 한 자는 10년 이하의 징역 또는 1억원 이하의 벌금에 처한다(제71조 제1항 1의2호).

그런데 금품제공 또는 이를 약속하고 음란행위를 하게 한 행위는 아동청소년성보호법상 '아동 · 청소년의 성을 사는 행위'다. 즉 아동 · 청소년에게 금품이나 그 밖의 재산상 이익, 직무 · 편의제공 등 대가를 제공하거나 약속하고 성교 행위, 유사 성교 행위, 신체의 전부 또는 일부를 접촉 · 노출하는 행위로서 일반인의 성적 수치심이나 혐오감을 일으키는 행위, 자위행위 중 하나에 해당하는 행위를 아동 · 청소년을 대상으로 하거나 아동 · 청소년으로 하여금 하게 하는 행위에 해당된다(청소년성보호법 제2조 4호). 이는 동법 제13조 제1항의 아동 · 청소년의 성을 사는 행위로서 1년 이상 10년 이하의 징역 또는 2천만원 이상 5천만원 이하의 벌금에 처한다.

아동에게 음란행위를 시키는 행위에 비해 아동의 성을 사는 행위는 가해의 악의가 더 중할 뿐만 아니라 피해자의 취약성을 더욱 악화시켜 피해를 가중하기 때문에 가중처벌이 마땅한 대상이다.

따라서 본 사안에서 범죄내용은 아동의 성을 사는 행위를 영상화 또는 영상화하도록 한 행위다. 이는 청소년성보호법상 아동성착취행위에 해당된다. 아동 · 청소년이 등장하여 자위 행위를 하는 내용을 표현하는 것으로서 통신매체를 통한 화상 · 영상 형태로 된 것, 즉 아동 · 청소년성착취물을 제작한 것이다(청소년성보호법 제2조 5호, 제11조 제1항). 동법상 아동성착취물을 제작한 자는 무기징역 또는 5년 이상의 유기징역에 처한다(동법 제11조 제1항). 여기서 아동성착취물의 내용은 아동의 성을 사는 행위에 한정되는 것이 아니라, 성을 사는 행위내용으로 열거된 네 가지 행위(성교 행위, 유사 성교 행위, 신체 접촉 · 노출 행위로서 일반인의 성적 수치심이나 혐오감을 일으키는 행위, 자위행위)를 가리킨다.

2. 아동성착취물 제작 처벌의 근거

(1) 아동성착취물(child pornography) 개념이해

아동성착취물 또는 아동포르노물 개념에 대한 이해는 제작 등 범죄행위 양태와 처벌에 대한 판단의 기초가 된다. 실정법상 입법자 의사에 비추어 볼 때 아동성착취물은 아동을 대상으로, 아동을 성적 도구로 이용한 범죄결과물이며, 제작과 유포, 시청에 이르기까지 모두 그 자체로 아동·청소년에 대한 성착취 및 성학대가 된다. 아동성착취, 아동성학대, 아동을 대상으로 하는 음란물 의미는 법원의 해석을 통해 구체화될 필요가 있겠다.

가. 실정법 규정

현행 청소년성보호법의 기원인 2000년 제정 청소년의성보호에관한법률(법률 제6261호)에 따르면 청소년이용음란물은 청소년이 등장하여 청소년과의 성교행위, 청소년과의 구강·항문 등 신체의 일부 또는 도구를 이용한 유사성교행위를 하거나, 청소년의 수치심을 야기시키는 신체의 전부 또는 일부 등을 노골적으로 노출하여 음란한 내용을 표현한 것으로서, 필름·비디오물·게임물 또는 컴퓨터 기타 통신매체를 통한 영상 등의 형태로 된 것을 뜻한다(제2조 3호). 2000년법상 청소년이용음란물제작죄는 5년 이상의 징역에 처해진다(제8조 1항).

2005년 개정법(법률 제7801호)은 동법 목적인 '청소년에 대한 성폭력행위 등으로부터 보호'를 '청소년에 대한 성폭력행위 등 성적 착취·학대 행위로부터 청소년을 보호'로 규정하였으며(제1조), 제2조 3호의 청소년이용음란물 내용에서 종래 '청소년과의'라는 주체와 객체가 불분명한 문구를 삭제하고, '청소년의 수치심을 야기시키는 신체의 전부 또는 일부 등을 노골적으로 노출하여 음란한 내용을 표현한 것'을 '신체의 전부 또는 일부를 접촉·노출하는 행위로서 일반인의 성적 수치심이나 혐오감을 일으키는 행위'로 규정하며, 자위행위를 추가하였다. 이로써 청소년의 수치심이나 노골적 노출이 아니라 청소년 신체 접촉 또는 노출행위로서 일반인의 성적 수치심이나 혐오감을 일으킬 것이 청소년이용음란물의 내용표지가 되었다. 또한 '그 밖의 통신매체를 통한 화상·영상 등의 형태'로 개정하면서 화상을 추가하였다.

현행법제에서 화상과 영상은 구별된다. 예컨대 정보통신망 이용
촉진 및 정보보호 등에 관한 법률 제42조의2(청소년유해매체물의 광고
금지), 제44조의7(불법정보의 유통금지)에서 금지대상은 음란한 부호·문
언·음향·화상 또는 영상이다. 하지만 사전적 의미에서 화상과 영상은
구별되지 않고 용례상 동영상과 동화상은 같은 의미다. 영어로는 영상
은 image, 화상은 picture에 해당된다고 볼 수 있다. 생각건대, 2005년
개정 청소년성보호법에서 청소년이용음란물에 화상 형태를 추가한 이
유는 2005년 개정 정보통신망법(법률 제7262호)이 청소년유해매체물을
광고하는 내용의 정보를 '정보통신망을 이용하여 부호·문자·음성·음
향·화상 또는 영상 등의 형태'로 전송 또는 전시를 금지(제42조의2)하
도록 구체적 내용을 규정한데 따른 것으로 보인다. 동 정보통신망법
개정의 이유에 따르면, 사이버 공간에서 불법·유해정보가 확산되고
있어 대책마련이 시급하다는 국민적 공감대가 형성되었다는 것인바,3)
이에 비추어 볼 때 2005년 개정 청소년성보호법이 '컴퓨터 기타 통신
매체를 통한 화상·영상'이라 규정함은 사이버 공간에서 확산되는 모
든 형태 청소년음란물에 대한 빈틈없는 제재강화 취지로 보인다.

다시 2007년 개정 청소년성보호법(법률 제8634호)은 동법 목적규정
을 '청소년을 성범죄로부터 보호하고'로 개정하였고, 2009년 아동·청
소년의 성보호에 관한 법률로 전부개정하면서 '청소년'을 '아동·청소
년'으로 개정한 외에는 2020년 개정전까지 동법상 성착취 용어가 쓰이
지 않았다. '성착취'라는 용어는 2013년 개정형법상 제288조(추행 목적
약취·유인)과 제289조(인신매매)죄에서 노동력 착취, 성매매와 성적 착
취 목적의 약취·유인 또는 인신매매를 처벌하는 규정이 유일한 용례
였다.4)

---

3) 정보통신망이용촉진및정보보호등에관한법률 [법률 제7262호, 2004. 12. 30., 일부
   개정] 개정이유.
4) 2000년 12월 13일 우리나라가 서명한 국제연합국제조직범죄방지협약(United
   Nations Convention against Transnational Organized Crime) 및 인신매매방지의정
   서(Protocol to Prevent, Suppress and Punish Trafficking in Persons, Especially

아동·청소년이용음란물 개념에 관하여 2011년 개정 청소년성보호법(법률 제11047호)은 '아동·청소년이 등장하여'를 '아동·청소년 또는 아동·청소년으로 인식될 수 있는 사람이나 표현물이 등장하여'로 확장했다. 그 이유는 실제 아동·청소년이 등장하는지와 상관없이 아동·청소년이 성적 행위를 하는 것으로 묘사하는 각종 매체물의 시청이 아동·청소년을 상대로 한 성범죄를 유발할 수 있다는 점을 고려하여 잠재적 성범죄로부터 아동·청소년을 보호하려는 데 있다.5) 다만 헌법재판소의 지적6)을 고려하여 2012년 개정법(법률 제11572호)은 아동·청소년 또는 아동·청소년으로 '명백하게' 인식될 수 있는 사람이나 표현물이 등장하는 것으로 한정하였다(제2조 5호). 그리고 아동·청소년이용음란물제작죄는 무기 또는 5년 이상의 징역으로 가중되었다(제8조 1항).

2020년 6월 개정법(법률 제17338호)은 '아동·청소년이용음란물'을 '아동·청소년성착취물'로 내용은 같되 용어를 변경하였다. 용어변경의 이유는 아동·청소년을 대상으로 하는 음란물은 그 자체로 아동·청소

Women and Children, supplementing the United Nations Convention against Transnational Organized Crime)의 국내적 이행을 위한 입법이다(형법일부개정법률(법률 제11713호) 개정문). 인신매매방지의정서 규정으로부터 성적 착취라는 용어를 수용한 것으로 보인다. 즉 제3조가 규정한 인신매매란 착취를 목적으로 위협이나 무력의 행사 또는 그 밖의 형태의 강박, 납치, 사기, 기만, 권력의 남용이나 취약한 지위의 악용, 또는 타인에 대한 통제력을 가진 사람의 동의를 얻기 위한 보수나 이익의 제공이나 수령에 의하여 사람을 모집, 운송, 이송, 은닉 또는 인수하는 것을 말한다. 여기서 착취는 타인에 대한 성매매의 착취나 그 밖의 형태 성적 착취, 강제노동이나 강제고용, 노예제도나 그와 유사한 관행, 예속 또는 장기 적출을 포함한다.

5) 헌법재판소 2015. 6. 25. 선고 2013헌가17, 24, 2013헌바85 결정.

6) "아동·청소년으로 인식될 수 있는 표현물" 부분은 실제 아동·청소년이 등장하는 것으로 오인하기에 충분할 정도로 묘사된 표현물만을 의미하는 것인지, 아니면 단순히 그림, 만화로 표현된 아동·청소년의 이미지도 모두 이에 해당할 수 있는 것인지 판단하기 어려우므로 처벌되는 행위가 무엇인지 미리 예측할 수 있다고 할 수 없고, 그 판단을 법 집행기관이나 법관의 보충적 해석에 전적으로 맡기고 있으므로 자의적 법 해석 내지 집행을 초래할 우려마저 있다(반대의견. 헌재 2015. 6. 25. 2013헌가17).

년에 대한 성착취 및 성학대를 의미하는 것임에도 불구하고, 막연히 아동·청소년을 '이용'하는 음란물의 의미로 가볍게 해석되는 경향이 있다는 것이다. 따라서 아동청소년이용음란물이 '성착취·성학대'를 의미하는 것임을 명확히 하고자 함이다.[7] 물론 개정 이전 당해 규정은 단지 음란물이라는 표제를 사용하였을 뿐 그 내용에서는 아동포르노물(child pornography) 개념에 충실하였기 때문에, 음란이라는 용어가 사용되지 않았을 뿐 실제로 성풍속에 관한 표현물 정도로 가볍게 해석될 만한 내용은 없었다. 이미 성폭력범죄처벌특례법은 형법상 성풍속에 관한 죄 중 제243조(음화반포등), 제244조(음화제조등)를 성폭력범죄로 규정하고 있기도 하다(동법 제2조 제1항 1호).[8]

2012년 개정 이후 '아동·청소년 성착취물'의 실정법 개념은 일관되게 아동·청소년 또는 아동·청소년으로 명백하게 인식될 수 있는 사람이나 표현물이 등장하여 성교 행위, 유사 성교 행위, 신체의 전부 또는 일부를 접촉·노출하는 행위로서 일반인의 성적 수치심이나 혐오감을 일으키는 행위, 자위 행위 중 하나에 해당하는 행위를 하거나 그 밖의 성적 행위를 하는 내용을 표현하는 것으로서 필름·비디오물·게임물 또는 컴퓨터나 그 밖의 통신매체를 통한 화상·영상 등의 형태로 된 것을 말한다.

나. 판례의 태도

법원은 명확성 원칙과 법문언 및 법정형 각 규정들의 연혁에 비추어 다음과 같이 정의한다. 즉 '아동·청소년이용음란물'은 아동·청소년이나 아동·청소년 또는 아동·청소년으로 인식될 수 있는 사람이나 표현물이 등장하여 그 아동·청소년이 성교 행위, 유사 성교 행위, 신체의 전부 또는 일부를 접촉·노출하는 행위로서 일반인의 성적 수치심이나 혐오감을 일으키는 행위, 자위 행위나 그밖의 성적 행위를 하

---

7) 아동·청소년의 성보호에 관한 법률 [법률 제17338호, 2020. 6. 2., 일부개정] 개정이유.

8) 김한균, 신설 디지털성범죄 양형기준 평가, 형사정책연구 32(1), 2021, 104면.

거나 하는 것과 같다고 평가될 수 있는 내용을 표현하는 것이어야 한다.9) 현행법상 아동성착취물 규정과 거의 차이 없기 때문에 법원이 구체화한 해석내용은 없다.

또한 법원은 아동성착취물이 아동을 이용하는 음란물이 아니라, 아동·청소년을 대상으로 하는 음란물 그 자체로 아동·청소년에 대한 성착취 및 성학대가 된다는 점을 분명히 하여 그 처벌의 근거를 밝힌다. 즉 아동·청소년이용음란물은 그 직접 피해자인 아동·청소년에게는 치유하기 어려운 정신적 상처를 안겨줄 뿐만 아니라, 이를 시청하는 사람들에게까지 성에 대한 왜곡된 인식과 비정상적 가치관을 조장하기 때문에, 아동·청소년을 이용한 음란물 제작을 원천적으로 봉쇄하여 아동·청소년을 성적 대상으로 보는 데서 비롯되는 잠재적 성범죄로부터 아동·청소년을 보호할 필요가 있다는 것이다.10)

또한 법원은 '아동·청소년으로 인식될 수 있는 표현물'이란 사회평균인의 시각에서 객관적으로 보아 명백하게 청소년으로 인식될 수 있는 표현물을 의미한다고 본다. 따라서 개별적인 사안에서 표현물이 나타내고 있는 인물 외모와 신체발육에 대한 묘사, 음성 또는 말투, 복장, 상황 설정, 영상물 배경이나 줄거리 등 여러 사정을 종합적으로 고려하여 신중하게 판단한다.11)

그리고 헌법재판소는 아동으로 인식될 수 있는 표현물과 그 처벌에 관하여 명확성원칙과 과잉금지원칙에 반하지 않는다고 판단하였다. 즉 아동청소년성보호법의 입법목적, 가상의 아동·청소년이용음란물 규제 배경, 법정형 수준 등을 고려할 때, 아동·청소년으로 인식될 수 있는 사람은 일반인 입장에서 실제 아동·청소년으로 오인하기에

---

9) 대법원 2013. 9. 12. 선고 2013도502 판결.

10) 대법원 2015. 2. 12. 선고 2014도11501, 2014전도197 판결.

11) 피고인 1이 운영한 인터넷 웹하드 사이트인 '○○○○○○'에 피고인 4가 게시한 만화 동영상에 등장하는 표현물의 외관이 19세 미만으로 보이고, 극중 설정에서도 아동·청소년에 해당하는 표현물이 등장하여 성교 행위를 하는 점 등의 여러 사정을 종합하면, 이 사건 만화 동영상은 아동·청소년이용음란물에 해당한다(대법원 2019. 5. 30. 선고 2015도863 판결).

충분할 정도의 사람이 등장하는 경우를 의미한다고 본다. 아동·청소년으로 인식될 수 있는 표현물 부분도 아동·청소년을 상대로 한 비정상적 성적 충동을 일으키기에 충분한 행위를 담고 있어 아동 대상 성범죄를 유발할 우려가 있는 수준의 것에 한정된다고 볼 수 있다. 따라서 법관의 양식이나 조리에 따른 보충적인 해석에 의하여 판단 기준이 구체화되어 해결될 수 있으므로 죄형법정주의 명확성원칙에 반하지 아니한다.12)

또한 '그 밖의 성적 행위' 부분도 아동청소년성보호법 제2조 제4호에서 예시하고 있는 "성교 행위, 유사 성교 행위, 신체의 전부 또는 일부를 접촉·노출하는 행위로서 일반인의 성적 수치심이나 혐오감을 일으키는 행위, 자위 행위"와 같은 수준으로 일반인으로 하여금 성적 수치심이나 혐오감을 일으키기에 충분한 행위를 의미함을 알 수 있고, 무엇이 아동·청소년을 대상으로 한 음란한 행위인지 법에서 일률적으로 정해놓는 것은 곤란하므로 포괄적 규정형식을 택한 불가피한 측면이 있기 때문에 또한 죄형법정주의의 명확성원칙에 위배되지 아니한다.13)

특히 실제 아동이 아닌 가상의 아동·청소년이용음란물도 처벌하는 근거에 대해서는, 아동을 성적 대상으로 하는 표현물의 지속적 유포 및 접촉은 아동의 성에 대한 왜곡된 인식과 비정상적 태도를 형성하게 할 수 있고, 아동을 잠재적 성범죄로부터 보호하고 이에 대해 사회적 경고를 하기 위해서는 가상의 아동·청소년이용음란물의 배포 등에 대해서 중한 형벌로 다스릴 필요가 있다고 인정하였다. 가상의 아동·청소년이용음란물은 실제 아동·청소년이 등장하는 경우와 마찬가지로 아동·청소년을 상대로 한 비정상적 성적 충동을 일으키기에 충분한 정도의 것으로서 아동·청소년을 대상으로 한 성범죄로부터 아동·청소년보호를 위한 최소한의 불가피한 경우로 한정되며, 죄질과

---

12) 헌법재판소 2015. 6. 25. 선고 2013헌가17, 24, 2013헌바85 결정.
13) 헌법재판소 2015. 6. 25. 선고 2013헌가17, 24, 2013헌바85 결정.

비난가능성 면에서 일반적인 음란물과 차이가 있으므로 책임과 형벌 사이에 비례성을 상실하고 있다고 볼 수 없으며, 아동·청소년의 성보호라는 공익의 중대함을 고려할 때 과잉금지원칙에 위배되지 않는다. 또한 실제든 가상이든 모두 아동에 대한 비정상적 성적 충동을 일으켜 아동을 상대로 한 성범죄로 이어지게 할 수 있다는 점에서 죄질 및 비난가능성의 정도에 거의 차이가 없고, 법정형의 상한만이 정해져 있어 법관이 법정형의 범위 내에서 얼마든지 구체적 타당성을 고려한 양형의 선택이 가능하므로 형벌체계상 균형을 상실하여 평등원칙에 반한다고도 볼 수 없다.[14)

다. 비교법적 이해

① 국제적 기준

2020년 개정 청소년성보호법은 아동성착취물 규정에서 아동성착취에 대한 개념은 따로 규정하지 않았다. 한국도 1991년 비준한 유엔아동권리협약(Convention on the Rights of Child) 제34조에 따르면 아동청소년 대상 성착취(child sexual exploitation) 내지 아동성학대는 성매매 기타 불법적 성적 거래에 아동을 착취적으로 이용하는 행위, 음란행위와 아동음란물을 위해 아동을 착취적으로 이용하는 행위를 뜻한다. 2011년 유럽연합 규정[15) 제4조에 따르면 아동성착취는 음란물임을 알면서 음란행위에 아동을 이용하는 행위, 아동성매매에 아동을 이용하는 행위, 아동과 성매매를 하는 행위를 뜻한다. 국제규범에 비추어 볼 때 아동성착취개념은 현행 아동청소년성보호법상 제11조(아동·청소년성착취물의 제작·배포 등) 뿐만 아니라 제12조(아동·청소년 매매행위)제13조(아동·청소년의 성을 사는 행위 등), 제14조(아동·청소년에 대한 강요행위 등), 제15조(알선영업행위 등)에 상응하는 것으로 판단된다. 따라서 2020

---

14) 헌법재판소 2015. 6. 25. 선고 2013헌가17, 24, 2013헌바85 결정.

15) Directive 2011/93/EU of the European Parliament and of the Council of 13 December 2011 on combating the sexual abuse and sexual exploitation of children and child pornography, and replacing Council Framework Decision 2004/68/JHA

년 개정법이 아동성착취 개념을 수용함에 있어서 국제규범과 현행법 체계를 자세히 비교검토하였는지 의문이 남는다.

　물론 기본적으로 아동 성보호를 위한 형사법에서는 폭력과 착취의 구분선은 성인과 달리 뚜렷하지 않을뿐더러, 성인과 일정 연령미만 아동 사이 성행위는 그 자체로 폭력이자 착취라 보아야 할 것이다. 다만 폭행, 협박, 위계, 위력까지 부가된다면 형가중 사유로 고려한다.[16]

　한편 아동성착취물 내지 아동포르노물에 관하여 아동권리협약 선택의정서(Optional Protocol to the Convention on the Rights of Child) 제2조 (c)에 따르면 아동포르노물은 아동의 실제 또는 시뮬레이션된 명백한 성적 행위를 어떠한 수단에 의해서든 표현된 모든 형태의 표현물, 또는 성적 목적으로 아동의 성적 부위를 담은 모든 형태의 표현물이다.[17] 여기서 모든 형태의 표현물(any representation)에 대해 인터폴(INTERPOL)은 아동의 성적 행위나 성적 부위에 대한 성착취를 묘사하거나 조장하는 모든 형태로서 저작물, 음성물을 포함한다고 해석한다. 따라서 아동포르노물은 영상,화상형태의 묘사물(visual representations), 저술된 묘사물(written representations), 음성형태의 묘사물(audio representations)을 모두 뜻한다. 영상 화상형태의 묘사물에는 사진, 합성사진, 도화, 디지털 영상, 만화까지 포함된다.[18]

　유럽평의회(Council of Europe) 사이버범죄방지협약(Convention against Cybercrime) 제9조에 따르면 아동포르노물은 아동의 명백한 성적 행위, 아동으로 인식될 수 있는 자의 성적 행위, 실제 아동으로 인식될 수 있는 표현물의 성적 행위를 뜻한다.[19] 실제 아동으로 인식될 수 있는

16) 김한균, 아동·청소년 성보호 실질화를 위한 의제강간죄, 16세미만 간음죄 및 대상아동·청소년 규정 개정, 민주법학 71, 2019, 80면.
17) any representation, by whatever means, of a child engaged in real or simulated explicit sexual activities or any representation of the sexual parts of a child for primarily sexual purposes.
18) Alisdair Gillespie, Child Pornography- Law and Policy, 2011, 19-20면.
19) "visual depictions of a minor engaged in sexually explicit conduct … [,] a person appearing to be a minor engaged in sexually explicit conduct … [, and/or] realistic

표현물에 관하여는 만화와 회화까지 포함하는 처벌입법례와 실제 아동으로 인식되는 표현물에 한정하여 처벌하는 입법례로 갈린다.[20]

다만 아동음란물만큼이나 아동포르노물이라는 용어에 대해서도 포르노그라피가 일종의 합의된 성행위에 대한 표현물로서 표현의 자유 문제에 연관되기 때문에, 아동성착취 문제를 표현하기에 부적절하다는 지적이 끊임없이 제기되고 있다.[21] 그런 점에서 더 적절한 용어는 아동성학대 표현물(child sexual abuse images)이다.[22] 호주의 경우 노던테리토리주에서 아동학대물(child abuse material), 퀸스랜드주와 타스마니아주에서 아동착취물(child exploitation material)이라는 용어를 쓰기도 한다.[23]

생각건대 2000년 제정된 청소년이용음란물죄 규정으로부터 2020년 개정된 아동청소년성착취물죄규정에 이르기까지 아동포르노물에 관한 국제기준상 개념에 근접하는 방향으로 발전하는 과정이었다. 법은 아동성착취물의 개념을 애초 '청소년의 수치심을 야기시키는 신체의 전부 또는 일부 등을 노골적으로 노출하여 음란한 내용을 표현한 것'으로 규정하였던 것을 '신체의 전부 또는 일부를 접촉·노출하는 행위로서 일반인의 성적 수치심이나 혐오감을 일으키는 행위'로 명확히 하였다. 그리고 성교 및 유사성교, 노출접촉행위 외에 자위행위도 추가되었다. 이로써 성교 및 유사성교행위는 물론이거니와 청소년의 수치심 여부나 노골적 노출여부와 상관없이 청소년 신체 접촉 또는 노출행위로서 일반인의 성적 수치심이나 혐오감을 일으킬 것이 아동성착취물의 내용표지가 되었다.

국제기준은 어떠한 형태든지, 어떠한 수단을 통해서든지, 아동 또

---

images representing a minor engaged in sexually explicit conduct"

20) International Centre for Missing & Exploited Children (ICMEC) & United Nations Children's Fund (UNICEF), Online Child Sexual Abuse and Exploitation, 2016.
21) Alisdair Gillespie, Child Pornography, 2면.
22) M.Taylor & E.Quayl, Child Pornography: An Internet Crime, 2003, 7면.
23) Alisdair Gillespie, Child Pornography, 83면.

는 아동으로 인식될 수 있는 어떠한 성적 이미지화도 금지한다고 명
시한다. 우리 법규정은 실제 아동뿐만 아니라 아동으로 명백하게 인식
될 수 있는 표현물 모두 아동성착취물로 금지한다. 다만 화상 · 영상
등 형태의 표현물에 한정하고 있다.

② 미국과 영국 판례의 기준

2002년 미국 연방대법원 판례는 1996년 아동포르노물방지법(Child
Pornography Prevention Act)상 가상아동포르노물(virtual/fictitious child pornography)
금지 규정24)이 불명확하고 광범위하여 수정헌법 제1조 표현의 자유에
반한다고 판단한 바 있다. 당해 법규정의 문언인 '인식되는 (appears to
be)'과 '인상을 주는(conveys the impression)'은 불명확하다는 것이다.25)
그러나 동 판결은 실제 아동 뿐만 아니라 실제 아동과 구별되지 아
니하는 명백하게 아동으로 인식될 수 있는 표현물 금지를 부인한 것
은 아니다.26) 오히려 아동포르노물은 헌법이 보장하는 표현의 자유
의 보호대상이 아니며,27) 성적 착취와 학대로부터 아동 보호는 절대
적이다.28)

또한 1986년 판례는 아동에 대한 표현물이 "성기 또는 음부의 음
란한 노출"에 해당되는지 판단기준을 다음과 같이 제시한 바 있다.29)
첫째, 표현물의 초점(focal point of the visual depiction)이 아동의 성기나

---

24) 18 U. S. C. § 2256(8)(A) "any visual depiction, including any photograph, film,
   video, picture, or computer or computer-generated image or picture, that is, or
   appears to be, of a minor engaging in sexually explicit conduct,"
   §2256(8)(B) "any sexually explicit image that is advertised, promoted, presented,
   described, or distributed in such a manner that conveys the impression it depicts a
   minor engaging in sexually explicit conduct,"
25) Ashcroft v. Free Speech Coalition, 535 U.S. 234 (2002).
26) Alisdair Gillespie, Child Pornography, 2면.
27) New York v. Ferber, 458 U.S. 747 (1982).
28) 권양섭, 아동 · 청소년성보호법상의 아동음란물 판단기준에 관한 고찰, 법이론
   실무연구 3(1), 2015, 167-168면.
29) United States v. Dost, 636 F. Supp. 828 (S.D. Cal. 1986).

음부에 맞춰져 있는가, 둘째, 표현물의 배경, 즉 성적 행위에 연관된 장소나 몸의 자세가 외설적인가(sexually suggestive), 셋째, 등장하는 아동의 나이에 비추어 부자연스러운 자세나 부적절한 차림새(unnatural pose, or in inappropriate attire)가 표현되어 있는가, 넷째, 등장하는 아동이 옷을 입었는가 또는 나체상태인가, 다섯째, 표현내용상 성적 행위에 대한 수치심(sexual coyness)이 나타나는가, 여섯째, 시청자로 하여금 성적 반응을(sexual response in the viewer) 부추길 목적이나 의도가 나타나는가.

그리고 영국 법원[30]과 양형위원회[31]의 경우 아동성착취물의 성적 행위의 표현에 대하여 좀더 구체적인 판단척도를 정립하고 있다. 이 척도는 1990년대 런던경시청이 대학과 공동개발한 COPINE 10단계 척도[32]에 기초한 것이다. 이에 바탕을 둔 2020년 양형위원회 아동성착취물의 유형별 척도는 다음과 같다.

수준	아동성착취행위 표현	COPINE 유형
1	단순한 나체나 성적 자세 (Nudity or erotic posing with no sexual activity)	POSING - 옷을 입거나 반쯤 벗거나 나체상태의 아동을 의도적으로 표현 (정도나 배경상황과 배치에 성적 의도가 나타나는 경우)
2	아동간 성적 행위 또는 아동의 자위행위 (Sexual activity between children, or solo masturbation by a child)	EXPLICIT SEXUAL ACTIVITY - 아동 또는 아동사이의 신체접촉, 자위, 구강성교 또는 성교행위의 표현
3	아동과 성인간 삽입성교 이외 성적 행위(Non-penetrative sexual activity between adult(s) and child(ren))	ASSAULT - 성인의 아동에 대한 성폭력 상황의 표현 (디지털 성폭력 포함)
4	아동과 성인간 삽입성교	GROSS ASSAULT - 성인의 아동에

---

30) R v Oliver [2002] 1 Cr APp. R. at 467.
31) Sentencing Advisory Panel, The Panel's Advice to the Court of Appeal on Offences Involving Child Pornography, 2002
32) Taylor, M.; Quayle, E.; Holland, G. (2001). "Child Pornography, the Internet and Offending". The Canadian Journal of Policy Research. ISUMA. 2: 94~100면.

	(Penetrative sexual activity between child(ren) and adult(s))	대한 삽입성교, 자위 또는 구강성교 등 심각한 행위 표현
5	가학성 행위 또는 수간 (Sadism or bestiality)	피해아동이 결박당하거나, 구타, 채찍질 등 고통을 가하는 행위의 표현 또는 아동과 관련된 수간행위(animal is involved in some form of sexual behaviour with a child)의 표현

(2) 아동성착취물죄의 처벌

이처럼 실정법의 개정경과와 판례의 태도를 종합해 보면, 아동성착취물 제작·배포부터 시청·소지에 이르기까지 아동성착취물범죄는 성적 자기결정의 자유를 보호법익으로 하는 성폭력범죄와 건전한 사회성풍속을 보호법익으로 하는 성풍속범죄가 결합된 유형의 범죄라기보다는, 성인으로 하여금 '아동을 성적 대상으로 보는 일체의 행위'를 금지하는[33] 독자적인 새로운 범죄유형으로서 그 내용표지가 구성됨을 알 수 있다.

즉 성인에 대하여 아동을 대상으로 한 모든 성적 이미지화를 금지함으로써 '아동이 타인의 부적절한 성적 자극이나 물리력 행사가 없는 상태에서 심리적 장애 없이 성적 정체성 및 가치관을 형성할 권익'이 아동성착취 범죄의 보호법익이다.[34] 특히 실제 아동이 아닌 아동으로 명백하게 인식될 수 있는 표현물이 등장하여 성적행위를 하는 내용의 표현 금지는 아동이 건강한 사회구성원으로 성장할 수 있는 환경보장이 보호법익이라 할 수 있다.

판례가 언급한 '아동을 성적 대상으로 보는 행위'라 함은 아동성착취물범죄와 그 처벌 근거의 핵심을 가리킨다. 즉 아동성착취물범죄는 실제 아동의 피해를 반드시 전제하지 않는다. 금지와 처벌의 근거는 해당 성착취물이 제작자부터 시청자에 이르기까지 성적 욕구충족

---

33) 대법원 2018. 9. 13. 선고 2018도9340 판결.
34) 대법원 2006. 1. 13. 선고 2005도6791 판결.

(sexual gratification)의 도구라는데 있기 때문이다.35) 아동을 성적 대상으로 보고 성적 욕구를 충족하는 행위 또는 성적 욕구충족에 영향을 주는 행위가 금지되는 것이다.

정리하면, 첫째 아동성착취물 제작유포와 소지시청에 이르기까지 중하게 처벌하는 이유는 아동이 등장하는 성착취물 제작을 통해 필연적으로 피해아동에게 성폭력이 자행되며, 판매유포와 소지시청에 이르는 모든 과정은 그 자체로 제작을 통한 아동대상 성폭력을 조장하는 행위이기 때문이다.

둘째, 특히 제작과 시청행위는 아동성착취물 범죄연쇄의 시초와 종말로 연결되어 있다. 그 연쇄의 중간고리가 아동청소년성보호법 제11조가 규정한 수입, 수출, 판매, 대여, 배포, 제공, 운반, 광고, 소개, 전시, 상영, 알선, 구입, 소지 등 모든 행태인 것이다. 디지털성범죄로서의 특성은 최초 제작으로 인한 1차 피해는 시청까지 이르러가는 모든 연쇄과정에서 그 2차피해가 점점 더 가중된다는데 있다. 아동성착취물 범죄의 모든 형태를 중하게 처벌하는 이유다.

셋째, 아동으로 명백히 인식될 수 있는 표현물이 등장하는 성착취물 제작을 통해서는 제작자의 성에 대한 왜곡된 인식과 비정상적 가치관을 표현함으로써 이를 소지시청하는 사람들에게까지 아동의 성에 대한 범죄적 인식을 조장하며, 잠재적 아동대상 성범죄의 원인을 제공하기 때문이다.

3. 아동성착취물의 제작 개념과 요건

(1) 아동성착취물 제작의 의미

아동성착취물은 필름, 비디오물, 게임물, 컴퓨터나 통신매체를 통한 화상·영상 형태를 의미하므로, 그 제작은 촬영, 녹화, 편집을 포함한 화상·영상화작업을 의미할 것이며, 현실적으로는 대부분 디지털기

---

35) M.Taylor & E.Quayl, Child Pornography: An Internet Crime, 5면.; Alisdair Gillespie, Child Pornography, 23면.

술을 활용하는 방식일 것이다. 이와 관련하여 현행 성폭력처벌특례법 제14조(카메라 등을 이용한 촬영) 제1항의 '카메라나 그 밖에 이와 유사한 기능을 갖춘 기계장치를 이용하여 촬영'하는 행위, 제14조의2(허위영상물 등의 반포등) 제1항의 '사람의 얼굴·신체 또는 음성을 대상으로 한 촬영물·영상물 또는 음성물을 성적 욕망 또는 수치심을 유발할 수 있는 형태로 편집·합성 또는 가공'하는 행위에 비추어 아동성착취물 제작행위를 해석할 것이다.

그러나 형법 제244조의 음화제조죄에서 음화와 제조 개념은 본건 아동성착취물과 그 제작 개념과는 전혀 구별될 것이다. 형법상 음화제조죄가 규정한 음란한 도화라 함은 일반 보통인의 성욕을 자극하여 성적 흥분을 유발하고 정상적인 성적 수치심을 해하여 성적 도의관념에 반하는 것을 가리킨다. 도화의 음란성 판단은 당해 도화의 성에 관한 노골적이고 상세한 표현의 정도와 그 수법, 당해 도화의 구성 또는 예술성·사상성 등에 의한 성적 자극의 완화의 정도라는 관점에서 전체적으로 볼 때 주로 독자의 호색적 흥미를 돋우는 것으로 인정되느냐의 여부 등을 종합적으로 검토한다. 즉 당대의 건전한 사회통념에 비추어 공연히 성욕을 흥분 또는 자극시키고 또한 정상적인 성적 수치심을 해하고 선량한 성적 도의관념에 반하는지의 여부에 대한 판단 문제다.[36] 아동성착취물과 그 제작은 아동피해자에 대해서는 치유불가한 침해를 결과하고, 사회적으로는 왜곡된 성인식과 비정상적 가치관의 문제가 되기 때문에, 단순히 디지털화된 음화제조의 수준로 이해될 수 없는 중한 성폭력범죄인 것이다.

생각건대 아동성착취물 제작행위는 세 가지 유형으로 구분해 볼 수 있다. 첫째는 제작자가 직접 피해아동에게 성적 행위를 하고 이를 영상화하거나 영상화하도록 한 경우다. [제작유형 1] 둘째는 제작자가 타인의 피해아동에 대한 성적 행위 등을 영상화한 경우다. [제작유형 2] 셋째는 아동으로 명백히 인식될 수 있는 표현물이 등장하는 화상·

---

36) 대법원 1995. 6. 16. 선고 94도1758 판결.

영상을 제작하는 경우다. [제작유형 3]

가. 제작유형 1 : 직접 제작

제작유형 1에는 자신의 아동대상 성범죄(제2조 2호) 내지 성폭력범죄(제2조 3호)를 촬영해 배포, 판매하는 극악한 형태도 있다. 아동의 성을 사는 행위(아동청소년성보호법 제13조)도 동법상 성범죄다. 이는 자기의 범죄행위를 공연하게 공개하고 이를 판매해 수익까지 얻는 범죄행위다. 통상 자신의 범행은 은폐하기 마련인 것인데, 아동성착취물범죄를 비롯한 디지털성범죄 행태는 사이버공간의 은폐성 또는 적발곤란성을 악용하여 자신의 범행(증거물)을 과시적으로 공개하거나 이러한 범행물을 상품화하여 범죄수익까지 취한다는 점에서 기괴하기까지 한 형태의 범죄다. 범행을 촬영한 행위와 촬영물을 이용하는 행위는 피해자에게 1차 피해를 가중시킬 뿐만 아니라, 촬영물의 특성상 그보다 더 심각한 2차 피해가 지속되며, 피해아동을 범죄수익 착취의 수단으로 삼는다는 점에서 비교할 수 없을 정도로 죄질이 극악한 범죄다. 이러한 점이 아동성착취물 엄중처벌의 입법적 근거이며, 이는 법원의 판단에도 반영되어야 마땅하다.

그런데 아동성착취물의 내용은 아동의 성교행위, 유사성교행위, 노출접촉행위, 자위행위로서 아동대상 성범죄나 성폭력범죄에 한정되지 아니한다. 현실적으로 상당부분의 아동성착취물 제작의 대상은 2020년 개정 형법 제305조를 고려할 때 19세 이상 성인과 16세 이상 19세미만 아동간의 (성범죄 또는 성폭력범죄에 해당하지 아니하는) 성교행위, 유사성교행위, 성적 수치심이나 불쾌감을 유발하는 신체 접촉행위, 그리고 아동 스스로의 일반인의 성적 수치심이나 불쾌감을 유발하는 노출행위, 자위행위일 것이다. 16세 이상의 자는 성행위에 대해 동의할 수 있고, 노출이나 자위행위는 형사법 문제가 아니다. 아동간의 성교행위, 유사성교행위, 자위행위 역시 형사법상 금지대상이 아니다. 성폭력처벌특례법 제14조(카메라 등을 이용한 촬영) 제2항에 따르면 촬

영 당시에는 촬영대상자의 의사에 반하지 아니한 경우, 자신의 신체를
직접 촬영한 경우는 불법의 문제도 못된다.

그러나 성폭력처벌특례법의 특별법인 아동청소년성보호법은 합의
나 동의, 승낙 여부와 상관없이 그 대상이 아동·청소년일 경우 성적
행위가 필름, 비디오물, 게임물, 컴퓨터를 비롯한 통신매체를 통한 화
상·영상의 형태로 제작된다면 아동성착취물제작으로 본다는 의미다.
따라서 아동이 대상인 모든 성적 행위는, 그것이 성인과 아동간의 합
의된 성행위이든, 아동간의 합의된 성행위이든, 자위행위이든, 직접 자
신을 촬영한 행위이든지 화상·영상화된다면 아동성착취물이며 그 제
작부터 시청까지 모두 금지되는 것이다.

또한 상당부분의 아동성착취물 제작은 공개나 유포목적보다는 자
신 시청·소유 목적의 제작이라는 점도 살펴보아야 할 것이다. 본 사
안에서 피고인의 주장 또한 저장이나 유포의 의도가 없었다는 것이다.
그러나 현행법 제11조는 제작 이외 영리목적이나 그 밖의 판매, 배포,
구입, 소지, 시청에 이르는 각각의 행위를 별개 구성요건화하였고, 동
조 제1항의 제작죄 규정은 판매 유포를 전제하지 아니하므로, 본 판례
는 촬영 또는 촬영하도록 하는 행위만으로도 제작에 해당한다고 타당
한 판단을 하였다.37)

나. 제작유형 2 : 간접 제작

본 판례의 중요한 판단내용은 제작 자체가 피해아동에게 심각한
범죄피해가 될 뿐만 아니라, 범죄수단의 디지털화와 범죄공간의 사이
버화라는 현실과 디지털 기술의 특성을 적절하게 고려할 때, 아동성착
취물 제작자의 의도와 관계없이 (그리고 제작의 상대방이 된 아동의 의
사와도 관계없이) 언제라도 무분별하고 무차별적으로 유통에 제공될
위험성을 근원적으로 초래한다는 점을 아동성착취물 제작행위의 처벌
근거로 판단하였다는 점이다.38)

37) 대법원 2018. 9. 13. 선고 2018도9340 판결.
38) 대법원 2018. 9. 13. 선고 2018도9340 판결.

따라서 제작유형 2의 경우도 제작자가 타인의 아동대상 성범죄나 성폭력범죄를 교사하거나 아동이 성을 사는 행위를 알선하는 등의 행위를 통해 이를 영상화하는 경우 교사나 알선의 죄책은 별론으로 하고 역시 아동성착취물 제작에 해당될 것이다. 이 경우에도 제작자가 개인용 수집·소지의 목적이든 판매·배포의 목적이든 묻지 아니할 것이다.

다. 제작유형 3 : 아동으로 명백히 인식되는 표현물 제작

제작유형 3의 경우는 앞서 두 유형과 달리 실제 아동에 대한 직접적 피해가 없지만, 아동으로 명백하게 인식될 수 있는 표현물이 등장하는 경우다. 본 판례는 이러한 유형의 표현물 제작 역시 아동을 성적 대상으로 보는 데서 비롯되는 잠재적 성범죄 위험성으로부터 아동을 보호할 필요성, 그리고 제작된 성착취물이 유포될 경우 시청자 또한 왜곡된 성인식과 비정상적 가치관이 조장될 위험성에 근거하여 아동성착취물로 판단한다.[39]

판례에 따르면 '아동·청소년으로 인식될 수 있는 표현물'은 실제 사람과 달리 제작자가 만들어낸 것으로 표현물 고유의 나이는 존재하지 않고 다만 제작자가 그 나이를 설정한 것에 지나지 않는다. 표현물이 아동을 나타내고 있는지는 제작자가 그 표현물에 설정한 특징들을 통해 드러난다.[40] 따라서 제작유형 3의 아동성착취물 제작행위는 표현물의 특징 설정을 필연적으로 포함하며, 아동성착취의 의도가 제작유형 1, 2에 비해 오히려 더 제작행위를 통해 발현된다 할 것이다.

(2) 아동성착취물의 제작의 성립요건

가. 개인적인 소지·보관 목적 여부 및 피해자 동의여부

청소년성보호법은 아동성착취물 제작 등 범죄성립의 요건으로 그 행위의 의도를 묻지 않고 있다. 아동성착취물이 아동·청소년의 의사에 반하여 촬영되었는지 여부 또한 묻지 않고 있다.[41]

---

39) 대법원 2018. 9. 13. 선고 2018도9340 판결.
40) 대법원 2018. 9. 13. 선고 2018도9340 판결.

그 이유는 아동·청소년이용음란물은 그 직접 피해자인 아동·청소년에게는 치유하기 어려운 정신적 상처를 주기 때문이다. 뿐만 아니라, 이를 시청하는 사람들에게게까지 성에 대한 왜곡된 인식과 비정상적 가치관을 조장한다. 따라서 아동·청소년을 이용한 음란물 '제작'을 원천적으로 봉쇄하여 아동·청소년을 성적 대상으로 보는 데서 비롯되는 잠재적 성범죄로부터 아동·청소년을 보호할 필요가 있다. 특히 인터넷 등 정보통신매체의 발달로 음란물이 일단 제작되면 제작 후 제작자의 의도와 관계없이 언제라도 무분별하고 무차별적으로 유통되어 피해정도와 범위가 확대될 가능성이 높다.42) 이러한 점에 아동·청소년을 이용한 음란물 제작을 처벌하는 이유가 있다. 그러므로 아동·청소년의 동의가 있다거나 개인적인 소지·보관을 1차적 목적으로 제작하더라도 청소년성보호법 제11조 제1항의 '아동·청소년이용음란물의 제작'에 해당한다.43)

나. 직접 촬영과 촬영지시행위, 피해자 자신이 촬영케 하는 행위

본 사안에서 피고인은 피해자로 하여금 피해자의 카메라를 이용하여 자위행위를 촬영한 것을 전송받기만 하였을 뿐이라고 주장하였다. 법원은 피고인이 직접 피해아동의 면전에서 촬영행위를 하지 않았더라도 아동성착취물 제작을 기획하고 타인으로 하여금 촬영행위를 하게 하거나 제작과정에서 구체적 지시를 하였다면 아동성착취물 제작에 해당한다고 판단하였다.44)

현행법상 아동성착취물은 아동, 아동으로 명백하게 인식될 수 있는 사람, 아동으로 명백하게 인식될 수 있는 표현물이 성적 행위를 하는 내용이거나 성적 행위를 표현한 화상·영상물을 뜻하므로 그 제작 행위의 대상은 성착취물이고, 제작 행위의 양태는 제작자 본인이나 제

---

41) 대법원 2018. 9. 13. 선고 2018도9340 판결.
42) 강정은·김희진, 아동인권 관점에서 바라본 국내 아동 성착취 제도개선 과제, 이화젠더법학 11(1), 2019, 227면.
43) 대법원 2015. 2. 12. 선고 2014도11501, 2014전도197 판결.
44) 대법원 2018. 9. 13. 선고 2018도9340 판결.

작자의 지시를 받는 자의 촬영 등 행위면 족할 것이다.

아동성착취물 범죄행위자 유형기준에 따르면 시청(Browser), 개인적 도취(Private fantasy), 도발(Trawler), 공개수집(Non-secure collector), 위장수집(secure collector), 유인(Groomer), 신체적 학대(Physical abuser), 제작(Producer), 배포(Distributor), 모두 9가지 유형으로 나뉜다.[45] 여기서 제작자(producer)는 자신 또는 타인의 성착취행위를 촬영하거나, 아동 자신으로 하여금 성착취 이미지를 보내도록 유인하는 경우(induces child to submit images of themselves) 모두를 뜻한다.

4. 아동성착취물 제작의 기수 시기

본 사안 판결에 따르면 촬영을 마쳐 재생이 가능한 형태로 저장된 때 아동성착취물 제작이 기수에 이른다. 또한 피해자가 자신의 스마트폰에 부착된 카메라로 음란행위 장면을 촬영한 본 사안에서 촬영된 영상정보가 피해자의 스마트폰 주기억장치(computer memory)에 입력되는 순간 아동성착취물 제작을 마쳤다고 판단했다.[46]

판례는 아동성착취물 기수 시점을 재생가능형태로 저장된 때로 판단하는 것인지, 또는 주기억장치에 입력된 때로 판단하는 것인지 불분명해 보인다. 주기억장치는 CPU가 직접 접근하여 처리할 수 있는 고속의 기억장치(Memory)로 현재 수행되는 프로그램과 데이터를 저장한다. 주기억장치는 ROM(Read Only Memory)과 RAM(Random Access Memory)으로 구성된다. ROM은 기억된 내용을 읽을 수만 있는 기억장치로서 일반적으로 쓰기는 불가능하기 때문에, 판례가 말하는 주기억장치는 일반적으로 RAM을 가리킨다. 그런데 RAM은 자유롭게 읽고 쓸 수 있는 기억장치로 사용중인 프로그램이나 데이터가 저장되어 있지만, 전원이 꺼지면 기억된 내용이 모두 사라지는 휘발성 메모리다.

---

45) T.Krone, A typology of online child pornography offending, Trends and Issues in Crime and Criminal Justice,296, 2004, 4면.
46) 대법원 2018. 9. 13. 선고 2018도9340 판결.

판례가 말하는 주기억장치 입력은 저장이 아니다.

재생이 가능한 형태로 저장된다 함은 보조기억장치를 가리킨다. 보조기억장치는 컴퓨터에 내장된 HDD, SSD(Solid State Drive)와 CD, USB, DVD(Digital Video Disc), SD카드, 플래시 메모리(Flash memory) 카드 등을 말하며, 전원이 꺼져도 오프라인 상태에서도 정보를 기억하는 비휘발성 메모리다. 본 사안에서 스마트폰의 경우 저장장치는 내장된 낸드 플래시 메모리(NAND Flash memory) 또는 MicroSD 메모리 슬롯에 외부장착된 MicroSD 카드를 가리킨다. 플래시 메모리란 RAM보다 느리지만 전원이 꺼져도 지워지지 않는다.

그런데 보조기억장치 또는 스마트폰 저장장치에 저장 또는 재생 가능형태의 저장을 기수시점으로 잡는다면 문제가 있다. 왜냐하면 촬영과 동시에 라이브 스트리밍하는 형태도 제작에 포함될 수 있을 것이기 때문이다. 스트리밍은 큰 용량의 동영상을 압축기술을 이용하여 여러 개로 쪼개서 전송을 하기 때문에 하드디스크에 저장하지 않고 다운과 동시에 재생이 가능하게 된다. 따라서 아동청소년성보호법 제11조 제5항의 아동성착취물 소지·시청죄 해석과도 관련해서 의미가 있는 부분이다. 아동의 성행위를 영상 촬영과 동시에 생중계하는 경우라면 생중계는 배포·제공(동조 제2, 3항)이나 시청·소지(동조 5항)의 문제가 되겠지만, 중계를 위한 촬영을 아동성착취물 제작이 아니라고 보기도 어렵다.

또한 동법상 아동성착취물 제작죄는 아동성착취물죄 중에서 유일하게 미수범 처벌규정(동법 제11조 제6항)이 있는데 촬영을 하였으나 해당 영상정보가 저장되지 않았거나 재생불가능하게 될 경우 판례해석에 따른다면 미수가 된다. 아동성착취물을 금지하는 일차적 이유는 아동이 성적 행위의 대상이 되지 않도록 하는데 있기 때문에, 아동성착취물의 저장이나 재생 여부는 아동성착취물 제작죄 기수판단의 핵심이 되지 아니할 것이다.

생각건대 아동성착취물 제작유형 1이나 2의 고의로 제작을 위해 피해아동에게 성적 행위를 하거나 성적 행위를 하도록 한 때 실행의 착수가 있는 것이고, 이러한 성적 행위를 촬영한 때 제작의 기수에 이르렀다고 보아야 할 것이다. 제작 행위로서 성적 행위 영상 촬영을 일정시간 동안 진행하여 저장에 이르면 범행의 종료가 되고 여기에 이르기까지 시간적 계속을 요하므로 계속범의 형태가 될 것이다. 한편 아동성착취물 제작유형 3의 고의로 제작을 위해 아동으로 명백하게 인식될 수 있는 표현물을 제작하는 경우라면 표현물 제작에 착수할 때 실행의 착수가 있는 것이고, 화상·영상 등 형태로 표현물이 저장되었을 때 기수에 이르렀다고 구분하여 보아야 할 것이다.

[주 제 어]
청소년성보호법, 아동성착취, 아동·청소년성착취물, 아동·청소년이용음란물, 아동·청소년디지털성범죄

[Key Words]
Act on the Protection of Child from Sexual Violence, child sexual exploitation, child pornography, child pornography production, digital sex crimes against children

접수일자: 2021. 4. 26. 심사일자: 2021. 5. 21. 게재확정일자: 2021. 5. 26.

[참고문헌]

강정은·김희진, 아동인권 관점에서 바라본 국내 아동 성착취 제도 개선 과
    제, 이화젠더법학 11(1), 이화여대 젠더법학연구소, 2019
김지선 외, 아동·청소년 대상 성범죄 동향 및 추세 분석, 여성가족부, 2019
김한균, 아동·청소년 성보호 실질화를 위한 의제강간죄, 16세미만 간음죄
    및 대상아동·청소년 규정 개정, 민주법학 71, 민주주의법학연구회, 2019
김한균, 신설 디지털 성범죄 양형기준 평가 — 양형기준 설정의 진전과 답
    보, 형사정책연구 32(1), 한국형사정책연구원, 2021
권양섭, 아동·청소년성보호법상의 아동음란물 판단기준에 관한 고찰, 법이
    론실무연구 3(1), 한국법이론실무학회, 2015
전윤정, 디지털 아동·청소년성착취 근절 제도개선 현황 및 과제, NARS 현
    안분석 제161호, 국회입법조사처, 2020

Gillespie, Alisdair, Child Pornography- Law and Policy, Routledge, 2011
International Centre for Missing & Exploited Children & The United Nations
    Children's Fund, Online Child Sexual Abuse and Exploitation, 2016
Krone,T., A typology of online child pornography offending, Trends and Issues in
    Crime and Criminal Justice 296, 2004
Sentencing Advisory Panel, The Panel's Advice to the Court of Appeal on
    Offences Involving Child Pornography, 2002
Taylor, M. et al, Child Pornography, the Internet and Offending, The Canadian
    Journal of Policy Research, ISUMA 2, 2001
Taylor, M. & E.Quayl, Child Pornography: An Internet Crime, Psychology Press,
    2003

[Abstract]

Supreme Court's Decison 2018do9340 on the Crimes of Child Pornography Production

Kim, Han-Kyun*

This essay aims to review the decison of the Supreme Court on the Crimes of child pornography production. According to the Act on the Protection of Child from Sexual Violence, amended in the year of 2020, Article 11 (Production, Distribution, etc. of Child or Youth Pornography), any person who produces, imports, or exports child or youth pornography shall be punished by imprisonment for an indefinite term or for a limited term of at least five years.

Supreme Court's Decison 2018do9340 in the year of 2018 has admitted that the most vulnerable victims of digital sexual violence is children who must be protected against any sexual exploitation, such as production, ddstribution, or possession of any child pornography.

The Court understand that any form of visual dipiction of sexual activity between children, or solo masturbation by a child, or penetrative sexual activity between child and adult must be banned, as such depiction must make children their victims. Crime of producing child pornography requires intent to produce sexual material exploiting children only, and not any distribution or selling of such material. The court rules that crime of production shall be completed when the material has been digitally saved, but considering some forms of such crimes are committed by on-line streaming, the crime shall be completed when the criminal films or takes photos of child victim.

* Research Fellow, Korean Institute of Criminology and Justice, Ph.D.

특정범죄가중법 제5조의4의 성격 및 해석에 관한 판례 법리*

이 경 렬**

[대상판결] 대법원 2020. 5. 14. 선고 2019도18947 판결

[사실관계]

위 대상판결의 사실관계를 간략하게 정리하면 다음과 같다.[1]

① 피고인은 1996. 3. 28. 절도죄 등으로 징역 10년을 선고받고, 2008. 6. 27. 「특정범죄 가중처벌 등에 관한 법률」[2]위반(절도)죄 등으로 징역 3년을 선고받고, 2011. 10. 28. 특가법위반(절도)죄 등으로 징역 7년을 선고받아 2018. 8. 14. 그 형의 집행을 종료하였다.

② 그 후 피고인은 2019. 5. 16. 00:30경 동두천시에 있는 농협하나로마트 야외천막행사장에서, 피해자들이 영업을 마치고 퇴근하여 관리가 소홀한 틈을 이용하여 행사장 천막을 젖히고 안으로 침입하여 그곳에 있는 피해자 A 소유의 의류 및 지갑 등 합계 1,307,000원 상당 물건과, 피해자 B 소유의 시가 불상의 신발, 가방 등을 가지고 감으로써 누범기간 중 '야간에 건조물에 침입'하여 타인의 '재물을 절취'하였다.

---

* 이 논문은 2020년 7월 6일 zoom화상회의 프로그램을 이용하여 온라인으로 개최된 제329회 한국형사판례연구회에서 발표한 글을 수정·보완한 연구임.

** 성균관대학교 법학전문대학원 교수, 법학박사

1) 의정부지방법원 2019. 8. 29. 선고 2019고단2688 판결 참조(강조는 필자).
2) 위 법률의 공인된 약칭은 대법원 종합법률정보 시스템에 "특정범죄가중법"으로 표시되어 있지만, 이하 논의의 편의를 위해 통용되던 '특가법'으로 약칭함.

이로써 피고인은 절도 범행으로 세 번 이상 징역형을 받았음에도 다시 위와 같이 누범기간 중 야간에 건조물에 침입하여 타인의 재물을 절취하였다.

③ 한편 피고인은 2019. 5. 18. 10:00~14:00경 동두천시 상패로 소재의 피해자 C의 집에 이르러 재물을 절취할 생각으로 시정되지 않은 현관문을 열고 안으로 들어가 피해자의 '주거에 침입'하고, 방 안에 보관 중인 피해자 소유의 현금 12,000,000원을 가지고 나와 절취하였고, 이외에도 그때부터 2019. 6. 17.까지 위와 같은 방법으로 (별지 범죄일람표 기재와 같이) 9회에 걸쳐 타인의 '재물을 절취'하거나 절취하려다 '미수'에 그쳤다.

이로써 피고인은 피해자들의 주거에 침입하고, 절도 범행으로 세 번 이상 징역형을 받았음에도 다시 위와 같이 누범기간 중에 절도 및 절도 미수의 범행을 하였다.

[사건의 경과]

1) 위 범죄사실에 대해 제1심 법원에서는 특가법 제5조의4 제5항 제1호, 형법 제330조(야간주거침입절도의 점)를 적용하고(위의 [사실관계] ②와 관련하여), 각 특가법 제5조의4 제5항 제1호, 형법 제329조(절도의 점), 특가법 제5조의4 제5항 제1호, 형법 제342조, 제329조(절도 미수의 점), 각 형법 제319조 제1항(주거침입의 점, 징역형 선택)을 적용한(위의 [사실관계] ③과 관련하여) 후에, 누범가중(형법 제35조) 및 경합범가중(형법 제37조 전단, 제38조 제1항 제2호, 제50조, 제42조 단서)을 하여 피고인에 대하여 징역 2년의 실형을 선고하였다.[3] 그러자 피고인과 검사 쌍방은 양형과중을 이유로 항소하였다.

---

3) 의정부지방법원 2019. 8. 29. 선고 2019고단2688 판결 참조.

2) 항소심은 양 당사자의 항소이유에 대하여 판단하기에 앞서 직권으로 특가법 제5조의4 제5항을 형법 제8조 단서에서 말하는 '타 법령에 정한 특별한 규정'에 해당되는 '형법상 누범의 특별규정'으로 설시하고서, 피고인의 각 특가법위반(절도)의 죄에 대하여 누범가중에 관한 특별규정인 특가법 제5조의4 제5항 제1호를 적용한 후 다시 총칙상의 누범가중 조항인 형법 제35조를 중복적용한 원심판결에는 법령적용의 잘못이 판결에 영향을 미친 위법이 있는 것으로 보아 원심판결을 파기하고 다시 판결하여 피고인에 대하여 징역 2년을 선고하였다.[4] 이에 검사만이 특가법 제5조의4 제5항 규정의 해석에 관한 법리오해를 이유로 대법원에 상고하였다.

[판결요지]

위 대상판결에서 대법원 재판부[5]는 다음과 같은 요지의 이유를 설시하고서, 원심판결을 파기하고 사건을 환송하였다.

"2016. 1. 6. 법률 제13717호로 개정·시행된 특정범죄가중법 제5조의4 제5항은 (중략) 그 입법취지가 반복적으로 범행을 저지르는 절도사범에 관한 법정형을 강화하기 위한 데 있고, 조문의 체계가 일정한 구성요건을 규정하는 형식으로 되어 있으며, 적용요건이나 효과도 형법 제35조와 달리 규정되어 있다."

"위 법률 규정의 입법취지, 형식 및 형법 제35조와의 차이점 등에 비추어 보면, 이 사건 법률 규정은 형법 제35조(누범) 규정과는 별개로 (중략) 내용의 새로운 구성요건을 창설한 것으로 해석해야 한다. 따라서 이 사건 법률 규정에 정한 형에 다시 형법 제35조의 누범가중한 형기범위 내에서 처단형을 정하여야 한다."[6]

---

4) 의정부지방법원 2019. 11. 28. 선고 2019노2555 판결 참조.
5) 법원조직법 제7조(심판권의 행사) 제1항 단서 참조. 재판부는 대법관 박상옥(재판장) 안철상 노정희(주심) 김상환으로 구성.
6) 대법원 2020. 5. 14. 선고 2019도18947 판결.

[평 석]

I. 들어가는 말

[대상판결]은 2016. 1. 6. 법률 제13717호로 개정된 특가법 제5조의
4(상습 강도·절도죄 등의 가중처벌) 제5항 제1호의 성격과 형법상 누범
및 상습절도 등 관련 가중처벌 규정과의 관계에 대하여 판시하고 있
다. 여기서 대법원은 — 위 판결요지에서 적시한 바와 같이 — 이 사건
법률규정의 성격을 '새로운 내용의 구성요건 창설'로 이해하고, 이에
대해 형법총칙상의 누범 규정(제35조)을 적용하여 그 처단형을 정해야
한다고 판시하고 있다. 이와 달리 원심판결에서는 이를 총칙상의 '누
범가중에 관한 특별규정'으로 파악하여 이 사건에 대해 누범가중한 제
1심 판결에 법령적용의 위법이 있다고 판단하였다.

형사특별법에서 구성요건을 신설하는 것이 형법의 특별규정은 아
닐 것이지만, 이 사건 법률규정을 포함하고 있는 특가법 제5조의4 규
정의 도입과 신설, 개정에 대해서는 여러 차례에 걸쳐 합헌 내지 위헌
취지로 헌법재판소가 결정을 선고한 바가 있어 이 규정의 법적 성격
과 해석에는 특히 유의해야 할 점이 있다. 먼저 이 사건 특가법 제5조
의4는 사회적 불안조성에 엄중 대처하고 사회를 정화할 목적으로 "상
습적이고 조직적인 강·절도범이나 누범자에 대하여 처벌규정을 대폭
강화"하는 내용으로 제정된 특가법([시행 1966. 3. 26.] [법률 제1744호,
1966. 2. 23., 제정])에 처음 도입된 규정이다.[7] 다음으로 신설된 특가법
제5조의4 특히, 이 사건 법률규정은 이미 2번에 걸쳐 헌법재판소에서

---

7) [시행 1980. 12. 18.] [법률 제3280호, 1980. 12. 18., 일부개정]. 국회 의안정보시스
템에 따르면, 이 특가법 중 개정법률안은 1980. 11. 25. 정부가 국가보위입법회
의(1980-1981)에 제안되어 제13차 법제사법위원회(1980. 11. 29.)에서 수정가결되
었으며, 제7차 본회의(1980. 11. 29.)에 상정·의결되었다. 이 개정법률은 1980.
12. 2. 정부에 이송되어 같은 달 18일에 공포·시행되었다. 그 뒤 특가법은
2010. 3. 31. 법률 제10210호로 개정되면서 일부 자구가 수정되었지만, 그 내용
은 동일하게 유지되고 있다.

단순위헌 결정을 받은 사실이 있다.[8]

　현행규정은 위의 헌법재판소 위헌결정의 취지를 반영하여 2016년 1월 6일 법률 제13717호로 개정되어 같은 날로 시행되어 왔다. 이 사건 법률규정(특가법 제5조의4 제5항 제1호)과 동일내용으로 규정되었던 구 특가법 제5조 제1항의 법적 성격은 "상습범 가중규정"[9]으로 이해되어 형법 제35조 누범 적용의 대상이 될 여지가 있었다.[10] 그러나 헌법재판소의 결정에 따라 "형법상의 범죄와 똑같은 구성요건을 규정하면서 법정형만 상향 조정한" 특가법상의 과중된 가중처벌에 대한 위헌의 소지(素地)를 제거하기 위하여 현행법처럼 개정된 취지를 고려하게 되면, 이 규정의 법적 성격도 새로이 규명될 여지도 있을 것이다. 위의 [대상판결]과 그 원심판결은 바로 이 점에서 차이가 있다.

　이하에서는 먼저, 이 사건 법률규정의 도입과 개정 및 동 조항에 대한 헌법재판소의 위헌결정취지를 간략하게 정리한다. 다음으로 특가법 제5조의4, 여기서는 특히 상습절도 및 절도누범 관련 규정의 법적 성격과 형법상 누범가중처벌규정과의 관계를 검토하고, 이어서 절도의 수단으로 되어있는 주거등침입행위와 죄수(및 경합)판단에 대한 관련판례의 법리를 살펴본다. 항소심에서는 제1심 법원이 '절도와 관련'하여 형법총칙상의 누범가중을 한 것에 대해 직권으로 위법 판단하였음에도 불구하고 여전히 누범가중을 적용하여 제1심의 선고형과 동일하게 형을 선고하였기 때문이다. 즉, [대상판결] 및 제1심 법원의 판단은 특가법 제5조의4 제5항 제1호 위반의 반복범행 절도죄에 대하여 총칙상의 누범가중을 한데 반하여, 원심판결은 위 [사실관계] ③과 관련하여 '각 주거침입죄에 대하여' 누범규정을 적용하여 가중 처벌하고 있다. 끝으로 현행의 특가법 제5조의4 각 항의 규정내용과 그에 상응

　8) 헌법재판소 2015. 2. 26. 자 2014헌가16 결정 및 헌법재판소 2015. 11. 26. 자 2013헌바343 결정이 그것이다.
　9) 이주원, 특별형법, 제6판, 홍문사, 2020년 3월, 317면 참조.
　10) 문채규, "특정범죄가중처벌 등에 관한 법률 제5조의4 제5항 위반죄와 죄수관계", 형사법연구, 제22권 제4호, 한국형사법학회, 2010.12., 358면 각주 26) 참조.

하는 기존판례의 법리를 정리하면서 현행규정에 따라서 변경되어야
할 해석과 판례 법리를 정리하고자 한다. 이에 근거하여 위 [대상판결]
을 분석함으로써 환송후원심의 판단에 일조하고자 한다.

Ⅱ. 특가법 제5조의4 신설 및 개정 경과

1. 특가법 제5조의4(상습강·절도죄등의 가중처벌) 규정의 도입

전술한 바와 같이 특가법 제5조의4(상습강·절도죄등의 가중처벌)
규정은 1979년 12.12 사태이후의 어수선한 시대적 상황 하에서 정권을
잡은 신군부가 설치한 임시 입법기구인 국가보위입법회의(1980.10.28.~
1981.4.10.)에서 통과된 법률의 하나이다. 도입당시에는 특가법 제5조의
4 제1항부터 제5항까지 규정되어 있었으나 2005. 8. 4. 법률 제7654호
일부개정을 거쳐 동조에 제6항이 추가·신설되었다.

구 분	주요골자	제안이유
법률 제3280호, 1980.12.18., 일부개정	1. 常習절도범이나 5人以上이 集團을 構成하여 절도죄를 犯한 때에는 無期 또는 3年以上의 懲役으로 加重處罰하도록 함(第5條) 2. 常習强盜犯에 對하여 死刑 無期 또는 10年以上의 懲役으로 加重處罰하도록 함(第5條) 3. 常習贓物事犯에 대하여 無期 또는 3年以上의 懲役으로 加重處罰토록 함(第5條) 4. 强·절도·贓物事犯의 累犯者에 대하여도 위"가"내지"다"의 例에 따라 加重處罰토록 함(第5條)	강도·절도범 등 불량배는 (중략) 사회불안을 조성하고 있음에 비추어 상습적이고 조직적인 강·절도범이나 누범자에 대하여 처벌규정을 대폭강화하여 동사범을 엄단하고 사회정화를 기하고자 하는 것임.
법률 제7654호, 2005.8.4., 일부개정	제5조의4에 제6항을 다음과 같이 신설한다. ⑥ 제1항 또는 제2항의 죄로 2회 이상 실형을 받아 그 집행을 종료하거나 면제받은 후 3년 이내에 다시 제1항 또는 제2항의 죄를 범한 때에는 그 죄에 정한 형의 단기의 2배까지 가중한다.	상습절도 등으로 2회 이상 실형을 받아 그 집행을 종료하거나 면제받은 후 3년 이내에 다시 동종의 죄를 범한 때

		에는 그 죄에 정한 형의 단기의 2배까지 가중하도록 하려는 것임.

2. 2010년 3월 법률 제10210호에 의한 전문개정

특가법 제5조의4는 '법치국가에서의 법 문장을 일반국민이 쉽게 읽고 이해하여 잘 지킬 수 있도록, 어려운 법률용어를 쉬운 우리말로 풀어쓰고 복잡한 문장은 그 체계를 정리하여 간결하게 다듬음으로써 일반인이 이해하기 쉽고 국민의 언어생활에도 맞게 관련 규정을 정비' 하려는 취지에서 2010년 3월 일부개정 법률(법률 제10210호, 2010. 3. 31, 일부개정)에 의하여 아래의 표와 같이 전문개정되었다.

현 행 [법률 제7654호, 2005. 8. 4., 일부개정]	개 정 안 [법률 제10210호, 2010. 3. 31., 일부개정]
제5조의4(상습 강도·절도죄 등의 가중처벌) ① 상습으로 형법 제329조 내지 제331조의 죄 또는 그 미수죄를 범한 자는 무기 또는 3년 이상의 징역에 처한다.	제5조의4(상습 강도·절도죄 등의 가중처벌) ① 상습적으로 「형법」---------------------------------사람은----------------------.
② 5인 이상이 공동하여 제1항의 죄를 범한 자는 무기 또는 5년 이상의 징역에 처한다.	② 5명-----------사람은-------------------------------.
③ 상습으로 형법 제333조·제334조·제336조·제340조제1항의 죄 또는 그 미수죄를 범한 자는 사형·무기 또는 10년 이상의 징역에 처한다.	③ 상습적으로 「형법」---사람은 사형, 무기------------------------.
④ 형법 제363조의 죄를 범한 자는 무기 또는 3년 이상의 징역에 처한다.	④ 「형법」---------------사람은----------------------.

⑤형법 제329조 내지 제331조와 제333조 내지 제336조·제340조·제362조의 죄 또는 그 미수죄로 3회 이상 징역형을 받은 자로서 다시 이들 죄를 범하여 누범으로 처벌할 경우도 제1항 내지 제4항과 같다. ⑥제1항 또는 제2항의 죄로 2회 이상 실형을 받아 그 집행을 종료하거나 면제받은 후 3년 이내에 다시 제1항 또는 제2항의 죄를 범한 때에는 그 죄에 정한 형의 단기의 2배까지 가중한다. <신설 2005.8.4.> [본조신설 1980.12.18.]	⑤ 「형법」 제329조부터 제331조까지, 제333조부터 제336조까지 및 제340조·제362조의 죄 또는 그 미수죄로 세 번 이상 ------사람이-----------누범(累犯)으로 처벌하는 경우에도 제1항부터 제4항까지의 형과 같은 형에 처한다. ⑥-------------------두 번 이상 실형을 선고받고 그 집행이 끝나거나 면제된 후 ------------------------------------ 경우에는 그 죄에 대하여 정한 형의 단기(短期)의 2배까지 가중한다. [전문개정 2010.3.31.]

3. 헌법재판소의 위헌 결정

1) 헌법재판소 2015. 2. 26.자 2014헌가16 결정[특가법 제5조의4 제1항 위헌제청 등]

한편 헌법재판소는 2015년 2월 26일 특가법(2010. 3. 31. 법률 제10210호로 개정된 것) 제5조의4 제1항 중 형법 제329조에 관한 부분, 같은 항 중 형법 제329조의 미수죄에 관한 부분, 같은 조 제4항 중 형법 제363조 가운데 형법 제362조 제1항의 '취득'에 관한 부분은 위헌이라고 결정하였다.

위 단순위헌결정의 요지는 "일반법에 대비되는 특별법은 개념적으로 특별법의 구성요건이 일반법의 모든 구성요건을 포함하면서 그 밖의 특별한 표지까지 포함한 경우"를 의미하는데, "특가법에서 말하는 가중처벌도 단순히 법정형만의 가중을 뜻하는 것이 아니라 일반법 조항의 구성요건 이외에 특별한 구성요건 표지를 추가한 가중처벌의 근거를 마련하는 것을 포함한다"고 해석되어야 한다.11)

---

11) 헌법재판소 2014. 4. 24.자 2011헌바2 결정; 헌법재판소 2014. 11. 27.자 2014헌

그런데 위 "심판대상조항은 별도의 가중적 구성요건표지를 규정하지 않은 채 형법 조항과 똑같은 구성요건을 규정하면서 법정형만 상향 조정하여 어느 조항으로 기소하는지에 따라 벌금형의 선고 여부가 결정되고, 선고형에 있어서도 심각한 형의 불균형을 초래하게 함으로써 형사특별법으로서 갖추어야 할 형벌체계상의 정당성과 균형을 잃어 인간의 존엄성과 가치를 보장하는 헌법의 기본원리에 위배될 뿐만 아니라 그 내용에 있어서도 평등원칙에 위반"되므로, 헌법재판소는 관여 재판관들의 일치된 의견으로 위헌으로 결정하였다.[12]

2) 헌법재판소 2015. 11. 26.자 2013헌바343 결정[특가법 제5조의4 제6항 위헌소원]

나아가 2015일 11월 26일에는 위 특가법 제5조의4 제6항 중 '제1항 또는 제2항의 죄로 두 번 이상 실형을 선고받고 그 집행이 끝나거나 면제된 후 3년 이내에 다시 제1항 중 형법 제329조에 관한 부분의 죄를 범한 경우에는 그 죄에 대하여 정한 형의 단기의 2배까지 가중한다.'는 부분은 헌법에 위반된다고 판시하였다. "위헌으로 결정된 법률은 별도의 절차 없이 효력을 상실하기 때문에" 법전에서 외형적으로 삭제되지 않는다고 하더라도 "실질적으로는 법률폐지와 유사한 법적 효과"를 가지기 때문이다.

전술한 헌법재판소 2014헌가16 결정에서 위헌으로 선언된 특가법 제5조의4 제1항 중 형법 제329조에 관한 부분은 그 문언이 형식적으로 존속하고 있더라도 법질서에서 아무런 작용과 기능을 할 수 없고, 따라서 그에 근거해서는 어떤 행위라도 처벌될 수 없으므로 특가법 제5조의4 제6항 중 "제1항의 죄를 범한 경우"에 '제1항 중 형법 제329조에 관한 부분의 죄를 범한 경우'는 포함되지 않는다고 해석되어야

바224 결정 등 참조.

12) 헌법재판소 2015. 2. 26. 자 2014헌가16 결정 참조(강조는 필자에 의함). 헌법재판소 전원재판부는 재판관 박한철(재판장) 이정미 김이수 이진성 김창종 안창호 강일원 서기석 조용호로 구성되었다.

하는 것은 당연하다.

그런데도 특가법 제5조의4 제6항은 이 조항으로 처벌되는 행위에 상습절도가 포함되는가에 대하여 수범자인 일반국민이 쉽게 예견할 수 없고, 또 범죄성립여부에 대해서는 법률전문가조차도 법해석상의 혼란을 야기할 정도로 불명확한 상태로 존속하고 있으므로, 동조항의 구성요건은 죄형법정주의의 명확성원칙에 위배된다. 그 뿐만 아니라 특가법 제5조의4 제6항에서의 법정형은 "그 죄에 대하여 정한 형의 단기의 2배까지 가중한다."고 규정되어 있는데, 여기서 '그 죄에 대하여 정한 형'이 특가법 제5조의4 제1항의 죄에 대하여 정한 형을 가리키는 것인지, 아니면 형법 제332조(상습범)가 정한 형을 가리키는 것인지도 명확하지 않다. 따라서 위 심판대상조항은 그 법정형이 불명확하다는 측면에서 죄형법정주의의 내용인 형벌법규의 명확성원칙에 위배된다.13)

---

13) 헌법재판소 2015. 11. 26. 자 2013헌바343 결정(강조는 필자에 의함). 다만 다음과 같은 [재판관 이진성, 재판관 김창종의 반대의견]이 있었다. 즉, "심판대상조항은 특가법 제5조의4 제1항을 인용하여 그와는 별개의 구성요건과 법정형을 창설한 규정이다. 위헌으로 결정된 법률조항은 그 효력이 상실될 뿐이고, 그 조항의 문언 자체가 없어지는 것은 아니다. 2014헌가16등 결정으로 인하여 '특가법 제5조의4 제1항 중 형법 제329조에 관한 부분'은 효력을 상실하였으나, 그 문언 자체는 여전히 존속하고 있으면서 이를 인용하고 있는 심판대상조항의 구성요건으로 기능하고 있다. 심판대상조항은 위 위헌결정에도 불구하고 그 효력을 유지한 채 계속 적용될 수 있다.
2014헌가16등 결정이 선고된 후 심판대상조항의 적용 가부에 대한 논란이 있었으나, 이러한 논란은 위헌결정의 법적 효과를 그 대상인 법률조항의 문언까지 삭제시키거나 이를 삭제시킨 것과 동일한 효과가 발생하는 것으로 오해하는 데서 비롯된 것이지, 심판대상조항의 구성요건이 위 위헌결정으로 인하여 불명확해졌기 때문이 아니다. 심판대상조항의 구성요건은 위 위헌결정 전후로 아무런 변경이 없고 위 위헌결정 이후에도 여전히 명확하다. 심판대상조항의 법정형을 규정하고 있는 부분, 즉 "그 죄에 대하여 정한 형"이 특가법 제5조의4 제1항의 죄에 대하여 정한 형을 가리키는 것임은 문언상 명확하다.
따라서 심판대상조항은 죄형법정주의의 명확성원칙에 위배되지 않고, 그밖에 책임원칙 등에도 위배되지 않으므로 헌법에 위반되지 않는다."(강조는 필자에 의함). 앞에서 필자의 강조와 같이 반대의견은 특가법 제5조의4 제6항은 헌법재판소 2014헌가16등 결정에서의 위헌결정이후에도 여전히 명확하고 또 "그

4. 현행법으로의 개정

이에 국회 법제사법위원회는 2015년 12월 8일 이미 국회에 제출되어 있던 기존의 관련 의원안을 검토하여 각 개정법률안의 내용을 통합·조정하고, 위원회안을 대안으로 하여 같은 달 9일 국회에 상정하였고, 그 대안은 국회 본회의 제337회 제15차 회의에서 원안대로 가결되었다.

법률개정안의 제안이유는 특가법 제5조의4 규정에 대한 위의 헌법재판소 위헌결정과 직접 관련을 맺고 있다. 즉, 헌법재판소는 특가법 중 "상습절도·장물취득죄 가중처벌(제5조의4제1항, 제4항, 2015. 2. 26. 2014헌가14(필자 주: 16의 오기이다), 2014헌가19, 2014헌가23(병합)) 규정에 대하여 「형법」과 같은 기본법과 동일한 구성요건을 규정하면서 법정형만 상향한 규정은 형벌체계상의 정당성과 균형을 잃어 헌법의 기본원리에 위배되고 평등의 원칙에 위반된다는 이유로 각각 위헌결정"을 하였다. 이러한 헌법재판소의 위헌결정의 취지를 존중하여 위헌결정 대상조항 및 위헌결정 대상조항과 유사한 문제를 지닌 조항을 정비하기 위하여 다음과 같은 내용의 개정법률안을 마련하였다.[14] 그 개정내용을 그 당시의 법률규정과 비교하여 정리하면 아래

죄에 대하여 정한 형"에서 '그 죄'의 수식도 동조 제1항에서 정한 형으로 문언상 분명하기 때문에 죄형법정주의의 명확성원칙에 위배되지 않는다는 취지이다.

14) 여기서는 특가법 제5조의4 부분만을 발췌하였다.
- 제5조의4제1항을 삭제한다.
- 제5조의4제2항 중 "제1항의 죄를"을 "상습적으로 「형법」 제329조부터 제331조까지의 죄 또는 그 미수죄를"로, "무기 또는 5년 이상"을 "2년 이상 20년 이하"로 한다.
- 제5조의4제3항을 삭제한다.
- 제5조의4제4항을 삭제한다.
- 제5조의4제5항 중 "경우에도 제1항부터 제4항까지의 형과 같은 형에 처한다"를 "경우에는 다음 각 호의 구분에 따라 가중처벌한다"로 하고, 같은 항에 각 호를 다음과 같이 신설한다.
  1. 「형법」 제329조부터 제331조까지의 죄(미수범을 포함한다)를 범한 경우에는 2년 이상 20년 이하의 징역에 처한다.

의 표와 같다.

현 행 [법률 제13351호, 2015. 6. 22., 일부개정]	개 정 안 [법률 제13717호, 2016. 1. 6., 일부개정]
제5조의4(상습 강도·절도죄 등의 가중처벌) ① 상습적으로「형법」제329조부터 제331조까지의 죄 또는 그 미수죄를 범한 사람은 무기 또는 3년 이상의 징역에 처한다.	제5조의4(상습 강도·절도죄 등의 가중처벌) <삭 제>
② 5명 이상이 공동하여 제1항의 죄를 범한 사람은 무기 또는 5년 이상의 징역에 처한다.	②------ 상습적으로「형법」제329조부터 제331조까지의 죄 또는 그 미수죄를--------2년 이상 20년 이하-------.
③ 상습적으로「형법」제333조·제334조·제336조·제340조제1항의 죄 또는 그 미수죄를 범한 사람은 사형, 무기 또는 10년 이상의 징역에 처한다.	<삭 제>
④「형법」제363조의 죄를 범한 사람은 무기 또는 3년 이상의 징역에 처한다.	<삭 제>
⑤「형법」제329조부터 제331조까지, 제333조부터 제336조까지 및 제340	⑤ --

2.「형법」제333조부터 제336조까지의 죄 및 제340조제1항의 죄(미수범을 포함한다)를 범한 경우에는 무기 또는 10년 이상의 징역에 처한다.

3.「형법」제362조의 죄를 범한 경우에는 2년 이상 20년 이하의 징역에 처한다."로 한다.

- 제5조의4제6항 중 "제1항 또는 제2항의 죄"를 각각 "상습적으로「형법」제329조부터 제331조까지의 죄나 그 미수죄 또는 제2항의 죄"로 하고, "그 죄에 대하여 정한 형의 단기(短期)의 2배까지 가중한다"를 "3년 이상 25년 이하의 징역에 처한다"로 한다.

조·제362조의 죄 또는 그 미수죄로 세 번 이상 징역형을 받은 사람이 다시 이들 죄를 범하여 누범(累犯)으로 처벌하는 경우에도 제1항부터 제4항까지의 형과 같은 형에 처한다. \<신　설\>	--경우 에는 다음 각 호의 구분에 따라 가중처벌한다.
\<신　설\>	1. 「형법」 제329조부터 제331조까지의 죄(미수범을 포함한다)를 범한 경우에는 2년 이상 20년 이하의 징역에 처한다.
\<신　설\>	2. 「형법」 제333조부터 제336조까지의 죄 및 제340조제1항의 죄(미수범을 포함한다)를 범한 경우에는 무기 또는 10년 이상의 징역에 처한다.
\<신　설\>	3. 「형법」 제362조의 죄를 범한 경우에는 2년 이상 20년 이하의 징역에 처한다.
⑥ 제1항 또는 제2항의 죄로 두 번 이상 실형을 선고받고 그 집행이 끝나거나 면제된 후 3년 이내에 다시 제1항 또는 제2항의 죄를 범한 경우에는 그 죄에 대하여 정한 형의 단기(短期)의 2배까지 가중한다.	⑥ 상습적으로 「형법」 제329조부터 제331조까지의 죄나 그 미수죄 또는 제2항의 죄로---------------상습적으로 「형법」 제329조부터 제331조까지의 죄나 그 미수죄 또는 제2항의 죄를--------3년 이상 25년 이하의 징역에 처한다.

　[대상판결]과 관련된 특가법 제5조의4 제5항 각 호는 형법 제329조부터 제331조까지의 죄(미수범을 포함한다), 제333조부터 제336조까지의 죄(미수범을 포함하는지?) 및 제340조 제1항의 죄(미수범을 포함한다) 그리고 제362조의 죄를 범한 경우(미수범이 없다)에, 이들 각 호의 죄로 3번 이상 징역형을 받은 사람이 다시 이들 죄를 범하여 누범으로

처벌하는 경우 각 호의 구분에 따라 '가중'처벌하는 규정이다. 2016년 1월 6일 개정 전에는 이 규정이 상습성 의제규정이었기 때문에 제5항의 누범으로 처벌하는 경우 동조 제1, 2, 3, 4항의 형과 같은 형으로 처벌하였다. 하지만 현행규정 제5항은 구법 동조 제1, 3, 4항을 <삭제>하고 이에 상응하는 내용의 제5항 제1, 2, 3호로 대체하여 법정형을 종전보다 대폭 완화하였으나 형벌사항이 상습절도죄보다 법정형의 하한을 인상한 것으로 그 처벌의 강도가 여전히 높다.

그래서 현행 특가법 제5조의4 제5항 각 호의 법정형과 형법 각 절도범행의 법정형에 대한 누범가중의 처단형을 비교하여 처벌의 정도를 가늠하는 것이 필요하다. 이들 형의 비교를 통하여 특가법 제5조의4 제5항에 대한 각 호의 '가중' 처벌된 법정형이 헌법재판소의 위헌결정취지에도 불구하고 여전히 과중된 처벌의 강화를 내포하는 것은 아닌지가 검토되어야 할 것이다. 즉, 동종 유사범행의 전과로 인하여 3번 이상의 징역형을 받은 사실이 누범기간 내에 범한 동종 유사범행에 대해 가중 처벌하는 법정형에 대하여 다시 형법상 누범가중 처벌규정 적용을 인정해야만할 정당한 사유가 되는지, 또는 특가법상 가중처벌과 그에 대한 누범가중은 — 원심판결에서 지적하는 바와 같이 — 구법에 대한 헌법재판소의 위헌결정 취지를 몰각시키는 것은 아닌지 아니면 특별규정으로서 일반규정에 법정형을 가중하는데 정당화시키는 특별사유로 기능할 수 있는지를 살펴봐야 할 것이다.

Ⅲ. 관련 판례의 법리 검토

1. 특가법 제5조의4 제5항의 규정취지와 법적 성격

1) 특가법 제5조의4 제5항의 규정취지

대법원은 특가법 제5조의4 제5항의 규정취지가 같은 항 각 호에서 정한 죄 가운데 동일한 호에서 정한 죄를 3회 이상 반복 범행하고, 다시 그 반복 범행한 죄와 동일한 호에서 정한 죄를 범하여 누범에 해당하는 경우에는 그 동일한 각 호에서 정한 법정형으로 처벌되어야 한다고 판시하고 있다.[15] 따라서 전범의 죄와 누범기간에 범한 후범의 죄는 동일한 범죄일 필요가 없지만 특가법 제5조의4 제5항 각 호에서 열거한 범죄와는 동종의 범죄, 예컨대 같은 항 제1호의 경우에는 "형법 제329조부터 제331조까지의 죄 또는 그 미수죄"에 해당되어야 한다.[16]

그런데 특가법 제5조의4 제5항 '본문'에 따르면, 이미 "가중처벌한" 형이 같은 항 각 호에서 정하고 있는 범죄의 유형에 따라 '법정'되어 있다. 대법원 2019도18891 판결에서 보이는 특가법상 누범의 가중사유는 각 호에 정하고 있는 동종 범행의 3회 이상의 반복의 전력과 그 반복 범행의 죄를 누범기간에 다시 범행하여 형벌의 경고기능을 무시하였다는 점이다.

위와 같이 개정된 특가법 제5조의4 제5항 규정내용 중 누범가중처벌의 근거와 관련한 입법자의 의사가 같은 항 '각 호에서 정한 형으로 가중처벌한다.'는 의사였는지, 아니면 '각 호의 구분에 따른 죄의 법정형에 대해 누범으로 다시 가중처벌한다.'는 것을 의미하는지가 확실하지 않다. 전자는 특가법에 따른 누범의 가중처벌이므로 형법 제35조 누범규정이 적용되지 않는다는 것을 의미하는데 반해, 후자의 의미는 특가법상의 반복 범행의 법정형에 다시 총칙상의 누범규정을 적용하여 가중된 처단형[17]을 정해야 한다는 것이다.

하지만 형법상의 상습범 또는 누범의 가중을 거듭한 처단형의 범위를 능가하는, 특가법상의 가중처벌된, 각 항 또는 각 호에 규정되어 있는 법정형의 정도를 감안한다면 이미 누범 가중된 형을 입법자가

15) 대법원 2020. 2. 27. 선고 2019도18891 판결(강조는 필자에 의함). 한편 2016. 1. 6. 법률 제13717호로 개정되기 전의 구 특가법 대법원 1990. 1. 23. 선고 89도2226, 89감도198 판결, 대법원 2010. 3. 25. 선고 2010도8 판결 등 참조.
16) 대법원 2020. 2. 27. 선고 2019도18891 판결; 대법원 2018. 2. 13. 선고 2017도19862 판결 등 참조.
17) 형법 제35조 제2항에서 누범의 형은 '그 죄에 정한 형의 장기의 2배까지 가중'된다.

법정한 것으로 이해되어야 한다. 이것이 형사법에 있어서의 책임주의 원칙, 과잉금지의 원칙, 이중평가금지의 원칙 등을 고려한 죄형법정주의에 합당한 해석이다.[18]

2) 특가법 제5조의4 제5항의 법적 성격

가. 특가법상 누범의 특례규정

우리 형법 제8조는 "본법 총칙은 타 법령에 정한 죄에 적용한다. 단, 그 법령에 특별한 규정이 있는 때에는 예외로 한다."고 규정하고 있다. 그런데 특가법 제5조의4 제5항은 "형법 제329조부터 제331조까지, 제333조부터 제336조까지 및 제340조·제362조의 죄 또는 그 미수죄로 세 번 이상 징역형을 받은 사람이 다시 이들 죄를 범하여 누범(累犯)으로 처벌하는 경우에는 다음 각 호의 구분에 따라 가중처벌한다."고 규정하고, 같은 항 제1호는 "형법 제329조부터 제331조까지의 죄(미수범을 포함한다)를 범한 경우에는 2년 이상 20년 이하의 징역에 처한다."고 규정하고 있다.

그러므로 여기서 특가법 제5조의4 제5항은 형법 제8조 단서에서 말하는 '그 법령에 정한 특별한 규정이 있는 때'에 해당하므로 '형법상 누범가중에 관한 특별한 규정'이라고 보아야 한다. 구 특가법(2016. 1. 6. 법률 제13717호로 개정되기 전의 것) 제5조의4 제5항은 "제1항부터 제4항까지의 형과 같은 형에 처한다."고 규정되어 현행법과 같이 "가중처벌한다"는 문언이 없었을 뿐만 아니라 현행법 제5조의4 제5항 각 호의 법정형은 이미 누범으로 가중 처벌되는 것을 예정하여 정해졌다는 점을 감안한다면, 특가법 제5조의4 제5항 절도누범 규정에 대하여 형법상의 누범 규정을 다시 적용하여 가중되게 처벌하는 것은 동일사

18) 헌법재판소의 위헌결정이전에 구 특가법 제5조의4 제5항에 대해 대법원은, "위 규정이 헌법이 보장한 평등권의 본질적인 내용을 침해하고, 형사법에 있어서의 책임주의의 원칙, 과잉금지의 원칙, 죄형법정주의, 일사부재리의 원칙에 어긋나며, 법관의 양형결정권을 침해한다고 할 수 없다."고 판단하였다(대법원 2009. 11. 12. 선고 2009도9249 판결: 대법관 전수안(재판장), 양승태(주심), 김지형, 양창수).

유로 법정형을 거듭하여 가중하는 부당한 결과를 초래하기 때문이다.

따라서 특가법 제5조의4 제5항 제1호 위반죄에 대해서는 형법 제35조 소정의 누범가중을 하지 말아야 한다.[19]

나. 신 구성요건 창설이라는 견해

신 구성요건의 창설이라는 대법원의 견해는 종래 구 특가법 제5조의4 제6항의 법적 성격과 관련하여 논의되던 이른바 '구성요건설과 누범가중설의 대립'에서 착안한 것이다.[20] 즉, 누범가중설에서는 위의 제6항을 형법 제35조(누범)의 특칙으로 이해하는 입장인데, 그 논거는 구성요건설의 주장처럼 동 조항을 새로운 구성요건적 행위와 독자적인 법정형을 창설한 조항으로 볼 수 없다는데 있었다. 구 특가법 제5조의4 제6항의 규정 형식이 "⑥제1항 또는 제2항의 죄로 2회 이상 실형을 받아 그 집행을 종료하거나 면제받은 후 3년 이내에 다시 제1항 또는 제2항의 죄를 범한 때에는 <u>그 죄에 정한 형의 단기의 2배까지 가중한다.</u> <신설 2005.8.4.>"이었기 때문이다. 즉, 동 조항은 구성요건적 행위에 대한 법령 적용의 문제가 아니라 누범의 가중을 어떻게 할 것인가의 양형 문제였다는 것이다.

하지만 현행의 특가법 제5조의4 제5항(제6항도 동일하게)의 규정 형식은 주지하다시피 같은 항 각 호에서 정한 죄의 구성요건적 행위와 그 범행에 따라 차등적으로 적용되는 독자적인 법정형으로 규정되어 있어, 이제는 새로운 구성요건의 창설이라고 해야 되어야 한다는 입장이다.[21] 이 견해에서는 본 조항의 조문체계가 일정한 규정요건을 규정하는 형식을 취하고, 적용요건과 효과도 형법 제35조와 달리 규정

---

19) 문채규, 앞의 논문, 359면. 위 [대상판결]의 원심판결에 해당하는 의정부지방법원 2019. 11. 28. 선고 2019노2555 판결의 입장이다. 항소심의 재판부는 재판장 판사 오원찬, 판사 박세황, 판사 고준홍으로 구성되었다.

20) 이에 대한 자세한 논의는 윤승은, "특정범죄가중처벌 등에 관한 법률 적용상의 몇가지 문제점과 대안", 형사법연구 제26호, 한국형사법학회, 2006.12., 125~127면 참조.

21) 이주원, 제6판, 316, 318면; 동, 특별형법, 제4판, 2016.3., 221면 등 참조.

되어 있다고 한다. 일찍이 대법원에서도 구 특가법 제5조의4 제6항의 법적 성격에 대하여 이른바 구성요건설의 입장에서 위와 동일하게 판단하여 왔다.[22]

현행법상의 각 구성요건의 규정형식과 적용요건 및 효과를 감안한다면, 대법원에서는 — 위 [대상판결]에서의 판단처럼 — 더더욱 "이 사건 법률 규정은 형법 제35조(누범) 규정과는 별개로 (중략) 내용의 새로운 구성요건을 창설한 것으로 해석해야 한다."고 할 것이고, 실제로도 그와 같이 판단하였다. 이러한 처벌법규의 규정형식 차이에서 누범가중설이 핵심적 논거의 하나를 상실하게 된 것은 사실이지만, 이 사건 법률규정의 법적 성격을 확정하기에 앞서 종전의 논의에 대하여 어느 정도의 검토는 필요하다고 생각한다.

2. 총칙 규정의 적용여하

1) 미수범에 대한 감경·감면 가능 여부 – 동조 제2항과 관련하여

요컨대 법률문언의 엄격해석에 따르게 되면, 미수범으로의 감경처벌은 불가한 것으로 이해된다. 그럼에도 목적론적 제한해석에 따라

---

22) 대법원 2006. 4. 28. 선고 2006도1296 판결[특정범죄가중처벌등에관한법률위반(절도)]: 2005. 8. 4. 법률 제7654호로 개정·시행된 특정범죄가중처벌 등에 관한 법률은 그 제5조의4 제6항을 신설하였는바, 이 조항은, 그 입법취지가 2005. 8. 4. 법률 제7656호로 공포·시행된 사회보호법 폐지법률에 의하여 사회보호법이 폐지됨에 따라 상습절도사범 등에 관한 법정형을 강화하기 위한 데 있다고 보이고, 조문의 체계가 일정한 구성요건을 규정하는 형식으로 되어 있으며, 적용요건이나 효과도 형법 제35조와 달리 규정되어 있는 점 등에 비추어 볼 때, 특정범죄가중처벌 등에 관한 법률 제5조의4 제1항 또는 제2항의 죄로 2회 이상 실형을 받아 그 집행을 종료하거나 면제받은 후 3년 이내에 다시 위 제1항 또는 제2항의 죄를 범한 때에는 그 죄에 정한 형의 단기의 2배까지 가중한 법정형에 의하여 처벌한다는 내용의 새로운 구성요건을 창설한 규정이라고 새기는 것이 옳고, 이와 달리 누범가중에 관한 형법 제35조를 보충하는 데 불과한 규정으로 새길 것이 아니므로, 법원이 위 제5조의4 제6항을 적용하기 위하여는 검사가 공소장에 위 조항을 기재하거나 적용법조의 추가·변경 절차에 의하여 법원에 그 적용을 구하여야 하고, 그러한 기재 등이 없는 한 법원이 직권으로 위 제5조의4 제6항을 적용할 수는 없다고 보아야 한다(강조는 필자에 의함).

형법 제26조(중지범)를 적용하여 형의 감면은 가능하다는 견해가 주장
되어 왔다.[23] 이러한 주장의 주된 근거는 구 특가법 적용에 관한 대법
원 판결의 설시와 동일하다. 먼저 장애미수범의 경우에는 "대법원
2010. 11. 25. 선고 2010도11620 판결"요지를 예시하고, 중지미수범의
경우엔 "대법원 1986. 3. 11. 선고 85도2831 판결"로 거증하고 있다.[24]
즉 구 '특가법 제5조의4 제1항에 의한 상습절도죄의 경우 형법 제25조
제2항에 의한 미수감경이 허용되는지 여부'에 대하여 대법원은 "위 규
정에 의한 상습절도죄는 상습절도미수 행위 자체를 범죄의 구성요건
으로 정하고 그에 관하여 무기 또는 3년 이상의 징역형을 법정하고
있는 점, 약취·유인죄의 가중처벌에 관한 위 법 제5조의2 제6항에서
는 일부 기수행위에 대한 미수범의 처벌규정을 별도로 두고 있는 반면
상습절도죄 등의 가중처벌에 관한 같은 법 제5조의4에서는 그와 같은
형식의 미수범 처벌규정이 아닌 위와 같은 내용의 처벌규정을 두고 있
는 점을 비롯한 위 규정에 의한 상습절도죄의 입법 취지 등을 종합하
면, 위 법 제5조의4 제1항이 적용되는 상습절도죄의 경우에는 형법 제
25조 제2항에 의한 형의 미수 감경이 허용되지 아니한다."고 판시하였
으며,[25] 다음으로 '특가법 제5조의4 제1항 위반죄에 형법 제26조 소정
의 중지미수 규정이 적용되는지 여부'에 대해서는 "이는 절도, 야간주
거침입절도, 특수절도 및 그 미수죄의 상습범행을 형법 각칙이 정하는
형보다 무겁게 가중처벌하고자 함에 그 입법목적이 있을 뿐 달리 형
법 총칙규정의 적용을 배제할 이유가 없는 것이므로 중지미수에 관한
형법 제26조의 적용을 배제하는 명문규정이 없는 한 위 특정범죄가중
처벌등에관한법률 제5조의4 제1항 위반의 죄에 위 형법규정의 적용이

---

23) 박상기·전지연·한상훈, 형사특별법, 집현전, 2013.08, 97면; 이주원, 제3판,
　　2014.03., 306면; 동, 제6판, 316면.
24) 하지만 이들은 모두 구 특가법 제5조의4 제1항 (상습절도) 사건에 대한 판례
　　로 대법원 종합법률정보 시스템에서는 검색되지 않는다. 로앤비 판례 검색에
　　서 찾을 수 있다.
25) 대법원 2010. 11. 25. 선고 2010도11620 판결 참조(강조는 필자에 의함).

없다고 할 수 없다"고 판시하였다.26)

위와 같이 대법원 85도2831 판결은 특가법에 중지미수에 관한 형법 제26조의 적용을 배제하는 특별규정이 없기 때문에 특가법 위반의 죄(여기서는 특히 구 제5조의4 제1항 위반의 죄)에 형법총칙상의 미수범 처벌규정이 적용되어야 한다는 취지이고, 대법원 2010도11620 판결에서는 특가법상의 범죄구성요건에 이미 미수행위 자체가 포함되어 있고 그 처벌에서도 별도의 법정형을 규정하고 있을 뿐만 아니라 특가법상 다른 범죄유형의 구성요건규정형식과 비교하더라도 위 제5조의4 제1항이 적용되는 상습절도죄에는 형법 제25조 제2항에 의한 형의 미수감경이 허용되지 않는다는 취지이다.

그러나 형법 제29조에 따르면, 특가법 제5조의4에 대해서는 미수범 처벌 규정이 없으므로 장애미수범만이 아니라 중지미수범의 경우에도 형법총칙의 적용을 주장하는 견해는 타당하지 않다. 특가법 제5조의4 규정에 대해 형법 제26조의 적용을 가능하게 하는 기존의 대법원 85도2831 판결은, 특가법위반의 적용대상이 되는 피고인에게 불리한 해석이겠으나 현행의 특가법 하에서는 그 적용이 부정되는 방향으로 변경되어야 할 것이 자명하다. 그 이유는 "특가법 제5조의4 제1항이 적용되는 피고인의 상습절도미수 범죄에 대하여 형법 제25조 제2항에 의한 형의 미수감경을 한 다음 선고형을 정한 원심판결에 법리오해의 위법이 있다"고 한 대법원 2010도11620 판결에 정확하게 설시되어 있다.

나아가 구 특가법 제5조의4 제1항은 앞서 설시한 이유로 인하여 헌법재판소에 의하여 헌법위반으로 결정되어 현형 특가법에서 이미 <삭제>되었을 뿐만 아니라 그에 상응하여 <신설>된 특가법 제5조의4 제5항 제1호의 규정내용과도 차이가 있다. 구 특가법상의 상습범 가중은 특별한 가중사유도 없이 형법각칙상의 절도의 상습범행자를 가중처벌하려는 입법목적을 따라 각 절도유형의 상습범 가중처벌의 처

---

26) 대법원 1986. 3. 11. 선고 85도2831 판결 참조(강조는 필자에 의함).

단형보다 훨씬 무거운 법정형으로 즉, 기수와 미수의 구분이 없이 "무기 또는 3년 이상의 징역"에 처하도록 규정하였다. 동일한 범행에 대한 형법상의 상습범 가중은 열거된 범죄 중 가장 중한 죄에 해당하는 특수절도(제331조)에서 정한 형을 기준으로 하여 가중하더라도 "1년 이상 15년 이하의 징역"에 불과하다.27) 상습범 가중은 그 죄에 정한 형의 2분의 1까지 가중하기 때문이다(제332조). 이것이 특가법 제5조의4 제1항 중 형법 제329조에 관한 부분이 위헌으로 결정된 주된 이유이기도 하다.28)

2) 누범 가중 여부 - 동조 제5항과 관련하여

이 사건 법률규정에 대한 형법총칙상의 누범가중처벌규정(제35조)의 적용 여부는 특가법 제5조의4에 따른 가중처벌규정의 법적 성격과 정확하게 연결되어 있다. 즉, 이른바 신구성요건의 창설이라는 견해는 이 사건 법률규정이 누범가중의 문제가 아니라 신 구성요건의 적용요건에 대한 문제이므로 특가법 규정이 적용되더라도 그와 별도로 총칙상의 누범가중이 가능하다고 한다. 반면에 형법상 누범가중에 관한 특가법상 누범가중의 특례규정이라는 견해에 따르면, 특가법 규정이 적용되는 경우 — 특별법 우선의 원칙에 의하여 — 총칙상의 누범가중은 중복·중첩 가중이 되므로 허용되지 않는다고 할 것이다.

위의 두 견해는 특가법 제5조의4 제5항 각 호의 구분에 따른 가중처벌에 다시 형법 제35조 누범가중까지 가능한가에 대한 대답의 차

---

27) 개정된 현행의 특가법 제5조의4 제5항 제1호에 따르는 반복범행의 누범을 가중하여 처벌하더라도 "2년 이상 20년 이하의 징역에 처한다." 물론 구 특가법 제5조의4 제5항 중 절도부분과 개정된 현행법 제5조의4 제5항 제1호를 단순 비교하는 것은 타당하지 않다. 구 특가법상으로는 누범에 대해 상습을 의제하여 동조 제1항에서 정한 형으로 처벌하였고, 현행은 반복 범행의 누범에 대한 가중처벌이기 때문이다. 동종 범행의 반복이 행위자의 범죄의 습벽인 상습을 인정하는 근거의 하나이기는 하지만 그 전부는 아니다. 상습범은 습벽의 발현이라는 행위자의 주관적 성향에 가중책임의 중점이 있고, 누범은 범죄의 누적적 반복으로 인한 형벌경고기능의 무시라는 행위책임에 중점이 있다(여기서는 특히 이주원, 제4판, 340면 각주2) 참조).

28) 헌법재판소 2015. 2. 26. 자 2014헌가16등 (병합) 결정 참조.

이로, 형법 제35조와 특가법 제5조의4 제5항의 관계를 어떻게 설정할 것인가에 의존한다. 즉, ① 형법 제8조(총칙의 적용)에 따른 '총칙'규정 대(對) 특가법상 가중처벌의 '각칙'규정의 관계로 볼 것인가? 아니면 ② 총칙상의 누범가중 '일반'규정 대(對) 특가법상 반복 범행의 누범가중 '특별'규정으로 이해할 것인가의 차이이기도 하다. 위 ①과 같이 총칙·각칙구도로 볼 경우에는 형법 제56조(가중감경의 순서)에 따라 "각칙 본조에 의한 가중" 및 "누범가중"의 이른바 '중복가중설'의 입장을 따르게 되고, ②의 경우에는 특별법우선의 원칙에 따라 형법 제35조 '적용불가설'의 태도를 견지할 것이다(법조경합의 특별관계).

그런데 바로 여기서 전술한 미수범의 감경·감면 가능 여부와 동양(同樣)으로, 이 사건 법률규정의 문언해석이 문제이다. 동조 제5항에서는 "세 번 이상 징역형을 받은 사람이 다시 이들 죄를 범하여 '누범으로 처벌하는 경우'에는 다음 각 호의 구분에 따라 '가중처벌'한다."고 규정되어 있다. 이 가중처벌은 i) 전과자의 반복범행만이 각 호의 구분에 따라 정하고 있는 가중처벌의 사유인가, 아니면 ii) 반복범행의 전과자가 누범기간 내에 다시 동종의 죄를 범한 것이 특가법상 가중처벌의 이유인가?

위의 i)과 같이 반복범행만으로 가중처벌의 사유라고 볼 수는 없다. 반복범행만으로 가중처벌이 가능한 경우라면, 이는 일사부재리 원칙의 위반이 문제될 것이기 때문이다. 그래서 '누범으로 처벌하는 경우'라는 적용요건이 특별한 의미를 지닌 즉, 제35조에 의한 총칙상의 누범가중을 가능하게 하는 법률문언이 될 것이다. 하지만 위의 ii)와 같이 해석되어야 즉, 반복범행 전과자의 누범기간 내 범행이 특가법상 가중처벌의 합당한 이유가 되어야 한다. 형법상 절도누범으로 가중된 처단형(여기서는 가장 중한 특수절도의 경우로 '1년 이상 15년 이하의 징역')과 특가법상의 절도누범으로 형이 가중된 법정형(2년 이상 20년 이하의 징역)을, 그리고 여기에 다시 — 전술한 i)과 같이 이해하여 총칙상 누범규정으로 — 가중한 처단형(2년 이상 30년 이하의 징역)을 비교하면,

세 번 이상의 징역형을 받은 반복범행의 전력만으로는 그 처단형의
장기뿐만 아니라 단기까지의 형을 2배로 가중하는 것은 형사처벌의
과잉에 해당하기 때문이다.

그리고 "누범으로 처벌하는 경우"의 해석과 관련하여, 종래 대법
원은 특가법 제5조의4 제6항과 동일한 규정형태의 "폭력행위 등 처벌
에 관한 법률"(이하 '폭처법'으로 약칭함) 제2조 제3항의 "누범으로 처벌
할 경우"에서 그 의미를 제한적으로 해석하는 이른바 '엄격해석론'의
입장을 취한 바 있다.29) 요컨대, 폭처법 제2조30) 제3항에 따라 제1항
과 같이 처벌하기 위해서는 2회 이상 징역형을 받은 자가 다시 제1항
의 죄를 범하여 '누범으로 처벌할 경우'여야 하므로, 다시 범한 제1항
의 열거된 죄의 법정형에 선택형으로 벌금형이 규정되어 있고 법원이

29) 대법원 1997. 4. 11. 선고 95도1637 판결: 폭력행위등처벌에관한법률 제2조 제3
   항은 상습범에 관한 같은 조 제1항과는 별도로 "이 법 위반(형법 각 본조를
   포함한다)으로 2회 이상 징역형을 받은 자로서 다시 제1항에 열거된 죄를 범
   하여 누범으로 처벌할 경우에도 제1항과 같다."고 규정하고 있는바, 위 제2조
   제3항에 의하여 제1항과 같이 처벌을 하기 위하여는 이 법 위반(형법 각 본
   조를 포함한다)으로 2회 이상 징역형을 받은 자가 다시 제1항에 열거된 죄를
   범하여 누범으로 처벌할 경우이어야 하므로, 제1항에 열거된 죄에 정한 형에
   유기금고보다 가벼운 형이 있어 이를 선택함으로써 누범으로 처벌을 할 수
   없는 경우에는 위 제2조 제3항을 적용할 수 없다. 및 임한흠, "폭력행위등처
   벌에관한법률 제2조 제3항의 해석", 대법원판례해설, 제28호, 1997, 666~667면
   참조.
30) 폭력행위등처벌에관한법률 [일부개정 1993.12.10 법률 제4590호]
   제2조(폭행등)
   ① 상습적으로 형법 제257조제1항(상해), 제260조제1항(폭행), 제276조제1항(체
   포, 감금), 제283조제1항(협박), 제319조(주거침입, 퇴거불응), 제324조(폭력에 의
   한 권리행사방해), 제350조(공갈) 또는 제366조(손괴)의 죄를 범한 자는 3년이
   상의 유기징역에 처한다. <개정 1962.7.14, 1990.12.31>
   ② 야간 또는 2인이상이 공동하여 제1항에 열거된 죄를 범한 때에는 각 형법
   본조에 정한 형의 2분의 1까지 가중한다. <신설 1962.7.14, 1990.12.31>
   ③ 이 법 위반(형법 각본조를 포함한다)으로 2회이상 징역형을 받은 자로서
   다시 제1항에 열거된 죄를 범하여 루범으로 처벌할 경우에도 제1항과 같다.
   <신설 1990.12.31>
   ④ 제2항 및 제3항의 경우에는 형법 제260조제3항 및 제283조제3항을 적용하
   지 아니한다. <신설 1962.7.14, 1990.12.31>

벌금형을 선택함으로써 누범으로 처벌을 할 수 없는 경우 폭처법 제2
조 제3항이 적용되지 않는다는 것이다.

사정이 위와 같다면, 대법원이 이 사건 법률규정의 성격을 '신 구
성요건의 창설'로 보더라도 형법 제35조와의 관계에 대하여는 누범가
중규정의 특칙으로 이해될 것이고, 이는 단순 반복 범행의 전과가 있
는 사람의 범행에 대한 가중처벌이 아니라 그와 같은 번복 범행의 전
과가 있는 그 사람의 후행의 범죄가 누범관계에 있을 때 가중처벌하
는 즉, 특가법 가중만이 가능하다고 해야 할 것이다. 특가법 제5조의4
제5항의 적용은 반복 범행의 전과사실과 누범가중에 해당해야 하는
것이 그 적용요건이기 때문이다.[31] 특히 특가법 제5조의4 제5항의 적
용요건은 그 본문에서 단지 "다시 이들 죄를 범하여"로 규정되어 있
는 것이 아니라 그 이외에도 '누범으로 처벌하는 경우'를 별도의 적용
요건으로 규정하고 있다. 또 대법원이 '이들 죄'의 의미에 대해서도 제
5항 본문에 열거된 모든 죄가 아니라 '다음 각 호의 구분에 따라' 제
한적으로 해석하는 점[32]을 보더라도 '누범으로 처벌하는 경우'도 형법
상의 누범가중의 처단형보다 더욱 중한 형으로 규정되어 있는 특가법
상 가중된 법정형은 이미 그 가중처벌의 이유가 되어야 한다.[33]

3. 주거등 침입죄와의 죄수관계

다른 한편 대법원은 재물을 절취하기 위하여 사람의 주거 등에

31) 박상기·전지연·한상훈, 앞의 책, 104면; 이주원, 제6판, 318면. 대법원 구 특가
   법 제5조의 4 제5항의 적용요건을 '범죄경력과 누범가중에 해당함'으로 판시
   하였다(대법원 2008. 11. 27. 선고 2008도7820 판결).
32) 대법원 2020. 2. 27. 선고 2019도18891 판결: 특가법 제5조의4 제5항 제1호 중
   '이들 죄를 범하여 누범으로 처벌하는 경우' 부분에서 '이들 죄'란, 앞의 범행
   과 동일한 범죄일 필요는 없으나, 특가법 제5조의4 제5항 각호에 열거된 모
   든 죄가 아니라 앞의 범죄와 동종의 범죄, 즉 형법 제329조 내지 제331조의
   죄 또는 그 미수죄를 의미한다.
33) 이와 같은 엄격한 제한해석이 본 조항의 성격에 대한 '신 구성요건의 창설'과
   배치되는 것은 아니라는 점에 유의해야 할 것이다. 여기서는 특가법 제5조의
   4 제5항과 형법 제35조의 누범의 관계에 관한 규명이기 때문이다.

침입하여 절도한 경우, 절도죄이외에 별도로 주거침입죄가 성립하는
가에 대하여 일찍이 어떤 유형의 절도죄인가와 주거 등 침입의 시간
대가 언제인가에 따라 상이한 판단을 제시하여 왔다.

1) 절도습벽의 발현인 상습성을 요건으로 하는 경우 - 동조 제2항 및 제6항과 관련하여

먼저 대법원은, '구 특가법 제5조의4 제1항에 규정된 상습절도등
죄를 범한 범인'이 그 범행의 수단으로 주거침입을 한 경우 주거침입
행위는 상습절도 등 죄에 흡수되어 위 법조에 규정된 상습절도 등 죄
의 1죄가 성립하고 별도로 주거침입죄를 구성하지 않는다고 판시하였
다.[34] 동조 제1항에 규정된 상습의 절도죄에는 그 구성요건의 규정형
식과 적용요건 및 효과에 비추어 보면, "형법 제329조 내지 제331조의
죄 또는 그 미수범을" 상습적으로 범한 사람을 별도의 가중된 형으로
처벌하는 내용의 규정이었기 때문이다(법조경합의 흡수관계).[35]

이러한 대법원의 법리는 절도습벽의 발현으로 자동차등불법사용
의 범행도 함께 저지른 경우 형법 제331조의2 소정의 자동차등불법사
용죄와 구 특가법 제5조의4 제1항의 상습절도죄는 '포괄하여 일죄'가
성립한다고 본다.[36] 이 경우 "검사가 '형법상의 상습절도죄'로 기소하
는 때는 물론이고, 자동차등불법사용의 점을 제외한 나머지 범행에 대
하여 '특가법상의 상습절도 등의 죄'로 기소하는 때에도 자동차등불법
사용의 위법성에 대한 평가는 특가법상의 상습절도 등 죄의 구성요건

---

34) 대법원 1984. 12. 26. 선고 84도1573 전원합의체 판결.
35) 구 특가법 제5조의4 제1항은 주거침입을 죄의 성립요소인 사실로 하는 야간
   주거침입절도(제330조)·야간손괴침입절도(제331조 제1항)와 이를 구성요건의
   객관적 사실로 요구하지 아니하는 다른 유형의 절도죄 또는 그 미수죄를 구
   별하지 않고, 절도습벽의 발현인 상습으로 이들 죄를 범하는 한 "무기 또는
   3년 이상의 징역"형으로 별도로 처벌하였기 때문에 (구) 특가법 제5조의4 제1
   항 위반죄와 주거침입죄는 '법조경합의 흡수관계'에 있다고 한 것이다.
36) 대법원 2002. 4. 26. 선고 2002도429 판결(대법관 윤재식(재판장), 송진훈(주심),
   변재승, 이규홍).

적 평가 내지 위법성 평가에 포함되어 있다"고 보기 때문이다.[37] 그러 나 형법 제332조(상습범)의 규정형식과 구 특가법 제5조의4 제1항의 규정내용에는 차이가 있는 점에 유의해야 한다. 형법 제332조(상습범) 는 제331조의2 소정의 자동차등불법사용죄를 명시적으로 규정하고 있 으나 특가법 제5조의4 제1항 소정의 상습등절도죄에는 형법 제331조 의2(자동차등불법사용)가 적시되어 있지 않기 때문이다.[38]

특가법상 상습절도의 경우와 달리 대법원은 '형법 제332조에 규정 된 상습절도죄를 범한 범인'이 범행의 수단으로 주간에 주거침입을 한 경우, 형법 제330조에 규정된 야간주거침입절도죄 및 형법 제331조 제 1항에 규정된 특수절도(야간손괴침입절도)죄를 제외하고서 일반적으로 주거침입은 절도죄의 구성요건이 아니므로 그 주거침입행위는 절도죄 에 흡수되지 아니하고 별도로 주거침입죄를 구성하고, 절도죄와 '실체 적 경합관계'에 있다고 판시하였다.[39] 대법원은 형법 제332조가 "상습 으로 단순절도(형법 제329조), 야간주거침입절도(형법 제330조)와 특수절 도(형법 제331조) 및 자동차 등 불법사용(형법 제331조의2)의 죄를 범한 자는 그 죄에 정한 각 형의 2분의 1을 가중하여 처벌하도록 규정하고 있으므로, 위 규정은 주거침입을 구성요건으로 하지 않는 상습단순절 도와 주거침입을 구성요건으로 하고 있는 상습야간주거침입절도 또는 상습특수절도(야간손괴침입절도)에 대한 취급을 달리하여, 주거침입을 구성요건으로 하고 있는 '상습야간주거침입절도 또는 상습특수절도(야 간손괴침입절도)'를 더 무거운 법정형을 기준으로 가중처벌"하여야 하

---

37) 대법원 2002. 4. 26. 선고 2002도429 판결.(강조는 필자에 의함)
38) 물론 형법 제331조의2 신설규정의 입법취지와 특가법 제5조의4 제1항의 절도 습벽에 대한 가중처벌의 취지를 감안하면, 위와 같은 판례의 법리를 이해하 고 용인하지 못할 바는 아니다. 이러한 필자의 생각에 따르면, 대법원 2002도 429 판결에서 "자동차등불법사용의 위법성에 대한 평가" 및 "특가법상의 상 습절도 등 죄의 구성요건적 평가 내지 위법성 평가" 표현은 '불법에 대한 평 가'로 대체하여 이해되어야 할 것이다.
39) 대법원 2015. 10. 15. 선고 2015도8169 판결(대법관 이상훈(재판장) 김창석 조희 대(주심) 박상옥).

는 것으로 보았기 때문이다.[40]

요컨대, 대법원은 구 특가법 제5조의4 제1항 소정의 상습절도범의 경우와 달리, 형법상의 상습으로 단순절도를 범한 범인이 그 범행의 수단으로 주간에 주거를 침입한 경우 그 주간주거침입 행위의 위법성에 대한 평가는 형법 제332조, 제329조의 구성요건적 '평가에 포함'되어 있는 것으로 볼 수 없으므로, 형법 제332조 상습절도죄와 별도로 주거침입죄가 성립한다고 보고 있다. 이러한 판례의 법리는 "형법 제332조에 규정된 상습절도죄를 범한 범인이 그 범행 외에 상습적인 절도의 목적으로 주간에 주거침입을 하였다가 절도에 이르지 아니하고 주거침입에 그친 경우에도" 다르지 않다. 상습절도죄와 별도로 주거침입죄가 성립하고 양자는 실체적 경합관계에 있다고 파악한다.[41]

2) 절도범행의 반복 누범의 경우 – 동조 제5항과 관련하여

위와 달리 구 특가법 제5조의4 제5항은 "3회 이상의 징역형을 받은" 범죄 경력과 누범기간 내에 "다시 이들 죄를 범하여 누범으로 처벌할 경우"에 '제1항의 형과 같이' 처벌하는 이른바 '상습성의제규정'이었다.[42] 그럼에도 판례는 구 특가법 제5조의4 제1항의 경우처럼 절도범행의 수단으로 주거침입을 한 경우 그 주거침입행위가 절도죄에 흡수되는 '법조경합의 흡수관계'가 아니라, 대법원 2008도7820 판결에서는 양자를 '실체적 경합관계'로 판시하였다. 즉, "특정범죄가중처벌 등에 관한 법률 제5조의4 제5항은 <u>범죄경력과 누범가중에 해당함을 요건</u>으로 하는 반면, 같은 조 제1항은 <u>상습성을 요건</u>으로 하고 있어 그 요건이 서로 다르다. 또한, 형법 제330조의 야간주거침입절도죄 및

---

40) 가중의 사유가 단지 '주거침입'에만 있는 것이 아니라 사람이 현존할 '야간에 주거침입의 위험성'에 있다고 하는 견해로는 강해룡, "[실무논문] 절도죄의 상습범과 주거침입죄의 흡수관계", 법률신문 제4365호, 2015. 11. 12., "5. 대상 판결에 대한 문제점" 부분 참조(https://m.lawtimes.co.kr/Content/Info?serial=105170; 최종검색일: 2020. 7. 3.).
41) 대법원 2015. 10. 15. 선고 2015도8169 판결 참조.
42) 문채규, 앞의 논문, 358면.

제331조 제1항의 손괴특수절도죄를 제외하고 일반적으로 주거침입은 절도죄의 구성요건이 아니므로, 절도범인이 그 범행수단으로 주거침입을 한 경우에 그 주거침입행위는 절도죄에 흡수되지 아니하고 별개로 주거침입죄를 구성하여 절도죄와는 실체적 경합의 관계에 서는 것이 원칙이다. 따라서 주간에 주거에 침입하여 절도함으로써 특정범죄가중처벌 등에 관한 법률 제5조의4 제5항 위반죄가 성립하는 경우, 별도로 형법 제319조의 주거침입죄를 구성한다.''43)

요컨대 상습성을 적용요건으로 하지 않는 특가법 제5조의4 제5항에서는 그 범행의 수단으로 주거침입을 한 경우, 주거침입행위시가 언제인가에 따라 야간인 경우 주거침입은 (구)특가법 제5조의4 제5항 위반죄에 흡수되고, 주간주거침입인 때에는 별도로 주거침입죄가 성립하여 실체적 경합관계에 있다고 판시하고 있다.44)

Ⅳ. 대상판결에 대한 분석

1. 특가법 제5조의4 제5항 법적 성격

형법총칙의 누범은 법률상 가중을 인정하는 양형규정으로서의 성질을 지니고 있다.45) 누범에는 전범 그 자체가 심판의 대상이 되는 것이 아니지만, 적어도 전범의 죄와 누범이 되는 후범의 죄는 병립관계에 있는 경합범과 구별되고 형법도 경합범과 그 절(節)을 달리하여 누범을 규정하고 있다.46)

[대상판결]도 위와 같이 특가법상 절도누범 규정이 전범의 죄에 대한 형벌의 경고기능을 무시하고, 누범기간 내에 다시 동종의 범행을 반복한 후범의 죄에 대한 행위책임이 그 가중사유라고 한다. 즉, 특가

---

43) 대법원 2008. 11. 27. 선고 2008도7820 판결[특정범죄가중처벌등에관한법률위반 (절도)·주거침입] 참조(강조는 필자에 의함).
44) 대법원 2008. 11. 27. 선고 2008도7820 판결 참조. 동지: 대법원 2015. 10. 15. 선고 2015도8169 판결.
45) 김성돈, 형법총론, 제6판, SKKUP, 2020년 2월, 827면.
46) 누범은 총칙 제2장 제4절에, 경합범은 같은 장 제5절 제37조 이하에 규정되어 있다.

법 제5조의4 제5항 제1호 위반의 죄에 형법 제35조 누범가중을 하더라도 그 가중처벌의 근거가 동일사유에 대한 거듭 가중이 아니고, 각 호에서 규정하고 있는 그 구성요건을 충족하는 행위로 3차례에 걸쳐 징역형을 받은 사람이 그 "전범에 대한 형벌의 경고기능을 무시하고 다시 누범기간 내에 동종의 …범행을 저지른 것이라는 점에서 <u>그 불법성과 비난가능성을 무겁게 평가하여 징벌의 강도를 높임으로써</u>" 특가법 소정의 특정범죄를 예방하려는 데 있다고 한다.[47]

전범에 대한 형벌경고기능을 한 번 무시하고 누범기간 내에 다시 후범의 죄를 범한 경우가 총칙상의 누범가중이라면, 특가법상의 누범가중은 전범에 대한 형벌경고기능의 무시가 한 번이 아니라 최소한 세 번 이상의 징역형을 선고받고 다시 누범기간 내에 동종의 범행을 범한 경우라야 한다. 형법총칙에서 "누범의 형은 그 죄에 정한 형의 장기의 2배까지 가중"하는 것이고(제35조 제2항), 특가법 제5조의4 제5항은 각 호의 범죄에 따라 차등하여 그 법정형을 정하고 있다. 그런데도 새로운 구성요건의 창설로 보아 총칙상의 누범 규정에 의해 가중처벌하게 되면, 전범에 대해 세 번 이상 징역형을 선고 받아 형이 실효되지 아니한 상태에서 후범을 (협의의) 누범으로 처벌하는 경우에 대하여 이 조항 각 호에 정한 법정형으로 가중처벌하도록 규정되어 있는데도 불구하고 다시 총칙상의 누범으로 가중하는 것은 '이중의 가중'으로 이중평가금지의 원칙·일사부재리의 원칙에 위배될 수 있다.

2. 형법 제35조와의 관계

누범가중처벌과 관련하여 구 특가법 제5조의4 제1항 위반의 죄가 성립하는 경우에도 별도로 형법 제35조에 의한 가중이 허용되었다. 누범은 범죄의 누적적 반복인 점에서 상습범과 유사한 면이 있으나 상습범은 습벽의 발현이라는 행위자책임에서 가중되는데, 누범은 경고

---

47) 헌법재판소 2019. 7. 25.자 2018헌바209, 401(병합) 전원재판부 결정; 대법원 2020. 3. 12. 선고 2019도17381 판결등 참조(강조는 필자에 의함).

의 무시라는 행위책임에 방점을 두고 가중 처벌되는 규정으로 그 가중의 사유가 개념상으로 구별되었다.[48] 이로써 구 특가법 적용시기의 판례는 상습범에 대한 누범가중[49]뿐만 아니라 상습범을 가중 처벌하는 특가법위반의 죄에 대한 누범가중[50]도 허용된다고 판시하였다.

그러나 구 특가법 제5조의4 제5항은 반복절도누범에 대한 상습성 의제규정으로서, 상습절도를 가중 처벌하는 동조 제1항에 정한 형과 같이 처벌하는 절도누범에 대한 상습범가중의 처벌규정이었다면, (이 조항의 삭제에 상응하여) 신설된 현행 특가법 제5조의4 제5항 제1호는—그 법률문언의 규정내용과 같이—이미 세 번 징역형을 처벌받은 사람이 다시 절도를 범하여 누범으로 처벌되는 경우에 별도로 규정된 형으로 가중 처벌하는 형식을 취하고 있다. 따라서 신설된 현행규정은 형법상의 누범처벌규정에 대해 별도의 형을 정하고 있는 특가법 누범처벌의 특별규정으로 이해되어야 한다. 이 사건 특가법 법률규정에 형법상 누범가중처벌규정을 적용하는 것은 중복처벌의 잘못을 범한 법률적용에 위법이 있는 것이다.

헌법재판소 2014헌가16 결정에서 설시한 것처럼, "일반법에 대비되는 특별법은 개념적으로 특별법의 구성요건이 일반법의 모든 구성요건을 포함하면서 그 밖의 특별한 표지까지 포함한 경우"를 말하고, "특가법에서 말하는 가중처벌도 단순히 법정형만의 가중을 뜻하는 것이 아니라 일반법 조항의 구성요건 이외에 특별한 구성요건 표지를 추가한 가중처벌의 근거를 마련하는 것을 포함"하고 있어야 한다.[51] 따라서 개정된 현행의 특가법 제5조의4 제5항 각 호는 '세 번 이상 반복범행의 전력'과 '누범기간 내에 동종범행을 범한 경우'를 특별한 누

---

48) 이주원, 특별형법, 제6판, 홍문사, 2020.03, 316면 각주 3) 참조; 동 제4판 2016.03, 340면 각주 2) 참조
49) 대법원 1982. 5. 25. 선고 82도600, 82감도125 판결.
50) 대법원 1985. 7. 9. 선고 85도100 판결; 대법원 1992. 5. 28. 선고 91도741 판결.
51) 헌법재판소 2014. 4. 24.자 2011헌바2 결정; 헌법재판소 2014. 11. 27.자 2014헌바224 결정 등 참조.

범사유를 법정하고, 다시 범한 후행의 범죄에 대하여 같은 항 각 호의 구분에 따라 그 형을 차등하여 가중처벌하고 있는 것으로 이해되어야 한다.

3. 특가법 제5조의4 제5항 제1호 위반(절도)죄와 그 수단으로 행한 주거침입의 죄수관계

위 [대상판결]과 관련하여 특히 이 사건 법률규정 위반의 (절도)죄와 주거침입죄의 죄수판단과 그 가중처벌의 사유 및 정도에 문제가 있다. 먼저 특가법 제5조의4 제5항 제1호 위반의 (절도)죄가 문제되는 위의 [사실관계] ②에서 피고인은 야간에 건조물에 침입하여 타인의 재물을 절취하였는데, [사실관계] ③에서는 주간에 피해자의 주거에 침입하여 재물을 절취하거나 절취하려다 미수에 그쳤다. 나아가 이 사건 항소심은 특가법 제5조의4 제5항 제1호 위반의 (절도)죄에 대해 형법 제35조 누범가중을 한 제1심 법원의 판단에 법령적용의 위법을 이유로 직권 판단하였음에도 불구하고, 정작 [다시 쓰는 판결 이유] 중 "법령의 적용 1. 범죄사실에서 대한 해당법조 및 형의 선택"에서는 '각 형법 제319조 제1항(주거침입의 점, 징역형 선택)'을 적시한 후 '각 주거침입죄에 대하여 형법 제35조의 누범가중'을 하여 처단형의 범위를 정하고 있다.52)

그러나 위와 같이 ― 범죄전력에 해당하는 [사실관계] ①에서의 세 번에 걸친 절도죄 등(징역 10년), 특가법위반(절도)죄(징역 3년), 특가법위반(절도)죄(징역 7년)의 범죄사실의 상세를 알 수 없고, 또 [사실관계] ③에서의 (별지 범죄일람표 기재와 같이) 9회에 걸친 주간주거침입과 절도죄의 기수 및 미수범에 해당하는 범죄사실의 구체적 내용을 파악할 수 없는 현실적 제약이 있어 ― 항소심에서 주거침입의 범죄사실에 형법상의 누범가중을 적용한 '형의 양정'과정이 쉽게 이해되지 않는다. [사실관계] ③에서의 각 주거침입죄에 대하여는 그들 사이에 병립관계

52) 의정부지방법원 2019. 11. 28. 선고 2019노2555 판결 참조.

에 있는 경합범가중을 해야 할 것으로 보기 때문이다. 다만, 2018. 8. 14. 집행이 종료된 징역 7년을 선고받은 특가법위반(절도)죄의 범죄사실에 야간주거침입(절도)의 공소사실이 포함되어 있을 것이라는 (필자의 추측)사실에 따라 판단하게 되면, 야간주거침입절도죄의 성립에 의해 배척되었던 주거침입죄(전범)와 그 누범기간 내에 범행된 [사실관계] ③에서의 각 주거침입죄에 대해서는 형법 제35조 누범가중에 더하여 각 경합범 가중도 가능할 것으로는 여겨진다. 더 나아가 '[사실관계] ① + ② 및 [사실관계] ① + ③'으로 구성되는 특가법위반의 절도죄에 대해서는 형법 제37조 전단경합범 가중도 가능할 것으로 보인다. 실제로 원심판결도 누범가중에 이어 바로 "1. 경합범가중(형법 제37조 전단, 제38조 제1항 제2호, 제50조)"하고 있다. 다만 이 경우 경합범가중의 기준 되는 '가장 중한 죄에 정한 법정형의 상한'에 유념해야 할 것이다. 마찬가지로 총칙상의 누범가중의 기준이 되는 법정형의 상한에 대해서도 신중을 기해야 한다. 형법상 누범가중에 의한 처단형의 상한은 누범인 후범에서 "그 죄에 정한 형의 장기의 2배까지 가중한" 형이기 때문이다. 이는 [대상판결]의 입장과 같이 특가법위반의 절도죄를 전범과 후범의 누범으로 볼 것인가, 아니면 항소심 판단과 같이 주거침입죄를 기준으로 전범과 후범의 누범가중을 한 것인가에 대해서도 마찬가지로 타당한 지적이다.

다음은 특가법 제5조의4 제5항 제1호 위반(절도)죄와 그 범행의 수단으로 행해진 주거침입죄의 죄수관계이다. 전술한 기존의 대법원의 판단에 따른다면, [사실관계] ②에서의 야간에 건조물침입은 특가법 제5조의4 제5항 위반의 절도죄에 흡수되어 별도로 주거침입죄를 구성하지 않는다고 판단되는데 반해, [사실관계] ③에서 주간주거침입 행위는 별도로 주거침입죄를 구성하고 특가법 제5조의4 제5항 제1호 위반의 절도죄와 경합범 관계에 있다고 할 것이다.[53]

---

53) 경합범의 처벌은 가장 중한 죄에 정한 장기에 그 2분의 1까지 가중하되, 각 죄에 정한 형을 합산한 형기를 초과할 수 없으므로 위의 경우에 그 처단형의

하지만 헌법재판소 2015. 2. 26.자 2014헌가16 결정에 따라 특가법 제5조의4 제5항은 2016. 1. 6. 법률 제13717호에 의해 새로운 내용의 구성요건적 형식과 법정형으로 개정되었다. 현행법에 따라 특가법 제5조의4 제5항 제1호 위반죄와 주거침입죄의 죄수관계를 판단하면, 먼저 i) [사실관계] ②의 야간에 건조물침입과 [사실관계] ③의 주간에 주거침입이라는 그 주거등 침입의 시간대와 관계없이 특가법 제5조의4 제5항 제1호 위반죄가 성립하고, 주거침입은 (위의 [사실관계] ②와 ③에서 총 11번의 절도행위에 대하여 피고인에게 절도습벽이 인정된다는 전제하에서) 이 특가법 위반의 죄에 흡수된다고 볼 수 있다. 비록 형법상의 상습절도죄와 주거침입의 죄수관계에 대해 대법원 2015도8619 판결은 형법 제332조가 정한 '그 죄에 정한 각 형의 2분의 1을 가중하여 처벌'을 근거로 야간주거침입절도와 주간에 주거침입에 침입하여 절도한 경우를 구분하여 죄수를 판단하였으나 특가법 제5조의4 제5항 제1호에서는 신설된 구성요건에서 별도의 법정형을 규정하고 있기 때문이다.

한편 [사실관계] ③과 달리 가령 총 10번에 걸친 절도행위가 없어 피고인에게 절도의 습벽이 인정되지 않는다면, 그 죄수관계는 오히려 ii) 특가법 제5조의4 제5항 제1호 위반(절도)죄와 그 절도의 수단으로 주간에 주거에 침입한 행위는 별도로 주거침입죄가 성립하여 양자는 실체적 경합관계에 있다고 볼 것이다. 그런데 이러한 죄수판단은 위 i)의 경우처럼 절도의 범행수단으로 주거침입을 주간이든 야간이든 여러 번 행하여 절도의 상습성이 인정되면 법조경합(흡수관계)에 의하여 특가법위반의 절도죄 1죄만 성립하는데 반해, 위 ii)의 판단처럼 절도의 범행수단으로 주간에 주거침입을 1번 한 때에는 특가법위반의 절도죄와 주거침입죄의 (실체적)경합범으로 가중 처벌되는 것이 부당하

범위는 '2년 이상 30년 이하의 징역'이 된다(형법 제38조 제1항 제2호 참조). 여기서 각 죄에 정한 형의 장기를 합산한 형기는 50년이다(특가법 위반의 20년 + 각 주거침입의 죄에 대한 30년(3*10) 합산).

게 여겨진다. 이 처벌의 부당함은 처단형의 상한에서 선고형을 결정하는 것이 아니라 그 하한에서부터 구체적 형을 선고하고 있는 법원의 양형실무에 의해 충분히 해소될 수 있을 것으로 기대할 수밖에 없다.

다른 한편으로 특가법 제5조의4 제5항 본문의 규정내용과 같은, 피고인에게 반복 범행의 경력이 없거나 또는 누범기간 내에서의 반복 범행이 아닌 경우에는 특가법이 적용되지 않고, 일반 형법이 적용될 것이다. 그렇다면, 양자의 죄수관계는 야간주거침입절도죄(제330조) 및 특수절도(제331조 제1항; 야간손괴침입절도)죄를 제외하고서 주거침입은 일반적으로 절도죄의 성립요소인 사실이 아니므로 그 주거침입행위는 별도로 주거침입죄를 구성하고 절도죄와 '실체적 경합관계'에 있다고 판단할 것이다. 이와 같은 죄수판단은 형법 제332조 상습절도죄와의 관계에서도 마찬가지이다.[54]

요컨대, 특가법위반의 상습절도죄와 그 절도의 수단으로 범한 주거등침입죄에 대하여 법조경합의 흡수관계에 의하여 특가법위반의 상습절도죄 1죄만 성립한다는 종전의 대법원 84도1573 전원합의체 판결은 더 이상 유지될 수 없다. 구 특가법 제5조의4 제1항은 헌법재판소 2015. 2. 26. 선고 2014헌가16 결정에 의하여 "형법 조항과 똑같은 구성요건을 규정하면서 법정형만 상향 조정한 심판대상조항은 형사특별법으로서 갖추어야 할 형벌체계상의 정당성과 균형을 잃은 것"이라는 이유로 위헌 결정되어 2016. 1. 6. <삭제>되었다. 현행법에서는 단순한 상습절도에 대해 형법 제332조가 적용되고,[55] 이 경우 (상습)절도죄와 주거침입죄의 관계를 대법원 2015. 10. 15. 선고 2015도8169 판결에 따르더라도 특별히 부당한 문제는 없을 것이다. 따라서 특가법 제5조의4 제5항 제1호 위반죄와 주거침입죄의 죄수관계를 기존의 대법원 법리에 따라 판단하면, [사실관계] ②에서의 야간에 건조물침입은 특가법

---

54) 대법원 2015. 10. 15 선고 2015도8169 판결 참조.

55) 최준혁, "[96] 상습절도와 주거침입의 관계", 형법판례 150선, 제2판, 박영사, 2019.3, 254면.

제5조의4 제5항 위반의 절도죄에 흡수되어 별개로 주거침입죄를 구성하지 않는데 반해, [사실관계] ③에서 주간의 주거침입행위는 별도로 주거침입죄가 성립하여 특가법 제5조의4 제5항 제1호 위반의 절도죄와 실체적 경합관계에 있게 된다.

V. 나가는 말

현행 특가법 제5조의4 제5항 각 호의 규정내용과 그에 상응하는 종례의 판례 법리를 정리하면서 현행규정에 따라 변경되어야 할 해석과 판례 법리를 정리해 보았다. 이 사건 법률규정의 성격에 대하여 2016년 1월 6일 특가법 일부개정을 통해 새로운 내용의 구성요건으로 창설되었다고 보는 대법원의 규명은 타당하다. 그러나 개정된 특가법 상의 새로운 구성요건과 형법총칙 누범규정의 관계를 규명한 것이 원심판결에서 직권 판단한 내용이다. 양자의 관계에 대해서는 형법상 누범가중규정의 특별규정으로서 이 사건 법률규정의 성격을 재정립한 항소심 법원의 판단이 타당하다고 생각한다.

구법시대의 판례 법리는 새로운 구성요건의 창설과 함께 새롭게 변경될 필요가 있다. 신 구성요건의 창설이 — 기존 규정에 대한 반성적 고려에서 변경된 제한적 의미로 이해하더라도 — 형법 제1조 제2항이 의미하는 법률의 변경에 해당되기 때문에, 구 특가법상 제5조의4 제5항이 상습성의제규정이라는 판단에 따라 형성된 판례의 법리도 당연히 달리 구성되어야 한다는 말이다. [대상판결]과 제1심 법원의 판단은 특가법 제5조의4 제5항 제1호 위반의 절도죄에 대하여 형법 제35조의 누범가중을 한데 반하여, 원심판결은 위 [사실관계] ③과 관련하여 주거침입에 대해 누범 가중한 것으로 이해된다.

[주 제 어]

대법원 2020. 5. 14. 선고 2019도18947 판결, 특정범죄가중법 제5조의4, 반복 범행 누범 가중, 상습절도범, 상습절도와 주거침입의 죄수 관계

[Key Words]

Supreme Court sentenced on May 14, 2020, 2019 Do 18947, Art. 5-4 of the Specific Crime Aggravated Punishment Act, Aggravated punishment by criminals with repeated offenses, Repeated Theft, The relationship between habitual theft and residential invasion.

접수일자: 2021. 4. 26. 심사일자: 2021. 5. 21. 게재확정일자: 2021. 5. 26.

[참고문헌]

김성돈, 형법총론, 제6판, SKKUP, 2020년 2월.
박상기·전지연·한상훈, 형사특별법, 집현전, 2013년 8월.
이주원, 특별형법, 제6판, 홍문사, 2020년 3월.
이주원, 특별형법, 제4판, 홍문사, 2016년 3월.
이주원, 특별형법, 제3판, 홍문사, 2014년 3월.

강해룡, "[실무논문] 절도죄의 상습범과 주거침입죄의 흡수관계", 법률신문
　　제4365호, 2015. 11. 12., "5. 대상 판결에 대한 문제점" 부분 참
　　조.(https://m.lawtimes.co.kr/Content/Info?serial=105170, 최종검색일: 2020.
　　7. 3.)
문채규, "특정범죄가중처벌 등에 관한 법률 제5조의4 제5항 위반죄와 죄수
　　관계", 형사법연구, 제22권 제4호, 한국형사법학회, 2010.12., 347면 이하.
윤승은, "특정범죄가중처벌 등에 관한 법률 적용상의 몇 가지 문제점과 대
　　안", 형사법연구, 제26호, 한국형사법학회, 2006.12., 109면 이하.
임한흠, "폭력행위등처벌에관한법률 제2조 제3항의 해석", 대법원판례해설,
　　제28호, 1997.12., 660면 이하.
최준혁, "범죄목적을 숨긴 출입은 주거침입인가? — 대법원 1984. 12. 26. 선
　　고 84도1573 전원합의체 판결 —", 형사판례연구 [23], 박영사, 2016년 6
　　월, 405면 이하.
최준혁, "[96] 상습절도와 주거침입의 관계", 형법판례 150선, 제2판, 박영사,
　　2019년 3월, 224면 이하.

[Abstract]

A Court Case Study on Art. 5-4 of the Specific Crime Aggravated Punishment Act

Lee, Kyung-Lyul*

Under the Art. 5-4 (5) of the Specific Crime Aggravated Punishment Act, in relation to the Supreme Court's decision in 2019 Do 18947,([subject judgment]) those with a history of being imprisoned for three or more times for each of these following subparagraphs gets their punishemnt weighted when they commit those crimes again: Art. 329 to 331 of the Criminal Code, Art. 333 to 336 In the case of a crime under Art. 340 (1) (including an attempted offender) and a crime under Art. 362, It is a regulation that gives a weighted punishment according to the classification.

The above [subject judgment] discusses the nature of Art. 5-4 (Aggravated Punishment for Frequent Robbery and Theft), which was amended to Act No. 13317 on January 6, 2016, in terms of its relatins to violations and habitual theft under the Criminal Law. Here, the Supreme Court understands the nature of the same article as "creating requirements for the composition of new content," and judges that the punishment should be determined by applying the criminal offense regulations (Art. 35) of the General Criminal Law. In response, the judgment of the court below recognized this as a "special provision on the weighting of offenders" in the general rules, and judged that there was a violation of the application of the law in the judgment of the first trial that weighted off offenses in this case.

---

* Professor, School of Law, Sungkyunkwan University, Ph.D in Law.

The establishment of the new components in the Special Criminal Act will not necessarily be a special provision under the Criminal Law, but the introduction, establishment and amendment of Art. 5-4 of the Special Offer Act, which includes the legal provisions of this case, has been dealt with on several occasions with the issue of constitutionality. Thus, caution is needed in terms of its legal nature and interpretation. And therefore, it is necessary to assess the degree of punishment by comparing the punishment for each subparagraph of Art. 5-4 (5) of the current Special Act and the legal punishment for each criminal law for theft. Through a comparison of these punishments, it should be examined whether or not the statutory punishment in each subparagraph of Art. 5-4 (5) of the Special Act still implies reinforcement of severe punishment despite the intention of the Constitutional Court to decide on unconstitutionality. In other words, whether the fact that you were sentenced to three or more imprisonment sentences due to a criminal record of similar crimes is a legitimate reason for reapproving the application of the punishment provisions for similar crimes again under a statutory sentence that aggravates punishment for similar crimes committed within the crime period. The aggravated punishment under the law and the weighting of criminal offenses against it, as pointed out in the judgment of the court below, do not obscure the purpose of the Constitutional Court's decision to make unconstitutional of the old law, or function as a special reason to justify adding the statutory punishment to the general provisions as a special provision. They analyzed [subject judgment] to see if it could be done, and said that the jurisdiction of the case law of the old law era needs to be changed with the creation of new constitutional requirements.

공소제기 후 작성된 '증인예정자 진술조서'의 증거능력

이 주 원*

대상판결 : 대법원 2019. 11. 28. 선고 2013도6825 판결

[사실관계]

피고인(甲)은 2004년경 서울 양재동 화물터미널 복합개발사업의 시행자인 공소외 1 주식회사 및 공소외 2 주식회사의 대표이사 A에게 '공소외 B 등을 통하여 위 사업 인허가를 받도록 도와주겠다'고 제의하여, 2007. 8. 30.부터 2008. 5. 9.까지 총 6회[1])에 걸쳐 A로부터 서울시 소관인 사업의 인허가 청탁비용 명목으로 합계 5억 5,000만 원(이하 '이 사건 금원'이라 한다)을 피고인(甲)의 위 계좌로 송금받아, 공무원의 직무에 속한 사항의 알선에 관하여 금품을 수수하였다는 공소사실로, 특정범죄 가중처벌 등에 관한 법률위반(알선수재)죄로 기소되었다.

한편, 피고인은 검찰 조사를 받으면서 당초 이를 부인하다가, 2012. 5. 8. 제13회 검사 피의자신문조서에서 A으로부터 (현금으로 받은 것은 모두 B에게 전달하기 위한 것이지만) 계좌로 받은 이 사건 금원은 '인허가의 경비 명목으로 피고인이 받은 돈'이라고 자백하였다. 그러나 피고인은 제1심 이래 일관되게 이 사건 금원은 '전부 B에게 전달될 돈'이었다고 하면서, '자신이 알선의 대가로 받은 것이 아니다'라고 공

---

* 고려대학교 법학전문대학원 교수.
1) 즉, ① 2007. 8. 30. 1억원, ② 2007. 12. 7. 5,000만원, ③ 2008. 2. 5. 5,000만원, ④ 2008. 2. 12. 5,000만원, ⑤ 2008. 3. 14. 1억원, ⑥ 2008. 5. 9. 2억원.

소사실을 부인하였다. 제1심에서 무죄판결이 선고되었고 검사가 항소하였다.

검사는 항소심 제1회 공판기일이 열리기 하루 전에 A를 불러 참고인으로 조사하고 제5회 검사 진술조서를 작성하여 곧바로 항소심 제1회 공판기일에 증거로 제출하였고, 피고인이 부동의하자 A를 증인으로 신청하였다. A는 제2회 공판기일에서 같은 취지의 법정진술을 하고 그 성립의 진정을 인정하는 진술을 하였다. A에 대한 반대신문은 제4회 공판기일에 이루어졌다.

항소심은 구체적 근거를 밝히지 않았으나 '검사가 원심판결 선고 후에 A를 다시 소환하여 조사한 것은 그 증거능력을 인정하기 어렵다'는 이유로 그 증거능력을 부인하였다.

[소송의 경과]

(1) **제1심** : 서울중앙지방법원 2012. 9. 21. 선고 2012고합577 판결[2] (무죄)

검사는 제1심에서, A에 대하여 작성된 제3회까지의 검사 진술조서와 피고인에 대한 각 검사 피의자신문조서 등을 주된 증거로 제출하였고, 피고인이 모두 증거동의하여 A의 출석없이 공판절차가 진행되었다. 그런데 검사는 2012. 4. 29. 작성된 A에 대한 제4회 검사 진술조서("2007. 12. 대통령선거가 끝난 이후에는 B가 아닌 피고인에게 독자적 로비자금으로 '현금'을 주었다"는 내용)는 제1심에 증거로 제출하지 않았다.

제1심은 이 사건 공소사실에 대하여 피고인의 검찰 자백진술은 신빙성이 의심스럽고, 오히려 피고인이 단순한 전달자로서 이 사건 금원을 수수하였다고 볼 여지가 충분하다는 등의 이유로 범죄의 증명이 없다고 보아 무죄를 선고하였다.

---

2) 재판부 구성 : 판사 정선재(재판장), 하종민, 박세영

검사는 항소이유서에서 '피고인이 2007. 12.경 대선 이후에는 이 사건 사업 인허가에 필요한 경비로 금원을 교부받았다'는 취지의 주장을 하는 한편, A가 검찰에서 피고인을 통해 B에게 돈을 주었다고 진술한 부분의 의미를 확인할 필요가 있다는 이유로 A를 증인으로 신청할 예정이라고 주장하였다.

(2) **항소심** : 서울고등법원 2013. 5. 24. 선고 2012노3172 판결3) (일부 유죄, 징역 1년 6월)

검사는 항소심 제1회 공판기일이 열리기 하루 전인 2012. 11. 15. A를 불러 참고인으로 조사하여 제5회 검사 진술조서(이하 '이 사건 진술조서'라 한다)를 작성하였는데, 곧 있을 항소심에서 증인신문을 신청할 예정이라고 알려주지는 않았다. 이 사건 진술조서는 (이미 공소제기 전에 작성되었으나 제1심에 제출하지 않았던) 위 제4회 검사 진술조서와 같은 내용을 A가 더욱 구체적으로 진술한 것으로 작성되어 있다. 검사는 2012. 11. 16. 항소심 제1회 공판기일에서, A에 대한 위 제4회 검사 진술조서 및 항소심 진행 중 작성된 '이 사건 진술조서'를 증거로 제출하였고, 피고인이 부동의하자 A를 증인으로 신청하였다.

A는 2012. 12. 14. 항소심 제2회 공판기일에서 '이 사건 진술조서'와 같은 취지의 법정진술을 하고, 이 사건 진술조서를 제시받아 열람한 후 진술한 대로 조서에 기재되어 있고 서명·날인하였음을 확인하였다. A에 대한 반대신문은 2013. 4. 5. 제4회 공판기일에 이루어졌다.

항소심은, A에 대한 이 사건 진술조서에 대해서는 '구체적 근거를 밝히지 않은 채' 그 증거능력을 인정하지 않았지만, 같은 내용인 A의 원심 법정진술은 그 신빙성을 인정하였다.4) 그 결과 항소심은 이

---

3) 재판부 구성 : 판사 황병하(재판장), 유헌종, 남양우
4) 즉, "특히 검사가 원심판결 선고 후에 A를 다시 소환하여 조사한 것은 그 증거능력을 인정하기 어렵지만, A가 당심 법정에서 한 진술은 증거법칙상 아무런 문제가 없고 그 내용도 이 사건 기소 전에 이루어진 A에 대한 제4회 검찰신문 내용과 그 실질에 있어서 같은 것이므로, 그러한 이유만으로 A의 당심 법정에서의 진술을 쉽게 배척할 것은 아니다."라고 판단하였다.

사건 공소사실 중 2007. 12. 대통령선거 이후 수수된 합계 4억원(③ 내지 ⑥)에 대해서는 A의 항소심 법정진술, (뒤늦게 항소심에서 비로소 증거로 제출된) A에 대한 제4회 검사 진술조서, 피고인의 검찰 자백진술 등에 신빙성을 인정하여 유죄로 판단하고 징역 1년 6월을 선고하였으며, 그 전에 수수된 합계 1억 5,000만원(① 내지 ②)에 대하여는 증명이 없다고 보아 이유에서 무죄로 판단하였다.

(3) **상고심** : 대상판결5) (파기환송)

대법원은, 항소심 공판기일에 증인으로 신청하여 신문할 수 있는 사람을 미리 수사기관에 소환하여 작성한 진술조서는 '피고인이 증거로 할 수 있음에 동의하지 않는 한 증거능력이 없다'고 판시하면서, 이 사건 진술조서의 증거능력을 다음과 같은 이유로 배제하였다. 즉, "제1심에서 피고인에 대하여 무죄판결이 선고되자 검사가 항소를 한 후 항소심 공판기일에서 증인으로 신문할 수 있는 사람을 미리 수사기관에 소환하여 일방적으로 이 사건 진술조서를 작성하였고, 그 내용 또한 피고인에게 불리한 내용이며, 이 사건 진술조서를 작성해야만 하는 특별한 사정이 있었다고 보이지도 않는다. 피고인이 이 사건 진술조서를 증거로 할 수 있음에 동의하지 않은 이 사건에서 이를 증거로 허용하면 당사자주의·공판중심주의·직접심리주의에 반하고 피고인의 공정한 재판을 받을 권리를 침해하게 되므로 증거능력이 없다." 고 하였다.

한편, A의 항소심 법정진술을 비롯하여 A의 제4회 검사 진술조서, 피고인의 검찰 자백진술 등 원심이 유죄로 판단하는 데 근거가 된 증거의 신빙성도 배척하였다.6)

---

5) 재판부 구성 : 대법관 민유숙(재판장), 조희대(주심), 김재형, 이동원.
6) 판결이유에서 A의 원심 법정진술의 신빙성을 배척한 요지는 다음과 같다. 즉,
　① A는 검찰 제4회 진술에서 "피고인에게 독자적 로비자금으로 '현금'을 주었다"라고 진술하였다가, 원심 법정에서 "피고인은 공인이 아니므로 대선 이후 피고인에게 굳이 어렵게 현금으로 마련할 필요가 없었기 때문에 '계좌로 송금'하였다"라고 진술을 변경하였다. 이 사건 공소사실은 '계좌로 송금하였다

[대상판결의 요지]

"[1] 헌법은 제12조 제1항 후문에서 적법절차의 원칙을 천명하고, 제27조에서 재판받을 권리를 보장하고 있다. 형사소송법은 이를 실질적으로 구현하기 위하여, 피고사건에 대한 실체심리가 공개된 법정에서 검사와 피고인 양 당사자의 공격·방어활동에 의하여 행해져야 한다는 당사자주의와 공판중심주의 원칙, 공소사실의 인정은 법관의 면전에서 직접 조사한 증거만을 기초로 해야 한다는 직접심리주의와 증거재판주의 원칙을 기본원칙으로 채택하고 있다. 이에 따라 공소가 제기된 후에는 그 사건에 관한 형사절차의 모든 권한이 사건을 주재하는 수소법원에 속하게 되며, 수사의 대상이던 피의자는 검사와 대등한 당사자인 피고인의 지위에서 방어권을 행사하게 된다. 형사소송법상 법관의 면전에서 당사자의 모든 주장과 증거조사가 실질적으로 이루어지는 제1심 법정에서의 절차가 실질적 직접심리주의와 공판중심주의

___

는 내용이다. 검사가 A의 검찰 제4회 진술조서를 제1심에 증거로 제출하지 않은 이유가 '계좌로 송금하였다'는 이 사건 공소사실과 '현금으로 주었다'는 A의 진술 내용이 불일치하기 때문이 아닌지 의심이 든다.

② A에 대하여 이 사건 진술조서가 '작성'될 당시와 '법정진술'이 이루어질 당시에는 A에 대한 매우 중한 형사사건으로 일부 범죄에 대해서는 수사가 진행 중이었고 일부 범죄에 대해서는 공소가 제기되어 징역형이 선고되었다(즉, A는 이 사건 진술조서가 작성된 시점인 2012. 11. 15. 및 같은 취지의 법정진술이 있었던 시점인 같은 해 12. 14. 이후에, 약 2달 뒤인 2013. 2. 28. 제1심에서 징역 6년을 선고받고 법정구속되었는데, 이와 같이 A가 징역 6년을 선고받고 법정구속된 상태에서 약 1달 뒤인 같은 해 4. 5. A에 대한 반대신문이 이루어졌다). 검사는 이 사건 진술조서를 작성할 당시 A에게 제1심판결과 변호인의 의견서를 보여 주고 그가 알고 있는 내용과 다른 부분을 알려 달라고 하였으나, 곧 있을 항소심에서 증인신문을 신청할 예정이라고 알려주지는 않았다. A의 원심 법정진술은 이 사건 진술조서 작성 바로 다음 날 열린 원심 제1회 공판기일에서 검사의 신청에 따라 증인으로 채택되어 이 사건 진술조서 작성일부터 대략 1개월 후인 원심 제2회 공판기일에 이 사건 진술조서를 제시하며 이루어졌다. 위와 같이 증인신문 전 수사기관에서 조사를 하고 이 사건 진술조서를 작성한 경위와 법정진술의 과정 및 내용에 비추어 보면, A가 원심 법정에서 진술하기 전 검찰에 소환되어 조사를 받고 진술조서가 작성되는 과정에서 수사기관의 영향을 받아 이 사건 공소사실에 맞추기 위하여 진술을 변경하였을 가능성을 배제하기 어렵다.

를 구현하는 원칙적인 것이지만, 제1심의 공판절차에 관한규정은 특별한 규정이 없으면 항소심의 심판절차에도 준용되는 만큼 항소심도 제한적인 범위내에서 이러한 원칙에 따른 절차로 볼 수 있다.

[2] 이러한 형사소송법의 기본원칙에 따라 살펴보면, [㉠] 제1심에서 피고인에 대하여 무죄판결이 선고되어 검사가 항소한 후, 수사기관이 항소심 공판기일에 '증인으로 신청하여 신문할 수 있는 사람'을 특별한 사정없이 미리 수사기관에 소환하여 작성한 진술조서는 피고인이 증거로 할 수 있음에 동의하지 않는 한 증거능력이 없다고 할 것이다. [㉡] 검사가 공소를 제기한 후 참고인을 소환하여 피고인에게 불리한 진술을 기재한 진술조서를 작성하여 이를 공판절차에 증거로 제출할 수 있게 한다면, 피고인과 대등한 당사자의 지위에 있는 검사가 수사기관으로서의 권한을 이용하여 일방적으로 법정 밖에서 유리한 증거를 만들 수 있게 하는 것이므로 [㉢] 당사자주의·공판중심주의·직접심리주의에 반하고 피고인의 공정한 재판을 받을 권리를 침해하기 때문이다. [㉣] 위 참고인이 나중에 법정에 증인으로 출석하여 위 진술조서의 성립의 진정을 인정하고 피고인측에 반대신문의 기회가 부여된다 하더라도 위 진술조서의 증거능력을 인정할 수 없음은 마찬가지이다.

[3] 위 참고인이 법정에서 위와 같이 증거능력이 없는 진술조서와 같은 취지로 피고인에게 불리한 내용의 진술을 한 경우, 그 진술에 신빙성을 인정하여 유죄의 증거로 삼을 것인지는 증인신문 전 수사기관에서 진술조서가 작성된 경위와 그것이 법정진술에 영향을 미쳤을 가능성 등을 종합적으로 고려하여 신중하게 판단하여야 한다.”

Ⅰ. 들어가는 말

이 사건의 핵심적인 법리적 쟁점은, 제1심에서 피고인에 대하여 무죄판결이 선고되어 검사가 항소한 후, 수사기관이 항소심 공판기일에 증인으로 신청하여 신문할 수 있는 사람을 미리 수사기관에 소환7)

하여 작성한 진술조서의 증거능력 여부, 즉 공소제기 후 작성된 이른 바 '증인예정자에 대한 진술조서'의 증거능력 문제이다. 이에 대해 대 상판결의 결론은, 이러한 진술조서는 '피고인이 증거로 할 수 있음에 동의하지 않는 한 증거능력이 없고', '그 진술자가 나중에 그 진술조서 의 진정성립을 인정하고 반대신문의 기회가 부여되더라도 마찬가지' 라는 것이다. 이는 그 진술조서가 전문증거임을 전제로 예외적으로 피 고인이 증거동의하는 경우에는 증거능력이 있으나, 증거부동의하는 경우에는 '증인신문 전에 미리 수사기관에 소환하여 진술조서를 작성 할 특별한 사정이 없는 한' 원칙적으로 형사증거법상 전문예외의 적용 을 배제하겠다는 의미로 이해된다.

이 사건 진술조서는 유죄의 유력한 증거로 검사가 증거신청하였 으나 결국 증거능력이 인정되지 않았다. 다만, 원심은 그 구체적 근거 를 제시하지 않은 반면, 대법원은 대상판결에서 당사자주의·공판중심 주의·직접심리주의에 반하고 피고인의 공정한 재판을 받을 권리를 침 해하기 때문이라는 분명한 근거를 제시하고 있다. 이는 이른바 증언번 복 진술조서[8]의 증거능력에 관한 기존의 확립된 판례법리(99도1108 전 합 판결 등)[9]를 '증언번복이 아닌 경우'에까지. 즉 시기적으로 증인신문

---

7) 정확한 용어는 '출석요구'이다. 형사소송법 제221조 제1항 본문("검사 또는 사 법경찰관은 수사에 필요한 때에는 피의자가 아닌 자의 '출석을 요구'하여 진 술을 들을 수 있다") 참조.

8) 대법원 2000. 6. 15. 선고 99도1108 전원합의체 판결에서 다수의견은 '증언번복 진술조서'라는 용어를 사용하고 있다. 즉, '공판기일 또는 공판기일에서 이미 증언을 마친 증인을 검사가 소환한 후 피고인에게 유리한 그 증언 내용을 추 궁하여 이를 일방적으로 번복시키는 방식으로 작성한 진술조서'를 말한다.

9) 대법원 2000. 6. 15. 선고 99도1108 전원합의체 판결("공판준비 또는 공판기일 에서 이미 증언을 마친 증인을 검사가 소환한 후 피고인에게 유리한 그 증언 내용을 추궁하여 이를 일방적으로 번복시키는 방식으로 작성한 진술조서를 유죄의 증거로 삼는 것은 당사자주의·공판중심주의·직접주의를 지향하는 현 행 형사소송법의 소송구조에 어긋나는 것일 뿐만 아니라, 헌법 제27조가 보 장하는 기본권, 즉 법관의 면전에서 모든 증거자료가 조사·진술되고 이에 대 하여 피고인이 공격·방어할 수 있는 기회가 실질적으로 부여되는 재판을 받 을 권리를 침해하는 것이므로, <u>이러한 진술조서는 피고인이 증거로 할 수 있</u>

전의 경우에까지 확장한 것으로 이해된다. 다만, 대상판결은 증거동의
이외에 예외적으로 증거능력이 인정될 여지가 있음을 시사하는 '특별
한 사정없이'라는 문언을 판시내용에 포함하고 있는데, 여기서 '증인신
문 전에 미리 수사기관에 소환하여 이러한 진술조서를 작성할 특별한
사정'이 무엇인지에 대해서는 그 해석기준이 제시되어 있지 않다.

그런데 대상판결은 이러한 법리가 비단 항소심의 경우에만 한정
되는 것이 아니라 '공소제기 후라면 제1심의 경우에도 마찬가지로 적
용된다'는 점을 분명히 하고 있다. 즉, 단순히 항소심에서의 '증인예정
자'에 대한 진술조서의 증거능력의 문제에만 국한되는 것이 아니라,
공소제기 후 작성된 것이라면 제1심의 경우는 물론, 증인으로 예정된
사람뿐만 아니라 '증인으로 신청하여 신문할 수 있는 사람(증언가능자)'
에 대한 진술조서의 증거능력 일반에 관한 문제임을 포함하여 판시하
고 있다는 점이다. 다시 말하면, 공소제기 후의 참고인조사[10]에서 작
성된 '피고인 아닌 자'에 대한 진술조서 전반의 증거능력에 관한 문제
로 확장되어 있다는 것이다.

따라서 대상판결의 법리는 비단 그 조서의 증거능력의 문제에만
국한되는 것이 아니라, 이른바 '공소제기 후 참고인조사의 허용성 내
지 적법성 여부'와도 직·간접적으로 관련되는 쟁점으로 보인다.[11] 또

음에 동의하지 아니하는 한 그 증거능력이 없다고 하여야 할 것이고, 그 후
원진술자인 종전 증인이 다시 법정에 출석하여 증언을 하면서 그 진술조서의
성립의 진정함을 인정하고 피고인측에 반대신문의 기회가 부여되었다고 하더
라도 그 증언 자체를 유죄의 증거로 할 수 있음은 별론으로 하고 위와 같은
진술조서의 증거능력이 없다는 결론은 달리할 것이 아니다.").
이러한 법리는 증언번복 방식인 이상 서류의 형식이 ㉠ 진술서(대법원 2012.
6. 14. 선고 2012도534 판결: '증언번복 진술서) 또는 ㉡ (그 증인을 상대로 위
증의 혐의를 조사하여 작성한) 피의자신문조서(대법원 2013. 8. 14. 선고 2012
도13665 판결: '증언번복 피신조서')인 경우에도 마찬가지로 적용된다.
10) 공소제기 후의 수사는, 수사기관이 공소제기 후에 '당해 피고사건에 대하여'
공소유지를 위해 또는 공소유지 여부의 결정을 위해 행하는 수사를 말하는
데, 그 중 임의수사 형태로는 참고인조사와 피고인신문이 언급되고 있다. 자
세한 것은 이주원, 형사소송법(제3판), 박영사, 2021, 231-233면 참조.
11) 대상판결이 원칙적으로 공소제기 후 참고인조사를 공판중심주의에 위배되는

한 이 법리는 비단 참고인에 대한 진술조서의 문제에만 국한되는 것이 아니라, 공소제기 후 검사가 작성한 '피고인에 대한 진술조서'의 증거능력을 인정하는 기존의 확립된 판례법리(84도1646 판결 등)[12]의 정당성 여부와도 관련되는 쟁점으로 보인다.[13][14]

기존의 '증언번복 진술조서'의 법리가 증언번복의 특수 상황에서 제한적으로 적용되는 법리인 반면, 대상판결의 법리는 공소제기 후 작성된 참고인 진술조서 전반에 대해 광범위하게 적용될 여지가 있는 판시라고 할 수 있다. 이러한 점에서 대상판결은 당사자주의와 공판중심주의를 강화한 획기적인 내용으로 생각되며, 앞으로 실제 재판실무

것으로 보고 있다는 견해도 있다. 홍영기, "형법·형사소송법 2019년 대법원 주요판례와 평석", 안암법학 통권 제60호, 안암법학회, 2020. 5., 143면.

12) 대법원 1984. 9. 25. 선고 84도1646 판결("검사 작성의 피고인에 대한 진술조서가 <u>공소제기 후에 작성된 것이라는 이유만으로는 곧 그 증거능력이 없다고 할 수 없다.</u> 원심이 이를 증거로 채택하였다고 하여 공판중심주의 내지 재판공개의 원칙에 위배된 것이라고도 할 수 없다."). 같은 취지의 대법원 1982. 6. 8. 선고 82도754 판결 등.

13) 대상판결의 태도에 비추어, 공소제기 후 작성된 피고인에 대한 진술조서의 증거능력을 인정하는 종전 판례는, 앞으로는 그대로 유지되기가 어려울 것이라는 견해도 다수가 있다. 이창현, "2019년 형사소송법 중요판례평석", 인권과정의 통권 제489호, 대한변호사협회, 2020.5., 153면; 홍영기, 앞의 논문, 144면 등.

14) 한편, 대법원 2009. 8. 20. 선고 2008도8213 판결에 따르면, 공소제기 후 작성된 피고인에 대한 진술조서는 그 형식이 진술조서이나 검사 작성의 피의자신문조서로 취급하여 그 요건을 구비하면 증거능력을 인정하고 있다. 그러나 2020. 2. 4. 개정된 형사소송법(법률 제16924호)은 검사 작성의 피의자신문조서의 증거능력에 대해 사법경찰관 작성의 피의자신문조서의 그것과 동일하게 제한하고 있다. 즉, 개정 형사소송법 제312조 제1항에 따르면, "검사가 작성한 피의자신문조서는 공판준비 또는 공판기일에 그 피의자였던 피고인 또는 변호인이 그 내용을 인정할 때에 한하여 증거로 할 수 있다". 법률제16924호 형사소송법 일부개정법률의 시행일에 관한 규정 제2조 단서에 의하여, 위 제312조 제1항의 개정규정은 <u>2022년 1월 1일부터 시행된다.</u> 따라서 <u>개정된 형사소송법하에서 기존의 판례법리에 그대로 따른다면,</u> 피의자신문조서로 취급되고 있는 '공소제기 후 작성된 피고인에 대한 진술조서'에 대해서는, (작성 주체가 검사이든 사법경찰관이든 불문하고) <u>피고인이 그 내용을 인정한 경우에 한하여 그 증거능력이 인정되는 결과가 된다.</u>

에서 차지하는 의미와 공소제기 후의 임의수사에 미치는 영향이 결코 작지 않을 것으로 전망된다. 그렇다면 공소제기 후의 임의수사를 비롯하여 대상판결의 법리와 관련된 제반 쟁점들을 심층적·망라적으로 함께 분석할 필요가 있을 것으로 본다.

이하에서는 대상판결의 법리에 대한 검토의 전제로서, 우선 공소제기 후 임의수사의 허용성 여부(Ⅱ) 및 증언번복 진술조서의 증거능력 문제(Ⅲ)를 필요한 범위 내에서 간략히 고찰한다. 나아가, 대상판결의 주된 법리적 쟁점인 공소제기 후 작성된 '증인예정자 내지 증언가능자에 대한 진술조서'의 증거능력과 관련하여, 전문예외의 적용을 배제하는 근거, 예외적으로 증거동의를 허용하는 근거, '미리 수사기관에 소환하여 이러한 진술조서를 작성할 특별한 사정'의 해석기준 등에 대해 고찰하고(Ⅳ), 이어서 대상판결의 적용범위, 공소제기 후 참고인조사에 미치는 영향, 피고인 진술조서에 미치는 영향(Ⅴ) 등의 관련 쟁점을 차례로 검토하기로 한다.

Ⅱ. 공소제기 후의 참고인조사에 관한 기존 논의

1. 학 설

(1) 일반적인 경우

공소제기 후의 참고인조사는 원칙적으로 허용된다는 것이 일반적인 견해이다.15) 그 논거로는, 참고인에 대한 조사는 임의수사로서 상대방의 동의를 전제로 하는 수사방법이라는 점, 형사소송법 제199조 제1항은 "수사에 관하여는 그 목적을 달성하기 위하여 필요한 조사를 할 수 있다"라고 하여, 그 '시간적 한계'에 제한을 두고 있지 않다는

---

15) 김재환, 형사소송법, 법문사, 2013, 257면; 신동운, 신형사소송법(제12판), 법문사, 2020, 280면; 이승호/이인영/심희기/김정환, 형사소송법강의, 박영사, 2018, 265면; 이재상/조균석, 형사소송법(제11판), 박영사, 2017, 358면; 이주원, 앞의 책, 204면; 이창현, 형사소송법(제5판), 정독, 2019, 538면; 임동규, 형사소송법(제14판), 법문사, 2019, 294면; 정웅석/최창호, 형사소송법, 대명출판사, 2017, 243면; 손동권/신이철, 형사소송법(제4판), 세창출판사, 2019, 414면 등.

점, 제196조 역시 "검사는 범죄의 혐의 있다고 사료하는 때에는 범인, 범죄사실과 증거를 수사한다"라고 하여, '수사의 종기(終期)'에 제한을 두고 있지 않다는 점, 또한 제221조 제1항 본문은 "검사 또는 사법경찰관은 수사에 필요한 때에는 피의자가 아닌 자의 출석을 요구하여 진술을 들을 수 있다"라고 하여, 그 '범위'에 대한 제한도 두고 있지 않다는 점 등이 제시되고 있다. 공소제기 후라도 제1회 공판기일의 전후를 불문하고 참고인에 대한 조사가 언제나 허용된다고 한다.16)

(2) 이른바 증언번복 방식인 경우

다만, 증언번복 방식의 참고인조사에 대해서는, 비록 공소제기 후의 참고인조사가 원칙적으로 허용된다고 하더라도, 이미 증언을 마친 증인에 대해 위증사건의 수사가 개시된 경우가 아니라면 허용되지 않는다는 입장이 일반적이다.17) 그 논거로는, 이는 수사의 공정성과 공판절차의 소송적 구조를 파괴하는 것이므로 허용되지 않는다는 점, 이러한 방식의 참고인조사는 '위법한 수사방법'이라는 점, 공소제기 후에는 원칙적으로 법원에 의하여 증인신문이 행해져야 하기 때문이라는 점, 공판중심주의에 반하기 때문이라는 점 등이 제시되고 있다.18)

2. 판 례

판례는 증언번복 방식의 경우에 대해, "피고인에게 유리한 증언을 한 증인을 법정 외에서 추궁하여 법정에서의 증언을 번복하게 하는 따위의 증거수집은, 공정한 수사권의 행사라 할 수 없다."19)라고 하는

---

16) 한편, 제한적 허용설로는, 공소제기 후의 참고인조사는 제1회 공판기일 전에 한하여 허용되고, 제1회 공판기일 이후에는 허용되지 않는다고 제한적으로 해석하는 견해가 있다. 백형구, 형사소송법강의, 박영사, 2003, 334면.

17) 신동운, 앞의 책, 280면; 이승호/이인영/심희기/김정환, 앞의 책, 265면; 이재상/조균석, 앞의 책, 358면 등.

18) 한편, 공소제기 후 검사의 수사권한이 모두 없어지는 것은 아니지만, 적어도 당사자주의, 공판중심주의, 직접주의를 침해하지 않는 한도 내에서 제한된 권한이라고 보아야 한다는 견해도 있다. 남영찬, "증언을 번복하는 진술조서의 증거능력", 법조 49권 10호, 법조협회, 2000, 10, 207-208면.

데, 이러한 수사방식 자체의 적법성 여부는 별론으로 하고, 공소제기 후 참고인조사 자체가 허용되는지 여부에 대해서는 직접적인 언급이 없다. 판례가 공소제기 후의 일반적인 참고인수사에 대해 그 자체는 원칙적으로 허용된다는 전제에 서 있는 것으로 볼 수 있는 판시로는, 증언번복 진술조서의 증거능력에 관한 대법원 2000. 6. 15. 선고 99도 1108 전원합의체 판결의 다수의견에 대한 보충의견에서 확인된다.[20]

Ⅲ. 증언번복 진술조서의 증거능력에 관한 기존 판례

1. 수사단계에서 작성된 진술조서의 증거능력

전문법칙을 규정한 형사소송법 제310조의2에 따르면 전문증거는 증거능력이 없지만, 제318조에 따라 검사와 피고인이 증거로 할 수 있음을 동의한 경우에는 전문증거라도 유죄의 증거로 사용할 수 있는데, 이는 전문법칙이 적용되지 않는 경우에 해당한다(즉, '전문법칙의 부적용'). 나아가 증거동의가 없는 경우에도 전문법칙의 예외 요건을 갖춘다면, 마찬가지로 그 증거능력이 예외적으로 인정된다(즉, '전문법칙의 예외'). 전문예외로서, 수사기관이 작성한 참고인 진술조서의 증거능력 인정 요건은, 제312조 제4항[21]에 규정되어 있다. 즉, 수사단계에서 작성된 참고인 진술조서의 증거능력 인정 요건은, ㉠ 적법한 절차와 방

---

19) 대법원 1993. 4. 27. 선고 92도2171 판결.
20) [대법관 김형선의 다수의견에의 보충의견]이 그러하다. 즉, "어떠한 증거가 공소제기 이후에 수집되었다는 이유만으로 위법한 것으로 단정할 수 없는 것임은 물론이고, 공익기관인 검사가 공소의 유지를 위하여 공소가 제기된 이후에 있어서도 계속하여 증거의 수집 등 수사활동을 전개함을 결코 나무랄 수만은 없을 것이다."
21) 제312조(검사 또는 사법경찰관의 조서 등) ④ 검사 또는 사법경찰관이 피고인이 아닌 자의 진술을 기재한 조서는 적법한 절차와 방식에 따라 작성된 것으로서 그 조서가 검사 또는 사법경찰관 앞에서 진술한 내용과 동일하게 기재되어 있음이 원진술자의 공판준비 또는 공판기일에서의 진술이나 영상녹화물 또는 그 밖의 객관적인 방법에 의하여 증명되고, 피고인 또는 변호인이 공판준비 또는 공판기일에 그 기재 내용에 관하여 원진술자를 신문할 수 있었던 때에는 증거로 할 수 있다. 다만, 그 조서에 기재된 진술이 특히 신빙할 수 있는 상태하에서 행하여졌음이 증명된 때에 한한다.

식에 따라 작성될 것, ㉡ 원진술자의 진술에 의한 실질적 진정성립의
인정(단, 대체증명 가능), ㉢ 피고인 또는 변호인의 참고인에 대한 반대
신문의 기회보장, ㉣ 특신상태의 증명이며, 그 밖에 일반적 요건으로
㉤ 진술의 임의성이 요구된다. 수사단계에서 작성된 진술조서의 증거
능력 문제를 간단한 표로 정리하면 다음과 같다.

	증거능력 인정	
	전문예외 (312④)	증거동의(318①)
(1) 수사단계 참고인 진술조서	○	○

2. 공판단계에서 작성된 증언번복 진술조서의 증거능력

(1) 증언번복 진술의 판례법리

공판단계에서 증언번복 방식으로 작성된 진술조서에 대해, 과거
의 판례는 증거능력이 아닌 단지 증명력의 문제로 취급하였다. 즉, '그
기재내용에 관하여 피고인측에게 반대신문의 기회가 부여되었다면 증
거능력이 있다'[22]는 것이었으며, 다만 '그 신빙성이 상대적으로 희박하
다'[23]는 입장이었다. 그 후 대법원 2000. 6. 15. 선고 99도1108 전원합
의체 판결에 의해, 단순히 증명력 차원의 문제가 아닌 증거능력 차원
의 문제로 전환되었다. 즉, "이러한 진술조서는 피고인이 증거로 할 수
있음에 동의하지 아니하는 한 그 증거능력이 없다. 그 후 원진술자인
종전 증인이 다시 법정에 출석하여 증언을 하면서 그 진술조서의 성립
의 진정함을 인정하고 피고인측에 반대신문의 기회가 부여되었다고
하더라도, 그 증언 자체를 유죄의 증거로 할 수 있음은 별론으로 하
고, 위와 같은 진술조서의 증거능력이 없다는 결론은 달리할 것이 아

---

22) 대법원 1992. 8. 18. 선고 92도1555 판결.
23) 대법원 1983. 8. 23. 선고 83도1632 판결; 1984. 11. 27. 선고 84도1376 판결;
    1993. 4. 27. 선고 92도2171 판결 등.

니다."라는 것이다. 즉, 피고인이 증거동의한 경우 이외에는 증거능력이 부인된다는 것이며, 이러한 진술조서의 증거능력을 인정하는 것은 "당사자주의·공판중심주의·직접주의를 지향하는 현행 형사소송법의 소송구조에 어긋나는 것일 뿐만 아니라, 헌법 제27조가 보장하는 기본권을 침해하는 것"이라는 근거를 제시하였다.24) 그 후 이러한 법리는 증언번복 방식인 이상 서류의 형식이 진술서('증언번복 진술서')인 경우25) 또는 (그 증인을 상대로 위증의 혐의를 조사하여 작성한) 피의자신문조서('증언번복 피신조서')인 경우26)에도 마찬가지로 적용되었다. 이들은 모두 피고인에 대한 관계에서는 '진술조서'로 취급되는 공통점을 갖고 있기 때문이다. 다만, 다시 법정에 출석하여 증언한 그 번복증언 자체는 유죄의 증거로 할 수 있다고 하였다. 공판단계에서 작성된 증언번복 진술조서의 증거능력 문제를 간단한 표로 정리하면 다음과 같다.

	증거능력 인정	
	전문예외(312④)	증거동의 (318①)
(3) 공판단계 증언번복 진술조서	×	○

(2) 증거능력 배제의 이론적 근거에 대한 견해 대립

대법원 99도1108 전원합의체 판결은 그 증거능력 부인의 근거로써 현행 형사소송법의 소송구조와 헌법 제27조를 제시하였으나, 구체적으로 형사소송법상 근거조문에 대해서는 명확히 언급하지 않았다.

---

24) 이 판례에 대해서는, "당사자주의와 적법절차와 같은 '기저적(基底的) 구조원리'가 공판중심주의·직접주의와 같은 '하위수준의 구조원리' 개념을 매개로, 형사실무의 최전방말단에 자리하고 있는 각론적 쟁점의 해석문제에 깊숙이 침투해 들어가고 있는 과정을 실증해 주는 사례"라는 평가가 있다. 심희기, "법정증언을 번복하는 내용의 참고인진술조서의 증거능력", 법률신문 2903호(2000).

25) 대법원 2012. 6. 14. 선고 2012도534 판결.

26) 대법원 2013. 8. 14. 선고 2012도13665 판결.

증언번복 진술조서의 증거능력을 배제하는 이론적 근거에 대해, 위법
수집증거라는 견해와 특수한 전문증거라는 견해가 대립한다.

1) 위법수집증거설 : 증언번복 진술조서는 위법수집증거에 해당
하므로 그 증거능력이 배제된다는 견해이다.[27] 이는 '광의의 불법수집
증거 배제법칙의 하나를 구체화'한 것[28] 또는 위법수집증거배제법칙
이 적용된 경우[29]라고 한다.[30] 한편, 이 견해는 판례가 위법수집증거
에 대해 당사자가 동의하면 증거능력을 인정하는 것은 오히려 문제가
있다고 지적한다. 즉, 이는 적법절차 위반에 대한 법리를 오해한 것으
로 동의에 관계 없이 증거능력을 부정하는 것이 타당하다고 한다.[31]

2) 특수한 전문증거설 : 증언번복 진술조서는 다른 전문증거와는
달리 전문법칙의 예외가 적용되지 않는 특수한 사정이 있는 전문증거
이므로 그 증거능력이 배제된다는 견해이다. 대법원 99도1108 전원합
의체 판결에서 이러한 진술조서가 '증거동의의 대상이 된다'고 한 것
은 기본적으로 전문증거의 일종이라는 점을 전제로 한 것인데, 이는
단지 전문예외의 요건을 충족할 수 없는 특수한 사정이 있는 경우로
이해한다. 즉, 전문증거인 이상 제312조의 전문예외의 요건을 갖춘다
면 예외적으로 그 증거능력이 인정되는 것이 마땅할 것이지만 그럼에
도 불구하고 그 가능성은 일률적으로 차단된다는 것인데, 다수의견에

---

27) 이재홍, "법정증언을 번복하는 진술조서의 증거능력", 형사판례연구[9], 박영
사, 2001, 432-434면; 이주일, "공소제기후 참고인조사", 비교법학연구 6집, 한
국비교법학회, 2005. 9, 105-106면; 이흔재, "진술번복 증인에 대한 검사 작성
피의자신문조서에 관한 위법성판단과정에 대한 논증 검토", 홍익법학 15권 2
호, 홍익대학교 법학연구소, 2014, 555면.
28) 이재홍, 앞의 논문, 432-434면.
29) 이주일, 앞의 논문, 105-106면; 이흔재, 앞의 논문, 555면.
30) 다만, 번복증인을 상대로 위증의 혐의를 조사하여 작성한 피의자신문조서의
증거능력까지 부정한 것은 위법수집증거배제의 범위를 지나치게 확대한 것
이라고 지적한다. 진술번복 증인을 '위증죄로 입건하지 않고 확보한 진술조
서'와 '정당한 수사의 개시에 의해 위증죄로 입건하여 작성한 피의자신문조
서'는 적법절차 준수의 관점에서 차이가 있기 때문이라고 한다. 이흔재, 앞의
논문, 571면.
31) 이주일, 앞의 논문, 107면.

따르면, "증거로 할 수 있음에 동의하지 않는 한, 원진술자의 증언에 의하여 그 진술조서의 진정성립이 인정되고 피고인측에 반대신문의 기회가 부여되었다고 하더라도 마찬가지로 증거능력이 없다"고 한다. 그 이유에 대해서는 현행 형사소송법의 소송구조에 어긋하고 헌법 제27조가 보장하는 기본권을 침해하기 때문이라는 점을 들고 있다. 여기에 덧붙여 다수의견의 보충의견은 ㉠ "공소제기에 따라 피의자가 피고인이 됨으로써 피의자라는 개념이 없어진 이후에 작성된 것으로서, 제312조가 예정하는 '피의자 아닌 자'에 해당하지 않으며, 제312조의 조서나 제313조의 진술서 등에 해당하지 않는다"는 점, ㉡ 또한 "이러한 진술조서의 작성행위는 그 실질이 종전 증언을 탄핵할 목적으로 증인을 상대로 재신문을 행하되, 법정이 아닌 자신의 사무실에서, 증인신문절차가 아닌 임의의 방법을 취한 것에 불과하므로, 결국 수사기관이 행하는 수사라기보다는 공소유지기관인 당사자가 행하는 '재신문'이라는 소송행위의 연장선상에 있는 것으로, 그 결과 작성된 진술조서는 제312조나 제313조의 조서나 서류에 해당한다고 볼 수도 없다"는 점, ㉢ 나아가 피고인의 권리 측면에서도 "피고인이 당사자로서의 지위를 갖춘 이후에 작성된 것임에도 불구하고, 피고인측의 반대신문권 보장은 물론이고, 피고인이나 변호인의 참여도 전혀 없는 상태에서 이루어진 것이므로, 법원의 증인신문조서와 비교하여 볼 때 그 증거능력을 인정할 도리가 없다"는 점 등을 부연하여 보충하고 있다. 이러한 진술조서는 전문증거이지만 전문예외가 적용될 수 없는, '전문증거의 특수한 경우'라는 것이다.

(3) 검   토

1) 현행 형사소송법상 증거능력 배제유형으로는, 임의성 없는 자백 배제법칙의 특수한 경우를 제외한다면, 일반적으로 위법수집증거 배제법칙이 적용되는 경우와 전문법칙이 적용되는 경우로 구분된다. 그 논리적 순서는 먼저 위법수집증거배제 여부를 검토한 다음, 위법수

집증거, 즉 적법절차위반의 수집증거가 아니라면, 전문증거의 경우 전문예외에 해당하는지 여부를 검토하게 된다. 일반적으로 공소제기 후 작성된 참고인 진술조서의 증거능력 여부는 수사권의 시간적 한계와 관련하여 위법수집증거배제법칙과의 관계가 문제되고, 그것이 전문서류인 이상 전문법칙과의 관계 또한 문제된다. 증언번복 진술조서는 공소제기 후 작성된 참고인 진술조서의 일종인데, 공소제기 후 작성된 진술조서라는 일반적 사정 이외에, 이미 증언을 마친 증인을 상대로 검사가 출석요구한 후 그 증언내용을 '추궁'하여 일방적으로 '번복'시키는 방식으로 그 실질이 재신문이라는 소송행위의 연장선상에 있다는 점에서 불법성 내지 탈법성이 추가된 것이라 할 수 있다.

2) 판례가 이러한 진술조서의 증거능력을 배제하는 근거에 대해, 이를 전문증거의 특수한 경우로 이해하는 해석이 타당한 것으로 보인다. 이를 위법수집증거로 이해하는 해석은 다음과 같은 점에서 다소 무리가 있을 것으로 생각된다.[32]

첫째, 위 전원합의체 판결은, 한번 증언한 증인을 상대로 검사가 후에 다시 진술조서를 받은 경우 결과적으로 그 이유와 절차, 경위와 내용 등을 가리지 않은 채 일률적으로 그 진술조서의 증거능력을 배제하는 내용이다. 그러나 이와 같이 증언 후의 참고인조사라는 이유만으로 그 참고인조사 자체가 일률적으로 위법이라고 평가할 수는 없을 것이다.[33] 설령 이미 증언한 증인을 상대로 수사기관이 출석을 요구하여 '추궁'하는 등의 수사방식이 위법하다고 하더라도 그 자체만으로 곧바로 적법절차 위반의 중요한 위법이라고 평가하기도 어려울 것이기 때문이다.

---

32) 물론, 증거수집상 적법절차 위반의 위법사유가 있는 경우에는, 위법수집증거 배제법칙에 따라 그 진술조서의 증거능력이 당연히 배제될 것이다. 예컨대, ㉠ 참고인이던 증인의 의사에 반한 신체자유의 제한, ㉡ 영장이나 법규 근거 없는 불법인치나 구금, ㉢ 진술거부권의 불고지와 같은 위법한 심문방법의 시행 등이 적법절차 위반의 위법사유에 해당하는 경우에는, 논리적 순서상 위법수집증거배제법칙에 따라 그 진술조서의 증거능력이 배제됨은 물론이다.

33) 남영찬, 앞의 논문, 210면.

한편, 판례는 진술증거에 대해 오래 전부터 위법수집증거배제법칙을 인정하여 왔는데, ㉠ 변호인과의 접견교통권이 침해된 상태에서 작성된 피의자신문조서,34) ㉡ 진술거부권이 고지되지 않은 채 진행된 피의자와 담당 검사와의 대화내용을 녹화한 '비디오테이프의 녹화내용'과 그 비디오테이프에 대한 법원의 검증조서,35) ㉢ 위법한 긴급체포 중에 작성된 피의자신문조서36) 등의 경우 모두 그러한 진술증거의 증거능력을 부정한 바 있다. 그럼에도 불구하고 위 전원합의체 판결은 증언번복 방식의 수사방법에 대해 위법수집증거라고 단정적으로 판단하고 있는 것이 아니다.37)

둘째, 2007년 형사소송법 개정을 계기로 하여, 비진술증거에 대한 이른바 성상불변론을 폐기하고 위법한 절차에 의하여 수집한 압수물에 대해서도 위법수집증거배제법칙을 적용하기 시작하였다.38) 그런데 그 절대적 증거배제의 기준인 '적법절차의 실질적인 내용을 침해하는 경우'인지 여부와 관련하여, 이미 증언한 증인을 상대로 수사기관이 출석을 요구하여 '추궁'하는 등의 수사방식이 여기에 해당한다고 일률적으로 평가하기 어렵다는 점이다.39) 더구나, 증언번복 진술조서가 위법수집증거에 해당한다면, '그 후 원진술자인 종전 증인이 다시 법정에 출석하여 증언한 경우 그 증언 자체의 증거능력을 인정하는 법리40)를 설명하기 곤란해진다.41) 이러한 법정에서의 번복 증언은 참고

---

34) 대법원 1990. 8. 24. 선고 90도1285 판결.
35) 대법원 1992. 6. 23. 선고 92도682 판결.
36) 대법원 2002. 6. 11. 선고 2000도5701 판결.
37) 대법원 2000. 6. 15. 선고 99도1108 전원합의체 판결의 다수의견에 대한 [대법관 지창권, 이임수, 서성, 조무제, 유지담의 반대의견] 참조.
38) 대법원 2007. 11. 15. 선고 2007도3061 전원합의체 판결.
39) 그 후 선고된 증언번복 방식 사례에서도, 적법절차 위반에 관한 위 대법원 2007. 11. 15. 선고 2007도3061 전원합의체 판결이 전혀 원용되고 있지 않다. 즉, ㉠ 진술서(대법원 2012. 6. 14. 선고 2012도534 판결: '증언번복 진술서) 또는 ㉡ (그 증인을 상대로 위증의 혐의를 조사하여 작성한) 피의자신문조서(대법원 2013. 8. 14. 선고 2012도13665 판결: '증언번복 피신조서')의 경우가 그러하다.
40) 대법원 2000. 6. 15. 선고 99도1108 전원합의체 판결; 대법원 2013. 8. 14. 선고

인조사의 '위법'에서 파생된 2차적 증거의 관계에 있을 것인데, 판례는 '법정증언 자체는 증거능력이 있다'는 일반 원칙만을 확인할 뿐, '인과 관계의 희석 내지 단절 여부'를 검토한 사례 또한 전혀 없다.

셋째, 증언번복 진술조서가 위법수집증거에 해당한다면, 그 증인을 상대로 위증의 혐의를 조사하여 작성한, 이른바 증언번복 피의자신문조서[42]의 증거능력도 배제되는 이유를 설명하기 곤란해진다. 수사기관이 위증의 혐의가 있는 피의자를 신문하고 조서를 작성하였다고 하여, 거기에 곧 적법절차를 위반한 위법이 있다고 할 수는 없기 때문이다.[43]

넷째, 위 전원합의체 판결은, 무엇보다도 증언번복 진술조서에 대해 '피고인이 증거로 할 수 있음에 동의한 경우'에는 그 증거능력을 인정한다. 이는 적어도 증언번복 진술조서가 위법수집증거에는 해당하지 않는다는 점을 강력하게 뒷받침하는 것이라고 할 수 있다. 위법수집증거는 증거로 함에 동의하였더라도 여전히 증거능력이 없다는 것이 통설이자 확립된 판례[44]이다. 증언번복 진술조서에 대해 증거동의한 경우 판례가 그 증거능력을 인정한다는 것은, 위법수집증거의 적법절차 위반에 대한 법리를 오해한 것이라는 해석보다는, 위법수집증거에 해당하지 않기 때문에 증거동의의 대상으로 인정한 것이라는 해석이 더욱 합리적인 설명이다.

3) 위 전원합의체 판결은 증언번복 진술조서의 경우 전문증거로

2012도13665 판결; 대법원 2017. 5. 31. 선고 2017도1660 판결("그 후 원진술자인 종전 증인이 다시 법정에 출석하여 증언을 하였다면 그 증언 자체는 유죄의 증거로 할 수 있다").

41) 조기영, 앞의 논문, 12면.
42) 대법원 2013. 8. 14. 선고 2012도13665 판결.
43) 조기영, 앞의 논문, 11면.
44) 대법원 2009. 12. 24. 선고 2009도11401 판결 등. 판례는 사인에 의해 수집된 증거에서조차 위법수집증거는 증거동의 대상이 될 수 없다고 판시한 바 있다. 즉, "이 사건 사진이 위법하게 수집된 증거로 볼 수 없는 이상 형사소송법 제318조 제1항에 의한 증거동의의 대상이 될 수 있다."(대법원 1997. 9. 30. 선고 97도1230 판결)

서 형사소송법 제312조의 전문예외의 인정 요건을 갖추었음에도 불구
하고, 그 진술조서의 증거능력을 배제하고 있다. 즉, 전문증거이지만
전문예외가 적용될 수 없는, '전문증거의 특수한 경우'로 이해하는 입
장으로 보인다. 형사소송법에 명문의 규정이 없더라도 이와 같이 피고
인보호의 관점에서 증거능력을 제한하는 것은 형사절차법정주의 위반
의 문제로 되지는 않을 것이다. 예컨대, 전자문서를 수록한 파일 등의
경우에서 비록 명문의 규정은 없지만 '원본 동일성'이 증거능력의 요
건이라고 판시하는 판례45) 또한 같은 맥락에서 이해할 수 있다.

Ⅳ. 증인예정자 진술조서의 증거능력에 관한 검토

1. 대상판결의 내용

대상판결의 내용은 다음과 같이 구성되어 있다. 즉,

"[㉠] 수사기관이 항소심 공판기일에 증인으로 신청하여 신문할
수 있는 사람을 특별한 사정없이 미리 수사기관에 소환하여 작성한 진
술조서는 피고인이 증거로 할 수 있음에 동의하지 않는 한 증거능력
이 없다.

[㉡] 검사가 공소를 제기한 후 참고인을 소환하여 피고인에게 불

---

45) 대법원 2018. 2. 8. 선고 2017도13263 판결("전자문서를 수록한 파일 등의 경우
에는, 성질상 작성자의 서명 혹은 날인이 없을 뿐만 아니라 작성자·관리자의
의도나 특정한 기술에 의하여 내용이 편집·조작될 위험성이 있음을 고려하
여, 원본임이 증명되거나 혹은 원본으로부터 복사한 사본일 경우에는 복사
과정에서 편집되는 등 인위적 개작 없이 원본의 내용 그대로 복사된 사본임
이 증명되어야만 하고, 그러한 증명이 없는 경우에는 쉽게 증거능력을 인정
할 수 없다. 그리고 증거로 제출된 전자문서 파일의 사본이나 출력물이 복
사·출력 과정에서 편집되는 등 인위적 개작 없이 원본 내용을 그대로 복사·
출력한 것이라는 사실은 전자문서 파일의 사본이나 출력물의 생성과 전달 및
보관 등의 절차에 관여한 사람의 증언이나 진술, 원본이나 사본 파일 생성
직후의 해시(Hash)값 비교, 전자문서 파일에 대한 검증·감정 결과 등 제반 사
정을 종합하여 판단할 수 있다. 이러한 원본 동일성은 증거능력의 요건에 해
당하므로 검사가 그 존재에 대하여 구체적으로 주장·증명해야 한다.")

리한 진술을 기재한 진술조서를 작성하여 이를 공판절차에 증거로 제
출할 수 있게 한다면, 피고인과 대등한 당사자의 지위에 있는 검사가
수사기관으로서의 권한을 이용하여 일방적으로 법정 밖에서 유리한
증거를 만들 수 있게 하는 것이므로

[ⓒ] 당사자주의·공판중심주의·직접심리주의에 반하고 피고인의
공정한 재판을 받을 권리를 침해하기 때문이다.

[ⓔ] 위 참고인이 나중에 법정에 증인으로 출석하여 위 진술조서
의 성립의 진정을 인정하고 피고인측에 반대신문의 기회가 부여된다
하더라도 위 진술조서의 증거능력을 인정할 수 없음은 마찬가지이다."

대상판결의 주된 내용을 증언번복 진술조서의 판시내용과 비교해
보면, 다음과 같다.

첫째, 여기서 그 대상이 되는 진술조서는, [ⓐ]에서는 "항소심에서
'증인으로 신청하여 신문할 수 있는 사람'(항소심에서의 '증인예정자' 내
지 '증언가능자')를 상대로 작성된 진술조서"라고 하고 있는 반면, [ⓑ]
에서는 "공소를 제기한 후 참고인을 소환하여 피고인에게 불리한 진
술을 기재한 진술조서"라고 함으로써, 항소심의 경우에 한정되지 않고
공소제기 후라면 제1심의 경우에도 마찬가지로 적용된다고 하고 있다.
즉, '공소제기 후에 작성된 참고인 진술조서' 일반이 그 대상인 것으로
볼 수 있다.

둘째, 그 증거능력의 배제에 대해서는 기본적으로 증언번복 진술
조서의 판시내용과 동일한 내용으로 되어 있다. 즉, [ⓐ]에서 "피고인
이 증거로 할 수 있음에 동의하지 않는 한 증거능력이 없다", [ⓔ]에서
"위 참고인이 나중에 법정에 증인으로 출석하여 위 진술조서의 성립
의 진정을 인정하고 피고인측에 반대신문의 기회가 부여된다 하더라
도 위 진술조서의 증거능력을 인정할 수 없음은 마찬가지이다"라는
부분이 그러하다. 다만, [ⓐ]에서 "특별한 사정없이 미리 수사기관에
소환하여 작성한 진술조서"라는 문언을 부가하였는데, 이는 증거동의

이외에 예외적으로 증거능력이 인정될 여지, 즉, 전문법칙의 예외 요건(제312조 제4항 및 제314조)의 적용 가능성을 시사하고 있다. 여기서 '특별한 사정 없이'란 그 문맥상 '미리 수사기관에 소환하여 진술조서를 작성할 특별한 사정 없이'를 뜻하는 것으로 이해된다.

셋째, 증거동의 및 특별한 사정의 예외를 제외한 나머지의 경우에서, 증거능력이 배제되는 근거에 대해서는 증언번복 진술조서의 판시 내용과 동일한 내용으로 되어 있다. 즉, [ⓒ]에서 "당사자주의·공판중심주의·직접심리주의에 반하고 피고인의 공정한 재판을 받을 권리를 침해하기 때문이다"라는 부분이 그러하다. 다만, [ⓛ]에서 "피고인과 대등한 당사자의 지위에 있는 검사가 수사기관으로서의 권한을 이용하여 일방적으로 법정 밖에서 유리한 증거를 만들 수 있게 하는 것"이라는 표현을 부가하여 좀더 구체화하고 있다.

'공소제기 후 증인으로 신청하여 신문할 수 있는 사람'('증인예정자' 내지 '증언가능자')에 대한 진술조서의 증거능력 문제를 간단한 표로 정리하면 다음과 같다.

	증거능력 인정		증거동의(318①)
	전문예외(312④)		
(2) 공판단계 증언가능자 진술조서	×	△ (특별한 사정)	○

2. 증거능력 배제의 근거

대상판결은 공소제기 후 작성된 진술조서의 증거능력을 배제하는 근거로 당사자주의·공판중심주의·직접심리주의와 헌법 제27조의 공정한 재판을 받을 권리를 제시하고 있다. 이는 증언번복 진술조서의 증거능력을 배제하는 근거로 제시되었던 "당사자주의·공판중심주의·직접주의를 지향하는 현행 형사송법의 소송구조'와 '헌법 제27조가 보장하는 기본권'과 그 표현이 대동소이하다. 대상판결이 증언번복 진술조서의 법리를 '증언번복이 아닌 경우'에까지 즉, 시기적으로 증인신문 전의 경우에까지 확장한 것으로 이해할 수 있는 것도 바로 이러한 이유에서이다.

(1) 당사자주의·공판중심주의·직접심리주의

1) 당사자주의 : 우선, 당사자주의에 반한다는 근거이다. 우리 형사소송의 기본구조가 당사자주의인지 직권주의인지에 관하여는 직권주의와 당사자주의를 결합하고 있는 절충적 구조로 이해하는 것이 일반적이다. 다만, 직권주의를 기본으로 하되 당사자주의를 보충적으로 겸하고 있다는 것이 다수설의 관점이나,46) 헌법재판소와 대법원은 당사자주의를 기본으로 이해하는 것으로 보인다.47) 그런데 여기서 중요한 것은 형사소송의 기본구조에 대한 논쟁이 아니라, 당사자주의 요소에 대한 침해가 있는지 여부의 점이다. 대상판결은 "공소가 제기된 후에는 그 사건에 관한 형사절차의 모든 권한이 사건을 주재하는 수소법원에 속하게 되며, 수사의 대상이던 피의자는 검사와 '대등한 당사자'인 피고인의 지위에서 방어권을 행사하게 된다"는 논거를 제시하고 있다. 공소제기된 이후에는 피고인이 검사와 대등한 당사자의 지위에 있으므로, 여기서 당사자주의는 당사자대등주의를 의미하며, 대등한 당사자인 피고인의 방어권 보장과 실질적 당사자대등의 실현, 특히 무기평등 원칙은 공정한 재판의 원칙의 내용을 구성한다.

2) 공판중심주의·직접심리주의 : 다음으로, 공판중심주의·직접심리주의에 반한다는 근거이다. 공판중심주의란 "형사사건에 대한 유죄·무죄의 심증형성은 법정에서의 심리에 의하여야 한다는 원칙"으로,48) 그 실질적 보장을 위한 공개주의, 구두변론주의, 직접주의, 집중심리주의 등이 그 주요 내용으로 구성하는 것으로 이해되고 있다. 2000년대

46) 변종필, 앞의 논문, 398면; 조기영, 앞의 논문, 13-14면 등.
47) 헌법재판소 1995. 11. 30. 선고 92헌마44 결정; 헌법재판소 2012. 5. 31. 선고 2010헌바128 결정 등. 한편, 대법원 1984. 6. 12. 선고 84도796 판결 등.
48) 대법원 2006. 12. 8. 선고 2005도9730 판결; 대법원 2017. 3. 22. 선고 2016도18031 판결.

들어 조서재판의 극복이 형사재판의 중심적 과제로 새롭게 등장하면서 다시 표방한 개념이 공판중심주의이다.49) 특히 "우리의 공판중심주의는 실질적 직접심리주의를 주요 원리로 삼고 있다"고 한다.50) 증인 예정자 내지 증언가능자에 대하여 검사가 수사기관으로서의 권한을 이용하여 일방적으로 법정 밖에서 유리한 증거를 만들어 내는 것은 공판중심주의와 직접심리주의 원칙을 사실상 훼손하는 것이 된다.

(2) 공정한 재판을 받을 권리(헌법 제27조)

마지막으로, 피고인의 공정한 재판을 받을 권리의 침해한다는 근거이다. 이 근거는 공판중심주의·직접심리주의에 반한다는 근거와 밀접하게 결합되어 있는 내용이다. 즉, 헌법재판소에 따르면, "헌법 제27조의 공정한 재판을 받을 권리 속에는, 신속하고 공개된 법정의 법관의 면전에서 모든 증거자료가 조사·진술되고 이에 대하여 피고인이 공격·방어할 수 있는 기회가 보장되는 재판, 원칙적으로 당사자주의와 구두변론주의가 보장되어 당사자가 공소사실에 대한 답변과 입증 및 반증을 하는 등 공격, 방어권이 충분히 보장되는 재판을 받을 권리가 포함되어 있다"고 한다.51) "공정한 재판을 받을 권리를 보장하기 위하여, '공판중심주의에 의한 직접주의'와 '반대신문의 기회가 부여되지 않은 전문증거에 대한 증거능력을 부인하는 전문법칙'을 채택하고 있다"는 것이며, "직접주의와 전문법칙은 다 같이 오판방지와 방어권

---

49) 공판중심주의라는 용어는, 대법원 1953. 1. 20. 선고 4285형상136 판결에서 처음으로 사용된 이래, 주로 피고인의 주장과 관련한 판시내용의 일부로 대법원 1984. 9. 25. 선고 84도1646 판결에 이르기까지 그 명맥이 유지되었다. 2000년대에 이르러 조서재판에 대비되는 개념으로서의 공판중심주의가 형사재판의 중심적 가치로 자리잡게 되었다. 이러한 의미의 공판중심주의를 다시 표방한 최초의 판결이 대법원 2000. 6. 15. 선고 99도1108 전원합의체 판결이다.

50) 대법원 2006. 12. 8. 선고 2005도9730 판결. 실질적 직접심리주의는 법관의 면전에서 직접 조사한 증거만을 재판의 기초로 삼을 수 있고 증명 대상이 되는 사실과 가장 가까운 원본 증거를 재판의 기초로 삼아야 하며 원본 증거의 대체물 사용은 원칙적으로 허용되어서는 안 된다는 원칙으로 이해되고 있다.

51) 헌법재판소 1996. 12. 26. 선고 94헌바1 결정; 헌법재판소 2012. 7. 26. 선고 2010헌바62 결정; 헌법재판소 2016. 12. 29. 선고 2015헌바221 결정 등.

보장으로 공정한 재판을 달성하는 기능을 한다"는 것이다.52) 즉, 직접
주의의 요청과 반대신문권의 보장은 헌법 제27조의 공정한 재판을 받
을 권리의 핵심적 내용을 이루고 있음을 선언하고 있는 것이다. 증인
예정자 내지 증언가능자에 대하여 검사가 수사기관으로서의 권한을
이용하여 일방적으로 법정 밖에서 유리한 증거를 만들어 내는 것은,
직접주의의 요청과 반대신문권 보장을 내용으로 하는 공정한 재판을
받을 권리를 침해하는 것이 된다.

　여기서 공정한 재판을 받을 권리의 핵심적인 내용이 되는 반대신
문권의 보장과 관련하여, 비록 대상판결에서는 반대신문권의 보장이
명시적인 근거로 언급되어 있지는 않지만, 좀더 명확한 분석을 위해
항목을 바꾸어 검토하기로 한다.

3. 반대신문권 보장 측면

(1) 반대신문권의 의의와 기능

　형사소송법상 반대신문의 기회를 보장하는 법리는, 증인에 대한
교호신문제도에 포함된 '반대신문권'과 전문증거에 대한 '전문법칙'의
둘로 설명된다. 즉, 형사소송법 제161조의2는 교호신문제도에 포함된
반대신문권을, 제310조의2는 전문법칙을 명문으로 규정하는 한편, 전
문법칙의 예외를 규정한 제312조 제4항 및 제313조 제2항에서 반대신
문의 기회보장을 해당 전문서류에 대한 증거능력의 요건으로 명시하
고 있는 것이다. 반대신문권에 관한 이들 규정은 헌법상 피고인의 공
정한 재판을 받을 권리를 보장하기 위하여 채택된 것으로 이해되고
있다.53)

---

52) 헌법재판소 1994. 4. 28. 선고 93헌바26 결정.
53) 반대신문권은 기본적으로 헌법상 적법절차에 따라 공정한 재판을 받을 권리
　를 형상화하는 입법상의 권리로 파악되고 있다(헌법재판소 1994. 4. 28. 선고
　93헌바26 결정). 그런데 반대신문권의 지위를 한층 격상시킨 것은 헌법재판소
　1996. 12. 26. 선고 94헌바1 결정인데, "형사피고인으로서는 형사소송절차에서
　단순한 처벌대상이 아니라 절차를 형성·유지하는 절차의 당사자로서의 지위

여기서 그 기회보장이 문제되는 반대신문권은 '피고인이 증인을 반대신문할 수 있는 권리'를 말한다. 공정한 재판이란 법관의 면전에서의 소송행위에 중점을 두고 있으므로, 피고인의 반대신문권은 법관의 면전에서의 보장이 그 중심이 된다. 따라서 수사기관에서의 임의수사방법의 하나로 입법화된 대질신문제도는, 일종의 반대신문의 기회보장적 성격이 있다고 하더라도, 법관 면전에서의 반대신문권과는 본질적으로 다른 개념에 속한다.54)

(2) 공판절차상 반대신문권의 보장

공소제기된 이후 피고인은 수사의 대상인 피의자의 입장에서 벗어나 당사자의 지위를 갖게 된다. 이에 따라 형사소송법은 피고인에게 증거조사 참여권(제163조, 제121조, 제145조, 제176조), 증인신문에 있어서 반대신문권(제161조의2), 증거조사에 대한 의견진술권(제293조) 등의 공판단계에서 각종 절차적 권리를 부여하고 있다. 형사소송법 제163조 제1항에는 '피고인 또는 변호인은 증인신문에 참여할 수 있다'고 규정되어 있는데, 법문상 '피고인 또는 변호인'으로 규정되어 있음에도, 피고인과 변호인은 모두 참여권과 반대신문권을 가지며, 변호인의 이러한 권리는 고유권으로 해석된다.55) 당사자주의에서 법률전문가인 변

를 향유하며 형사소송절차에서는 검사에 대하여 "무기대등의 원칙"이 보장되는 절차를 향유할 헌법적 권리를 가진다."고 선언하였다. 위 결정은, 피고인의 반대신문권을 단순히 반대신문의 기회부여에서 나오는 파생적 현상으로 설명하기보다는, 당사자 지위에서 '충분한 방어권'의 보장 및 실질적 '무기평등'의 입장에서 공정한 재판을 받을 절차적 권리의 핵심적인 내용으로 파악하기에 이르렀다(같은 취지의 최근 결정으로는, 헌법재판소 2013. 10. 24. 선고 2011헌바79 결정). 그럼에도 반대신문권을 적법절차에 따라 공정한 재판을 받을 권리를 형상화되는 입법상의 권리로 보는 기본적인 입장을 여전히 유지되고 있다. 그 결과 헌법재판소는 '이를 배제할 만한 부득이한 사유가 있는 경우에 그 예외와 예외의 범위를 정하는 것은 적법절차에 의한 공정한 공개재판을 받을 기본권을 본질적으로 침해하는 것이라거나 이를 형해화한 것이라고 할 수 없다'고 한다(헌법재판소 1998. 9. 30. 선고 97헌바51 결정).
54) 이주원, "형사소송법상 반대신문권과 증거능력의 관계", 형사소송 이론과 실무 10권 2호, 형사소송법학회, 2018. 12, 162면.
55) 이주원, 앞의 책, 341면; 대법원 2020. 11. 26. 선고 2020도10729 판결 참조.

호인과 관계 없이 그 권리를 피고인에게 보장하는 것만으로는 적법절
차라 하기 어렵기 때문이다.

한편, 증인신문조서와 관련하여, 판례는 일찍부터, 법관의 면전에
서 직접 신문이 이루어짐으로써 성립의 진정에 아무런 문제도 없는
증인신문조서에 관하여도, 소송관계인인 피고인에게 증인신문을 통지
하는 등 공격방어의 기회를 부여하지 아니하였다면 특별한 사정이 없
는 한 그 증거능력이 부정되어야 한다는 취지의 판시해 오고 있다.
즉, 피고인을 증인신문에서 참여를 배제함으로써 반대신문의 기회가
부여되지 않았다면 이를 유죄의 증거로 할 수 없으며,56) 실질적인 반
대신문의 기회가 부여되지 않았다면 '위법한 증거'로서 그 증거능력을
배제하는 법리가 지속적으로 확인되고 있다.57)58)

---

56) 대법원 1955. 7. 15. 선고 4288형상128 판결.
57) 대법원 2010. 1. 14. 선고 2009도9344 판결(제297조의 일시 퇴정의 경우 "피고
인의 직접적인 증인 대면을 제한할 수 있지만, 이러한 경우에도 반대신문권
을 배제하는 것은 허용되지 않는다. 변호인이 없는 피고인을 일시 퇴정하게
하고 (미리 피고인으로부터 신문사항을 제출받아 피고인을 대신하여 재판장
이 증인신문을 행하기는 하였으나) 증인신문을 한 다음, 피고인에게 '실질적
인 반대신문의 기회를 부여하지 아니'한 채 증인신문이 이루어진 경우, 그 증
인의 법정진술은 위법한 증거로서 증거능력이 없다고 볼 여지가 있다")
58) 다만, 참여권이나 반대신문권이 보장되지 아니한 상태에서 이루어진 증인신
문에 대해 이를 단지 증거조사에서 '절차상의 흠결'(대법원 1967. 7. 4. 선고
67도613 판결) 내지 '절차상의 위법'(대법원 1955. 7. 15. 선고 4288형상128 판
결; 1974. 1. 15. 선고 73도2967 판결 등)으로 보고, 다음 공판기일에서 재판장
이 증인신문 결과 등을 공판조서(즉, 증인신문조서)에 의하여 고지하였는데
피고인이 '변경할 점과 이의할 점이 없다고 진술하여 책문권포기 의사를 명
시하였다면, 그 하자가 치유되고 그 증인신문조서는 증거능력이 있다(대법원
2010. 1. 14. 선고 2009도9344 판결)고 하고 있다.
여기서도 <u>이러한 증언이 위법수집증거에 해당하는지</u> 문제될 수 있지만, 판례
가 단지 절차상의 흠결 내지 절차적 위법에 불과한 것으로 보고 책문권의
포기대상이라고 한 것은, <u>결국 위법수집증거가 아니라는 것을</u> 의미한다. 즉,
<u>판례상 '위법한 증거'라는 표현은, '헌법상 적법절차를 위반하여 수집한 증거',</u>
<u>즉 '제308조의 위법수집증거'라는 의미라기보다는, 단순히 '형사소송법상 법정</u>
<u>된 절차를 위반하여 수집한 증거', 즉 '절차적 위법이 있는 증거'라는 정도의</u>
<u>의미만 있다.</u> 자세한 것은, 이주원, 앞의 책, 311면.

(3) 공소제기 후에 작성된 진술조서와 반대신문권의 보장 문제

1) 공소제기 후의 참고인조사 과정에서 작성된 진술조서는, 검사와 대등한 당사자의 지위에 있는 피고인에 대한 관계에서 피고인측의 반대신문권에 대한 침해가 된다. 즉, 증인예정자 내지 증인가능자에 대해 검사가 수사기관으로서의 권한을 이용하여 일방적으로 법정 밖에서 유리한 증거를 만들어 내는 것은, 당사자 지위에 있는 피고인측의 반대신문권을 침해하는 것이 된다. 이러한 점은 이미 대법원 99도1108 전원합의체 판결의 보충의견에서도 확인되고 있다. 즉, "이러한 진술조서는 공소제기에 따라 피고인이 당사자로서의 지위를 갖춘 이후에 작성된 것임에도 불구하고, 피고인측의 반대신문권 보장은 물론이고 피고인이나 변호인의 참여도 전혀 없는 상태에서 이루어진 것임이 분명하므로, 앞서 본 법원의 증인신문조서와 비교하여 볼 때 그 증거능력을 인정할 도리가 없는 것이다."

2) 만일 이러한 검사의 진술조서에 대해 그 증거능력을 인정하게 된다면, 이는 곧 '수사기관에서의 진술'을 반대신문의 기회가 보장된 '법정에서의 진술'과 동일하게 평가하는 것을 의미하게 된다. 이는 곧 수사기관의 진술조서를 법원의 증인신문조서와 동일하게 평가하는 것을 의미하게 된다. 수사기관에서의 진술을 법정에서의 증언과 동일하게 평가할 수 없는 것임은 의문의 여지가 없다. 마찬가지로 수사기관의 진술조서 역시 법원의 증인신문조서와 동일하게 평가할 수는 없는 일이다. 수사기관의 조서와 법원의 증인신문조서의 이러한 차이는, 수사기관 조서가 갖는 '기본적 한계성'과 '취약한 중립성' 때문으로 설명될 수 있다. ㉠ 우선, 수사기관 조서의 '기본적 한계성'이란, 원진술자의 진술을 처음부터 끝까지 그대로 기재한 것이 아니라 그 중 공소사실과 관련된 주요 부분의 취지를 요약하여 정리한 것으로서, 원진술자의 진술을 있는 그대로 전달하지 못한다는 본질적인 한계, 그리고 경우에 따라 조서 작성자의 선입관이나 오해로 인하여 원진술자의 진술

취지와 다른 내용으로 작성될 가능성도 배제하기 어렵다는 한계, 또한, 수사기관의 조서에 기재된 진술 당시 원진술자의 모습이나 태도, 진술의 뉘앙스 등을 법관이 직접 관찰할 수 없다는 점에서 신빙성 평가에 근본적인 한계가 있다는 사정을 의미한다.[59] ⓒ 다음으로, 수사기관 조서의 '취약한 중립성'이란, 대립된 당사자가 아닌 제3의 중립적 기관인 법원에 의하여 작성되는 것이 아니라, 당사자 일방인 검사(내지 수사기관)에 의하여 작성된다는 사정, 증인신문조서는 그 기재의 정확성을 담보하기 위하여 수사기관의 조서보다 엄격한 제도적 장치가 마련되어 있다는 사정(예컨대, 제53조, 제54조, 제55조) 등을 의미한다.[60]

(4) 공소제기 후 작성된 진술조서의 증거능력 : '상대적 위법' 이론

1) 공소제기 후 작성된 진술조서는 그 증거능력에 관한 한 형사소송법 제312조 제4항의 적용 여부가 문제되는 전문증거에 해당한다. 이는 제312조 제4항이 정한 "검사 또는 사법경찰관이 '피고인 아닌 자'의 진술을 기재한 조서"에 해당됨이 그 문언상 명백하기 때문이다. 즉, 공소제기 후 작성된 피고인 아닌 자에 대한 진술조서가 전문증거인 것은 의문의 여지가 없는 셈이다. 따라서 전문증거는 원칙적으로 형사소송법 제310조의2에 따라 증거능력이 부정되지만, 피고인 아닌

---

59) 대법원 2006. 12. 8. 선고 2005도9730 판결. 이에 대해서는 심희기, "반대신문을 경유하지 아니한 참고인진술조서의 증명력 제한", 법률신문 3519호(2007), 14면.

60) 그리고 이러한 차이는, 수사기관의 조서에 의존하는 현실에서 조서의 증거로의 전환과정이 대륙법계와 달리 예심판사 등과 같이 중립적인 기관에 의해 담보되지 않는 제도적 취약점을, 반대신문권의 지위 강화를 통해 해결하려고 한 결과라고 설명된다. 설민수, "형사재판에서 증언적 전문진술에 대한 반대신문권 보장과 그 한계", 사법논집 52집, 법원도서관, 2011, 457면 참조.
한편, 수사기관의 위법에 대해서는 예외적인 경우를 제외하고는 증거능력을 인정하지 않는 반면, 법원의 위법에 대해서는 책문권 이론을 폭넓게 적용하여 쉽게 증거능력의 회복을 허용하는 것은, 이중잣대라는 취지의 비판이 있다. 김정한, "형사소송에서 책문권의 인정과 한계에 대한 실무적 고찰 – 민사소송의 경우와 비교하여 –", 법학논총 19집 3호, 조선대학교 법학연구소, 2012, 115-116면 참조.

자에 대한 진술조서의 경우 증거동의를 한다면 전문법칙이 적용되지 않는 경우(즉, '전문법칙의 부적용')에 해당하여 증거능력이 인정되고, 반면 증거부동의를 한다면 제312조 제4항의 전문법칙의 예외 요건의 충족 여부가 검토될 여지가 있는 것이다(즉, '전문법칙의 예외'). 그러나 공소제기 후의 참고인조사 과정에서 작성된 진술조서는 검사와 대등한 당사자의 지위에 있는 피고인에 대한 관계에서 피고인측의 반대신문권을 침해하는 것이 된다. 그러므로 공소제기 후 작성된 참고인조서가 '미리 수사기관에 출석요구하여 진술조서를 작성할 특별한 사정'이 없다면, 이는 그 자체로 대등한 당사자 지위에 있는 피고인의 지위 내지 권익에 대한 심대한 침해이므로, 원칙적으로 전문예외의 적용가능성을 배제하는 것이 타당하다.

한편, 공소제기 후 참고인조사라는 이유만으로 수사기관의 수사행위 그 자체를 절대적·객관적으로 위법한 행위라고 할 수는 없다. 만일 이러한 참고인조사가 공소제기 후에 이루어진 것이라는 이유만으로 절대적·객관적으로 위법한 수사행위라고 한다면, 이러한 수사행위는 위법한 공무집행이 되고 국가배상의 대상이 되며, 그 수사기관은 징계의 대상된다는 것을 의미하게 되기 때문이다. 공소제기 후의 참고인조사는 임의수사의 일종인 점을 감안한다면, 이는 원칙적으로 허용되는 수사활동이라고 보는 것이 타당하다.

2) 대상판결의 법리는 공소제기 후의 참고인조사의 경우 그 수사행위는 원칙적으로 적법하지만 그 과정에서 작성된 진술조서는 '미리 수사기관에 출석요구하여 진술조서를 작성할 특별한 사정'이 없는 이상 원칙적으로 제312조 제4항의 적용가능성이 배제되어 결국 증거능력이 없게 된다는 것이라 요약할 수 있다. 이러한 특별한 사정이 없는 이상 그러한 수사행위가 그 진술주체인 참고인에 대한 관계에서는 적법하지만, 반대신문권이 보장되는 당해 피고인에 대한 관계에서만큼은 위법하게 된다는 측면에 중점을 둔다면, 이러한 수사절차와 증거능력의 관계는 피고인에 대한 관계에서의 '상대적 위법' 이론으로 설명

할 수 있다고 본다. 즉, 공소제기 후 참고인조사 과정에서 작성된 진술조서는 대등한 당사자 지위에 있는 피고인에 대한 관계에서 반대신문권을 침해하는 것이므로, 피고인에 대한 관계에서 '상대적 위법' 상태에 있는 전문서류가 된다는 것을 의미한다. 이러한 절차적 위법상태는 그 직접적 이해당사자인 피고인이 그 하자를 치유하는 적극적 소송행위를 통하여서만 그 위법상태를 제거할 수 있고, 그렇지 않다면 피고인에 대한 관계에서 그 위법상태는 계속된다고 할 수 있다. 이러한 '상대적 위법' 이론에 따르면, 공소제기 후 작성된 진술조서는, 피고인이 증거동의를 하는 경우에는 증거능력을 부여받게 되고, 증거부동의를 하는 경우에는 나중에 법정에서 피고인측에 반대신문의 기회가 제공된다고 하더라도 원칙적으로 그 위법상태는 제거될 수 없다는 차이점을 합리적으로 설명할 수 있게 된다.

3) 이러한 진술조서에 대해서는, 추후 그 참고인에 대해 법정에서 반대신문의 기회가 부여된다고 하더라도, 그러한 사실만으로 그 진술조서 자체의 하자가 치유될 수 있는 성질의 것이 아니다. 참여권이나 반대신문권이 보장되지 아니한 상태에서 이루어진 증인신문의 경우 책문의 포기에 의한 하자의 치유가 인정될 수 있다고 하더라도, 참여권이나 반대신문권이 전혀 보장되지 아니한 상태에서 이루어진 참고인조사의 경우에는 '그 참고인이 나중에 법정에 증인으로 출석하여 피고인측에 반대신문의 기회가 부여된다고 하더라도' 그 하자의 치유가 인정될 여지는 없다. 나중에 법정에서 피고인측에 반대신문의 기회가 제공된다고 하더라도, 피고인에 대한 관계에서 '수사기관에서의 그 참고인조사 당시 피고인의 반대신문권 침해'라는 절차상의 위법 그 자체가 사후적인 반대신문권의 보장만에 의하여 제거될 수는 없기 때문이다. 즉, 그 참고인이 나중에 법정에 증인으로 출석하여 피고인측에 반대신문의 기회가 부여된다 하더라도, 나아가 증거동의의 특별한 경우가 아닌 한, 그 진술조서 자체의 증거능력이 인정될 수 없다는 것이다.

설령 수사기관의 조사과정에서 대질신문이 행해져 일종의 반대신문 기회가 제공되었다고 하더라도, 그러한 대질을 법정에서의 반대신문과 동일하게 평가할 수는 없는 일이므로, 이러한 진술조서의 증거능력이 여전히 인정될 수 없다는 점은 달라지지 않는다.[61]

한편, 대상판결에서 공소제기 후의 진술조서를 작성한 것은 검사이지만, 이러한 진술조서의 작성 주체를 검사로 한정할 이유는 없다. 이러한 법리는 공소제기 이후 사법경찰관리가 작성한 경우에도 그 적용을 배제할 이유가 없다.

4. 증거능력의 예외적 인정

이러한 진술조서는 피고인이 증거로 할 수 있음에 동의하는 경우에는 증거능력이 있다. 또한 미리 수사기관에 소환하여 작성할 특별한 사정이 있는 경우에는 제312조 제4항 및 제314조에 규정된 전문법칙의 예외요건에 따라 증거능력이 인정될 여지가 있다.

(1) 증거동의

피고인이 증거로 할 수 있음에 동의하는 경우에는 당사자주의·공판중심주의·직접심리주의에 반한다고 보기 어렵고, 피고인의 공정한 재판을 받을 권리를 침해한다고 보기 어렵기 때문이다.

증언번복 진술조서의 경우 증언 후의 참고인조사라는 이유만으로 그 참고인조사 자체가 일률적으로 위법하다거나, 증언번복 방식의 수사방법이 위법하다고 하더라도 그 자체만으로 곧바로 적법절차 위반의 중요한 위법이라고 평가하기 어렵다는 점은 앞서 본 바와 같다. 공소제기 후에 작성된 진술조서의 경우 공소제기 이후에 수집되었다는

---

61) 대상판결에서 "위 참고인이 나중에 법정에 증인으로 출석하여 (…) 피고인측에 반대신문의 기회가 부여된다 하더라도 위 진술조서의 증거능력을 인정할 수 없음은 마찬가지이다"는 부분 참조. 설령 수사과정에서 대질이 행해졌다고 하더라도, 이러한 진술조서의 증거능력은 마찬가지로 배제된다는 것으로 읽히기 때문이다.

이유만으로 그 참고인조사 자체가 일률적으로 위법하다거나 적법절차 위반의 중요한 위법이 있다고 평가하기 어려울 것이다. 공소제기 후에 작성된 진술조서의 경우 증언번복 진술조서와 비교할 때, 양자 모두 반대신문권의 침해라는 점에서는 공통되나, 이미 증언한 증인을 상대로 한 증언번복의 방식이고 그 실질이 재신문이라는 소송행위의 연장이라는 특성이 추가된 증언번복 진술조서에 비하여, 그 탈법성이 완화되어 있다는 사정을 감안한다면, 공소제기 후에 작성된 진술조서의 경우 증거동의의 대상에 포함시키는 것에는 상대적으로 별다른 문제가 없을 것으로 보인다.

그렇다면 증거동의는 그 본질이 원래는 반대신문권 포기이지만, 여기서는 반대신문권의 포기를 요소로 하는 외에 나아가 피고인에 대한 관계에서 상대적 위법이라는 절차적 하자를 적극적으로 치유하는 소송행위를 포함하는 의미가 된다.

(2) 특별한 사정

공소제기 후에 작성된 진술조서의 경우 증언번복 진술조서와는 달리, 증인신문 전에 미리 수사기관에 소환하여 진술조서를 작성할 '특별한 사정'이 있는 경우에는, 증거동의가 없더라도 전문법칙의 예외 요건을 갖춘다면, 예외적으로 증거능력이 인정될 여지가 있다. 그러나 대상판결에는 그 해석기준이 명확하게 제시되어 있지는 않다.

여기서의 특별한 사정은, 앞서 본 증거능력 배제의 근거에 비추어 이를 허용하더라도 당사자주의·공판중심주의·직접심리주의를 잠탈할 위험이 없는 예외적인 경우로 제한되어야 할 것으로 보인다. 즉, 당사자대등주의 등의 관점에서 그러한 진술조서의 증거능력은 원칙적으로 배제하되, 예외적으로 당사자대등주의 등을 해할 위험이 없는 특별한 사정이 있는 경우에 한정될 필요가 있을 것으로 보인다. 증거능력의 예외적 허용 요건에 해당하는 특별한 사정의 해석기준은 전문법칙의 예외의 예외라는 점에서 더욱 엄격하게 해석하여야 할 것으로 보인다.

여기서의 특별한 사정은 그 문맥상 '미리 수사기관에 소환하여 진술조서를 작성할 특별한 사정'을 뜻하는 것으로 이해된다. 예컨대, '공판기일에 법정에서의 진술이 불가능한 사정' 또는 '증거멸실의 급박한 객관적 사정'이 있는 경우가 여기에 해당할 것으로 보인다.62) 무엇보다도 현실적으로 법정에 출석하여 증언하였다면, 이러한 특별한 사정의 존재를 인정하기는 어려울 것이다. 따라서 '공판기일에 증인으로 신청하여 신문할 수 없는 사람'인 경우, '공판기일에 증인으로 신청하여 신문할 수 있는 사람'이라도 '증거멸실의 급박한 객관적 사정'이 있는 경우로서 미리 수사기관에 소환하여 진술조서를 작성하는 것이 정당화되는 경우에 해당하지 않는 한, 특별한 사정에 의한 증거능력의 예외적 허용가능성은 제한하는 것이 바람직하다.

Ⅴ. 대상판결의 적용범위

1. 특별한 사정 해당 여부

대상판결에 의하더라도, 예외적으로 증거능력이 인정될 여지가 있는 특별한 사정의 해석·적용과 관련하여, 미리 수사기관에 소환하여 진술조서를 작성하면서 ㉠ 증인신문할 예정임을 알려주고 조사한 경우, ㉡ 증인신청 여부가 미정인 상태에서 조사한 경우, ㉢ 피고인에게 불리한 내용이 아닌 경우, ㉣ 참고인이 임의로 수사기관에 출석한 경우 등에서도 증거능력이 배제되는지 여부가 명확하지 않다. 대상판결의 주요논거인 당사자대등주의를 강조한다면 이러한 모든 경우에도 증거동의가 없는 한 증거능력이 배제된다고 볼 수 있을 것이다.63)

한편, ㉠ 지금까지 조사되지 아니한 새로운 참고인인 경우, 즉 당초 수사단계에서는 소재가 확인되지 않았다가 공소제기 후 소재가 발

---

62) 예컨대, 독일 형사소송법 제160조 제2항은 '검사는 멸실의 우려가 있는 증거를 수집하는데 관심을 가져야 한다'고 명문으로 규정하고 있다.

63) 이에 대해서는, 이상원, "[2019년 분야별 중요판례분석] 16. 형사소송법", 법률신문(2020.5.14.)
https://www.lawtimes.co.kr/Legal-News/Legal-News-View?serial=161340

견된 참고인인 경우, ㉡ 당초 수사단계의 참고인 진술과정에서는 피고인이 된 피의자의 범죄사실 자백 등으로 인해 쟁점으로 부각되지 않았던 점이 문제로 등장하는 경우,[64] ㉢ 공소제기 전의 진술조서상 진술에 누락 또는 착오가 있었거나 도면을 작성하면서 설명하는 일 등이 불가피하여, 증언만에 의해서는 충분히 진술할 수 없는 등의 사정이 있는 경우[65] 등에서도 마찬가지의 문제가 대두된다. 이러한 경우 증인신문 전에 그러한 조사의 필요성이 있다는 사정은 부인할 수 없을 것으로 보인다. 그러나 이러한 경우에도, 공소가 제기된 후에는 피고인은 검사와 대등한 당사자의 지위에 있게 되고, 피고인측의 반대신문권 보장은 물론이고 피고인이나 변호인의 참여도 전혀 없는 상태에서 이루어진 것임이 분명하므로, 당사자대등주의·공판중심주의·직접심리주의 등의 관점에서 보면, 원칙적으로 그 증거능력이 배제된다고 볼 수밖에 없을 것이다. 그러한 조사의 필요성이 널리 인정된다고 하더라도, 이러한 필요만으로는 그 조서에 대한 증거능력의 예외적 허용가능성으로서의 '미리 수사기관에 소환하여 진술조서를 작성할 특별한 사정', 즉 '증언의 불가능' 또는 '증거멸실의 급박한 객관적 사정'에 해당한다고 쉽게 인정하기는 어려울 것이다.[66]

2. 공소제기 후의 참고인조사에 미치는 영향

1) 공소제기 후의 참고인조사의 한계 : 공소제기 후라도 임의수사는 기본적으로 허용된다. 임의수사는 상대방의 의사에 반하거나 기본적 인권을 침해하는 조사활동이 아니기 때문이다. 따라서 공소제기 후의 참고인조사는 임의수사의 일종이므로 기본적으로 허용된다. 그러나 일단 공소제기된 이상 임의수사라 하여 무제한으로 허용될 수는 없다.

---

64) 정의식, "증인에 대한 검사 작성 진술조서의 증거능력", 저스티스 33권 3호, 한국법학원, 2000.9, 199-200면.

65) 대법원 2000. 6. 15. 선고 99도1108 전원합의체 판결의 반대의견 참조.

66) 변종필, 앞의 논문, 409-410면 참조.

공소제기 후의 참고인조사가 기본적으로 허용된다는 것은, 공소가 제기되어도 법원이 '고유의 수사권'을 갖는 것은 아니고, 공소제기 후에도 검사는 법원의 정당한 법적용에 협력하는 지위를 가지므로, 공소제기 후라고 해서 검사의 수사권한이 박탈된다고 할 수는 없기 때문이다.[67] 그러나 공소가 제기된 이상 임의수사의 형식을 빌려 공판절차를 형해화하는 것은 허용될 수 없다. 공소제기 후에는 검사의 수사권한은 적어도 당사자주의, 공판중심주의, 직접심리주의 등과 같은 공판절차의 기본원칙을 침해하지 않는 한도 내라는 제한이 따를 수밖에 없다.[68][69]

2) 공소제기 후 참고인조사의 위법 여부 : 공소제기 후의 참고인조사가 미리 소환하여 진술조서를 작성할 특별한 사정 없이 행해진 경우 공소제기 이후에 이루어졌다는 이유만으로 모두 위법한 것이라 할 것인가? 예컨대, 공소유지를 위해 사실관계의 파악이 필요하거나 예정된 증인신문의 사전 준비를 위해 불가피한 경우가 있을 수 있기 때문이다.[70] 이러한 경우 당사자대등주의·공판중심주의·반대신문권

---

67) 남영찬, 앞의 논문, 207-208면.

68) 남영찬, 앞의 논문, 208면. 참고로 같은 논문 205면에 따르면, 독일의 경우에도, 공판절차에서는 법원의 절차형성권을 침해하지 않는 한도에서 검사는 직접 수사를 하거나 경찰로 하여금 수사를 하게 할 수 있다(BGH 1.2. 1955. 1 StR 691/54)고 한다

69) 한편, 이는 대법원 2000. 6. 15. 선고 99도1108 전원합의체 판결의 보충의견에서도 명확하게 확인된다. 즉, "어떠한 증거가 공소 제기 이후에 수집되었다는 이유만으로 위법한 것으로 단정할 수 없는 것임은 물론이고, 공익기관인 검사가 공소의 유지를 위하여 공소가 제기된 이후에 있어서도 계속하여 증거의 수집 등 수사활동을 전개함을 결코 나무랄 수만은 없을 것이다. 그러나 수사가 가능하다고 하여 그 과정에서 작성·수집된 조서나 서류가 당연히 증거능력을 갖는 것은 아니고, <u>인권의 보장 및 당사자주의·공판중심주의·직접주의 등의 입장에서 법률이 증거방법에 관하여 설정한 제한과 요건에 따라 그 증거능력이 결정되는 것일 뿐이다.</u>" 이러한 논증에 비추어, 보충의견도 공소제기 이후의 수사기관의 수사의 범위를 제한적으로 보고 있음이 분명하다.

70) 이러한 공소제기 후 참고인조사는 '증인준비', 즉 증인신문이 시작되기 전 증인의 증언을 준비하는 행위와는 구별된다. 증인준비(witness preparation)란 일반적으로 그 목적에 따라 증인친화(witness familiarization)와 증인점검(witness

보장 등의 관점에서 그 진술조서의 증거능력만을 배제하면 충분한 것
이지 굳이 참고인조사 그 자체를 모두 위법하다고 볼 것은 아니라고
생각된다. 참고인조사는 기본적으로 상대방의 임의성에 기초하는 것
으로서 기본적 인권을 침해하는 조사활동이 아니라는 점, 공소제기 후
에도 검사는 법원의 정당한 법적용에 협력하는 지위를 갖고 있다는
점, 별도의 불법성이 없는 한 증인신문의 사전 준비활동을 제한할 근
거가 없다는 점 등을 그 이유로 들 수 있을 것이다.[71]

대상판결에서는 법정증언 자체의 증거능력을 인정하면서 그 신빙
성의 여부는 신중하게 판단하여야 한다고 하고 있는데, 이는 결국 그
직전에 선행된 참고인조사 자체가 반드시 위법하다고 단정하고 있는
것으로 보이지는 않는다. 공소제기 후에 이루어졌다는 이유만으로 그
참고인조사 자체가 일률적으로 위법이라고 평가할 수는 없을 것이다.
즉, 미리 소환하여 진술조서를 작성할 특별한 사정이 있는 경우에는
그 참고인조사는 당연히 허용되고 적법하지만, 그러한 특별한 사정이

---

proofing)으로 나뉜다. 증인친화는 '재판절차, 그 구성원과 각각의 역할에 대한
완전한 이해를 바탕으로 자유롭고 두려움 없이 증언을 할 수 있도록 돕는'
절차를, 증인점검은 '증인이 증언할 내용에 관하여 증인의 종전 진술을 읽고
기억을 환기시키는 것, 증인의 종전 진술을 토대로 공판검사가 증인신문시
신문할 사항을 예상되는 순서대로 증인에게 미리 질문해 보는 것, 잠정적으
로 유죄 또는 무죄의 증거가 될 수 있는 추가적인 정보에 대하여 질문하는
것 등의 절차, 이른바 증언내용을 다듬는 절차를 내용으로 한다. 자세한 것
은, 김기홍, "증인준비의 허용 여부 및 한계에 대한 비교법적 고찰", 사법논
집 70집, 법원도서관, 2020, 61-64면, 90-105면 참조.

71) 독일의 경우 ⓐ 공판절차가 개시된 후 법원이 검사로 하여금 지금까지 조사
되지 아니한 새로운 참고인을 신문하여 그 진술조서를 법원에 제출하여, 이
를 수사단계에서 작성된 서류와 동일시 하는 것, ⓑ 법원이 그 증인을 다음
공판기일에 소환하였거나 소환하려고 하였는데, 그 사이에 검사가 그 증인을
소환·신문하여 그 신문조서를 공판기일에서 증인신문시 보조자료로 사용하
는 것은 허용되지 않는다고 한다.
반면, ⓒ 이미 증언한 증인을 재신문하여 불명확한 점을 밝히고 변론을 준비
하기 위한 신문과, ⓓ 공판절차에서 다음 공판기일 전에 검사가 지금까지 거
론되지 아니하던 참고인을 조사하는 것 자체는 허용된다고 한다. 자세한 것
은, 남영찬, 앞의 논문, 200면 참조.

없는 경우라고 하여 그 참고인조사 자체가 일률적으로 위법한 수사라고 할 수는 없다는 것이다. 다만, 증거동의나 미리 조사할 특별한 사정이 없는 한 그 진술조서의 증거능력이 배제된다는 것이므로, 그 범위에서 참고인조사가 사실상 제한될 가능성은 크다.

3) 증거능력 배제와의 관계 : 증거능력의 배제범위와 조사 자체의 배제범위가 반드시 일치할 필요는 없다는 점이다. 마치 사법경찰관 작성의 피의자신문조서가 그 내용을 인정하지 아니하는 경우 증거능력이 없지만, 그렇다고 하여 피의신문조서의 작성 자체가 제한되는 것은 아닌 것과 비슷한 이치이다. 공소제기 후 수사의 가능 여부와 그 진술조서의 증거능력 여부는 별개의 문제라는 점은 대법원 99도1108 전원합의체 판결의 보충의견도 이미 충분히 염두에 두고 있었던 것으로 보인다. 즉, "공소제기 이후에 수사가 가능한지 또는 필요한지 여부와 이 사건 진술조서가 증거능력을 갖는지 여부는 별개의 문제이고, 이 사건 진술조서의 증거능력이 부정된다고 하여 공소제기 이후의 수사가 당장에 위법하게 되는 것도 아니다"라고 한다.

4) 증명력 판단에 미치는 영향 : 법정진술 자체는 증거능력이 인정되므로, 법정진술의 사전 준비, 피고인에게 불리한 법정진술의 사전 확보 차원에서도 미리 증인이 될 참고인을 조사할 가능성은 여전히 있다.72) 그러나 법정증언의 신빙성과 관련하여, 판례는 증인신문 전에 수사기관에서 진술조서가 작성된 경위와 그것이 법정진술에 영향을 미쳤을 가능성 등을 종합적으로 고려하여 증명력 판단에서도 신중을 기하여야 한다는 입장이므로, 향후 공소제기 후의 참고인조사에 적지 않은 영향을 미칠 것으로 보인다.73)

---

72) 이창현, 앞의 논문, 152-153면.
73) 이창현, 앞의 논문, 152-153면. 이와 관련하여, 공판중심주의와 당사자주의 등의 강화에 따라 앞으로 수사기관의 수사 및 공소유지의 어려움이 가중될 것이라고 전망하고 있다.

3. 피고인 진술조서

1) 공소제기 후의 피고인신문 여부 : 공소제기 후의 피고인신문은 제1회 공판기일의 전후를 불문하고 원칙적으로 허용되지 않는다는 소극설의 입장이 통설적 견해이다.[74] 그 논거로는, 공소제기 후 피고인은 소송의 주체로서 검사와 대등한 지위에서 방어권을 행사하는 당사자의 지위를 가진다는 점, 수사기관이 피고인을 신문하는 것은 당사자주의와 모순되며, 공판기일의 피고인신문절차가 유명무실하게 되어 공판중심주의에 반하게 된다는 점 등이 제시되고 있다. 다만, 피고인이 스스로 요청하거나 공범·진범의 발견으로 불가피한 경우(이는 주로 피고인에게 이익이 되는 경우임)에는 예외적으로 허용될 수 있다고 한다.[75] 그러나 이러한 예외적인 경우에도 이른바 구속된 피의자에게 인정되는 조사수인의무[76]는 구속된 피고인의 경우에는 부정하는 것이 타당할 것으로 보인다. 공소제기 후 피고인은 소송의 주체로서 검사와 대등한 당사자의 지위를 가지며, 수사단계에서는 수사기관에게 피의자를 체포·구속할 권한이 인정되는 것과 달리, 공소제기 후에는 수사기관에게 그러한 권한이 인정되지 않기 때문이다.

2) 증거능력에 관한 판례 : 판례는 검사의 작성의 피고인에 대한 진술조서의 증거능력에 대해, "공소제기 후에 작성된 것이라는 이유만으로는 곧 그 증거능력이 없다고 할 수 없으므로, 이를 증거로 채택하였다고 하여 공판중심주의 내지 재판공개의 원칙에 위배된 것이라고도 할 수 없다"[77]라고 하는데, 이는 적극설의 입장으로 해석하는 것이

---

74) 김재환, 앞의 책, 257면; 변종필, "증언번복 진술조서의 증거능력", 비교형사법연구 2권 2호, 한국비교형사법학회, 2000.12, 396면; 손동권/신이철, 앞의 책, 414면; 이승호/이인영/심희기/김정환, 앞의 책, 265면; 이재상/조균석, 359-361면; 이주원, 앞의 책, 231-234면 등.

75) 변종필, 앞의 논문, 395면 등.

76) 대법원 2013. 7. 1.자 2013모160 결정("구속영장 발부에 의하여 적법하게 구금된 피의자가 피의자신문을 위한 출석요구에 응하지 아니하면서 수사기관 조사실에 출석을 거부한다면 수사기관은 그 구속영장의 효력에 의하여 피의자를 조사실로 구인할 수 있다고 보아야 한다").

일반적이나, 분명치 않은 점이 있고, 다만 적어도 소극설을 배척하고 있음은 분명하다고 할 수 있다. 공소제기 후에 작성된 피고인에 대한 진술조서는 비록 진술조서의 형식을 취하였다고 하더라도 피의자신문조서로 취급된다.[78]

3) 검   토 : 공소제기 후의 피고인신문은 그 외형상 임의수사이지만 실질적으로는 강제적 성격을 강하게 띨 수밖에 없는 것이므로, 그 증거능력을 부인하는 것이 타당하다. 당사자대등주의와 공판중심주의를 강화한 대상판결의 취지도 이와 다르지 않은 것으로 보인다. 대상판결은 "공소가 제기된 후에는 그 사건에 관한 형사절차의 모든 권한이 사건을 주재하는 수소법원에 속하게 되며, 수사의 대상이던 피의자는 검사와 대등한 당사자인 피고인의 지위에서 방어권을 행사하게 된다"는 점을 분명히 하고 있다.

다만, 문제는 피고인신문이 예외적으로 허용되는 경우의 증거능력 여부인데, 피고인이 그 내용을 인정한 경우에 한하여, 예외적으로 그 증거능력을 인정하더라도 무방할 것으로 보인다. 공소제기 후라도 피고인이 직접 검사의 면접을 원한 경우 등과 같이 피고인신문이 피고인에게 이익이 되는 경우에, 그 과정에서 작성된 진술조서에 대하여 피고인이 그 내용을 인정한다면, 그 조서의 증거능력을 예외적으로 인정하더라도 피고인의 당사자 지위를 위협하거나 공판중심주의를 직접적으로 침해한다고는 보기 어려운 측면이 있기 때문이다. 피고인의 진술에 대해서는 피고인의 반대신문권 보장이 특별히 문제되지도 않는다는 측면도 감안될 필요가 있다. 참고로, 2020년 형사소송법 개정에 따라, 피의자신문조서의 증거능력은 검사 또는 사법경찰관을 불문하고 내용을 인정한 때에 한하여 유죄의 증거로 할 수 있는 것으로 통일되었다(검사 작성의 피의자신문조서에 관한 제312조 제1항의 규정은 2022. 1. 1. 시행된다). 향후 공소제기 후 작성된 피고인 진술조서의 증

---

77) 대법원 1984. 9. 25. 선고 84도1646 판결; 대법원 1982. 6. 8. 선고 82도754 판결 등.
78) 대법원 2009. 8. 20. 선고 2008도8213 판결.

거능력을 인정하는 기존 판례는 피고인신문이 예외적으로 허용되는 제한된 범위에서만 그 정당성을 유지할 것으로 보인다.

4. 탄핵증거 여부

증거능력이 배제되는 공소제기 후 작성된 진술조서는 탄핵증거로 허용되는지 여부가 문제될 수 있다. 증언번복 진술조서의 경우 탄핵증거로도 허용되지 않는다는 것이 지배적인 견해이다.[79] 만일 이를 허용한다면 공판중심주의와 피고인의 소송주체성이 심각하게 약화되고 증언 후 법정 외에서 자기모순 진술을 이끌어내는 방식으로 공판중심주의에 역행하는 관행이 생길 위험도 있기 때문이다. 증거능력이 배제되는 공소제기 후 작성된 진술조서의 경우에도 마찬가지로 탄핵증거로 허용되지 않는다고 할 것이다.

Ⅵ. 결 론

대상판결은 실형 선고 사건임에도 이례적으로 상고 후 6년이나 지나 뒤늦게 선고된 것인데, 공소제기 후 작성된 증인예정자 진술조서의 증거능력은 물론 사실심의 전권에 속하는 법정진술의 증명력까지도 부인하고자 하는 취지가 포함된 것으로 보인다. 증언번복의 법리를 시기적으로 증인신문 전의 경우까지 확대 적용하여, 공소제기후 수사기관이 일방적으로 작성하는 참고인 진술조서가 공판절차의 기본원칙과의 관계에서 원칙적으로 그 증거능력이 배제된다는 것과, 증거능력이 없는 진술조서와 같은 내용의 법정증언의 증명력 판단에서도 그 작성 경위와 법정진술에 미친 영향력 등을 고려하여 신중을 기해야 한다는 것을 분명하게 확인해 주고 있다. 이는 공판중심주의의 지평을 획기적으로 넓힌 진일보한 판결로서, 공판중심주의를 침해하는 탈법적 수사에 대해 그 증거능력을 부정하는 일련의 판례들의 연장선상에 있는 판결로 생각된다. 궁극적으로 대상판결이 지향하는 바는 타당하

---

79) 이주원, 앞의 책, 546면; 이주일, 앞의 논문, 110-111면 등.

다. 향후 과제는 무엇보다도 증거능력이 예외적으로 허용되는 특수한 사정의 구체화가 될 것이며, 또한 증거능력을 부여하는 증거동의의 합리성 제고방안이 될 것이다. 이제 공판중심주의 강화와 조서재판의 극복이라는 과제는 증거동의에 관한 제도와 실무관행의 개선에 집중될 필요가 있다고 생각된다.

[주 제 어]
피고인 아닌 자, 진술조서, 공소제기 후 작성된 증인예정자 진술조서, 증거능력, 증거동의, 반대신문권, '상대적 위법' 이론

[Key Words]
persons other than the accused, a witness-to-be statement by law enforcement after the defendant being charged, admissibility of evidence, defendant's consent to evidence, right to confront witness, a theory of "Relative Illegality"

접수일자: 2021. 4. 26. 심사일자: 2021. 5. 21. 게재확정일자: 2021. 5. 26.

[참고문헌]

김재환, 형사소송법, 법문사, 2013.

신동운, 신형사소송법(제12판), 법문사, 2020.

백형구, 형사소송법강의, 박영사, 2003.

이승호/이인영/심희기/김정환, 형사소송법강의, 박영사, 2018.

이재상/조균석, 형사소송법(제11판), 박영사, 2017.

이주원, 형사소송법(제3판), 박영사, 2021.

이창현, 형사소송법(제5판), 정독, 2019.

임동규, 형사소송법(제14판), 법문사, 2019.

정웅석/최창호, 형사소송법, 대명출판사, 2017.

손동권/신이철, 형사소송법(제4판), 세창출판사, 2019.

김기홍, "증인준비의 허용 여부 및 한계에 대한 비교법적 고찰", 사법논집 70집, 법원도서관, 2020.

김정한, "형사소송에서 책문권의 인정과 한계에 대한 실무적 고찰 — 민사소송의 경우와 비교하여 — ", 법학논총 19집 3호, 조선대학교 법학연구소, 2012.

남영찬, "증언을 번복하는 진술조서의 증거능력", 법조 49권 10호, 법조협회, 2000, 10,

설민수, "형사재판에서 증언적 전문진술에 대한 반대신문권 보장과 그 한계", 사법논집 52집, 법원도서관, 2011.

심희기, "반대신문을 경유하지 아니한 참고인진술조서의 증명력 제한", 법률신문 3519호, 2007.

＿＿＿, "법정증언을 번복하는 내용의 참고인진술조서의 증거능력", 법률신문 2903호, 2000.

이상원, "[2019년 분야별 중요판례분석] 16. 형사소송법", 법률신문(2020.5.14.)

이재홍, "법정증언을 번복하는 진술조서의 증거능력", 형사판례연구[9], 박영사, 2001,

이주원, "형사소송법상 반대신문권과 증거능력의 관계", 형사소송 이론과

실무 10권 2호, 형사소송법학회, 2018. 12.

이주일, "공소제기후 참고인조사", 비교법학연구 6집, 한국비교법학회, 2005. 9.

이창현, "2019년 형사소송법 중요판례평석", 인권과정의 통권 제489호, 대한
　　변호사협회, 2020. 5.

이흔재, "진술번복 증인에 대한 검사 작성 피의자신문조서에 관한 위법성판
　　단과정에 대한 논증 검토", 홍익법학 15권 2호, 홍익대학교 법학연구소,
　　2014.

정의식, "증인에 대한 검사 작성 진술조서의 증거능력", 저스티스 33권 3호,
　　한국법학원, 2000. 9.

홍영기, "형법·형사소송법 2019년 대법원 주요판례와 평석", 안암법학 통권
　　제60호, 안암법학회, 2020. 5.

[Abstract]

The Admissibility of a Witness-to-be Statement by Law Enforcement after the Defendant Being Charged

Rhee, Joo-Won*

In the case at issue, the accused was acquitted on all counts at the first trial and the prosecutor appealed against the decision. In the meantime, a person, who was supposed to testimony as a witness on a trial date (hereafter "witness-to-be"), was called for to attend law enforcement interrogation. The key issue arouse in this case is whether the extrajudicial witness-to-be statement is admissible as evidence. The Court rules that this statement shall not be admissible unless the accused gives its consent to the admissibility of the statement notwithstanding that the witness-to-be verifies the authenticity of the statement and the accused has a chance to confront the witness-to-be at court. If the accused does not give its consent to the admissibility of the statement, the exceptions to the rule against hearsay shall not apply. The Theory of Relative Illegality suggested in this paper explains why and how the Court reached the conclusion.

The rationales for the decision are: the adversary criminal justice system, the principle of court-oriented trials, the principle of immediacy, and the right to a fair trial. The case at issue has extended the scope of the established precedent on reversal of testimony and its admissibility to any statement of persons other than the accused recorded by law enforcement officers outside courts. This case has taken a major step forward in light of the adversary criminal justice system and the principle

---

* Professor, Law School, Korea University, Ph.D in Law.

of court-oriented trials. Furthermore, the Court confirmed that evidence acquired through illegitimate law enforcement practice against the principle of court-oriented trials shall not be admissible.

2020년도 형법판례 회고[*]

김 혜 정^{**}

Ⅰ. 들어가는 말

지난 2020년에도 사회적으로 많은 논란과 관심의 대상이 되는 다양한 형사판결이 대법원에서 이루어졌다. 먼저 2020년에 선고된 대법원 판결 중 2021. 4. 14. 현재 대법원 종합법률정보[1]에 공개되어 있는 형사사건은 총 163건이다. 그 중 전원합의체 판결 10건을 포함하여 형사판결은 155건이다. 2020년 형사판결 건수는 2017년 이후로 현저하게 감소한 것을 확인할 수 있다. 반면에 전원합의체 판결은 2017년 이후 계속 증가하는 추세를 보여주고 있다.[2]

흥미로운 점은 지난 2020년 전원합의체 판결 10건 중 형사소송법과 관련된 1건을 제외한 나머지 9건 중 4건의 판결이 배임죄의 행위주체성에 대한 쟁점을 담고 있다는 것이다. 그 중에 화제를 모으고 있

---

* 이 연구는 2021년도 영남대학교 학술연구조성비에 의한 것임.
** 영남대학교 법학전문대학원 교수

1) https://glaw.scourt.go.kr/wsjo/panre/sjo060.do#1618364235271 : 2021. 4. 14 최종검색.
2) 대법원 종합법률정보에서 검색한 결과를 정리하면 아래와 같다(2021. 4. 14. 최종검색).

연도	전체 형사사건	판결(전합포함)	결정	전합판결
2020	163건	155건	8건	10건
2019	128건	120건	8건	9건
2018	211건	202건	9건	7건
2017	314건	306건	8건	5건
2016	164건	159건	5건	6건

는 판결로 부동산 이중저당 사건과 동산(양도)담보물 임의처분 사건에
서 종래 배임죄의 행위주체성을 인정했던 판례의 태도를 변경한 것을
들 수 있다.

배임죄의 행위주체인 '타인의 사무를 처리하는 자'에 대한 해석과
관련하여 이미 2020년 2월 20일에 전원합의체 판결이 나왔음에도 불
구하고 계속해서 동일한 쟁점에 대한 — 물론 구체적인 사안에서 부동
산 내지 동산 관련 등 그 내용이 다르긴 하지만 — 전원합의체 판결이
3건이 더 나왔다는 것은 그 만큼 배임죄의 행위주체를 해석하는데 있
어 치열한 논쟁이 있었음을 보여주는 것이라고 생각된다. 더불어 그
해석이 하나로 모아지기가 상당히 어렵다는 것을 보여주는 대목이기
도 하다.3) 특히 대법원 2020. 6. 18. 선고 2019도14340 전원합의체 판결
의 반대의견에 대한 보충의견에서 지적한 바와 같이, 배임죄와 관련하
여 대법원 전원합의체 판결들에 의하여 변경되는 판결의 범위가 다소
혼란스러운 면도 발견된다. 이는 앞으로도 배임죄의 행위주체와 관련
하여 전원합의체 판결이 더 나올 가능성을 배제하기 어렵게 만든다.

---

3) 2020년 배임죄와 관련하여 2019도9756 전원합의체 판결의 따름 판례로 대법원
   2020. 6. 4. 선고 2015도6057 판결에서 "주권발행 전 주식에 대한 양도계약에서
   의 양도인은 양수인에 대하여 그의 사무를 처리하는 지위에 있지 아니하여,
   양도인이 제3자에 대한 대항요건을 갖추어 주지 아니하고 이를 타에 처분하였
   다 하더라도 형법상 배임죄가 성립하는 것은 아니다"고 판시하였고, 대법원
   2020. 4. 29. 선고 2014도9907 판결에서 "피고인이 갑 새마을금고로부터 특정
   토지 위에 건물을 신축하는 데 필요한 공사자금을 대출받으면서 이를 담보하
   기 위하여 을 신탁회사를 수탁자, 갑 금고를 우선수익자, 피고인을 위탁자 겸
   수익자로 한 담보신탁계약 및 자금관리대리사무계약을 체결하였고 계약 내용
   에 따라 건물이 준공된 후 을 회사에 신탁등기를 이행하여 갑 금고의 우선수
   익권을 보장할 임무가 있음에도 이에 위배하여 병 앞으로 건물의 소유권보존
   등기를 마쳐줌으로써 갑 금고에 재산상 손해"를 가한 사안에서 배임죄가 성립
   하지 않는다고 판시하였으며, 동산 양도담보와 관련한 대법원 2020. 3. 27. 선
   고 2018도14596 판결과 대법원 2020. 3. 26. 선고 2015도8332 판결에서도 배임죄
   가 성립하지 않는다고 판시하였으나, 부동산 이중매매와 관련한 대법원 2020.
   5. 14. 선고 2019도16228 판결에서는 배임죄 성립을 인정하는 등 배임죄의 행
   위주체성과 관련하여 전원합의체 판결 외에도 5건의 형사판결이 더 있었다.

그 밖의 전원합의체 판결에는 사전자기록위작죄에서 '위작'의 의미에 대한 판결, 위계에 의한 간음죄에서 '위계'의 의미에 대한 판결, 직권남용죄의 성립요건에 대한 판결 2건 및 명예훼손죄의 전파가능성 이론에 대한 판결이 있다. 그 중에 위계에 의한 간음죄 전원합의체 판결에서는 종래 판례의 태도가 변경되었다.

이에 본 글에서는 먼저 155건의 형사판결 중 화제가 되었던 배임죄 전원합의체판결 2건을 포함한 전원합의체 판결 5건을 검토(Ⅱ)하고 대법원에서 파기 환송된 사건 및 사회적으로 관심의 대상이 되었던 사건을 중심으로 필자가 임의로 선택한 형법총칙 관련 판결 5건(Ⅲ)과 형법각칙 관련 판결 5건(Ⅳ)에 대하여 살펴보도록 한다.

Ⅱ. 대법원 전원합의체 판결

1. 동산 양도담보물의 임의처분과 배임죄

— 대법원 2020. 2. 20. 선고 2019도9756 전원합의체 판결 —

(1) 사실관계

갑 주식회사를 운영하는 피고인이 을 은행으로부터 대출을 받으면서 대출금을 완납할 때까지 갑 회사 소유의 동산인 골재생산기기(크러셔)를 점유개정 방식으로 양도담보로 제공하기로 하는 계약을 체결하였음에도 담보목적물인 동산을 병 등에게 매각함으로써 을 은행에 대출금 상당의 손해를 가하였다.

(2) 판결요지

[다수의견] 채무자가 금전채무를 담보하기 위하여 그 소유의 동산을 채권자에게 양도담보로 제공함으로써 채권자인 양도담보권자에 대하여 담보물의 담보가치를 유지·보전할 의무 내지 담보물을 타에 처분하거나 멸실, 훼손하는 등으로 담보권 실행에 지장을 초래하는 행위를 하지 않을 의무를 부담하게 되었더라도, 이를 들어 채무자가 통상의 계약에서의 이익대립관계를 넘어서 채권자와의 신임관계에 기초하

여 채권자의 사무를 맡아 처리하는 것으로 볼 수 없다. 따라서 채무자를 배임죄의 주체인 '타인의 사무를 처리하는 자'에 해당한다고 할 수 없고, 그가 담보물을 제3자에게 처분하는 등으로 담보가치를 감소 또는 상실시켜 채권자의 담보권 실행이나 이를 통한 채권실현에 위험을 초래하더라도 배임죄가 성립한다고 할 수 없다.

[별개의견] 동산 양도담보는 동산소유권을 이전하는 형태의 양도담보이다. 그 법적 구성을 어떻게 할 것인지에 관해서는 논란이 있지만, (중략) 동산 양도담보를 신탁적 양도로 보는 이상, 그 기능이나 경제적 목적이 채권담보이고, 그에 따라 채권자가 채권담보의 목적 범위에서만 소유권을 행사할 채권적 의무를 부담하더라도, 담보목적물의 소유권은 당사자 사이에 소유권을 양도한다는 합의와 점유개정에 의한 인도에 따라 완전히 채권자에게 이전한다. 따라서 점유개정에 따라 양도담보 목적물을 직접 점유하는 채무자는 '타인의 재물을 보관하는 자'에 해당하고, 그가 채권자의 허락 없이 제3자에게 담보목적물을 양도하는 등 처분한 경우에는 횡령죄가 성립한다고 보아야 한다.

[반대의견] 채무자가 동산에 관하여 점유개정 등으로 양도담보권을 설정한 이후 채권자에 대하여 부담하는 담보물의 보관의무 및 담보가치 유지의무는 '타인의 사무'에 해당한다.[4]

(3) 평　석

본 전원합의체 판결은 "동산이나 주식을 양도담보로 제공한 채무자를 타인(채권자)의 사무처리자로 보아 제3자에게 담보목적물을 임의처분한 경우 배임죄가 성립"한다는 종래의 대법원의 태도를 변경한 것이다.[5] 이와 같은 대법원의 태도는 동산담보권과 관련된 대법원 2020. 8. 27. 선고 2019도14770 전원합의체 판결[6]과 저당권이 설정된

---

4) 이 판결에 대한 평석으로는 강우예, "점유개정의 방식으로 양도담보가 설정된 동산을 임의로 처분한 채무자의 형사책임 — 횡령죄와 배임죄의 성립여부에 대한 검토를 중심으로 —", 제331회 한국형사판례연구회 발표논문, 2020. 10. 12 참조.
5) 이에 본 판결을 향후 배임죄 행위주체를 판단하는 중요한 선례로 평가하기도 한다(강우예, 앞의 논문, 20면).

자동차의 임의처분과 관련된 대법원 2020. 10. 22. 선고 2020도6258 전원합의체 판결7)에도 그대로 유지되고 있다.

이미 오래전부터 배임죄에서 '타인의 사무를 처리하는 자'와 관련하여 형법학계뿐만 아니라 민법학계에서도 채권자에 대한 채무자의 채무이행을 담보하기 위한 행위는 자기의 사무인 것이지 타인의 사무가 아니라는 점에서 배임죄 성립을 부정해야 한다는 주장8)이 제기되어 왔고, 일련의 전원합의체 판결들을 통해 적어도 동산과 관련된 사안에서는 어느 정도 배임죄 성립을 인정하지 않는 견해로 일치된 것으로 보인다. 그러나 부동산과 관련하여서는, 다음에서 살펴보는 바와 같이, 여전히 논란의 여지를 남겨두고 있다.

2. 부동산 이중저당과 배임죄

— 대법원 2020. 6. 18. 선고 2019도14340 전원합의체 판결 —

(1) 사실관계

피고인이 갑으로부터 18억 원을 차용하면서 담보로 피고인 소유의 아파트에 갑 명의의 4순위 근저당권을 설정해 주기로 약정하였음에도 제3자에게 채권최고액을 12억 원으로 하는 4순위 근저당권을 설정하여 줌으로써 12억 원 상당의 재산상 이익을 취득하고 갑에게 같

---

6) 그러나 동 전원합의체 판결의 [반대의견]은 동산 양도담보의 경우와 달리, 동산담보권을 설정한 이후 담보권자에게 부담하는 담보물 보관의무와 담보가치 유지의무는 '타인의 사무'에 해당하므로, 담보권설정자가 동산을 제3자에게 처분하는 행위는 당사자 사이의 본질적·전형적 신임관계를 위반한 것으로서 배임죄 성립을 인정해야 한다고 하였다.

7) 동 전원합의체 판결은 반대의견이나 별개의견 없이 "채무담보를 위하여 채권자에게 동산에 관하여 저당권 또는 공장저당권을 설정한 채무자가 타인의 사무를 처리하는 자에 해당함을 전제로 채무자가 담보목적물을 처분한 경우 배임죄가 성립한다고 한 대법원 2003. 7. 11. 선고 2003도67 판결, 대법원 2012. 9. 13. 선고 2010도11665 판결을 비롯한 같은 취지의 대법원판결들은 이 판결의 견해에 배치되는 범위 내에서 모두 변경"하였다.

8) 문형섭, "채무불이행과 배임죄(재론)", 법학논총 제27집 제2호, 전남대학교 법률행정연구소, 2007, 332면.

은 금액 상당의 손해를 가하였다.

(2) 판결요지

[다수의견] 채무자가 금전채무를 담보하기 위한 저당권설정계약에 따라 채권자에게 그 소유의 부동산에 관하여 저당권을 설정할 의무를 부담하게 되었다고 하더라도, 이를 들어 채무자가 통상의 계약에서 이루어지는 이익대립관계를 넘어서 채권자와의 신임관계에 기초하여 채권자의 사무를 맡아 처리하는 것으로 볼 수 없다.

채무자가 저당권설정계약에 따라 채권자에 대하여 부담하는 저당권을 설정할 의무는 계약에 따라 부담하게 된 채무자 자신의 의무이다. 채무자가 위와 같은 의무를 이행하는 것은 채무자 자신의 사무에 해당할 뿐이므로, 채무자를 채권자에 대한 관계에서 '타인의 사무를 처리하는 자'라고 할 수 없다. 따라서 채무자가 제3자에게 먼저 담보물에 관한 저당권을 설정하거나 담보물을 양도하는 등으로 담보가치를 감소 또는 상실시켜 채권자의 채권실현에 위험을 초래하더라도 배임죄가 성립한다고 할 수 없다.

[반대의견] 채무자가 채권자로부터 금원을 차용하는 등 채무를 부담하면서 채무 담보를 위하여 저당권설정계약을 체결한 경우, 위 약정의 내용에 좇아 채권자에게 저당권을 설정하여 줄 의무는 자기의 사무인 동시에 상대방의 재산보전에 협력할 의무에 해당하여 '타인의 사무'에 해당한다. 다수의견은 거래관계에서 발생하는 당사자 간의 신임관계를 보호하기 위하여 타인의 재산보전에 협력할 의무가 있는 경우에는 배임죄의 주체인 '타인의 사무를 처리하는 자'에 해당한다고 보아 온 대법원 판례와 논리적으로 일관되지 않고, 담보계약에 기초한 신임관계도 배임죄에 의하여 보호되어야 할 법익이 될 수 있다는 점을 도외시한 것으로 찬성할 수 없다.

부동산에 관한 저당권설정계약을 체결한 채무자가 그 신임관계를 저버리고 부동산을 제3자에게 처분함으로써 채권자로 하여금 부동산에 관한 저당권 취득을 불가능하게 하거나 현저히 곤란하게 하였다면, 이러한 행위는 저당권설정계약에서 비롯되는 본질적·전형적 신임관계를 위반한 것으로서 배임죄에 해당한다. 그리고 그렇게 보는 것이 부동산의 이중매매, 이중전세권설정, 면허권 등의 이중처분에 관하여 배임죄를 인정하여 온 판례의 확립된 태도와 논리적으로 부합한다.

(3) 평 석

대법원은 본 판결을 통해 종래 "채무 담보를 위하여 채권자에게 부동산에 관하여 근저당권을 설정해 주기로 약정한 채무자가 채권자의 사무를 처리하는 자에 해당함을 전제로 채무자가 담보목적물을 처분한 경우 배임죄가 성립한다고 한 대법원 2008. 3. 27. 선고 2007도9328 판결, 대법원 2011. 11. 10. 선고 2011도11224 판결을 비롯한 같은 취지의 대법원판결들은 이 판결의 견해에 배치되는 범위 내에서 모두 변경"하였다.

최근 대법원이 종래 민사사건의 형사화라는 문제가 제기되어 왔던 횡령죄와 배임죄의 판단에 있어 그 태도를 변경하여 민사채무 불이행에 대한 국가형벌권의 개입을 자제하면서, 재산의 이중처분에 관한 배임죄 성립을 부정하는 판결의 흐름9)을 보여주고 있다. 특히 본 판결에서는 배임죄와 관련된 다양한 사안에 대한 검토를 통해 배임죄에서 "타인의 사무를 처리하는 자"에 대한 판단기준을 제시해 준 듯하다.

그럼에도 본 판결의 반대의견이 부동산 이중매매 사안에서 배임죄 성립을 인정한 대법원 2018. 5. 17. 선고 2017도4027 전원합의체 판결과 배치된다고 한 반론에 대하여, 대수의견은 국민의 경제생활에서 큰 비중을 차지하는 부동산 계약에서 매매대금의 상당 부분을 차지하는 중도금까지 지급한 상태에서 매도인의 이중매매를 방지할 충분한 수단이 마련되어 있지 않은 거래 현실의 특수성을 고려하여 부동산

9) 대법원 2020. 6. 18. 선고 2019도14340 전원합의체 판결 중 다수의견에 대한 보충의견.

이중매매의 경우 배임죄가 성립한다는 종래의 견해를 유지한 2017도 4027 전원합의체 판결의 취지가 본 판결의 다수의견에 반하는 것은 아니라고 하였다.

이처럼 대법원은 부동산 이중저당에 대한 본 전원합의체 판결과는 다르게 부동산 이중매매에 대해서는 2020년에 이루어진 판결[10]에서도 여전히 채무자를 '타인의 사무를 처리하는 자'로 보고 배임죄 성립을 인정하고 있다. 그러나 재산 보전 협력의무나 등기 협력의무는 자기의 사무[11]로 보아야 하고, 동산과 부동산, 그리고 이중저당과 이중매매 사안을 달리 볼 이유가 없다는 점[12]에서 '동산 이중매매'나 '부동산 이중저당'에서 배임죄를 인정하지 않는 것과 같이 '부동산 이중매매'에서도 배임죄 성립을 인정하지 않는 것이 타당하다.

더욱이 본 판결의 보충의견에서 향후 부동산 이중매매사안에서 배임죄를 부정하는 판례변경가능성에 대해서 언급하고 있어, 조만간 부동산 이중매매의 경우에도 소유권이전등기의무는 '자기의 사무'로 보아 배임죄 성립을 부정하는 판례변경이 이루어질 가능성을 배제하기 어렵다. 그렇다면 이러한 문제가 배임죄와 관련하여 4번의 전원합의체 판결이 이루어지는 과정에서 좀 더 종합적으로 검토되면 좋지 않았을까 하는 아쉬움이 남는다.

3. 위계에 의한 간음죄에서 위계의 의미

— 대법원 2020. 8. 27. 선고 2015도9436 전원합의체 판결 —

(1) 사실관계

피고인(36세 남성)은 2014. 7. 중순경 스마트폰 채팅 애플리케이션을 통하여 알게 된 14세의 피해자에게 자신을 "고등학교 2학년생인 ○○○"이라고 거짓으로 소개하고 채팅을 통해 피해자와 사귀기로 하

---

10) 대법원 2020. 5. 14. 선고 2019도16228 판결.
11) 오영근, "2018년도 형법판례 회고", 형사판례연구 제27집, 2019, 527면.
12) 김혜정, "부동산 이중매매에서 배임죄의 성립여부에 대한 판단 – 대법원 2018. 5. 17. 선고 2017도4027 –", 법조 통권 제732호, 2018, 844면 이하.

였다. 피고인은 2014. 8. 초순경 피해자에게 "사실은 나를 좋아해서 스
토킹하는 여성이 있는데, 나에게 집착을 해서 너무 힘들다. 죽고 싶다.
우리 그냥 헤어질까"라고 거짓말하면서 "스토킹하는 여성을 떼어내
려면 나의 선배와 성관계하면 된다"는 취지로 이야기하였다. 피해자
는 피고인과 헤어지는 것이 두려워 피고인의 제안을 승낙하였고, 피
고인은 마치 자신이 ○○○의 선배인 것처럼 행세하며 피해자를 간
음하였다.

(2) 판결요지

위계에 의한 간음죄에서 '위계'란 행위자의 행위목적을 달성하기
위하여 피해자에게 오인, 착각, 부지를 일으키게 하여 이를 이용하는
것을 말한다. 이러한 위계의 개념 및 성폭력범행에 특히 취약한 사람
을 보호하고 행위자를 강력하게 처벌하려는 입법 태도, 피해자의 인지
적·심리적·관계적 특성으로 온전한 성적 자기결정권 행사를 기대하
기 어려운 사정 등을 종합하면, 행위자가 간음의 목적으로 피해자에게
오인, 착각, 부지를 일으키고 피해자의 그러한 심적 상태를 이용하여
간음의 목적을 달성하였다면 위계와 간음행위 사이의 인과관계를 인
정할 수 있고, 따라서 위계에 의한 간음죄가 성립한다. 왜곡된 성적
결정에 기초하여 성행위를 하였다면 왜곡이 발생한 지점이 성행위 그
자체인지 성행위에 이르게 된 동기인지는 성적 자기결정권에 대한 침
해가 발생한 것은 마찬가지라는 점에서 핵심적인 부분이라고 하기 어
렵다. 피해자가 오인, 착각, 부지에 빠지게 되는 대상은 간음행위 자체
일 수도 있고, 간음행위에 이르게 된 동기이거나 간음행위와 결부된
금전적·비금전적 대가와 같은 요소일 수도 있다.

다만 행위자의 위계적 언동이 존재하였다는 사정만으로 위계에
의한 간음죄가 성립하는 것은 아니므로 위계적 언동의 내용 중에 피
해자가 성행위를 결심하게 된 중요한 동기를 이룰 만한 사정이 포함
되어 있어 피해자의 자발적인 성적 자기결정권의 행사가 없었다고 평

가할 수 있어야 한다. 이와 같은 인과관계를 판단함에 있어서는 피해
자의 연령 및 행위자와의 관계, 범행에 이르게 된 경위, 범행 당시와
전후의 상황 등 여러 사정을 종합적으로 고려하여야 한다.

한편 위계에 의한 간음죄가 보호대상으로 삼는 아동·청소년, 미
성년자, 심신미약자, 피보호자·피감독자, 장애인 등의 성적 자기결정
능력은 그 나이, 성장과정, 환경, 지능 내지 정신기능 장애의 정도 등
에 따라 개인별로 차이가 있으므로 간음행위와 인과관계가 있는 위계
에 해당하는지 여부를 판단함에 있어서는 구체적인 범행 상황에 놓인
피해자의 입장과 관점이 충분히 고려되어야 하고, 일반적·평균적 판
단능력을 갖춘 성인 또는 충분한 보호와 교육을 받은 또래의 시각에
서 인과관계를 쉽사리 부정하여서는 안 된다.13)

(3) 평   석

종래 위계에 의한 간음죄에서 위계란 "행위자가 간음의 목적으로
상대방에게 오인, 착각, 부지를 일으키고는 상대방의 그러한 심적 상
태를 이용하여 간음의 목적을 달성하는 것을 말하고, 여기에서 오인,
착각, 부지라고 함은 간음행위 자체에 대한 오인, 착각, 부지를 말하는
것이지, 간음행위와 불가분적 관련성이 인정되지 않는 다른 조건에 관
한 오인, 착각, 부지를 가리키는 것이 아니다"14)라고 하였으나 본 판
결에서 "피해자가 오인, 착각, 부지에 빠지게 되는 대상은 간음행위
자체일 수도 있고, 간음행위에 이르게 된 동기이거나 간음행위와 결부
된 금전적·비금전적 대가와 같은 요소일 수도 있다."고 하여 종전 판
례의 태도를 변경하였다.15)

---

13) 이 판결에 대한 평석으로는 허황, "아동·청소년 위계간음죄", 제334회 한국형
    사판례연구회 발표논문, 2021. 1. 11. 참조.
14) 대법원 2014. 9. 4. 선고 2014도8423,2014전도151 판결; 대법원 2012. 9. 27. 선고
    2012도9119 판결; 대법원 2007. 9. 21. 선고 2007도6190 판결; 대법원 2002. 7.
    12. 선고 2002도2029 판결; 대법원 2001. 12. 24. 선고 2001도5074 판결.
15) 본 판결은 기존의 판례입장에서도 충분히 가벌성이 인정되어 굳이 판례변경
    이 필요하지 않았고, 오히려 위계가 아닌 위력에 의한 간음죄가 인정될 수도

위계에 의한 간음죄는 성적 자기결정권의 행사능력이 아직 발달
과정에 있는 미성년자 및 심신미약자, 피보호자·피감독자 등 성폭력
범행에 취약한 사람을 보호대상으로 하고 있다. 그럼에도 그동안 법원
에서 "위계"의 개념을 지나치게 좁게 해석하여 그 대상자를 충분히
보호하지 못함으로써 입법취지를 제대로 반영하지 못한다는 학계의
비판이 있어 왔고, 본 판결에서 이러한 비판을 수용하여 판례의 변경
에 이르게 된 것은 타당하다.

   종전 판례가 형사특별법상 위계에 의한 간음죄의 법정형이 폭행·
협박을 수단으로 하는 강간죄와 동일한 형벌체계의 불균형을 위계의
개념을 축소해석하는 방법으로 해소하려 했던 것으로 볼 수 있다면,[16]
본 판결에서는 "위계적 언동의 내용 중에 피해자가 성행위를 결심하
게 된 중요한 동기를 이룰 만한 사정이 포함"되어야 한다고 하여 "중
요한 동기"를 통해 죄형균형의 원칙에 합치되는 법해석과 적용을 시
도하고 있다.

   다만, 여기에서 무엇이 "중요한 동기"인가에 대한 구체적인 기준
이 제시되고 있지는 못하다는 점에서 추가적인 판단기준의 마련은 또
다른 과제로 남는다.[17] 그러나 보다 근본적으로 형벌체계의 불균형 문
제를 판례를 통해 판단기준을 마련하기 보다는 형사특별법에 죄형균
형이 맞지 않는 다양한 처벌규정을 보다 체계정합적으로 형사특별법
에서 행위유형별 법정형의 정비를 고민해보는 것도 필요할 것으로 생
각된다.

   있다고 보는 견해로 허황, 앞의 논문, 20면 이하.
16) 형사특별법에서 위계에 의한 간음죄의 법정형이 높아졌다는 점을 고려하여
    위계 등의 해석을 제한할 필요가 있다는 견해로 장성원, "위계간음죄에서 위
    계의 대상과 인과관계", 제332회 한국형사판례연구회 발표논문, 2020. 11. 2,
    16면.
17) 홍진영, "판례평석 : 위계에 의한 간음죄에서 위계의 의미", 법률신문, 2020.
    11. 19.(https://www.lawtimes.co.kr/Legal-News/Legal-News-View?serial=165751 : 2021.
    4. 14 최종검색).

4. 명예훼손죄에서 전파가능성 이론의 유지

— 대법원 2020. 11. 19. 선고 2020도5813 전원합의체 판결 —

(1) 사실관계

피고인이 갑의 집 뒷길에서 피고인의 남편 및 갑의 친척인 병이 듣는 가운데 갑에게 "저것이 징역 살다온 전과자다" 등을 큰 소리로 말함으로써 공연히 사실을 적시하여 갑의 명예를 훼손하였다.

(2) 판결요지

[다수의견] 대법원은 명예훼손죄의 공연성에 관하여 개별적으로 소수의 사람에게 사실을 적시하였더라도 그 상대방이 불특정 또는 다수인에게 적시된 사실을 전파할 가능성이 있는 때에는 공연성이 인정된다고 일관되게 판시하여 전파가능성 이론은 공연성에 관한 확립된 법리로 정착되었다. (중략) 공연성에 관한 전파가능성 법리는 대법원이 오랜 시간에 걸쳐 발전시켜 온 것으로서 현재에도 여전히 법리적으로나 현실적인 측면에 비추어 타당하므로 유지되어야 한다. 대법원 판례와 재판 실무는 전파가능성 법리를 제한 없이 적용할 경우 공연성 요건이 무의미하게 되고 처벌이 확대되게 되어 표현의 자유가 위축될 우려가 있다는 점을 고려하여, 전파가능성의 구체적·객관적인 적용 기준을 세우고, 피고인의 범의를 엄격히 보거나 적시의 상대방과 피고인 또는 피해자의 관계에 따라 전파가능성을 부정하는 등 판단 기준을 사례별로 유형화하면서 전파가능성에 대한 인식이 필요하고 전파가능성에 관하여는 검사의 엄격한 증명이 필요함을 전제로 전파가능성 법리를 적용함으로써 공연성을 엄격하게 인정하여 왔다.[18]

---

18) 본 판결에서 추가적으로 형법 제310조의 위법성조각사유에 대한 새로운 판단 기준을 제시하였다. 즉 '공공의 이익'에 관한 새로운 판단기준으로, 독일의 입법례나 "유엔인권위원회의 권고 및 표현의 자유와의 조화를 고려하여, 진실한 사실의 적시의 경우에는 형법 제310조의 '공공의 이익'도 보다 더 넓게 인정되어야 하고, 특히 공공의 이익관련성 개념이 시대에 따라 변화하고 공공의 관심사 역시 상황에 따라 쉴 새 없이 바뀌고 있다는 점을 고려하면, 공적

[반대의견] 명예훼손죄에서 말하는 공연성은 전파가능성을 포섭할 수 없는 개념이다. 형법 제307조 제1항, 제2항에 규정된 공연성은 불특정 또는 다수인이 직접 인식할 수 있는 상태를 가리키는 것이고, 특정 개인이나 소수에게 말하여 이로부터 불특정 또는 다수인에게 전파될 가능성이 있다고 하더라도 공연성 요건을 충족한다고 볼 수 없다. 다수의견은 범죄구성요건을 확장하여 적용함으로써 형법이 예정한 범주를 벗어나 형사처벌을 하는 것으로서 죄형법정주의와 형법해석의 원칙에 반하여 찬성할 수 없다. 전파가능성 법리를 이유로 공연성을 인정한 대법원판결들은 변경되어야 한다.

(3) 평　석

종래 대법원은 전파가능성이론을 통해 폭넓게 공연성을 인정하면서도 피해자와 밀접한 관계가 있는 경우에는 공연성을 부정[19]하기도 하였다.[20] 그러나 전파가능성 이론은 공연성의 통상적 의미를 벗어나 피고인에게 불리한 확장해석으로 죄형법정주의에 반하고, 전파가능성 판단에 있어 객관적 기준을 설정하기 어려워 자의가 개입될 위험이 있고, 특정 소수자와의 사적 대화도 전파가능성을 이유로 처벌할 수 있어 형법의 보충성 원칙에 반한다는 본 판결의 반대의견 논거가 더 타당하다.

인 인물, 제도 및 정책 등에 관한 것만을 공공의 이익관련성으로 한정할 것은 아니라고 한다. 따라서 사실적시의 내용이 사회 일반의 일부 이익에만 관련된 사항이라도 다른 일반인과의 공동생활에 관계된 사항이라면 공익성을 지닌다고 할 것이고, 이에 나아가 개인에 관한 사항이더라도 그것이 공공의 이익과 관련되어 있고 사회적인 관심을 획득한 경우라면 직접적으로 국가·사회 일반의 이익이나 특정한 사회집단에 관한 것이 아니라는 이유만으로 형법 제310조의 적용을 배제할 것은 아니라고 한다." 이는 앞으로 진실한 사실적시 명예훼손죄 인정범위를 제한할 수 있는 근거로 작용할 수 있을 것으로 생각된다.

19) 대법원 1984. 4. 10. 선고 83도49 판결; 대법원 1984. 2. 28. 선고 83도891 판결; 대법원 1983. 10. 25. 선고 83도2190 판결.

20) 전파가능성 이론을 공연성을 인정하는 요건으로 확장 적용하면서 전파가능성 이론을 제한한다는 것 자체가 모순이라고 보기도 한다(이수현, "명예훼손죄의 공연성과 전파가능성", 대한변협신문 제812호, 2020. 12. 21).

반면, 대법원이 피고인이 각각 개별적으로 갑과 을에게 피해자에 대한 명예훼손적 발언을 한 사안에서, 피해자와 갑과 을은 아무런 친분관계가 없고 갑과 을에게 비밀엄수의무가 있는 것도 아니므로 전파가능성이 있다는 이유로 유죄를 인정한 항소심 판결을, 전파가능성을 이유로 명예훼손죄의 공연성을 인정하는 경우에도 "미필적 고의가 필요하므로 전파가능성에 대한 인식이 있음은 물론 나아가 그 위험을 용인하는 내심의 의사가 있어야"하는데, 피고인에게 고의를 인정하기 어렵다고 하여 파기 환송한 판결21)도 있다. 그러나 동 사안에서 고의에 대한 판단 이전에 공연성을 인정하기 쉽지 않아 보인다. 그런데 전파가능성이론으로 공연성 인정범위가 확대되는 것을 고의 판단으로 제한하고 있는 듯한 태도는 적절하지 않다.

공연한 명예훼손행위의 처벌근거는 적시된 사실을 타인이 전파함으로 인하여 발생할 명예훼손의 위험성에 있는 것이 아니라, 사실의 적시를 통해 직접 발생할 명예훼손의 위험성에 있는 것이다. 자칫 공연성이 없는 개인적 정보전달까지 처벌하게 되는 것은 표현의 자유에 대한 지나친 제한을 할 수 있다는 점에서 전파가능성이론은 타당하지 않다. 또한 전파가능성이론은 피고인과 피해자 사이가 밀접한 경우에 공연성 인정여부에 대한 객관적 기준을 설정하기 어려워 자의가 개입될 여지가 있고 공연성을 지나치게 넓게 해석하여 형법해석의 엄격성 원칙에 반한다는 점22)에서 전파성이론을 근거로 명예훼손죄를 인정하는 태도는 바뀔 필요가 있다.

5. 사전자기록위작죄에서 '위작'의 개념

— 대법원 2020. 8. 27 선고 2019도11294 전원합의체 판결 —

(1) 사실관계

회사 업무 전반을 총괄하는 대표이사 갑과 회사의 자금 등을 관

---

21) 대법원 2020. 1. 30. 선고 2016도21547 판결.
22) 오영근, "명예훼손죄에서 전파가능성과 고의의 인정여부", 천자평석, 2019. 4. 1.

리하는 사내이사 을은 공모하여 A회사가 운영하는 가상화폐거래소에
서 매매거래가 활발히 이루어지는 것처럼 꾸미기 위해 회사가 설치하
여 사용 중인 가상화폐 거래시스템상 차명계정을 생성하고 그 차명계
정에 실제 보유하고 있지 않은데도 마치 보유하고 있는 것처럼 원화
포인트와 가상화폐 포인트를 허위 입력하고 이를 위 거래시스템상 표
시하였다.

(2) 판결요지

[다수의견] 대법원은, 형법 제227조의2(공전자기록등위작죄)에서 위
작의 객체로 규정한 전자기록은 그 자체로는 물적 실체를 가진 것이
아니어서 별도의 표시·출력장치를 통하지 아니하고는 보거나 읽을 수
없고, 그 생성 과정에 여러 사람의 의사나 행위가 개재됨은 물론 추가
입력한 정보가 프로그램에 의하여 자동으로 기존의 정보와 결합하여
새로운 전자기록을 작출하는 경우도 적지 않으며, 그 이용 과정을 보
아도 그 자체로서 객관적·고정적 의미를 가지면서 독립적으로 쓰이는
것이 아니라 개인 또는 법인이 전자적 방식에 의한 정보의 생성·처리
·저장·출력을 목적으로 구축하여 설치·운영하는 시스템에서 쓰임으
로써 예정된 증명적 기능을 수행하는 것이므로, 위와 같은 시스템을
설치·운영하는 주체와의 관계에서 전자기록의 생성에 관여할 권한이
없는 사람이 전자기록을 작출하거나 전자기록의 생성에 필요한 단위
정보의 입력을 하는 경우는 물론 시스템의 설치·운영 주체로부터 각
자의 직무 범위에서 개개의 단위정보의 입력 권한을 부여받은 사람이
그 권한을 남용하여 허위의 정보를 입력함으로써 시스템 설치·운영
주체의 의사에 반하는 전자기록을 생성하는 경우도 형법 제227조의2
에서 말하는 전자기록의 '위작'에 포함된다고 판시하였다. 위 법리는
형법 제232조의2의 사전자기록등위작죄에서 행위의 태양으로 규정한 '
위작'에 대해서도 마찬가지로 적용된다.

[반대의견] 다수의견의 취지는 사전자기록 등의 '위작'에 유형위조

는 물론 권한남용적 무형위조도 포함된다는 것으로, 이는 '위작'이라는 낱말의 사전적 의미에 맞지 아니할 뿐만 아니라 유형위조와 무형위조를 엄격히 구분하고 있는 형법 체계에서 일반인이 예견하기 어려운 해석이어서 받아들이기 어렵다.[23]

(3) 평 석

본 판례는 사전자기록등위작죄에서 '위작'의 개념에 유형위조뿐만 아니라 무형위조도 포함되는지 여부가 쟁점이 된 판례로 권한을 남용하여 허위정보를 입력한 무형위조도 위작에 포함된다는 종전 대법원의 태도를 사전자기록에도 적용한 최초의 판결로 의미가 있다.[24] 대법원은 공전자기록에 대해서는 위작에 비록 '권한의 남용'이라는 조건이 붙기는 하였지만, 무형위조도 포함된다는 입장을 취하였지만, 사전자기록에 대해서는 그 입장을 찾아볼 수 없었는데, 본 판결을 통해 공전자기록과 같은 해석을 보여준 것이다.

본 판례의 다수의견에 대하여 형법에 위작에 대한 정의규정이 없고 사적 자치의 영역인 사전자기록에서 처벌의 필요성이 있다는 이유에서 사문서에서 무형위조를 처벌하지 않는 원칙과 달리 사전자기록에서 '위작'의 개념에 "권한남용적 무형위조"까지 포함하여 해석하는 것은 해석의 한계를 넘어서 새로운 입법에 해당한다는 비판이 제기된다.[25] 또한 다수의견이 공전자기록위작죄에서의 '위작'의 개념을 그대로 가져오면서 별다른 고민 없이 "권한의 남용"을 사전자기록에도 적용함으로써 사전자기록에 있어서 유형위조와 무형위조를 구별하는데 상당한 혼란을 초래하고 있다는 비판도 제기된다.[26]

그런데 일반 문서와 전자기록은 그 특성상 차이가 있다.[27] 즉 전

23) 이 판결에 대한 평석으로는 류부곤, "사전자기록위작죄에 있어서 '위작'의 개념", 제334회 한국형사판례연구회 발표논문, 2021. 1. 11 참조.
24) 오영근, "허위정보의 입력과 사전자기록위작죄의 성립여부", 천자평석, 2021. 1. 29.
25) 이주원, "[2020년 분야별 중요판례분석] 9. 형법(각칙)", 법률신문, 2021. 3. 18.
26) 류부곤, 앞의 논문, 31면.

자기록은 작성명의인의 특정이 어려워 일반 문서처럼 명의인에 따라 새로운 문서가 기존의 문서에 추가되는 것이 아니라 새로운 전자기록 작성행위가 있으면 전체에 대한 새로운 전자기록이 만들어진다는 점에서 차이가 있다. 또한 전자기록에 대한 범죄가 입법되는 과정에서 '위조·변조'가 아니라 '위작·변작'으로 규정된 것은 의미상 차이가 있다는 것을 나타낸 것으로 이해할 수 있다. 그렇다면 이를 구별하여 달리 해석하는 것이 타당하다고 볼 수 있다. 무엇보다도 이러한 전자기록이 갖고 있는 문서와 다른 특성으로 인해 권한 없는 자의 무단작성과 권한 있는 자의 허위작성의 불법내용이나 처벌필요성에 차이가 없다고 본다. 따라서 위작의 개념에 허위작성을 포함하는 의미로 해석하는 본 판결의 다수의견이 타당하다고 생각된다.[28] 다만, 다수의견이 '위작'의 범위가 부당하게 확대되지 않도록 '권한남용'으로 제한하는 해석태도는 자칫 새로운 구성요건을 추가하는 것이 될 수도 있다는 점에서 입법적으로 보다 명확하게 규정하는 것에 대한 고민은 필요할 것으로 생각된다.

Ⅲ. 총칙 관련 판결

1. 특정범죄가중법상 누범가중과 형법상 누범가중의 관계

— 대법원 2020. 5. 14 선고 2019도18947 판결 —

(1) 사실관계 및 재판의 경과

피고인이 절도죄 등으로 3차례에 걸쳐 징역형을 선고받고 2018. 8. 14. 그 형의 집행을 종료한 후, 2019. 5. 16.경 타인의 재물을 1회 절취하고, 2019. 5. 18.경부터 2019. 6. 17.까지 총 9회에 걸쳐 재물을 절취하거나 절취하려다가 미수에 그쳤다.

항소심법원은 특정범죄가중법 제5조의4 제5항이 누범가중에 관한

---

27) 문서와 전자기록의 성격상의 차이가 권한이 없거나 권한을 벗어난 전자기록의 작성을 위작이라고 할 수 있느냐에 대한 문제 해결에서 가장 주요하게 고려해야 할 요인이라는 견해로 오영근, 앞의 평석.

28) 오영근, 앞의 평석.

특별한 규정에 해당한다는 이유로 특정범죄가중법 위반(절도) 부분에
대하여 형법 제35조의 누범가중을 하지 않았고, 대법원은 항소심 판결
을 파기 환송하였다.

(2) 판결요지

2016. 1. 6. 법률 제13717호로 개정·시행된 「특정범죄 가중처벌 등
에 관한 법률」 제5조의4 제5항은 "형법 제329조부터 제331조까지, 제
333조부터 제336조까지 및 제340조·제362조의 죄 또는 그 미수죄로
세 번 이상 징역형을 받은 사람이 다시 이들 죄를 범하여 누범으로
처벌하는 경우에는 다음 각호의 구분에 따라 가중처벌한다."라고 규정
하면서, 같은 항 제1호는 "형법 제329조부터 제331조까지의 죄(미수범
을 포함한다)를 범한 경우에는 2년 이상 20년 이하의 징역에 처한다"
고 규정하고 있다. 이 처벌규정은 입법 취지가 반복적으로 범행을 저
지르는 절도 사범에 관한 법정형을 강화하기 위한 데 있고, 조문의 체
계가 일정한 구성요건을 규정하는 형식으로 되어 있으며, 적용요건이
나 효과도 형법 제35조와 달리 규정되어 있다.

이러한 처벌 규정의 입법 취지, 형식 및 형법 제35조와의 차이점
등에 비추어 보면, 이 처벌규정은 형법 제35조(누범) 규정과는 별개로
"형법 제329조부터 제331조까지의 죄(미수범 포함)를 범하여 세 번 이
상 징역형을 받은 사람이 그 누범 기간 중에 다시 해당 범죄를 저지
른 경우에 형법보다 무거운 법정형으로 처벌한다"는 내용의 새로운
구성요건을 창설한 것으로 해석해야 한다. 따라서 처벌 규정에 정한
형에 다시 형법 제35조의 누범 가중한 형기범위 내에서 처단형을 정
하여야 한다.

(3) 평   석

본 판결에서 대법원은 「특정범죄 가중처벌 등에 관한 법률」(이하
특정범죄가중법이라 한다) 제5조의4 제5항은 형법 제35조와 다른 새로
운 구성요건을 담고 있다는 점에서 형사특별법상 누범가중에 형법상

누범가중을 할 수 있다고 판단하였다. 그러나 법리적으로 살펴볼 때, 특정범죄가중법 제5조의4 제5항 누범가중규정은 형법 제35조(누범)의 특별법으로 이해하는 항소심법원의 판단이 타당하다.

그 이유는 먼저 특정범죄가중법 제5조의4 제5항에 "누범으로 처벌하는 경우"라고 규정되어 있다면 이는 형법 제35조(누범)에 대한 특별법적 성격을 갖는 것으로 이 경우, 형법 제8조 단서에 의해 형법 제35조는 적용되지 않고 특정범죄가중법 규정만 적용된다고 보아야 하기 때문이다.[29] 또한 특정범죄가중법상 누범가중에 더하여 형법 제35조 누범가중을 한다고 하더라도 장기의 2배를 가중하게 되는 것으로, 법원의 선고형이 처단형의 하한에서 이루어지는 경우[30], 형사특별법상 누범가중에 더하여 형법상 누범가중을 적용할 실질적인 이익이 있다고 보기 어렵기 때문이다.[31] 다만, 판례의 해석을 통해 이러한 중첩적인 적용을 배제하기 보다는 보다 근본적으로 – 필요한 경우 형사특별법에는 예외적으로 누범가중처벌 규정을 남겨두더라도 - 형법에서 누범규정을 삭제하는 것을 검토해보는 것이 더 타당할 것으로 생각된다.[32]

---

29) 김정환, "형법상 누범규정에 대한 특별관계로서 특별법상 누범규정의 해석", 형사법연구 제26권 제3호, 2014, 111면 이하.

30) 한 예로 본 판결의 참조판례인 대법원 2006. 12. 8. 선고 2006도6886 판결의 항소심 판결(부산고등법원 2006. 9. 20. 선고 2006노371 판결)을 보면, 피고인은 2004. 4. 12. 특정범죄가중처벌 등에 관한 법률 위반(절도)죄로 징역 1년 6월을 선고받고 2005. 7. 31. 출소한 것을 비롯하여 야간주거침입절도, 절도, 특정범죄가중처벌 등에 관한 법률 위반(절도) 등으로 실형을 복역한 전력만도 10여회에 이르고, 최종형의 집행을 종료한 후 채 1년이 지나지 않아 다시 이 사건 각 범행을 저질렀으며, 그 절도 범행 횟수도 5번이나 되는 점, 피고인이 저지른 특정범죄가중처벌 등에 관한 법률 위반(절도)죄는 무기 또는 6년 이상의 징역형에 처하도록 되어 있어 원심이 유기징역형을 선택한 다음 작량감경을 하여 처단형의 최하한인 징역 3년을 선고하였다.

31) 그에 대한 구체적인 예는 김정환, 앞의 논문, 109면.

32) 김정환, 앞의 논문, 95면. 참고로 2011년 법무부 형법(총칙)일부개정법률안에는 형벌과 보안처분으로 형사제재 이원화를 추구하는 관점에서 형법상 상습범 가중처벌규정과 누범가중처벌 규정이 삭제되었다.

2. 수급인 소속 근로자들이 도급인 사업장에서 한 쟁의행위와 정당행위 판단

— 대법원 2020. 9. 3. 선고 2015도1927 판결 —

(1) 사실관계

A 공사는 1998년부터 시설관리 용역업체인 B사 등과 용역위탁계약을 맺고 청소미화업무 등을 맡겼다. 갑 등은 B사 등 수급업체 직원이자 민주노총 전국공공운수사회서비스노조 대전지부 수자원공사지회 조합원으로서, 2012년 6월 임금인상 등 단체교섭이 결렬되자 파업에 돌입했다. 갑 등은 B사와 협상에서 유리한 결과를 이끌어내기 위해 실제 일터인 A 공사 사업장 내 본관 건물 등을 점거해 농성을 벌여 A 공사에 대한 업무방해 및 퇴거불응죄로 기소되었다.

(2) 판결요지

쟁의행위가 정당행위로 위법성이 조각되는 것은 사용자에 대한 관계에서 인정되는 것이므로, 제3자의 법익을 침해한 경우에는 원칙적으로 정당성이 인정되지 않는다. 수급인 소속 근로자의 쟁의행위가 도급인의 사업장에서 일어나 도급인의 형법상 보호되는 법익을 침해한 경우에는 사용자인 수급인에 대한 관계에서 쟁의행위의 정당성을 갖추었다는 사정만으로 사용자가 아닌 도급인에 대한 관계에서까지 법령에 의한 정당한 행위로서 법익 침해의 위법성이 조각된다고 볼 수는 없다. 그렇다고 이 경우 항상 위법하다고 볼 것은 아니고, 법질서 전체의 정신이나 그 배후에 놓여있는 사회윤리 내지 사회통념에 비추어 용인될 수 있는 행위에 해당하는 경우에는 형법 제20조의 '사회상규에 위배되지 아니하는 행위'로서 위법성이 조각된다.

사용자는 쟁의행위 기간 중 그 쟁의행위로 중단된 업무의 수행을 위하여 당해 사업과 관계없는 자를 채용 또는 대체할 수 없다(노동조합 및 노동관계조정법 제43조 제1항). 사용자가 당해 사업과 관계없는 자를 쟁의행위로 중단된 업무의 수행을 위하여 채용 또는 대체하는 경우, 쟁의행위에 참가한 근로자들이 위법한 대체근로를 저지하기 위하여 상당한 정도의 실력을 행사하는 것은 쟁의행위가 실효를 거둘 수 있도록 하기 위하여 마련된 위 규정의 취지에 비추어 정당행위로서 위법성이 조각된다.

(3) 평　　석

본 판결에서 대법원은 ① 피고인 등이 벌인 파업이 조합원들의 근로조건 및 경제적 지위의 향상이라는 정당한 목적을 달성하기 위한 것이고, ② 집회나 시위에서 통상 이용할 수 있는 수단을 사용하여 집단적인 의사를 표시하였고, 이러한 행위가 비교적 길지 않은 시간 동안 평화로운 방식으로 이루어졌으며, ③ 헌법상 단체행동권 행사의 일환으로 다수가 공동 목적으로 회합한 집회의 성격상 어느 정도의 소음이 발생하는 것은 부득이 하고, ④ 헌법상 단체행동권을 실효적으로 보장하기 위해서는 근로제공이 현실적으로 이루어지는 장소에서 쟁의행위가 이루어져야 할 필요성이 있었다는 점에서 정당행위를 인정하였다.

본 판결은 하청업체 소속 근로자들이 사용자인 하청업체를 상대로 한 쟁의행위의 일환으로 원청업체 사업장 안에서 쟁의행위를 한 경우, 하청업체가 아니라 원청업체의 관점에서 정당행위의 기준을 제시한 판례로 그 의미가 있다.[33]

이에 대해 본 판결로 인해 하청업체 소속 근로자들의 원청업체 사업장에서의 시위가 증대될 것으로 보이고, 원청업체 사업장에서 이러한 시위를 막을 방안이 사실상 차단되었다는 점이 우려된다[34]고 보기도 하지만, 본 사안에서 근로자들의 쟁의목적이 달성되기 위해서는 - 비록 원청회사가 하청업체 소속 근로자와 직접적인 계약관계를 맺

---

33) 이주원, "[2020년 분야별 중요판례분석] 8. 형법(총칙)", 법률신문, 2021. 3. 11.

34) 이광선/양지윤, "수급인 소속 근로자들이 사용자인 수급인을 상대로 한 쟁의행위의 일환으로 도급인 사업장에서 한 집회·시위 등이 사회상규에 위배되지 아니하는 정당행위로서 위법성이 조각된다고 한 사례", 최신판례해설, 2020. 9. 3.

고 있지 않더라도 – 불가피하게 근로제공이 현실적으로 이루어지는 원청 사업장에서 쟁의행위를 할 수 밖에 없고 그렇지 않은 경우 위법한 대체근로를 저지할 수 없다는 점에서 근로자들의 노동3권 보장이라는 측면에서 대법원의 판단은 타당하다고 생각된다.

3. 집행유예와 함께 부과되는 사회봉사명령 특별준수사항의 범위
— 대법원 2020. 11. 5 선고 2017도18291 판결 —

(1) 사실관계 및 재판의 경과

피고인이 원심공동피고인 2와 공모하여 영리를 목적으로 관할관청의 허가 없이 개발제한구역 내에서 7건의 개발행위를 하였다.

이에 1심 법원은「개발제한구역의 지정 및 관리에 관한 특별조치법」위반죄의 성립을 인정한 뒤, 피고인에 대하여 징역형의 집행을 유예함과 동시에 120시간의 사회봉사를 명하면서 "2017년 말까지 이 사건 개발제한행위 위반에 따른 건축물 등을 모두 원상복구할 것"이라는 특별준수사항을 부과하였다. 항소심 법원은 1심판결을 그대로 유지하였으나 대법원은 항소심 판결을 파기 환송하였다.

(2) 판결요지

법원이 형의 집행을 유예하는 경우 명할 수 있는 사회봉사는 다른 법률에 특별한 규정이 없는 한 500시간 내에서 시간 단위로 부과될 수 있는 일 또는 근로활동을 의미하는 것으로 해석된다. (중략) 보호관찰명령이 보호관찰기간 동안 바른 생활을 영위할 것을 요구하는 추상적 조건의 부과이거나 악행을 하지 말 것을 요구하는 소극적인 부작위조건의 부과인 반면, 사회봉사명령·수강명령은 특정시간 동안의 적극적인 작위의무를 부과하는 데 특징이 있다는 점 등에 비추어 보면, 사회봉사명령·수강명령 대상자에 대한 특별준수사항은 보호관찰 대상자에 대한 것과 같을 수 없고, 따라서 보호관찰 대상자에 대한 특별준수사항을 사회봉사명령·수강명령 대상자에게 그대로 적용하는

것은 적합하지 않다. (중략) 보호관찰법 제32조 제3항이 보호관찰 대상
자에게 과할 수 있는 특별준수사항으로 정한 "범죄행위로 인한 손해
를 회복하기 위하여 노력할 것(제4호)" 등 같은 항 제1호부터 제9호까
지의 사항은 보호관찰 대상자에 한해 부과할 수 있을 뿐, 사회봉사명
령·수강명령 대상자에 대해서는 부과할 수 없다.

　(3) 평　　석

　본 판결에서 대법원은 형법과 보호관찰법 및 보호관찰법 시행령
은 시간 단위로 부과될 수 있는 일 또는 근로활동만을 사회봉사명령
의 방법으로 정하고 있어 법원이 사회봉사명령의 특별준수사항으로
피고인에게 범행에 대한 원상회복을 명하는 것은 법률이 허용하지 아
니하는 피고인의 권리와 법익에 대한 제한과 침해에 해당하므로 죄형
법정주의 또는 보안처분 법률주의에 위배된다고 판시하였다. 이처럼
보호관찰에 부과될 수 있는 특별준수사항을 사회봉사명령의 특별준수
사항으로 볼 수 없다는 대법원의 판단은 타당하다고 생각된다.

　비록 형법 제62조의2에서 보호관찰, 사회봉사명령, 수강명령을 동
일 선상에 규정하고 있지만, 사회봉사명령은 보호관찰과 같은 독립적
인 제재의 하나로 보는 것이 적절한 것인지에 대하여는 의문이 든다.
독일 형법 제56조b에는 우리 형법과 달리, 사회봉사명령을 보호관찰
준수사항(의무사항)의 하나로 규정하고 있다.[35] 또한 미국에서도 사회
봉사명령이 단기간 구금될 것이 적합한 자들에 대한 중간수준 정도의
처벌로서 활용되기 보다는 probation의 준수사항으로 더 많이 이용되
고 있다고 한다.[36]

　제재의 다양화라는 관점에서 사회봉사명령만을 독자적으로 부과
하는 것도 필요할 수 있겠으나, 사회봉사명령은 보호관찰에 부가하여

---

　35) 김혜정, "사회내처우의 형사정책적 기능에 관한 소고 - 사회봉사명령제도를
　　　중심으로 -", 보호관찰 제11권 제1호, 2011, 142면 이하.
　36) 이진국, "형사제재체계 내에서의 사회내처우제도", 형사법연구 제22호 특집호,
　　　2004, 536면 이하.

준수사항으로 부과됨으로써 집행의 실효성을 담보할 수 있다고 생각된다.[37] 그런 점에서 보호관찰에 부과될 수 있는 특별준수사항과 사회봉사명령에 부과될 수 있는 특별준수사항을 구별한 대법원의 판단은 타당하다고 생각된다.

4. 공무원 또는 공무소의 전자기록 인정범위

— 대법원 2020. 3. 12. 선고 2016도19170 판결 —

(1) 사실관계 및 재판의 경과

피고인이 운영하는 건설폐기물 중간처리업체인 A 주식회사와 원심공동피고인 1이 운영하는 폐기물 수집·운반업체인 B 주식회사는 공동수급체로서 건설폐기물 수집·운반·처리용역을 도급받은 다음 그 중 A 회사가 수행하였어야 할 건설폐기물 처리용역 부분을 C 주식회사에 재위탁하여 처리하도록 하였음에도, 피고인과 원심공동피고인 1은 공모하여 환경부장관이 폐기물 수집·운반 또는 처리업자로 하여금 그 내용을 입력하도록 한국환경공단에 설치·운영하는 전자정보처리 프로그램인 '올바로시스템'에 접속하여 마치 A 회사가 B 회사로부터 폐기물을 인수하여 처리를 마친 것처럼 허위 정보를 입력하여 공무소의 전자기록을 위작하고, 이를 행사하였다.

1심 법원은 올바로시스템은 공무소인 한국환경공단이 그 직무집행으로 작성한 전자기록이고, 피고인은 올바로시스템의 설치·운영 주체인 한국환경공단으로부터 정보 입력 권한을 부여받은 상태에서 그 권한을 남용하여 허위 정보를 입력함으로써 한국환경공단의 의사에 반하는 전자기록을 생성하였다는 이유로 공전자기록위작죄 유죄를 인정하였고, 항소심법원도 1심판결과 같이 유죄를 인정하였으나 대법원은 항소심 판결을 파기 환송하였다.

---

37) 김혜정, 앞의 논문(2011), 147면 이하.

(2) 판결요지

형법 제227조의2 공전자기록위작·변작죄에서 '공무원 또는 공무소의 전자기록'은 공무원 또는 공무소가 직무상 작성할 권한을 가지는 전자기록을 말한다. 따라서 그 행위주체가 공무원과 공무소가 아닌 경우에는 형법 또는 특별법에 의하여 공무원 등으로 의제되는 경우를 제외하고는 계약 등에 의하여 공무와 관련되는 업무를 일부 대행하는 경우가 있더라도 공무원 또는 공무소가 될 수 없다.

한국환경공단이 환경부장관의 위탁을 받아 건설폐기물 인계·인수에 관한 내용 등의 전산처리를 위한 전자정보처리프로그램인 올바로시스템을 구축·운영하고 있더라도, 그 업무를 수행하는 한국환경공단 임직원을 공전자기록의 작성권한자인 공무원으로 보거나 한국환경공단을 공무소로 볼 수는 없다. 그리고 한국환경공단법 등이 한국환경공단 임직원을 형법 제129조 내지 제132조의 적용에 있어 공무원으로 본다고 규정한다고 하여 그들 또는 그들이 직무를 행하는 한국환경공단을 형법 제227조의2에 정한 공무원 또는 공무소에 해당한다고 보는 것은 형벌법규를 피고인에게 불리하게 확장해석하거나 유추해석하는 것이어서 죄형법정주의 원칙에 반한다.

(3) 평   석

대법원은 공전자기록위작죄 구성요건인 공무원 또는 공무소를 법률의 규정 없이 확장 내지 유추해석하는 것은 죄형법정주의 원칙에 반하기 때문에 한국환경공단 내지 그 임직원에게 공전자기록위작죄에서의 공무원 또는 공무소로 인정하지 않았다.

우리 형사법제는 다양한 형사특별법에서 공무원 의제규정을 두고 있다. 이러한 의제규정은 처벌범위를 확장하는 기능을 수행한다는 점에서 그 해석에 있어 엄격성이 요구된다. 비록 한국환경공단법 제11조에 한국환경공단 임직원에 대한 공무원 의제규정을 두고 있다고 하더라도 이는 뇌물범죄로 제한된다는 점에서 공전자기록위작죄의 행위주체를 부정한 대법원의 판단은 타당하다고 본다.

5. 성폭력처벌법 제5조에서 친족의 범위
— 대법원 2020. 11. 5 선고 2020도10806 판결 —

(1) 사실관계

피해자의 모친과 혼인신고를 마친 피해자의 의붓아버지인 피고인이 피해자의 방에 들어갔다가 잠든 피해자를 간음하였다.

(2) 판결요지

성폭력범죄의 처벌 등에 관한 특례법(이하 '성폭력처벌법'이라 한다) 제5조 제3항은 "친족관계인 사람이 사람에 대하여 형법 제299조(준강간, 준강제추행)의 죄를 범한 경우에는 제1항 또는 제2항의 예에 따라 처벌한다."라고 규정하고 있고, 같은 조 제1항은 "친족관계인 사람이 폭행 또는 협박으로 사람을 강간한 경우에는 7년 이상의 유기징역에 처한다."라고 규정하고 있으며, 같은 조 제4항은 "제1항부터 제3항까지의 친족의 범위는 4촌 이내의 혈족·인척과 동거하는 친족으로 한다."라고 규정하고 있다. 한편 민법 제767조는 "배우자, 혈족 및 인척을 친족으로 한다."라고 규정하고 있고, 같은 법 제769조는 "혈족의 배우자, 배우자의 혈족, 배우자의 혈족의 배우자를 인척으로 한다."라고 규정하고 있으며, 같은 법 제771조는 "인척은 배우자의 혈족에 대하여는 배우자의 그 혈족에 대한 촌수에 따르고, 혈족의 배우자에 대하여는 그 혈족에 대한 촌수에 따른다."라고 규정하고 있다. 따라서 의붓아버지와 의붓딸의 관계는 성폭력처벌법 제5조 제4항이 규정한 4촌 이내의 인척으로서 친족관계에 해당한다.

(3) 평   석

대법원은 본 판결에서 피해자인 의붓딸과 의부아버지는 '4촌 이내의 인척'으로 친족관계에 해당하므로 성폭력처벌법 제5조 친족준강간의 유죄를 인정한 1심 및 항소심판결을 그대로 유지하였다. 성폭력처벌법 제5조는 아동·청소년 피해자를 보호해야할 성인 친족이 그 지위를 악용하여 성폭력범죄에 나가는 것을 엄벌하겠다는 취지를 담고 있어, 본 사안에 대한 대법원의 판단은 타당하다.

다만, 동조 제4항의 친족범위에는 입법상 문제를 내포하고 있다. 동조가 2012년 12월 18일 개정되기 전에는 "제1항부터 제3항까지의 친족의 범위는 4촌 이내의 혈족 및 인척으로 한다"고 규정되어 있었다. 그러나 2012년 개정을 통해 "제1항부터 제3항까지의 친족의 범위는 4촌 이내의 혈족·인척과 동거하는 친족으로 한다."라고 규정하여 "동거하는 친족"이 새롭게 포함되었다. 그런데 민법 제767조에 따르면 "동거하는 친족"에 배우자도 포함되게 된다. 따라서 개정된 성폭력처벌법 제5조에 따르면 배우자도 다른 배우자에 의한 친족강간의 피해자로 해석될 여지가 있다. 물론 동 조문의 개정취지는 아동·청소년 피해자를 보호하는데 있다는 점을 고려할 때, 친족범위에 배우자를 포함하고 있지 않다는 입법취지는 충분히 짐작할 수 있다. 그렇더라도 문리적 해석의 논란이 없도록 개정하는 것이 바람직할 것으로 생각된다.

Ⅳ. 각칙 관련 판결

1. 범죄를 목적으로 하는 집단의 의미(중고차 사기단 사건)

— 대법원 2020. 8. 20. 선고 2019도16263 판결 —

(1) 사실관계 및 재판의 경과

피고인 갑은 무등록 중고차 매매상사(외부사무실)를 운영하면서 피해자들을 기망하여 중고차량을 불법으로 판매해 금원을 편취할 목적으로 외부사무실 등에서 범죄집단을 조직·활동하고, 피고인 갑, 을을 제외한 나머지 피고인들은 범죄집단에 가입·활동하였다.

항소심은 예비적 공소사실로 추가된 범죄집단 조직죄와 관련하여 이 사건의 외부사무실은 합동범 및 공동정범과 구별할 수 있을 정도로 조직을 구성하는 일정한 체계 내지 구조를 갖춘 범죄집단으로 보기 어렵다고 보아 무죄로 판단하였고, 대법원은 항소심 판결을 파기환송하였다.

(2) 판결요지

형법 제114조에서 정한 '범죄를 목적으로 하는 단체'란 특정 다수인이 일정한 범죄를 수행한다는 공동목적 아래 구성한 계속적인 결합체로서 그 단체를 주도하거나 내부의 질서를 유지하는 최소한의 통솔체계를 갖춘 것을 의미한다.

형법 제114조에서 정한 '범죄를 목적으로 하는 집단'이란 특정 다수인이 사형, 무기 또는 장기 4년 이상의 범죄를 수행한다는 공동목적 아래 구성원들이 정해진 역할분담에 따라 행동함으로써 범죄를 반복적으로 실행할 수 있는 조직체계를 갖춘 계속적인 결합체를 의미한다. '범죄단체'에서 요구되는 '최소한의 통솔체계'를 갖출 필요는 없지만, 범죄의 계획과 실행을 용이하게 할 정도의 조직적 구조를 갖추어야 한다.

피고인이 운영한 외부사무실은 특정 다수인이 사기범행을 수행한다는 공동목적 아래 구성원들이 대표, 팀장, 출동조, 전화상담원 등 정해진 역할분담에 따라 행동함으로써 사기범행을 반복적으로 실행하는 체계를 갖춘 결합체, 즉 형법 제114조의 '범죄를 목적으로 하는 집단'에 해당한다.

(3) 평   석

종래 실무상 범죄단체의 내부적 구조를 파악하고 그 존재를 확정하는 것이 쉽지 않아 형법 제114조의 범죄단체 조직·활동죄로 처벌되는 경우는 쉽지 않았던 것으로 보인다. 그러나 최근 보이스피싱과 같이 서민다중을 대상으로 상당한 피해를 유발시키는 사기범죄뿐만 아니라 박사방 사건과 같이 다수인이 모여 집단적으로 범죄를 유발하는 것이 심각한 사회문제로 등장하고 있다.

2013년 개정전 형법 제114조에는 범죄단체의 조직 등만을 구성요건으로 규정하고 있었다. 그러다가 2013년 4월 5일 개정을 통해 비록 범죄단체에는 이르지 못하였으나 위험성이 큰 '범죄집단'을 구성요건에 추가하였고, 본 판례는 2013년 형법개정을 통해 형법 제114조에 '범죄집단'이 추가된 이후 이와 같은 법리를 적용한 최초의 판례라는 점에 그 의미가 있다.[38]

대법원은 본 판결에서 중고차 판매 사기단을 '범죄단체'로는 볼 수는 없지만, '범죄집단'에는 해당한다고 보았다. 즉 '범죄단체'는 계속적이고 최소한의 통솔체계를 갖추고 있어야 하지만, '범죄집단'은 계속적이거나 최소한의 통솔체계를 갖추고 있지 않더라도 "범죄의 계획과 실행을 용이하게 할 정도의 조직적 구조"를 갖추고 있으면 된다고 하였다. 대법원은 이러한 법리를 근거로 다수가 특정범행을 수행한다는 공동의 목적 아래 구성원들끼리 정해진 역할분담에 따라 범행을 반복적으로 실행했다면 '범죄를 목적으로 한 집단'으로 볼 수 있다고 하여 갑이 운영한 외부사무실을 범죄집단으로 판단한 것이다. 이에 하급심 법원에서도 박사방 사건이나 보이스피싱 사건에 범죄집단조직죄를 인정하고 있고,[39] 앞으로 그 적용이 더욱 증가할 것으로 예상된다. 다만, "범죄의 계획과 실행을 용이하게 할 정도의 조직적 구조"의 경계가 모호할 수 있어 앞으로 판례를 통해 그에 대한 판단기준이 구체화되는 작업이 필요할 것으로 생각된다.

---

38) https://www.lawtimes.co.kr/Legal-News/Legal-News-View?serial=166652 : 2021. 2. 1 최종검색.

39) 지난해 서울중앙지법 재판부는 '박사방 조직'이 형법 제114조에서 정한 '범죄집단'에 해당한다고 판시하였다(https://www.lawtimes.co.kr/Legal-News/Legal-News-View?serial=166048 : 2020. 1. 29 최종검색). 또한 서울남부지방법원 2020. 7. 16 선고 2020노250 판결에서 보이스피싱 조직에 대하여 '범죄단체'를 인정한 바 있다.

2. 병역기피의 정당한 사유

— 대법원 2020. 7. 9. 선고 2019도17322 판결 —

(1) 사실관계 및 재판의 경과

현역병 입영대상자로 여호와의 증인에서 침례를 받지 아니한 피고인이 그 신도라고 주장하면서 지방병무청장 명의의 현역병 입영통지서를 받고도 종교적 양심을 이유로 입영일부터 3일이 지나도록 입영하지 않고 병역을 거부하여 병역법을 위반하였다.

1심 법원은 병역법 위반죄 유죄를 인정하였으나 항소심 법원은 피고인의 병역거부가 신앙 또는 내심의 가치관·윤리적 판단에 근거하여 형성된 진지한 양심의 결정에 따른 것으로서 병역법 제88조 제1항이 정한 정당한 사유에 해당한다고 보아 무죄를 인정하였고, 대법원은 항소심 판결을 파기 환송하였다.

(2) 판결요지

피고인이 '모태신앙'으로서 여호와의 증인의 신도라고 하면서도 위 종교의 공적 모임에서 자신의 신앙을 고백하고 그 종교의 다른 신도들로부터 공동체 구성원으로 받아들여지는 중요한 의식인 침례를 아직 받지 않고 있을 뿐 아니라 종교적 신념의 형성 여부 및 그 과정 등에 관하여 위 종교단체 명의의 사실확인서 등 구체성을 갖춘 자료를 제대로 제출하지 않고 있어, 피고인의 주장과 달리 가정환경 및 성장과정 등 삶의 전반에서 해당 종교의 교리 및 가르침이 피고인의 신념 및 사유체계에 심대한 영향을 미칠 만큼 지속적이면서 공고하게 자리 잡았다고 보기 어려운 것은 아닌지 의문이며, 나아가 설령 피고인이 그 주장대로 침례를 받지 않고도 지금까지 종교적 활동을 하여 온 것이 맞다고 하더라도, 이러한 종교적 활동은 여호와의 증인의 교리 내지 신앙에 관하여 확신에 이르거나 그 종교적 신념이 내면의 양심으로까지 자리 잡게 된 상태가 아니더라도 얼마든지 행해질 수 있으므로, 피고인이 병역거부에 이르게 된 원인으로 주장하는 '양심'이 과연 그 주장에 상응하는 만큼 깊고 확고하며 진실한 것인지, 종교적 신념에 의한 것이라는 피고인의 병역거부가 실제로도 그에 따라 행동하지 않고서는 인격적 존재가치가 파멸되고 말 것이라는 절박하고 구체적인 양심에 따른 것으로서 병역법 제88조 제1항의 정당한 사유에 해당하는지에 대하여는 여전히 의문이 남는데도, 위 조항의 정당한 사유가 인정된다고 보아 무죄를 선고한 원심판단에 심리미진 등의 잘못이 있다.

   (3) 평   석

   대법원은 대법원 2018. 11. 1 선고 2016도10912 전원합의체 판결에서 병역법 제88조 제1항의 '정당한 사유'를 구성요건해당성 조각사유로 판단하면서, "자신의 내면에 형성된 양심을 이유로 집총과 군사훈련을 수반하는 병역의무를 이행하지 않는 사람에게 형사처벌 등 제재를 해서는 안 된다. 양심적 병역거부자에게 병역의무의 이행을 일률적으로 강제하고 그 불이행에 대하여 형사처벌 등 제재를 하는 것은 양심의 자유를 비롯한 헌법상 기본권 보장체계와 전체 법질서에 비추어 타당하지 않을 뿐만 아니라 소수자에 대한 관용과 포용이라는 자유민주주의 정신에도 위배된다."고 보아 진정한 양심에 따른 병역거부라면 '정당한 사유'에 해당한다고 보고 있다.

   본 판결은 이러한 전원합의체 판결과 같은 관점에서 양심적 병역기피 사안을 판단하고 있다. 본 판결에서 대법원은 양심적 병역거부 사안에서 '정당한 이유'가 인정되기 위해서는 비단 형식적인 요건뿐만 아니라 실질적인 요건을 통해 '정당한 이유'를 인정할 수 있을 것인지를 엄격하게 판단하는 것을 요구하고 있다. 이는 대법원이 비록 침례를 받아 정식으로 여호와의 증인 신도가 되었으나 9년간 활동을 하지 않다가 입영 바로 전날에 종교적 신념에 따라 입영을 거부하기로 마음먹고 입영을 거부한 후 종교 활동을 재개한 피고인에게 병역법 위반죄를 인정하고 있는 것을 통해서도 알 수 있다.[40] 그런 점에서 본

판결은 정당한 사유를 어떤 기준으로 판단할 것인가에 대한 가이드라
인을 제시해주고 있다는 의미가 있다.

그러나 형벌규정에는 무엇보다도 명확성의 원칙이 중요하다고 할
수 있는데, '정당한 사유'라는 불명확한 개념의 확대해석을 통해 "피고
인의 고유한 특성과 피고인이 처한 특수한 사정"과 같은 요소를 바탕
으로 처벌여부를 판단하는 것은 문제가 있다고 본다.41) 따라서 병역법
제88조가 규정한 '정당한 사유'는 질병, 재난 등과 같이 개인의 책임으
로 돌리기 어려운 명확한 사유로 제한되어 해석되는 것이 타당하다고
생각된다.42)

3. 주거침입죄의 위요지 범위(사드기지 부지 침입 사건)

― 대법원 2020. 3. 12. 선고 2019도16484 판결 ―

(1) 사실관계 및 재판의 경과

피고인들이 골프장 부지에 설치된 사드(THAAD)기지 외곽 철조망
을 미리 준비한 각목과 장갑을 이용해 통과하여 300m 정도 진행하다
가 내곽 철조망에 도착하자 미리 준비한 모포와 장갑을 이용해 통과
하여 사드기지 내부 1km 지점까지 진입함으로써 대한민국 육군과 주
한미군이 관리하는 건조물에 침입하였다.

1심은 주거침입죄 유죄를 인정하였으나, 항소심은 클럽하우스 등
은 부속시설에 불과하므로 코스 부지를 클럽하우스의 위요지에 해당
한다고 보기 어렵다는 점에서 무죄를 선고하였고, 대법원은 항소심 판

---

40) 대법원 2020. 9. 3. 선고 2020도8055 판결.
41) 심영주, "양심적 병역거부에 대한 형사처벌의 문제 검토 대상판결 : 2018. 11.
    1. 선고 2016도10912 전원합의체 판결[병역법위반]", 형사판례연구 제27집,
    2019, 396면.
42) 오영근, 앞의 논문(2019), 535면. 동 논문에서 일반적인 '정당한 사유' 규정이
    위법성조각이나 책임조각의 문제 혹은 양형의 문제로 다뤄지는 것과 같이
    병역법 제88조 제1항의 '정당한 사유'도 같은 논리를 적용해야 하고, 입영이
    나 소집에 응하지 않은 행위는 병역법 제88조가 아니라 군형법 제44조(항명)
    나 제47조(명령위반)의 문제로 보아야 한다고 한다.

결을 파기 환송하였다.

(2) 판결요지

건조물침입죄에서 건조물이란 단순히 건조물 그 자체만을 말하는 것이 아니고 위요지를 포함하는 개념이다. 위요지란 건조물에 직접 부속한 토지로서 그 경계가 장벽 등에 의하여 물리적으로 명확하게 구획되어 있는 장소를 말한다.

사드기지는 더 이상 골프장으로 사용되고 있지 않을 뿐만 아니라 이미 사드발사대 2대가 반입되어 이를 운용하기 위한 병력이 골프장으로 이용될 당시의 클럽하우스, 골프텔 등의 건축물에 주둔하고 있었고, 군 당국은 외부인 출입을 엄격히 금지하기 위하여 사드기지의 경계에 외곽 철조망과 내곽 철조망을 2중으로 설치하여 외부인의 접근을 철저하게 통제하고 있었으므로, 위 사드기지의 부지는 기지 내 건물의 위요지에 해당한다.

(3) 평   석

최근 대법원은 '사실상 주거의 평온을 보호할 필요성'을 근거로 주거침입죄의 객체인 주거의 범위를, 공동주택 안에서 공용으로 사용하는 계단과 복도[43]뿐만 아니라 엘리베이터[44] 등으로 넓히고 있다. 비록 공동주택의 공용공간이라고 하더라도 실내에 있는 경우 사생활보호를 위해 강력한 보호가 요구되는 전용공간과 밀접하게 연결되어 있다는 점에서 주거의 범주에 포함시키는 것은 당연하다.[45]

문제는 주거에 포함되는 '위요지'와 관련하여 어디까지 주거침입을 인정할 것인가이다. 본 판결에서 사드기지 외곽 및 내곽 철조망을 통과한 것을 주거(위요지) 침입으로 보았다. 그렇다면 예컨대 울타리와 경비소 및 차단기가 설치되어 있는 공동주택의 실외 공용공간인 지상

---

43) 대법원 2009. 8. 20 선고 2009도3452 판결.
44) 대법원 2009. 9. 10 선고 2009도4335 판결.
45) 홍승희, "공동주택의 공용공간에 대한 주거침입죄의 해석", 형사판례연구 제21집, 2013, 196면 이하.

주차장에 거주자의 동의 없이 들어가는 경우에도 주거 침입으로 볼 수 있을 것인지 의문이 든다. 물론 지금과 같이 주거의 인정범위가 점차 확대되고 있는 추세에서 본다면, 그 범위가 확대되어 언젠가는 주거 침입이 인정될 수도 있을 것으로 본다.

그러나 아직까지는 공동주택의 실외 공용공간까지 주거(위요지)로 보기 어려운 것과 마찬가지로 골프장 코스가 골프클럽하우스나 식당(그늘집) 등의 위요지가 된다고 보기 어렵다. 그런 점에서 본다면, "허가 없이 사드 기지에 침입해 군사기지 및 군사시설의 안전을 침해하고, 군사 작전의 원활한 수행을 방해했다면 형법상 건조물침입죄가 아니라 군사기지 및 군사시설 보호법 위반죄를 적용해 공소를 제기함이 옳다"고 하면서 주거침입죄의 무죄를 선고한 항소심의 논거가 더 설득력이 있다고 생각된다.

4. 2인 이상이 저작물의 작성에 관여한 경우 저작자의 판단과 사기죄 성부

— 대법원 2020. 6. 25. 선고 2018도13696 판결 —

(1) 사실관계 및 재판의 경과

피고인이 화가 甲에게 돈을 주고 자신의 기존 콜라주 작품을 회화로 그려오게 하거나, 자신이 추상적인 아이디어만 제공하고 이를 甲이 임의대로 회화로 표현하게 하는 등의 작업을 지시한 다음 甲으로부터 완성된 그림을 건네받아 경미한 작업만 추가하고 자신의 서명을 하는 방법으로 그림을 완성한다는 사실을 고지하지 아니하고 사실상 甲 등이 그린 그림을 마치 자신이 직접 그린 친작(親作)인 것처럼 전시하여 피해자들에게 미술작품을 판매하고 대금 상당의 돈을 편취하였다.

1심법원은 피고인에게 이러한 사실에 대한 고지의무가 있다고 보아 피고인에게 부작위에 의한 사기죄 유죄를 인정하였으나, 항소심법원과 대법원은 모두 무죄를 선고하였다.

(2) 판결요지

미술저작물의 창작행위는 공개적으로 이루어지지 않는 경우가 많으므로 실제 누가 저작자인지 다투어지는 경우가 많이 있다. 저작물을 창작한 사람을 저작자라고 할 때 그 창작행위는 '사실행위'이므로 누가 저작물을 창작하였는지는 기본적으로 사실인정의 문제이다. 그러나 창작과정에서 어떤 형태로든 복수의 사람이 관여되어 있는 경우에 어느 과정에 어느 정도 관여하여야 창작적인 표현형식에 기여한 자로서 저작자로 인정되는지는 법적 평가의 문제이다. (중략) 그런데 미술저작물을 창작하는 여러 단계의 과정에서 작가의 사상이나 감정이 어느 단계에서 어떤 형태와 방법으로 외부에 나타났다고 볼 것인지는 용이한 일이 아니다. 본래 이를 따지는 일은 비평과 담론으로 다루어야 할 미학적 문제이기 때문이다. 그러므로 이에 관한 논란은 미학적인 평가 또는 작가에 대한 윤리적 평가에 관한 문제로 보아 예술 영역에서의 비평과 담론을 통해 자율적으로 해결하는 것이 사회적으로 바람직하고, 이에 대한 사법 판단은 그 논란이 법적 분쟁으로 비화하여 저작권 문제가 정면으로 쟁점이 된 경우로 제한되어야 한다.

피고인이 미술작품의 창작과정, 특히 조수 등 다른 사람이 관여한 사정을 알리지 않은 것이 신의칙상 고지의무위반으로서 사기죄에서의 기망행위에 해당하고 그 그림을 판매한 것이 판매대금의 편취행위라고 보려면 두 가지의 전제, 즉 미술작품의 거래에서 창작과정을 알려주는 것, 특히 작가가 조수의 도움을 받았는지 등 다른 관여자가 있음을 알려주는 것이 관행이라는 것 및 미술작품을 구매한 사람이 이러한 사정에 관한 고지를 받았더라면 거래에 임하지 아니하였을 것이라는 관계가 인정되어야 하고, 미술작품의 거래에서 기망 여부를 판단할 때에는 미술작품에 위작 여부나 저작권에 관한 다툼이 있는 등의 특별한 사정이 없는 한 법원은 미술작품의 가치 평가 등은 전문가의 의견을 존중하는 사법자제 원칙을 지켜야 한다.

(3) 평   석

유명 연예인에 관한 사건으로 세간의 관심을 받은 본 판결은 부작위에 의한 사기죄가 문제된 사안으로 피고인에게 자신의 그림이 혼자 작업한 것이 아니라는 사실을 고지하지 않은 것이 사기죄의 기망행위에 해당하는지 여부가 쟁점이 되었다. 피고인에게 신의칙상 사전에 구매자들에게 대작사실을 고지할 의무가 있다고 본 1심 판결과 달리, 항소심은 고지의무가 인정되지 않는다는 점에서 부작위에 의한 기망이 있다고 볼 수 없어 무죄를 선고하였고 대법원도 동일하게 판단하였다.

작금의 사회에는 복잡다기한 사회현상과 다양한 전문분야의 판단을 전제로 법률판단이 이루어져야 하는 다양한 사안이 존재한다. 이러한 사안들에 대해 올바른 판단을 내리기 위해서는 법원의 전문화가 필요한 부분이다. 동 판결은 미술저작물의 창작과정에 복수의 사람이 관여되어 있는 경우, 어느 과정에 어느 정도 관여하여야 창작적인 표현형식에 기여한 자로서 저작자로 인정되는지에 대한 사법심사 기준을 마련한 최초의 판결로서 앞으로 발생할 유사한 사례에서 저작권법 및 사기죄의 법리확정에 중요한 판단기준을 마련했다는 의미가 있다.

다만, 본 사안과 같이 미술품을 창작하는데 2인 이상이 참여한 경우, 누구에게 저작권이 있는지에 대한 판단은 중요한 쟁점이 된다. 그런데 대법원은 본 판결에서 저작권의 귀속문제는 공소사실이 아니어서 불고불리의 원칙에 따라 심리대상이 아니라고 하였다. 비록 검사가 저작권 귀속문제를 공소사실에 포함하지 않았다고 하더라도 본 사안에서 누가 저작자인가에 대한 판단은 사기죄의 기망부분을 판단하기 위한 사안의 핵심내용이라는 점에서 그에 대한 판단을 회피하는 것이 적절한 것이었는지 의문이다.[46] 특히 본 사안에서 문제되었던 팝아트

---

46) 대법원이 본 사안에서 '누가 저작자인가'에 대한 판단을 회피하기 위한 수단으로 부적절하게 불고불리의 원칙과 사법자체의 원칙을 내세우고 있다는 비

영역이 다수의 저작자가 참여할 수 있는 영역이라고 하더라도 작업형식에 따라 저작자에 대한 판단이 달라질 수 있다는 점[47]에서 친작여부를 판단하는 핵심내용인 저작자에 대한 판단은 필요했던 것이 아닌가 생각된다.

설사 본 판결에서 친작 여부의 소극적 기망에 대한 고지의무를 부정한 대법원의 결론을 수긍한다고 하더라도 피고인이 각종 언론, 전시, 판매과정에서 자신이 친작하는 것처럼 행세한 적극적 기망은 사기죄 성부와 관련하여 법률판단이 필요한 내용으로 그 부분에 대해서까지 일률적으로 면책을 시사하는 사법자제 원칙을 적용하는 것은 적절한 판단은 아니었다고 생각된다.[48]

5. 기습추행에서 '추행'의 판단기준

— 대법원 2020. 3. 26 선고 2019도15994 판결 —

(1) 사실관계 및 재판의 경과

피고인은 2016. 2. 내지 3. 사이 일자불상경 밀양시 G에 있는 H노래방에서 피해자를 비롯한 직원들과 회식을 하던 중 피해자를 강제추행할 마음을 먹고, 피해자를 자신의 옆자리에 앉힌 후 피해자에게 귓속말로 "일하는 것 어렵지 않냐, 힘든 것 있으면 말하라"고 하면서 갑자기 피해자의 볼에 입을 맞추고, 이에 놀란 피해자가 "하지마세요"라고 하였음에도, 계속하여 "괜찮아, 힘든 것 있으면 말해라, 무슨 일이든 해결해 줄 수 있다"라고 하면서 오른손으로 피해자의 오른쪽 허벅지를 쓰다듬어 강제로 추행하였다.

1심은 강제추행죄 유죄를 인정하였으나, 항소심은 폭행행위라고

판으로 박경규, "미술품거래에서 사기죄의 성립범위", 법률신문 판례평석, 2021. 2. 8.

47) 그에 대한 구체적인 내용은 최현숙, "개념미술과 저작권 귀속에 관한 법적 고찰 — 조영남 미술 대작 사건(2020. 6. 25. 선고 2018도13696 판결)을 중심으로 —", 가천법학 제13권 제4호, 2020, 91면 이하.

48) 안태용, "친작 여부에 관한 기망과 사법자제 원칙", 법률신문, 2020. 10. 27.

평가할 수 있을 정도의 유형력의 행사가 있었던 것이라고 볼 수 없어 무죄를 선고하였고, 대법원은 항소심 판결을 파기 환송하였다.

(2) 판결요지

강제추행죄는 상대방에 대하여 폭행 또는 협박을 가하여 항거를 곤란하게 한 뒤에 추행행위를 하는 경우뿐만 아니라 폭행행위 자체가 추행행위라고 인정되는 이른바 기습추행의 경우도 포함된다. 특히 기습추행의 경우 추행행위와 동시에 저질러지는 폭행행위는 반드시 상대방의 의사를 억압할 정도의 것임을 요하지 않고 상대방의 의사에 반하는 유형력의 행사가 있기만 하면 그 힘의 대소강약을 불문한다는 것이 일관된 판례의 입장이다. (중략)

공소사실 중 피고인이 乙의 허벅지를 쓰다듬은 행위로 인한 강제추행 부분에 대하여는, 乙은 본인의 의사에 반하여 피고인이 자신의 허벅지를 쓰다듬었다는 취지로 일관되게 진술하였고, 당시 현장에 있었던 증인들의 진술 역시 피고인이 乙의 허벅지를 쓰다듬는 장면을 목격하였다는 취지로서 乙의 진술에 부합하는 점, 여성인 乙이 성적 수치심이나 혐오감을 느낄 수 있는 부위인 허벅지를 쓰다듬은 행위는 乙의 의사에 반하여 이루어진 것인 한 乙의 성적 자유를 침해하는 유형력의 행사에 해당할 뿐 아니라 일반인에게도 성적 수치심이나 혐오감을 일으키게 하는 추행행위라고 보아야 하는 점, 원심은 무죄의 근거로서 피고인이 乙의 허벅지를 쓰다듬던 당시 乙이 즉시 피고인에게 항의하거나 반발하는 등의 거부의사를 밝히는 대신 그 자리에 가만히 있었다는 점을 중시한 것으로 보이나, 성범죄 피해자의 대처양상은 피해자의 성정이나 가해자와의 관계 및 구체적인 상황에 따라 다르게 나타날 수밖에 없다는 점에서 위 사정만으로는 강제추행죄의 성립이 부정된다고 보기 어려운 점 등을 종합할 때 기습추행으로 인한 강제추행죄의 성립을 부정적으로 볼 수 없을 뿐 아니라, 피고인이 저지른 행위가 자신의 의사에 반하였다는 乙 진술의 신빙성에 대하여 합리적

인 의심을 가질 만한 사정도 없다는 이유로, 이와 달리 보아 이 부분
에 대하여도 범죄의 증명이 없다고 본 원심의 판단에 기습추행 내지
강제추행죄의 성립에 관한 법리를 오해한 잘못이 있다.

(3) 평 석

본 판결에서는 가해자의 추행행위 당시 즉각적으로 피해자가 항
의의사 내지 거부의사를 표하지 않은 경우에 강제추행이 성립하는지
여부가 쟁점이 되었다.[49] 항소심[50]이 "이른바 '기습추행'의 경우에도
강제추행죄가 성립할 수 있다 하더라도, 폭행행위라고 평가할 수 있을
정도의 유형력의 행사가 있는 경우에만 강제추행죄가 성립"한다고 하
면서, 피고인이 피해자의 신체 일부를 만졌을 때, 피해자의 거부의사
가 없었고, 피고인의 행위가 폭행행위라고 평가할 정도의 유형력의 행
사라고 볼 수 없다고 판단하였다면, 대법원은 기습추행 당시 피해자가
곧바로 거부하거나 항의하지 않더라도 피고인의 행위에 동의했다고
단정할 수 없다는 점에서 강제추행죄가 성립한다고 판단하였다.

강제추행의 스펙트럼은 상당히 넓다. 항거가 곤란한 정도의 폭행·
협박뿐만 아니라 상대방의 성적자기결정권을 침해하는 유형력의 행
사가 있다면 강제추행죄가 성립할 수 있다는 점에서 대법원이 피해자
의 옷 위로 엉덩이나 가슴을 쓰다듬는 행위[51], 피해자의 의사에 반하
여 그 어깨를 주무르는 행위[52], 교사가 여중생의 얼굴에 자신의 얼굴
을 들이밀면서 비비는 행위[53] 등에서 피해자의 의사에 반하는 유형력
의 행사가 이루어져 기습추행에 해당한다고 판단한 것과 같이, 본 사
안에서 기습추행을 인정한 태도는 타당하다고 생각한다.[54]

---

49) https://www.lawtimes.co.kr/Legal-News/Legal-News-View?serial=160499 : 2021. 4. 28
　　최종검색.
50) 창원지방법원 2019. 10. 17 선고 2019노309 판결.
51) 대법원 2002. 8. 23 선고 2002도2860 판결.
52) 대법원 2004. 4. 16 선고 2004도52 판결.
53) 대법원 2015. 11. 12 선고 2012도8767 판결.
54) 강제추행죄의 범위가 확대되는 것에 대한 비판적인 견해로 이원상, "형법상
　　강제추행죄의 역할-대법원 2015. 4. 23. 선고 2014도16129 판결 -", 형사판례

다만, 어느 정도의 행위에 대하여 기습추행이 인정될 수 있을 것 인지에 대한 기준이 여전히 모호한 부분이 있어 법원에서도 다른 판 단이 이루어지고 있기도 하다. 이는 비정형적인 추행행위에서 그 이유 를 찾을 수 있기도 하지만,55) 하나의 구성요건에 대한 이분적인 해석 에서 연유하는 부분도 있다. 따라서 이러한 문제를 해결하기 위해서는 형법에 행위비례적 관점에서 관련 규정을 보다 명확하게 세분하는 것 도 검토해 볼 필요가 있다.

[주 제 어]
부동산 이중저당, 위계의 의미, 전파가능성, 범죄집단, 사기죄

[Key Words]
real estate double mortgage, meaning of fraudulent, possibility of propagation, criminal group, fraud

접수일자: 2021. 4. 26. 심사일자: 2021. 5. 21. 게재확정일자: 2021. 5. 26.

연구 제25집, 2017, 316면 이하.
55) 이원상, 앞의 논문, 312면.

[참고문헌]

강우예, "점유개정의 방식으로 양도담보가 설정된 동산을 임의로 처분한 채무자의 형사책임 — 횡령죄와 배임죄의 성립여부에 대한 검토를 중심으로 —", 제331회 한국형사판례연구회 발표논문, 2020. 10. 12.

김정환, "형법상 누범규정에 대한 특별관계로서 특별법상 누범규정의 해석", 형사법연구 제26권 제3호, 2014.

김혜정, "사회내처우의 형사정책적 기능에 관한 소고 — 사회봉사명령제도를 중심으로 —", 보호관찰 제11권 제1호, 2011.

김혜정, "부동산 이중매매에서 배임죄의 성립여부에 대한 판단 — 대법원 2018. 5. 17. 선고 2017도4027 —", 법조 통권 제732호, 2018.

류부곤, "사전자기록위작죄에 있어서 '위작'의 개념", 제334회 한국형사판례연구회 발표논문, 2021. 1. 11.

문형섭, "채무불이행과 배임죄(재론)", 법학논총 제27집 제2호, 전남대학교 법률행정연구소, 2007.

박경규, "미술품거래에서 사기죄의 성립범위", 법률신문 판례평석, 2021. 2. 8.

심영주, "양심적 병역거부에 대한 형사처벌의 문제 검토 대상판결 : 2018. 11. 1. 선고 2016도10912 전원합의체 판결[병역법위반]", 형사판례연구 제27집, 2019.

안태용, "친작 여부에 관한 기망과 사법자제 원칙", 법률신문, 2020. 10. 27.

오영근, "2018년도 형법판례 회고", 형사판례연구 제27집, 2019.

오영근, "명예훼손죄에서 전파가능성과 고의의 인정여부", 천자평석, 2019. 4. 1.

오영근, "허위정보의 입력과 사전자기록위작죄의 성립여부", 천자평석, 2021. 1. 29.

이광선/양지윤, "수급인 소속 근로자들이 사용자인 수급인을 상대로 한 쟁의행위의 일환으로 도급인 사업장에서 한 집회·시위 등이 사회상규에 위배되지 아니하는 정당행위로서 위법성이 조각된다고 한 사례", 최신판례해설, 2020. 9. 3.

이수현, "명예훼손죄의 공연성과 전파가능성", 대한변협신문 제812호, 2020. 12. 21.

이원상, "형법상 강제추행죄의 역할 — 대법원 2015. 4. 23. 선고 2014도16129 판결 —", 형사판례연구 제25집, 2017.

이주원, "[2020년 분야별 중요판례분석] 8. 형법(총칙)", 법률신문, 2021. 3. 11.

이주원, "[2020년 분야별 중요판례분석] 9. 형법(각칙)", 법률신문, 2021. 3. 18.

이진국, "형사제재체계 내에서의 사회내처우제도", 형사법연구 제22호 특집호, 2004.

장성원, "위계간음죄에서 위계의 대상과 인과관계", 제332회 한국형사판례연구회 발표논문, 2020. 11. 2.

최현숙, "개념미술과 저작권 귀속에 관한 법적 고찰 – 조영남 미술 대작 사건(2020. 6. 25. 선고 2018도13696 판결)을 중심으로 -", 가천법학 제13권 제4호, 2020.

허황, "아동·청소년 위계간음죄", 제334회 한국형사판례연구회 발표논문, 2021. 1. 11.

홍승희, "공동주택의 공용공간에 대한 주거침입죄의 해석", 형사판례연구 제21집, 2013

홍진영, "판례평석 : 위계에 의한 간음죄에서 위계의 의미", 법률신문, 2020. 11. 19.

[Abstract]

The Reviews of the Criminal Law Cases of the Korean Supreme Court in 2020

Kim, Hye-Jeong*

Ⅰ. Introduction

In 2020, a total of 163 criminal cases were sentenced by the Korean Supreme Court. These cases refer to the data registered on the court website.[1] Among them, 10 criminal cases of which are decided by the Grand Panel, were included. It is Interestin that 4 of 10 cases by the Grand Panel are cases of breach of trust.

In this article, 5 cases by the Grand Panel and other several cases that is remanded after reversal are reviewed. The review of cases is as follows : 1. The Fact of Case, 2. The Reason for Judgment, 3. The Note.

Ⅱ. The Cases of the Grand Panel of the Korean Supreme Court

In this chapter, 5 cases of the Grand Panel are reviewed. The subjects of the cases are 'discretionary disposition of movable property secured for transfer and breach of trust', 'Real estate double mortgage and breach of trust', 'the meaning of fraudulent in sexual intercourse by fraudulent', 'Maintenance of the theory of propagation by defamation', 'The Concept of falsification by Falsification or Alteration of Private Electromagnetic Records'.

---

* Professor, Yeungnam University Law School.

1) https://glaw.scourt.go.kr/wsjo/panre/sjo060.do#1618364235271 : 2021. 4. 14 final search.

Ⅲ. The Cases related to the General Part of Criminal Law

In this chapter, 5 cases art reviewed. The subject is related with repeated crime, labor dispute and Justifiable Act, compliance with the social service order, the range of relative by rape.

Ⅳ. The Cases related to the Special Part of Criminal Law

In this chapter, 5 cases are reviewed. The subject is related with organization of criminal groups, conscientious objection to military service, intrusion upon habitation, fraud and if more than one person is involved in the creation of the work, who is the author.

2020년도 형사소송법 판례 회고

강 동 범*

Ⅰ. 들어가며

2020년에도 형사소송법의 해석·적용과 관련하여 많은 대법원판결이 선고되었다. 이 가운데 본인이 대법원 종합법률정보[1]와 법고을 LX에서 검색한 판례 중 전원합의체 판결을 포함하여 중요하다고 생각하는 판례들을 다루고자 한다.

형사소송법과 관련하여 2020년에 선고된 전원합의체 판결은, 특별검사가 검찰을 통하여 또는 직접 청와대로부터 넘겨받아 항소심에 제출한 청와대 문건이 위법수집증거인지가 다투어진 대법원 2020.1.30. 2018도2236 전원합의체 판결과 제1심에서 부정기형을 선고받고 피고인만이 항소하였는데 피고인이 항소심에 이르러 성년에 다다른 경우 부정기형의 단기와 장기 중 어느 형을 기준으로 불이익변경금지 원칙위반 여부를 결정하여야 하는가에 관한 대법원 2020.10.22. 2020도4140 전원합의체 판결의 두 건이 있다. 이 중 후자는 작년 12월 형사판례연구회에서 다루어진 바 있으므로[2] 본인은 전자에 대해서만 검토한다.

이 글에서는 전원합의체 판결을 검토(Ⅱ)한 후 수사절차(Ⅲ), 재판

---

* 이화여자대학교 법학전문대학원 교수

1) https://glaw.scourt.go.kr/wsjo/panre/sjo050.do#1613303065777.
2) 이상민, "부정기형이 선고된 소년범이 단독항소 후 항소심에서 성년에 도달한 경우 항소심의 선고 상한 - 불이익변경금지 원칙의 의미를 중심으로", 형사판례연구회, 2020.12.7. 발표문 참조.

절차(증거와 상소)(Ⅳ) 그리고 그 밖의 판례(Ⅴ)의 순으로 살펴본다.

Ⅱ. 전원합의체 판결

〈청와대문건의 위법수집증거 여부: 대법원 2020.1.30. 2018도 2236 전원합의체 판결〉

1. 사실관계와 쟁점[3]

[사실관계]

대통령비서실장이 대통령의 뜻에 따라 수석비서관실과 문화체육 관광부에 문화예술진흥기금 등 정부의 지원을 신청한 개인·단체의 이 념적 성향이나 정치적 견해 등을 이유로 이른바 좌파 등에 대한 지원 배제를 지시하였다는 직권남용권리행사방해의 공소사실로 기소된 사 건에서, 청와대가 청와대 비서실의 컴퓨터와 캐비넷에서 우연히 발견 한 증거를 법원에 제출하였는데, 그 과정은 다음과 같다.

1) 실수비[4] 회의결과 및 회의자료 파일과 대수비[5] 회의자료 파일 들(이하 '이 사건 전자파일들①')이 제2부속비서관 컴퓨터의 공유폴더에 저장되어 있다가 2017.8.10. 발견되어 청와대는 그 이미징 파일을 검찰 에 제공하였고, 검찰은 그 이미징 파일 출력물 중 일부의 사본을 특별 검사에게 제공하였는데, 특별검사가 그와 같이 검찰로부터 제공받은 출력물의 사본을 항소심 법원에 증거로 제출하였다(순번 1352~1379, 순 번 1402~1406).

2) 2017.7.14. 정무수석 산하 정무기획비서관실 캐비넷에서 문건이 발견되자 청와대는 그 사본을 특별검사에게 제공하였고, 특별검사는 제공받은 사본 중 이 부분 증거들만을 남기고 나머지는 검찰에 이관 하였다. 정무수석실에서 종이문서 형태로 발견된 이 부분 증거들의 원 본은 기획비서관이 송부한 전자파일들(이하 '이 사건 전자파일들②')을

---

3) 원심인 서울고등법원 2018.1.23. 2017노2425 판결에서 발췌·정리한 것이다.
4) 비서실장이 주재하는 수석비서관회의를 말한다.
5) 대통령이 주재하는 수석비서관회의를 말한다.

출력한 것이라고 볼 수 있다(순번 1381, 1382, 1384~1401).

   3) 2017.7.3. 민정수석 산하 민정비서관실 캐비넷에서 문건이 발견
되자 청와대는 그 사본을 특별검사에게 제공하였고, 특별검사는 제공
받은 사본 중 이 부분 증거만을 남기고 나머지는 검찰에 이관하였다.
민정수석실에서 발견된 이 부분 증거는 민정수석비서관이 위 기획비
서관이 실수비 회의에서 배포한 회의자료를 받아 보관하고 있던 것이
라고 보인다(순번 1380).

   4) 2017.7.14. 정무수석 산하 정무기획비서관실 캐비넷에서 서류 형
태로 발견되어 특별검사에 그 사본을 제공하였다(2015.3.9.자 비서실장
지시사항 이행 및 대책(안))(순번 1383).

   [쟁점]

   피고인들은, 항소심에서 특별검사가 제출한 이른바 청와대 문건
(순번 제1352호~순번 제1406호)은 대통령기록물 또는 대통령지정기록물
에 해당하는데, 청와대에서 이를 검찰 및 특별검사에 제공하여 이 법
정에 증거로 제출하도록 한 것은 대통령기록물을 무단으로 유출한 것
이거나, 대통령지정기록물을 누설한 것이므로, 이는 대통령기록물 관
리에 관한 법률(이하 '대통령기록물법'이라 한다)에 위반한 것이거나 공
무상 비밀을 누설한 것이고, 따라서 청와대 문건은 위법수집증거에 해
당하여 증거능력이 없다고 주장하였다.

2. 항소심(서울고등법원 2018.1.23. 2017노2425 판결)의 판단[6]

(1) 1)에 대하여

가. 이 사건 전자파일들①을 이미징하여 그 출력물을 외부에 제공한
     행위가 대통령기록물을 무단으로 유출한 경우에 해당하는지 여부

   대통령기록물법의 입법목적에 비추어 보면 대통령기록물법 제14

---

[6] 이 글의 목적에 비추어 소송법적 쟁점에 대한 판단을 위주로 요약·정리하였
   으며, 대통령기록물법의 해석 등 실체법적 쟁점에 대하여는 소송법적 쟁점을
   해결하는데 필요한 최소한의 범위에서 소개하였다.

조에서 대통령기록물의 유출을 금지하는 것은 대통령기록물을 보존하여 그 유실을 방지하고자 하는 데에 있다고 봄이 타당하다. 따라서 대통령기록물을 복제하거나 복사하는 행위는 대통령기록물인 원본 그 자체의 물리적 유실을 가져오지는 않는다는 점에서 위 '유출'에 해당하지 않는다고 보아야 한다.

이러한 해석을 바탕으로 할 때, 청와대에서 이 사건 전자파일들①을 이미징하여 이를 출력한 행위 자체는 대통령기록물법 제14조에서 정하는 '유출'에 해당한다고 볼 수 없다. 또한 위와 같이 이 사건 전자파일들①을 이미징하고 이를 출력한 것은 이를 수사목적을 위하여 검찰에 제공하기 위한 것으로서 대통령의 직무수행에 관한 것이 아니므로, 위 이미징 파일이나 그 출력본이 대통령기록물에 해당하지 아니함 역시 분명하므로, 청와대에서 이를 검찰에 제공한 행위, 검찰이 특별검사에게 이를 제공한 행위를 대통령기록물을 무단으로 유출한 경우에 해당한다고 할 수도 없다.

  (2) 이 사건 전자파일들①을 이미징하여 그 출력물을 외부에 제
      공한 행위가 대통령지정기록물을 누설한 경우에 해당하는지
      여부

이 사건 전자파일들① 자체는 발견 및 검찰에 이미징 파일 제공 당시 아직 대통령지정기록물로 지정되지 않았음이 분명하나, 그 원본인 기획비서관이 작성한 전자파일들 중에는 대통령기록물법 제17조 제1항 제5호 등의 사유로 대통령지정기록물로 지정된 것이 존재할 가능성이 있다. 그러나 설령 그렇다고 하더라도, 대통령지정기록물에 대한 대통령기록물법과 동 시행령의 규정 내용을 종합적으로 고려하면, 원본에 대한 대통령지정기록물 지정의 효과는 그 복제본이나 사본에는 미치지 않는다고 봄이 타당하다.

따라서 이 사건에서 원본인 전자파일이 대통령지정기록물로 지정되었다고 하더라도 그 복제본인 이 사건 전자파일들①을 이미징하여

그 출력본을 외부에 제공한 행위가 대통령기록물법 제19조를 위반하여 대통령지정기록물을 누설한 행위에 해당한다고 볼 수 없다.

(3) 이 사건 전자파일들①을 이미징하여 그 출력물을 외부에 제공한 행위가 공무상 비밀을 누설한 경우에 해당하는지 여부

이 사건 전자파일들①의 내용과 청와대에서 이 사건 전자파일들①을 이미징하여 검찰에 제공한 것은 범죄수사 및 공소유지라는 공익적 목적을 위한 것인 점을 종합하여 보면, 이를 직무상 비밀을 누설한 행위에 해당한다고 보기 어렵다.

나. 2)에 대하여

(1) 대통령기록물법 등 위반 여부

이 사건 전자파일들②는 대통령기록물에 해당한다고 할 것이지만, 정무수석실에서 발견된 이 사건 전자파일들②의 출력물은 정무수석실의 업무담당자가 자신의 업무수행상 단순한 참조 등의 편의를 위하여 출력한 것이라고 보이므로, 이를 대통령의 직무수행과 관련하여 생성된 대통령기록물이라고 보기 어렵다. 그러한 이상 위 출력물을 사본하여 외부에 제공한 행위를 두고 대통령기록물법 제14조에 위반하여 대통령기록물을 무단으로 유출한 경우에 해당한다고 할 수 없고, 앞서 살펴본 바와 같은 이유에서 대통령기록물법 제19조를 위반하여 대통령지정기록물을 누설한 행위에 해당한다고 볼 수도 없다.

(2) 직무상 비밀 누설 여부

위 출력물의 내용과 더불어 청와대에서 그 사본을 검찰에 제공한 것은 범죄수사 및 공소유지라는 공익적 목적을 위한 것인 점을 종합하여 보면, 이를 직무상 비밀을 누설한 행위에 해당한다고 보기도 어렵다.

다. 3)에 대하여

(1) 대통령기록물법 등 위반 여부

이 부분 증거의 원본인 실수비 회의자료 출력물은 대통령기록물

에 해당한다고 할 것이지만, 앞서 살펴본 바와 같은 이유에서 <u>위 출력물 원본을 복사하여 이를 특별검사에게 수사를 위하여 제공한 행위를 두고 대통령기록물법 제14조에 위반하여 대통령기록물을 무단으로 유출한 경우에 해당한다거나 대통령기록물법 제19조를 위반하여 대통령지정기록물을 누설한 행위에 해당한다고 볼 수 없다.</u>

(2) 직무상 비밀 누설 여부

위 출력물의 내용과 더불어 <u>청와대에서 그 사본을 특별검사에게 제공한 것은 범죄수사 및 공소유지라는 공익적 목적을 위한 것인 점을</u> 종합하여 보면, 이를 <u>직무상 비밀을 누설한 행위에 해당한다고 보기도 어렵다.</u>

라. 4)에 대하여

이 부분 증거는 그 형태상 <u>어떠한 보고서의 가안(假案)으로 보이고 실제 결재나 보고 등이 완료되지 아니한 것으로 보이므로 대통령의 직무수행에 관하여 생성된 대통령기록물에 해당한다고 할 수 없다.</u> 따라서 청와대에서 위 문서의 사본을 특별검사에 제공하였다고 하더라도 대통령기록물법 제14조에 위반하여 대통령기록물을 무단으로 유출한 경우에 해당한다거나 대통령기록물법 제19조를 위반하여 대통령지정기록물을 누설한 행위에 해당한다고 볼 수 없으며, 위 문서의 내용과 더불어 청와대에서 그 사본을 특별검사에게 제공한 것은 범죄수사 및 공소유지라는 공익적 목적을 위한 것인 점을 종합하여 보면, 이를 직무상 비밀을 누설한 행위에 해당한다고 보기도 어렵다.

2. 대법원 판결의 요지

[다수의견]

특별검사가 검찰을 통하여 또는 직접 청와대로부터 넘겨받아 원심에 제출한 '청와대 문건'은 '대통령기록물 관리에 관한 법률'을 위반하거나 공무상 비밀을 누설하여 수집된 것으로 볼 수 없어 위법수집 증거가 아니므로 증거능력이 있다고 본 원심판단을 수긍하였다.[7]

[대법관 조희대의 별개의견]

검사 또는 특별검사의 통상적인 수사절차와는 무관하게 <u>대통령을 보좌하는 대통령비서실이 적극적으로 이미 재판이 진행 중인 특정 사건에서 특정 피고인으로 하여금 유죄판결을 받게 하기 위해 유죄의 증거를 수집하여 검사 또는 특별검사에게 제공하고 그 증거가 법원에 증거로 제출되었다면</u>, 특별한 사정이 없는 한 공정하게 행사되어야 할 검사 또는 특별검사의 수사권과 공소의 제기 및 유지 권한을 실질적으로 침해할 뿐 아니라 특별검사의 직무상 정치적 중립성과 독립성을 침해하는 것이어서 그와 같은 증거는 <u>적법한 절차에 따르지 아니하고 수집된 증거로서 형사소송법 제308조의2에 따라 증거능력이 없으므로</u>, <u>위 '청와대 문건'은 위법수집증거에 해당하여 증거능력이 없고</u>, 이를 기초로 작성된 피고인들과 참고인들의 피의자신문조서와 진술조서, 법정진술도 2차적 증거로서 증거능력이 없다.

3. 검   토

특별검사가 검찰을 통하여 또는 직접 청와대로부터 넘겨받아 항소심에 제출한 '청와대 문건'의 증거능력에 대하여, 원심은 대통령기록물을 무단으로 유출하거나 대통령지정기록물을 누설한 행위에 해당하지 않으며, 범죄수사 및 공소유지라는 공익적 목적을 위해 제공한 것인 점을 종합하면, 이를 직무상 비밀을 누설한 행위에 해당한다고 보기도 어렵다고 하여, 이들 청와대 문건의 증거능력을 인정하였다.

대법원의 다수의견도 동일한 이유로 원심의 판단을 수긍하였지만, 별개의견은 통상적인 수사절차와는 무관하게 <u>대통령을 보좌하는 대통령비서실이 적극적으로 이미 재판이 진행 중인 특정 사건에서 특정 피고인으로 하여금 유죄판결을 받게 하기 위해 유죄의 증거를 수집하여</u>

---

7) 다수의견에 대하여, 대법관 안철상, 대법관 노정희의 보충의견이 있다.

검사 또는 특별검사에게 제공하고 그 증거가 법원에 증거로 제출되었다면, 특별한 사정이 없는 한 공정하게 행사되어야 할 검사 또는 특별검사의 수사권과 공소의 제기 및 유지 권한을 실질적으로 침해할 뿐 아니라 특별검사의 직무상 정치적 중립성과 독립성을 침해하는 것이어서 그와 같은 증거는 <u>적법한 절차에 따르지 아니하고 수집된 증거로서 형사소송법 제308조의2에 따라 증거능력이 없으므로, 위 '청와대 문건'</u>은 위법수집증거에 해당하여 증거능력이 없다고 하였다. 그러자 다수의견에 대한 보충의견은, "<u>특별검사는 법률에 정한 직무범위에서 공소유지를 위하여 대통령비서실과 서울중앙지방검찰청에 자료의 제공을 요청하였고, 두 기관으로부터 요청한 자료를 제공받았다. … 공무원은 그 직무를 행함에 있어 범죄가 있다고 사료되는 때에는 고발할 의무까지 있으므로, … 특별검사 또는 검사에게 제공한 것을 위법하다고 보기는 어렵다. 따라서 특별검사가 법률에 따라 대통령비서실 또는 서울중앙지방검찰청에 요청하여 각 기관의 협조를 받아 증거를 수집한 것일 뿐</u>, 대통령비서실이 특별검사의 권한에 개입하였다거나 직무의 공정성 등을 침해하였다고 볼 수는 없다."고 하였다.

대법원에서의 쟁점은 특별검사에게 제공된 청와대 문건이 검사의 공정한 수사권과 공소제기·유지권 및 특별검사의 직무상 정치적 중립성과 독립성을 침해하였는가에 있었지만, 일반론으로 얘기하면 위법하게 수집된 증거에 해당하는가의 문제이다.[8] 특히 다투어지는 점은 청와대에서 우연히 발견한 문건을 공개함으로써 그것의 존재가 알려졌고, 검사나 특별검사의 요청에 따라 청와대로부터 해당 문건을 제공받아 법원에 제출한 것으로, 수사기관이 먼저 그러한 문건의 존재를 알고 주도적으로 청와대 문건을 입수한 것이 아니라는 점이다.

---

8) 대통령기록물법이나 형법에 위반한 것인지도 다툼이 있을 수 있으나, 대상판결의 다수의견은 물론 별개의견과 보충의견도 이들 법률에 위반한 것이 아니라는 원심의 판단을 수긍한 것으로 보인다.

가. 위법수집증거 여부

형사소송법은 '적법한 절차에 따르지 아니하고 수집한 증거는 증거로 할 수 없다.'고 규정(제308조의2)하여 소위 위법수집증거 배제법칙을 명문화하였다. 여기서 말하는 적법한 절차는 헌법상 '적법한 절차'와 동일한 의미를 가지며,[9] '헌법과 형사소송법이 정한 절차',[10] 「due process의 기본이념」 또는 「정의감에 반하고 문명사회의 양심에 충격을 주는 것」[11]이라고 말하여지고 있다.

헌법재판소는 "적법절차의 원칙(due process of law)은 공권력에 의한 국민의 생명·자유·재산의 침해는 반드시 합리적이고 정당한 법률에 의거해서 정당한 절차를 밟은 경우에만 유효하다는 원리"(헌법재판소 2001.11.29. 2001헌바41 결정)이며, "적법절차의 원칙은 법률이 정한 형식적 절차와 실체적 내용이 모두 합리성과 정당성을 갖춘 적정한 것이어야 한다는 실질적 의미를 지니고 있는 것으로서, 특히 형사소송절차와 관련시켜 적용함에 있어서는 형사소송절차의 전반을 기본권 보장의 측면에서 규율하여야 한다는 기본원리를 천명하고 있는 것으로 이해하여야 한다."(헌법재판소 1996.12.26. 94헌바1 결정)고 하였다.

형사소송법 제308조의2는 진술증거는 물론 비진술증거에 대해서도 적용된다는 점에 학설·판례가 일치하지만, 증거배제의 기준에 대해서는 다툼이 있다.[12]

대상판결에서 증거능력 유무가 쟁점이 된 청와대 문건의 발견과 수사기관에의 제공이 통상적인 수사절차와 상이한 부분이 있는 것은 분명하다. 해당 문건은 청와대 비서실이 만들어서 대통령과 그 비서들

---

9) 신동운, 신형사소송법, 2009, 1081면.

10) 이주원, 형사소송법, 2019, 348면과 351면.

11) 이재상·조균석·이창온, 형사소송법, 2021, §39/10.

12) 이에 대하여는, 안성수, "위법수집 증거물의 증거능력", 형사판례연구[15], 2007, 335-336면; 이윤제, "위법수집증거배제법칙의 적용기준에 대한 비교법적 연구", 형사판례연구[18], 2010, 444-448면; 전주혜, "위법수집 증거물의 증거능력", 형사판례연구[16], 2008, 396면 참조.

에게만 제공된 것이라는 점과 수사기관이 수사과정에서 주도적으로 확인·발견하여 확보한 것이 아니라 전직 대통령의 탄핵으로 인한 선거에서 당선된 새로운 대통령의 비서진이 발견하여 제공한 것이라는 점 그리고 탄핵으로 파면당한 대통령의 비서실장 등에 대한 항소심 재판 중에 유죄 인정의 자료로 사용되었다는 점에서 그렇다. 위 청와대 문건이 헌법이나 형사소송법의 명문 규정을 직접적으로 위반하여 수집·제출된 것이냐에 대해서는 논란이 있을 수 있지만, 위와 같은 방법으로 발견된 증거가 법원에 제출되어 유죄의 증거로 사용되는 것은 바람직하지 않다고 생각한다. 청와대에 대한 임의수사는 물론이고 압수·수색영장을 통한 강제수사조차도 제대로 이루어지지 않는 경우가 있다는 점에서도 그렇다.13)

별개의견이 지적하는 바와 같이, 만일 대통령이나 대통령비서실 또는 행정부의 이러한 행위를 허용하게 되면, 대통령과 그의 지시를 받는 행정부의 막강한 행정력을 이용하여 정치적 보복을 위해 특정 인사나 고위 공직자들을 처벌하는 데 악용될 가능성을 배제할 수 없게 되기 때문이다.

나아가 대상판결의 청와대 문건이 위법하게 수집된 증거는 아닐지 몰라도 과연 적법절차에 따른 것인지에 대하여도 의문이 있다.

나. 고발의무 및 공무상비밀누설과의 관계

형사소송법 제234조 제2항은 '공무원은 그 직무를 행함에 있어 범죄가 있다고 사료하는 때에는 고발하여야 한다.'라고 규정하고 있는데, 이것은 일정한 공무원의 고발의무를 규정한 것으로 이해된다. "그 직무를 행함에 있어"란 범죄의 발견이 직무내용에 포함되는 경우라는 견해14)와 직무내용과 밀접하게 관련된 경우라고 해석하는 견해15)가

---

13) http://news.kmib.co.kr/article/view.asp?arcid=0924175585 [출처] 국민일보(2021.01.26.)

14) 이재상·조균석·이창온, 위의 책, §17/50.

15) 정구환, 편집대표 백형구·박일환·김희옥 주석 형사소송법(II) §195~§265(이하 '주석 형사소송법(II)'라 한다), 2009, 440면.

있다. 다만 직무 집행과 관계없이 우연히 발견하거나 알게 된 범죄에 대해서는 고발의무가 없다는 것이 통설[16]이다.

공무상 비밀에 속하는 사항과 고발의무의 관계에 대해서, 공무상 비밀을 보호하기 위해서 공무원에게 압수거절권을 인정(형사소송법 제219조, 제111조)하고 공무원의 증인 자격을 제한하고 있는 규정(형사소송법 제147조)의 취지에 비추어 보면, 공무상 비밀인 사항인 때에는 공무원의 고발의무는 인정되지 아니한다고 해석하는 견해와 공익상 요청이 중대한 경우에는 공무원은 당연히 고발하여야 하고 형사소송법의 규정에 의거한 고발로서 정당행위에 해당하므로 비밀엄수의무를 위반한 것은 아니라고 해석할 수 있다는 견해가 대립한다.[17]

어떤 행위가 범죄가 되는가에 대한 판단이 반드시 용이한 것은 아니며 공무원이라고 하여 범죄고발의무가 있다고 할 수는 없으므로, 형사소송법 제234조 제2항의 고발의무는 직무내용에 범죄의 발견이 포함되어 있거나 적어도 직무와 밀접하게 관련되어 있는 공무원이 직무 수행 중에 알게 되었을 때에 한하여 인정된다고 할 것이다. 대통령비서실의 직무는 대통령의 직무를 보좌하는 것인바(대통령비서실 직제 제2조), 대통령비서실의 직원에게 형사소송법 제234조 제2항이 규정한 고발의무가 있는지는 의문이다. 다수의견에 대한 보충의견이 청와대 문건의 증거능력을 인정하는 근거로 공무원의 고발의무를 든 것은, 비록 보완적인 근거로 제시한 것으로 보이지만, 타당하지 않다고 생각한다.

---

16) 신동운, 앞의 책, 155면; 이재상·조균석·이창온, 앞의 책, §17/50; 이주원, 앞의 책, 86면; 이창현, 형사소송법, 2019, 256면; 정승환, 형사소송법, 2018, 8/47.
17) 정구환, 주석 형사소송법(Ⅱ), 441면 참조.

Ⅲ. 수사절차

1. 수사로서의 임의동행의 허용 여부(대법원 2020.5.14. 2020 도398 판결)

가. 사실관계 및 법원의 판단

[사실관계]

피고인은 2018.3.13. 09:40 택시무임승차 혐의로 △△△경찰서 ㅁㅁ 지구대에 임의동행 되었다가 필로폰투약 혐의로 △△△경찰서로 다시 임의동행 되었다. 피고인의 모는 경찰관의 연락을 받고 같은 날 12:00 조금 넘은 시각에 △△△경찰서에 도착하였다. 그 후 피고인이 같은 날 22:00 △△△경찰서 형사과 사무실에서 자신의 소변과 모발을 경찰관에게 제출하였다. 즉 피고인은 ㅁㅁ지구대에 <u>임의동행된 09:40으로</u> <u>부터 12시간 넘게 경찰서에 있다가 소변과 모발을 제출하였다.</u>

경찰은 피고인이 경찰관서에 머무는 동안 체포영장을 발부받은 사실이 없다.

[원심의 판단] 의정부지법 2019.12.12. 2019노453, 2054 판결

피고인이 임의동행의 형태로 경찰관서에 들어간 후 6시간이 경과한 때부터는 피고인이 자의로 체류하였는지 여부를 불문하고 불법구금의 상태가 되는 것으로 볼 수밖에 없다. 피고인이 불법구금의 상태에서 제출한 소변과 모발은 위법하게 수집된 증거로서 증거능력이 부정되므로 유죄의 증거로 삼을 수 없다.

[대법원의 판단]

1) <u>임의동행은 경찰관 직무집행법 제3조 제2항에 따른 행정경찰</u> <u>목적의 경찰활동으로</u> 행하여지는 것 외에도 <u>형사소송법 제199조 제1</u> <u>항에 따라 범죄 수사를 위하여</u> 수사관이 동행에 앞서 피의자에게 동행을 거부할 수 있음을 알려 주었거나 동행한 피의자가 언제든지 자

유로이 동행과정에서 이탈 또는 동행장소로부터 퇴거할 수 있었음이 인정되는 등 오로지 피의자의 자발적인 의사에 의하여 이루어진 경우에도 가능하다.

2) 경찰관은 피고인의 정신 상태, 신체에 있는 주사바늘 자국, 알콜솜 휴대, 전과 등을 근거로 피고인의 마약류 투약 혐의가 상당하다고 판단하여 경찰서로 임의동행을 요구하였고, 동행장소인 경찰서에서 피고인에게 마약류 투약 혐의를 밝힐 수 있는 소변과 모발의 임의제출을 요구하였으므로 피고인에 대한 임의동행은 마약류 투약 혐의에 대한 수사를 위한 것이어서 형사소송법 제199조 제1항에 따른 임의동행에 해당한다는 이유로, 피고인에 대한 임의동행은 경찰관 직무집행법 제3조 제2항에 의한 것인데 같은 조 제6항을 위반하여 불법구금 상태에서 제출된 피고인의 소변과 모발은 위법하게 수집된 증거라고 본 원심판단에 임의동행에 관한 법리를 오해한 잘못이 있다고 한 사례.

나. 검   토

임의동행이란 수사기관이 피의자의 동의를 받아 그를 수사기관까지 데리고 가는 것을 말한다. 이러한 임의동행이 허용되는가에 대하여, 피의자의 승낙을 전제로 한 임의수사이며, 형사소송법은 피의자에 대한 출석요구방법을 제한하지 않고 있으므로 사회통념상 신체의 속박이나 심리적 압박에 의한 자유의 구속이 있었다고 할 수 없는 객관적 상황이 있는 때에는 허용된다는 견해[18]와 임의동행은 강제수사의 일종으로서 일절 허용되지 않는다는 견해[19]가 대립한다.

대법원[20]은 "수사관이 수사과정에서 동의를 받는 형식으로 피의자를 수사관서 등에 동행하는 것은, 피의자의 신체의 자유가 제한되어

---

18) 배종대·홍영기, 형사소송법, 2018, 19/24; 이재상·조균석·이창온, 앞의 책, §18/16; 이주원, 앞의 책, 98면.

19) 김희옥, 주석 형사소송법(Ⅱ), 111면; 신동운, 앞의 책, 170면.

20) 대법원 2006.7.6. 2005도6810 판결; 대법원 2011.6.30. 2009도6717 판결; 대법원 2012.9.13. 2012도8890 판결.

실질적으로 체포와 유사한데도 이를 억제할 방법이 없어서 이를 통해서는 제도적으로는 물론 현실적으로도 임의성을 보장할 수 없을 뿐만 아니라, 아직 정식 체포·구속단계 이전이라는 이유로 헌법 및 형사소송법이 체포·구속된 피의자에게 부여하는 각종 권리보장 장치가 제공되지 않는 등 형사소송법 원리에 반하는 결과를 초래할 가능성이 크므로, 수사관이 동행에 앞서 피의자에게 동행을 거부할 수 있음을 알려 주었거나 동행한 피의자가 언제든지 자유로이 동행과정에서 이탈 또는 동행장소에서 퇴거할 수 있었음이 인정되는 등 오로지 피의자의 자발적인 의사에 의하여 수사관서 등에 동행이 이루어졌다는 것이 객관적인 사정에 의하여 명백하게 입증된 경우에 한하여, 동행의 적법성이 인정된다고 보는 것이 타당하다."고 하여, 임의동행을 제한적으로 허용한다. 본 판결도 이러한 입장에 따른 것이다.

불허설은 과거 보호실유치의 전단계로서 활용되던 임의동행은 남용의 위험성이 클 뿐만 아니라 1995년 체포제도를 도입함으로써 초동수사의 긴급성에 대비하고 있다는 점을 들고 있다. 또한 외형상 동의와 동행의 형식을 취하고 있지만 실질에서는 피의자의 위축된 심리상태로 인해 온전한 동의나 동행은 사실상 불가능하다는 점도 고려한 것으로 보인다.

생각건대 상대방의 동의에 기초한 수사방법은, 그것이 인간의 존엄과 가치를 해하지 않는 한, 금지할 필요가 없고, 형사소송법 제199조 제1항은 임의수사의 방법을 특별히 제한하지 않으며, 체포영장을 요구하는 것은 불필요한 강제처분을 확대할 우려가 있다는 점에서 임의동행은 허용된다고 본다. 따라서 오로지 피의자의 자발적인 의사에 의한 동행이라는 점이 객관적인 사정에 의하여 명백하게 입증된 경우에 한하여 임의동행의 적법성을 인정하는 판례의 입장은 타당하다.

2. 압수·수색의 범위(대법원 2020.2.13. 2019도14341, 2019전 도130 판결)

가. 사실관계 및 법원의 판단

[사실관계]

피고인이 2018.5.6.경 피해자 甲(여, 10세)에 대하여 저지른 간음유인미수 및 성폭력범죄의 처벌 등에 관한 특례법(이하 '성폭력처벌법')위반(통신매체이용음란) 범행과 관련하여 수사기관이 피고인을 긴급체포하는 현장에서 그 소유의 휴대전화를 압수한 뒤 사후 압수·수색·검증영장(이하 '압수·수색영장')을 발부받았다. 압수·수색영장에는 범죄사실란에 甲에 대한 간음유인미수 및 통신매체이용음란의 점만이 명시되었으나, 법원은 계속 압수·수색·검증이 필요한 사유로서 영장범죄사실에 관한 혐의의 상당성 외에도 추가 여죄수사의 필요성을 포함시켰다. 피고인의 휴대전화에 대한 디지털정보 분석 결과 피고인이 2017.12.경부터 2018.4. 경까지 사이에 저지른 피해자 乙(여, 12세), 丙(여, 10세), 丁(여, 9세)에 대한 간음유인 및 간음유인미수, 미성년자의제강간, 성폭력처벌법 위반(13세미만미성년자강간), 성폭력처벌법 위반(통신매체이용음란) 등 범행에 관한 추가 자료들이 획득되었고, 검사는 피해자 甲에 대한 범행 이외에 피해자 乙, 丙, 丁에 대한 각 범행까지 공소사실에 포함시켜 피고인을 기소하였다.

피고인은, 수사기관이 피고인 소유의 휴대전화를 긴급압수한 뒤 발부받은 압수·수색영장은 피해자 甲에 대한 범행의 증거를 수집하기 위한 범위 내에서만 유효하다. 따라서 위 휴대전화에 대한 디지털증거 분석에 따라 취득한 자료들 중 피해자 乙, 丙, 丁과 관련된 자료들(이하 '이 사건 추가 자료들')은 별도의 압수·수색영장을 발부받지 않고 수집된 것으로서 위법수집증거에 해당하고, 이 사건 추가 자료들을 기초로 획득한 피고인 및 乙, 丙, 丁의 진술도 위법수집증거에 기초한 2차 증거로서 모두 증거능력이 없다고 주장하였다.

[원심의 판단] 서울고등법원 2019.9.27. 2019노320, 2019 전노22(병합) 판결

제1심과 원심은 피고인의 주장에 대하여, ① 乙, 丙, 丁에 대한 각 범행(이하 '이 사건 각 추가 범행')은, 압수·수색영장에 명시적으로 기재된 혐의사실인 甲에 대한 간음유인죄 및 위 영장의 혐의사실에 포함된 것으로 볼 수 있는 甲에 대한 성폭력처벌법 위반(통신매체이용음란)죄와 그 죄명, 적용 법령, 범행 동기와 경위, 범행 수법과 도구가 모두 동일하고, 범행 대상이 미성년자들이라는 점에서 유사하여, 동종·유사 범행에 해당하는 점, ② 압수·수색영장의 혐의사실인 甲에 대한 위 각 죄를 증명하기 위해서는 피고인에게 주관적으로 '간음할 목적(형법 제288조 제1항)' 또는 '자기 또는 다른 사람의 성적 욕망을 유발하거나 만족시킬 목적(성폭력처벌법 제13조)'이 있었음을 증명할 필요가 있는데, 이 사건 추가 자료들은 이를 증명하기 위한 중요한 간접증거 내지 정황증거에 해당하기 때문에, 이 사건 각 추가 범행은 압수·수색영장의 혐의사실과 구체적이고 개별적 연관관계가 있는 점 등의 이유를 들어, 수사기관이 압수·수색영장에 기하여 이 사건 추가 자료들을 압수한 것은 적법하다고 판단하였다.

[대법원의 판단]

1) 형사소송법 제215조 제1항은 "검사는 범죄수사에 필요한 때에는 피의자가 죄를 범하였다고 의심할 만한 정황이 있고 해당 사건과 관계가 있다고 인정할 수 있는 것에 한정하여 지방법원판사에게 청구하여 발부받은 영장에 의하여 압수, 수색 또는 검증을 할 수 있다."라고 정하고 있다. 따라서 영장 발부의 사유로 된 범죄 혐의사실과 무관한 별개의 증거를 압수하였을 경우 이는 원칙적으로 유죄 인정의 증거로 사용할 수 없다. 그러나 압수·수색의 목적이 된 범죄나 이와 관련된 범죄의 경우에는 그 압수·수색의 결과를 유죄의 증거로 사용할 수 있다. 압수·수색영장의 범죄 혐의사실과 관계있는 범죄라는 것은 압수·수색영장에 기재한 혐의사실과 객관적 관련성이 있고 압수·수

색영장 대상자와 피의자 사이에 인적 관련성이 있는 범죄를 의미한다. 그중 혐의사실과의 객관적 관련성은 압수·수색영장에 기재된 혐의사실 자체 또는 그와 기본적 사실관계가 동일한 범행과 직접 관련되어 있는 경우는 물론 범행 동기와 경위, 범행 수단과 방법, 범행 시간과 장소 등을 증명하기 위한 간접증거나 정황증거 등으로 사용될 수 있는 경우에도 인정될 수 있다. 이러한 객관적 관련성은 압수·수색영장에 기재된 혐의사실의 내용과 수사의 대상, 수사 경위 등을 종합하여 구체적·개별적 연관관계가 있는 경우에만 인정된다고 보아야 하고, 혐의사실과 단순히 동종 또는 유사 범행이라는 사유만으로 객관적 관련성이 있다고 할 것은 아니다.

2) 피고인이 2018.5.6.경 피해자 갑(여, 10세)에 대하여 저지른 간음유인미수 및 성폭력범죄의 처벌 등에 관한 특례법(이하 '성폭력처벌법') 위반(통신매체이용음란) 범행과 관련하여 수사기관이 피고인 소유의 휴대전화를 압수하였는데, 위 휴대전화에 대한 디지털정보분석 결과 피고인이 2017.12.경부터 2018.4.경까지 사이에 저지른 피해자을(여, 12세), 병(여, 10세), 정(여, 9세)에 대한 간음유인 및 간음유인미수, 미성년자의제강간, 성폭력처벌법 위반(13세미만미성년자강간), 성폭력처벌법 위반(통신매체이용음란) 등 범행에 관한 추가 자료들이 획득되어 그 증거능력이 문제 된 사안에서, 위 휴대전화는 피고인이 긴급체포되는 현장에서 적법하게 압수되었고, 형사소송법 제217조 제2항에 의해 발부된 법원의 사후 압수·수색·검증영장(이하 '압수·수색영장')에 기하여 압수 상태가 계속 유지되었으며, 압수·수색영장에는 범죄사실란에 갑에 대한 간음유인미수 및 통신매체이용음란의 점만이 명시되었으나, 법원은 계속 압수·수색·검증이 필요한 사유로서 영장 범죄사실에 관한 혐의의 상당성 외에도 추가 여죄수사의 필요성을 포함시킨 점, 압수·수색영장에 기재된 혐의사실은 미성년자인 갑에 대하여 간음행위를 하기 위한 중간 과정 내지 그 수단으로 평가되는 행위에 관한 것이고 나아가 피고인은 형법 제305조의2 등에 따라 상습범으로 처벌될 가능성이

완전히 배제되지 아니한 상태였으므로, 추가 자료들로 밝혀지게 된 을, 병, 정에 대한 범행은 압수·수색영장에 기재된 혐의사실과 기본적 사실관계가 동일한 범행에 직접 관련되어 있는 경우라고 볼 수 있으며, 실제로 2017.12.경부터 2018.4.경까지 사이에 저질러진 추가 범행들은, 압수·수색영장에 기재된 혐의사실의 일시인 2018.5.7.과 시간적으로 근접할 뿐만 아니라, 피고인이 자신의 성적 욕망을 해소하기 위하여 미성년자인 피해자들을 대상으로 저지른 일련의 성범죄로서 범행 동기, 범행 대상, 범행의 수단과 방법이 공통되는 점, 추가 자료들은 압수·수색영장의 범죄사실 중 간음유인죄의 '간음할 목적'이나 성폭력처벌법 위반(통신매체이용음란)죄의 '자기 또는 다른 사람의 성적 욕망을 유발하거나 만족시킬 목적'을 뒷받침하는 간접증거로 사용될 수 있었고, 피고인이 영장 범죄사실과 같은 범행을 저지른 수법 및 준비과정, 계획 등에 관한 정황증거에 해당할 뿐 아니라, 영장 범죄사실 자체에 대한 피고인 진술의 신빙성을 판단할 수 있는 자료로도 사용될 수 있었던 점 등을 종합하면, 추가 자료들로 인하여 밝혀진 피고인의 을, 병, 정에 대한 범행은 압수·수색영장의 범죄사실과 단순히 동종 또는 유사 범행인 것을 넘어서서 이와 구체적·개별적 연관관계가 있는 경우로서 객관적·인적 관련성을 모두 갖추었다는 이유로, 같은 취지에서 추가 자료들은 위법하게 수집된 증거에 해당하지 않으므로 압수·수색영장의 범죄사실뿐 아니라 추가 범행들에 관한 증거로 사용할 수 있다고 본 원심판단이 정당하다고 한 사례.

　나. 검　토

　형사소송법 제215조 제1항이 규정한 압수·수색의 요건은 ①범죄 의심 정황과 ②압수·수색의 필요성 그리고 ③해당 사건과의 관련성이다. 따라서 해당 사건과 관련성이 없는 물건·장소에 대하여는 압수나 수색을 할 수 없으며(별건 압수·수색 금지), 압수영장에 기재된 범죄 혐의사실과 무관한 별개의 증거를 압수하였을 경우 이는 원칙적으로 유죄 인정의 증거로 사용할 수 없다.

해당 사건과의 관련성이란 증거로서의 의미를 가질 수 있는 개연성[21] 또는 피의사실의 증거방법이 될 개연성[22]을 말하며, 판례는 혐의사실과의 객관적 관련성과 피의자와의 인적 관련성을 의미[23]한다고 한다.

대법원은 종래 혐의사실과의 객관적 관련성에 대해, 압수·수색영장의 범죄사실과 기본적 사실관계가 동일한 범행 또는 동종·유사의 범행과 관련된다고 의심할 만한 상당한 이유가 있는 범위(대법원 2009.7.23. 2009도2649 판결; 대법원 2015.10.29 2015도9784 판결)라고 하였으나, 그 후 압수·수색영장에 기재된 혐의사실의 내용과 수사의 대상, 수사경위 등을 종합하여 구체적·개별적 연관관계가 있는 경우에만 인정된다고 보아야 하고, 혐의사실과 단순히 동종 또는 유사 범행이라는 사유만으로 객관적 관련성이 있다고 할 것은 아니다(대법원 2017.1.25. 2016도13489 판결; 대법원 2017.12.5. 2017도13458 판결)고 하였다. 그리고 피의자와 사이의 인적 관련성은 압수·수색영장에 기재된 대상자의 공동정범이나 교사범 등 공범이나 간접정범은 물론 필요적 공범 등에 대한 피고사건에 대해서도 인정될 수 있다(대법원 2017.12.5. 2017도13458 판결; 대법원 2018.10.12. 2018도6252 판결). 압수·수색영장에 관한 '해당 사건과의 관련성'은 통신사실 확인자료 제공요청 허가서에 대하여도 같다(대법원 2017.1.25. 2016도13489 판결).

이러한 입장에서 대법원 2017.12.5. 2017도13458 판결은, 피고인이 선거운동과 관련하여 자신의 페이스북에 허위의 글을 게시하였다는 허위사실공표의 혐의사실로 발부받은 압수·수색영장으로 압수한 갑의 휴대전화에 대한 분석 결과를, 피고인이 선거운동과 관련하여 자신

---

21) 이완규, "압수물의 범죄사실과의 관련성과 적법한 압수물의 증거사용 범위", 형사판례연구[23], 2015, 542면; 이재상·조균석·이창온, 앞의 책, §20/5.
22) 이주원, 앞의 책, 141면.
23) 이와 달리, 사건과의 관련성은 해당 사건에서 증거로서의 의미가 있는 것이라면 족하다는 견해도 있다(이완규, 앞의 글, 544면).

의 페이스북에 선거홍보물 게재 등을 부탁하면서 갑에게 금품을 제공하였다는 공소사실에 대한 증거로 사용한 사례에서, 공소사실은 압수·수색영장 기재 혐의사실에 대한 범행의 동기와 경위, 범행 수단과 방법, 범행 시간과 장소 등을 증명하기 위한 간접증거나 정황증거 등으로 사용될 수 있는 경우에 해당하므로, 압수·수색영장 기재 혐의사실과 객관적 관련성이 있고, 공소사실과 압수·수색영장 기재 혐의사실은 모두 피고인이 범행 주체가 되어 페이스북을 통한 선거운동과 관련된 내용이므로 인적 관련성 역시 인정된다고 판단하였다. 이에 반해 대법원 2014.1.16. 2013도7101 판결은, 수사기관이 피의자 갑의 공천 관련 공천심사위원에 대한 돈 봉투 제공을 영장범죄사실로 하여 발부받은 압수·수색영장으로 을의 휴대전화를 압수하여 전자정보를 분석하던 중 을, 병 사이의 대화가 녹음된 녹음파일(이하 '녹음파일')을 통하여 을과 병을 정당후보자 추천 및 선거운동 관련한 대가 제공 요구 및 약속에 관한 공소사실로 기소한 사안에서, 녹음파일에 의하여 그 범행이 의심되었던 혐의사실의 객관적 내용만 볼 때에는 압수·수색영장에 기재된 범죄사실과 동종·유사의 범행에 해당한다고 볼 여지가 있으나, 압수·수색영장에 기재된 '피의자'는 갑에 한정되어 있는데, 수사기관이 압수한 녹음파일은 을과 병 사이의 범행에 관한 것으로서 압수·수색영장에 기재된 '피의자'인 갑이 녹음파일에 의하여 의심되는 혐의사실과 무관한 이상, 수사기관이 별도의 압수·수색영장을 발부받지 아니한 채 압수한 녹음파일은 형사소송법 제215조 제1항이 규정하는 '해당 사건'과 '관계가 있다고 인정할 수 있는 것'에 해당하지 않으며, 이와 같은 압수에는 헌법 제12조 제1항 후문, 제3항 본문이 규정하는 영장주의를 위반한 절차적 위법이 있으므로, 녹음파일은 형사소송법 제308조의2에서 정한 '적법한 절차에 따르지 아니하고 수집한 증거'로서 증거로 쓸 수 없다고 하였다.

본 판결은 압수 범위를 제한하는 '해당 사건과의 관련성'의 의미를 다시 한 번 명확히 한 것이다. 즉 혐의사실과의 객관적 관련성은

㉠압수·수색영장에 기재된 혐의사실 자체 또는 그와 기본적 사실관계가 동일한 범행과 직접 관련되어 있는 경우, ㉡범행 동기와 경위, 범행 수단과 방법, 범행 시간과 장소 등을 증명하기 위한 간접증거나 정황증거 등으로 사용될 수 있는 경우에도 인정될 수 있는데, 이러한 객관적 관련성은 압수·수색영장에 기재된 혐의사실의 내용과 수사의 대상, 수사 경위 등을 종합하여 구체적·개별적 연관관계가 있는 경우에만 인정된다고 한다. 따라서 단순히 동종 또는 유사 범행이거나 양형증거에 불과한 경우에는 객관적 관련성이 부정된다.24) 기본적 사실관계가 동일한 범행이 무엇인지 분명치 않지만 공소장변경의 한계와 같은 의미라고 본다. 실체법적으로 포괄일죄나 상상적 경합범에 해당하는 혐의사실은 객관적 관련성과 인적 관련성이 인정될 것이지만, 경합범이 되는 사실은 ㉡에 해당하지 않는 한 객관적 관련성은 없을 것이다.

이 사안에서 추가 자료들로 발견·증명된 범죄사실은 경합범에 해당하고, 압수·수색영장에 기재된 혐의사실과 기본적 사실관계가 동일한 범행과 직접 관련되어 있지는 않지만,25) 범행 동기와 경위, 범행 수단과 방법, 범행 시간과 장소 등을 증명하기 위한 간접증거나 정황증거 등으로 사용될 수 있으므로, 추가 자료들은 관련성이 있는 증거로서 증거능력이 있다.26)

---

24) 이주원, 앞의 책, 150면.

25) 이 판결에서 '추가 자료들로 밝혀지게 된 을, 병, 정에 대한 범행은 <u>압수·수색영장에 기재된 혐의사실과 기본적 사실관계가 동일한 범행에 직접 관련되어 있는 경우</u>…' 부분은 동의하기 어렵다.

26) 관련성의 범위와 관련성 판단의 기준에 대하여는, 이완규, 앞의 글, 544-550면 참조.

3. 현행범 체포와 임의제출물의 압수 가부(대법원 2020.4.9. 2019도17142 판결)

가. 사실관계 및 법원의 판단

[사실관계]

피고인은 2018.5.11. 21:49경 고양시 일산서구에 있는 지하철 3호선 ○역 8번 출구 상행 에스컬레이터에서 카메라 기능이 부착된 휴대전화기로, 앞에 서 있는 피해자 A의 원피스 치마 속 음부 부위를 4회에 걸쳐 몰래 촬영하였다.

경기 일산서부경찰서 소속 사법경찰관은 2018.5.11. 21:55경 고양시 일산서구 B아파트 C동 앞에서, 피고인이 휴대전화로 자신의 치마속을 촬영하였다는 A의 신고를 받고 출동하여 <u>피고인을 현행범 체포한 후, 2018.5.11. 22:00경 같은 장소에서 피고인으로부터 휴대전화기를 제출받아 임의제출에 의한 휴대전화기 압수를 집행하였다.</u> 경찰관은 2018.5.12. 01:35경 피고인을 석방하였고, 사후 압수영장은 청구하지 아니한 채 위 휴대전화기에 대한 압수를 계속하여, 2018.5.30. 경기북부지방경찰청 수사과에서 압수된 휴대전화 저장정보를 다시 탐색하였고, 압수된 휴대전화 내 피고인이 촬영한 여성의 사진을 CD에 복제하였다. 이들 사진은 2018.3.7. 18:09경 고양시 일산서구에 있는 지하철 3호선 ○역에서 △역 사이 전동차 내에서 카메라 기능이 부착된 휴대전화기로 앞에 앉아 있는 피해자 성명불상자의 치마 속 부위를 몰래 촬영한 것을 비롯하여 2018.3.7.경부터 2018.4.18.경까지 7회에 걸쳐 같은 방법으로 성적 욕망 또는 수치심을 유발할 수 있는 피해자들의 신체를 그 의사에 반하여 촬영한 것들이었다.

그리하여 검사는 피고인이 2018.3.7.경부터 2018.5.11.경까지 11회에 걸쳐 같은 방법으로 성적 욕망 또는 수치심을 유발할 수 있는 피해자들의 신체를 그 의사에 반하여 촬영하였다는 범죄사실로 공소를 제기하였다.

[원심의 판단] 의정부지방법원 2019.10.31. 2018노3609 판결

원심은, 다음과 같은 이유로 검사가 제출한 증거 중 경찰관이 피고인을 현행범 체포할 때 임의제출 방식으로 압수한 이 사건 휴대전화기 및 여기에 기억된 저장정보를 탐색하여 복제·출력한 복원사진의 증거능력을 인정할 수 없어, 범죄의 증명이 없는 경우에 해당한다는 이유로 이 부분 공소사실을 유죄로 판단한 제1심 판결을 파기하고 무죄로 판단하였다.

1) 형사소송법 제218조에 따른 영장 없는 압수는 현행범 체포현장에서 허용되지 않는다.

2) 설령 현행범 체포현장에서 형사소송법 제218조에 따른 임의제출물 압수가 가능하다고 보더라도 이 사건 휴대전화기에 대한 피고인의 임의적 제출의사 부재를 의심할 수 있으나, 이를 배제할 검사의 증명이 부족하다.

[대법원의 판단]

범죄를 실행 중이거나 실행 직후의 현행범인은 누구든지 영장 없이 체포할 수 있고(형사소송법 제212조), 검사 또는 사법경찰관은 피의자 등이 유류한 물건이나 소유자·소지자 또는 보관자가 임의로 제출한 물건을 영장 없이 압수할 수 있으므로(제218조), **현행범 체포현장이나 범죄 현장에서도 소지자 등이 임의로 제출하는 물건을 형사소송법 제218조에 의하여 영장 없이 압수하는 것이 허용되고**, 이 경우 검사나 사법경찰관은 별도로 사후에 영장을 받을 필요가 없다.

나. 검   토

수사기관이 압수·수색을 하려면 원칙적으로 지방법원판사에게 청구하여 발부받은 영장이 필요(사전영장 원칙)하지만(형사소송법 제215조), 예외적으로 긴급한 경우 사후에 압수·수색영장을 발부받거나 사후영장도 필요 없는 압수도 가능하다(형사소송법 제216조~제218조). 이

와 관련하여 체포현장이나 범죄장소에서도 임의제출물의 압수가 허용되는지가 문제된다. 왜냐하면 체포하는 수사기관이 체포현장에서 압수대상물의 제출을 요구하는 경우 체포당하는 피의자가 이를 거절하는 것은 사실상 매우 어렵기 때문이다. 체포현장(형사소송법 제216조 제1항 제2호)에서도 임의제출물의 압수가 가능하다는 견해(허용설)가 통설이다.[27]

본 판결의 원심[28]은 불허설을 취하였다. 즉 ①이미 체포되었거나 체포 직전의 피의자에게는 임의적 제출의사를 원칙적으로 기대할 수 없고, 체포 대상자로부터 제출받는 절차가 강제적이지 않다고 판단할 여지가 거의 없으며, ②특별한 장소(예컨대, 자수현장)가 아니라, 일반적인 현행범 체포현장에서 자신의 죄책을 증명하는 물건을 스스로 제출할 의사가 피의자에게 의사가 있다고 해석하는 것은 국민의 관념에 어긋나, 사법신뢰를 잃기 쉽고, ③설령, 현행범 체포현장에서 피체포자의 임의제출 진술이 있다거나 사후적으로 임의제출서가 징구되었더라도, 계속 구금할 수 있는 구속영장 청구 여부 내지 확대 압수수색을 위한 영장청구를 판단할 권한이 있는 우월적 지위의 수사기관 영향에 기한 것이라고 봄이 옳으며, ④체포대상자에 대하여 형사소송법 제218조에 따른 임의제출물 압수수색을 인정할 필요성은 오로지 형사소송법 제217조 소정의 사후 압수수색영장 절차를 생략하는 것 외에는 없다는 점에서, <u>형사소송법 제218조에 따른 영장 없는 압수수색은 현행범 체포현장에서 허용되지 않는다고 해석함이 마땅하다</u>고 한다.

대법원은, 형사소송법 제218조에 의하면 검사 또는 사법경찰관은 피의자 등이 유류한 물건이나 소유자·소지자 또는 보관자가 임의로 제출한 물건은 영장 없이 압수할 수 있으므로, 현행범 체포 현장이나

---

27) 이재상·조균석·이창온, 앞의 책, §20/35; 이주원, 앞의 책, 177면; 이창현, 앞의 책; 정구환, 주석 형사소송법(II), 307면; 정승환, 앞의 책, 16/45.

28) 의정부지방법원 2019.10.31. 2018노3609 판결. 아래 대법원 2019.11.14. 2019도13290 판결의 원심판결(의정부지법 2019.8.22. 2018노2757 판결)도 같은 입장이다.

범죄 장소에서도 소지자 등이 임의로 제출하는 물건은 위 조항에 의하여 영장 없이 압수할 수 있고, 이 경우에는 검사나 사법경찰관이 사후에 영장을 받을 필요가 없다29)고 하여 허용설의 입장이다. 다만 수사기관의 우월적 지위에 의하여 임의제출의 명목으로 실질적으로 강제적인 압수가 행하여질 수 있으므로, 그 제출에 임의성이 있다는 점에 관하여는 검사가 합리적 의심을 배제할 수 있을 정도로 증명하여야 하고, 임의로 제출된 것이라고 볼 수 없는 경우에는 그 증거능력을 인정할 수 없다.30) 따라서 위법한 강제연행 상태에서 호흡측정 방법에 의한 음주측정을 한 다음 강제연행 상태로부터 시간적·장소적으로 단절되었다고 볼 수도 없고 피의자의 심적 상태 또한 강제연행 상태로부터 완전히 벗어났다고 볼 수 없는 상황에서 피의자가 호흡측정 결과에 대한 탄핵을 하기 위하여 스스로 혈액채취 방법에 의한 측정을 할 것을 요구하여 혈액채취가 이루어졌다고 하더라도 그 사이에 위법한 체포상태에 의한 영향이 완전하게 배제되고 피의자의 의사결정의 자유가 확실하게 보장되었다고 볼 만한 다른 사정이 개입되지 않은 이상 불법체포와 증거수집 사이의 인과관계가 단절된 것으로 볼 수는 없으므로, 그러한 혈액채취에 의한 측정 결과 역시 유죄 인정의 증거로 쓸 수 없다고 보아야 한다.31) 이에 반하여, 검찰수사관이 필로폰을 압수하기 전에 피고인에게 임의제출의 의미, 효과 등에 관하여 고지하였던 점, 피고인도 필로폰 매매 등 동종 범행으로 여러 차례 형사처벌을 받은 전력이 있어 피압수물인 필로폰을 임의제출할 경우 압수되어 돌려받지 못한다는 사정 등을 충분히 알았을 것으로 보이는 점, 피고인이 체포될 당시 필로폰 관련 범행을 부인하였다고 볼 자료가 없고, 검찰수사관이 필로폰을 임의로 제출받기 위하여 피고인을 기망하거나 협박하였다고 볼 아무런 사정이 없는 점 등에 비추어 보면, 피고인은

---

29) 대법원 2016.2.18. 2015도13726 판결; 대법원 2019.11.14. 2019도13290 판결.
30) 대법원 2016.3.10. 2013도11233 판결.
31) 대법원 2013.3.14. 2010도2094 판결.

필로폰의 소지인으로서 이를 임의로 제출하였다고 할 것이므로 그 필로폰의 압수도 적법하다.[32]

불허설의 논거에 수긍할 부분이 있는 것은 사실이지만, 그렇다고 하여 완전히 자유로운 의사에 기한 압수·수색을 부정할 이유는 없다고 본다. 또한 체포현장에서 제출자가 체포대상자인 경우에 한정하여 임의제출물의 압수가 허용되지 아니한다는 것이 적절한지도 의문이다. 따라서 체포현장에서도 체포대상자 기타 제출자가 임의적·자발적 의사로 제출하는 물건은 영장 없이 압수할 수 있으며,[33] 사후영장도 필요하지 않다는 대법원의 태도는 타당하다고 생각한다.

Ⅳ. 재판절차(증거와 상소)

1. 위법수집증거배제법칙의 예외(대법원 2020.11.26. 2020도 10729 판결)

가. 사실관계 및 법원의 판단

[사실관계]

피고인은 2019년 이하 불상경 의정부시 △△에 있는 '○○노래연습장'의 화장실에서 그곳 용변 칸 안에 있는 쓰레기통 바깥쪽에 테이프를 이용하여 비닐로 감싼 소형 카메라를 부착하고, 위 카메라에 연결된 보조배터리를 쓰레기통 안쪽에 부착한 다음 녹화 버튼을 누르는 방법으로, 위 화장실에서 용변을 보는 성명 불상 여성의 엉덩이와 음부를 촬영한 것을 비롯하여 2013년경부터 2019년경까지 총 296회에 걸쳐 피해자들이 화장실에서 용변을 보는 모습을 촬영하였다.

[원심의 판단] 의정부지방법원 2020.7.16. 2020노481 판결

원심은 다음과 같은 이유로 공소사실에 대하여 범죄사실의 증명이 없는 때에 해당한다고 보아, 이를 유죄로 인정한 제1심판결을 파기

---

32) 대법원 2016.2.18. 2015도13726 판결.
33) 배종대·홍영기, 앞의 책, 20/18; 이재상·조균석·이창온, 앞의 책, §20/35; 이주원, 앞의 책, 177면; 정승환, 앞의 책, 16/45.

하고 무죄로 판단하였다.

1) 수사기관이 피고인의 국선변호인에게 미리 집행의 일시와 장소를 통지하지 않은 채 2019.10.30. 수사기관 사무실에서 저장매체를 탐색·복제·출력하는 방식으로 압수·수색영장을 집행하여 적법절차를 위반하였다.

2) 당시 피고인이 구속상태였던 점과 형사소송법 제219조, 제121조에서 정한 참여절차의 중요성을 고려하면, 위와 같은 적법절차 위반은 그 정도가 무겁다.

3) 따라서 위법한 압수·수색을 통해 수집된 동영상 캡처 출력물 등은 형사소송법 제308조의2에 따라 증거로 사용할 수 없고, 피고인의 자백 또한 위 증거들에 터 잡은 결과물이거나 공소사실의 유일한 증거여서 형사소송법 제308조의2 또는 형사소송법 제310조에 따라 유죄의 증거로 사용할 수 없다.

[대법원의 판단]

1) 수사기관이 압수·수색영장을 집행할 때에는 피압수자 또는 변호인은 그 집행에 참여할 수 있다(형사소송법 제219조, 제121조). 저장매체에 대한 압수·수색 과정에서 범위를 정하여 출력·복제하는 방법이 불가능하거나 압수의 목적을 달성하기에 현저히 곤란한 예외적인 사정이 인정되어 전자정보가 담긴 저장매체, 하드카피나 이미징(imaging) 등 형태(이하 '복제본'이라 한다)를 수사기관 사무실 등으로 옮겨 복제·탐색·출력하는 경우에도, 피압수자나 변호인에게 참여 기회를 보장하고 혐의사실과 무관한 전자정보의 임의적인 복제 등을 막기 위한 적절한 조치를 취하는 등 영장주의 원칙과 적법절차를 준수하여야 한다. 만일 그러한 조치를 취하지 않았다면 피압수자 측이 위와 같은 절차나 과정에 참여하지 않는다는 의사를 명시적으로 표시하였거나 절차 위반행위가 이루어진 과정의 성질과 내용 등에 비추어 피압수자에게 절차 참여를 보장한 취지가 실질적으로 침해되었다고 볼 수 없을 정도에 해당한다는 등의 특별한 사정이 없는 이상 압수·수색이 적법하

다고 할 수 없다. 이는 수사기관이 저장매체 또는 복제본에서 혐의사
실과 관련된 전자정보만을 복제·출력한 경우에도 마찬가지이다.

　　2) 설령 피고인이 수사기관에 컴퓨터의 탐색·복제·출력과정에 참
여하지 않겠다는 의사를 표시하였다고 하더라도, 수사기관으로서는 수
사기관 사무실에서 저장매체인 컴퓨터를 탐색·복제·출력하기에 앞서
피고인의 국선변호인에게 그 집행의 일시와 장소를 통지하는 등으로
위 절차에 참여할 기회를 제공하였어야 함에도 그러지 않았으므로, 압
수수색검증영장을 집행한 수사기관이 압수절차를 위반하였다고 판단
한 것은 정당하다.

　　3) 형사소송법 제308조의2는 '적법한 절차에 따르지 아니하고 수
집한 증거는 증거로 할 수 없다'고 정하고 있다. 이는 위법한 압수·수
색을 비롯한 수사과정의 위법행위를 억제하고 재발을 방지함으로써
국민의 기본적 인권보장이라는 헌법이념을 실현하고자 위법수집증거
배제원칙을 명시한 것이다. 헌법 제12조는 기본적 인권을 보장하기 위
하여 압수·수색에 관한 적법절차와 영장주의 원칙을 선언하고 있고,
형사소송법은 이를 이어받아 실체적 진실규명과 개인의 권리보호 이
념을 조화롭게 실현할 수 있도록 압수·수색절차에 관한 구체적 기준
을 마련하고 있다. 이러한 헌법과 형사소송법의 규범력을 확고하게 유
지하고 수사과정의 위법행위를 억제할 필요가 있으므로, 적법한 절차
에 따르지 않고 수집한 증거는 물론 이를 기초로 하여 획득한 2차적
증거 또한 기본적 인권보장을 위해 마련된 적법한 절차에 따르지 않
고 확보한 것으로서 원칙적으로 유죄 인정의 증거로 삼을 수 없다고
보아야 한다. 그러나 법률에 정해진 절차에 따르지 않고 수집한 증거
라는 이유만을 내세워 획일적으로 증거능력을 부정하는 것은 헌법과
형사소송법의 목적에 맞지 않는다. 실체적 진실규명을 통한 정당한 형
벌권의 실현도 헌법과 형사소송법이 형사소송 절차를 통하여 달성하
려는 중요한 목표이자 이념이기 때문이다. 수사기관의 절차 위반행위
가 적법절차의 실질적인 내용을 침해하는 경우에 해당하지 않고, 오히

려 증거능력을 배제하는 것이 헌법과 형사소송법이 형사소송에 관한 절차 조항을 마련하여 적법절차의 원칙과 실체적 진실규명의 조화를 도모하고 이를 통하여 형사사법 정의를 실현하려 한 취지에 반하는 결과를 초래하는 것으로 평가되는 예외적인 경우라면, 법원은 그 증거를 유죄 인정의 증거로 사용할 수 있다고 보아야 한다. 이에 해당하는지는 수사기관의 증거수집 과정에서 이루어진 절차 위반행위와 관련된 모든 사정, 즉 절차조항의 취지, 위반 내용과 정도, 구체적인 위반 경위와 회피가능성, 절차조항이 보호하고자 하는 권리나 법익의 성질과 침해 정도, 이러한 권리나 법익과 피고인 사이의 관련성, 절차 위반행위와 증거수집 사이의 관련성, 수사기관의 인식과 의도 등을 전체적·종합적으로 고찰하여 판단해야 한다. 이러한 법리는 적법한 절차에 따르지 않고 수집한 증거를 기초로 하여 획득한 2차적 증거에 대해서도 마찬가지로 적용되므로, 절차에 따르지 않은 증거 수집과 2차적 증거 수집 사이 인과관계의 희석이나 단절 여부를 중심으로 2차적 증거 수집과 관련된 모든 사정을 전체적·종합적으로 고려하여 예외적인 경우에는 유죄 인정의 증거로 사용할 수 있다.

나. 검   토

위법수집증거배제법칙이 형사소송법 제308조의2로 명문화된 이후 그에 관하여 다수의 판결이 선고되어 그것의 의미·내용이 상당히 구체화되고 있지만 증거능력 배제의 기준이나 그 예외인정 등 여전히 논란이 되는 부분이 많다. 예컨대 제308조의2에서 증거배제의 원칙과 예외라는 관계를 끌어낼 수 있는지, 그 기준은 무엇인지, 증거동의에 의해 증거능력이 부여될 수 있는지, 사인에 의한 증거수집에도 적용되는지 등등이 그것이다.

대법원은 위법수집증거배제법칙이 형사소송법에 명문화되기 전 〈제주지사실압수수색사건〉에서 위법수집증거의 증거능력에 대하여 원칙적 배제-예외적 인정이라는 견해를 취하였는데,[34] 제308조의2가 신설된 이후에도 이러한 견해를 명백히 하고 있다.[35] 본 판결도 대법원의 기존 입장을 반복한 것이다.

　대법원은 위법수집증거배제법칙에 의한 증거능력 배제 여부에 대하여, 1차 증거는 원칙과 예외, 2차 증거는 1차 증거와의 인과관계의 희석 또는 단절이라는 관점에서 판단하고 있다. 그러나 형사소송법 제308조의2의 문언상 위법수집증거의 증거능력의 "원칙적 배제와 예외적 인정"이라는 해석이 과연 타당한지, 전체적·종합적으로 살펴 볼 사유(요소)의 경중은 어떻게 고려할 것인지(예컨대 위반의 내용·정도는 경하지만 수사기관이 고의로 위반한 경우) 등의 의문이 제기된다. 증거능력의 유무는 유죄 인정의 자료로 사용할 수 있는가라는 형식적 판단이라는 점, 1차 증거와 2차 증거의 증거능력을 예외적으로 인정하기 위한 전체적·종합적 고찰 내지 고려라는 것이 매우 불명확하여 위법수사 억지와 사법의 염결성 확보라는 위법수집증거배제법칙의 목적을 달성하는데 기여하기 어렵다는 점에서 대법원의 견해에는 동의하기 어렵다. 개인적으로는 증거수집 절차에 중대한 위법 사유가 인정되는 경우에만 증거능력을 배제하고, 절차조항을 준수한 것과 동일한 결과가 된 경우에는 위법의 치유를 인정할 수 있다고 생각한다(중대위법-하자치유).

　본 사안에서 대법원은, 수사기관이 압수·수색영장을 집행하기에 앞서 피고인의 국선변호인에게 그 집행의 일시와 장소를 통지하는 등으로 절차에 참여할 기회를 제공하지 않은 것은 적법절차 위반에 해당하지만, 종합적으로 고려할 때 위법수집증거의 증거능력을 예외적으로 인정할 수 있는 경우에 해당한다고 볼 여지가 충분하다는 이유로, 압수·수색을 통해 수집된 증거들을 유죄의 증거로 사용할 수 없다고 단정한 원심의 판단에 위법수집증거 배제원칙의 예외에 관한 법

---

34) 대법원 2007.11.15. 2007도3061 전원합의체 판결.

35) 참조판례: 대법원 2013.3.14. 2010도2094 판결; 대법원 2015.1.22. 2014도10978 전원합의체 판결; 대법원 2019.7.11. 2018도20504 판결.

리를 오해하여 필요한 심리를 다하지 아니한 위법이 있다고 보아 원심판결 중 무죄 부분을 파기하였다. 본 판결의 논리에는 동의하지 않지만 증거능력을 인정한 결론은 타당하다고 생각한다. 왜냐하면 컴퓨터에 저장되어 있는 정보는 개인의 거의 모든 일상에 관한 기록이므로 다른 증거물과는 비교할 수 없을 정도로 대단히 중요하고 민감한 자료라는 점, 이에 대한 압수수색에 피압수자와 변호인의 참여는 본질적인 요소라는 점에 비추어 변호인에게 집행의 일시·장소를 통지하지 아니한 것은 중대한 위법이지만, 수사기관이 혐의사실과 관련된 전자정보만을 복제·출력하였다면 위와 같은 위법은 치유되었다고 볼 수 있기 때문이다.

2. 형사소송법 제312조 제3항과 양벌규정(대법원 2020.6.11. 2016도9367 판결)

가. 사실관계 및 법원의 판단

[사실관계]

피고인이 경영하는 병원의 사무국장으로 근무하던 공소외인이 2011.8.23.부터 2012.2.21.까지 총 43회에 걸쳐 합계 23,490,000원을 환자소개의 대가 등 명목으로 교부함으로써 영리를 목적으로 환자를 소개·알선·유인하는 행위를 저지른 것에 대하여, 피고인은 양벌규정인 의료법 제91조를 적용법조로 기소되었다.

피고인은 제1심 제3회 공판기일에서 검사가 증거로 제출한 사법경찰관 작성의 공소외인에 대한 피의자신문조서를 증거로 함에 동의하지 않고 그 내용을 부인하였다.

[원심의 판단] 인천지법 2016.6.3. 2015노3685 판결

제1심은 위 피의자신문조서는 형사소송법 제312조 제3항이 적용되는 '검사 이외의 수사기관이 작성한 피의자신문조서'가 아니라 같은 조 제4항의 '사법경찰관이 피고인이 아닌 자의 진술을 기재한 조서'에

해당한다고 보아, 공소외인이 이미 사망하였으므로 공판기일에 출석하여 진술을 할 수 없는 경우에 해당하고 그의 경찰에서의 진술은 특히 신빙할 수 있는 상태하에서 행하여졌음이 인정되므로 형사소송법 제314조에 의하여 증거능력을 인정할 수 있다고 판단하고, 이에 따라 제1심은 피고인에 대한 공소사실을 유죄로 인정하였고 원심도 제1심 판결의 결론을 그대로 유지하였다.

[대법원의 판단]

형사소송법 제312조 제3항은 검사 이외의 수사기관이 작성한 해당 피고인에 대한 피의자신문조서를 유죄의 증거로 하는 경우뿐만 아니라 검사 이외의 수사기관이 작성한 해당 피고인과 공범관계에 있는 다른 피고인이나 피의자에 대한 피의자신문조서를 해당 피고인에 대한 유죄의 증거로 채택할 경우에도 적용된다. 따라서 해당 피고인과 공범관계가 있는 다른 피의자에 대하여 검사 이외의 수사기관이 작성한 피의자신문조서는 그 피의자의 법정진술에 의하여 성립의 진정이 인정되는 등 형사소송법 제312조 제4항의 요건을 갖춘 경우라도 해당 피고인이 공판기일에서 그 조서의 내용을 부인한 이상 이를 유죄 인정의 증거로 사용할 수 없고, 그 당연한 결과로 위 피의자신문조서에 대하여는 사망 등 사유로 인하여 법정에서 진술할 수 없는 때에 예외적으로 증거능력을 인정하는 규정인 형사소송법 제314조가 적용되지 아니한다. 그리고 이러한 법리는 공동정범이나 교사범, 방조범 등 공범관계에 있는 자들 사이에서뿐만 아니라, 법인의 대표자나 법인 또는 개인의 대리인, 사용인, 그 밖의 종업원 등 행위자의 위반행위에 대하여 행위자가 아닌 법인 또는 개인이 양벌규정에 따라 기소된 경우, 이러한 법인 또는 개인과 행위자 사이의 관계에서도 마찬가지로 적용된다고 보아야 한다.36)

---

36) 이 판결에 대한 평석으로, 지은석, 형사소송법 제312조 제3항의 확대 적용 – 대법원 2020.6.11. 선고 2016도9367 판결 –, 형사법의 신동향 제69호(2020·겨울), 265-297면.

나. 검   토

벌칙규정에 위반하는 행위를 한 행위자에 대하여 사법경찰관이 작성한 피의자신문조서를, 그 위반행위로 인해 양벌규정에 의하여 처벌되는 법인 또는 개인의 유죄 인정을 위하여 증거로 사용할 경우 형사소송법의 어느 조항에 의하여 판단할 것인가가 문제된 사안이다. 이것은 사법경찰관이 작성한 공범에 대한 피의자신문조서의 증거능력을 형사소송법 제312조의 어느 항에 의하여 판단할 것인가의 문제와 연결되어 있다.

현행 형사소송법 제312조의 해석과 관련하여 대법원은, 검사가 작성한 조서의 경우 피고인이 된 피의자에 대한 피의자신문조서는 제1항, 피고인이 아닌 자에 대한 진술조서(공범에 대한 피의자신문조서 포함)는 제4항이 적용됨에 반하여, 사법경찰관이 작성한 피의자신문조서는 당해 피고인에 대한 피의자신문조서이든 공범에 대한 피의자신문조서이든 제3항이 적용된다고 한다. 본 판결은 대법원의 이러한 일관된 태도를 확대한 것으로 평가된다.

대법원은 그 이유로, ① 하나의 범죄사실에 대하여 여러 명이 관여한 경우 서로 자신의 책임을 다른 사람에게 미루려는 것이 일반적인 인간심리이므로, 만일 형사소송법 제312조 제3항을 해당 피고인과 공범관계에 있는 자들에 대해서까지 적용하지 않는다면 인권보장을 위해 마련된 위 규정의 취지를 제대로 살리지 못하여 부당하고 불합리한 결과에 이를 수 있고, ② 대법원이 **형법총칙의 공범** 이외에도 **필요적 공범 내지 대향범** 관계에 있는 자들 사이에서도 제312조 제3항이 적용된다는 판시한 것은 필요적 공범 내지 대향범의 경우에도 어느 한 피고인이 자기의 범죄에 대하여 한 진술이 나머지 대향적 관계에 있는 자가 저지른 범죄에도 **내용상 불가분적으로 관련되어** 있음을 중시한 것이며, ③ 양벌규정에 따라 처벌되는 행위자와 행위자가 아닌 법인 또는 개인 간의 관계는, 행위자가 저지른 법규위반행위가 사업주의 법규위반행위와 사실관계가 동일하거나 적어도 중요부분을 공유한다는 점에서 내용상 불가분적 관련성을 지닌다고 보아야 하므로 형법총칙의 공범관계 등과 마찬가지로 인권보장적인 요청에 따라 제312조 제3항이 이들 사이에서도 적용된다고 보는 것이 타당하다는 것이다.

사법경찰관이 작성한 공범에 대한 피의자신문조서의 증거능력 판단 규정에 대해서는, 제312조 제3항설(피의자신문조서설)37)과 제312조 제4항설(참고인진술조서설)38)이 대립한다. 본인은 제312조 제4항설이 타당하다고 본다. 그 이유는, 첫째 제312조 제3항의 "그 피의자였던 피고인"은 제1항의 "피고인이 된 피의자"와 동일하여 당해 피의자신문조서에 기재된 내용을 진술한 피의자로서 피고인이 된 자를 의미하므로, 공범인 피의자는 제312조 제3항의 "그 피의자였던 피고인"은 될 수 없고 제4항의 "피고인이 아닌 자"에 해당한다는 점, 둘째 제312조 제3항의 입법배경은 존중되어야 하지만 입법당시의 수사상황과 수차의 개정을 통해 위법수사 억지를 위한 관련 규정이 정비된 점, 셋째 구법과 달리 제312조 제4항을 신설하여 사법경찰관 앞에서의 공범의 진술내용의 진실 여부를 확인할 수 있는 장치(원진술자에 대한 반대신문 보장)를 마련하였음에도 불구하고, 수사기관이 적법한 절차와 방식에 따라 작성한 조서의 증거능력을 피고인의 '입'에 좌우되게 하는 것은 타당하지 않은 점, 넷째 현행법은 제312조 제4항의 신설과 제316조의 개정을 통해 사법경찰관이 작성한 피의자신문조서의 증거능력에 대하여 구법 제312조 제2항39)에 부여하였던 절대적이고 독점적인 지

37) 이재상·조균석·이창온, 앞의 책, §40/46; 이주원, 앞의 책, 407면 등 거의 통설이다.
38) 노명선·이완규, 「형사소송법」, SKKUP, 2009, 596-598면; 이완규, "공범인 피의자에 대한 경찰 피의자신문조서의 증거능력", 형사법의 신동향 통권 18호, 대검찰청, 2009.2, 222면 및 224면.
39) 검사 이외의 수사기관 작성의 피의자 신문조서는 공판준비 또는 공판기일에 그 피의자였던 피고인이나 변호인이 그 내용을 인정할 때에 한하여 증거로 할 수 있다.

위(피고인의 내용부인 진술만으로 증거능력 상실)를 더 이상 인정하지 않은 점, 다섯째 제4항에 의할 경우 원진술자인 공범을 공판정에서 신문함으로써 법관의 면전에서 증거를 직접 조사하여야 한다는 공판중심주의와도 조화를 이룰 수 있다는 점, 여섯째 피고인에 의한 원진술자에 대한 반대신문의 기회부여와 특신상태를 조건으로 증거능력을 부여하려는 제4항이 제3항보다 전문법칙의 예외인정 기준과도 일치한다는 점이다.[40] 나아가 판례가 중요한 근거로 제시하는 '내용상 불가분적 관련'은 신문대상 및 진술내용에 관한 것일 뿐 신문주체(사경이냐 검사냐)와는 전혀 무관하다는 점에서도 판례와 다수설에는 동의하기 어렵다. 또한 2020.2.4. 개정되어 2022.1.1. 시행될 제312조 제1항이 제3항과 동일하게 되는데, 본 판결을 포함하여 현재의 대법원 판례에 따르면 검사 작성 공범에 대한 피의자신문조서의 경우 지금까지와는 달리 제4항 아닌 제1항을 적용할 가능성이 높아진다는 점도 고려하여야 할 것이다.

결론적으로 양벌규정에 의해 처벌되는 행위자와 개인 사이의 사법경찰관 작성 피의자신문조서-검사 작성 피신조서도 동일-의 증거능력은 제312조 제3항이 아닌 제4항이 적용되어야 하고, 그에 따라 제314조도 적용될 수 있다. 따라서 이에 관한 대법원의 견해는 변경되어야 할 것으로 생각한다.

3. 성폭행 피해자 진술의 신빙성 판단

가. 대법원 판결

[판결 1: 대법원 2020.10.29. 2019도4047 판결]

성폭행 피해자의 대처 양상은 피해자의 성정이나 가해자와의 관계 및 구체적인 상황에 따라 다르게 나타날 수밖에 없다. 따라서 개별적, 구체적인 사건에서 성폭행 등의 피해자가 처하여 있는 특별한 사

---

40) 강동범, "사법경찰관이 작성한 공범에 대한 피의자신문조서의 증거능력," 법학연구 통권 제41집, 전북대학교 법학연구소, 2014.5, 162-163면.

정을 충분히 고려하지 않은 채 피해자 진술의 증명력을 가볍게 배척하는 것은 정의와 형평의 이념에 입각하여 논리와 경험의 법칙에 따른 증거판단이라고 볼 수 없다. <u>범행 후 피해자의 태도 중 '마땅히 그러한 반응을 보여야만 하는 피해자'로 보이지 않는 사정이 존재한다는 이유만으로 피해자 진술의 신빙성을 함부로 배척할 수 없다.</u>

[판결 2: 대법원 2020.9.7. 2020도8016 판결]

피해자가 피고인으로부터 강간을 당한 후 다음 날 혼자서 다시 피고인의 집을 찾아간 것이 일반적인 평균인의 경험칙이나 통념에 비추어 범죄 피해자로서는 취하지 않았을 특이하고 이례적인 행태로 보인다고 하더라도, 그로 인하여 곧바로 피해자의 진술에 신빙성이 없다고 단정할 수는 없다. 범죄를 경험한 후 피해자가 보이는 반응과 피해자가 선택하는 대응 방법은 천차만별인바, 강간을 당한 피해자가 반드시 가해자나 가해현장을 무서워하며 피하는 것이 마땅하다고는 볼 수 없고, 경우에 따라서는 가해자를 별로 무서워하지 않거나 피하지 않고 나아가 가해자를 먼저 찾아가는 것도 불가능하다고 볼 수는 없다. 피해자와 피고인의 나이 차이, 범행 이전의 우호적인 관계 등에 비추어 보면, 피해자로서는 사귀는 사이인 것으로 알았던 피고인이 자신을 상대로 느닷없이 강간 범행을 한 것에 대해서 의구심을 가지고 그 해명을 듣고 싶어하는 마음을 가졌던 것으로 보이고, 피해자의 그러한 심리가 성폭력을 당한 여성으로서는 전혀 보일 수 없을 정도로 이례적이고 납득 불가능한 것이라고 할 수는 없다. 따라서 <u>피해자가 전날 강간을 당한 후 그 다음 날 스스로 피고인의 집에 찾아갔다고 하더라도, 그러한 피해자의 행위가 피해자 진술의 신빙성을 배척할 사정이 되지는 못한다.</u>

[판결 3: 대법원 2020.9.24. 2020도7869 판결]

고등학교 교사인 피고인이 학생인 3명의 피해자에게 격려, 관심표명 등을 핑계 삼아 피해자의 신체를 만져서 추행하였다는 공소사실로 기소된 사건에서, <u>'성추행 피해자가 추행 즉시 행위자에게 항의하지</u>

않은 사정'이나 '피해 신고 시 성폭력이 아닌 다른 피해사실을 먼저 진술한 사정'만으로 곧바로 피해자 진술의 신빙성을 부정할 것이 아니고, 가해자와의 관계와 피해자의 구체적 상황을 모두 살펴 판단하여야 한다.

[판결 4: 대법원 2020.5.14. 2020도2433 판결]

미성년자인 피해자가 자신을 보호·감독하는 지위에 있는 친족으로부터 강간이나 강제추행 등 성범죄를 당하였다고 진술하는 경우에 그 진술의 신빙성을 판단함에 있어서, 피해자가 자신의 진술 이외에는 달리 물적 증거 또는 직접 목격자가 없음을 알면서도 보호자의 형사처벌을 무릅쓰고 스스로 수치스러운 피해 사실을 밝히고 있고, 허위로 그와 같은 진술을 할 만한 동기나 이유가 분명하게 드러나지 않을 뿐만 아니라, 진술 내용이 사실적·구체적이고, 주요 부분이 일관되며, 경험칙에 비추어 비합리적이거나 진술 자체로 모순되는 부분이 없다면, 그 진술의 신빙성을 함부로 배척해서는 안 된다. 특히 친족관계에 의한 성범죄를 당하였다는 미성년자 피해자의 진술은 피고인에 대한 이중적인 감정, 가족들의 계속되는 회유와 압박 등으로 인하여 번복되거나 불분명해질 수 있는 특수성을 갖고 있으므로, 피해자가 법정에서 수사기관에서의 진술을 번복하는 경우, 수사기관에서 한 진술 내용 자체의 신빙성 인정 여부와 함께 법정에서 진술을 번복하게 된 동기나 이유, 경위 등을 충분히 심리하여 어느 진술에 신빙성이 있는지를 신중하게 판단하여야 한다.

[판결 5: 대법원 2020.8.20. 2020도6965, 2020전도 74 판결]

성폭행 피해자의 대처 양상은 피해자의 성정이나 가해자와의 관계 및 구체적인 상황에 따라 다르게 나타날 수밖에 없다. 따라서 개별적, 구체적인 사건에서 성폭행 등의 피해자가 처하여 있는 특별한 사정을 충분히 고려하지 않은 채 피해자 진술의 증명력을 가볍게 배척하는 것은 정의와 형평의 이념에 입각하여 논리와 경험의 법칙에 따른 증거판단이라고 볼 수 없다. 피고인의 친딸로 가족관계에 있던 피해자가 '마땅히 그러한 반응을 보여야만 하는 피해자'로 보이지 않는다는 이유만으로 피해자 진술의 신빙성을 함부로 배척할 수 없다. 그리고 친족관계에 의한 성범죄를 당하였다는 피해자의 진술은 피고인에 대한 이중적인 감정, 가족들의 계속되는 회유와 압박 등으로 인하여 번복되거나 불분명해질 수 있는 특수성이 있다는 점을 고려해야 한다.

나. 검   토

범죄의 피해자는 가장 정확하게 해당 범죄사실을 증명할 수 증거방법이므로, 피해자 증언의 신뢰성 여부는 유죄 인정에 결정적이다. 증거의 증명력은 법관의 자유판단에 의하므로 피해자 증언의 신빙성 여부도 전적으로 법관에게 맡겨져 있다. 자유심증주의는 사실인정의 합리성을 이념으로 하며, 합리적 심증주의 또는 과학적 심증주의라고도 하므로, 법관의 사실인정은 논리와 경험칙에 합치하여야 한다.[41] 이는 성폭력범죄 피해자의 증언에 대해서도 동일하다.

대법원 2018.10.25. 2018도7709 판결은, "법원이 성폭행이나 성희롱 사건의 심리를 할 때에는 그 사건이 발생한 맥락에서 성차별 문제를 이해하고 양성평등을 실현할 수 있도록 '성인지 감수성'을 잃지 않도록 유의하여야 한다(양성평등기본법 제5조 제1항 참조)."고 하면서 "우리 사회의 가해자 중심의 문화와 인식, 구조 등으로 인하여 성폭행이나 성희롱 피해자가 피해사실을 알리고 문제를 삼는 과정에서 오히려 피해자가 부정적인 여론이나 불이익한 처우 및 신분 노출의 피해 등을 입기도 하여 온 점 등에 비추어 보면, 성폭행 피해자의 대처 양상은 피해자의 성정이나 가해자와의 관계 및 구체적인 상황에 따라 다르게 나타날 수밖에 없으므로, 개별적, 구체적인 사건에서 성폭행 등의 피해자가 처하여 있는 특별한 사정을 충분히 고려하지 않은 채 피해자 진술의 증명력을 가볍게 배척하는 것은 정의와 형평의 이념에 입각하

---

41) 이재상·조균석·이창온, 앞의 책, §37/54.

여 논리와 경험의 법칙에 따른 증거판단이라고 볼 수 없다.”고 하였다. 그리하여, 범행 후 피해자의 태도 중 ‘마땅히 그러한 반응을 보여야만 하는 피해자’로 보이지 않는 사정이 존재한다는 이유만으로 피해자 진술의 신빙성을 함부로 배척할 수 없고(대법원 2020.10.29. 2019도4047 판결), 피해자가 전날 강간을 당한 후 그 다음 날 스스로 피고인의 집에 찾아갔다고 하더라도, 그러한 피해자의 행위가 피해자 진술의 신빙성을 배척할 사정이 되지는 못하며(대법원 2020.9.7. 2020도8016 판결), ‘성추행 피해자가 추행 즉시 행위자에게 항의하지 않은 사정’이나 ‘피해 신고 시 성폭력이 아닌 다른 피해사실을 먼저 진술한 사정’만으로 곧바로 피해자 진술의 신빙성을 부정할 것이 아니다(대법원 2020. 9.24. 2020도7869 판결).

나아가 친족관계에 의한 성범죄의 피해자 진술의 경우, “특히 친족관계에 의한 성범죄를 당하였다는 미성년자 피해자의 진술은 피고인에 대한 이중적인 감정, 가족들의 계속되는 회유와 압박 등으로 인하여 번복되거나 불분명해질 수 있는 특수성을 갖고 있으므로, 피해자가 법정에서 수사기관에서의 진술을 번복하는 경우, 수사기관에서 한 진술 내용 자체의 신빙성 인정 여부와 함께 법정에서 진술을 번복하게 된 동기나 이유, 경위 등을 충분히 심리하여 어느 진술에 신빙성이 있는지를 신중하게 판단하여야 하고”(대법원 2020.5.14. 2020도2433 판결), “피고인의 친딸로 가족관계에 있던 피해자가 ‘마땅히 그러한 반응을 보여야만 하는 피해자’로 보이지 않는다는 이유만으로 피해자 진술의 신빙성을 함부로 배척할 수 없다”(대법원 2020.8.20. 2020도6965, 2020전도74 판결).

성폭행은 목격자가 별로 없는 폐쇄된 공간에서 은밀하게 이루어질 뿐 아니라 피해자는 엄청난 충격 속에서 심한 수치심을 느끼게 되며, 성폭행의 특성상 가해자에 대한 피해자의 대처모습은 통상적인 범죄의 경우와는 확연히 다르다. 또한 성폭행 피해자에 대한 사회의 인식과 ‘2차가해’가 부지불식간에 행하여지는 현실을 고려할 때 피해자가 피해사실을 말하는 것은 물론 범죄의 증명을 위해 피해자가 자신을 드러내기가 대단히 어렵다. 이러한 점을 반영하여 성폭력처벌법은 수사와 재판과정에서 피해자 보호를 위한 조치들을 규정하고 있다(제22조 이하). 법원도 피해자 진술의 신빙성을 판단할 때에 이와 같은 특수성을 고려하여야 한다. 즉 성폭행의 피해자가 처해 있는 특별한 사정을 충분히 고려하지 않고, 성폭행에 대한 피해자의 대처방법이나 범죄피해 후의 행동에서 '피해자로서의 태도'나 '피해자다움'을 문제 삼아 진술의 신빙성을 판단하여서는 아니 된다.

4. 정식재판 청구와 형종 상향 금지의 원칙

가. 대법원 판결

[판결 1: 대법원 2020.1.9. 2019도15700 판결]

피고인이 절도죄 등으로 벌금 300만 원의 약식명령을 발령받은 후 정식재판을 청구하였는데, 제1심법원이 위 정식재판청구 사건을 통상절차에 의해 공소가 제기된 다른 점유이탈물횡령 등 사건들과 병합한 후 각 죄에 대해 모두 징역형을 선택한 다음 경합범으로 처단하여 징역 1년 2월을 선고하자, 피고인과 검사가 각 양형부당을 이유로 항소한 사안에서, 형사소송법 제457조의2 제1항은 "피고인이 정식재판을 청구한 사건에 대하여는 약식명령의 형보다 중한 종류의 형을 선고하지 못한다."라고 규정하여 정식재판청구 사건에서의 형종 상향 금지의 원칙을 정하고 있는데, 제1심판결 중 위 정식재판청구 사건 부분은 피고인만이 정식재판을 청구한 사건인데도 약식명령의 벌금형보다 중한 종류의 형인 징역형을 선택하여 형을 선고하였으므로 여기에 형사소송법 제457조의2 제1항에서 정한 형종 상향 금지의 원칙을 위반한 잘못이 있고, 제1심판결에 대한 피고인과 검사의 항소를 모두 기각함으로써 이를 그대로 유지한 원심판결에도 형사소송법 제457조의2 제1항을 위반한 잘못이 있다고 한 사례.

[판결 2: 대법원 2020.12.10. 2020도13700 판결]

피고인뿐만 아니라 검사가 피고인에 대한 약식명령에 불복하여 정식재판을 청구한 사건에 있어서는 형사소송법 제457조의2에서 정한 '약식명령의 형보다 중한 종류의 형을 선고하지 못한다.'는 <u>형종 상향의 금지 원칙이 적용되지 않는다</u>. 따라서 원심이 검사가 정식재판을 청구한 이 사건에서 형종 상향의 금지 원칙을 적용하지 않고 <u>징역형을 선택한 제1심판결을 그대로 유지한</u> 데에 어떠한 잘못이 있다고 할 수 없다.

나. 검   토

약식명령에 대하여 정식재판을 청구하는 때에도 불이익변경금지의 원칙이 적용되는가에 대하여 과거에는 규정이 없어 논란이 있었으나,[42] 1995.12.29. 형사소송법 제457조의2(불이익변경의 금지)[43]를 신설 [1997.1.1. 시행]함으로써 입법적으로 해결하였다. 그 후 2017.12.7. 해당 조문을 개정[44]하여 형종 상향 금지의 원칙으로 수정하였다. 즉 '**중한 종류**'의 형으로 변경하지 못할 뿐이므로 같은 종류의 형에서 형량을 중하게 변경하는 것은 가능하다. 약식명령에 대한 정식재판의 청구는 피고인이 간이절차 아닌 보통의 공판절차에 의하여 재판을 받겠다는 의사를 표시한 것으로 약식절차는 정식재판의 전심이 아니어서 정식재판 청구가 상소는 아니고, 정식재판의 청구에 의한 판결이 있는 때에는 약식명령은 그 효력을 잃는다는 점에서 약식명령에 대한 피고인의 정식재판 청구에는 상소에 관한 불이익변경금지원칙을 적용할 수

---

42) 대법원은 적용을 부정하였다: 약식명령이 고지된 사건에서 피고인의 정식재판 청구가 있으면 약식명령은 효력을 잃게 되고 여기에는 이른바 불이익변경금 지원칙이 적용되지 아니한다(대법원 1984.2.14. 83도3156 판결; 대법원 1990.2.23. 89도2102 판결; 대법원 1991.11.26. 91도2418 판결).

43) 피고인이 정식재판을 청구한 사건에 대하여는 **약식명령의 형보다 중한 형**을 선고하지 못한다.

44) ① 피고인이 정식재판을 청구한 사건에 대하여는 **약식명령의 형보다 중한 종류의 형**을 선고하지 못한다.

없다는 주장도 가능하다. 그러나 약식명령이 사실상 정식재판의 전심으로 인식된다는 점과 공정하고 정당한 사법제도에 대한 국민의 신뢰는 약식명령에 대한 불복권리를 충분히 보장함으로써 달성될 수 있다는 점 등에 비춰 볼 때 정식재판을 청구하는 경우 약식명령보다 불리한 판결을 선고받을지 모른다는 우려는 없어야 할 것이다. 다만 약식절차는 서류증거만으로 재판한다는 심판절차의 제약과 경미하고 간단한 사건을 신속하게 해결함으로써 사법자원을 효율적으로 배분한다는 사법정책적 측면에서 정식재판 청구의 남용을 억제할 필요가 있다는 점을 고려할 때 일체의 불이익한 변경금지가 아닌 형의 종류를 달리하는 정도의 불이익을 금지하는 것으로 충분하다고 본다.

약식명령에 대하여 피고인만이 정식재판을 청구한 사건이 정식재판 과정에서 관련사건과 병합된 경우에도 형종 상향 금지의 원칙은 적용되어야 하므로, 이들 범죄를 경합범으로 처벌하면서 징역형을 선고하는 것은 형사소송법 제457조의2 제1항에서 정한 형종 상향 금지의 원칙을 위반한 잘못이 있다는 [판결 1]은 타당하다. 또한 대법원 2020.3.26. 2020도355 판결은, 피고인이 벌금 300만 원의 약식명령을 받은 후 피고인의 정식재판회복청구가 받아들여진 다음 벌금 300만 원이 선고된 사건(이하 '제1사건')과 피고인에 대하여 징역 1년 2월이 선고된 사건(이하 '제2사건')의 각 항소사건이 항소심에서 병합된 경우 제1사건은 피고인만이 정식재판을 청구한 사건이므로 형종 상향 금지의 원칙에 따라 그 각 죄에 대하여는 약식명령의 벌금형보다 중한 종류의 형인 징역형을 선택하지 못하고, 나아가 제1사건이 항소심에서 제2사건과 병합·심리되어 경합범으로 처단되더라도 제1사건에 대하여는 징역형을 선고하여서는 아니 됨에도 제1사건의 항소심에서 각 죄에 대하여 약식명령의 벌금형보다 중한 종류의 형인 징역형을 선택한 다음 경합범가중 등을 거쳐 제1사건의 각 죄와 제2사건의 각 죄에 대하여 하나의 징역형을 선고한 원심판결에는 형사소송법 제457조의2 제1항에서 정한 형종 상향 금지의 원칙을 위반한 잘못이 있다고 하였다.

약식명령에 대하여 피고인은 물론 검사도 정식재판을 청구할 수 있는데(형사소송법 제453조 제1항), 검사가 정식재판을 청구한 경우에도 형종 상향 금지의 원칙이 적용되는지 문제된다. 종래 대법원은 검사가 정식재판을 청구한 사건에서는 불이익변경금지의 원칙이 적용되지 않는다(대법원 2011.4.14. 2010도17636 판결)고 하였는바, [판결 2]는 대법원의 이러한 해석이 형종 상향 금지의 원칙으로 개정된 이후에도 동일하게 적용됨을 최초로 확인한 판례로서 의미가 있다.

V. 그 밖의 판결

1. 변호인의 권리

2020년 대법원 판결 중 변호인의 권리에 대한 것으로 변호인의 피의자신문참여권 제한과 압수·수색영장의 집행참여권에 관한 것이 있다.

먼저 대법원 2020.3.17. 2015모2357 결정은, "형사소송법 제243조의2 제1항은 검사 또는 사법경찰관은 피의자 또는 변호인 등이 신청할 경우 정당한 사유가 없는 한 변호인을 피의자신문에 참여하게 하여야 한다고 규정하고 있다. 여기에서 '정당한 사유'란 변호인이 피의자신문을 방해하거나 수사기밀을 누설할 염려가 있음이 객관적으로 명백한 경우 등을 말한다. 형사소송법 제243조의2 제3항 단서는 피의자신문에 참여한 변호인은 신문 중이라도 부당한 신문방법에 대하여 이의를 제기할 수 있다고 규정하고 있으므로, 검사 또는 사법경찰관의 부당한 신문방법에 대한 이의제기는 고성, 폭언 등 그 방식이 부적절하거나 또는 합리적 근거 없이 반복적으로 이루어지는 등의 특별한 사정이 없는 한, 원칙적으로 변호인에게 인정된 권리의 행사에 해당하며, 신문을 방해하는 행위로는 볼 수 없다. 따라서 검사 또는 사법경찰관이 그러한 특별한 사정없이, 단지 변호인이 피의자신문 중에 부당한 신문방법에 대한 이의제기를 하였다는 이유만으로 변호인을 조사실에서 퇴거시키는 조치는 정당한 사유 없이 변호인의 피의자신문 참여권을 제한하는 것으로서 허용될 수 없다."고 하면서, "변호인이 피의자에 대한 인정신문을 시작하기 전 검사에게 피의자의 수갑을 해제하여 달라고 계속 요구하자, 검사가 수사에 현저한 지장을 초래한다는 이유로 변호인을 퇴실시킨 것은 변호인의 피의자신문 참여권을 침해하여 위법하다."고 하였다. 이 결정은 피의자신문참여 제한에 관한 종전 판례45)와 동일하지만, 신문 중이 아닌 신문시작 전에도 정당한 신문을 위한 이의제기가 가능하고, 신문방해 행위를 구체적으로 밝혔다는 점에서 의미가 있다고 본다.

대법원 2020.11.26. 2020도10729 판결은, "형사소송법 제219조, 제121조가 규정한 변호인의 참여권은 피압수자의 보호를 위하여 변호인에게 주어진 고유권이다. 따라서 설령 피압수자가 수사기관에 압수·수색영장의 집행에 참여하지 않는다는 의사를 명시하였다고 하더라도, 특별한 사정이 없는 한 그 변호인에게는 형사소송법 제219조, 제122조에 따라 미리 집행의 일시와 장소를 통지하는 등으로 압수·수색영장의 집행에 참여할 기회를 별도로 보장하여야 한다."고 판시하였다. 본판결은 변호인의 압수·수색영장 집행참여권이 변호인의 고유권이고, 따라서 비록 피의자가 불참의사를 명시하였더라도 변호인에게 참여기회를 보장하여야 한다는 점을 분명히 하였다.

2. 피의자신문시 피의자에 대한 보호장비의 사용

위에서 언급한 대법원 2020.3.17. 2015모2357 결정은 "형사소송법 제198조 제1항과 제2항, 형의 집행 및 수용자의 처우에 관한 법률(이하 '형집행법'이라 한다) 제4조, 제79조, 제97조 제1항, 제99조 제1항, 헌법 제27조 제4항, 제12조의 내용과 취지를 종합하여 보면, 검사가 조사실에서 피의자를 신문할 때 피의자가 신체적으로나 심리적으로 위축되지 않은 상태에서 자기의 방어권을 충분히 행사할 수 있도록 피

---

45) 대법원 2003.11.11. 2003모402 결정; 대법원 2008.9.12. 2008모793 결정.

의자에게 보호장비를 사용하지 말아야 하는 것이 원칙이고, 다만 도주, 자해, 다른 사람에 대한 위해 등 형집행법 제97조 제1항 각호에 규정된 위험이 분명하고 구체적으로 드러나는 경우에만 예외적으로 보호장비를 사용하여야 한다. 따라서 구금된 피의자는 형집행법 제97조 제1항 각호에 규정된 사유에 해당하지 않는 이상 보호장비 착용을 강제당하지 않을 권리를 가진다. <u>검사는 조사실에서 피의자를 신문할 때 해당 피의자에게 그러한 특별한 사정이 없는 이상 교도관에게 보호장비의 해제를 요청할 의무가 있고, 교도관은 이에 응하여야</u> 한다.”고 하여 피의자신문 시 보호장비 해제에 대한 검사의 요청의무와 교도관의 응할 의무를 인정하였다.

3. 증 거

가. 거증책임

2020년에도 거증책임에 관한 다수의 판결이 선고되었다. ①국가보안법 제7조 제5항의 죄는 이른바 목적범이므로 행위자에게 이적행위를 할 목적이 있었다는 점은 검사가 증명하여야 하고(대법원 2020.1.9. 2016도2195 판결), ②<u>허위사실 적시 명예훼손죄</u>에서 사실이 적시되었다는 점, 그 적시된 사실이 허위일 뿐만 아니라 허위라는 것을 피고인이 인식하고서 이를 적시하였다는 점은 <u>검사가 증명하여야</u> 하며(대법원 2020.2.13. 2017도16939 판결), ③사기죄의 요건인 기망 중 소극적 행위로서의 부작위에 의한 기망에 해당하기 위한 법률상 고지의무를 인정할 것인지는 법률문제로서 상고심의 심판대상이 되지만 그 근거가 되는 거래의 내용이나 거래관행 등 거래실정에 관한 사실을 주장·증명할 책임은 검사에게 있다(대법원 2020.6.25. 2018도13696 판결)고 하였다.

또한 ④양심에 따른 병역거부의 경우 <u>진정한 양심에 따른 병역거부라면, 이는 병역법 제88조 제1항에서 정한 ‘정당한 사유’에 해당한다</u>고 보아야 하고, 정당한 사유가 없다는 사실은 범죄구성요건이므로 검사가 증명하여야 하고(대법원 2020.9.3. 2020도8055 판결), ⑤정보통신망이용촉진 및 정보보호 등에 관한 법률」 제70조 제2항에서 정한 모든 구성요건에 대한 증명책임은 검사에게 있으며(대법원 2020.12.10. 2020도11471 판결), ⑥공연성은 명예훼손죄의 구성요건으로서, 전파가능성에 관해서는 검사의 엄격한 증명이 필요하다(대법원 2020.12.30. 2015도12933 판결).

나. 증인신문가능자에 대한 참고인진술조서·피의자신문조서의 증거능력

대법원 2020.1.30. 2018도2236 전원합의체 판결은, "형사소송법은 피고사건에 대한 실체심리가 공개된 법정에서 검사와 피고인 양 당사자의 공격·방어활동에 의하여 행해져야 한다는 <u>당사자주의와 공판중심주의 원칙</u>, 공소사실의 인정은 법관의 면전에서 직접 조사한 증거만을 기초로 해야 한다는 <u>직접심리주의와 증거재판주의 원칙</u>을 기본 원칙으로 채택하고 있다. 이에 따라 공소가 제기된 후에는 그 사건에 관한 형사절차의 모든 권한이 사건을 주재하는 수소법원에 속하게 되며, 수사의 대상이던 피의자는 검사와 대등한 당사자인 피고인의 지위에서 방어권을 행사하게 된다. <u>이러한 형사소송법의 기본 원칙에 따라</u> 살펴보면, 제1심에서 피고인에 대하여 무죄판결이 선고되어 검사가 항소한 후, 수사기관이 항소심 공판기일에 증인으로 신청하여 신문할 수 있는 사람을 특별한 사정없이 미리 수사기관에 소환하여 작성한 진술조서나 피의자신문조서는 <u>피고인이 증거로 삼는 데 동의하지 않는 한 증거능력이 없다</u>. 참고인 등이 나중에 법정에 증인으로 출석하여 위 진술조서 등의 진정성립을 인정하고 피고인 측에 반대신문의 기회가 부여된다 하더라도 위 진술조서 등의 증거능력을 인정할 수 없음은 마찬가지이다. 참고인 등이 법정에서 위와 같이 증거능력이 없는 진술조서 등과 같은 취지로 피고인에게 불리한 내용의 진술을 한 경우, 그 진술에 신빙성을 인정하여 유죄의 증거로 삼을 것인지는 증

인신문 전 수사기관에서 진술조서 등이 작성된 경위와 그것이 법정진
술에 영향을 미쳤을 가능성 등을 종합적으로 고려하여 신중하게 판단
하여야 한다."46)고 판시하여, 공판정에서 증인신문이 가능한 자를 수
사기관이 소환하여 참고인진술조서나 피의자신문조서를 작성한 경우
'피고인의 동의가 없는 한' 그 조서의 증거능력을 부정하였다.

　본 판결은 증거능력을 부정한 이유 내지 근거로 당사자주의와 공
판중심주의, 직접심리주의와 증거재판주 등 형사소송법의 기본원칙을
들고 있다. 이는 증언번복조서의 증거능력을 부정한 대법원 2000.6.15.
99도1108 전원합의체 판결의 논리와 유사한 것으로 보인다. 증거능력
은 형식적인 자격의 문제로서 범죄 유무를 판단하는데 사용할 수 있
는 자료를 제한한다는 점에서 과연 이러한 기본원칙들을 증거능력배
제의 규범 내지 기준으로 삼는 것이 타당한지는 의문이다. 위법수집증
거배제법칙이나 전문법칙 등 증거능력배제의 구체적인 근거를 찾는
것이 필요하다고 본다.

4. 재 판

가. 헌법불합치 결정과 선고할 재판(무죄판결)

(1) 대법원 2020.5.28. 2017도8610 판결

헌법재판소는 2018.6.28. "집회 및 시위에 관한 법률(2007.5.11. 법률
제8424호로 전부 개정된 것, 이하 '집시법'이라 한다) 제11조 제3호, 제23
조 제1호 중 제11조 제3호에 관한 부분, 제24조 제5호 중 제20조 제2항
가운데 '제11조 제3호를 위반한 집회 또는 시위'에 관한 부분은 헌법
에 합치되지 아니한다.", "위 법률조항들은 2019.12.31.을 시한으로 개
정될 때까지 계속 적용한다."라는 헌법불합치결정을 선고하였고(2015
헌가28, 2016헌가5 전원재판부 결정), 국회는 2019.12.31.까지 위 법률조항

---

46) 참조판례: 대법원 2019.11.28. 2013도6825 판결. 이 참조판결에 대한 평석으로,
　　이주원, "공소제기 후 작성된 '증인예정자 진술조서'의 증거능력", 2020.10.12.
　　형사판례연구회 발표자료 참조.

을 개정하지 않았다. 헌법재판소의 헌법불합치결정은 헌법과 헌법재판
소법이 규정하고 있지 않은 변형된 형태이지만 법률조항에 대한 위헌
결정에 해당한다. 집시법 제23조 제1호는 집시법 제11조를 위반할 것
을 구성요건으로 규정하고 있고, 집시법 제24조 제5호는 집시법 제20
조 제2항, 제1항과 결합하여 집시법 제11조를 구성요건으로 삼고 있
다. 결국 집시법 제11조 제3호는 집시법 제23조 제1호 또는 집시법 제
24조 제5호와 결합하여 형벌에 관한 법률조항을 이루게 되므로, 위 헌
법불합치결정은 형벌에 관한 법률조항에 대한 위헌결정이라 할 것이
다. 그리고 헌법재판소법 제47조 제3항 본문에 따라 형벌에 관한 법률
조항에 대하여 위헌결정이 선고된 경우 그 조항은 소급하여 효력을
상실하므로, 법원은 해당 조항이 적용되어 공소가 제기된 피고사건에
대하여 형사소송법 제325조 전단에 따라 무죄를 선고하여야 한다.

　(2) 검　　토

　본 판결과 동일한 취지의 판결로, "집회 및 시위에 관한 법률
(2007.5.11. 법률 제8424호로 전부개정된 것) 제11조 제1호 중 '국회의사당'
에 관한 부분 및 제23조 중 제11조 제1호 가운데 '국회의사당'에 관한
부분에 관한 대법원 2020.5.28. 2019도8453 판결; 대법원 2020.6.4. 2018
도17454 판결, 대법원 2020.7.9. 2019도2757 판결, 대법원 2020.11.26.
2019도9694 판결이 있다.

　헌법재판소의 헌법불합치결정은 변형결정이지만 위헌결정이라는
점에는 다툼이 없다. 다만 형벌조항에 대하여 이러한 변형된 형태의
위헌결정을 하면서 입법시한을 제시하고 그 때까지 계속 적용을 명하
는 경우 형법적용과 관련하여 어려운 문제가 제기된다. 예컨대 헌법불
합치 결정시부터 개정입법시한 사이에 재판하는 경우 유죄판결을 선
고할 수 있는지 그리고 그 사이에 행하여진 행위에 대하여 재판하는
경우에 유죄판결이 가능한지 나아가 보다 본질적으로는 위헌결정된
형벌조항의 소급적 효력상실(헌법재판소법 제47조 제3항)과의 관계를 어
떻게 처리할 것인지 등이 해결되어야 할 것이다.

이러한 점을 고려하여, ① 형벌조항에 대해서는 **단순위헌결정을 해야 한다는 견해**, ② 단순위헌결정으로 중대한 법적 혼란이 야기될 경우 법적 안정성을 고려한 **헌법불합치결정이 가능하다는 견해**, ③ 적용중지 헌법불합치결정은 불가능하지만 법적 혼란을 막기 위한 **잠정 적용 헌법불합치결정은 허용**된다는 견해 그리고 ④ **적용중지 헌법불 합치결정은 허용되지만** 잠정적용 헌법불합치결정은 법치국가 또는 죄형법정주의의 이념상 허용되지 않는다는 견해가 대립한다. 헌법재판소는 적용중지 헌법불합치결정[47]은 물론 잠정적용 헌법불합치결정[48]도 선고하고 있다.

형벌조항에 대하여도 헌법불합치결정이 가능하고, 헌법불합치결정도 위헌결정인 이상 본 판결의 결론에 이르는 것은 불가피할 것이다. 다만 형벌규정의 특성에 비추어 형벌조항에 대하여는 헌법불합치결정이 허용되지 않는다고 생각한다. 기본적으로는 위헌결정임에도, 즉 헌법에 위반되는 법률임에도 불구하고 헌법불합치결정이 선고되었다고 하여 형벌조항을 계속 적용하는 것이 정당한지, 헌법불합치결정시와 개선입법시한 사이에는 어떤 재판을 선고하여야 하는지 그리고 그 기간에 행하여진 행위는 어떻게 되는지 등이 문제되며, 한시법의 추급효와 유사한 상황이 발생할 수 있다.

나. 보호장비 해제요구 거부와 구금에 관한 처분

(1) 대법원 2020.3.17. 2015모2357 결정

형사소송법 제417조는 검사 또는 사법경찰관의 '구금에 관한 처

---

47) 법원 기타 국가기관 및 지방자치단체는 입법자가 개정할 때까지 이 사건 법률조항 중 헌법불합치결정이 내려진 부분의 적용을 중지함이 상당하다(헌법재판소 2004.5.27. 2003헌가1,2004헌가4(병합) 전원재판부).

48) 이 사건 법률조항에 대하여 헌법불합치결정을 선고하되, 2016.12.31.을 시한으로 입법자의 개선입법이 있을 때까지 계속적용을 명하기로 한다(헌법재판소 2015.5.28. 2013헌바129 전원재판부). 자기낙태죄 조항과 의사낙태죄 조항에 대하여 헌법에 합치되지 아니한다고 선언하되, 2020.12.31.을 시한으로 입법자가 개선입법을 할 때까지 계속적용을 명한다(헌법재판소 2019.4.11. 2017헌바127 전원재판부).

분'에 불복이 있으면 법원에 그 처분의 취소 또는 변경을 청구할 수 있다고 규정하고 있다. 검사 또는 사법경찰관이 보호장비 사용을 정당화할 예외적 사정이 존재하지 않음에도 구금된 피의자에 대한 교도관의 보호장비 사용을 용인한 채 그 해제를 요청하지 않는 경우에, 검사 및 사법경찰관의 이러한 조치를 형사소송법 제417조에서 정한 '구금에 관한 처분'으로 보지 않는다면 구금된 피의자로서는 이에 대하여 불복하여 침해된 권리를 구제받을 방법이 없게 된다. 따라서 검사 또는 사법경찰관이 구금된 피의자를 신문할 때 피의자 또는 변호인으로부터 보호장비를 해제해 달라는 요구를 받고도 거부한 조치는 형사소송법 제417조에서 정한 '구금에 관한 처분'에 해당한다고 보아야 한다.

(2) 검　토

수사나 재판과정에서 국가기관으로부터 자유나 권리를 침해 또는 제한받았음에도 불구하고 법원 또는 법관의 재판이 아니라거나 불복규정이 없다는 이유로 제대로 구제받지 못하는 경우가 있다. 기본권의 제한·침해를 수반할 수밖에 없는 형사절차의 특성상 가능하면 각종 처분에 대한 불복을 허용하는 것이 바람직하다고 본다. 따라서 형사소송법 제417조가 규정하고 있는 '검사 또는 사법경찰관의 구금에 관한 처분'을 구금, 즉 체포·구금·구인 그 자체에 관한 처분으로 제한할 필요는 없다. 이러한 시각에서 대법원 2003.11.11. 2003모402 결정은 "형사소송법 제417조는 피의자의 구금 또는 구금 중에 행하여지는 검사 또는 사법경찰관의 처분에 대한 유일한 불복방법인 점에 비추어 볼 때, 영장에 의하지 아니한 구금이나 변호인 또는 변호인이 되려는 자와의 접견교통권을 제한하는 처분뿐만 아니라 구금된 피의자에 대한 신문에 변호인의 참여(입회)를 불허하는 처분 역시 구금에 관한 처분에 해당하는 것으로 보아야 한다."고 판시하여 구금된 피의자에 대한 피의자신문에 변호인의 입회를 불허하는 수사기관의 처분도 '구금에 관한 처분'으로 보아 준항고로 다툴 수 있다고 하였다.

본 결정은 형사소송법 제417조의 '구금에 관한 처분'의 범위를 확장한 것으로 바람직 방향이라고 생각한다.

[주 제 어]

사건과의 관련성, 양벌규정과 형사소송법 제312조, 위법수집증거, 헌법불합치결정, 임의동행, 체포현장에서의 영장 없는 압수

[Key Words]

Connection with the Relevant Case, Joint Penal Provisions and Article 312 of Criminal Procedure Act, Illegally Obtained Evidence, Constitutional Discordance Adjudication, Voluntary Accompaniment, Seizure without Warrant at the Locus of the Arrest of Flagrant Offender

접수일자: 2021. 4. 26. 심사일자: 2021. 5. 21. 게재확정일자: 2021. 5. 26.

[참고문헌]

노명선·이완규, 형사소송법, 2009, SKKUP.

배종대·홍영기, 형사소송법, 2018, 홍문사.

신동운, 신형사소송법, 2009, 법문사.

백형구·박일환·김희옥 편집, 주석 형사소송법(Ⅱ) §195～§265, 2009, 한국사
    법행정학회.

이주원, 형사소송법, 2019, 박영사.

이재상·조균석·이창온, 형사소송법, 2021, 박영사.

이창현, 형사소송법, 2019, 도서출판 정독.

정승환, 형사소송법, 2018, 박영사.

강동범, "사법경찰관이 작성한 공범에 대한 피의자신문조서의 증거능력",
    법학연구 통권 제41집, 전북대학교 법학연구소, 2014.5.

김택수, "수사상 임의동행의 허용 여부와 적법성 요건", 형사판례연구[17],
    2009, 한국형사판례연구회.

박진환, "2007년 형사소송법 개정 후 증거법 분야의 판례 동향", 형사판례연
    구[25], 2017, 한국형사판례연구회.

안성수, "위법수집 증거물의 증거능력", 형사판례연구[15], 2007, 한국형사판
    례연구회.

원혜욱, "정보저장매체의 압수·수색 ― 휴대전화(스마트폰)의 압수·수색 ―",
    형사판례연구[22], 2014, 한국형사판례연구회.

이상민, "부정기형이 선고된 소년범이 단독항소 후 항소심에서 성년에 도달
    한 경우 항소심의 선고 상한 ― 불이익변경금지 원칙의 의미를 중심으
    로", 형사판례연구회, 2020.12.7. 발표문.

이윤제, "위법수집증거배제법칙의 적용기준에 대한 비교법적 연구", 형사판
    례연구[18], 2010, 한국형사판례연구회.

이완규, "공범인 피의자에 대한 경찰 피의자신문조서의 증거능력", 형사법
    의 신동향 통권 18호.(2009.2), 대검찰청.

이완규, "압수물의 범죄사실과의 관련성과 적법한 압수물의 증거사용 범

위”, 형사판례연구[23], 2015, 한국형사판례연구회.

전승수, “디지털 증거 압수절차의 적정성 문제 — 피압수자 참여범위 및 영장무관정보의 압수를 중심으로 — ”, 형사판례연구[24], 2016, 한국형사판례연구회.

전주혜, “위법수집 증거물의 증거능력”, 형사판례연구[16], 2008, 한국형사판례연구회.

지은석, “형사소송법 제312조 제3항의 확대 적용 — 대법원 2020.6.11. 선고 2016도9367 판결 — ”, 형사법의 신동향 제69호(2020·겨울), 대검찰청.

[Abstract]

Review of the Criminal Procedure Precedents of the Korean Supreme Court in 2020

Kang, Dong-Beom*

The purpose of this paper is to review the Criminal Procedure Precedents of the Korean Supreme Court in 2020.

In chapter 2 I discuss the admissibility of Blue-House Documents which are submitted to prove the criminal liability of the chief presidential secretary during the period of the last president. These documents have been produced to appellate court by the Blue-House staffs who discovered those documents in the computer and cabinet accidentally. The Supreme Court Judgment(2020.1.30. 2018do2236 en banc) declared that the documents are admissible. But I don't agree with the conclusion because I wonder if those documents are obtained according to the due process.

The precedents relating to investigative procedure are reviewed in chapter 3. I consent to the Supreme Court's judgment that voluntary accompaniment for the criminal investigation will be permitted solely upon voluntary intention of the suspect. And the Supreme Court declared that connection with the relevant case as one of the requirements of seizure and search is objective connection with facts of suspicion and personal connection with criminal suspect. There is an argument whether seizure without warrant at the locus of the arrest of flagrant offender is allowed. The Supreme Court agrees this topic and I also do.

I examine the precedents of the evidence and appeals in the 4. chapter. The Supreme Court pronounces that any evidence obtained in violation of the due process shall not be admissible in principle, but

* Professor, Ewha Womans University, School of Law.

exceptionally may be used as evidences. But I propose when serious illegality is in obtaining process of evidence, the evidence should be excluded. And I deal with the precedent as to joint penal provisions and article 312 of Criminal Procedure Act

In the last chapter I review the precedents of the Supreme Court related to the defense counsel's participation right in the interrogation of the suspect, pronouncement of judgment in case of constitutional discordance adjudication of penal provision, and disposition concerning confinement(Article 417 of Criminal Procedure Act).

刑事判例研究 總目次
(1권~29권)

[刑事判例研究(1)]

한시법의 효력 ·································· 장영민

형법상 방법의 착오의 문제점 ······················· 김영환

법률의 부지의 효력 ····························· 허일태

과실범에 있어서 의무위반과 결과의 관련 ·················· 신양균

결과적 가중범의 공동정범 ·························· 박상기

유기치사죄와 부작위에 의한 살인죄 및 양심범과의 관계 ······· 최우찬

부녀매매죄의 성립요건에 관하여 ····················· 석동현

명예훼손죄의 공연성 ···························· 오영근

사기죄의 보호법익론 ···························· 조준현

사기죄에 있어서의 죄수 ·························· 김수남

소위 불법원인급여와 횡령죄의 성부 ··················· 강동범

복사문서의 문서성 ····························· 하태훈

국가보안법 제 7 조 제 1 항 및 제 5 항의 해석기준 ············· 김대휘

국토이용관리법상의 허가없이 체결한 토지거래계약 ············ 김광태

음주운전과 도로교통법상의 도로 ···················· 황인규

환경보전법 제70조의 행위자 ······················· 선우영

환경형사판례에 관한 비판적 검토 ···················· 조병선

관할위반 선고사건의 처리 ························· 최성창

접견교통권의 침해와 그 구제방법 ···················· 심희기

고소불가분의 원칙과 강간범에 대한 공소권의 행사 ··········· 손동권

검사작성의 공범자에 대한 피의자신문조서의 증거능력 ············· 여훈구
경합범에 있어서의 일부상소의 허용범위 ································ 이민걸
1992년의 형법 주요판례 ·· 이재상

[刑事判例研究(2)]
외교공관에서의 범죄행위에 대한 재판권 ··························· 신양균
소위 "개괄적 고의"의 형법적 취급 ······························· 이용식
부진정부작위범의 성립요건 ·· 장영민
의료행위의 형법해석학적 문제점 ····································· 김영환
쟁의행위에 있어서 업무방해와 정당성 ······························ 김대휘
무기징역 감경시 선고할 수 있는 징역형기의 범위 ··················· 이민걸
몰수·추징의 부가성의 의미 및 그 예외 ····························· 서정걸
상습범의 상습성 인정기준 ·· 이영란
감금죄와 강간죄의 관계 ·· 최우찬
절도죄의 불법영득의사와 사용절도 ··································· 오영근
절도죄에 있어서 실행의 착수시기 ···································· 정영일
부동산거래관계에 있어서 고지의무와 부작위에 의한 기망 ······ 하태훈
업무방해죄에서의 '업무방해'의 의미 ································ 박상기
범죄단체조직죄의 성격 ·· 조영수
성명모용과 피고인의 특정 ·· 김상희
전문법칙과 사법경찰 ·· 손동권
사법경찰관 사무취급작성의 실황조사서의 증거능력 ············· 강용현
제 1 회 공판기일 전의 증인신문 ······································ 이재홍
증언거부와 형사소송법 제314조의 기타사유로 인하여
　진술할 수 없는 때 ··· 김희옥
불이익변경금지의 내용 ··· 이기헌
미결수용자의 구금장소변경(이송 등)에 법원의 허가가
　필요한가 ·· 심희기

교통사고처리특례법의 물적·장소적 적용범위 ····························· 손기식
1993년의 형사판례 ··· 이재상

[刑事判例研究(3)]
양벌규정과 법인의 형사책임 ·· 조병선
인과관계의 확정과 합법칙적 조건설 ·· 장영민
결과적 가중범의 제한해석 ·· 조상제
허가 등의 대상인 줄 모르고 한 행위의 형법상 취급 ················· 강동범
정당방위와 긴급피난의 몇 가지 요건 ······································ 이용식
동종의 범죄를 가액에 따라 차등처벌하는 특별형법규정 ········· 이기헌
살인죄의 범의 ··· 최성창
강간치상죄에서 상해의 개념 ··· 오영근
출판물에 의한 명예훼손죄 ·· 박상기
형법상의 점유개념 ·· 하태훈
사자의 점유 및 사자명의의 문서 ·· 최철환
강도죄의 경우 재산상 이익취득의 시기 ···································· 최우찬
강도죄 및 강도상해죄의 죄수관계 ·· 이민걸
공무집행방해죄에 있어서 직무집행의 적법성 ······················· 이완규
음주측정불응죄의 성립요건 ·· 봉 욱
신용카드부정사용죄의 기수시기 ·· 김우진
신용카드부정사용에 관한 형법해석론의 난점 ························ 김영환
조세포탈범의 성립과 적극적 부정행위 ······································ 윤재윤
특정범죄가중처벌등에관한법률 제5조의3 제1항
　위반죄와 관련된 제문제 ··· 황상현
피의자연행과 보호실유치 ··· 손동권
이혼소송과 간통고소 ··· 이상철
소위 축소사실에 대한 유죄인정범위 ·· 정동욱

강도상해죄와 장물취득죄 사이에 공소사실의 동일성이

　있는지 여부 ··· 김상헌

포괄일죄와 이중기소 ·· 신양균

1994년도 형사판례 회고 ··· 이재상

[刑事判例研究(4)]

형법해석의 한계

　— 허용된 해석과 금지된 유추와의 상관관계 — ················· 김영환

행정행위와 형법 ··· 조병선

상관의 위법한 명령에 따른 행위 ····························· 이용식

과실의 원인에 있어서 자유로운 행위 ····················· 조상제

공모와 공동정범 ··· 백원기

상습범 및 누범에 대한 형벌가중의 문제점 ·············· 손동권

변호사법위반죄에 있어서의 추징범위 ····················· 전주혜

유가증권에 관한 죄의 판례연구 ······························· 정영일

판례에 나타난 음란성 ·· 이기호

강간죄와 폭행·협박의 정도 ······································ 박상기

형벌법규의 해석 ··· 오영근

강간치상죄에 있어서의 상해의 인정범위 ················· 김상희

주거침입죄의 범의와 기수시기 ································· 강용현

사기죄에 있어서 편취의 범의 ··································· 이완규

교통사고처리특례법의 장소적 적용범위 ·················· 이종상

교통사고와 죄수 ··· 이유정

음주측정불응죄에 관한 약간의 고찰 ······················· 손기식

현금자동인출기 부정사용에 대한 형법적 평가 ·········· 하태훈

형사소송법 제314조의 위헌성 논의 ························· 조준현

공소사실의 특정 ··· 최철환

판결경정제도에 관하여 ·· 전강진

친고죄에 있어 고소전 수사의 허용여부 ······································ 강동범
권리행사와 공갈죄의 성부 ·· 장영민
1995년도 형사판례 회고 ·· 이재상

[刑事判例研究(5)]
공소시효와 형벌불소급의 원칙 ·· 김영환
살인죄에 있어서 미필적 고의
　— 삼풍백화점 붕괴사건과 관련하여 — ·································· 이종상
책임능력과 감정 ·· 신양균
중지(미수)범의 특수문제
　— 특히 예비단계에서의 중지 — ·· 손동권
불능미수와 위험성
　— 차브레이크액유출 살인미수사건 — ···································· 백원기
공범관계의 해소에 관한 사례연구 ·· 조준현
연속범의 죄수 ·· 허일태
야간건조물침입절도 피고사건 ·· 오영근
사기죄에 있어서의 기망행위 ·· 안경옥
교인총회의 결의 없는 교회재산의 이중매매와 배임죄 ············· 석동현
횡령죄에서의 대체물보관자의 지위 ··· 최철환
압수절차가 위법한 압수물의 증거능력 ······································· 하태훈
마약류 투약사범과 공소사실의 특정 ·· 손기호
참고인의 허위진술과 증거위조죄 ·· 이상철
경합범 중 일부죄에 관하여만 재심사유가 있는 경우의
　심판범위 ··· 강용현
일죄의 일부가 각 무죄, 공소기각에 해당하는 경우
　판결 주문의 표시 방법 ··· 여훈구
행정범에 있어서 고의 ··· 손기식
자기신용카드의 부정사용행위에 대한 형사책임 ························· 강동범

도주차량운전자의 가중처벌(특가법 제5조의 3) 소정의

　도주의 의미해석과 그 한계 ·································· 조상제
특가법 제5조의 3의 도주운전죄 ·························· 이기헌
의붓아버지와 성폭력법상의 '사실상의 관계에 의한 존속',

　그리고 '친족강간(incestuous rape)'의 범주획정문제 ·············· 심희기
의료법상 의사의 진료거부금지와 응급조치의무 ························· 정현미
변호사법위반죄에 있어서의 타인의 사무 ······························ 강수진
사용권 없는 제3자의 캐릭터 상품화와 부정경쟁방지법

　제2조 제1호 ㈎목의 부정경쟁행위 ·························· 남성민
1996년의 형사판례 회고 ··································· 이재상

[刑事判例研究(6)]

형법의 시간적 적용범위에 관한 동기설의 문제점 ····················· 이승호
분업적 의료행위에 있어서 형법상 과실책임 ······························ 정영일
개괄적 과실(culpa generalis)?

　— 결과적 가중범에서의 결과귀속의 문제 — ···················· 장영민
정당방위와 긴급피난의 법리에 관한 사례연구 ······················· 조준현
추정적 승낙 ·· 이기헌
부작위에 의한 방조 ··· 신양균
신분과 공범의 성립 ··· 백원기
성전환수술자의 강간죄의 객체 여부 ··································· 정현미
출판물에 의한 명예훼손 ·· 오경식
형법 제310조의 실체면과 절차면 ·· 손동권
승낙의 의사표시의 흠결과 주거침입죄의 성부 ······················ 하태훈
현금자동지급기의 부정사용에 관한 형법적인 문제점 ·············· 김영환
부동산명의신탁과 횡령죄 ··· 박상기
권리행사와 사기죄 ··· 강수진

사기죄의 기수
　— 재산상의 손해발생의 요부와 관련하여 — ························· 안경옥
가장혼인신고가 공정증서원본부실기재죄에 해당하는지 여부 ··· 석동현
음주측정불응죄의 성립요건과 계속운전의 의사
　— 음주측정불응죄에 관한 종전의 대법원판결과 최근의
　　헌법재판소결정 — ·· 심희기
행정형벌법규와 양벌규정 ·· 김우진
구체적 방어권과 공소장변경의 요부 ·· 서정걸
수첩기재내용의 자백 여부와 보강법칙 ······································ 오영근
사진과 비디오테이프의 증거능력 ·· 김대휘
녹음테이프의 증거능력 ·· 강동범
1997년의 형사판례 회고 ·· 이재상

[刑事判例研究(7)]
유추금지와 목적론적 축소해석 ··· 장영민
보호관찰과 형벌불소급의 원칙 ··· 이재홍
의료과실과 과실인정조건 ·· 박상기
중지미수의 성립요건 ·· 하태훈
과실범의 공동정범 ··· 이용식
합동범에 관한 판례연구 ·· 정영일
합동절도의 공동정범 ·· 이호중
경합범과 상상적 경합 ··· 이기헌
집행유예기간중 발각된 범죄에 대한 집행유예선고의 가능 여부 ··· 백원기
소위 의사살인죄 ·· 허일태
자동차를 이용한 폭행과 '위험한 물건의 휴대' ··························· 강용현
특정범죄가중처벌등에관한법률 제 5 조의 3 도주차량운전자의
　가중처벌조항의 해석
　　— 도주의 의미를 중심으로 — ·· 조준현

노동자집단의 평화적인 집단적 노무제공의 거부행위와
　위력업무방해죄 ·· 심희기
기업비밀침해죄
　— 산업스파이 사건에 대하여 — ··············· 오경식
신용(현금)카드부정사용의 유형별 범죄성립과 죄수 ··········· 손동권
특수강도죄의 실행의 착수시기 ························· 여훈구
부동산명의신탁과 횡령죄 ······························· 백재명
유가증권위조죄 해석상의 문제점 ······················· 오영근
이혼소장의 각하가 고소권에 미치는 효력 ··············· 김기준
철야조사에 의하여 얻은 자백의 증거능력 ··············· 봉　욱
1998년의 형사판례 회고 ······························· 이재상

[刑事判例研究(8)]
법률의 착오에서 정당한 이유의 판단기준 ··············· 정현미
(오상)과잉방위에 대한 책임비난 ······················· 손동권
불능미수범에 있어서 위험성의 의미 ··················· 허일태
공동정범의 실행의 착수와 공모공동정범 ··············· 이용식
무형적·정신적 방조행위 ······························· 백원기
의사의 응급의료의무와 치료의무 ······················· 조상제
죄수의 결정 ·· 이기헌
양벌규정과 업무주 및 행위자의 책임 ··················· 박강우
징벌적 추징에 관하여 ································· 김대휘
공범간에 취득한 이익이 다른 경우의 취득방법
　— 외국환관리법 및 관세법상의 몰수·추징의 법적 성격과
　　추징방법을 중심으로 — ··························· 서보학
형법 제310조와 의무합치적 심사 ······················· 김재봉
주거침입죄의 성립범위 ································· 오영근

지명채권양도인이 양도통지 전에 채권의 변제로서 수령한
　금전을 자기를 위하여 소비한 경우 횡령죄 또는 배임죄의
　성립 ··· 이민걸
불법원인급여와 횡령죄 ··· 장영민
공문서등부정행사죄 ··· 박상기
형벌법규의 경합과 그 적용
　— 형법과 행정형법 경합을 중심으로 — ················· 박기석
검사가 증거로 제출하지 아니한 수사기록 등에 대한
　열람·등사의 가부 ·· 석동현
강제적 성범죄에 대한 효율적 형사사법집행을 위한 제언 ······· 이승호
약물사용죄와 공소사실의 특정 ···································· 이은모
축소사실에 대한 공소장변경 없는 유죄인정
　— 비친고죄의 공소사실에 대하여 친고죄의 유죄를
　　인정하는 경우 — ·· 이호중
항소심에서의 공소장변경과 고소취소의 효력 ················· 천진호
자백의 임의성과 그 입증 ·· 박광민
증거능력이 없는 증거에 의한 사실인정과 무해한 오류 ········· 최병각
사인이 비밀리에 녹음한 녹음테이프의 증거능력 ·············· 하태훈
불이익변경 여부의 판단기준 ······································ 한영수
'강조되어야 할 예외'로서의 재정신청제도 ···················· 조　국
1999년의 형사판례 회고 ··· 이재상

[刑事判例硏究(9)]
1990년대의 형사판례
　— 책임·미수·공범론을 중심으로 — ························· 오영근
1990년대 재산범죄에 관한 대법원판례의 동향 ················· 박상기
1990년대 형사증거법에 관한 주요판례 및 동향 ··············· 김희옥
1990년대 선거법판례의 동향 ······································ 강용현

피고인에게 불리한 판례의 변경과 소급효금지원칙 ·················· 허일태
인과과정에 개입된 타인의 행위와 객관적 귀속 ······················· 정현미
상관의 명령에 복종한 행위 ··· 하태훈
'공모'공동정범에 있어서 공모의 정범성 ······························· 천진호
무형적·정신적 방조행위의 인과관계 ································· 이용식
목적범에 관한 판례연구 ··· 정영일
명예훼손죄에 있어서의 공연성 ··· 김우진
'사실상의 신임관계'에 기초한 배임죄 처벌의 한계 ··············· 안경옥
장물인 현금 또는 자기앞수표의 예금과 장물성의 상실 여부 ···· 여훈구
간 첩 죄 ··· 김성천
영장청구 기각결정에 대한 불복방법 ································· 오세인
음주측정을 위한 '동의 없는 채혈'과 '혈액의 압수' ············· 한영수
공소권남용과 주관적 요건 ··· 김재봉
검사작성 피의자신문조서의 성립진정과 증거능력 ·················· 조 국
법정증언을 번복하는 진술조서의 증거능력 ························· 이재홍
사법경찰관 작성 검증조서에 기재된 피의자 진술의 증거능력 ····· 이승호
항소심에서의 공소사실변경으로 인한 특수문제 ·················· 손동권
공소사실의 축소인정과 '현저한 정의와 형평기준' ················ 심희기
2000년의 형사판례 회고 ·· 이재상

[刑事判例硏究(10)]
건축법상 불법용도변경과 형법의 시간적 적용범위 ················ 허일태
양벌규정의 해석 ··· 김대휘
고의의 본질과 대법원 판례의 입장 ··································· 박상기
개괄적 과실(culpa generalis) 사례의 결과귀속 ·················· 조상제
정당방위의 사회윤리적 제한
   ─ 부부 사이의 정당방위의 제한 ─ ······························· 박강우
유책한 도발과 정당방위 ··· 정현미

정당행위와 사회상규 ·· 최병각
고의의 원인에 있어서 자유로운 행위 ························· 한상훈
이중평가금지와 연결효과에 의한 상상적 경합 ············· 김성돈
상상적 경합의 비교단위 ··· 이승호
소송사기의 가벌성 ·· 안경옥
허위공문서작성죄의 간접정범에 대한 공범의 성립여부
　─ 예비군훈련확인서 허위작성사건 ─ ··················· 백원기
공연음란죄의 내포와 외연 ·· 조　국
내란죄의 간접정범과 간접정범의 본질 ························ 오영근
해상교통의 주의의무와 특례입법 ································· 이경호
형사소송법상 전문법칙의 예외요소로서의 필요성 ·········· 손동권
재전문증거의 증거능력
　─특히 피고인의 진술을 내용으로 하는 진술조서의 경우─ ······ 신양균
불법감청에 의한 대화녹음테이프의 증거능력 ·················· 원혜욱
일부상소와 심판의 대상 ··· 박기석
사건의 병합과 불이익변경금지의 원칙 ························ 임동규
2001년의 형사판례 회고 ·· 이재상

[刑事判例研究(11)]

형벌법규의 해석과 죄형법정원칙
　─ 대법원 판례를 중심으로 ─ ······························· 하태훈
인과관계판단과 과실판단의 분리 ································· 김성돈
법률의 부지의 형법해석학적 문제점 ···························· 김영환
공동자 중 1인의 실행착수 이전 범행이탈
　─ 공동정범의 처벌한계 ─ ······································ 이용식
대향범 중 불가벌적 대향자에 대한 공범규정 적용 ········· 조　국
신용카드를 이용한 현금자동인출기 사용행위의 형사책임 ······· 김대웅

타인 명의를 모용·발급받은 신용카드를 이용한

  현금인출행위와 컴퓨터 등 사용사기죄 ·················· 안경옥

사기죄와 처분의사 ··· 김재봉

편의시설부정이용죄의 본질과 전화카드의 문서성 ·········· 박상기

명의신탁부동산 처분행위의 형사책임 ······················ 천진호

누락사건에 대한 추가기소에서 공소권남용의 판단기준 ········· 김혜정

포괄일죄의 일부에 대한 추가기소와 확정판결에 의한

  전후사건의 분리 ··· 박광민

공소장변경과 법원의 심판범위 ··························· 오경식

공소장변경과 공소시효완성 ······························· 임동규

범죄인지서 작성 전에 행한 피의자 신문조서의 증거능력

  — 인지의 개념과 시기 — ······························ 이완규

공범자인 공동피고인의 진술을 내용으로 하는 전문증거 ········ 김대휘

공범자의 법정외 진술의 증거능력과 자백의 보강법칙

  — 공범자의 법정외 진술에 대한 제314조 및

    제310조의 적용 여부 — ····························· 서보학

사인에 의한 비밀녹음테이프의 증거능력 ··················· 박미숙

유전자감정결과의 증거능력과 증명력 ······················ 원혜욱

압수절차가 위법한 압수물의 증거능력 ····················· 이완규

자백거부와 선고유예 및 '개전의 정상'에 관한

  상고심의 대상 여부 ····································· 허일태

음주운전죄에 있어서 혈중알코올농도와 위드마크 공식 ········· 김우진

적성검사 미필로 인한 운전면허 취소 공고와 도로교통법

  위반(무면허운전)죄의 성립 여부 ·························· 여훈구

'청소년의 성을 사는 행위'와 '위계에 의한

  청소년간음행위'의 구별 ································· 한영수

국회에서의증언·감정등에관한법률상 증인의 출석의무와

  형사책임 ··· 김정원

[刑事判例研究(12)]

도주운전죄와 원인에 있어서 자유로운 행위 ·················· 김성돈
분업적 의료행위에서 형사상 과실책임 ·················· 전지연
기능적 범행지배의 의미 ·················· 하태훈
부진정부작위범의 정범표지
　— 보증인의 부작위 — ·················· 김성룡
결과적 가중범의 공범 인정 여부
　— 상해치사죄의 교사범 — ·················· 조상제
생명 침해범에 대한 양형
　— 대법원 2002. 2. 8. 선고 2001도6425 판결을
　　중심으로 — ·················· 윤병철
몰수와 비례원칙 ·················· 이상원
선고유예의 요건으로서 '개전의 정상이 현저한 때' ·················· 오영근
공무상 표시무효죄와 착오 ·················· 박상기
배임수증재죄의 부정한 청탁
　— 유형화의 시도 — ·················· 신용석
위탁금전의 소비와 형법상 고유한 소유권개념 ·················· 허일태
사기죄에 있어서 재산처분행위와 소취하 ·················· 천진호
검사의 지위와 객관의무 ·················· 이완규
친고죄에서의 일부기소 ·················· 손동권
기소전 체포·구속적부심사단계에서의 수사기록열람·
　등사청구권 ·················· 조　국
참고인의 허위진술과 범인도피죄 ·················· 이승련
판결 확정후 누락사건의 추가기소에 대한 공소권남용
　적용론에 대한 평가 ·················· 이완규
전문진술이 기재된 조서의 증거능력 ·················· 박수희
선고유예의 요건판단과 상고이유 ·················· 박미숙
범칙행위와 일사부재리의 효력 ·················· 임동규

재심의 이유로서 증거의 신규성과 명백성에 관하여 ················ 백원기
선거법위반과 사회상규에 반하지 않는 행위 ···························· 김대휘
인터넷상 음란정보 전시 및 링크의 형사책임 ························· 정현미
2003년 형사판례 회고 ·· 박상기
〈특별기고〉
국제인도법의 최근 동향
  ─ICTY의 소개를 중심으로 ─ ·· 권오곤

[刑事判例研究(13)]
법령의 개폐와 형법 제1조 제2항의 적용 ···························· 서보학
형법상 해석원칙과 그 한계 ·· 허일태
범죄유형별 인과관계판단과 직접성 ······································ 김성돈
결과적 가중범에서 기본범죄가 미수인 경우의 법해석 ············· 변종필
부작위범에서 정범과 공범의 구별 ·· 전지연
치료행위중단에 있어서 작위와 부작위의 구별 ······················ 김성룡
사회상규의 의미와 정당행위의 포섭범위
  ─ 체벌의 허용요건과 정당행위 ─ ····································· 이인영
형법개정에 따른 경합범의 양형 ··· 최병각
집행유예기간이 경과한 자에 대한 선고유예 ·························· 한영수
명예훼손죄의 '공연성' 해석의 재검토 ···································· 안경옥
기간부신용공여와 재산상 이익 ·· 이완규
재물죄(절도죄)에서의 사자점유(?)와 불법영득의 의사 ············· 손동권
업무상 배임죄와 경영판단 ·· 이규훈
타인명의예금 인출행위의 형사책임과 장물죄 ························· 천진호
직권남용죄에 있어서의 주체와 직권남용의 의미 ···················· 이민걸
인·허가 행정관청을 상대로 한 위계에 의한 공무집행방해죄의
  성부와 논지의 확장 ·· 황병주
위조범죄의 보호법익으로서 '공공의 신용'과 복사물 ················ 류전철

비신분자에 의한 허위공문서작성죄의 간접정범 ························· 김태명
팝업(Pop-Up) 광고와 상표권침해죄 및 부정경쟁방지법
　위반죄 ··· 김기영
신체구속되지 않은 피의자신문시 변호인참여권의 확대인정 ···· 조　국
형사판결의 정정 ··· 최길수
2004년 형사판례 회고 ··· 박상기

[刑事判例硏究(14)]
착수미수와 실행미수의 구별 ··· 정현미
상습범의 죄수와 기판력이 미치는 범위 ··································· 박광민
낙태와 살인
　— 대법원 2005. 4. 15. 선고 2003도2780 판결 — ··················· 전지연
강간죄의 구성요건으로서의 폭행·협박의 정도 ························· 윤승은
준강도죄의 기수 및 미수의 판단기준 ······································ 이천현
사기죄에 관한 대법원판례의 소극적 기망행위와 관련한
　몇 가지 문제점 ··· 김성룡
횡령죄에 있어서의 위탁관계 ··· 원혜욱
소송계속 이후에 검사가 법원에 제출하지 않은 서류나
　증거물에 대하여도 열람·등사권을 인정할 수 있는가 ········· 백원기
유아(幼兒)의 증언능력 유무의 판단기준 ·································· 여훈구
검사작성의 피의자신문조서와 참고인진술조서의 증거능력 ······ 하태훈
조서의 증거능력과 진정성립의 개념 ······································· 이완규
형사증거법상 '공범인 공동피고인'의 범위 ······························ 임동규
형의 양정이 심히 부당하다고 인정할 현저한 사유가 있는
　때에 관한 연구 ··· 이상철
성폭력범죄에 있어서 '항거불능인 상태'의 의미 ······················ 김혜정
인터넷 홈페이지의 상담게시판을 이용한 낙태 관련 상담과
　구 의료법 제25조 제3항의 '유인' 해당 여부 ························ 최동렬

노동조합및노동관계조정법상 안전보호시설과 명확성원칙 ········ 이상원
무면허 의료행위에 있어서의 의료행위의 개념 ·························· 황만성
2005년도 형법판례 회고 ··· 오영근

[刑事判例研究(15)]
부진정결과적 가중범의 성립범위와 죄수 ······························· 김성룡
예방적 정당방위의 성립가능성 ·· 김혜경
경찰관의 무기사용에 대한 정당방위의 성립여부 ······················ 김태명
승계적 종범의 성립범위 ··· 이용식
음란물에 대한 형사규제의 정당성 및 합리성 검토 ················· 주승희
형법 제310조의 적용범위 ··· 권오걸
경영판단과 배임죄의 성부 ·· 박미숙
배임행위의 거래상대방의 형사책임 ··· 신양균
긴급체포의 전(前)단계로 남용되는 불법적 임의수사에 대한
   통제 ··· 조 국
마약투약사범에 대한 공소사실 특정 ······································· 남성민
위법수집 증거물의 증거능력 ·· 안성수
공판중심주의와 참고인진술조서 ·· 최병각
사법경찰관작성 피의자신문조서와 탄핵증거 ···························· 이완규
피의자의 진술을 내용으로 하는 사법경찰관의 진술의
   증거능력 ··· 금태섭
아동전문 인터뷰어와 성추행피해아동의 인터뷰 진술녹화
   비디오테이프의 증거능력과 증명력 ······························· 심희기
상소권회복제도의 몇 가지 문제점 ·· 천진호
공시송달과 상소권회복청구 ··· 김정원
항소이유서 미제출과 직권조사사유 ··· 김우진
2006년도 형법판례 회고 ··· 오영근

[刑事判例硏究(16)]

과잉방위의 적용범위 ·· 정현미
소아성기호증과 책임판단 문제 ·· 김혜정
하나의 자유형에 대한 일부집행유예 ·· 이천현
협박죄의 범죄구성요건 유형 ··· 하태훈
업무방해죄에서 업무의 개념과 범위 ·· 변종필
강도죄와 절도죄의 경합 ··· 한영수
위임범위를 초과한 타인의 현금카드사용 현금인출의

　형사적 죄책 ·· 조　　국
위임범위를 초과한 현금인출행위의 형사법적 죄책 ··················· 김성룡
타인명의 신용카드 부정사용행위에 대한 죄수판단 ··················· 김태명
진술거부권과 진술거부권 불고지의 효과 ·································· 안성수
피의자의 방어권보장 및 증거보전을 이유로 한

　구속영장기각결정의 문제점 ··· 이선욱
압수·수색영장 청구의 분리기각결정에 관한 고찰 ··················· 류장만
사인작성 컴퓨터문서의 진정성립 입증과 증거능력 ··················· 이완규
위법수집증거물의 증거능력 ·· 전주혜
해외주재 영사작성 진술기재서면의 성질과 증거능력 ··············· 이완규
피고인 제출증거의 증거능력과 증거조사 ·································· 신용석
특별누범의 처단 ·· 김대휘
조세범처벌법 제 9 조 제 1 항의 '조세포탈'의 의미 ················· 김희철
2007년도 형사판례 회고 ··· 오영근

[刑事判例硏究(17)]

침해범/위험범, 결과범/거동범, 그리고 기수/미수의 구별기준 ····· 김성돈
부작위범 사이의 공동정범 ·· 김성룡
방조범의 성립범위 ··· 김혜경
형법 제39조 제 1 항의 의미 ··· 이천현

재벌그룹 회장에 대한 집행유예의 선고
　— 경합범가중처벌규정의 문제점을 포함하여
　　사회봉사명령의 개념에 대한 해석론 — ·················· 한영수
사회봉사명령의 의의 및 한계 ································· 이규훈
자살방조죄의 성립범위 ···································· 임정호
상해행위를 통한 공갈행위 ································· 김정환
인권옹호명령불준수죄의 위헌 여부 ····················· 문성도
자기무고 공범성립의 범위에 대한 검토 ················· 정혁준
수사상 임의동행의 허용 여부와 적법성 요건 ············ 김택수
피의자신문시 변호인참여권
　— 형사소송법 제243조의 2의 해석을 중심으로 — ·············· 전승수
변호인의 피의자신문 참여권 ······························ 김대웅
독수과실의 원리 ··· 조　국
진술거부권 불고지로 인한 위법수집증거 배제와 그 불복방법 ···· 안성수
마약류 투약범죄에 있어서 공소사실의 특정과 피고인의
　방어권 보장 ··· 원혜욱
공범인 공동피고인의 법정진술의 증거능력과 증명력 ············· 정웅석
성폭법상 카메라등 이용촬영죄에서의 구성요건 해석 문제 ······ 이승준
성폭력처벌법 제 8 조의 입법취지와 장애인 성폭력
　피해자 보호 ··· 박미숙
2008년도 대법원 형법판례 회고 ························· 오영근
[형사판례연구회 제200회 기념]
형사판례연구회를 회고하며 ····························· 이재상
'형사판례연구' 200회에 대한 계량적 회고 ·············· 박상기

[刑事判例硏究(18)]
무의미한 연명치료중단의 형사법적 검토 ················· 안성준
운동경기 중 발생한 상해와 형사책임 ··················· 김우진

성전환자의 강간죄 객체성립 여부 ······················· 이주형
업무방해죄의 법적 성질과 결과발생의 요부(要否) ················· 김태명
횡령한 부동산에 대한 횡령죄의 성립 여부 ················· 김대웅
전환사채의 저가발행과 배임죄 ······················· 황정인
무주의 일반물건 방화자의 형사책임 ······················· 이경렬
문서위조죄에서의 복사와 행사의 개념 ················· 김혜경
공소장일본주의에 대한 비판적 고찰
　—직권주의와 당사자주의의 충돌과 그 조화 ················· 백원기
탄핵증거의 요건, 조사방법과 입증 ······················· 안성수
반대신문권과 수사기관 조서의 증거능력 및 증명력 ················· 이완규
위법수집증거배제법칙의 적용기준에 대한 비교법적 연구 ······· 이윤제
상소심 법원의 원심 증거조사과정 평가방법 ················· 오기두
항고전치주의와 재정신청기간 ······················· 전승수
국민참여재판에서의 축소사실인정 ······················· 이정민
교통사고처리특례법 제4조 제1항의 위헌결정에 대한
　형사정책적 검토 ······················· 오경식
위치추적 전자장치 부착명령의 위헌성 유무 ················· 이춘화
특별법상 추징의 법적 성격 ······················· 이승현
2009년도 형법판례 회고 ······················· 오영근

[刑事判例硏究(19)]
형의 실효의 법률적 효과 ······················· 김정원
영업범의 개념과 죄수관계
　-포괄일죄 또는 실체적 경합 성립여부- ················· 김혜경
불법적·반윤리적 목적의 승낙과 상해 ················· 황태정
심신장애 판단과 감정 ······················· 박미숙
고소인이 간통죄의 제1심 판결 선고 후 피고소인과
　다시 혼인한 경우 등과 간통고소의 효력 ··················· 박진환

권리·권한실행 의사표시의 협박죄 성립 …………………………… 강우예

배임죄와 사기죄의 경합관계 ……………………………………… 류전철

부동산 명의수탁자의 횡령죄 주체성 …………………………… 이창섭

전직한 종업원의 영업비밀 사용과 업무상 배임죄 ……………… 최호진

절도죄의 객체로서 재물의 '재산적 가치'에 대한

  검토 ……………………………………………………………… 박찬걸

협박의 의미와 대상 ………………………………………………… 한영수

성풍속범죄에 대한 비판적 고찰 ………………………………… 이경재

진술거부권 행사와 증거이용금지 및 피의자신문권과의

  관계 ……………………………………………………………… 이완규

위치추적 전자장치 부착명령과 불이익변경금지 ……………… 권태형

증언절차의 소송법 규정위반과 위증죄의 성립여부

  －증언거부권 불고지를 중심으로－ ………………………… 이희경

디지털 증거의 진정성립부인과 증거능력 부여 방안 ………… 김영기

건설산업기본법 위반죄(부정취득)와 배임수재죄의

  관계 ……………………………………………………………… 김정환

환자의 전원(轉院)에 있어서의 의료과실 ……………………… 황만성

아이템 거래 판결에 대한 고찰 ………………………………… 이원상

2010년도 형법판례 회고 ………………………………………… 오영근

[刑事判例研究(20)]

[특집] 형사판례연구회 20주년 기념학술회의

형사판례연구회 20주년을 맞이하여 ……………………………… 박상기

2000년대 초기 대법원판례의 동향

  －형법총칙 관련 대법원판례를 중심으로－ ………………… 천진호

2000년대 초기 대법원판례의 동향

  －주요 재산범죄 관련 대법원판례를 중심으로－ ………… 박형준

2000년대 초기 대법원판례의 동향
　－수사절차와 증거 관련 대법원판례를 중심으로－ ·············· 전승수

[일반논문]
위헌결정 형벌규정의 소급효 ······································· 이정념
전자장치 부착요건의 해석범위와 한계 ··························· 황태정
통신비밀보호법위반죄와 정당행위
　－통신비밀 침해한 결과물의 언론보도와 정당행위를
　　중심으로－ ··· 이희경
비밀누설죄에서 대향자의 공범성립가능성
　－대향범성과 자수범성을 중심으로－ ······················ 김혜경
사이버 공간 범죄와 온라인서비스제공자(OSP)의 형사책임
　－2006. 4. 28. 선고 2003도4128 판결을 중심으로－ ·············· 김영기
쟁의행위로서 파업의 업무방해죄 성립여부에 관한 고찰 ········ 백원기
파업과 업무방해죄 ··· 박상기
배임수재죄에 있어서 '사무의 내용'에 관한 고찰
　－'재산상 사무'로 제한해야 하는가?－ ······················· 김봉수
사전수뢰죄에 있어서 청탁의 법리에 대한 재해석
　－대법원 1999.9.7, 99도2569 판결을 중심으로－ ··············· 오경식
제3자로부터 위법하게 수집된 증거의 증거능력 ················· 한제희
공소제기 후 검사가 수소법원 이외의 지방법원 판사로부터
　발부받은 압수·수색 영장에 의해 수집한 증거의
　증거능력 유무 ··· 김형두
진술증거의 전문증거성과 진정성 문제의 구별 ··················· 이완규
면허외 의료행위와 관련한 의료인의 형사법적 책임 ············· 장연화
공직선거법 제250조 제2항 허위사실 공표죄의 구성요건과
　허위성의 입증 ··· 윤지영
2011년도 대법원 형법판례 회고 ··································· 오영근

[刑事判例研究(21)]

상당인과관계설의 상당성 판단기준을 위한 상당성의 구체화 작업 시도
　－피해자의 도피행위를 중심으로－ ······························· 이경재
의사의 설명의무위반의 효과와 가정적 승낙의 법리 ················ 김성돈
편면적 대향범에 가담한 자에 대한 형법총칙상 공범규정의
　적용가부 ··· 김태명
무수혈과 관련된 의료과실치사죄 ································· 허일태
업무방해죄에 있어서 업무의 보호가치에 대한 검토
　－대법원 2011. 10. 13. 선고 2011도7081 판결을 중심으로－ ···· 박찬걸
공동주택의 공용공간에 대한 주거침입죄의 해석 ··············· 홍승희
형법에서 사자의 점유 ··· 김성룡
횡령죄의 미수범 성립여부 ······································· 김봉수
횡령죄의 기수성립에 관한 논의 구조
　－횡령죄의 구조－ ··· 이용식
수수된 금품에 직무관련성이 있는 업무에 대한 대가와 직무관련성이
　없는 업무에 대한 사례가 혼재되어 있는 경우의 형사상 취급
　－대법원 2011. 5. 26. 선고 2009도2453 판결을 중심으로－ ······ 권순건
현실거래에 의한 시세조종과 매매유인 목적
　－ 2012. 11. 29. 선고 2012도1745 판결 사안
　　(‘도이치증권 v. 대한전선’ 사건)을 중심으로－ ················ 김영기
온라인게임 계정거래와 정보훼손죄 성립여부 ··················· 최호진
강제채혈의 성질 및 허용요건 ··································· 김정옥
검사의 신문과정상 참여수사관의 역할과 한계 ··················· 이완규
진술과 기록의 증거능력 ··· 최병각
변호인 작성의 법률의견서의 증거능력 ··························· 김우진
특신상태의 의의와 판단기준 ····································· 한제희
‘과학적 증거’의 증거법적 평가 ·································· 이정봉

소년법상 보호처분의 성격과 전자장치부착명령

　요건과의 관계 ··· 김혜정
2012년도 형법판례 회고 ··· 오영근

[刑事判例研究(22)]

계속범의 본질 −불법성의 내적 강화− 와 유형화 ··················· 김혜경
공범관계의 해소(解消) ··· 류전철
보호감독자에 의한 미성년자약취죄와 국외이송약취죄

　−베트남 여성의 자녀 약취 사건− ······························· 윤지영
허위사실적시에 의한 명예훼손죄의 적용에서 전제사실의

　미확정으로 인한 문제점 고찰 ·································· 이원상
'명의수탁자의 처분과 횡령'의 불가벌적 사후행위 ··············· 이경렬
동독 내에서 서독에 적대적인 간첩활동을 한 동독 주민의

　형사처벌 여부(소극) ··· 김영규
자발적 성매매 처벌의 위헌성 여부 ································ 이경재
성폭법상 신상정보 공개·고지명령 소급 적용의 범위 ············· 남선모
음주운전자에 대한 보호조치와 음주측정불응죄의

　성립관계 ··· 김택수
정보저장매체의 압수·수색

　−휴대전화(스마트폰)의 압수·수색− ····························· 원혜욱
피의자신문의 성질과 수인의무 ·· 이완규
가명진술조서의 증거능력

　−조서 작성 절차와 방식의 적법성을 중심으로− ·············· 전승수
공판조서의 증거능력에 대한 위헌여부에 대한 연구

　−형사소송법 제315조 제3호 위헌소원− ······················· 오경식
조사자 증언 관련 특신상태의 판단과 증명 ······················ 한제희
전자증거의 진정성과 전문법칙의 적용 ····························· 심희기
2013년도 형법판례 회고 ··· 오영근

[刑事判例研究(23)]

법률적 무효와 이미 존재했던 사실상태의 형법적 취급 ………… 이근우
미필적 고의에 관한 약간의 고찰 …………………………………… 장영민
진정부작위범의 법리적 구성 ……………………………………… 김혜경
자본시장 불공정행위의 죄수와 부당이득 산정

　－대법원 2011. 10. 27. 선고 2011도8109 판결을 중심으로－ … 김영기
強制醜行罪를 둘러싼 몇 가지 문제점 ……………………………… 이경재
컴퓨터 등 사용사기죄에서 권한 없는 정보의 변경과

　재산처분의 직접성 …………………………………………………… 김성룡
대물변제예약 부동산의 이중매매와 배임죄의 형사불법적 구조

　－배임죄 해석의 나아갈 방향에 대한 논란－

　－배임죄에 대한 과도한 제한해석의 우려－

　－배임죄의 핵심 코어에 관하여－ ……………………………… 이용식
의료법 위반행위와 사기죄의 성립 여부 ………………………… 우인성
횡령죄의 본질과 불가벌적 사후행위에 관한 비판적 고찰 …… 백원기
부동산 명의수탁자 상속인의 횡령죄 성립 여부 ……………… 천진호
파업에 대한 업무방해죄 적용의 문제점 ………………………… 박상기
범죄목적을 숨긴 출입은 주거침입인가?

　－대법원 1984. 12. 26. 선고 84도1573 전원합의체 판결－ … 최준혁
인터넷 검색광고의 부정클릭과 부정한 명령입력 ……………… 최호진
문서 부정행사죄의 불법과 권한중심 해석 ……………………… 황태정
위증죄 성립에 있어 증언거부권 미고지의 성격과 의미 ……… 강우예
압수물의 범죄사실과의 관련성과 적법한 압수물의

　증거사용 범위 ………………………………………………………… 이완규
경찰관 상대 모욕 현행범인 체포의 요건 ……………………… 한제희
독수과실의 원리 보론(補論) ……………………………………… 조　국
국제우편물에 대한 세관검사와 통제배달 ……………………… 전승수
내부스캘퍼의 거래와 자본시장법 위반 ………………………… 안성수

2014년도 형법판례 회고 ··· 오영근

[刑事判例研究(24)]
외국에서 집행받은 형의 선고와 형법 제7조의 개정방향
 -대법원 2013. 4. 11. 선고 2013도2208 판결, 헌법재판소 2015. 5. 28.
  선고 2013헌바129 전원재판부- ··· 전지연
부작위에 의한 살인죄의 공동정범의 성립요건 ························· 김태명
사실상 인과관계 및 법적 인과관계와 객관적 귀속 ················· 김종구
고의와 법률의 부지의 구별
 -대법원 2014. 11. 27. 선고 2013도15164 판결과 관련하여- ··· 김영환
위법성조각사유의 전제사실의 착오에 대한 대법원판례의 이해구조
 -오상을 이유로 하는 위법성조각과 정당방위상황의 인정-
 -판례의 시각에 대한 학계의 이해부족- ·························· 이용식
실행의 착수와 구성요건 실현을 위한 '직접적인' 전 단계행위 ··· 안경옥
의무범과 행위자의 특정
 -우리나라 대형사고 판례의 '행위자의 특정'을 중심으로- ··· 조병선
사후적 경합범에 대한 고찰 ·· 최병각
입찰방해와 컴퓨터등사용사기죄, 사기죄의 직접성 ················· 한상훈
위임범위를 초과하여 예금을 인출한 경우의 죄책 ··················· 이승호
명의신탁 부동산의 처분과 재산범죄의 성립 여부 ··················· 우인성
배임 경영자에게 적용되는 업무상 배임죄의 구성요건요소로서의
 재산상 손해와 이익(이득액) ··· 손동권
배임죄에서 '타인의 사무'의 해석과 민사법리의 관계 ·············· 류전철
대물변제예약체결 채무자 소유 부동산의 제3자에 대한 처분행위는
 배임죄에 해당하는가 ·· 백원기
공전자기록 위작·변작죄에서 위작·변작의 개념 ······················ 강동범

'아동·청소년이용음란물'의 개념 및 판단기준 ························· 이창섭
2010년 '옵션'쇼크와 연계시세조종의 판단기준
 -2016. 1. 25. 선고 서울중앙지방법원 2011고합1120호 사건을
 중심으로- ··· 김영기
인터넷링크행위와 저작권침해
 -대법원 2015. 3. 12. 선고 2012도13748 판결- ················ 홍승희
디지털 증거 압수절차의 적정성 문제
 -피압수자 참여 범위 및 영장 무관 정보의 압수를
 중심으로- ··· 전승수
2015년도 형법판례 회고 ·· 오영근

[刑事判例硏究(25)]
양벌규정의 법적 성격과 대법원이 말하지 않은 것들 ············· 김성돈
채권추심명령을 통한 소송사기죄에서 재산상 이익의 취득과 기수시기
 ··· 이주원
'직무수행 사실'과 '공무원 의제'에 따른 구성적 신분범의
 처벌 문제 ··· 이경렬
산업안전보건법에서 범죄 주체와 책임의 불일치 ··················· 이근우
형사판례법리로서 가정적 승낙의 논리구조 비판
 - 설명의무위반과 결과와의 관계/주의의무위반과 결과와의 관계 -
 - 요건-효과의 관계/원인-결과의 관계 -
 - 가정적 승낙은 없다 - ··· 이용식
'횡령 후 처분행위'에 대한 형법적 평가 ····························· 김봉수
특수폭행죄의 해석에 있어 '위험한 물건'의 의미 ··················· 류부곤
모바일 단체대화방에서의 대화와 공연성 ··························· 한제희
형법상 강제추행죄의 역할
 - 대법원 2015. 4. 23. 선고 2014도16129 판결 - ················ 이원상

최근 5년간의 주요 재산범죄 판례의 동향 ····························· 안경옥
비자금과 횡령죄의 객체
　－ 횡령행위가 일련의 거래과정을 거쳐 이루어지는 경우의 횡령죄
　객체 － ··· 이천현
위조(僞造)와 복사(複寫) ··· 김성룡
일명 김영란법상 처벌행위에 대한 헌재 결정 분석
　－ 2015헌마236, 2015헌마412, 2015헌마662, 2015헌마673(병합) － ··· 오경식
2007년 이후 형사소송법 주요 판례의 동향
　－ 수사절차와 증거에 관한 대법원 판례를 중심으로 － ········ 김윤섭
헌법상 영장주의 규정의 체계와 적용범위 ····························· 이완규
2007년 형사소송법 개정 후 증거법 분야의 판례 동향 ············· 박진환
종근당 결정과 가니어스 판결의 정밀비교 ··························· 심희기
2016년도 형법판례 회고 ··· 오영근

[刑事判例硏究(26)]
대법원 형사판결과 법률구속성원칙 ····································· 김성돈
사회변화에 대응하는 형사판례의 법리변경 ·························· 류전철
급여 등 형태로 취득한 공범의 범죄수익 추징
　－ 대법원 2013. 4. 11. 선고 2013도1859 판결, 공동수익자
　이론의 필요성－ ·· 권순건
강간죄 적용범위에 대한 문제점 고찰
　－ 대법원 2017. 10. 12. 선고 2016도16948, 2016전도156 판결 － ····· 이원상
소아과 의사의 진료행위와 아동·청소년성보호법상 추행행위 판단
　－ 대법원 2016. 12. 29. 선고 2015도624 판결;
　서울고등법원 2014. 12. 19. 선고 2014노767 판결
　(아동·청소년의 성보호에 관한 법률위반: 위계등추행) － ····· 김한균
사기죄에서 ‘교부받는 행위’의 의미 ··································· 하태영

상호명의신탁관계에서의 형사책임에 대한 판례연구 ················· 이상한
퇴사시의 영업비밀 반출과 업무상배임죄의 성부 ······················ 이경렬
통정허위표시와 공정증서원본부실기재죄 ······························· 고제성
전자적 저장매체를 이용한 공소제기 가능성 ··························· 조지은
세관공무원의 마약 압수와 위법수집증거 판단 ························· 한제희
영장에 의해 취득한 통신사실확인자료 증거사용 제한 규정의
  문제점 ·· 이완규
법원에 출석하여 불일치진술한 피고인 아닌 자의 검찰진술조서의
  증거능력
  －형사소송법 제312조 제4항의 특신상태의 의미에
    대한 분석을 중심으로－ ·· 강우예
외국환거래법상 징벌적 추징에 대한 비판적 고찰 ···················· 김대원
교통사고처리 특례법상 처벌특례의 인적 적용범위 ··················· 이주원
2017년도 형법판례 회고 ·· 오영근

[刑事判例研究(27)]
한국 형법학의 방법적 착안점에 대한 비판적 고찰:
  개념법학적인 사유형태와 일반조항에로의 도피 ······················ 김영환
형사판례 평석에 관한 몇 가지 관견과 회고 ···························· 장영민
외국에서 집행된 형 이외 구금의 처리방안에 대한 소고 ········· 이승호
주관적 고의의 객관적 구성
  (대상판결: 대법원 2018. 8. 1. 선고 2017도20682 판결,
  대법원 2014. 7. 10. 선고 2014도5173 판결) ····························· 류부곤
공동정범과 방조범 ·· 최병각
집회 부대물의 철거와 공무집행방해에 관한 사례
  ― 대법원 2016. 7. 7. 선고 2015도20298 판결 ― ····················· 우인성
'성적 의사결정의 자유'의 의미와 간접정범 형태의
  강제추행죄의 성부 ··· 이상민

민사판결에서 인정된 사실과 명예훼손죄에서의 허위사실판단 ···· 홍승희
명예훼손 사건에서 '사실'의 의미와 입증 ································· 한제희
배임죄와 주주총회 결의의 한계
　— 주주의 이익만 문제되는 영역의 검토 ····························· 이완규
횡령죄의 보관관계—형법과 신의칙 ································· 김대휘
형법 제357조의 '제3자'의 개념
　— 대법원 2017. 12. 7. 선고, 2017도12129 판결 — ················ 최준혁
양심적 병역거부에 대한 형사처벌의 문제 검토
　대상판결: 2018. 11. 1. 선고 2016도10912 전원합의체 판결
　〔병역법위반〕 ··· 심영주
수사목적 불심검문 사안(事案)의 판단 법리
　— 대법원 2006. 7. 6. 선고 2005도6810 판결;
　대법원 2014. 12. 11. 선고 2014도7976 판결을 대상으로 — ···· 조인현
자유심증주의의 범위와 한계 ··· 황태정
항소심이 양형부당을 이유로 제1심판결을 파기하는
　경우에 관하여 ··· 백원기
2018년도 형법판례 회고 ··· 오영근

일본의 사기죄에 관한 최근 대법원 판례의
　경향에 대해서 ··· 코이케 신타로
최근 일본의 형사소송법 관련 판례 동향 ···························· 오기소 료

[刑事判例研究(28)]
도둑뇌사사건을 통해 본 과잉방위의 의미와 인정기준 ············· 김정환
피의사실공표의 형법적 정당화에서 민사판결 법리 원용의
　불합리성 ··· 이근우
허위작성공문서행사죄의 주체 및 객체에 대한 고찰 ················ 김봉수

준강간 불능미수

　— 대법원 2019. 3. 28. 선고 2018도16002 전원합의체 판결

　　(인정된 죄명: 준강간미수, 변경된 죄명: 준강간) — ········· 김한균

항거불능의 상태에 있지 않은 사람에 대한 준강간의 시도

　— 불능미수? 장애미수?— ·· 김대원

업무상 위력에 의한 성폭력범죄와 성인지 감수성 ····················· 윤지영

청탁금지법의 허용된 금품수수의 규정체계와 이에 대한

　형법해석학적 방향 ·· 최호진

저작자허위표시공표죄의 보호법익과 공표 중 발행의 의미

　— 일명 표지갈이 사건(대법원 2018. 1. 24. 선고 2017도18230)

　　을 중심으로 — ··· 박성민

디지털 증거 압수수색 시 영장 범죄사실과 '관련성 있는'

　증거 해석 기준과 무관 증거 발견 시 증거 확보 방법

　— 대법원 2018. 4. 26. 선고 2018도2624 판결 ························· 김영미

전문법칙 적용의 예외요건으로서의 특신상태

　— 대법원 2014. 4. 30. 선고 2012도725 판결 — ····················· 최준혁

2019년도 형법판례 회고 ·· 오영근

[刑事判例研究(29)]

부진정부작위범에서의 '동가치성'

　— 대법원 2017.12.22. 선고, 2017도13211 판결 — ··················· 최준혁

직권남용행위를 집행한 하급 공무원의 면책범위

　— 대법원 2020.1.30. 선고 2018도2236 전원합의체 판결 — ····· 오병두

사전자기록위작죄에서 '위작'의 개념 — 대상판결 : 대법원 2020.8.27.

　선고 2019도11294 전원합의체 판결 — ································· 류부곤

알코올 블랙아웃과 '심실상실' ··· 김성돈

'성인지 감수성'에 관해 판시한 대법원의 성범죄 형사판결에

　관한 소고 — 대법원 2018.10.25. 선고 2018도7709 판결 — ····· 우인성

명예훼손죄의 '공연성' 의미와 판단 기준 ·································· 윤지영
점유개정의 방식으로 양도담보가 설정된 동산을 임의로 처분한
  채무자의 형사책임 ─ 횡령죄와 배임죄의 성립여부에 대한
  검토를 중심으로 ─ ··· 강우예
위계 간음죄에서 위계의 대상과 인과관계 ···························· 장성원
아동·청소년 위계간음죄 ·· 허 황
아동·청소년 성착취물(아동·청소년 이용음란물)의 제작
  ─ [대법원 2018.9.13., 선고, 2018도9340, 판결] 아동·청소년의
  성보호에관한법률위반(음란물제작·배포) ─ ···························· 김한균
특정범죄가중법 제5조의4의 성격 및 해석에 관한 판례 법리 ·· 이경렬
공소제기 후 작성된 '증인예정자 진술조서'의 증거능력 ········· 이주원
2020년도 형법판례 회고 ·· 김혜정
2020년도 형사소송법 판례 회고 ·· 강동범

한국형사판례연구회 2020년도 발표회

○ 제326회 형사판례연구회(2020.01.06)

  윤동호 교수: 재심심판절차의 성질과 상습범의 일죄성 판단기준

  박성민 교수: 저작재산권침해죄에 있어 형법해석론의 적용과 한계 ―
             공동저작물의 공동의 의미, 표지갈이사건에 있어 발행의
             의미 등을 중심으로 ―

○ 제327회 형사판례연구회(2020.05.11)

  오영근 교수: 2019년 형법판례회고

  심희기 교수: A씨 수첩과 전문증거 관련 조문들의 적용방법

○ 제328회 형사판례연구회(2020.06.01)

  김태명 교수: 주거침입을 요소로 하는 결합범의 실행의 착수시기

  최준혁 교수: 부진정부작위범에서의 동가치성

○ 제329회 형사판례연구회(2020.07.06)

  이경렬 교수: 특정범죄가중처벌법 제5조의4의 성격 및 해석에 관한 판
             례 법리

  우인성 판사: '성인지 감수성'에 관한 판시한 대법원의 성범죄 형사판
             결에 관한 소고

○ 제330회 형사판례연구회(2020.09.07)

  오병두 교수: 직권남용죄의 성립요건

　　김한균 박사: 아동·청소년성보호에 관한 법률에서 음란물제작·배포

○ 제331회 형사판례연구회(2020.10.12)
　　이주원 교수: 공소제기 후 작성된 '증인예정자 진술조사'의 증거능력
　　강우예 교수: 점유개정에 의한 동산양도담보의 채무자가 목적물을
　　　　　　　　　임의로 처분한 경우의 형사책임

○ 제332회 형사판례연구회(2020.11.02)
　　김영기 변호사: 양형부당과 불이익변경금지
　　장성원 교수: 위계간음죄에서 위계의 대상과 인과관계

○ 제333회 형사판례연구회(2020.12.07)
　　이상민 검사: 부정기형이 선고된 소년범이 단독항소 후 항소심에서
　　　　　　　　　성년도달시 항소심의 선고상한

한국형사판례연구회 회칙

1997. 11. 03. 제정

2006. 12. 04. 개정

2007. 12. 10. 개정

2011. 12. 05. 개정

2013. 12. 02. 개정

제 1 장 총 칙

제 1 조 [명칭]

본회는 한국형사판례연구회(이하 '본회'라 함)라 한다.

제 2 조 [주소지]

본회는 서울특별시에 주소지를 둔다.

제 3 조 [목적]

본회는 형사판례를 연구하고 회원 상호간의 의견교환을 장려·촉진·지원함으로써 형사법학 및 형사판례의 발전을 도모함을 목적으로 한다.

제 4 조 [사업]

본회는 전조의 목적을 달성하기 위하여 다음의 사업을 한다.

1. 형사판례연구
2. 월례연구발표회 및 토론회 개최
3. 학술지 '형사판례연구' 및 기타 간행물의 발간
4. 기타 본회의 목적에 적합한 사업

제 2 장 회 원

제 5 조 [회원]

본회의 회원은 본회의 목적에 찬동하는 자로서, 다음 각 호에 따라 구성한다.

1. 정회원은 판사, 검사, 변호사, 대학의 전임강사 이상의 자, 박사학
   위 소지자 기타 이와 동등한 자격을 갖추었다고 인정되는 자로서
   정회원 3인 이상의 추천과 이사회의 승인을 얻은 자로 한다.
2. 준회원은 대학원 박사과정 이상의 연구기관에서 형사법학 및 유
   관분야를 연구하는 자로서 정회원 1인 이상의 추천과 이사회의
   승인을 얻은 자로 한다.
3. 기관회원은 대학도서관 기타 형사법학을 연구하는 유관기관으로
   정회원 3인 이상의 추천과 이사회의 승인을 얻은 기관으로 한다.

제 6 조 [권리의무]

회원은 본회의 각종 사업에 참여할 수 있는 권리를 가지며 회칙준수,
총회와 이사회 의결사항의 이행 및 회비납부의 의무를 진다.

제 7 조 [자격상실]

회원 중 본회의 목적에 위배되거나 품위를 손상시키는 행위를 한 자
는 이사회의 결의에 의하여 제명할 수 있다.

제 3 장 총 회

제 8 조 [종류와 소집]

① 총회는 정기총회와 임시총회로 하고, 회장이 이를 소집한다.
② 정기총회는 매년 하반기 중에 소집함을 원칙으로 한다.
③ 임시총회는 회장이 필요하다고 인정하거나, 이사회의 의결이 있거
   나, 재적회원 2/5 이상의 요구가 있을 때에 소집한다.
④ 총회의 소집은 적어도 회의 7일 전에 회의의 목적을 명시하여 회
   원들에게 통지하여야 한다. 다만 긴급하다고 인정되는 사유가 있
   는 때에는 예외로 한다.

제 9 조 [권한]

총회의 의결사항은 다음과 같다.

1. 회칙의 제정 및 개정에 관한 사항

2. 회장·부회장 및 감사의 선임에 관한 사항

3. 예산 및 결산의 승인에 관한 사항

4. 기타 회장이 이사회의 의결을 거쳐 회부한 사항

제10조 [의결]

총회의 의결은 출석회원 과반수의 찬성으로 한다.

제 4 장 이 사 회

제11조 [구성 및 소집]

① 이사회는 회장, 부회장 및 이사로 구성한다.

② 회장·부회장은 당연직 이사로서, 각각 이사회의 의장·부의장이 된다.

③ 이사회는 회장이 필요하다고 인정하거나 이사 3인 이상의 요구가 있을 때에 회장이 소집한다.

제12조 [권한]

이사회는 다음 사항을 심의·의결한다.

1. 사업계획에 관한 사항

2. 재산의 취득·관리·처분에 관한 사항

3. 총회의 소집과 총회에 회부할 의안에 관한 사항

4. 총회가 위임한 사항

5. 기타 회장이 회부한 본회 운영에 관한 중요사항

제13조 [의결]

이사회의 의결은 재적이사 과반수의 출석과 출석이사 과반수의 찬성으로 한다.

제14조 [상임이사회]

① 회장은 이사회의 효과적인 운영을 위하여 이사 중에서 총무, 연구, 연구윤리, 출판, 섭외, 재무, 법제, 홍보의 업무를 전담할 상임이사를 위촉할 수 있다.

② 상임이사회는 회장, 부회장, 상임이사로 구성한다.

③ 회장은 상임이사회를 소집하고 그 의장이 된다.

④ 이사회는 필요하다고 인정되는 경우에는 그 권한을 상임이사회에 위임할 수 있으며, 회장은 긴급하다고 인정되는 사유가 있는 경우에는 이사회의 권한을 상임이사회로 하여금 대행하게 할 수 있다.

⑤ 상임이사회의 의결은 재적상임이사 과반수의 출석과 출석상임이사 과반수의 찬성에 의한다.

제 5 장 임 원

제15조 [종류]

본회에 다음의 임원을 둔다.

1. 회장 1인
2. 부회장 4인
3. 이사 5인 이상 40인 이내
4. 감사 2인

제16조 [임원의 선임]

① 회장은 부회장 및 상임이사 중에서 이사회의 추천을 받아 총회에서 선임한다.

② 부회장은 이사 중에서 이사회의 추천을 받아 총회에서 선임한다.

③ 이사는 회장의 추천을 받아 총회에서 선임한다.

④ 감사는 이사회의 추천을 받아 총회에서 선임한다.

제17조 [임원의 직무]

① 회장은 본회를 대표하고 회무 전반을 관장한다.

② 부회장은 회장을 보좌하고, 회장 유고시에 그 직무를 대행한다.

③ 이사는 이사회의 구성원으로서 중요 회무를 심의·의결한다.

④ 감사는 본회의 사업과 회계를 감사하여 정기총회에 보고한다.

제18조 [임원의 임기]

① 임원의 임기는 2년으로 하되 중임할 수 있다.

② 임원이 궐위된 때의 후임자의 임기는 전임자의 잔임기간으로 한다.

제19조 [고문]

① 본회의 발전을 위하여 약간 명의 고문을 둘 수 있다.

② 고문은 이사회의 의결을 거쳐 회장이 위촉한다.

제20조 [간사]

① 회장의 명을 받아 회무를 처리하기 위하여 간사 약간 명을 둘 수 있다.

② 간사는 회장이 임명한다.

제21조 [위원회]

① 본회에 편집위원회와 연구윤리위원회를 둔다.

② 본회 사업의 효율적인 추진을 위하여 이사회의 의결을 거쳐 필요한 분과위원회를 둘 수 있다.

제 6 장 재 무

제22조 [재정]

① 이 회의 재정은 회원의 회비, 기부금, 보조금 및 기타 수입으로 한다.

② 회비의 액수는 이사회가 정한다.

제23조 [예산과 결산]

재정에 관한 수입과 지출은 매년도마다 예산으로 편성하여 총회의 결의를 얻어야 하고 결산은 다음 연도 총회에 보고하여야 한다.

부칙(1997. 11. 03)

제 1 조

발기인 및 발기인 3인 이상의 추천을 받아 이 회의 회원이 되기를 승낙한 자는 제 5 조 제 2 항의 규정에 불구하고 회원이 된다.

부칙(2006. 12. 04)

제 1 조 [시행일]

이 회칙은 이사회의 승인이 있는 날부터 시행한다.

부칙 (2007. 12. 10)

제 1 조 [시행일]

이 회칙은 이사회의 승인이 있은 날부터 시행한다.

부칙 (2011. 12. 05.)

제1조 [시행일]

이 회칙은 이사회의 승인이 있은 날부터 시행한다.

부칙 (2013. 12. 02.)

제1조 [시행일]

이 회칙은 이사회의 승인이 있은 날부터 시행한다.

한국형사판례연구회 편집위원회 규정

1997. 11. 03. 제정
2006. 12. 04. 개정
2007. 12. 10. 개정
2013. 12. 02. 개정
2021. 06. 07. 개정

제 1 조 [목적]

이 규정은 한국형사판례연구회(이하 '본회'라 함) 회칙 제 4 조 제 3 호에 규정된 학술지 기타 간행물의 발간을 위한 편집위원회(이하 '위원회'라 함)의 구성과 운영에 관한 사항을 정함을 목적으로 한다.

제 2 조 [구성]

위원회는 편집위원장을 포함한 10인 이내의 편집위원으로 구성한다.

제 3 조 [편집위원의 선임 및 임기]

① 편집위원장은 본회의 출판담당 상임이사로 한다.

② 편집위원은 본회의 회원 중에서 이사회가 선임한다.

③ 편집위원의 임기는 2년으로 하되, 연임할 수 있다.

제 4 조 [업무]

위원회의 주요업무는 다음 각 호와 같다.

  1. 본회의 학술지 '형사판례연구'의 편집 및 출판

  2. '형사판례연구' 원고의 접수 및 게재여부 심사

  3. 기타 간행물의 편집 및 출판

  4. 편집위원회의 업무와 관련된 지침의 제정

제 5 조 [운영]

① 이 위원회는 위원장 또는 편집위원 과반수의 요구가 있는 경우에 위원장이 소집한다.

② 이 위원회의 의결은 편집위원 과반수의 출석과 출석위원 과반수의 찬성에 의한다.

③ 편집위원장은 위원회의 업무를 효율적으로 수행하기 위하여 편집 간사를 둘 수 있다.

제6조 [투고원고의 심사]

① 위원회는 '형사판례연구' 기타 간행물에 투고된 원고를 심사하여 그 게재여부를 의결한다.

② 위원회는 '형사판례연구'에 투고되는 원고의 작성 및 문헌인용방법, 투고절차 등에 관한 지침(투고지침)을 제정할 수 있다.

③ 위원회는 '형사판례연구'에 투고된 원고의 심사기준 및 절차에 관한 지침(심사지침)을 제정할 수 있다.

④ 제1항의 원고 게재여부에 관한 의결은 '可', '否', '수정후 재심의'로 나눈다.

⑤ '수정후 재심의'로 의결된 원고가 수정·투고된 때에는 위원회는 그 재심의를 위원장 또는 약간 명의 위원에게 위임할 수 있고, 재심의의 결정은 '可' 또는 '否'로 한다.

제7조 [형사판례연구의 발간]

① '형사판례연구'는 연 1회 발간하며, 발간일자는 매년 7월 31일로 한다.

② 학술대회 발표논문 기타 학회에서 개최하는 학술발표회에서 발표된 논문은 '형사판례연구'의 별책으로 발간할 수 있다.

제8조 [개정]

이 규정의 개정은 이사회의 승인을 받아야 한다.

부칙(2006. 12. 04)

제1조 [시행일]

이 규정은 이사회의 승인이 있은 날부터 시행한다.

부칙(2007. 12. 10)

제 1 조 [시행일]

이 규정은 이사회의 승인이 있은 날부터 시행한다.

부칙(2013. 12. 02)

제 1 조 [시행일]

이 규정은 이사회의 승인이 있은 날부터 시행한다.

부칙(2021. 06. 07)

제 1 조 [시행일]

이 규정은 이사회의 승인이 있은 날부터 시행한다.

한국형사판례연구회 심사지침

2006. 12. 04. 제정
2007. 12. 10. 개정

제 1 조 [목적]

이 지침은 한국형사판례연구회 편집위원회 규정 제 6 조 제 3 항에 규정된 '형사판례연구' 투고원고에 대한 심사기준 및 절차에 관한 지침을 정함을 목적으로 한다.

제 2 조 [원고모집의 공고]

① 편집위원장은 매년 1월 중에 각 회원에게 전자우편으로 '형사판례연구'에 대한 원고를 모집하는 공문을 발송하고, 본 학회 홈페이지(http://www.kaccs.com)에 원고모집에 관한 사항을 게시한다.

② 원고모집을 공고함에 있어서는 투고절차, 논문작성 및 문헌인용방법, 심사기준 및 절차에 관한 기본적인 사항을 고지하여야 한다.

제 3 조 [원고접수]

① 편집간사는 원고를 접수하고, 각 투고자에게 전화 또는 전자우편으로 접수결과를 통보한다.

② 편집간사는 투고자의 인적사항, 논문제목, 접수일자, 분량 등을 기재한 접수결과표를 작성하여 투고원고를 편집위원장에게 송부한다.

③ 편집위원장은 투고원고가 편집위원회가 정한 투고지침에 현저히 위배된다고 판단하는 경우에는 투고자에게 수정을 요구할 수 있다.

제 4 조 [심사위원의 선정 및 심사원고 송부]

① 편집위원장은 각 투고원고에 대해 3인의 심사위원을 선정하고, 각 심사위원에게 심사기한을 정하여 심사원고를 송부한다.

② 심사위원을 선정함에 있어서는 해당분야에 대한 심사위원의 전문성을 고려하고 심사의 공정성을 기할 수 있도록 유의한다.

③ 심사원고에는 투고자의 인적사항이 기재되어서는 안 되며, 이미 기재되어 있는 경우에는 그 내용 가운데 인적 사항을 추론할 수 있

는 부분을 삭제한다.

제5조 [투고원고에 대한 심사]

① 심사위원은 투고원고를 심사하고 심사평가서를 작성하여 심사기간 내에 이를 편집위원장에게 송부한다.

② 심사위원은 투고원고를 심사함에 있어서는 다음의 각 호의 사항을 기준으로 한다.

   1. 일반연구의 논문의 경우에는 주제의 창의성, 연구방법의 적절성, 내용의 완결성, 논문작성 및 문헌인용방법의 정확성, 연구결과의 학문적 기여도

   2. 번역논문의 경우에는 번역의 필요성, 번역의 정확성 및 학문적 기여도

제6조 [투고원고에 대한 게재여부의 결정]

① 편집위원장은 심사위원의 심사평가가 완료된 후 투고원고에 대한 게재여부의 결정을 위한 편집회의를 개최한다.

② 편집위원장은 심사결과표를 작성하여 편집회의에 보고하고, 편집 회의에서는 이를 토대로 게재여부를 결정한다. 다만 투고원고의 게재여부에 대한 최종결정이 있을 때까지 투고자 및 심사위원의 인적사항이 공개되지 않도록 유의하여야 한다.

③ 투고원고에 대한 게재여부의 결정은 다음 각 호의 기준에 의한다.

   1. 3인의 심사위원 모두 게재 '可' 의견을 내거나, 2인의 심사위원이 게재 '可' 그리고 1인이 '수정후 재심의' 의견을 낸 때에는 게재 '可'로 결정한다. 다만 수정을 조건으로 할 수 있다.

   2. 1인의 심사위원이 게재 '可' 의견을 내고 2인이 '수정후 재심의' 의견을 내거나 3인의 심사위원이 모두 '수정후 재심의' 의견을 낸 때에는 '수정후 재심의' 결정을 한다.

   3. 투고원고에 대한 심사결과 심사위원 중 1인 이상이 게재 '否' 의견을 낸 경우에는 게재하지 아니한다. 다만 2인이 게재 '可' 의견을 내고 1인이 게재 '否' 의견을 낸 때에는 '수정후 재심의' 결정을 할 수 있다.

④ 수정원고에 대한 심사는 편집위원회 규정 제6조 제4항에 따라 편집위원장이 직접 또는 약간 명의 심사위원에게 위임하여 게재 '可' 또는 '좀'로 결정한다. 다만 '수정후 재심의'결정된 원고에 대하여 투고자가 수정을 거부한 경우에는 '좀'로 결정한다.

⑤ 편집위원장은 게재결정이 내려진 투고원고가 타인의 원고를 표절한 것이거나 이미 다른 학술지에 게재한 사실이 있는 것으로 밝혀진 때에는 게재결정을 취소한다.

제 7 조 [심사결과의 통보, 이의신청]

① 편집위원장은 편집회의 후 즉시 각 투고자에게 결정결과 및 이유 그리고 사후절차를 내용으로 하는 공문을 발송한다.

② 게재 '좀' 결정을 받은 투고자는 편집위원장에게 이의신청을 할 수 있으며, 편집위원장은 이의신청에 대해서 인용 또는 기각여부를 결정한다.

③ 편집위원장이 이의신청에 대해 인용결정을 한 때에는 심사위원을 다시 선정하고 심사를 의뢰하여 그 결과에 따라 게재 '可' 또는 '좀' 결정을 한다.

제 8 조 [최종원고의 제출, 교정 및 편집]

① 게재 '可'의 결정을 통보받은 투고자는 정해진 기간 내에 최종원고를 작성하여 편집간사에게 제출한다.

② 최종원고에 대한 교정 및 편집에 관한 사항은 편집위원장이 결정하며, 필요한 때에는 교정쇄를 투고자에게 송부하여 교정을 하게 할 수 있다.

제 9 조 [논문게재예정증명서의 발급]

편집위원장은 '형사판례연구'의 발행 이전에 최종적으로 게재가 결정된 원고에 대하여 투고자의 신청이 있는 경우에는 '논문게재예정증명서'를 발급한다.

제10조 ['형사판례연구' 게재논문의 전자출판]

'형사판례연구'에 게재된 논문의 전자출판과 관련된 사항은 편집위원회의 결정에 따른다.

부칙(2006. 12. 04)

제 1 조 [시행일]

이 지침은 '형사판례연구' 제15권 발행시부터 적용한다.

부칙(2007. 12. 10)

제1조 [시행일]

이 지침은 '형사판례연구' 제16권 발행시부터 적용한다.

한국형사판례연구회 투고지침

2006.12.04. 제정
2007.12.10. 개정
2011.12.05. 개정
2020.12.07. 개정

제 1 조 [목적]

이 지침은 한국형사판례연구회 편집위원회 규정 제 6 조 제 2 항에 규정된 '형사판례연구' 투고원고에 대한 논문작성, 문헌인용방법 및 투고절차에 관한 사항을 정함을 목적으로 한다.

제 2 조 [논문제출]

① 투고원고는 다른 학술지에 발표되지 않은 것으로서 형법, 형사소송법 및 행형법 등 형사법 분야에 관한 것이어야 한다.

② 투고자는 원고마감기한 내에 다음 각호의 파일을 온라인 논문투고 및 심사 시스템 홈페이지(https://kaccs.jams.or.kr)에 제출함을 원칙으로 한다.

  1. 원고파일, 단 원고파일에는 필자가 누구임을 알 수 있는 사항(성명, 소속, 직위, 연구비 지원 등)이 기재되어서는 안 된다.

  2. 논문투고신청서

  3. 논문연구윤리확인서 및 논문사용권 위임동의서

  4. KCI(한국학술지인용색인) 논문유사도검사 결과보고서

③ 원고파일은 한글 프로그램으로 다음 각 호의 형식에 따라 작성하여 제출한다.

  1. 용지종류 및 여백 : A4, 위쪽 35mm, 오른쪽 및 왼쪽 30mm, 아래쪽 30mm

  2. 글자모양 및 크기 : 휴먼명조체 11포인트(단 각주는 10포인트)

  3. 줄간격 : 160%

④ 투고원고의 분량은 원고지 120매 이하를 원칙으로 하며 이를 초과

하는 경우 초과게재료를 납부하여야 한다.

⑤ 투고원고가 이 지침에 현저히 위반되는 경우 편집간사는 투고자에게 수정을 요구할 수 있다.

⑥ 편집간사는 투고원고의 접수결과를 편집위원장에게 보고하고, 투고자에게 온라인 논문투고 및 심사 시스템으로 접수결과를 통보한다.

제 3 조 [논문작성방법]

① 투고원고의 작성에 있어서는 편집위원회 규정 및 이 지침에 규정된 사항을 준수하여야 한다.

② 투고원고는 다음 각 호의 내용으로 구성되어야 한다.

  1. 제목(한글 및 외국어)

  2. 저자명, 소속기관(한글 및 외국어). 저자(공동저자 포함)의 소속 기관은 각주 형태로 표기한다.

  3. 목차

  4. 본문(항목번호는 Ⅰ, 1, (1), 가, ①, A의 순서로 함)

  5. 주제어(5단어 내외의 한글 및 외국어)

  6. 초록(500단어 내외의 외국어)

③ 투고원고의 내용은 원칙적으로 국문으로 작성되어야 한다. 다만 외국인의 원고 기타 논문의 특성상 외국어로 작성되어야 하는 것은 외국어로 작성할 수 있으나 국문으로 된 번역문을 첨부하여야 한다.

④ 제 2 항 각 호의 외국어는 영어, 독일어, 프랑스어, 중국어, 일본어 중의 하나로 작성한다.

⑤ 저자가 2인 이상인 경우에는 책임저자와 공동저자의 구분을 명시하여야 한다.

제 4 조 [논문작성시 유의사항]

투고원고를 작성함에 있어서는 다음 각 호의 사항에 유의하여야 한다.

  1. 국내외의 문헌을 인용함에 있어서는 최신의 문헌까지 인용하되 가급적 교과서 범주를 넘어서 학술논문 수준의 문헌을 인용하고,

교과서의 경우에는 출판연도와 함께 판수를 정확하게 기재한다.

2. 외국법에 관한 논문이 아닌 한 국내의 학술논문을 인용하여 국내 학설의 현황을 파악할 수 있도록 하고, 외국문헌은 필요한 한도 내에서 인용한다.

3. 이론이나 학설을 소개하는 경우 일부 문헌만을 근거로 삼지 않고 될수록 많은 문헌을 인용하여 다수설 및 소수설의 평가가 정확히 되도록 유의한다.

4. 기존의 학설을 비판하거나 새로운 학설을 주장하는 경우 그 근거되는 논의상황이 국내의 상황인지 또는 외국의 상황인지를 명확하게 구별하고, 자신의 주장이 해석론인지 형사정책적 제안인지도 분명히 제시한다.

5. 원고는 원칙적으로 한글로 작성하며 한자와 외국어는 혼동이 생길 수 있는 경우에만 괄호 안에 넣어서 표기한다.

6. 외국의 논문이 번역에 가깝게 게재논문의 기초가 되어서는 안 된다.

제 5 조 [문헌인용의 방법]

다른 문헌의 내용을 인용하는 경우에는 다음 각 호의 방식에 의하고, 각주에서 그 출처를 밝혀야 한다.

1. 인용되는 내용이 많은 경우에는 별도의 문단으로 인용하고, 본문과 구별되도록 인용문단 위와 아래를 한 줄씩 띄우고 글자크기를 10포인트 그리고 양쪽 여백을 4ch(칸)으로 설정한다.

2. 인용되는 내용이 많지 않은 경우에는 인용부호(" ")를 사용하여 표시한다.

3. 인용문의 내용 중 일부를 생략하는 경우에는 생략부호(…)를 사용하고, 내용을 변경하는 경우에는 변경표시([ ])를 하여야 한다.

4. 인용문의 일부를 강조하고자 할 때에는 국문은 밑줄을 쳐서 표시하고 영문은 이탤릭체를 사용한다.

제 6 조 [각주의 내용]

① 각주에서는 원칙적으로 한글을 사용하여야 하고, 인용되는 문헌이 외국문헌인 경우에도 저자명, 논문제목, 서명 또는 잡지명, 발행지, 출판

사 등과 같은 고유명사를 제외한 나머지는 한글로 표기한다. 특히 See, Cf, Ibid, Supra, Hereinafter, et al, etc, Vgl, Dazu, Siehe, a.a.O., f(ff), usw 등과 같이 외국어로 된 지시어는 사용하지 않는다.

② 인용문헌이 여러 개인 경우에는 각각의 문헌 사이에 세미콜론(;) 을 표기하여 구분한다.

③ 문헌을 재인용하는 경우에는 원래의 문헌을 표시한 후 괄호 안에 참조한 문헌을 기재한 후 '재인용'이라고 표시한다.

④ 제1항 내지 제3항 및 제7조 내지 제11조에 규정된 이외의 사항에 대하여는 한국법학교수협의회에서 결정한 「논문작성 및 문헌인용 에 관한 표준(2000)」에 따른다.

제 7 조 [인용문헌의 표시]

① 인용되는 문헌이 단행본인 경우에는 저자, 서명, 판수, 발행지 : 출 판사, 출판연도, 면수의 순서로 기재한다. 다만 발행지와 출판사는 생략할 수 있다.

② 인용되는 문헌이 논문인 경우에는 저자, 논문제목, 서명(잡지인 경우에 는 잡지명, 권수 호수), 발행지 : 출판사, 출판연월, 면수의 순서로 기재 한다. 다만 발행지와 출판사는 생략할 수 있고, 월간지의 경우에는 권 수와 호수 및 출판년도 대신에 '○○○○년 ○월호'로 기재할 수 있다. 그리고 논문 제목은 동양문헌인 때에는 인용부호(" ")안에 기재하고, 서양문헌인 때에는 별도의 표시 없이 이탤릭체로 표기한다.

　예) 김종서, "현행 지방자치관계법의 비판적 검토", 인권과
　　　정의 1992년 3월호, 99쪽.

③ 서명 및 잡지명은 그 명칭의 전부를 기재하여야 한다. 다만 외국문 헌의 경우 처음에는 그 전부를 표기하고 이후부터는 약어로 기재 할 수 있다.

④ 저자가 두 명인 경우에는 저자명 사이에 가운데점(·)을 표시하고, 세 명 이상인 경우에는 대표 저자만을 표기한 후 '외(外)'라고 기 재한다.

⑤ 인용문헌이 편집물인 경우에는 저자명 뒤에 '편(編)'이라고 기재한다.

⑥ 인용문헌이 번역물인 경우에는 저자명 뒤에 사선(/)을 긋고, 번역자의 이름을 기입한 뒤 '역(譯)'이라고 기재한다.

> 예) Karl Larenz·Claus-Wilhelm Canaris/허일태 역, 법학방법론, 2000, 120쪽.

⑦ 기념논문집, 공청회자료집 등은 서명 다음에 콜론(:)을 표시하고 그 내용을 표시한다.

> 예) 현대형사법의 쟁점과 과제 : 동암 이형국 교수 화갑기념논문집

제 8 조 [판례의 표시]

① 판례는 선고법원, 선고연월일, 사건번호 및 출처의 순서로 개재하되, 출처는 괄호 안에 표기한다.

> 예) 대법원 1996. 4. 26. 선고 96다1078 판결(공 1996상, 1708), 대전
> 고법 2000. 11. 10. 선고 2000노473 판결(하집 2000(2), 652)

② 판례의 출처는 다음 각 호와 같이 약어를 사용하여 표시한다.

1. 법원공보(또는 판례공보) 1987년 125면 이하 → 공 1987, 125
2. 대법원판례집 제11권 2집 형사편 29면 이하 → 집11(2), 형 29
3. 고등법원판례집 1970년 형사·특별편 20면 이하 → 고집 1970, 형특 20
4. 하급심판결집 1984년 제 2 권 229면 → 하집 1984(2), 229
5. 판례카드 3675번 → 카 3675
6. 헌법재판소판례집 제5권 2집 14면 이하 → 헌집5(2), 14
7. 헌법재판소공보 제3호 255면 → 헌공3, 255
8. 판례총람 형법 338조 5번 → 총람 형338, 5

③ 외국판례는 당해 국가에서 일반적으로 사용되는 표기방법에 따른다.

제 9 조 [법령의 표시]

① 법령은 공식명칭을 사용하여야 하며, 띄어쓰기를 하지 않고 모두 붙여 쓴다.

② 법령의 이름이 긴 경우에는 '[이하 ○○○이라고 한다]'고 표시한 후 일반적으로 사용되는 약칭을 사용할 수 있다.

> 예) 성폭력범죄의처벌및피해자보호등에관한법률[이하 성폭력

특별법이라고 한다]

③ 법령의 조항은 '제○조 제○항 제○호'의 방식으로 기재하며, 필요한 경우에는 본문, 단서, 전문 또는 후문을 특정하여야 한다.

④ 법령이 개정 또는 폐지된 때에는 그 연월일 및 법령 호수를 기재하여야 한다.

　예) 형사소송법(1995. 12. 29. 법률 제5054호로 개정되고 1997. 12.

　　13. 법률 제5435호로 개정되기 이전의 것) 제201조의2 제1항

⑤ 외국의 법령은 당해 국가에서 일반적으로 사용되는 표기방법에 따른다.

제10조 [기타 자료의 표시]

① 신문에 실린 자료는 작성자와 기사명이 있는 경우 저자명, "제목", 신문명, 연월일자, 면을 표시하고, 작성자와 기사명이 없는 경우에는 신문명, 연월일, 면을 표시한다.

　예) 박상기, "부동산 명의신탁과 횡령죄", 법률신문, 1997. 10. 27, 14쪽.

② 인터넷 자료는 저자명, "자료명", URL, 검색일자를 표시한다.

　예) 박영도 외, "법률문화 및 법률용어에 관한 국민여론 조사",

　　http://www.klri.re.kr/LIBRARY/library.html, 2002. 6. 1.검색.

제11조 [동일한 문헌의 인용표시]

① 앞의 각주에서 제시된 문헌을 다시 인용할 경우에는 저자명, 주○)의 글(또는 책), 면의 순서로 표기한다.

② 바로 앞의 각주에서 인용된 문헌을 다시 인용하는 경우에는 앞의 글(또는 앞의 책), 면의 순서로 표기한다.

③ 하나의 각주에서 동일한 문헌을 다시 인용할 경우는 같은 글(또는 같은 책), 면의 순서로 표기한다.

제12조 [표 및 그림의 표시]

표와 그림은 <표 1>, <그림 1>의 방식으로 일련번호와 제목을 표시하고, 표와 그림의 왼쪽 아랫부분에 그 출처를 명시하여야 한다.

제13조 [편집위원회의 결정통보 및 수정원고 제출]

① 편집위원회는 투고원고에 대한 심사위원의 평가가 완료된 후 편집

회의를 개최하여 투고원고에 대한 게재여부를 결정하고 투고자에게 그 결과를 온라인 논문투고 및 심사 시스템으로 통지한다.

② 편집위원회가 투고원고에 대하여 '수정후 재심의' 결정을 한 경우 투고자는 정해진 기간 내에 수정원고를 제출하여야 한다.

제14조 [학회비 및 게재료 납부]

① 편집위원회에 의해 게재결정된 투고원고는 투고자가 당해 연도 회비를 납부한 경우에 한하여 학회지에 게재될 수 있다.

② 편집위원회에 의해 게재결정된 투고원고의 투고자는 다음 각 호의 구분에 의하여 게재료를 납부하여야 한다.

  1. 교수 및 실무가: 편당 20만원

  2. 강사 기타: 편당 10만원

③ 투고원고(외국어 초록 포함)의 분량이 원고지 120매를 초과하고 150매 이하인 경우에는 1매당 3천원, 150매를 초과하는 경우에는 1매당 5천원의 초과게재료를 납부하여야 한다.

제15조 [논문연구윤리 준수]

① 투고원고는 논문연구윤리 확인서에 포함된 논문연구윤리를 준수하여야 한다.

② 투고원고는 논문연구윤리 확인서를 제출한 경우에 한하여 학회지에 게재될 수 있다.

제16조 [논문사용권 등 위임동의서 제출]

투고원고는 논문사용권 및 복제·전송권 위임동의서를 제출한 경우에 한하여 학회지에 게재될 수 있다.

제17조 [중복게재의 제한]

① '형사판례연구'에 게재된 논문은 다른 학술지에 다시 게재할 수 없다.

② 편집위원회는 제 1 항에 위반한 투고자에 대하여 결정으로 일정기간 투고자격을 제한할 수 있다.

부칙(2006. 12. 04)

제 1 조 [시행일]
이 지침은 '형사판례연구' 제15권 발행시부터 적용한다.

부칙(2007. 12. 10)

제 1 조 [시행일]
이 지침은 '형사판례연구' 제16권 발행시부터 적용한다.

부칙(2011.12.05.)

제 1 조 [시행일]
이 지침은 '형사판례연구' 제20권 발행시부터 적용한다.

부칙(2020.12.07)

제 1 조 [시행일]
이 지침은 '형사판례연구' 제29권 발행시부터 적용한다.

한국형사판례연구회
연구윤리위원회 규정

2007. 12. 10. 제정
2008. 06. 02. 개정

제1 조 [목적]

이 규정은 연구윤리위반행위의 방지 및 건전한 연구윤리의 확보를 위한 기본적인 원칙과 방향을 제시하고, 한국형사판례연구회(이하 '본회'라 함) 회원의 연구윤리위반행위에 대한 조치와 절차 등을 규정함을 목적으로 한다.

제2 조 [연구윤리위반행위]

연구윤리위반행위는 다음 각 호의 하나에 해당하는 것을 말한다.

1. "위조" — 존재하지 않는 데이터 또는 연구결과 등을 허위로 만들어 내는 행위

2. "변조" — 연구의 재료·장비·과정 등을 인위적으로 조작하거나 데이터를 임의로 변형·삭제함으로써 연구의 내용 또는 결과를 왜곡하는 행위

3. "표절" — 타인의 아이디어, 연구의 내용 또는 결과 등을 정당한 승인 또는 인용 없이 도용하는 행위

4. "부당한 논문저자 표시" — 연구내용 또는 결과에 대하여 과학적·기술적 공헌 또는 기여를 한 사람에게 정당한 이유 없이 논문저자 자격을 부여하지 않거나, 과학적·기술적 공헌 또는 기여를 하지 않은 자에게 감사의 표시 또는 예우 등을 이유로 논문저자 자격을 부여하는 행위

5. "중복게재" — 과거에 공간된 논문 등 저작물을 중복하여 출판하는 행위

6. "조사방해·부정은폐" — 본인 또는 타인의 연구윤리위반행위의 의혹
   에 대한 조사를 고의로 방해하거나 제보자에게 위해를 가하는 행위

제 3 조 [연구윤리위원회]

① 연구윤리위반행위의 조사·의결을 위하여 연구윤리위원회(이하 '위
   원회'라 함)를 둔다.

② 연구윤리위원회는 연구윤리위원장을 포함한 10인 이내의 위원으로
   구성한다.

③ 연구윤리위원장(이하 '위원장'이라 함)은 본회의 연구윤리담당 상임
   이사로 한다.

④ 연구윤리위원(이하 '위원'이라 함)은 본회 회원 중에서 이사회가 선임한
   다.

⑤ 연구윤리위원의 임기는 1년으로 하며, 연임할 수 있다.

제 4 조 [연구윤리위원회의 조사]

① 위원장은 다음 각 호의 경우 위원회에 연구윤리위반 여부의 조사
   를 요청하여야 한다.

  1. 제보 등에 의하여 연구윤리위반행위에 해당한다는 의심이 있는 때

  2. 본회 회원 10인 이상이 서면으로 연구윤리위반행위에 대한 조사
     를 요청한 때

② 제보의 접수일로부터 만 5년 이전의 연구윤리위반행위에 대해서는
   이를 접수하였더라도 처리하지 않음을 원칙으로 한다. 단, 5년 이
   전의 연구윤리위반행위라 하더라도 피조사자가 그 결과를 직접 재
   인용하여 5년 이내에 후속 연구의 기획·수행, 연구결과의 보고 및
   발표에 사용하였을 경우와 공공의 복지 또는 안전에 위험이 발생
   하거나 발생할 우려가 있는 경우에는 이를 처리하여야 한다.

③ 연구윤리위반행위의 사실 여부를 입증할 책임은 위원회에 있다.
   단, 피조사자가 위원회에서 요구하는 자료를 고의로 훼손하였거나
   제출을 거부하는 경우에 요구자료에 포함되어 있다고 인정되는 내
   용의 진실성을 입증할 책임은 피조사자에게 있다.

④ 위원회는 제보자와 피조사자에게 의견진술, 이의제기 및 변론의 권리와 기회를 동등하게 보장하여야 하며 관련 절차를 사전에 알려주어야 한다.

제 5 조 [연구윤리위원회의 의결]

① 위원회의 연구윤리위반결정은 재적위원 과반수의 출석과 출석위원 3분의 2 이상의 찬성으로 의결한다.

② 조사·의결의 공정을 기하기 어려운 사유가 있는 위원은 당해 조사·의결에 관여할 수 없다. 이 경우 당해 위원은 재적위원의 수에 산입하지 아니한다.

제 6 조 [제보자의 보호]

① 제보자는 연구윤리위반행위를 인지한 사실 또는 관련 증거를 위원회에 알린 자를 말한다.

② 제보자는 구술·서면·전화·전자우편 등 가능한 모든 방법으로 제보할 수 있으며 실명으로 제보함을 원칙으로 한다. 단, 익명의 제보라 하더라도 서면 또는 전자우편으로 논문명, 구체적인 연구윤리위반행위의 내용과 증거를 포함하여 제보한 경우 위원회는 이를 실명 제보에 준하여 처리하여야 한다.

③ 위원회는 제보자가 연구윤리위반행위 신고를 이유로 부당한 압력 또는 위해 등을 받지 않도록 보호해야 할 의무를 지니며 이에 필요한 시책을 마련하여야 한다.

④ 제보자의 신원에 관한 사항은 정보공개의 대상이 되지 않으며, 제보자가 신고를 이유로 제 3 항의 불이익을 받거나 자신의 의지에 반하여 신원이 노출될 경우 위원회 및 위원은 이에 대한 책임을 진다.

⑤ 제보자는 연구윤리위반행위의 신고 이후 진행되는 조사 절차 및 일정 등을 알려줄 것을 위원회에 요구할 수 있으며, 위원회는 이에 성실히 응하여야 한다.

⑥ 제보 내용이 허위인 줄 알았거나 알 수 있었음에도 불구하고 이를

　신고한 제보자는 보호 대상에 포함되지 않는다.

제 7 조 [피조사자의 보호]

① 피조사자는 제보 또는 위원회의 인지에 의하여 연구윤리위반행위의 조사대상이 된 자 또는 조사 수행 과정에서 연구윤리위반행위에 가담한 것으로 추정되어 조사의 대상이 된 자를 말하며, 조사과정에서의 참고인이나 증인은 이에 포함되지 아니한다.

② 위원회는 검증 과정에서 피조사자의 명예나 권리가 부당하게 침해되지 않도록 주의하여야 한다.

③ 연구윤리위반행위에 대한 의혹은 판정 결과가 확정되기 전까지 외부에 공개되어서는 아니 된다.

④ 피조사자는 연구윤리위반행위의 조사·처리절차 및 처리일정 등을 알려줄 것을 위원회에 요구할 수 있으며, 위원회는 이에 성실히 응하여야 한다.

제 8 조 [예비조사]

① 예비조사는 연구윤리위반행위의 의혹에 대하여 조사할 필요가 있는지 여부를 결정하기 위한 절차를 말하며, 신고 접수일로부터 30일 이내에 착수하여야 한다.

② 예비조사 결과 피조사자가 연구윤리위반행위 사실을 모두 인정한 경우에는 본조사 절차를 거치지 않고 바로 판정을 내릴 수 있다.

③ 예비조사에서 본조사를 실시하지 않는 것으로 결정할 경우 이에 대한 구체적인 사유를 결정일로부터 10일 이내에 제보자에게 문서 또는 전자우편으로 통보한다. 단, 익명제보의 경우는 그러하지 않다.

④ 제보자는 예비조사 결과에 대해 불복하는 경우 통보를 받은 날로부터 30일 이내에 위원회에 이의를 제기할 수 있다.

제 9 조 [본조사]

① 본조사는 연구윤리위반행위의 사실 여부를 입증하기 위한 절차를 말하며, 예비조사에서 본조사의 필요성이 인정된 경우 즉시 착수하여야 한다.

② 위원회는 제보자와 피조사자에게 의견진술의 기회를 주어야 하며, 본조사결과를 확정하기 이전에 이의제기 및 변론의 기회를 주어야 한다. 당사자가 이에 응하지 않을 경우에는 이의가 없는 것으로 간주한다.

③ 제보자와 피조사자의 이의제기 또는 변론 내용과 그에 대한 처리결과는 조사결과 보고서에 포함되어야 한다.

제10조 [판정]

① 판정은 본조사결과를 확정하고 이를 제보자와 피조사자에게 문서 또는 전자우편으로 통보하는 절차를 말하며, 본조사에 의하여 연구윤리위반이 인정된 경우 즉시 하여야 한다.

② 예비조사 착수 이후 판정에 이르기까지의 모든 조사 일정은 6개월 이내에 종료되어야 한다.

③ 제보자 또는 피조사자가 판정에 불복할 경우에는 통보를 받은 날로부터 30일 이내에 본회 회장에게 이의신청을 할 수 있으며, 본회 회장은 이의신청 내용이 합리적이고 타당하다고 판단할 경우 이사회의 결정으로 임시 조사위원회를 구성하여 재조사를 실시하여야 한다.

제11조 [위원회의 권한과 의무]

① 위원회는 조사과정에서 제보자·피조사자·증인 및 참고인에 대하여 진술을 위한 출석을 요구할 수 있고 피조사자에게 자료의 제출을 요구할 수 있으며, 이 경우 피조사자는 반드시 이에 응하여야 한다.

② 위원회 및 위원은 제보자의 신원 등 위원회의 직무와 관련하여 알게 된 사항에 대하여 비밀을 유지하여야 한다.

제12조 [조사의 기록과 정보의 공개]

① 위원회는 조사 과정의 모든 기록을 음성, 영상, 또는 문서의 형태로 5년 이상 보관하여야 한다.

② 조사결과 보고서는 판정이 끝난 이후 공개할 수 있다. 단, 증인·참고인·자문에 참여한 자의 명단 등은 당사자에게 불이익을 줄 가능성이 있을 경우 공개하지 않을 수 있다.

제13조 [연구윤리위반행위에 대한 조치]

위원회가 연구윤리위반행위로 결정한 때에는 다음 각 호의 조치를 취하여야 한다.

    1. 투고원고를 '형사판례연구' 논문목록에서 삭제

    2. 투고자에 대하여 3년 이상 '형사판례연구'에 논문투고 금지

    3. 위반사항을 한국형사판례연구회 홈페이지에 1년간 공고

    4. 한국학술진흥재단에 위반내용에 대한 세부적인 사항 통보

제14조 [연구윤리에 대한 교육]

위원회는 본회 회원의 연구윤리의식을 고취시키기 위하여 연구수행과정에서 준수해야 할 연구윤리 규범, 부정행위의 범위, 부정행위에 대한 대응방법 및 검증절차 등에 관한 교육을 실시하여야 한다.

제15조 [규정의 개정]

이 규정의 개정은 이사회의 의결에 의한다.

부칙(2008. 06. 02)

제 1 조 [시행일]

이 규정은 이사회의 의결이 있은 날부터 시행한다.

한국형사판례연구회 임원명단

2021년 6월 현재

한국형사판례연구회 회원명부

2021년 6월 현재

〈학 계〉

성 명	직 위	근무처	우편번호 주 소	직장 전화번호 자택
강 기 정	명예교수	창원대 법학과	51140 경남 창원시 의창구 창원대학로 20	055-213-3203
강 동 범	교수	이화여대 법학전문대학원	03760 서울 서대문구 이화여대길 52	02-3277-4480
강 석 구	선임 연구 위원	형사·법무 정책연구원	06764 서울 서초구 태봉로 114	02-3460-5128
강 수 진	교수	고려대 법학전문대학원	02841 서울 성북구 안암동 145	02-3290-2889
강 우 예	교수	한국해양대 해사법학부	49112 부산 영도구 태종로 727	051-410-4393
권 오 걸	교수	경북대 법학전문대학원	41566 대구 북구 대학로 80	053-950-5473
권 창 국	교수	전주대 경찰행정학과	55069 전북 전주시 완산구 천잠로 303	063-220-2242
김 대 근	연구 위원	형사·법무 정책연구원	06764 서울 서초구 태봉로 114	02-3460-5175
김 대 원	초빙교수	성균관대 법학전문대학원	03063 서울 종로구 성균관로 25-2	02-760-0922
김 봉 수	교수	전남대 법학전문대학원	61186 광주 북구 용봉로 77	062-530-2278
김 선 복	전교수	부경대 법학과	48513 부산 남구 용소로 45	051-629-5441

성 명	직 위	근 무 처	우편번호 주 소	직장 자택 전화번호
김 성 돈	교수	성균관대 법학전문대학원	03063 서울 종로구 성균관로 25-2	02-760-0343
김 성 룡	교수	경북대 법학전문대학원	41566 대구 북구 대학로 80	053-950-5459
김 성 은	교수	강원대 법학전문대학원	24341 강원 춘천시 강원대학길 1	033-250-6539
김 성 천	교수	중앙대 법학전문대학원	06974 서울 동작구 흑석로 84	02-820-5447
김 영 철	전교수	건국대 법학전문대학원	05029 서울 광진구 능동로 120	02-2049-6047
김 영 환	명예교수	한양대 법학전문대학원	04763 서울 성동구 왕십리로 222	02-2220-0995
김 유 근	연구 위원	형사·법무 정책연구원	06764 서울 서초구 태봉로 114	02-3460-5182
김 인 선	명예교수	순천대 법학과	57922 전남 순천시 중앙로 255	061-750-3430
김 인 회	교수	인하대 법학전문대학원	22212 인천 남구 인하로 100	032-860-8965
김 재 봉	교수	한양대 법학전문대학원	04763 서울 성동구 왕십리로 222	02-2220-1303
김 재 윤	교수	건국대 법학전문대학원	05029 서울 광진구 능동로 120	02-450-4042
김 재 희	교수	성결대 파이데이아칼리지	14097 경기 안양시 성결대학교 53	031-467-8114
김 정 현	겸임교수	숭실대 법학과	06978 서울시 동작구 상도로 369	02-820-0470
김 정 환	교수	연세대 법학전문대학원	03722 서울 서대문구 연세로 50	02-2123-3003

성 명	직 위	근 무 처	우편번호 주 소		직장 자택 전화번호
김 종 구	교수	조선대 법학과	61452	광주광역시 동구 필문대로 309	062-230-6703
김 종 원	명예교수	성균관대 법학과	03063	서울 종로구 성균관로 25-2	02-760-0922
김 태 명	교수	전북대 법학전문대학원	54896	전북 전주시 덕진구 백제대로 567	063-270-4701
김 택 수	교수	계명대 경찰법학과	42601	대구 달서구 달구벌대로 1095	053-580-5468
김 한 균	선임 연구 위원	형사·법무 정책연구원	06764	서울 서초구 태봉로 114	02-3460-5163
김 혁 돈	교수	가야대 경찰행정학과	50830	경남 김해시 삼계로 208번지	055-330-1145
김 형 준	교수	중앙대 법학전문대학원	06974	서울 동작구 흑석로 84	02-820-5452
김 혜 경	교수	계명대 경찰행정학과	42601	대구 달서구 달구벌대로 1095	053-580-5956
김 혜 정	교수	영남대 법학전문대학원	38541	경북 경산시 대학로 280	053-810-2616
김 희 균	교수	서울시립대 법학전문대학원	02504	서울 동대문구 서울시립대로 163	02-6490-5102
남 선 모	교수	세명대 법학과	27136	충북 제천시 세명로 65	043-649-1231
노 수 환	교수	성균관대 법학전문대학원	03063	서울시 종로구 성균관로 25-2	02-760-0354
도 중 진	교수	충남대 국가안보융합 학부	34134	대전 유성구 대학로 99번지	042-821-5297
류 부 곤	교수	경찰대 법학과	31539	충남 아산시 신창면 황산길 100-50	041-968-2763

성 명	직 위	근무처	우편번호 주소	직장 자택 전화번호
류 석 준	교수	영산대 공직인재학부	50510 경남 양산시 주남로 288	055-380-9423
류 인 모	교수	인천대 법학과	22012 인천 연수구 아카데미로 119	032-835-8324
류 전 철	교수	전남대 법학전문대학원	61186 광주 북구 용봉로 77	062-530-2283
류 화 진	교수	부산대 법학전문대학원	46241 부산 금정구 부산대학로63번길 2	051-510-2506
문 성 도	교수	경찰대 법학과	31539 충남 아산시 신창면 황산길 100-50	041-968-2562
민 영 성	교수	부산대 법학전문대학원	46241 부산 금정구 부산대학로63번길 2	051-510-2514
박 강 우	전교수	충북대 법학전문대학원	28644 충북 청주시 서원구 충대로 1	043-261-2622
박 광 민	전교수	성균관대 법학전문대학원	03063 서울 종로구 성균관로 25-2	02-760-0359
박 기 석	교수	대구대 경찰행정학과	38453 경북 경산시 진량읍 대구대로 201	053-850-6182
박 미 숙	선임 연구위원	형사·법무 정책연구원	06764 서울 서초구 태봉로 114	02-3460-5166
박 상 기	명예교수 전법무부 장관	연세대 법학전문대학원 법무부	03722 서울 서대문구 연세로 50	02-2123-3005
박 상 진	교수	건국대 공공인재대학 경찰학과	27478 충북 충주시 충원대로 268	043-840-3429
박 성 민	교수	경상대 법과대학	52828 경남 진주시 진주대로 501	055-772-2035
박 수 희	교수	가톨릭관동대 경찰행정학과	25601 강원 강릉시 범일로 579번길 24	033-649-7336

성 명	직 위	근 무 처	우편번호 주 소	직장 자택 전화번호
박 찬 걸	교수	대구가톨릭대 경찰행정학과	38430 경북 경산시 하양읍 하양로 13-13	053-850-3339
백 원 기	교수	인천대 법학과	22012 인천 연수구 아카데미로 119	032-835-8328
변 종 필	교수	동국대 법학과	04620 서울 중구 필동로1길 30	02-2260-3238
서 거 석	명예교수	전북대 법학전문대학원	54896 전북 전주시 덕진구 백제대로 567	063-270-2663
서 보 학	교수	경희대 법학전문대학원	02447 서울 동대문구 경희대로 26	02-961-0614
성 낙 현	교수	영남대 법학전문대학원	38541 경북 경산시 대학로 280	053-810-2623
소 병 철	석좌교수	농협대학교	10292 경기도 고양시 덕양구 서삼릉길 281	031-960-4000
손 동 권	명예교수	건국대 법학전문대학원	05029 서울 광진구 능동로 120	02-450-3599
손 지 영	전문위원	법과인간행동연 구소, 법무법인 케이에스앤피	06606 서울 서초구 서초중앙로24길16	02-596-1234
송 광 섭	교수	원광대 법학전문대학원	54538 전북 익산시 익산대로 460	063-850-6373
승 재 현	연구 위원	형사・법무 정책연구원	06764 서울 서초구 태봉로 114	02-3460-5164
신 가 람	박사과정	연세대	03722 서울 서대문구 연세로 50	02-2123-8644
신 동 운	명예교수	서울대 법학전문대학원	08826 서울 관악구 관악로 1	02-880-7563
신 양 균	명예교수	전북대 법학전문대학원	54896 전북 전주시 덕진구 백제대로 567	063-270-2666

성 명	직 위	근 무 처	우편번호	주 소	직장 자택 전화번호
심 영 주	강사	인하대 법학전문대학원	22212	인천광역시 남구 인하로 100 인하대학교 로스쿨관	032-860-7920
심 재 무	교수	경성대 법학과	48434	부산 남구 수영로 309	051-663-4518
심 희 기	교수	연세대 법학전문대학원	03722	서울 서대문구 연세로 50	02-2123-6037
안 경 옥	교수	경희대 법학전문대학원	02447	서울 동대문구 경희대로 26	02-961-0517
안 성 조	교수	제주대 법학전문대학원	63243	제주 제주시 제주대학로 102	064-754-2988
안 성 훈	연구 위원	형사·법무 정책연구원	06764	서울 서초구 태봉로 114	02-3460-5182
안 원 하	교수	부산대 법학전문대학원	46241	부산 금정구 부산대학로63번길 2	051-510-2502
오 경 식	교수	강릉원주대 법학과	25457	강원 강릉시 죽헌길 7	033-640-2211
오 병 두	교수	홍익대 법학과	04066	서울 마포구 와우산로 94	02-320-1822
오 영 근	명예교수	한양대 법학전문대학원	04763	서울 성동구 왕십리로 222	02-2220-0994
원 재 천	교수	한동대 법학과	37554	경북 포항시 북구 흥해읍 한동로 558	054-260-1268
원 혜 욱	교수	인하대 법학전문대학원	22212	인천 남구 인하로 100	032-860-7937
유 용 봉	교수	한세대 경찰행정학과	15852	경기 군포시 한세로 30	031-450-5272
윤 동 호	교수	국민대 법학과	02707	서울 성북구 정릉로 77	02-910-4488

성 명	직 위	근 무 처	우편번호 주 소	직장 자택 전화번호
윤 용 규	명예교수	강원대 법학전문대학원	24341 강원 춘천시 강원대학길 1	033-250-6517
윤 종 행	교수	충남대 법학전문대학원	34134 대전광역시 유성구 대학로 99번지	042-821-5840
윤 지 영	연구 위원	형사·법무 정책연구원	06764 서울 서초구 태봉로 114	02-3460-5136
윤 해 성	연구 위원	형사·법무 정책연구원	06764 서울 서초구 태봉로 114	02-3460-5156
은 숭 표	전교수	영남대 법학전문대학원	38541 경북 경산시 대학로 280	053-810-2615
이 강 민	교수	김포대 경찰행정학과	10020 경기 김포시 월곶면 김포대학로 97	031-999-4665
이 경 렬	교수	성균관대 법학전문대학원	03063 서울 종로구 성균관로 25-2	02-760-0216
이 경 재	교수	충북대 법학전문대학원	28644 충북 청주시 서원구 충대로 1	043-261-2612
이 경 호	전교수	한국해양대 해사법학부	49112 부산 영도구 태종로 727	051-410-4390
이 근 우	교수	가천대 법학과	13120 경기 성남시 수정구 성남대로 1342	031-750-8728
이 기 헌	명예교수	명지대 법학과	03674 서울 서대문구 거북골로 34	02-300-0813
이 동 희	교수	경찰대 법학과	31539 충남 아산시 신창면 황산길 100-50	041-968-2662
이 상 문	교수	군산대 해양경찰학과	54150 전북 군산시 대학로 558	063-469-1893
이 상 용	전교수	명지대 법학과	03674 서울 서대문구 거북골로 34	02-300-0817

성 명	직 위	근 무 처	우편번호	주 소	직장 자택 전화번호
이 상 원	교수	서울대 법학전문대학원	08826	서울 관악구 관악로 1	02-880-2618
이 상 한	초빙교수	충북대학교 법학전문대학원	28644	충북 청주시 서원구 충대로 1	043-261-2620
이 상 현	교수	숭실대 국제법무학과	06978	서울 동작구 상도로 369	02-820-0486
이 순 욱	교수	전남대 법학전문대학원	61186	광주 북구 용봉로 77	062-530-2225
이 승 준	교수	충북대 법학전문대학원	28644	충북 청주시 서원구 충대로 1	043-261-3689
이 승 현	연구 위원	형사·법무 정책연구원	06764	서울 서초구 태봉로 114	02-3460-5193
이 승 호	교수	건국대 법학전문대학원	05029	서울 광진구 능동로 120	02-450-3597
이 영 란	명예교수	숙명여대 법학과	04310	서울 용산구 청파로47길 100	02-710-9494
이 용 식	명예교수	서울대 법학전문대학원	08826	서울 관악구 관악로 1	02-880-7557
이 원 상	교수	조선대 법학과	61452	광주광역시 동구 필문대로 309	062-230-6073
이 유 진	선임 연구위원	청소년정책 연구원	30147	세종특별자치시 시청대로 370 세종국책연구단지 사회정책동(D동)	044-415-2114
이 윤 제	교수	명지대 법학과	03674	서울특별시 서대문구 거북골로 34	02-300-0820
이 은 모	명예교수	한양대 법학전문대학원	04763	서울 성동구 왕십리로 222	02-2220-2573
이 인 영	교수	백석대 경찰학부	31065	충남 천안시 동남구 문암로 76	041-550-2124

성 명	직 위	근 무 처	우편번호 주 소	직장 자택 전화번호
이 정 념	교수	숭실대 법학과	06978 서울 동작구 상도로 369 전산관 522호	02-820-0461
이 정 민	교수	단국대 법학과	16890 경기 용인시 수지구 죽전로 152	031-8005-3973
이 정 원	전교수	영남대 법학전문대학원	38541 경북 경산시 대학로 280	053-810-2629
이 정 훈	교수	중앙대 법학전문대학원	06974 서울 동작구 흑석로 84	02-820-5456
이 주 원	교수	고려대 법학전문대학원	02841 서울 성북구 안암동 5가 1번지	02-3290-2882
이 진 국	교수	아주대 법학전문대학원	16499 경기 수원시 영통구 월드컵로 206	031-219-3791
이 진 권	교수	한남대 경찰행정학과	34430 대전 대덕구 한남로 70	042-629-8465
이 창 섭	교수	제주대 법학전문대학원	63243 제주 제주시 제주대학로 102	064-754-2976
이 창 현	교수	한국외대 법학전문대학원	02450 서울 동대문구 이문로 107(이문동 270)	02-2173-3047
이 천 현	선임 연구위원	형사·법무 정책연구원	06764 서울 서초구 태봉로 114	02-3460-5125
이 충 상	교수	경북대 법학전문대학원	41566 대구 북구 대학로 80	053-950-5456
이 태 언	전교수	부산외대 법학과	46234 부산 금정구 금샘로 485번길 65	051-509-5991
이 호 중	교수	서강대 법학전문대학원	04107 서울 마포구 백범로 35	02-705-7843
이 회 경	연구교수	성균관대 글로벌리더학부	03063 서울특별시 종로구 성균관로 25-2	02-760-0191

성 명	직 위	근 무 처	우편번호 주 소	직장 자택 전화번호
임 정 호	연구위원	형사 · 법무 정책연구원	06764 서울 서초두 태봉로 114	02-3460-5150
임 창 주	교수	서영대학교 사회복지행정과	10843 경기도 파주시 월롱면 서영로 170	031-930-9560
장 규 원	교수	원광대 경찰행정학과	54538 전북 익산시 익산대로 460	063-850-6905
장 성 원	교수	세명대 법학과	27136 충북 제천시 세명로 65	043-649-1208
장 승 일	강사	전남대 법학전문대학원	61186 광주 북구 용봉로 77	062-530-2207
장 연 화	교수	인하대 법학전문대학원	22212 인천 남구 인하로 100	032-860-8972
장 영 민	명예교수	이화여대 법학전문대학원	03760 서울 서대문구 이화여대길 52	02-3277-3502
전 지 연	교수	연세대 법학전문대학원	03722 서울 서대문구 연세로 50	02-2123-5996
전 현 욱	연구위원	형사 · 법무 정책연구원	06764 서울 서초구 태봉로 114	02-3460-9295
정 도 희	교수	경상대 법학과	52828 경남 진주시 진주대로 501	055-772-2042
정 승 환	교수	고려대 법학전문대학원	02841 서울 성북구 안암동5가 1번지	02-3290-2871
정 영 일	명예교수	경희대 법학전문대학원	02447 서울 동대문구 경희대로 26	02-961-9142
정 웅 석	교수	서경대 법학과	02713 서울 성북구 서경로 124	02-940-7182
정 준 섭	교수	숙명여대 법학과	04310 서울 용산구 청파로47길 100	02-710-9935

성 명	직 위	근 무 처	우편번호 주 소	직장 전화번호 자택
정 진 수	전 선임 연구위원	형사·법무 정책연구원	06764 서울 서초구 태봉로 114	02-3460-5282
정 한 중	교수	한국외대 법학전문대학원	02450 서울 동대문구 이문로 107	02-2173-3258
정 행 철	명예교수	동의대 법학과	47340 부산 부산진구 엄광로 176	051-890-1360
정 현 미	교수	이화여대 법학전문대학원	03760 서울 서대문구 이화여대길 52	02-3277-3555
조 국	교수	서울대 법학전문대학원	08826 서울 관악구 관악로 1	02-880-5794
조 균 석	교수	이화여대 법학전문대학원	03760 서울 서대문구 이화여대길 52	02-3277-6858
조 병 선	교수	청주대 법학과	28503 충북 청주시 청원구 대성로 298	043-229-8221
조 인 현	연구원	서울대 법학연구소	08826 서울 관악구 관악로 1	02-880-5471
조 준 현	전 교수	성신여대 법학과	02844 서울 성북구 보문로 34다길 2	02-920-7122
조 현 욱	학술 연구교수	건국대 법학연구소	05029 서울 광진구 능동로 120	02-450-3297
주 승 희	교수	덕성여대 법학과	01369 서울 도봉구 쌍문동 419	02-901-8177
천 진 호	교수	동아대 법학전문대학원	49236 부산 서구 구덕로 225	051-200-8509
최 민 영	연구 위원	형사·법무 정책연구원	06764 서울 서초구 태봉로 114	02-3460-5178
최 병 각	교수	동아대 법학전문대학원	49236 부산 서구 구덕로 225	051-200-8528

성 명	직 위	근 무 처	우편번호	주 소	직장 자택 전화번호
최 병 문	교수	상지대 법학과	26339	강원 원주시 우산동 660	033-730-0242
최 상 욱	교수	강원대 법학전문대학원	24341	강원 춘천시 강원대학길 1	033-250-6516
최 석 윤	교수	한국해양대 해양경찰학과	49112	부산 영도구 태종로 727	051-410-4238
최 우 찬	교수	서강대 법학전문대학원	04107	서울 마포구 백범로 35	02-705-8404
최 준 혁	교수	인하대 법학전문대학원	22212	인천 남구 인하로 100	032-860-7926
최 호 진	교수	단국대 법학과	16890	경기 용인시 수지구 죽전로 152	031-8005-3290
탁 희 성	선임 연구위원	형사·법무 정책연구원	06764	서울 서초구 태봉로 114	02-3460-5161
하 태 영	교수	동아대 법학전문대학원	49236	부산 서구 구덕로 225	051-200-8573
하 태 훈	교수	고려대 법학전문대학원	02841	서울 성북구 안암동5가 1번지	02-3290-1897
한 상 돈	명예교수	아주대 법학전문대학원	16499	경기 수원시 영통구 월드컵로 206	031-219-3786
한 상 훈	교수	연세대 법학전문대학원	03722	서울 서대문구 연세로 50	02-2123-5998
한 영 수	교수	아주대 법학전문대학원	16499	경기 수원시 영통구 월드컵로 206	031-219-3783
한 인 섭	교수 원장	서울대 법학전문대학원 형사·법무 정책연구원	08826 06764	서울 관악구 관악로 1 서울 서초구 태봉로 114	02-880-7577 02-575-5282
허 일 태	명예교수	동아대 법학전문대학원	49236	부산 서구 구덕로 225	051-200-8581

성 명	직 위	근 무 처	우편번호 주 소	직장 자택 전화번호
허 황	부연구 위원	형사·법무 정책연구원	06764 서울특별시 서초구 태봉로 114	02-3460-5124
홍 승 희	교수	원광대 법학전문대학원	54538 전북 익산시 익산대로 460	063-850-6469
황 만 성	교수	원광대 법학전문대학원	54538 전북 익산시 익산대로 460	063-850-6467
황 문 규	교 수	중부대 경찰행정학과	32713 충청남도 금산군 추부면 대학로 201	041-750-6500
황 윤 정	석사과정	연세대	03722 서울 서대문구 연세로 50	02-2123-8644
황 정 인	경정	형사·법무 정책연구원	06764 서울 서초구 태봉로 114	02-3460-5170
황 태 정	교수	경기대 경찰행정학과	16227 경기 수원시 영통구 광교산로 154-42	031-249-9337
황 호 원	교수	한국항공대 항공교통물류 우주법학부	10540 경기 고양시 덕양구 항공대학로 76	02-300-0345

〈변 호 사〉

이 름	직 위	근 무 지	우편번호 주 소	직장 자택 전화번호
강 민 구	대표 변호사	법무법인 진솔	06605 서울 서초구 서초중앙로 148 김영빌딩 11층	02-594-0344
강 용 현	대표 변호사	법무법인 태평양	06132 서울 강남구 테헤란로 137 현대해상빌딩 17층	02-3404-1001 (3404-0184)
고 제 성	변호사	김&장 법률사무소	03170 서울 종로구 사직로8길 39 세양빌딩	02-3703-1117

이 름	직 위	근 무 지	우편번호 주 소	직장 자택 전화번호
곽 무 근	변호사	법무법인 로고스	06164 서울 강남구 테헤란로 87길 36(삼성동 159-9 도심공항타워 14층)	02-2188-1000 (2188-1049)
권 광 중	변호사	권광중 법률사무소	06004 서울 강남구 압구정로 201, 82동 803호(압구정동, 현 대아파트)	010-9111-3031
권 순 철	변호사	SDG 법률사무소	05854 서울특별시 송파구 송파대로 201(송파 테라타워2) 218호	02-6956-3996
권 오 봉	변호사	법무법인 좋은	47511 부산 연제구 법원로 18 (거제동, 세종빌딩) 8층	051-911-5110
권 익 환	변호사	권익환 법률사무소	06646 서울 서초구 서초대로 260 (서초동) 703호	02-522-9403
권 태 형	변호사	김&장 법률사무소	03170 서울 종로구 사직로8길 39 세양빌딩	02-3703-1114 (3703-4980)
권 태 호	변호사	법무법인 청주로	28625 청주시 서원구 산남동 산남로 64 엔젤변호사 B/D 7층	043-290-4000
금 태 섭	변호사	금태섭 법률사무소	07233 서울 용산구 대사관로11길 8-13 101호	010-5282-1105
김 광 준	변호사	김광준 법률사무소	42013 대구 수성구 동대구로 351	053-218-5000
김 광 준	변호사	법무법인 태평양	06132 서울 강남구 테헤란로 137 현대해상빌딩 17층	02-3404-1001 (3404-0481)
김 남 현	변호사	법무법인 현대 노원분사무소	08023 서울 양천구 신월로 385 동진빌딩 302호	02-2606-1865
김 대 휘	대표 변호사	법무법인 화우	06164 서울 강남구 영동대로 517 아셈타워 22층	02-6003-7120

이 름	직 위	근 무 지	우편번호 주 소		직장 자택 전화번호
김 동 건	고문 변호사	법무법인 천우	06595	서울 서초구 서초대로41길 20, 화인빌딩 3층	02-591-6100
김 동 철	대표 변호사	법무법인 유앤아이	35240	대전 서구 둔산중로 74 인곡타워 3층	042-472-0041
김 상 헌	대표이사	NHN	13561	경기 성남시 분당구 불정로 6 NAVER그린팩토리	1588-3830
김 상 희	변호사	김상희 법률사무소	06596	서울 서초구 서초대로 49길 18 상림빌딩 301호	02-536-7373
김 성 준	변호사	김성준 법률사무소	01322	서울 도봉구 마들로 735 율촌빌딩 3층	02-3493-0100
김 영 규	변호사	법무법인 대륙아주	06151	서울 강남구 테헤란로 317 동훈타워	02-563-2900 (3016-5723)
김 영 기	변호사	법무법인 화우	06164	서울 강남구 영동대로 517 아셈타워 18, 19, 22, 23, 24층	02-6182-8320
김 영 운	변호사	법무법인 정앤파트너스	06640	서울특별시 서초구 서초중앙로 52 영진빌딩 5층	02-583-0010
김 용 헌	파트너 변호사	법무법인 대륙아주	06151	서울 강남구 테헤란로 317 동훈타워 7,8,10-13,15,16층	02-563-2900
김 종 형	변호사	법무법인 온세	06596	서울 서초구 서초대로49길 12, 405호	02-3477-0300
김 주 덕	대표 변호사	법무법인 태일	06595	서울 서초구 법원로3길 25 태흥빌딩 4층	02-3477-7374
김 진 숙	변호사	법무법인 바른	06181	서울 강남구 테헤란로 92길 7 바른빌딩	02-3476-5599 (3479-2381)
김 진 환	변호사	법무법인 새한양	06595	서울 서초구 법원로 15, 306호(서초동, 정곡서관)	02-591-3440

이 름	직 위	근 무 지	우편번호	주 소	직장 자택	전화번호
김 희 옥	고문 변호사	법무법인 해송	06606	서울 서초구 서초대로 301 동익성봉빌딩 9층		02-3489-7100 (3489-7178)
김 희 철	변호사	김&장 법률사무소		서울 종로구 사직로 8길39 세양빌딩		02-3703-5363
문 성 우	대표 변호사	법무법인 바른	06181	서울 강남구 테헤란로 92길 7 바른빌딩		02-3476-5599 (3479-2322)
문 영 호	변호사	법무법인 태평양	06132	서울 강남구 테헤란로 137 현대해상빌딩 17층		02-3404-1001 (3404-0539)
박 민 식	변호사	법무법인 에이원	06646	서울특별시 서초구 반포대로30길 34, 5층 (서초동, 신정빌딩)		02-521-7400
박 민 표	변호사	박민표 법률사무소	05050	서울시 서초구 반포대로 34길 14, 정명빌딩 401호, 501호		02-534-2999
박 영 관	변호사	법무법인 동인	06620	서울 서초구 서초대로74길 4˝ 삼성생명서초타워 17층		02-2046-1300 (2046-0656)
박 혜 진	변호사	김&장 법률사무소	03170	서울 종로구 사직로8길 39 세양빌딩		02-3703-1114 (3703-4610)
백 승 민	변호사	법무법인 케이에이치엘	06647	서울 서초구 반포대로28길 33 (서초동)		02-2055-1233
백 창 수	변호사	법무법인 정률	06069	서울 강남구 학동로 401 금하빌딩 4층		02-2183-5500 (2183-5539)
봉 욱	변호사	봉욱 법률사무소	06647	서울 서초구 서초대로 248 (서초동) 월헌회관빌딩 701호		02-525-5300
서 민 주	변호사	김&장 법률사무소	03170	서울 종로구 사직로8길 39 세양빌딩		02-3703-1773

이 름	직 위	근 무 지	우편번호	주　　소	직장 / 자택	전화번호
서 우 정	변호사	김&장 법률사무소	03170	서울 종로구 사직로8길 39 세양빌딩		02-3703-1114 (3703-1788)
석 동 현	대표 변호사	법무법인 동진	06640	서울 서초구 서초중앙로 52 영진빌딩 5층		02-583-0010
선 우 영	고문 변호사	법무법인 케이원챔버	06234	서울 강남구 테헤란로 126, 13층		02-6956-8420
손 기 식	변호사	법무법인 두레	06596	서울 서초구 법원로 10 정곡빌딩 남관 405호		02-595-2233
손 기 호	변호사	유어사이드공 동법률사무소	10414	경기 고양시 일산동구 장백로 208, 504호		031-901-1245
신 남 규	변호사	법무법인 화현	06646	서울 서초구 반포대로30길 29, 5층~10층(서초동, 마운틴뷰)		02-535-1766
신 용 석	변호사	법무법인 동헌	06595	서울 서초구 법원로1길 5 우암빌딩 3층		02-595-3400
여 훈 구	변호사	김&장 법률사무소	03170	서울 종로구 사직로8길 39 세양빌딩		02-3703-1114 (3703-4603)
안 미 영	변호사	법무법인 동인	06620	서울 서초구 서초대로74길 4, 17층 (서초동, 삼성생명서초타워)		02-2046-1300
오 세 인	대표 변호사	법무법인 시그니처	06605	서울 서초구 서초중앙로 148, 3층 (서초동, 희성빌딩)		02-6673-0088
원 범 연	변호사	법무법인 강남	06593	서울 서초구 서초중앙로 203 OSB빌딩 4층		02-6010-7000 (6010-7021)
유 병 규	법무팀장	삼성SDS	05510	서울 송파구 올림픽로35길 125 삼성SDS 타워		02-6115-3114

이 름	직 위	근 무 지	우편번호 주 소	직장 자택 전화번호
윤 병 철	변호사	법무법인 화우	06164 서울 강남구 영동대로 517 아셈타워 22층	02-6182-8303
윤 영 석	변호사	산솔합동법률 사무소	18453 경기 화성시 동탄반석로 196 아이프라자 905호	031-360-8240
윤 재 윤	파트너 변호사	법무법인 세종	04631 서울 중구 퇴계로 100 스테이트타워 남산 8층	02-316-4114 (316-4205)
이 건 종	변호사	법무법인 화우	06164 서울 강남구 영동대로 517 아셈타워 22층	02-6003-7542
이 광 재	변호사	이광재 법률사무소	05044 서울 광진구 아차산로 375 크레신타워 507호	02-457-5522
이 기 배	대표 변호사	법무법인 로월드	06647 서울 서초구 서초대로 254 오퓨런스빌딩 1602호	02-6223-1000
이 명 규	변호사	법무법인 태평양	06132 서울 강남구 테헤란로 137 현대해상빌딩 17층	02-3404-1001 (3404-0131)
이 민 걸	변호사	법무법인 화우	06164 서울 강남구 영동대로 517 아셈타워 18, 19, 22, 23, 24층	02-6003-7785
이 상 진	변호사	법무법인 바른	06181 서울 강남구 테헤란로 92길 7 (대치동 945-27번지) 바른빌딩 리셉션: 5층, 12층	02-3479-2361
이 상 철	상임위원	국가인권위원 회	04551 서울 중구 삼일대로 340 (저동 1가) 나라키움 저동빌딩	02-2125-9605
이 선 욱	변호사	김&장 법률사무소	03170 서울 종로구 사직로 8길39 세양빌딩	02-3703-1114
이 승 호	변호사	법무법인 태평양	03161 서울 종로구 우정국로 26 센트로폴리스빌딩 B동	02-3404-6520

이 름	직 위	근 무 지	우편번호	주 소	직장 자택 전화번호
이 승 현	파트너 변호사	법무법인 지평	03740	서울 서대문구 충정로 60 KT&G 서대문타워 10층	02-6200-1804
이 완 규	변호사	법무법인 동인	06620	서울 서초구 서초대로74길 4 (서초동), 삼성생명 서초타워 15, 17, 18층	02-2046-0668
이 용 우	상임고문 변호사	법무법인 로고스	06164	서울 강남구 테헤란로 87길 36(삼성동 159-9 도심공항타워빌딩 14층)	02-2188-1001
이 용 주	전국회의 원	국회	07233	서울 영등포구 의사당대로 1 국회의원회관 532호	02-784-6090
이 재 홍	변호사	김&장 법률사무소	03170	서울 종로구 사직로8길 39 세양빌딩	02-3703-1114 (3703-1525)
이 정 환	변호사	법무법인 태평양	03161	서울 종로구 우정국로 26 센트로폴리스 B동	02-3403-0403
이 종 상	법무팀장	LG그룹	07336	서울 영등포구 여의대로 128 LG트윈타워	02-3277-1114
이 훈 규	고문 변호사	법무법인 원	06253	서울 강남구 강남대로 308 랜드마크타워 11층	02-3019-3900 (3019-5457)
이 홍 락	변호사	법무법인 로고스	06164	서울 강남구 테헤란로 87길 36(삼성동 도심공항타워 8/14/16층)	02-2188-1069
임 동 규	변호사	법무법인 동광	06595	서울 서초구 법원로3길 15, 201호 (서초동, 영포빌딩)	02-501-8101
전 승 수	변호사	법무법인 동인	06620	서울 서초구 서초대로 74길4, 삼성생명 서초타워 17층	02-2046-0842

이 름	직 위	근 무 지	우편번호 주 소		직장 자택 전화번호
전 주 혜	국회의원	국회	07233	서울 영등포구 의사당대로 1 국회의원회관	02-784-9340
정 구 환	변호사	법무법인 남부제일	07301	서울 영등포구 영신로34길 30	02-2635-5505
정 동 기	변호사	법무법인 열림	06181	서울 강남구 테헤란로 524, 4층 (대치동, 성대세빌딩)	02-552-5500
정 동 욱	고문 변호사	법무법인 케이씨엘	03151	서울 종로구 종로5길 58 석탄회관빌딩 10층	02-721-4000 (721-4471)
정 석 우	변호사	법무법인 동인	06620	서울 서초구 서초대로74길 4 삼성생명서초타워 17층	02-2046-1300 (2046-0686)
정 소 연	변호사	법률사무소 보다	07332	서울 영등포구 여의대방로65길 23 1508호	02-780-0328
정 점 식	국회의원	국회	07233	서울 영등포구 의사당대로 1 국회의원회관	02-784-6327
정 진 규	대표 변호사	법무법인 대륙아주	06151	서울 강남구 테헤란로 317 동훈타워	02-563-2900
조 영 수	변호사	법무법인 로월드	06647	서울 서초구 서초대로 254 오퓨런스빌딩 1602호	02-6223-1000
조 은 석	변호사	조은석 법률사무소	06233	서울 강남구 테헤란로8길 8 (역삼동, 동주빌딩) 1302호	02-508-0008
조 희 진	대표 변호사	법무법인 담박	06647	서울 서초구 서초대로 250, 11층(서초동, 스타갤러리브릿지)	02-548-4301

이 름	직 위	근 무 지	우편번호	주 소	직장 자택	전화번호
차 맹 기	변호사	김&장 법률사무소	03170	서울 종로구 사직로8길 39 세양빌딩		02-3703-5732
최 교 일	대표 변호사	법무법인 해송	06606	서울 서초구 서초대로 301, 9층 (서초동, 익성봉빌딩)		02-3489-7132
최 근 서	변호사	최근서 법률사무소	06595	서울 서초구 법원로2길 15 길도빌딩 504호		02-532-1700
최 기 식	변호사	법무법인 산지	06725	서울 서초구 남부순환로 333길 20 2층		02-2055-3300
최 길 수	변호사	법률사무소 베이시스	06594	서울 서초구 서초중앙로 119 세연타워 11층		02-522-3200
최 동 렬	변호사	법무법인 율촌	06180	서울 강남구 테헤란로 518 (섬유센터 12층)		02-528-5200 (528-5988)
최 성 진	변호사	법무법인 세종	04631	서울 중구 퇴계로 100 스테이트타워 남산 8층		02-316-4114 (316-4405)
최 운 식	이사장	한국법무보호 복지공단	39660	경북 김천시 혁신2로40 산학연유치지원센터3층		054-911-8650
최 재 경	변호사	최재경 법률사무소	06164	서울 강남구 영동대로 511 삼성트레이드타워 4305호		02-501-3481
최 정 수	대표 변호사	법무법인 세줄	06220	서울 강남구 테헤란로 208 안제타워 17층		02-6200-5500
최 창 호	대표 변호사	법무법인 오킴스	06158	서울 강남구 도산대로 207 성도빌딩 6층, 11층		02-538-5886
최 철 환	변호사	김&장 법률사무소	03170	서울 종로구 사직로8길 39 세양빌딩		02-3703-1114 (3703-1874)
추 호 경	고문 변호사	법무법인 대륙아주	06151	서울 강남구 테헤란로 317 동훈타워		02-563-2900 (3016-5242)

이 름	직 위	근 무 지	우편번호 주　　소		직장 자택 전화번호
한 영 석	변호사	변호사 한영석 법률사무소	06593	서울 서초구 반포4동 45-11 (화빌딩 502호)	02-535-6858
한 웅 재	변호사	LG화학	07336	서울 영등포구 여의대로 128 LG트윈타워	010-5290-3157
홍 석 조	회장	BGF리테일	06162	서울 강남구 테헤란로 405	02-1577-3663
황 인 규	대표이사	CNCITY 에너지	34800	대전 중구 유등천동로 762	042-336-5100

〈법 원〉

이 름	직 위	근 무 지	우편번호 주　　소		직장 자택 전화번호
권 순 건	부장판사	창원지방법원	51456	경남 창원시 성산구 창이대로 681	055-266-2200
권 창 환	재판 연구관	대법원	06590	서울 서초구 서초대로 219(서초동)	02-3480-1100
김 광 태	법원장	서울고등법원	06594	서울 서초구 서초중앙로 157	02-530-1114
김 기 영	헌법 재판관	헌법재판소	03060	서울 종로구 북촌로 15(재동 83)	02-708-3456
김 대 웅	부장판사	서울고등법원	06594	서울 서초구 서초중앙로 157	02-530-1114
김 동 완	판사	서울고등법원	06594	서울 서초구 서초중앙로 157	02-530-1114
김 우 진	법원장	울산지방법원	44643	울산 남구 법대로 55	052-216-8000

이 름	직 위	근 무 지	우편번호 주 소	직장 자택 전화번호
김 정 원	사무차장	헌법재판소	03060 서울 종로구 북촌로 15(재동 83)	02-708-3456
김 형 두	차장판사	서울고등법원	06590 서울 서초구 서초대로 219	02-3480-1100
김 희 수	부장판사	창원지방법원	51456 경남 창원시 성산구 창이대로 681	055-239-2000
남 성 민	부장판사	서울고등법원	06594 서울 서초구 서초중앙로 157	02-530-1114
박 진 환	판사	대전고등법원	35237 대전 서구 둔산중로 78번길45	042-470-1114
송 민 경	판사	서울고등법원	06594 서울 서초구 서초중앙로 157	02-530-1114
송 영 승	판사	서울고등법원	06594 서울 서초구 서초중앙로 157	02-530-1114
오 기 두	부장판사	인천지방법원	22220 인천 미추홀구 소성로 163번길17	032-860-1702
오 상 용	부장판사	서울남부지방 법원	08088 서울 양천구 신월로 386	02-2192-1114
우 인 성	부장판사	서울서부지방 법원	04207 서울 마포구 마포대로 174	02-3271-1114
유 현 정	판사	수원지방법원	16512 경기 수원시 영통구 법조로 105	031-210-1114
윤 승 은	부장판사	서울고등법원	06594 서울 서초구 서초중앙로 157	02-530-1114
이 규 훈	부장판사	인천지방법원	22220 인천 미추홀구 소성로 163번길17	032-860-1114
이 승 련	부장판사	서울고등법원	06594 서울 서초구 서초중앙로 157	02-530-1114

이 름	직 위	근 무 지	우편번호 주 소	직장 자택 전화번호
이 창 형	법원장	창원지방법원	51456 경남 창원시 성산구 창이대로 681	055-239-2000
임 경 옥	판사	특허법원	35239 대전 서구 둔산중로 69	042-480-1400
한 경 환	부장판사	서울서부지방법원	04207 서울 마포구 마포대로 174	02-3271-1114
한 대 균	부장판사	인천지방법원	22220 인천 미추홀구 소성로 163번길 17	032-860-1114
황 민 웅	판사	광주가정법원	61946 광주 서구 상무번영로 85	062-608-1200

〈검 찰〉

이 름	직 위	근 무 지	우편번호 주 소	직장 자택 전화번호
고 석 홍	검사	서울고검	06594 서울 서초구 반포대로 158 414호	02-530-3114
고 흥	검사장	인천지검	22220 인천 미추홀구 소성로163번길 49 801호	032-860-4301
구 태 연	감찰2과장	대검찰청	06590 서울 서초구 반포대로 157	02-3480-2412
권 순 범	검사장	대구고검	42027 대구 수성구 동대구로 366	053-740-3631
김 기 준	지청장	수원지검 여주지청	12638 경기 여주시 현암로 21-11	031-880-4200
김 석 우	단장	청주지검	28624 충북 청주시 서원구 산남로 70번길 51	043-299-4000
김 윤 섭	차장검사	인천지검	22220 인천 미추홀구 소성로 163번길 49	032-860-4000

이 름	직 위	근 무 지	우편번호 주 소	직장 전화번호 자택
노 진 영	차장검사	광주지검 순천지청	57932 전남 순천시 왕지로 19	061-729-4200
류 장 만	검사	부산지검	47510 부산 연제구 법원로 15 우편번호	051-606-4567
박 수 민	검사	대구지검	42027 대구 수성구 동대구로 366	053-740-3300
박 종 근	차장검사	대구고검	42027 대구 수성구 동대구로 366	053-740-3300
박 지 영	차장검사	춘천지검	24342 강원 춘천시 공지로 288	033-240-4000
백 재 명	검사/단장	부산지검	47510 부산 연제구 법원로 15	051-606-3300
신 승 희	지청장	전주지검 남원지청	55761 전북 남원시 용성로 59	063-630-4200
심 우 정	검사장	서울동부지검	05856 서울 송파구 정의로 30	02-2204-4000
안 성 수	검사	광주고검	61441 광주 동구 준법로 7-12	062-231-3114
이 선 훈	검사	서울고검	06594 서울 서초구 반포대로 172	02-530-3114
이 자 영	검사	부산지검	47510 부산 연제구 법원로 15	051-606-3300
이 주 형	검사장	울산지검	44643 울산 남구 법대로 45	052-228-4200
정 혁 준	부부장검사	서울남부지검	08088 서울 양천구 신월로 390	02-3219-4200
조 상 준	차장검사	서울고검	06594 서울 서초구 반포대로 158	02-530-3114

이 름	직 위	근 무 지	우편번호 / 주 소		직장 / 자택 전화번호
조 지 은	검사	대구서부지청	42635	대구 달서구 장산남로 40	053-570-4451
최 순 호	부부장검사	서울동부지검	05856	서울 송파구 정의로 30	02-2204-4000
최 인 호	검사	수원고검	16512	경기 수원시 영통구 법조로 91(하동)	031-5182-3114
한 연 규	검사	서울남부지검	08088	서울 양천구 신월로 390	02-3219-4200
한 제 희	검사/단장	법무부	13809	경기 과천시 관문로 47 정부과천청사 1동	02-2110-3000
홍 완 희	마약·조직 범죄과장	대검찰청	06590	서울 서초구 반포대로 157	02-3480-2290
황 병 주	검사	서울고검	06594	서울특별시 서초구 반포대로 158	02-530-3114
황 철 규	차장검사	대전고검	35237	대전 서구 둔산중로 78번길15	042-470-3000

刑事判例研究 [29]

2021년   7월   20일   초판인쇄
2021년   7월   31일   초판발행

편   자   한국형사판례연구회
발행인   안종만 · 안상준
발행처   (주) **박영사**
          서울특별시 금천구 가산디지털2로 53, 210호
          전화 (733)6771   FAX (736)4818
          등록 1959. 3. 11. 제300-1959-1호(倫)

편자와
협의하여
인지첩부
생략함

www.pybook.co.kr   e-mail: pys@pybook.co.kr

파본은 구입하신 곳에서 교환해 드립니다. 본서의 무단복제행위를 금합니다.

                        ISBN 979-11-303-4010-4
                                  978-89-6454-587-4(세트)
정   가   49,000원   ISSN 1225-6005   29